KB264833

칼빈
주석

로마서

칼빈 주석

로마서

박 문 재 옮 김

20

IOANNIS CALVINI COMMENTARII

크리스챤
다이제스트

모든 존경을 받기에 합당한
시몬 그리나이우스*에게 드리는 **헌사** 獻辭

나는 우리가 3년 전에 성경을 해석하는 가장 좋은 방법을 놓고서 우정어린 대화를 나누었을 때에 당신이 특히 좋아하였던 방법이 바로 나도 가장 바람직하다고 생각했던 방법이었다는 것을 기억합니다. 우리 두 사람은 성경 해석자의 최고의 미덕은 단순명료함과 간결함에 있다고 생각했습니다. 사실, 해석자가 해야 할 거의 유일한 일은 자신이 설명하고자 하는 성경 기자의 마음을 열어 보여주는 것이기 때문에, 자신의 독자들을 성경 기자의 의도로부터 멀어지게 하는 정도만큼 자신에게 주어진 소임으로부터 벗어나는 것이고, 적어도 자신의 한계를 벗어나는 것입니다. 그래서 우리는 오늘날 신학의 이런 과제를 한층 더 진전시키고자 애쓰는 여러 신학자들 중에서 단순명료하게 성경을 해석함으로써 자신의 독자들을 장황한 주석으로 붙들어 두어서 지치게 하고자 하지 않는 사람이 있었으면 하는 바람을 피력하였습니다.

물론, 나는 모든 사람이 이런 견해를 지니고 있지는 않고, 또한 어떤 사람들이 우리와 다르게 생각한다고 해도 그들의 생각에도 나름대로 다 일리가 있다는 것을 압니다. 그럼에도 불구하고, 나는 간단명료한 주석을 좋아하는 마음을 어쩔 수가 없습니다. 그러나 사람들의 마음과 생각은 아주 다양해서 사람마다 좋아하는 것이 다 다르기 때문에, 다른 사람들에게 자신의 규칙을 강요하지만 않는다면, 이 일에 있어서 누구나 자신의 판단을 따르는 것이 마땅합니다. 따라서 우리 중에서 간결한 것을 좋아하는 사람들도 성경을 좀 더 길고 광범위하게 주석하는 사람들의 노력을 결코 배척하거나 멸시하지 않을 것이기 때문에, 그들도 우리의 주석이 너무 짧고 간단하다는 생각이 들더라도 우리의 노력을 용납해 주어야 마땅할 것입니다. 나는 이런 식으로 하나님의 교회에 뭔가 유익을 끼치고자 하는 시도를 하고 싶다는 생각을

---

*시몬 그리나이우스(SIMON GRYNAEUS)는 주후 1493-1541년에 살았던 종교개혁 시대의 독일 신학자이다.

억누를 수가 없습니다. 그렇다고 해서, 내가 이때에 우리에게 최선으로 보이는 것을 해내고자 하는 것이라고 자신하는 것은 결코 아니고, 또한 그런 것을 바라지도 않습니다. 나는 그저 내 나름대로의 스타일을 고수해서 그런 시도를 한 번 해 보고자 하는 것일 뿐입니다. 내가 얼마나 성공적으로 이 일을 해냈는지는 내가 판단할 일이 아니기 때문에, 나는 그것을 당신을 비롯한 여러 사람들의 판단에 맡기겠습니다.

내가 특히 바울의 로마서를 대상으로 감히 이러한 시도를 했기 때문에, 나는 아마도 많은 사람들의 비판의 대상이 될 것이라고 봅니다. 왜냐하면, 수많은 아주 뛰어난 신학자들이 이미 로마서를 주석하는 데에 심혈을 기울여 왔는데, 또다른 사람들이 그런 주석들보다 더 좋은 것을 써낼 여지는 거의 없어 보이기 때문입니다. 사실, 나도 나의 수고로부터 얼마간의 열매를 거두게 되기를 기대하는 마음도 있었지만, 처음에는 그런 생각 때문에 망설였다는 것을 고백합니다. 왜냐하면, 대단히 뛰어난 수많은 신학자들이 이제까지 수행해 왔던 일에 내가 손을 대면, 사람들이 나를 주제넘다고 할 것이 염려되었기 때문입니다. 로마서에 대해서는 옛 사람들이 남긴 주석서들이 많이 현존하고 있고, 오늘날의 신학자들도 로마서에 대한 주석을 많이 썼습니다. 정말 그들은 자신의 수고가 결코 헛되지 않을 그런 일에 힘을 쏟은 것입니다. 왜냐하면, 로마서를 이해한 사람에게는 성경 전체를 이해할 수 있는 통로가 열린 것이기 때문입니다.

옛적의 주석자들은 경건이나 학문, 거룩함이나 연륜 등을 볼 때에 너무나 대단한 권위를 지니고 있어서, 우리가 감히 그들이 쓴 글들을 무시할 수 없기 때문에, 나는 그들의 글에 대해서는 아무런 말도 하지 않을 것입니다. 그리고 지금 생존해 있는 주석자들의 이름을 구체적으로 거론하는 것도 별 유익이 없을 것입니다. 하지만 나는 로마서를 주석하는 데에 아주 중요한 기여를 한 주석자들에 대해서는 나의 견해를 밝히고자 합니다.

필립 멜란히톤(Philip Melanchthon, 1497-1560년, 루터와 동역했던 독일의 종교개혁자)은 자신의 탁월한 학문과 성실함, 그리고 모든 방면에서의 박학다식함으로 인해서 자기보다 앞선 이들보다 로마서를 이해하는 데에 더 큰 빛을 비쳐 주었습니다. 그러나 그는 주목할 만한 가치가 있는 것들만을 검토하는 것을 목표로 삼았던 것인지는 몰라도 주로 그런 것들에 집중하느라 일반적인 사람들이 어렵게 느끼는 많은 부분들까지도 의도적으로 아무런 설명도 하지 않은 채 그냥 지나쳐 버렸습니다. 다음으로는, 하인리히 불링거(Heinrich Bullinger, 1504-1575년, 스위스의 종교개혁자)가 그 뒤를 이었는데, 그는 큰 찬사를 받기에 합당한 인물입니다. 왜냐하면, 그는 학식이 깊었음에도 불구하고 로마서를 평이하게 해설하였고, 이 점이 특히 찬사를 받을 만한 것이었기 때문입니다. 마지막으로, 마르틴 부처(Martin Bucer, 1491-1551년, 스트라스부르크를 중심으로 활동한 종교개혁자)가 자신의 저작을 간행했을 때, 로마서에 대한 주석은 거의 완결되었다고 할 수 있습니다. 왜냐하면, 그의 깊은 학식과 해박한 지식, 날카로운 통찰력, 폭넓은 독서를 비롯해서 그가 지니고 있던 다른 많은 탁월한 것들은 오늘날 그 누구도 능가할 수 없는 것이어서, 이 학자는 다른 수많은 학자들보다 뛰어나고, 그와 비견될 수 있는 사람은 거의 없기 때문입니다. 우리가 알다시피, 그는 우리 시대에 성경을 정확하고 꼼꼼하게 해석하는 일에 그를 능가할 사람은 아무도 없다는 특별한 찬사를 들을 만한 인물입니다.

그러므로 이런 인물들과 겨루고자 하는 것은 정말 너무나 주제넘은 일이 될 것임을 잘 알고 있기 때문에, 나는 감히 그런 생각조차 하지 않았고, 또한 그들이 들어야 할 찬사 중 극히 일부분이라도 훼손하고자 하는 마음도 내게는 없습니다. 모든 선한 자들의 평가와 인정을 따라서 그들이 얻게 된 사랑과 권위는 계속해서 그들의 것이 되는 것이 마땅합니다. 그러나 아무리 뛰어난 사람들일지라도 절대적으로 완벽할 수는 없는 까닭에, 그들 뒤에 오는 사람들이 자신의 수고로 그들이 닦아놓은 길을 더욱 광을 내거나 장식하거나 빛나게 할 여지는 적어도 남아 있을 것이라고 나는 믿습니다. 나 자신에 대해서는 내가 오로지 교회의 공동의 선을 증진시키기 위하여 이 일에 착수하였다는 것과 나의 수고가 쓸모없거나 무익하지는 않을 것이라고 생각한다는 것 외에는 감히 다른 할 말이 없습니다.

또한, 나는 그들과는 다른 방법을 채택해서 이 글을 썼기 때문에, 내가 시기심으로 경쟁하고자 하는 마음으로 로마서 주석을 쓴 것이라는 말은 듣지 않을 것으로 기대합니다. 사실, 내가 가장 염려하는 것은 사람들이 나의 이 작업을 그런 식으로 생각하는 것입니다. 멜란히톤(Melanchthon)은 주된 것들만을 해설함으로써 자신이 세운 목표를 달성했습니다. 그는 주된 것들에만 집중하기 위해서 주목할 가치가 있는 많은 것들을 그냥 지나쳤습니다. 따라서 다른 사람들이 그가 지나친 많은 것들을 검토하지 못하게 하는 것이 그가 바라는 것은 아닐 것입니다. 부처(Bucer)는 아주 포괄적이고 세세하게 다루고 있어서, 다른 할 일이 많은 사람들이 읽기에는 좀 부담스럽고, 그 깊이가 심오해서 상당한 지적인 능력을 갖춘 사람이 아니면 읽고 이해하기가 쉽지 않습니다. 왜냐하면, 그는 자신이 어떤 주제를 다루든지 간에 그의 믿을 수 없을 정도로 깊고 풍부한 마음으로부터 아주 수많은 것들이 샘솟듯이 떠올라서 그 주제에 대하여 쓰는 것을 멈출 줄을 모르기 때문입니다. 이렇게 멜란히톤은 모든 구절을 다 설명하지 않았고, 부처는 모든 구절을 짧은 시간 안에 다 읽을 수 없을 정도로 상세하게 다루었기 때문에, 내가 하고자 하는 작업은 얼핏 보아도 이 두 사람과 경쟁조차 되지 않습니다. 하지만 나는 이 두 사람을 비롯한 여러 사람들의 주석들에서 중요한 것들을 모아서 일반 사람들에게 도움이 될 책을 펴내는 것이 좋을지, 아니면 앞서 많은 주석자들 중 전부 또는 일부가 이미 설명한 많은 것들을 또다시 되풀이해서 설명해야 하는 것이 필수적인 통상적인 주석서를 쓰는 것이 좋을지를 놓고 한동안 고심하였습니다. 기존의 주석자들은 흔히 그 설명이 서로 달라서, 일반 독자들은 어떤 견해를 받아들여야 할지를 몰라서 어려움을 겪기 때문에, 나는 내가 가장 좋은 설명들을 지적해줌으로써 스스로 제대로 판단하기 어려워하는 독자들을 그러한 곤란에서 건져주는 것도 헛수고는 아니겠다고 생각하였습니다. 특히, 나는 구절들을 아주 짧게 다루기로 작정하였기 때문에, 독자들은 많은 시간을 들이지 않고도 내 책 속에서 다른 주석자들이 쓴 저작들에 담겨 있는 내용들을 얻을 수 있습니다. 요컨대, 나는 독자들로부터 내가 쓴 책 속에 쓸데없이 불필요한 많은 내용들이 들어 있다는 불평이 나오지 않도록 하기 위하여 애썼습니다.

이 책이 얼마나 유용할지에 대해서는 내가 할 말이 없습니다. 하지만 특별히 악의적이지 않은 독자라면 이 책을 읽고 나서, 내가 겸손한 마음으로 감히 약속할 수 있는 것보다도 더 큰 유익을 이 책으로부터 얻었다고 시인하게 될 것이라고 나는 생각합니다. 내가 종종 다른 주석자들의 견해에 동의하지 않거나, 적어도 부분적으로 그들과 다르다고 할지라도, 그것은 용서되는 것이 합당합니다. 우리는 하나님의 말씀에 대하여 경외하는 마음을 품고서, 서로 다른 해석들로 인해서 하나님의 말씀을 조금이라도 왜곡해서는 안 되는데, 우리가 겸손하고 절제하는 마음으로 모든 분별력을 다해 하나님의 말씀을 해석하지 않을 때에는 성경의 위엄이 손상될 것입니다. 하나님께 드려진 것을 더럽히는 것이 죄라면, 이 땅에서 모든 것 중에서 가장 거룩한 것을 부정하거나 준비되지 않은 손으로 다루고자 하는 자는 절대로 용납될 수 없습니다. 그러므로 지난 시대들에 많은 사람들이 그랬듯이, 마치 무슨 유희를 하듯이 성경을 마음 내키는 대로 가지고 놀면서 경솔하게 왜곡시킨다면, 그것은 오만방자한 일일 뿐만 아니라 거의 신성모독이라고 할 수 있습니다.

그러나 우리는 경건에 대한 열심이나 하나님의 신비들을 다룸에 있어서 경건하고 겸손한 마음이 결코 부족하다고 할 수 없는 사람들조차도 성경의 모든 부분에 대한 해석과 설명에서 결코 다 일치할 수 없다는 것을 늘 보아 왔습니다. 왜냐하면, 하나님께서는 첫째로는 우리를 계속해서 겸손하게 하시고, 둘째로는 우리로 형제 간의 교제와 사귐을 늘 지속하도록 하시기 위하여, 자신의 종들에게 큰 은혜를 주신다고 하여도 그들로 하여금 모든 것을 다 온전하고 완벽하게 알 수 있는 지식을 주시지는 않으셨기 때문입니다. 그러므로 우리 가운데서 성경의 모든 부분에 대한 해석이 완전히 일치하는 것이 어떤 의미에서는 매우 바람직한 것일지라도, 우리는 그런 것을 현세에서는 기대할 수 없기 때문에, 우리의 견해가 우리보다 앞선 사람들의 견해와 다를 때에는, 그것이 새로운 것을 추구하는 어떤 변덕에서 온 것이거나, 우리 속에 있는 어떤 욕심에 이끌려서 그런 것이거나, 다른 사람들을 폄하하거나 미워하는 마음, 또는 야심으로 말미암아 그런 것이어서는 안 되고, 오직 선하게 행하고자 하는 동기에서 어쩔 수 없어서 그런 것이 되도록 애써야 합니다. 하지만 우리는 성경을 해석할 때에는 이런 것을 용인하지만, 경건을 가르칠 때에는 그렇게 하는 것을 쉽게 용인해서는 안 됩니다. 왜냐하면, 하나님께서는 자기 백성이 믿음과 경건에 있어서 한 마음이 되기를 특히 원하셨기 때문입니다. 독자들은 내가 이 두 가지를 염두에 두고 이 주석을 썼다는 것을 쉽게 감지할 것입니다.

그러나 나 자신에 대하여 내가 뭐라고 말하는 것은 합당하지 않기 때문에, 나는 그 판단과 평가를 기꺼이 당신에게 맡깁니다. 모든 주석자들이 자신이 쓴 모든 것을 다른 사람들의 판단에 맡기듯이, 나도 당신이 나의 글을 통해서 나와 친밀하게 교제함으로써 우리가 서로를 좀 더 잘 알게 되었을 때에 당신이 나에 대하여 내리는 판단에 모든 것을 맡기고자 합니다. 우리가 어떤 사람을 알게 되면 그 사람을 존경하는 마음이 줄어드는 것이 보통이지만, 모든 학자들이 인정하듯이, 내가 당신을 더 잘 알게 될수록 당신을 존경하는 나의 마음이 더욱 커지게 될 것이라고 나는 믿습니다. 건강하십시오.

스트라스부르크에서

1539년 10월 18일

서론

나는 이 서신의 탁월성에 대하여 많은 시간을 들여서 길게 논하는 것이 과연 합당한 일인지 잘 모르겠다. 왜냐하면, 나는 내가 이 서신의 탁월성이 이러저러한 것들이라고 말했을 때에 그런 말들이 이 서신이 본래 지니고 있는 탁월함을 제대로 표현하는 데에 턱없이 부족해서 도리어 이 서신의 탁월성을 가리는 역할만을 할까봐 걱정이 되기 때문이다. 게다가, 이 서신 자체가 그 서두에서 내가 사용할 수 있는 그 어떤 말들보다도 더 나은 방식으로 스스로를 설명하고 있다는 것도 또다른 이유가 될 것이다. 그래서 나는 그런 것을 건너뛰어서 이 서신이 담고 있는 주제와 내용을 설명하는 편이 더 나을 것이라고 생각한다. 이것으로부터 우리가 이 서신이 지닌 탁월성에 대해서는 결코 충분히 알거나 평가할 수 없다는 것은 이론의 여지가 없이 분명하지만, 단 한 가지 확실하게 말해 둘 수 있는 것은 이 서신을 제대로 이해한 사람에게는 성경 속에 깊숙이 감춰진 모든 보화들로 통하는 문이 열리게 된다는 것이다.

이 서신 전체는 대단히 조직적이고 체계적으로 되어 있고, 그 시작 부분조차도 치밀하게 구성되어 있다. 앞으로 우리가 보게 되겠지만, 로마서 기자의 치밀한 구성과 논리 전개는 많은 부분들에서 드러나지만, 이 서신의 서문을 전개해 나가는 방식에서 특히 두드러진다. 왜냐하면, 그는 자신의 사도직을 증명하는 것으로부터 시작해서, 거기로부터 복음을 제시하는 것으로 넘어간다. 복음을 얘기하다 보면 필연적으로 믿음이라는 주제를 다룰 수밖에 없기 때문에, 그는 복음에 관한 일련의 단어들을 따라 가다가 믿음이라는 주제로 넘어간다. 이렇게 해서, 그는 이 서신 전체의 주제, 즉 우리가 믿음으로 말미암아 의롭다 하심을 얻는다는 주제를 다루기 시작하게 되고, 이 주제에 대한 논의는 5장 끝까지 이어진다. 그러므로 우리는 이 장들의 주제를 이렇게 표현할 수 있다: 사람의 유일한 의(iustitia)는 복음 안에서 제시되고 믿음으로 받아들여지는 그리스도 안에서의 하나님의 긍휼하심(misericordia)이다.

그러나 사람들은 자신의 죄 가운데서 잠자고 있어서 의에 관한 거짓된 관념에 미혹되어 자기가 괜찮은 사람이라고 여기기 때문에, 자기 자신을 신뢰하고 의지하는 것을 다 잃어버리기 전까지는 자기에게 믿음의 의가 필요하다고 생각하지 않고, 또한 달콤한 정욕이 주는 쾌락들에 중독되고 안일함에 깊이 빠져 있기 때문에, 하나님의 심판에 대한 두려움에 휩싸이기 전까지는 거기에서 빠져나와 의를 구하지 않으려 하는 까닭에, 사도는 여기에서 두 가지 작업을 진행하는데, 하나는 사람들에게 자신의 죄악을 알게 해주는 것이고, 다른 하나는 자신의 죄악을 알게 된 자들을 영적 나태함(torpor)에서 일으켜 세우는 것이다.

1-3장에서, 사도는 먼저 창세로부터 온 인류가 피조세계의 눈부신 탁월함을 보면서도 그 피조세계를 창조하신 이를 인정하지 않았다는 이유로, 아니, 그들은 창조주를 인정할 수밖에 없었고, 따라서 마땅히 그의 위엄에 영광과 존귀를 돌렸어야 함에도 불구하고, 그렇게 하지 않고 도리어 헛된 망상에 빠져서 그의 위엄을 더럽히고 욕되게 하였다는 이유로 그들을 배은망덕한 자들이라 단죄한다. 이렇게 해서 모든 사람은 다른 어떤 죄보다도 가장 수치스러운 불경건(impietas)이라는 죄를 저지르게 되었다. 그리고 사도는 모든 사람이 하나님에게서 떠났다는 것을 좀 더 분명하게 보여주기 위해서, 사람들이 도처에서 밥 먹듯이 저지르고 있는 추악하고 끔찍한 죄악들을 열거한다. 이 죄악들은 오직 불경건한 자들 속에서만 나타나는 하나님의 진노(divinae ira)의 증거들인 까닭에, 그들이 하나님을 떠나 타락했음을 보여주는 명백한 증거였다. 하지만 유대인들과 일부 이방인들은 외적인 거룩함이라는 외투로 자신들의 내적인 악을 은폐하고 있어서, 앞에 열거된 죄악들을 짓지 않는 것처럼 보였고, 그런 까닭에 자신들이 일반적인 정죄로부터 벗어나 있다고 생각하였기 때문에, 사도는 이러한 위장된 거룩함을 드러내는 말을 시작한다. 그리고 자칭 거룩하다고 자부하는 자들이 쓰고 있는 이러한 거룩함의 가면은 사람들 앞에서는 벗겨질 수 없는 것이었기 때문에, 사도는 그 어떤 깊이 감춰진 욕심들도 다 드러나게 되어 있는 하나님의 법정으로 그들을 소환한다. 그런 후에, 사도는 자신의 논증을 나누어서, 유대인과 이방인을 각각 따로 하나님의 법정 앞에 세운다. 먼저, 그는 이방인에게는 양심이 율법이 되어서 그들의 죄악을 충분히 깨닫게 해주었기 때문에 이방인이 무지해서 그랬다고 변명해 보아야 아무 소용도 없다고 말한다. 다음으로, 그는 유대인에 대해서는 그들이 그들 자신을 변호하는 데에 사용하였던 바로 그 글로 기록된 율법을 근거로 해서 그들을 강력하게 압박해 나간다. 즉, 유대인들은 율법을 범하였음이 명백하고, 하나님의 입이 이미 그들을 정죄하셨기 때문에, 그들

이 범죄하였다는 것을 절대로 부인할 수 없다는 것이다. 아울러, 유대인들은 만일 자신들이 이방인들과 별 다를 것이 없게 되었다면, 그것은 그들의 거룩함의 표지 (nota)였던 하나님의 언약이 무효가 되어 버린 것이 아니냐는 반론을 얼마든지 제기할 수 있었을 것이기 때문에, 사도는 그런 반론을 미리 차단하기 위해서, 여기에서 먼저 유대인들에게는 하나님의 언약이 주어졌는데도 불구하고 그들이 자신들의 불신앙으로 말미암아 그 언약에서 떨어져나감으로써 이방인들보다 더 나은 것이 없게 된 것임을 보여주고, 다음으로는 하나님의 약속의 영속성을 훼손시키지 않기 위해서, 유대인들이 언약으로부터 생겨난 몇몇 특권을 지니고 있다는 것을 인정하면서도, 그 특권이 그들의 어떤 공로로 말미암은 것이 아니라 전적으로 하나님의 긍휼하심으로 말미암은 것임을 보여준다. 따라서 유대인들 자체만을 볼 때에는 그들은 이방인들과 대등한 위치에 있다는 것이다. 그런 후에, 사도는 성경의 권위에 의거해서 유대인과 이방인이 둘 다 모두 죄인이라는 것을 증명하고, 또한 여기에서 율법의 용도(legis usus)에 대해서도 가볍게 언급한다.

이렇게 모든 사람에게서 그들 자신의 선함을 의지하고 자신의 의를 자랑할 수 있는 근거를 다 박탈해 버리고 하나님의 엄위하신 심판 앞에 무릎을 꿇게 만든 후에, 사도는 자신이 앞에서 하나의 주제로 다루었던 것, 즉 우리가 믿음으로 말미암아 의롭다 하심을 얻는다는 주제로 돌아가서, 믿음이 무엇이고, 어떻게 우리가 믿음으로 말미암아 그리스도의 의를 얻게 되는지를 설명해 나간다.

그리고 **3장** 끝에 이르러서는, 사람의 교만이 사납게 일어나서 광분하여 하나님의 은혜를 대적하는 것을 막기 위하여 주목할 만한 결론을 덧붙이면서, 유대인들이 하나님의 이토록 큰 은혜를 자기 민족에 국한시키지 않도록 할 목적으로 이 은혜가 이방인들을 위한 것이기도 하다고 말한다.

4장에서 사도는, 아주 분명해서 그 누구도 이의를 제기할 수 없는 하나의 사례를 통해서 논증을 전개해 나가는데, 그것은 믿는 자들의 조상으로서 보편적인 전형이자 모범으로 받아들여져야 할 아브라함에 관한 사례이다. 사도는 아브라함이 믿음으로 말미암아 의롭다 하심을 얻었다는 것을 증명한 후에, 우리도 아브라함과 동일한 길을 걸어야 한다는 것을 가르친다. 여기에서 그는 정반대되는 것들을 서로 대비시키는 논증방식을 통해서, 믿음으로 말미암는 의가 도입된 곳에서는 행위로 말미암는 의는 설 자리가 없어진다는 결론이 도출될 수밖에 없음을 보여주고서, 하나님의 긍휼하심을 의지하는 사람이 복되다고 선언하고, 행위는 사람에게 복을 가져다 주지 못한다고 말하는 다윗의 증언을 통해서 그것을 확증한다. 그런 후에, 그는 자기가 앞에서 짧게 다루었던 주제를 좀 더 상세하게 다루면서, 성경은 아브라함이 무할례인 상태에서 의롭다 하심을 얻은 것이라고 선언하고 있기 때문에, 이 복은 유대인에게나 이방인에게나 똑같이 주어지는 것인 까닭에, 유대인들이 이방인들에 대하여 자신들을 높일 이유가 전혀 없다고 말하고, 그런 기회를 이용해서 할례의 유익에 대해서도 짤막하게 언급한다. 그런 다음에, 그는 구원의 약속은 오직 하나님의 선하심으로 말미암는 것이라는 말을 덧붙인다. 왜냐하면, 만일 구원이 율법으로 말미암는 것이라면, 사람들의 양심이 율법을 옳다고 할 때에 율법은 그 양심에 평안을 가져다주어야 하는데도, 결코 그렇게 할 수 없기 때문이다. 그러므로 우리의 구원이 확실한 것이 되기 위해서는, 우리는 우리 자신을 바라보는 것이 아니라 오직 하나님의 "미쁘심"만을 바라보고서 구원을 붙들어야 한다. 이 점에서 우리는 자기 자신을 바라보지 않고 오직 하나님의 능력만을 바라보았던 아브라함의 모범을 따라야 한다. 사도는 자신이 인용한 사례를 좀 더 일반적으로 적용하기 위하여 이 장의 끝에서 몇 가지 점에서 서로 유비가 되는 두 가지를 서로 비교한다.

5장에서 사도는 믿음으로 말미암는 의의 열매와 결과들을 다룬 후에, 그 점을 좀 더 분명하게 보여주기 위해서 거의 전적으로 예화들에 집중한다. 즉, 그는 큰 것으로부터 작은 것을 유추해 내는 논증방식을 통해서, 우리는 구속함을 받고 하나님과 화목을 이룬 자들이기 때문에, 우리가 멸망 받아 죽게 되어 있던 죄인들이었을 때에 우리를 위해 자신의 사랑하는 독생자를 주심으로써 우리에게 차고 넘치게 부어주신 하나님의 사랑으로부터 우리가 어떠한 것을 기대해야 마땅한지를 보여준다. 그런 후에, 그는 죄와 값없이 주어지는 의, 그리스도와 아담, 사망과 생명, 율법과 은혜를 비교한다. 이것으로부터 분명히 드러나는 것은 우리의 악이 아무리 크다고 할지라도 하나님의 무한하신 선하심에 의해서 다 삼켜질 수 있다는 것이다.

6장에서 사도는 우리가 그리스도 안에서 얻는 거룩함에 대하여 언급하기 시작한다. 우리의 육신은 이 은혜를 조금 맛보자마자 마치 자기는 이미 죽은 것처럼 여겨서 슬그머니 자신의 악들과 욕심들로 빠져들기가 쉽기 때문에, 그런 일이 일어나지 않도록 하기 위해서, 바울은 여기에서 우리가 거룩함을 굳게 붙들지 않으면, 그리스도의 의에 참여할 수 없다고 단호하게 말한다. 그는 우리가 처음으로 그리스도에 참여하게 되었을 때에 받은 세례를 들어서 논증을 전개해 나가는데, 세례를 통해 우리가 그리스도와 함께 장사된 것은 우리 자신에 대하여 죽고 그리스도의 생명으로 말미암아 다시 살아나서 새 생명으로 살게 하기 위한 것이라고 말한다. 그러므로 아무도 중생함이 없이는 그리스도의 의를 덧입을 수 없다는 결론이 나온다. 이것으로부터 사도는 순전하고 거룩한 삶에 대한 권면들을 도출해낸다. 그러한 삶은 죄의 지배에서 벗어나 의의 나라로 옮겨져서, 그리스도 안에서 범죄할 더 큰 자유를 얻어 방탕하게 살고자 하는 육신의 불경건한 방종함을 버린 자들에게서 반드시 나타나야 한다. 또한, 사도는 새 언약이 밝게 비치게 됨으로써 율법이 폐기되었다는 것을 짤막하게 언급한다. 왜냐하면, 새 언약은 죄 사함에 대한 약속과 더불어서 성령에 대한 약속도 담고 있기 때문이다.

　7장에서 사도는 앞에서도 다른 주제를 다루면서 율법의 용도에 대하여 잠깐 언급한 바 있지만, 이제 여기에서는 율법의 용도에 대한 본격적인 논의로 들어간다. 그는 왜 우리가 율법으로부터 벗어나야 하는지 그 이유를 설명하는데, 그것은 율법은 오직 정죄만을 불러오기 때문이라는 것이다. 하지만 마치 자신이 율법에 무슨 문제가 있는 것처럼 말한 듯이 사람들이 생각하지 않도록 하기 위해서, 그는 우리에게 생명을 주기 위해 주어진 율법이 우리를 사망으로 몰고가게 된 것은 전적으로 우리의 잘못으로 인한 것임을 보여줌으로써, 율법에 대한 모든 비난은 다 근거 없는 것들이라는 것을 아주 분명하게 보여준다. 아울러, 그는 율법이 어떻게 죄를 더하는지를 설명한다. 그런 후에, 그는 하나님의 자녀들이 죽을 몸이라는 감옥에 둘러싸여 있는 한 겪을 수밖에 없는 성령과 육신의 싸움을 묘사해 나간다. 즉, 하나님의 자녀들이라고 해도 육신의 욕심(concupiscentia)의 잔재들을 지니고 있어서 그것들이 그들이 율법에 온전히 순종하는 것을 끊임없이 방해한다는 것이다.

　8장에는 믿는 자들이 사도가 앞에서 그들조차도 하나님께 불순종, 아니 불완전한 순종을 할 수밖에 없다고 말한 것을 듣고서 그 양심이 두려워하거나 의기소침해지는 것을 막기 위한 위로들이 많이 나온다. 그러나 불경건한 자들이 그런 것을 핑계 삼아서 그들 자신을 두둔하지 않도록 하기 위해서, 사도는 먼저 이러한 특권은 오직 하나님의 영이 지배하는 거듭난 자들에게만 속한 것이라고 증언하면서 두 가지를 설명한다. 하나는 성령으로 말미암아 우리 주 그리스도에게 접붙여진 모든 자들은 여전히 무거운 죄짐을 지고 있더라도 정죄당할 위험으로부터 벗어나 있다는 것이고, 다른 하나는 성령의 거룩하게 하심을 받지 못하고 여전히 육신 가운데 있는 모든 자들은 결코 이 큰 복에 참여할 수 없다는 것이다. 그런 후에, 그는 하나님의 영이 우리 안에서 증언해줌으로써 우리에게서 모든 의심과 두려움을 다 몰아내기 때문에, 우리의 믿음은 확고하고 견고할 수밖에 없다고 말한다. 나아가, 그는 반론들을 미리 예상하고서, 우리가 현세에서는 이런저런 해악들을 겪을 수밖에 없다고 해도, 그런 것들이 우리에게 주어질 영생의 확실함을 방해하거나 중단시킬 수 없고, 도리어 그러한 고난들로 말미암아 우리의 구원이 한층 더 진전되며, 지극히 귀한 우리의 구원에 비하면 우리가 현재 겪는 고난들은 아무것도 아님을 보여준다. 그는 이것을 그리스도의 모범을 통해서 확증한다. 그리스도는 독생자이시고 하나님의 권속들 가운데서 머리가 되시기 때문에 우리 모두가 본받아야 할 모범이라는 것이다. 마지막으로, 사도는 마치 모든 것이 다 확실하게 해명되었다는 듯이 지극히 기쁜 찬송을 부르는 것처럼 사탄의 모든 능력과 술수들에 대하여 우리가 승리하게 될 것임을 담대하게 선포한다.

그러나 대부분의 사람들은, 하나님의 언약의 최초의 수호자들이자 상속자들이었던 유대인들이 그리스도를 배척하는 것을 보고서 크게 당혹해할 수밖에 없었다. 왜냐하면, 이것을 보면서 그들은 아브라함의 자손들이 하나님의 언약이 성취된 것을 무시함으로 말미암아 그 언약에서 배제된 것이거나, 이스라엘 민족의 형편을 더 좋게 만들어 주지 못한 그리스도가 하나님이 약속하신 구속주가 아니었거나, 둘 중의 하나일 것이라는 결론을 내려야 했기 때문이다. **9장**부터 사도는 이 문제를 다루기 시작한다. 그는 자기가 자신의 동족을 미워하는 마음에서 이런 말을 한다는 오해를 받지 않기 위해서 먼저 그들에 대한 자신의 사랑을 말하고, 또한 그들이 이방인들보다 뛰어난 특권들을 받았음을 인정하는 말을 한 후에, 자신이 말하고자 하는 문제, 즉 그들의 눈멂에 의해서 야기된 걸림돌을 제거하는 일을 자연스럽게 착수한다. 그는 육신을 따라 아브라함에게서 난 모든 자들이 다 언약의 은혜에 참여하게 될 아브라함의 "씨"가 아니고, 도리어 아브라함의 믿음을 지니기만 한다면 이방인들도 아브라함의 "씨"가 된다는 것을 보여주기 위해서 아브라함의 자손들을 두 부류로 구분하고서, 야곱과 에서를 예로 든다. 이렇게 해서 사도는 이 문제 전체가 걸려 있는 하나님의 택하심(electio)이라는 문제로 우리를 이끌어간다. 게다가, 택하심은 오직 하나님의 긍휼하심으로 말미암기 때문에, 그 택하심의 근거나 이유를 사람들의 어떤 가치나 자격에서 찾는 것은 헛된 일이다. 한편, 하나님의 택하심이 있기 때문에 버리심(reiectio)도 있기 마련이다. 이 버리심이 의롭다는 것은 의심의 여지가 없지만, 거기에는 하나님의 뜻 외에 다른 어떤 근본적인 이유나 근거는 존재하지 않는다. 사도는 이 장을 끝내기에 앞서 이방인들이 부르심을 받게 될 것과 유대인들이 버림 받게 될 것을 증명해 주는 선지자들의 예언들을 제시한다.

10장에서 사도는 다시 한 번 유대인들에 대한 자신의 사랑을 증언하는 것으로 시작한 후에, 그들이 그들 자신의 행위를 헛되게 의지한 것이 그들의 멸망의 원인이었음을 밝힌다. 그는 유대인들이 율법 탓을 하지 못하도록 하기 위해서, 우리를 믿음으로 말미암는 의로 이끄는 것이 율법의 소임이라고 말함으로써 그들의 반론을 잠재운다. 그는 이 의는 모든 민족에게 차별 없이 주어진 하나님의 풍성하신 선하심으로 말미암는 것이지만, 하나님께서 특별한 은총을 통해서 빛을 비쳐 주시는 자들만이 이 의를 덧입을 수 있다는 말을 덧붙인다. 그리고 그는 유대인들이 아니라 이방인들이 이 복을 받았지만, 이 일은 모세와 이사야에 의해서 예언된 것이라고 말한다. 즉, 모세는 이방인들이 부르심을 받게 될 것에 대하여 예언하였고, 이사야는 유대인들이 완악하게 될 것에 대하여 예언하였다는 것이다.

하지만 하나님의 언약이 아브라함의 자손과 그 밖의 다른 민족들을 구별한 것이 아니냐는 의문은 여전히 남는다(**11장**). 사도는 이 의문에 대하여 대답해 나가면서, 먼저 우리는 누가 택함 받은 자인지를 알 수 없기 때문에, 옛적에 엘리야는 이스라엘 사람들 가운데 여전히 칠천 명의 택함 받은 자들이 남아 있었는데도 불구하고, 자기 민족 중에서 신앙이 완전히 사라져 버린 것으로 착각한 것을 예로 들어서, 하나님의 역사는 우리의 눈에 보이는 것에 한정되지 않는다는 것을 일깨운다. 또한, 그는 우리가 복음을 미워하는 불신자들의 수가 많은 것을 본다고 해도 그런 것 때문에 혼란스러워 해서는 안 된다는 말을 덧붙인다. 끝으로, 그는 하나님의 언약은 육신을 따른 아브라함의 자손들에게까지 여전히 미치고 있지만, 오직 하나님께서 자신의 값없이 베풀어 주시는 택하심을 따라 미리 정하신 자들만이 그러한 복을 받게 될 것이라고 말한다. 그런 후에, 그는 이방인들이 자신들이 택하심을 받았다는 이유로 오만해져서, 유대인들은 자기들보다 못나서 버림 받은 것으로 착각해서 유대인들 앞에서 잘난 체하지 못하도록 하기 위해서, 이방인들은 전적으로 하나님이 값없이 거저 주신 은혜로 말미암아 택하심을 입은 것이기 때문에 더욱더 자신을 낮추는 것이 마땅하다고 말하는 한편, 하나님께서는 유대인들로 하여금 이방인들의 믿음을 보고서 시기하게 하여 결국에는 온 이스라엘을 모으시기 위한 것이기 때문에 이 복이 아브라함의 자손들로부터 완전히 떠난 것은 아니라고 말한다.

이후에 나오는 세 개의 장은 권면이지만, 내용은 각각 다르다. **12장**에는 그리스도인의 삶과 관련된 일반적인 교훈들이 나오고, **13장**은 대체로 위정자들의 권위를 다룬다. 이것으로부터 우리가 추측할 수 있는 것은 당시에 시민 권력을 무너뜨림이 없이는 그리스도인의 자유는 존재할 수 없다고 생각했던 광신자들이 일부 있었음이 분명하다는 것이다. 그러나 바울은 사랑의 의무 외에 또다른 의무들을 교회에 부과하는 것처럼 보이지 않도록 하기 위해서, 권세에 순종하는 것은 사랑의 의무에 포함되는 것이라고 밝힌다. 그런 후에, 그는 우리의 삶을 정립해 나가는 데에 필요한 교훈들 중에서 앞에서 언급하지 않았던 것들을 덧붙인다. **14장**에서 그는 당시에 특히 필요했던 권면을 행한다. 왜냐하면, 당시에는 잘못된 미신을 굳게 붙잡고서 모세 율법에서 정한 의식들을 꼭 지켜야 한다고 생각해서 그런 의식들을 무시하는 사람들을 보면 크게 시험에 들어서 분노하며 참을 수 없어 했던 사람들이 있었던 반면에, 율법의 의식들은 폐기되어야 마땅하다고 확신하고서 어떻게든 그 미신을 무너뜨리기 위해서 그들이 그런 의식들을 경멸한다는 것을 의도적으로 보여주고자 한 사람들도 있었기 때문이었다. 이 두 부류의 사람들은 자신이 믿는 바를 도가 지나치게 고집함으로써 서로에게 걸림돌이 되었다. 왜냐하면, 미신을 붙잡고 있던 사람들은 그렇지 않은 사람들을 하나님의 율법을 멸시하는 자들이라고 정죄했고, 미신을 타파해야 한다고 생각했던 사람들은 미신에 붙들린 사람들을 어리석은 자들이라고 부당하게 조롱하였기 때문이었다. 그래서 사도는 두 부류의 사람들에게 양쪽 다 너무 민감하게 반응하지 말고 절제해서, 한 쪽은 지나치게 걸림돌이 되는 행동이나 말을 삼가고, 다른 한 쪽은 멸시하고 모욕하는 것을 그만두라고 권한다. 또한, 그는 믿음이 강한 자들이 약한 자들을 배려해서 약한 자들의 양심에 거리낌을 주는 일을 하지 않는 것이 합당하다고 말함으로써, 그리스도인에게 주어진 자유는 사랑과 덕 세움의 한계 내에서 누려야 한다는 것을 보여준다.

　15장은 앞에서 다룬 주제의 결론으로서 믿음이 강한 자는 약한 자들을 붙들어 주는 데에 자신의 힘을 사용해야 한다는 일반적인 명제를 반복하는 것으로 시작된다. 유대인과 이방인 간에는 모세 율법의 의식들과 관련해서 끊임없는 불화가 있었기 때문에, 사도는 그들의 교만의 원인을 제거함으로써 그들 간의 온갖 시기를 해결한다. 즉, 그는 유대인이든 이방인이든 그들의 구원은 오로지 하나님의 긍휼하심으로 말미암기 때문에, 그들은 그들 자신을 높이는 모든 생각들을 다 버리고서 오직 하나님의 긍휼하심만을 의지해야 마땅하고, 그랬을 때에 그들은 동일한 유업에 대한 소망 가운데서 연합하여 서로를 진심으로 껴안을 수 있게 될 것임을 보여준다. 끝으로, 그는 이제까지의 자신의 가르침이 큰 권위를 지니기 위해서는 자신의 사도직을 다시 한 번 확고히 해 둘 필요가 있었기 때문에, 자기가 주제넘게 그들 가운데서 선생 노릇을 하고자 한 것이 아니라 단지 사도로서 해야 할 일을 "담대히" 한 것뿐이라고 말하며, 자신이 한 일에 대하여 해명하는 기회를 갖는다. 또한, 그는 자기가 그들에게 가고자 한다는 소망을 이 서신의 서두에서도 언급한 바 있지만 여기에서 다시 한 번 피력하고, 그 동안 자신이 그들에게 가고자 했지만 지금까지는 그런 시도들이 성사되지 못했다고 말하면서, 이번에도 어떤 이유 때문에 자기가 그들에게 지금 당장 가지 못하게 되었는지를 설명하는데, 그것은 마게도냐와 아가야의 교회들이 예루살렘의 믿는 자들의 궁핍을 덜어주기 위하여 그들이 모은 구제 헌금을 전달하는 소임을 자기에게 맡겼기 때문이라고 말한다.

16장에는 우리가 꼭 주목해야 할 몇몇 교훈들이 여기저기 나오기는 하지만, 거의 전체가 문안인사들로 이루어져 있고, 마지막은 주목할 만한 기도로 마무리된다.

제1장

¹예수 그리스도의 종 바울은 사도로 부르심을 받아 하나님의 복음을 위하여 택정함을 입었으니 ²이 복음은 하나님이 선지자들을 통하여 그의 아들에 관하여 성경에 미리 약속하신 것이라 ³그의 아들에 관하여 말하면 육신으로는 다윗의 혈통에서 나셨고 ⁴성결의 영으로는 죽은 자들 가운데서 부활하사 능력으로 하나님의 아들로 선포되셨으니 곧 우리 주 예수 그리스도시니라 ⁵그로 말미암아 우리가 은혜와 사도의 직분을 받아 그의 이름을 위하여 모든 이방인 중에서 믿어 순종하게 하나니 ⁶너희도 그들 중에서 예수 그리스도의 것으로 부르심을 받은 자니라 ⁷로마에서 하나님의 사랑하심을 받고 성도로 부르심을 받은 모든 자에게 하나님 우리 아버지와 주 예수 그리스도로부터 은혜와 평강이 있기를 원하노라(1:1-7).

1. 바울. 바울이라는 이름과 관련된 문제는 길게 논의할 만큼 중요하지 않고, 다른 주석자들이 이미 충분히 설명해 놓았기 때문에, 내가 더 말할 것은 없지만, 혹시라도 필요한 사람들이 있을 것을 생각해서 여기에서는 지루하지 않을 정도로 간략하게만 언급하고자 한다.

사도가 "총독 서기오 바울"을 그리스도 신앙으로 인도한 일로 인해 이 이름을 얻게 되었다는 주장은 그가 그 일 이전에 이미 바울로 불렸음을 보여주는 누가의 증언에 의해 반박된다(행 13:7, 9). 또한, 그가 그리스도께로 회심했을 때에 이 이름이 그에게 주어졌을 가능성도 희박해 보인다. 이 설을 따랐을 때에, 교만했던 사울이 그리스도의 "아주 작은"(parvulus) 제자로 바뀐 것이라고 멋진 논증을 펼칠 수 있었기 때문에, 아우구스티누스는 이 설을 선호하였다. 좀 더 유력한 견해는 사도에게는 원래부터 이름이 둘이었다는 오리게네스(Origenes)의 견해이다. 사도의 부모는 그가 이스라엘인이라는 증거를 드러내는 한편으로, 당시에 대단한 영예였던 로마 시민권자라는 것도 아울러 드러내고 싶었을 것이기 때문에, 사울이라는 이름은 그의 종교와 혈통을 나타내기 위해 붙여졌고, 또다른 이름인 바울은 로마 시민권자임을 나타내기 위해 더해진 것일 가능성이 크다. 그러나 사도가 자신의 서신들에서 일관되게 바울이라는 이름을 사용한 것은 아마도 바울이라는 이름이 그 서신들을 받는 교회들에서는 더 잘 알려져 있었고 더 일반적으로 사용되던 이름이었으며, 로마 제국에서 쉽게 통용될 수 있는 이름이었고, 자기 민족 내에서는 덜 알려진 이름이었기 때문인 것 같다. 또한, 사도는 로마인들과 로마의 속주들에서 유대인의 이름으로 활동하다가 불필요한 오해나 반감을 사거나 동족들의 광분을 불러일으킬 수 있다는 점도 무시할 수 없었고, 자신의 신변의 안전도 도모하지 않을 수 없었을 것이다.

예수 그리스도의 종. 이것은 바울이 자신의 가르침에 더 큰 권위를 부여할 목적으로 자신에게 붙인 호칭이다. 그는 두 가지 방식으로 이 목적을 이루고자 했는데, 하나는 자신이 사도로 부르심을 받았다는 것을 천명하는 것이었고, 다른 하나는 자신의 부르심이 로마 교회와 무관하지 않음을 보여주는 것이었다. 바울에게는 자기가 하나님의 부르심을 통해서 사도가 되었다는 것과 로마에 있는 교회를 위하여 사도로 세우심을 입었다는 것을 사람들에게 알게 하는 것은 어느 쪽이나 대단히 중요했다. 그러므로 바울이 자기가 "그리스도의 종"이고 사도직으로 부르심을 받았다고 말하는 것은 제멋대로 주제넘게 사도를 참칭하는 것이 아님을 보여주기 위한 것이다. 그런 후에, 바울은 자기가 "택정함을 입었다"는 말을 덧붙임으로써 자신은 일반적인 신자가 아니라 특별히 선택된 하나님의 사도라는 사실을 한층 더 분명히 한다. 사도직은 하나님을 섬기는 일들 중에서도 특별한 직분이었다는 점을 고려할 때, 바울은 일반적인 것을 먼저 말하고 다음으로 구체적인 것으로 나아가는 논증 방법을 택한 것이라고 할 수 있다. 가르치는 직분을 맡은 모든 사람은 "그리스도의 종"으로 여겨져야 하지만, "사도"는 존귀함의 정도에 있어서 다른 모든 사람들을 훨씬 능가한다. 그러나 바울은 자신이 "하나님의 복음을 위하여" 선택된 것임을 밝혀서 자신의 사도직의 용도와 목적을 표현한다. 왜냐하면, 그는 자기가 어떤 목적으로 그 직분으로 부르심을 받았는지를 간단하게 밝히고자 하였기 때문이다. 그러므로 바울은 자신을 "그리스도의 종"이라고 함으로써 일반적인 교사들과의 공통점을 밝히고 나서, 자신에게 "사도"라는 직분이 주어진 것을 들어서 자기가 다른 모든 교사 위에 있다는 것을 밝히고 있는 것이다. 그러나 스스로 사도를 자처하는 자에게는 그 어떤 권위도 있을 수 없기 때문에, 바울은 자기가 하나님에 의해 세우심을 받았다는 사실을 상기시킨다.

따라서 이 구절의 의미는 바울은 그리스도를 섬기는 종이긴 하지만, 여느 사람들처럼 평범한 종이 아니라, 하나님의 부르심을 받고 세우심을 입은 사도이고, 스스로 사도를 자처하는 것이 아니라는 것이다. 그런 후에, 자신의 사도직에 대한 좀 더 구체적인 해명이 나오는데, 그것은 하나님께서 그를 사도로 세우신 것은 복음을 전하도록 하시기 위한 것이었다는 것이다. 어떤 사람들은 바울이 여기에서 말하는 부르심(vocatio)을 하나님의 영원하신 선택(electio)을 가리키는 것으로 보고서, 택정함(seperatio)을 갈라디아서 1:15에서처럼 그가 어머니의 태로부터 택정함을 입은 것을 의미하거나, 아니면 누가가 말한 것처럼 이방인들에게 복음을 전하도록 세우심을 입은 것을 의미하는 것으로 이해하지만, 나는 그런 견해에 동의하지 않는다. 왜냐하면, 여기에서 바울은 단지 사람들이 자기가 사도로서의 존귀를 주제넘게 참칭하는 것이라고 생각하지 않도록 하기 위하여, 자신의 부르심과 택정함이 하나님으로부터 온 것임을 밝히고자 한 것일 뿐이기 때문이다.

우리가 여기에서 주목할 것은 말씀을 위해서는 특별한 부르심이 요구되기 때문에 모든 사람이 다 말씀 사역에 적합한 것은 아니라는 것이다. 우리는 자신이 말씀 사역에 아주 적절한 사람이라는 생각이 들지라도, 부르심 없이 그 직분을 맡지 않도록 조심하여야 한다. 사도와 감독으로 부르심을 받는다는 것이 어떤 성격을 지니는지에 대해서는 우리가 나중에 살펴보겠지만, 여기에서 또 한 가지 주목할 것은 사도의 직임은 복음을 전하는 것이라는 사실이다. 이것은 복음을 전하지는 않으면서, 단지 주교관(主敎冠)과 주교장(主敎丈) 등과 같은 것들로 자신들이 다른 사람들과 다르다는 것을 나타내는 저 벙어리 개들이 자신들이 사도들의 계승자라는 것을 자랑하는 것이 얼마나 어처구니없는 일인지를 보여준다.

"종"이라는 단어는 직임을 나타내는 것이기 때문에 그저 일꾼이라는 것 외의 다른 의미를 지니고 있지 않다. 내가 이 점을 지적하는 이유는 이 단어에 지나치게 집착하여 쓸데없는 사변에 빠져서 이 단어 속에서 모세의 직분과 그리스도의 직분의 대비를 찾고자 하는 자들의 잘못을 제거하기 위한 것이다.

2. 이 복음은 하나님이 선지자들을 통하여 그의 아들에 관하여 성경에 미리 약속하신 것이라. 새롭게 출현한 것이라는 의심을 받는 가르침은 권위를 인정받기 어려운 까닭에, 바울은 복음 신앙이 이미 아주 오래 전부터 있어 온 것이라고 천명함으로써 그 권위를 확보하고자 한다. 즉, 바울은 이렇게 말한 것과 같다: "그리스도와 그의 복음은 창세 이래로 약속되고 늘 기다려 온 것이라는 점에서, 그리스도께서는 예기치 않게 느닷없이 이 땅에 오신 것도 아니고, 전에는 들어본 적이 없는 새

로운 것을 가르치신 것도 아니었다." 하지만 오래된 것은 흔히 근거 없이 꾸며낸 이야기로 여겨지는 경향이 있기 때문에, 바울은 모든 의구심을 제거하기 위해 검증된 증인들을 내세운다. 그런 후에, 세 번째로 바울은 그들의 증언이 성경 속에 고스란히 보존되어 있다는 말을 덧붙인다.

바울은 복음이 단지 약속되기만 하였을 뿐이고 선지자들에 의해서 선포된 것은 아니라고 가르치고 있기 때문에, 이 구절로부터 우리는 복음이 무엇인지를 추론하는 것이 가능하다. 선지자들은 단지 복음을 약속하기만 한 것이라면, 마침내 우리 주님이 육체로 나타나셨을 때에야 비로소 복음이 계시되었다는 결론이 나온다. 복음은 그리스도께서 육체로 나타나서 선포하신 것이고, 약속들은 이 복음 속에서 현실화된 것이기 때문에, 약속들과 복음을 혼동하는 것은 잘못된 것이다.

3. 그의 아들에 관하여. 이 구절은 복음 전체가 그리스도 안에 담겨 있기 때문에, 누구라도 그리스도로부터 한 걸음이라도 물러난다면, 그는 복음으로부터 멀어지는 것이라고 가르친다는 점에서 중요하다. 그리스도는 성부 하나님의 살아 있는 분명한 형상(viva et expressa imago)이기 때문에, 오직 그리스도 한 분만이 우리의 신앙 전체의 대상이자 중심인 분으로서 우리 앞에 제시되고 있다는 것은 결코 놀랄 일이 아니다. 따라서 이 구절은 복음에 대한 서술이고, 여기에서 바울은 복음의 내용을 요약해서 표현하고 있다. 나는 4절에 나오는 "우리 주 예수 그리스도"라는 어구를 이 구절의 "그의 아들"과 동격으로 보는 것이 문맥에 가장 잘 맞는다고 여겨서 본문을 그렇게 옮겼다(칼빈의 사역에 의하면, "그의 아들 곧 우리 주 예수 그리스도에 관하여 말하면"이 된다 ― 역주). 그러므로 이 구절로부터 알 수 있는 것은 그리스도를 제대로 알면 복음으로부터 배울 수 있는 모든 것을 알게 된다는 것이다. 반면에, 그리스도를 떠나서 지혜롭고자 하는 자들은 어리석게 되어 버릴 뿐만 아니라 철저히 미쳐서 정신 나간 자들이 되고 만다.

육신으로는 다윗의 혈통에서 나셨고. 구원을 얻기 위해서는 그리스도 안에서 두 가지를 발견해야 하는데, 그것은 그리스도의 신성과 인성이다. 그의 신성은 능력과 의와 생명을 담고 있고, 이것들은 그의 인성을 통해서 우리에게 전달된다. 그래서 사도는 복음을 요약하면서, 그리스도가 육체로 나타나셨다는 것과 육체로 나타나신 그가 하나님의 아들로 선포되었다는 것, 이 두 가지를 다 분명하게 언급한다. 마찬가지로, 요한도 말씀이 육신이 되었다고 말한 후에, 그 육신 속에 하나님의 "독생자의 영광"(요 1:14)이 있었다는 말을 덧붙인다. 바울이 다윗이라는 조상을 언급해서 그리스도의 혈통과 족보를 구체적으로 밝힌 것은 의도적인 것이다. 즉, 바울은 이런 식으로 우리에게 약속을 환기시켜서, 우리로 하여금 그리스도가 전에 약속된 바로 그분이라는 것을 의심하지 못하게 하고자 한 것이다. 다윗에게 주어진 약속은 아주 잘 알려져 있어서, 메시아를 "다윗의 자손"이라 부르는 것은 유대인들 가운데서 보편화되어 있었던 것으로 보인다. 그러므로 바울이 그리스도께서 다윗에게서 나셨다고 말한 것은 우리의 신앙을 확증하기 위한 것이다. 바울은 우리로 하여금 그리스도에게는 "육신"보다 더 뛰어난 어떤 것, 즉 그가 다윗으로부터 취한 것이 아니라 하늘로부터 가져온 것, 즉 곧이어서 언급될 신성의 영광이 있었다는 것을 보여주기 위해서 "육신으로는"이라는 어구를 덧붙인다. 아울러, 이 어구를 통해서 바울은 그리스도가 진짜 육신을 입으셨다는 것을 선언할 뿐만 아니라, 그리스도의 인성과 신성을 분명하게 구별함으로써, 그리스도의 육신은 세 가지 피조되지 않은 요소들로 이루어져 있었다고 말한 세르베투스(Servetus, 1509-1553년, 그리스도의 신성을 부정한 스페인 신학자)의 저 불경스럽고 정신 나간 주장을 반박한다.

4. 성결의 영으로는 죽은 자들 가운데서 부활하사 능력으로 하나님의 아들로 선포되셨으니. 바울은 여기에서 시편 2:7에 "너는 내 아들이라 오늘 내가 너를 낳았도다"라고 기록되어 있듯이 부활의 능력은 그리스도를 하나님의 아들로 선포한 영(令)과 같은 것이었다고 말하고 있는 것이다. 왜냐하면, "낳았다"는 것은 "고지"(告知, notitia)를 가리키기 때문이다. 어떤 이들은 이 구절이 그리스도의 신성에 대한 세 가지 증거, 즉 첫 번째는 이적들을 가리키는 것으로 이해되는 "능력," 두 번째는 성령의 중언, 세 번째는 죽은 자들로부터의 부활을 제시하는 것으로 보지만, 나는 이것들을 하나로 묶어서 다음과 같이 해석하는 편이 더 낫다고 본다. 즉, 그리스도는 죽은 자들로부터 다시 살아나셨을 때에 진정으로 하늘에 속한 능력, 곧 성령의 능력을 공개적으로 행사하심으로써 하나님의 아들로 선포되셨지만, 이 능력은 동일한 성령에 의해 우리 마음에 인쳐질 때에야 비로소 우리에게 이해된다는 것이다. 사도의 표현은 이러한 견해와 잘 맞아떨어진다. 왜냐하면, 사도는 오직 하나님께만 속한 능력이 그리스도 안에서 나타나서 그가 하나님임을 의심할 여지 없이 증명해 주었다는 의미에서 "능력으로 하나님의 아들로 선포되셨다"고 말하는 것이기 때문이다. 그리고 이것은 그리스도의 부활에 의해서 분명해졌다. 그래서 바울은 다른 곳에서 그리스도의 죽음으로 그의 육신의 연약함이 드러났다고 말하면서, 아울러 그리스도의 부활에서 성령의 능력이 나타났다고 말한다(고후 13:4). 하지만 이 영

광은 동일한 성령이 우리의 마음을 인칠 때까지는 우리가 알지 못한다. 여기에서 바울이 그리스도께서 죽은 자들로부터 다시 살아나심을 통해서 나타내신 성령의 놀라운 능력과 더불어서 각각의 신자가 자신의 마음에서 경험하는 증거를 포함시키고 있다는 것은 그가 성령을 "성결의 영"이라고 부르는 것에서 분명하게 드러난다. 즉, 바울은 성령은 각각의 신자를 성결하게 함으로써 자신이 전에 그리스도의 부활 속에서 드러냈던 바로 그 능력임을 확증한다고 말하고 있는 것이다. 성경에서는 이렇게 그때그때의 논의를 좀 더 분명하게 밝혀줄 수 있는 호칭들을 성령에 붙여서 부르는 경우가 흔하다. 예컨대, 요한복음 14:17에서는 주님은 거기에서 자신이 말씀하고 있는 취지에 맞춰서 성령을 "진리의 영"이라 부르신다.

또한, 그리스도의 부활 속에서 신적인 능력이 나타났다고 말하는 또다른 이유는 그리스도께서 "너희가 이 성전을 헐라 내가 사흘 동안에 일으키리라"(요 2:19)거나, "이를 내게서 빼앗는 자가 있는 것이 아니라 내가 스스로 버리노라"(요 10:18)라고 자주 증언하셨듯이, 그가 자신의 능력으로 다시 살아나셨기 때문이다. 그리스도는 외부에 요청해서 얻게 된 도움을 통해서가 아니라 하늘로부터의 자신의 영의 역사를 통해서 자신이 육신의 연약함으로 말미암아 굴복했던 사망에 대하여 승리를 얻으신 것이었다.

5. 그로 말미암아 우리가 은혜와 사도의 직분을 받아 그의 이름을 위하여. 바울은 자신이 받은 직분을 정당화하기 위한 목적으로 도입했던 복음에 대한 설명을 마친 후에, 이제 여기에서는 자신이 부르심을 받은 것에 대한 얘기로 되돌아간다. 왜냐하면, 자신이 사도로 부르심을 받았다는 사실을 로마에 있는 성도들에게 확증하는 것은 그에게 대단히 중요했기 때문이다. "은혜와 사도의 직분"이라는 표현은 환치법(換置法)으로서 은혜로 주어진 사도직, 또는 사도직의 은혜를 의미한다. 이러한 표현을 통해서 바울은 자기가 하나님의 택정하심을 따라 이렇게 존귀한 직분을 받게 된 것은 자신이 그럴 만한 자격이 있어서가 아니라 전적으로 하나님의 은혜로 말미암은 것이라고 말하고자 한다. 왜냐하면, 사도라는 직분은 세상 사람들이 볼 때에는 위험과 수고, 미움과 수치 외에는 돌아오는 것이 없는 직분이었겠지만, 하나님과 성도 앞에서는 대단히 존귀한 직분이어서 "은혜"로 여겨지기에 충분한 것이었기 때문이다. 이 구절을 "내가 감히 사도가 되는 은혜를 받아"라고 해석해도 좋은데, 그 의미는 동일하다.

암브로시우스(Ambrosius)는 "그의 이름을 위하여"라는 어구를 "그의 이름으로"

로 번역하고서, 이 어구는 바울이 "우리가 그리스도를 대신하여 사신이 되어"(고후 5:20)라고 말했듯이, 자기가 그리스도를 대신하여 복음을 전하도록 세우심을 입었다는 것을 의미한다고 보았다. 하지만 여기에서 "이름"은 "알게 하는 것"(notitia)을 의미하는 것으로 보는 것이 더 나은 해석인 것 같다. 왜냐하면, 복음을 전하는 것은 사람들로 하여금 하나님의 아들의 이름을 믿게 하기 위한 것이기 때문이다(요일 3:23). 사도행전 9:15은 바울을 그리스도의 이름을 이방인들에게 전하기 위하여 택함 받은 그릇이라고 말한다. 그러므로 "그의 이름을 위하여"라고 한 것은 "그리스도가 어떤 분이신지를 알게 하기 위하여"라고 말한 것과 동일한 의미를 지닌다. "모든 이방인 중에서 믿어 순종하게 하나니"는 우리는 모든 이방인 중에서 복음을 전하여 그들로 하여금 믿음으로 이 복음에 순종하게 하라는 명령을 받았다는 것이다. 바울은 자신의 부르심의 목적을 말함으로써 로마 성도들에게 자신의 직분을 다시 한 번 상기시키는데, 이것은 이렇게 말한 것과 같다: "내게 맡겨진 직분, 곧 말씀을 전하는 직분을 수행하는 것은 내가 해야 할 일이고, 말씀을 듣고 전적으로 순종하는 것은 너희가 해야 할 일이다. 너희가 그렇게 하지 않는 것은 하나님이 내게 주신 부르심을 헛되이 하는 것이다." 이것으로부터 우리가 알 수 있는 것은 우리로 하여금 하나님께 순종하는 것을 목적으로 하는 복음 전도를 불경스럽게 멸시하고 거부하는 자들은 하나님의 통치권(imperium)에 완강하게 저항하고 하나님의 질서(ordo) 전체를 전복시키고자 하는 자들이라는 것이다. 또한, 여기에서 우리가 주목해야 할 것은 믿음의 성격(natura)이다. 그것은 "순종"(obedientia)이라는 말로 표현되어 있는데, 그 이유는 하나님이 복음을 통해서 우리를 부르실 때에 부르심 받은 우리는 믿음으로 응답하는 것이 마땅하기 때문이다. 반면에, 하나님에 대한 불순종(contumacia)의 근원은 불신앙이다. 나는 흠정역에서 "믿음에 순종하게 하기 위하여"(for the obedience to faith)로 번역된 어구는 "믿음의 순종을 위하여"로 옮기는 것이 더 낫다고 본다(한글개역개정에는 "믿어 순종하게"로 되어 있음 — 역주). 전자는 성경에서 단 한 번 사용되고 있기는 하지만(행 6:7, "하나님의 말씀이 점점 왕성하여 예루살렘에 있는 제자의 수가 더 심히 많아지고 허다한 제사장의 무리도 이 도에 복종하니라"), 비유적인 의미로 사용되는 경우 외에는 엄밀하게 말해서 정확하다고 할 수 없다. 왜냐하면, 믿음 자체가 복음에 순종하는 것이기 때문이다.

모든 이방인 중에서. 바울은 자신이 사도로 세우심을 입었다고 하더라도, 어떤 사람들을 대상으로 그 직분을 수행하게 되어 있는지를 밝히지 않는다면 불충분할 것이었기 때문에, 자신의 사도직이 "모든 이방인"에게 미친다는 점을 덧붙인다. 아울러, 그는 곧바로 로마에 있는 성도들도 자신이 섬기기로 되어 있는 "모든 이방인" 중의 일부라고 말함으로써 자신이 그들의 사도임을 좀 더 분명히 한다. 게다가, 물론 사도들도 온 세계에 복음을 전하라는 명령을 받았고 목사와 감독처럼 어떤 특정한 교회 위에 세우심을 받은 것이 아니었지만, 바울은 사도들에게 부여된 일반적인 직무 외에도 특별한 부르심에 의해 모든 이방인 중에서 복음을 전하는 일꾼으로 세우심을 받았다. 하나님이 바울에게 "무시아"에서 말씀을 전하는 것을 막으시고 "마게도냐"로 가라고 하신 것(행 16:7)은 이것과 배치되는 것이 아니었다. 왜냐하면, 그것은 하나님께서 바울이 사역할 지역을 제한하고자 하신 것이 아니라, 아시아 지역은 아직 추수할 때가 되지 않은 까닭에, 한동안 다른 곳으로 가서 사역하게 하고자 하신 것이었기 때문이다.

6. 너희도 … 예수 그리스도의 것으로 부르심을 받은 자니라. 바울은 여기에서 자기와 로마 교회의 성도들이 좀 더 밀접하게 연결되어 있음을 보여주는 이유를 제시하는데, 그것은 하나님이 그들을 복음 안에서 사귐을 갖고 교제하도록 부르셨음을 분명하게 보여주는 증거를 이미 그들 속에 주셨다는 것이다. 이것으로부터 알 수 있는 것은 그들이 자신들의 부르심에 확고하게 서고자 한다면 하나님의 동일한 택하심을 입은 바울의 사역을 거부해서는 안 된다는 것이다. 그러므로 나는 "예수 그리스도의 것으로 부르심을 받은 자"라는 어구가 앞에 나오는 "너희"를 부연설명하는 것으로 보고서, 이 어구 앞에 "즉"을 삽입해서 해석하는 것이 좋다고 본다. 즉, 바울은 그들이 하나님의 부르심을 통해서 그리스도에게 속한 자들(participes)이 되었다고 말하고 있는 것이다. 왜냐하면, 그들은 그리스도 안에서 하늘에 계신 아버지에 의해 택하심을 받아 장차 영생의 상속자들이 될 자녀들이 되었고, 일단 택하심을 받게 된 후에는 그들의 목자이신 그리스도에게 속하여 그 돌보심 아래 있게 되기 때문이다.

7. 로마에서 하나님의 사랑하심을 받고 성도로 부르심을 받은 모든 자에게. 이 일련의 아름다운 어구들을 통해서 바울은 우리가 받은 대단한 존귀를 보여준다. 첫째는 하나님이 그 인자하심으로 우리를 자신의 은혜와 사랑 속으로 받아들이셨다는 것이고, 둘째는 하나님이 우리를 부르셨다는 것이며, 셋째는 하나님이 우리를 거룩함으로 부르셨다는 것이다. 그러나 이러한 대단한 존귀는 우리가 부르심을 소홀히 하지 않을 때에만 우리에게 있게 된다.

사실 이 구절 속에는 풍부한 진리가 제시되어 있지만, 나는 간략하게만 언급하고, 나머지는 독자들의 몫으로 남겨 두고자 한다. 바울은 우리의 구원과 관련된 공로를 우리 자신에게 돌리는 것이 아니라, 전적으로 우리를 향한 아버지 하나님의 값없이 거저 주시는 사랑이라는 원천에 돌린다. 왜냐하면, 그는 하나님이 우리를 사랑하신다는 것을 우리의 구원의 원천으로 들고 있고, 하나님의 사랑은 오직 자신의 선하심으로 말미암은 것이라고 말하고 있기 때문이다. 우리를 부르신 것도 그 사랑으로 인한 것이다. 하나님은 전에 은혜로 택하신 자들을 때가 이르자 부르셔서 양자로 삼으신다. 또한, 이 구절로부터 우리가 알 수 있는 것은 자기 자신은 정말 무가치하고 형편없는 자인데도 하나님이 자기에게 은혜를 베풀어 주셨음을 확신하고서, 하나님의 선하심에 감화되어 깨어나서 거룩함에 대한 열망을 지니게 된 자들만이 진정으로 성도들의 반열에 들게 된다는 것이다. 왜냐하면, "하나님이 우리를 부르심은 부정하게 하심이 아니요 거룩하게 하심이기"(살전 4:7) 때문이다. 헬라어 원문은 2인칭으로 번역될 수 있기 때문에, 인칭을 수정해야 할 이유는 없다고 본다.

은혜와 평강. 하나님의 은총을 받는 것보다 우리에게 더 좋은 것은 없는데, 이것이 "은혜"라는 말이 의미하는 것이다. 다음으로, 하나님이 우리가 하는 모든 일을 형통하게 하시고 성공하게 하시는 것은 "평강"이라는 말로 표현되고 있다. 왜냐하면, 모든 것이 우리에게 미소를 짓고 있는 것처럼 보인다고 할지라도, 하나님이 우리에 대하여 진노하고 계신다면, 그 어떤 복도 결국은 저주로 변할 것이기 때문이다. 따라서 우리의 행복의 유일한 토대는 하나님의 인자하심(benevolentia)이다. 이 인자하심으로 말미암아 우리는 참되고 온전한 형통을 누리게 되고, 그 어떤 역경 속에서도 우리의 구원은 진전을 이루게 된다. 또한, 바울은 하나님으로부터 오는 "평강"을 구하고 있기 때문에, 우리에게 임하는 그 어떤 복도 다 하나님의 인자하심의 열매라는 것을 우리는 알게 된다. 아울러 우리가 간과하지 말아야 할 것은 바울은 이러한 복들을 위하여 "주 예수 그리스도"에게도 기도하고 있다는 사실이다. 주 예수 그리스도는 우리를 향하신 아버지 하나님의 차고 넘치는 인자하심을 우리에게 베풀어 주시는 분이실 뿐만 아니라, 모든 일을 하나님과 함께 역사하시기 때문에, 바울이 그리스도께 이러한 존귀를 돌리는 것은 합당하다. 하지만 여기에서 사도의 본래의 목적은 하나님의 모든 복이 "주 예수 그리스도"를 통하여 우리에게 온다는 것을 보여주는 것이다.

"평강"이 양심의 평정을 의미하는 것으로 보고자 하는 사람들이 있고, 나도 이 단어가 종종 그런 의미로 사용된다는 것을 부정하지 않는다. 그러나 사도가 여기에서 하나님이 우리에게 주시는 복들을 요약적으로 제시하고자 한 것이 분명하기 때문에, 우리가 앞에서 본 부처(Bucer)가 제시한 의미가 훨씬 더 적절하다. 그러므로 바울은 신자들에게 모든 복이 주어진다는 것을 보여주기 위해서 앞에서와 마찬가지로 그 원천인 하나님의 은혜를 언급한다. 왜냐하면, 하나님의 은혜는 우리에게 영원한 복된 삶을 가져다줄 뿐만 아니라 현세의 삶 속에서의 모든 복의 원천이기도 하기 때문이다.

[8]먼저 내가 예수 그리스도로 말미암아 너희 모든 사람에 관하여 내 하나님께 감사함은 너희 믿음이 온 세상에 전파됨이로다 [9]내가 그의 아들의 복음 안에서 내 심령으로 섬기는 하나님이 나의 증인이 되시거니와 항상 내 기도에 쉬지 않고 너희를 말하며 [10]어떻게 하든지 이제 하나님의 뜻 안에서 너희에게로 나아갈 좋은 길 얻기를 구하노라 [11]내가 너희 보기를 간절히 원하는 것은 어떤 신령한 은사를 너희에게 나누어 주어 너희를 견고하게 하려 함이니 [12]이는 곧 내가 너희 가운데서 너희와 나의 믿음으로 말미암아 피차 안위함을 얻으려 함이라(1:8-12).

8. 먼저 … 너희 믿음이 온 세상에 전파됨이로다. 바울은 로마의 성도들이 현재 점하고 있는 위치를 근거로 삼아서 그들로 하여금 자신의 가르침을 받아들이도록 준비시키고 있다는 점에서, 이러한 도입부는 아주 적절하다. 그들의 현재의 위치와 관련하여 그가 하고자 하는 것은 그들의 믿음이 널리 알려져 있다는 사실을 상기시키는 것이다. 이것은 그들이 교회들로부터 널리 칭찬을 듣고 있는 까닭에, 만일 하나님의 사도를 거부한다면, 그들에 대하여 좋은 평판을 갖고 있던 모든 교회를 실망시키게 될 것이고, 그것은 무례할 뿐만 아니라 어느 정도는 배신행위나 다름없다는 것을 보여준다. 그러므로 그들의 명성에 대한 이러한 증언은 사도로 하여금 그들이 순종할 것이라는 확신을 갖게 하여서 자신의 직분을 따라 로마의 성도들을 가르쳐서 덕을 세우고자 하게 만들었던 역할을 했던 것과 마찬가지로, 그들로 하여금 그의 권위를 멸시해서는 안 되게 만드는 역할을 하였다. 또한, 바울은 자기 자신과 관련해서 자기가 그들을 얼마나 진실하게 사랑하고 있는지를 증언함으로써 그들에게서 기꺼이 그를 받아들이고자 하는 마음을 불러일으키고자 한다. 왜냐하면, 조언하는 자가 상대방을 진심으로 위하고 관심을 가지고 있다는 인상을 주는 것보다 상

대방의 신뢰를 얻는 데에 더 효과적인 것은 없기 때문이다.

우리가 먼저 주목할 것은, 바울이 그들의 믿음이 하나님으로부터 온 것임을 보여 주는 가운데 그 믿음을 칭찬하고 있다는 것이다. 이것으로부터 우리는 믿음이 하나 님의 선물이라는 것을 배운다. 왜냐하면, 감사는 은혜를 입었음을 인정하는 행위인 까닭에, 믿음과 관련해서 하나님께 감사하는 자는 그 믿음이 하나님으로부터 온 것 임을 인정하는 것이기 때문이다. 사도가 자신의 서신들에 나오는 인사말을 언제나 감사하는 것으로 시작한다는 사실로부터 우리가 알게 되는 교훈은, 우리에게 주어 지는 모든 복은 하나님이 은혜로 주시는 것들이라는 것이다. 또한, 우리 자신으로 하여금 하나님을 모든 복을 주시는 분으로 인정하는 일에 더욱 분발하게 하고, 다 른 사람들에게도 우리처럼 그렇게 하도록 더욱 촉구하기 위해서는, 우리가 그런 표 현방식에 익숙해질 필요가 있다. 우리가 작은 일들에서 이렇게 하는 것이 마땅하다 면, 결코 평범하지도 않고 누구에게나 주어지는 것도 아닌 하나님의 선물인 믿음과 관련해서는 훨씬 더 그렇게 하려고 애쓰는 것이 마땅하지 않겠는가. 다음으로, 여 기에서 우리는 히브리서 13:15에 나오는 사도의 명령을 따라 우리가 "예수 그리스 도로 말미암아" 하나님께 감사를 드려야 한다는 것의 한 모범을 본다. 왜냐하면, 우 리는 예수 그리스도의 이름으로 아버지 하나님께 긍휼하심(misericordia)을 구하고 얻기 때문이다. 마지막으로, 바울은 하나님을 "내 하나님"이라고 부른다. 이것은 믿 는 자들에게 주어지는 특권이다. 하나님은 오직 믿는 자들에게만 이러한 존귀를 수 여하신다. 왜냐하면, 이러한 호칭 속에는 "너희는 내 백성이 되겠고 나는 너희들의 하나님이 되리라"(렘 30:22)는 약속에 표현된 상호관계가 내포되어 있기 때문이다. 물론, 나는 여기에서 바울이 이 호칭을 사용한 것은 하나님의 부르심에 전적으로 순 종하여 복음을 전한 바울에게 특별히 주어진 특권이었다고 본다. 히스기야 왕이 이 사야가 참되고 신실한 선지자라고 증언하고자 했을 때에 하나님을 "당신의 하나님 여호와"(사 37:4)라고 부른 것도 동일한 맥락에 속한다. 마찬가지로, 다니엘은 오로 지 하나님만을 섬기고 다른 신을 섬기지 않았기 때문에, 다리오 왕은 하나님을 다 니엘의 하나님이라 부른다(단 6:20).

온 세상에. 바울에게 있어서 로마의 성도들이 믿는 자들로부터 찬사를 받은 것 은 "온 세상"의 찬사를 받은 것과 같은 것이었다. 왜냐하면, 기독교 신앙을 혐오하 였던 불신자들의 증언은 진실되거나 신뢰할 만한 것이 될 수 없었기 때문이다. 따 라서 우리는 오직 믿는 자들만이 믿음에 대하여 올바르게 분별하고 말할 수 있었기 때문에, 로마 성도들의 믿음이 믿는 자들의 입을 통해서 온 세상에 전파되었다는 것을 알 수 있다. 이 얼마 되지도 않고 하찮아 보이는 한 줌의 사람들은 불경건한 자들에게는 로마에서조차도 알려져 있지 않았다는 사실은 전혀 중요하지 않았다. 왜냐하면, 바울은 그런 자들의 판단에는 전혀 개의치 않았기 때문이다.

9. 하나님이 나의 증인이 되시거니와. 바울은 자신이 실제로 그들을 위해 한 일들을 들어서 그들에 대한 자신의 사랑을 증명한다. 즉, 만일 자기가 그들을 열렬히 사랑하지 않았다면, 그렇게 간절하게 그들을 하나님께 부탁하지 않았을 것이고, 특히 그들이 잘 되게 하기 위하여 그토록 열심으로 애쓰고 수고하려고 하지 않았으리라는 것이다. 그러므로 그들에 대한 바울의 간절함과 열심은 그의 사랑을 보여주는 확실한 증거들이었다. 왜냐하면, 그가 그들을 사랑하지 않았다면, 그런 것들은 그에게 있을 수 없었을 것이기 때문이다. 여기에서 바울이 맹세를 덧붙인 것은 자신이 전하는 말씀에 대한 신뢰성을 확보하기 위해서는 로마의 성도들로 하여금 자신의 진실성을 온전히 믿게 하는 것이 필수적임을 알고 있었기 때문이다. 맹세는 의심할 여지 없이 참된 것으로 받아들여져야 할 말이 어떤 불확실성으로 말미암아 그렇게 되지 못할 우려가 있을 때에 필요한 수단이다. 맹세가 사람이 자기가 말하고 있는 것이 참되다는 것을 확증해 주시라고 하나님께 호소하는 것이라고 할 때, 만일 사도가 여기에서 맹세라는 수단을 활용하지 않았다면, 그것은 지극히 어리석은 일이 되었을 것이다.

바울이 여기에서 이렇게 맹세하며 말하고 있는 것은 그리스도의 금령을 어긴 것이 아니다. 이것으로부터 분명한 것은 그리스도께서 맹세하지 말라고 하신 말씀의 의도는 맹세를 완전히 폐지하신 것(잘못된 신앙을 지닌 재세례파는 이렇게 주장한다)이 아니라, 율법을 제대로 지켜야 한다는 것을 환기시키는 것이었다는 것이다. 율법은 오직 거짓으로 맹세하는 것과 맹세를 남용하는 것만을 금지할 뿐이고, 그렇지 않은 맹세는 허용하고 있다. 그러므로 맹세라는 수단을 올바르게 활용하고자 한다면, 우리는 맹세를 할 때에 사도들이 보여준 진실함과 경건함을 본받아야 한다. 그리고 맹세라는 것이 무엇인지를 제대로 이해하려면, 맹세한다는 것은 하나님을 증인으로 세우고, 맹세하는 자가 틀렸을 경우에는 하나님으로부터 응분의 벌을 달게 받겠다는 뜻을 밝히는 것임을 알아야 한다. 그래서 바울은 고린도후서 1:23에서 "내가 내 목숨을 걸고 하나님을 불러 증언하시게 하노니"라고 말한다.

내 심령으로 섬기는. 하나님을 우습게 여기는 세상 사람들은 주제넘고 뻔뻔스럽게만이 아니라 별 생각 없이 자신의 거짓을 은폐하기 위한 수단으로 하나님의 이름을 사용하는 것이 습관화되어 있기 때문에, 바울은 자신의 맹세에 신뢰성을 더하기 위해 자신의 신앙심이 어떠한지에 대하여 말한다. 왜냐하면, 하나님을 경외하는 삶을 살아가는 사람들은 거짓 맹세 하는 것을 극도로 꺼리는 법이기 때문이다. 또한, 바울은 자신의 신앙을 보여주는 외적인 표지(標識)들과 아울러 자신의 "심령"에 대해서도 언급한다. 즉, 많은 사람들은 하나님을 섬기는 척하고 겉으로 신앙이 있는 것처럼 보일 뿐이지만, 자신은 진심으로 하나님을 섬기는 것이라고 증언하고 있는 것이다. 또는, 이것은 바울이 옛적부터 전해져 온 예배의식들을 지킬 때에만 하나님을 섬기는 것이라고 생각했던 유대인들을 염두에 두고서 자신은 "심령으로" 하나님을 섬긴다고 말한 것일 수도 있다. 그렇게 본다면, 바울은 자신은 그러한 예배의식들을 지키지 않지만, 빌립보서 3:3에서 "심령으로 하나님을 섬기고 육체를 자랑하지 아니하는 우리가 곧 할례파라"(한글개역개정에는 "하나님의 성령으로 봉사하며 … 육체를 신뢰하지 아니하는 우리가 곧 할례파라"로 되어 있음)고 말한 것을 따라서 진정으로 하나님을 섬겨 온 사람이라고 말한 것이 된다. 따라서 그는 자신이 진실한 마음을 드려서 하나님을 섬겨온 것을 자랑하면서, 이것이 참된 신앙이자 예배라고 말하고 있는 것이다.

앞에서 말했듯이, 바울에게는 자신의 맹세에 신뢰성을 더하기 위하여 하나님을 향한 자신의 신앙심을 증거로 제시하는 것이 중요하였다. 왜냐하면, 거짓 맹세를 하는 것이 불경건한 자들에게는 아무렇지도 않은 일이지만, 경건한 자들에게는 천 번을 죽는 것보다 더 두려운 일이고, 하나님에 대한 진정한 경외함이 있는 곳에는 하나님의 이름에 대한 경외심도 있을 수밖에 없기 때문이다. 그러므로 이것은 바울이 자기는 맹세를 할 때에는 경건함과 진실함이 있어야 한다는 것을 잘 알고 있기 때문에, 세상 사람들처럼 경솔하게 하나님을 증인으로 세우는 것이 결코 아니라고 말한 것과 같다. 이렇게 자신의 모범을 통해서 바울은 사람이 맹세를 하는 경우에는 충분한 책임감을 지니고 그렇게 함으로써 하나님의 이름을 결코 가볍게 여기는 것이 아님을 보여주어야 한다는 것을 가르쳐준다. 다음으로, 바울은 자기가 거짓으로 하나님을 섬긴 것이 아님을 자신의 사역을 통해 증명하고자 한다. 즉, 그가 자신을 부인하고, 하나님의 나라를 확장시키는 데에 모욕과 가난, 죽음과 증오 같은 온갖 역경을 겪는 것을 주저하지 않은 것은 자신이 하나님의 영광을 위하여 헌신된 사람임을 증명해 주는 아주 분명하고 충분한 증거라는 것이다.

어떤 이들은 이 구절에서 바울은 자신이 하나님을 섬기는 방식이야말로 복음이 말하는 예배와 일치하는 것임을 지적하고자 한 것이라고 본다. 물론, 복음이 우리에게 영적인 예배를 명하고 있다는 것은 확실하다. 그러나 바울이 복음을 전파하는 일을 통해서 하나님을 섬겼다고 말하고자 한 것이라고 보는 전자의 해석이 훨씬 더 합당하다. 하지만 아울러 바울은 하나님을 섬기는 것이 아닌 어떤 다른 목적을 가지고서 행하는 위선자들과 자기 자신을 구별한다. 왜냐하면, 야심이나 그런 것과 비슷한 종류의 동기를 가지고 행할 뿐이고, 자신의 사역을 진심으로 신실하게 행하는 것과는 거리가 먼 사람들이 많았기 때문이다. 따라서 바울이 말하고자 하는 요지는 자기는 자신에게 맡겨진 가르치는 직분을 진실하게 수행하였다는 것이다. 바울이 이렇게 자신의 진실한 헌신에 대하여 말하고 있는 것은 그가 지금 다루고 있는 주제에 적절한 것이었다.

한편, 이것으로부터 우리는 복음 사역자들에게 유익한 가르침을 얻는다. 왜냐하면, 그들은 이 구절 속에서 복음을 전하는 것이 바로 하나님에게 받으실 만한 귀한 예배가 된다는 가르침을 들었을 때에 아주 큰 힘을 얻을 것임에 틀림없기 때문이다. 복음을 전하기 위하여 그들이 한 수고들이 최고의 섬김으로 여겨져서 하나님을 기쁘시게 해드리고 하나님의 인정을 받게 된다는 것을 알았을 때, 그들이 거기에서 큰 힘을 얻게 되는 것을 방해할 것이 무엇이 있겠는가? 게다가, 바울은 복음을 "그의 아들의 복음"이라고 부른다. 왜냐하면, 이 복음은 사람들에게 그리스도를 나타내어 그를 영화롭게 하고, 그리스도로 말미암아 아버지 하나님이 영광을 받으시게 하는 것인데, 그리스도는 바로 그러한 목적을 위해 세우심을 받으셨기 때문이다.

항상 내 기도에 쉬지 않고 너희를 말하며. 바울은 계속해서 자기가 그들을 위해서 끊임없이 기도한다는 사실을 언급함으로써 그들에 대한 자신의 사랑이 얼마나 간절한지를 보여준다. 왜냐하면, 그가 하나님께 기도할 때마다 빼놓지 않고 그들을 언급했다는 것은 그들에 대한 사랑이 크다는 것을 보여주는 확실한 증거였기 때문이다. 나는 '판토테'($\pi\acute{\alpha}\nu\tau\sigma\tau\epsilon$, "항상")가 사용된 어구의 의미를 좀 더 분명히 하기 위하여, 이 어구를 "내 모든 기도에 쉬지 않고 너희를 말하며," 또는 "내가 하나님의 이름을 부르며 기도할 때마다 너희를 말하며"로 번역하였다. 그러니까 바울은 하나님의 이름을 부르는 모든 경우가 아니라, 성도들이 다른 일들에서 벗어나서 모든 염려를 다 내려놓고서 기도에 전념할 때마다 그렇게 한다는 것을 "항상"으로 표현하고 있는 것이다. 왜냐하면, 그는 자주 이런저런 일들을 놓고서 그때그때 기도했을 것이고, 그런 때에는 로마의 성도들을 언급하지 않았을 것이지만, 일단 따로 시간을 내서 마음먹고 하나님께 기도드릴 때에는 다른 것들과 함께 로마의 성도들에 대하여 기도하는 것을 결코 잊지 않았을 것이기 때문이다. 그러므로 바울은 특히 성도들이 의도적으로 마음먹고 드리는 기도들을 염두에 두고 이런 말을 한 것이라고 보아야 한다. 사실, 주님께서도 이런 기도를 하시기 위해서 사람들을 피해 한적한 곳으로 물러가시곤 하셨다. 또한, 바울은 "쉬지 않고" 기도하고 있다고 말한 것으로 보아서, 자기가 그런 기도를 아주 자주, 아니 끊임없이 드리고 있다는 것도 아울러 보여준다.

10. 어떻게 하든지 이제 하나님의 뜻 안에서 너희에게로 나아갈 좋은 길 얻기를 구하노라. 우리가 우리 자신의 수고를 통해서 어떤 사람을 기꺼이 돕고자 하는 마음이 없다면, 그 사람의 유익을 위하여 진심으로 애쓰는 것은 불가능하기 때문에, 바울은 자기가 로마의 성도들이 잘되기를 간절히 원한다고 말한 후에, 이제 여기에서는 자기가 어떤 식으로든 그들에게 유익을 끼칠 수 있게 해주시라고 하나님께 구하고 있다고 말함으로써 그들에 대한 자신의 사랑을 보여주는 또 하나의 증거를 제시한다. 그러므로 우리가 이 구절의 온전한 의미를 파악하고자 한다면, "또한"이라는 단어를 보충해 넣어서, "또한, 어떻게 하든지 이제 하나님의 뜻 안에서 너희에게로 나아갈 좋은 길 얻기를 구하노라"고 읽는 것이 좋다. 바울이 "하나님의 뜻 안에서 너희에게로 나아갈 좋은 길 얻기를 구하노라"고 말한 것은 하나님의 은혜로 자기가 그들에게로 나아갈 좋은 길이 열리기를 구하고 있다고 말한 것일 뿐만 아니라, 하나님이 인정하시고 승인하셔야 그들에게로 가는 자신의 길이 형통할 것이라고 말한 것이다. 우리도 바로 이러한 잣대로 우리가 하고자 하는 모든 것이 합당한지를 평가하는 것이 마땅하다.

11. 내가 너희 보기를 간절히 원하는 것은 어떤 신령한 은사를 너희에게 나누어 주어. 바울은 로마의 성도들과 떨어져 있어서도 그들에게 가르침을 주어서 그들의 신앙을 견고히 할 수 있었을 것이지만, 함께 있을 때에 더 잘 권면해 줄 수 있다는 것은 두말할 필요도 없는 것이었기 때문에, 그들에게로 나아가기를 간절하게 원하였다. 그러나 그는 자기가 그들에게 나아갈 길을 얻기 위하여 애쓰는 것이 결코 자기 자신이 아니라 그들의 유익을 위한 것임을 보여주기 위해서 자신의 그런 계획의 목적이 무엇인지를 설명한다. 그는 자신에게 있는 것들, 즉 하나님의 은혜로 말미암아 자기에게 주어진 가르침이나 권면이나 예언을 "신령한 은사들"이라 부른다.

여기에서 주목할 것은 은사들을 합당하게 사용하는 것을 "나누어 주다"라는 단어로 표현하고 있다는 것이다. 왜냐하면, 성도들 각자에게는 서로 다른 은사들이 주어지는 까닭에, 모든 성도가 각자의 은사로 기꺼이 서로를 돕고, 각자에게 있는 것을 다른 사람들에게 나누어 주는 것이 합당하기 때문이다. 로마서 12:3과 고린도전서 12:11을 보라.

너희를 견고하게 하려 함이니. 바울은 마치 로마의 성도들이 아직 그리스도께로 제대로 입문하지도 못한 자들이라는 듯이 자기가 그들을 여전히 복음의 초보에 대하여 가르침 받아야 할 자들로 여기고 있다는 인상을 배제하기 위해서 "나누어 주어"라는 말이 무엇을 의미하는지를 좀 더 구체적으로 부연설명할 필요를 느끼고서, 이미 상당한 진보를 이룬 그들이지만 도움이 필요한 부분에서 그들을 돕고자 하는 것이라고 말한다. 왜냐하면, "그리스도의 장성한 분량"(엡 4:13)이 우리 안에서 충만해질 때까지는 "견고하게" 하는 것은 우리 모두에게 늘 필요한 일이기 때문이다.

12. 이는 곧 내가 너희 가운데서 너희와 나의 믿음으로 말미암아 피차 안위함을 얻으려 함이라. 바울은 앞에서 겸손한 말을 덧붙인 것으로도 만족할 수 없어서, 여기에서 자기는 감히 가르치는 자의 자리에 서고자 하는 것이 아니라, 서로로부터 배우기를 원하는 것이라는 말을 덧붙인다. 이것은 이렇게 말한 것과 다름없다: "나는 내게 주어진 은혜의 분량을 따라 너희를 견고하게 하고, 너희의 모범은 내 믿음을 더욱 큰 열심으로 불타오르게 해서, 우리가 서로에게 유익을 끼칠 수 있게 되기를 원한다."

바울의 경건한 마음은 지극히 겸손하였기 때문에 신앙이 어린 자들을 통해서도 기꺼이 힘을 얻고자 하였다는 것을 주목하라. 그는 결코 인사치레로 이런 말을 한 것이 아니었다. 왜냐하면, 그리스도의 교회에는 은사가 없어서 다른 성도들의 신앙의 진보에 기여할 수 없는 사람은 단 한 사람도 없고, 단지 시기심과 교만함으로 인해서 서로의 은사를 통해 서로가 진보를 이루는 것이 방해받는 것일 뿐이기 때문이다. 우리는 마음이 높아지고 헛된 허영심에 취해서 자기가 가지고 있는 것으로 충분하다고 생각하고서 다른 사람들을 무시하고 멸시한다. 나는 부처(Bucer)의 견해를 따라 "안위함"이 아니라 "격려"로 번역하는 것이 문맥에 더 잘 부합한다고 본다.

¹³형제들아 내가 여러 번 너희에게 가고자 한 것을 너희가 모르기를 원하지 아니하노니 이는 너희 중에서도 다른 이방인 중에서와 같이 열매를 맺게 하려 함이로되 지

금까지 길이 막혔도다 ¹⁴헬라인이나 야만인이나 지혜 있는 자나 어리석은 자에게 다 내가 빚진 자라 ¹⁵그러므로 나는 할 수 있는 대로 로마에 있는 너희에게도 복음 전하기를 원하노라(1:13-15).

13. 형제들이 내가 여러 번 너희에게 가고자 한 것을 너희가 모르기를 원하지 아니하노니 … 지금까지 길이 막혔도다. 바울은 앞에서 자기가 그들에게 나아가게 해주시라고 하나님께 끊임없이 구했다고 말했지만, 만일 그들에게 나아갈 기회가 주어졌는데도 그 기회를 붙잡지 않은 것이라면, 그의 말은 빈 말이 될 것이었고, 그들의 신뢰도 얻을 수 없을 것이었기 때문에, 여기에서 자기가 노력을 안 한 것이 아니라, 여러 번 그들에게 가고자 했지만 번번이 그 계획이 방해를 받아서 기회가 주어지지 않은 것이라고 해명한다.

이것으로부터 우리는 하나님께서는 자신의 성도들을 낮추셔서 그들로 하여금 자신의 섭리를 중시하고 의지하도록 하시기 위하여 자주 그들의 계획이 좌절되게 하신다는 것을 배운다. 하지만 성도들은 하나님의 뜻을 떠나서 어떤 일을 계획하는 것이 아니기 때문에, 엄밀하게 말해서 그들의 계획이 좌절되었다고 표현하는 것은 옳지 않다. 성도들이 마치 장래의 일들이 자신의 능력 안에 있다는 듯이 하나님을 무시한 채 장래의 일들을 계획하는 것은 주제넘고 불경스러운 짓이다. 그래서 야고보서 4:13-16에서는 그런 것을 호되게 책망한다: "들으라 너희 중에 말하기를 오늘이나 내일이나 우리가 어떤 도시에 가서 거기서 일 년을 머물며 장사하여 이익을 보리라 하는 자들아 내일 일을 너희가 알지 못하는도다 너희 생명이 무엇이냐 너희는 잠깐 보이다가 없어지는 안개니라 너희가 도리어 말하기를 주의 뜻이면 우리가 살기도 하고 이것이나 저것을 하리라 할 것이거늘 이제도 너희가 허탄한 자랑을 하니 그러한 자랑은 다 악한 것이라."

바울은 그들에게 가고자 한 자신의 계획이 방해를 받았다고 말하는데, 우리는 그의 이런 말을 하나님께서 좀 더 급한 일들, 곧 즉시 해결하지 않고 시간을 늦추었다가는 교회에 해가 될 수 있었던 그런 일들에 바울을 사용하신 것을 의미하는 것으로 받아들여야 한다. 따라서 방해를 받았다는 것이 경건한 자들과 불신자들에게 의미하는 것은 판이하게 다르다. 즉, 불신자들은 하나님의 강한 손에 의해서 억제를 받아 옴짝달싹할 수 없게 되었을 때에는 오로지 자신이 방해를 받았다고만 여기는 반면에, 경건한 자들은 하나님께서 어떤 합당한 이유 때문에 자신의 계획을 막으신 것에 대하여 만족하고, 자신의 본분을 뛰어넘는 일이나 덕을 세우는 것에 어긋나는 일은 그 어떤 것도 시도하려고 하지 않는다.

이는 너희 중에서도 다른 이방인 중에서와 같이 열매를 맺게 하려 함이로되. 여기에서 바울은 주님이 자신의 사도들을 보내시며 "내가 너희를 택하여 세웠나니 이는 너희로 가서 열매를 맺게 하고 또 너희 열매가 항상 있게 하여"(요 15:16)라고 말씀하셨을 때의 바로 그 "열매"를 말하고 있음에 틀림없다. 그는 자기 자신을 위해서가 아니라 주님을 위해서 열매를 거두는 것이었는데도, 그것을 자신의 열매라고 부른다. 왜냐하면, 경건한 자들에게는 자신의 모든 행복과도 직결되어 있는 일, 즉 하나님으로 하여금 더 큰 영광을 받으시게 해드리는 일이 곧 자신의 일이기 때문이다. 바울이 "다른 이방인 중에서" 일어난 일을 상기시키는 것은 자기가 다른 지역의 이방인들 중에서도 많은 유익을 끼쳤듯이 로마의 성도들에게 가서도 유익을 끼칠 것이라는 소망을 그들로 하여금 품게 하기 위한 것이다.

14. 헬라인이나 야만인이나 지혜 있는 자나 어리석은 자에게 다 내가 빚진 자라. 바울은 "헬라인"과 "야만인"이 누구를 지칭하는지를 보여주기 위해서 바로 뒤에 "지혜 있는 자"와 "어리석은 자"라는 부연설명을 덧붙인다. 에라스무스(Erasmus)가 이 어구를 "배운 자"와 "배우지 못한 자"라고 옮긴 것은 틀린 번역이 아니지만, 나는 바울의 표현을 그대로 살려서 번역하는 쪽을 택하였다. 여기에서 바울은 자신의 직분을 근거로 삼아서 논증을 펼쳐나간다. 즉, 로마의 성도들이 학식과 지혜에서 아무리 뛰어나다고 할지라도 자기가 그들을 가르쳐야 한다고 확신하는 이유는 자기가 교만해서가 아니라 하나님께서 자기를 "지혜 있는 자"에게도 "빚진 자"로 만드셨기 때문이라는 것이다.

여기에서 우리는 두 가지를 생각해 볼 필요가 있다. 먼저, 하나님께서는 이 세상의 모든 지혜를 자신에게 복종시키시고, 온갖 재능과 학식, 또는 고상한 기예들을 사로잡아 자신의 단순한 가르침 앞에 무릎 꿇게 하시기 위하여 "지혜 있는 자들"에게 복음을 전하도록 명령하셨다는 것이다. 또한, 하나님께서는 "지혜 있는 자들"을 학식이 없는 자들과 똑같이 취급하셔서, 그들로 하여금 전에는 자신과 동등한 자들로 결코 받아들이고자 하지 않았던 사람들을 그들 모두의 선생이신 그리스도 밑에서 함께 배우는 제자들로 받아들일 수 있게 하고자 하셨다. 다음으로, 학식이 없는 자들이라고 해서 이 학교에서 쫓겨나는 일은 결코 없을 것이고, 그들도 근거 없는 두려움에 사로잡혀 이 학교로부터 도망쳐서는 안 된다는 것이다. 왜냐하면, 바울은 그들에게 "빚진 자"일 뿐만 아니라 게다가 신실한 빚진 자인 까닭에 의심할 여지 없이 자기가 빚진 것을 충실하게 갚고자 할 것이고, 따라서 그들은 이 학교에서 뭔가를 얻어서 누릴 수 있게 될 것이기 때문이다. 여기에는 모든 선생들이 따라야 할 준칙이 나오는데, 그것은 자기 자신을 낮춰서 겸손하고 인자하게 배우지 못한 자들이나 어리석은 자들의 수준에 맞추어야 한다는 것이다. 그렇게 할 때에 선생들은 좀 더 평정심을 가지고서 수많은 말도 안 되는 일들과 무수하게 일어나는 역겨운 일들에 휘둘리는 것이 아니라 도리어 잘 감당해 낼 수 있게 될 것이다. 하지만 선생들은 자신이 "어리석은 자들"에게 "빚진 자"라고 해서, 그들의 어리석음을 지나치게 관대하게 품어 주어서는 안 된다는 것을 명심하여야 한다.

15. 그러므로 나는 할 수 있는 대로 로마에 있는 너희에게도 복음 전하기를 원하노라. 바울은 자신이 원하는 것과 관련해서 앞에서부터 계속해서 말해 왔던 것을 여기에서 마무리한다. 즉, 그는 로마의 성도들에게도 복음을 전하여 주님을 위해 열매를 거두는 것이 자신의 직임이라는 것을 알기 때문에, 주님이 허락하시는 한 하나님의 부르심을 완수하고자 한다는 것이다.

[16]내가 복음을 부끄러워하지 아니하노니 이 복음은 모든 믿는 자에게 구원을 주시는 하나님의 능력이 됨이라 먼저는 유대인에게요 그리고 헬라인에게로다 [17]복음에는 하나님의 의가 나타나서 믿음으로 믿음에 이르게 하나니 기록된 바 오직 의인은 믿음으로 말미암아 살리라 함과 같으니라(1:16-17).

16. 내가 복음을 부끄러워하지 아니하노니 이 복음은 모든 믿는 자에게 구원을 주시는 하나님의 능력이 됨이라. 바울은 반론을 예상하고서, 자기는 불경건한 자들의 조롱이나 비웃음을 개의치 않는다고 미리 분명하게 밝힌다. 또한, 그는 그렇게 함으로써 복음의 권세를 분명하게 선언하여, 로마의 성도들이 감히 복음을 멸시할 엄두조차 내지 못하게 할 수 있는 발판을 마련한다. 사실 "내가 복음을 부끄러워하지 아니하노니"라는 바울의 말 속에는 복음이 세상 사람들의 눈에는 멸시받을 만한 것이라는 암시가 내포되어 있다. 이렇게 해서 그는 복음이 불경건한 자들의 비웃음과 조롱을 받는 것을 보았을 때에 로마의 성도들이 복음을 하찮게 여기는 것이 아니라, 도리어 그리스도의 십자가의 능욕을 기꺼이 짊어지도록 그들을 준비시키는 한편, 복음이 믿는 자들에게 얼마나 대단한 것인지를 보여준다. 먼저, 우리가 하

나님의 능력을 칭송하는 것이 마땅한 것이라면, 바로 그 능력은 복음 속에서 빛을 발하고 있다. 다음으로, 우리가 하나님의 선하심을 구하고 사랑하는 것이 마땅한 것이라면, 복음은 바로 그 선하심이 우리에게 나타나는 통로이다. 그러므로 하나님의 능력에 대하여 경외심을 지녀야 하고, 그 능력이 우리의 구원과 연관되어 있어서 우리가 그 능력을 사랑하여야 한다면, 우리가 복음을 공경하고 숭상하는 것이 마땅하다.

또한, 우리가 주목해야 할 것은 바울은 하나님이 전도를 통해서 자신의 구원하시는 능력을 나타내신다고 증언함으로써 말씀 사역이 얼마나 중요하고 귀한지를 보여준다는 것이다. 왜냐하면, 그는 여기에서 어떤 은밀한 계시가 아니라 입으로 복음을 전하는 전도에 대하여 말하고 있기 때문이다. 이것으로부터 알 수 있는 것은 말씀을 듣기를 거부하고 물러가는 자들은 하나님의 능력을 의도적으로 멸시하고 하나님의 구원하시는 손길을 뿌리치는 자들이라는 것이다.

또한, 복음은 모든 사람 안에서 다 역사하여 효력을 나타내는 것이 아니라, 오직 내면의 교사인 성령에 의해서 심령에 조명을 받은 자들에게서만 효력을 나타내기 때문에, 바울은 "모든 믿는 자에게"라는 말을 덧붙인다. 실제로 복음은 모든 사람에게 구원을 위하여 제시되지만, 복음의 능력은 어디에서나 나타나는 것이 아니다. 복음이 불경건한 자들에게 "사망에 이르는 냄새"(고후 2:16)가 되는 일이 생기는 것은 복음의 본질로 인한 것이 아니라 복음을 듣는 자들 자신의 악(malitia) 때문이다. 바울은 오직 유일한 구원을 제시함으로써 그 밖의 다른 모든 구원을 다 배제시킨다. 이 유일한 구원을 거부하고 물러가는 자들은 복음 속에서 그들 자신의 멸망의 확실한 증거를 발견할 뿐이다. 그러므로 복음은 모든 사람을 차별 없이 구원에 참여하도록 초청하는 까닭에 구원의 가르침(salutis doctrina)이라 불리는 것은 합당하다. 복음은 잃어버린 자들을 구원하시는 것이 자신의 본연의 일이신 그리스도를 사람들 앞에 제시하는 것이기 때문에, 그리스도로 말미암아 구원받기를 거절하는 자들에게는 그리스도께서 장차 그들의 심판주로 나타나실 것이다. 그런데 성경에서 "구원"이라는 단어는 단지 "멸망"이라는 단어와 반대되는 의미로 사용되는 경우가 많기 때문에, 우리는 이 단어가 언급될 때마다 거기에서 논의되고 있는 주제가 무엇인지를 잘 살펴야 한다. 따라서 복음은 영원한 죽음을 뜻하는 멸망(ruina)과 저주(maledictio)로부터 사람들을 건지는 것이기 때문에, 복음으로 인한 구원은 영원한 생명이다.

먼저는 유대인에게요 그리고 헬라인에게로다. "헬라인"이라는 단어가 모든 이방인을 가리킨다는 것은 이 단어와 대비되고 있는 "유대인"이라는 단어를 보면 분명해진다. 왜냐하면, 바울은 이 두 단어를 사용해서 온 인류를 포괄하고 있는 것이기 때문이다. 그가 모든 이방인을 가리키는 데에 특히 헬라 민족의 이름을 선택한 것은 첫 번째는 "헬라인"이 유대인 다음으로 복음 언약에 참여하도록 허락되었기 때문이고, 두 번째는 헬라인들은 지리적으로 가깝고 그 언어가 널리 알려져 있어서 유대인들에게도 잘 알려져 있었기 때문일 것이다. 이렇게 그는 부분으로 전체를 나타내는 수사법인 제유법(提喩法)을 통해서 이방인 전체를 유대인과 더불어서 복음에 참여할 자들로 선언하고 있다. 하지만 그렇다고 해서 그는 하나님의 약속과 부르심에 먼저 참여하였던 유대인들을 그 우선적인 지위와 위치에서 밀어내고 있는 것은 아니다. 따라서 그는 유대인들의 우선적인 지위를 그대로 유지시킨 채, 즉시 비록 두 번째의 위치이긴 하지만 이방인들을 유대인들과 더불어서 함께 복음에 참여할 자들로 더하고 있는 것이다.

17. 복음에는 하나님의 의가 나타나서 믿음에서 믿음에 이르게 하나니. 이것은 복음이 "구원을 주시는 하나님의 능력"이라고 한 앞 구절에 대한 보충설명이자 확증이다. 우리가 구원, 즉 하나님 안에 있는 생명을 구한다면, 먼저 의를 구하여야 한다. 왜냐하면, 우리는 그 의를 힘입을 때에만 하나님의 용서하심을 얻어 하나님과 화목을 이루고 오직 하나님의 은총 속에만 있는 저 생명을 얻을 수 있기 때문이다. 또한, 하나님은 불의를 미워하시는 까닭에, 하나님의 사랑을 받으려면, 우리는 먼저 의롭게 되지 않으면 안 된다. 그러므로 바울은 하나님께서는 오직 유일하게 우리를 멸망(interitus)으로부터 건져내줄 그의 의를 복음 외의 다른 데서는 우리에게 계시하지 않으셨기 때문에, 우리는 오직 복음을 통해서만 구원을 얻을 수 있다고 말하고 있는 것이다. 우리의 구원의 토대인 이 의는 복음 안에 계시되어 있는 까닭에, 복음은 "구원을 주시는 하나님의 능력"이라고 말해진다. 이렇게 바울은 원인에서 결과로 논증해 나간다.

　다음으로 우리가 주목할 것은 하나님은 복음을 통해서 우리에게 이루 말할 수 없이 귀한 보화, 곧 "하나님의 의"를 주신다는 것이다. 나는 "하나님의 의"가 하나님의 법정에서 옳다고 시인되는 것을 가리키는 것으로 이해한다. 반면에, 사람들의 소견에 의로운 것으로 여겨지는 것은 비록 허망한 것이기는 하지만 어쨌든 사람들의 의라 불린다. 하지만 나는 바울이 여기에서 성령이 장차 그리스도의 나라에서 하나님의 의를 드러낼 것이라고 말한 많은 예언들을 염두에 두고서 이 말을 한 것이라고 믿는다.

어떤 이들은 "하나님의 의"를 하나님이 우리에게 거저 주시는 의라고 설명한다. 나도 사실 이 어구가 그런 의미를 지니고 있다는 것에 동의한다. 왜냐하면, 하나님은 복음을 통해서 우리를 의롭다 하시고, 그렇게 해서 우리를 구원하시기 때문이다. 그럼에도 불구하고, 내게는 앞에서 언급한 견해가 더 적절한 것으로 보이긴 하지만, 나는 이 문제에 대해서 길게 논의하고 싶지는 않다. 훨씬 더 중요한 문제는 어떤 이들은 하나님의 의는 값없이 주시는 죄 사함만이 아니라 부분적으로는 중생의 은혜도 포함한다고 생각한다는 것이다. 그러나 나는 하나님이 값없이 우리를 자신과 화목하게 하시는 까닭에 우리가 생명을 다시 회복하게 되는 것이라고 본다. 이 문제에 대해서는 나중에 적절한 곳에서 살펴보기로 하자.

바울은 앞에서 사용했던 "모든 믿는 자에게"라는 표현 대신에 여기에서는 "믿음에서"라고 말한다. 왜냐하면, 하나님의 의는 복음에 의해서 주어지고 믿음을 통해서 받는 것이기 때문이다. 거기에 그는 "믿음으로"라는 말을 덧붙인다. 왜냐하면, 우리의 믿음이 진보해서 하나님을 아는 지식이 깊어질 때에 우리 안에서 하나님의 의가 확장되고, 그런 식으로 우리가 하나님의 의를 지니고 있다는 것이 확증되기 때문이다. 우리가 복음을 처음으로 맛볼 때에는 사실 하나님이 우리를 향하여 웃으시는 모습을 멀리서 볼 뿐이다. 그러다가 참된 신앙에 대한 지식이 우리 안에서 성장해감에 따라 하나님이 우리에게 더 가까이 다가오시기 때문에 우리는 하나님의 은혜를 더욱 분명하고 친밀하게 보게 된다. 바울이 여기에서 구약과 신약을 은연중에 대비시키고 있다는 주장은 근거 없는 비약이다. 왜냐하면, 그는 여기에서 율법 아래에서 살았던 조상들과 우리를 대비시키고 있는 것이 아니라, 각각의 신자가 매일 이루어가는 진보를 말하고 있는 것이기 때문이다.

기록된 바 오직 의인은 믿음으로 말미암아 살리라 함과 같으니라. 바울은 선지자 하박국의 권위를 빌려서 믿음의 의를 증명한다. 하박국 선지자는 교만한 자들이 망하게 될 것임을 예언하면서, "의인은 믿음으로 말미암아 살리라"는 말씀을 덧붙인다. 즉, 우리는 오직 의로 말미암아 하나님의 임재 앞에서 살아가고 있는 것이라는 말이다. 그러므로 우리의 의는 믿음으로 말미암은 것이라는 결론이 나온다. 동사 "살리라"가 미래 시제로 되어 있는 것은 선지자가 말하고 있는 그 삶이 확고하게 영속적인 것임을 나타내는 것이기 때문에, 이것은 "그 삶은 일시적인 것이 아니라 영원히 지속될 것"이라고 말한 것과 같다. 왜냐하면, 불경건한 자들의 경우에는 자신들에게 생명이 있다는 망상에 빠져 기고만장해서, "그들이 평안하다, 안전하다 할 그때에 멸망이 갑자기 그들에게 이르게"(살전 5:3) 될 것이기 때문이다. 이렇게 그림자는 잠시 동안만 존재하다가 사라질 뿐이고, 영속적인 생명을 얻을 수 있는 길은 오직 믿음뿐이다. 우리를 하나님께로 이끌고 우리의 삶을 하나님께 의지하도록 만드는 믿음으로 말미암지 않고 우리가 다른 어디에서 생명을 얻겠는가? 만일 선지자 하박국이 말한 것이 우리가 믿음으로 하나님을 의지할 때에만 영영히 설 수 있다는 의미가 아니었다면, 바울이 그 말을 인용한 것은 적절하지 않았을 것이다. 또한, 분명한 것은 바울은 경건한 자들이 세상의 교만을 버리고 오직 하나님의 보호하심만을 의지하는 한에서만 그들의 믿음으로 말미암아 생명을 얻게 될 것이라고 말하고 있다는 것이다.

실제로 하박국 선지자는 이 주제를 정면으로 다루고 있는 것이 아니었기 때문에 값없이 주어지는 의에 대해서는 전혀 언급하고 있지 않지만, 이 구절을 바울이 지금 다루고 있는 주제에 적용한 것이 옳다는 것은 믿음의 본질을 생각할 때에 너무나 분명하다. 또한, 바울의 논증을 통해서 우리는 믿음과 복음 간에 상호연관성이 존재한다는 결론을 내리지 않을 수 없다. 왜냐하면, 그는 의인이 믿음으로 말미암아 산다는 말씀을 근거로 해서, 그 생명이 복음을 통해서 얻어진다고 결론을 내리기 때문이다.

우리는 이 구절에서 로마서의 첫 번째 대단락 중에서 가장 중요한 대목 또는 핵심에 도달해 있는데, 그것은 우리가 오직 하나님의 긍휼하심(misericordia)으로 말미암아 믿음으로 의롭다 하심을 얻는다는 것이다. 실제로 바울은 자신의 말로써 분명하게 그렇게 표현하고 있지는 않지만, 믿음에 근거한 의가 전적으로 하나님의 긍휼하심에 달려 있다는 것은 나중에 문맥을 통해서 아주 분명하게 드러나게 될 것이다.

¹⁸하나님의 진노가 불의로 진리를 막는 사람들의 모든 경건하지 않음과 불의에 대하여 하늘로부터 나타나나니 ¹⁹이는 하나님을 알 만한 것이 그들 속에 보임이라 하나님께서 이를 그들에게 보이셨느니라 ²⁰창세로부터 그의 보이지 아니하는 것들 곧 그의 영원하신 능력과 신성이 그가 만드신 만물에 분명히 보여 알려졌나니 그러므로 그들이 핑계하지 못할지니라 ²¹하나님을 알되 하나님을 영화롭게도 아니하며 감

사하지도 아니하고 오히려 그 생각이 허망하여지며 미련한 마음이 어두워졌나니 [22] 스스로 지혜 있다 하나 어리석게 되어 [23]썩어지지 아니하는 하나님의 영광을 썩어 질 사람과 새와 짐승과 기어다니는 동물 모양의 우상으로 바꾸었느니라(1:18-23).

18. 하나님의 진노가 불의로 진리를 막는 사람들의 모든 경건하지 않음과 불의에 대하여 하늘로부터 나타나나니. 이제 바울은 복음을 통해서 수여되거나 주어지는 의(義) 외에는 그 어떤 의도 없다는 것을 증명하기 위해서, 의와 대비되는 정반대의 것들과 관련된 논증을 펼쳐나간다. 즉, 그는 이러한 의 없이는 모든 사람이 다 정죄 아래 있는 까닭에, 오직 복음을 통해서만 구원을 얻을 수 있다는 것을 보여준다. 그가 모든 사람이 정죄 아래 있다는 첫 번째 증거로 드는 것은 온갖 요소들이 지극히 아름답게 배열되어 세계를 구성하고 있다는 사실을 보고서 인간이 마땅히 하나님께 영광을 돌려야 함에도 불구하고, 인간의 그러한 본연의 도리를 그 누구도 행하지 않아서, 모든 사람이 신성모독의 죄와 악하고 가증스러운 배은망덕의 죄를 범해 왔음이 명백하다는 것이다.

어떤 이들은 바울이 자신의 강론을 회개라는 주제로 시작하기 위해서 이 구절을 이 서신의 대주제로 내세운 것이라고 본다. 그러나 나는 바울이 여기에서는 논쟁을 시작하고 있는 것이고, 대주제는 이미 앞 절에서 선언한 것이라고 생각한다. 왜냐하면, 바울의 목적은 우리에게 구원을 어디에서 찾아야 하는지를 가르치는 것이었기 때문이다. 바울은 오직 복음을 통해서가 아니면 그 어디에서도 구원을 얻을 수 없다는 것을 이미 분명하게 선언하였지만, 육신은 기꺼이 스스로를 낮추고서 구원의 모든 공로를 오직 하나님의 은혜에 돌리고자 하지 않을 것이기 때문에, 여기에서 온 세상 사람들이 영원히 죽어 마땅하다는 것을 보여준다. 이것으로부터 알 수 있는 것은 우리 자신은 모두 다 멸망받을 수밖에 없는 존재들이기 때문에 우리의 외부에 있는 어떤 다른 수단을 통해서 생명을 회복하지 않으면 안 된다는 것이다. 여기에 나오는 단어들을 찬찬히 잘 살펴보면 이 구절의 의미를 이해하는 데에 많은 도움이 될 것이다.

어떤 이들은 "경건하지 않음"과 "불의"를 구별해서, 전자는 하나님에 대한 예배를 모독하는 것을 의미하고, 후자는 사람들에 대하여 정의와 공평을 행하지 않는 것을 의미하는 것이라고 생각한다. 그러나 곧이어서 사도는 이 "불의"를 참된 신앙을 저버리는 것과 연결시키고 있기 때문에, 이 두 단어는 동일한 것을 가리키는 것으로 보아야 한다. 그러므로 "사람들의 모든 경건하지 않음"은 대환법(代喚法)으로서 "모든 사람들의 경건하지 않음," 또는 "모든 사람들이 저지르는 경건하지 않음"을 의미하는 것으로 해석되어야 한다. 그러니까 바울은 이 두 단어를 통해서 하나의 동일한 것, 즉 하나님에 대한 배은망덕함을 표현하고 있다. 왜냐하면, 우리는 이 두 가지 방식으로 하나님에 대하여 죄를 짓기 때문이다. "경건하지 않음"(ἀσέβεια-아세베이아)은 하나님을 욕되게 하는 것이고, "불의"(ἀδικία-아디키아)는 하나님께 속한 것들을 자신의 것으로 만들어서 마땅히 하나님께 돌아가야 할 영광을 부당하게 찬탈하는 것이다. 성경에 자주 나오는 신인동형론적 표현에 따라, 하나님께 적용된 "진노"(ὀργή-오르게)는 하나님의 원수 갚으심을 의미한다. 왜냐하면, 우리는 인간의 사고방식에 따라서 벌하시는 하나님을 생각할 때에는 화난 모습을 떠올리기 때문이다. 따라서 이 단어는 하나님 속에 있는 어떤 감정을 표현하는 것이 아니라, 단지 벌을 받는 당사자인 죄인의 인식과 느낌을 나타낼 뿐이다. 그리고 바울은 그 진노가 "하늘로부터 나타난다"고 말한다. 어떤 이들은 "하늘로부터"를 형용사로 보고서 이 어구를 "하늘의 하나님의 진노"라고 해석하지만, 나는 이 단어가 강조의 의미로 사용된 것이라고 생각한다. 따라서 바울은 "온 세상을 뒤덮고 있는 저 하늘로부터 하나님의 진노가 부어질 것이기 때문에, 사람이 그 어디를 둘러보아도 아무데서도 구원을 발견하지 못할 것"이라고 말한 것과 같다.

하나님의 "진리"는 하나님을 아는 참된 지식을 의미하고, "진리를 막는" 것은 진리를 억누르거나 가리는 것이다. 따라서 "진리를 막는 사람들"은 강도나 절도의 죄를 저지르는 것이 된다. 불가타(라틴어 역본)에서 "불의하게"로 번역된 어구는 바울이 쓴 원문에는 "불의 안에서"로 되어 있고, 히브리어로도 동일하게 표현되어 있다. 그러나 나는 의미를 분명하게 하기 위해서 "불의하게"로 번역하였다.

19. 이는 하나님을 알 만한 것이 그들 속에 보임이라 하나님께서 이를 그들에게 보이셨느니라. 바울은 우리로 하여금 하나님을 알 수밖에 없게 만드는 것들을 이런 식으로 표현한다. 이것은 하나님의 영광을 드러내는 모든 것들, 또는 똑같은 말이지만 우리로 하여금 하나님을 영화롭게 하도록 이끌고 자극하는 모든 것들을 의미한다. 이러한 표현을 통해서 바울은 우리 인간은 크신 하나님을 온전히 알 수 없고, 하나님은 우리의 제한된 역량에 맞춰서 자신에 대하여 증거하시는 까닭에, 인간이 하나님을 아는 데에는 일정한 한계가 존재한다는 것을 말하고자 한다. 그러므로 하나님이 어떤 분이신지를 자신의 힘으로 알고자 하는 자는 누구든지 제정신이

라고 할 수 없다. 왜냐하면, 온전한 지혜의 교사인 성령이 우리에게 하나님을 "알게 해줄 수 있는 것"(τὸ γνωστὸν-토 그노스톤, 한글개역개정에는 "알 만한 것"으로 되어 있음)에 주목하라고 조언하는 것은 결코 공허한 말이 아니기 때문이다. 우리가 어떻게 해야 하나님을 알게 될 수 있는지에 대해서는 바울이 곧이어서 설명해 준다. 바울은 단지 "그들에게"라고 말하는 것이 아니라 "그들 속에"라고 말함으로써 이 어구를 강조한다. 왜냐하면, 사도가 자주 사용하는 히브리적 어법에서 "속에"로 번역된 '베'(ㄱ)는 흔히 군더더기 말에 불과하지만, 이 경우에는 하나님의 나타나심이 그들에게 마치 그들의 심령에 뚜렷하게 새겨진 것처럼 너무나 강력해서 그들이 피할 수 없음을 강조하기 위하여 의도적으로 사용된 것으로 보이기 때문이다. 바울은 "하나님께서 이를 그들에게 보이셨느니라"고 말함으로써, 사람은 하나님이 창조하신 이 세계를 볼 수 있는 자로 지음을 받았고, 이 지극히 아름다운 세계를 보고서 그런 세계를 창조하신 분에게로 나아가도록 하기 위하여 사람에게 눈이 주어진 것임을 보여주고자 하였다.

20. 창세로부터 그의 보이지 아니하는 것들 곧 그의 영원하신 능력과 신성이 그가 만드신 만물에 분명히 보여 알려졌나니. 하나님 자신은 눈에 보이지 않지만, 그의 위엄은 그가 만드시고 지으신 만물 속에서 어디에서나 빛을 발하고 있기 때문에, 사람은 만물 속에서 하나님의 존재를 알아차리는 것이 마땅하다. 그런 까닭에 사도는 히브리서에서 이 세계는 "보이지 않는 것들"을 들여다보는 거울(specula) 또는 겉으로 드러난 것들(spectacula)이라고 말한다(히 11:3). 바울은 하나님께 속한 것으로 생각될 수 있는 모든 속성들을 다 언급하지는 않고, 단지 우리가 하나님의 "영원하신 능력"과 "신성"을 아는 지식에 도달할 수 있다고 말한다. 왜냐하면, 만물을 조성하신 이는 시작도 없으시고 스스로 존재하실 수밖에 없는데, 우리가 그 지점에 도달하게 될 때에 하나님의 신성이 드러나고, 아울러 "신성"이라는 개념 아래 포괄된 하나님의 모든 속성들도 드러나게 되기 때문이다.

그러므로 그들이 핑계하지 못할지니라. 이러한 확실한 증거가 존재한다는 것이 사람에게 어떤 결과를 가져다줄 것인지는 너무나 분명하다. 즉, 사람은 하나님의 법정에서 자신이 정죄받는 것이 부당하다는 것을 보여주기 위한 그 어떤 핑계도 제시할 수 없다는 것이다. 그런데 우리가 여기에서 유의해야 할 것은, 하나님께서는 우리가 그의 피조물들 속에서 그의 영광을 알 수 있을 정도로 충분하고 분명하게 빛을 나타내시지만, 우리는 눈이 멀어 있는 까닭에 그 빛이 충분하다고 느끼지 못한다는 것이다. 그러나 우리는 우리의 무지를 우리가 저지른 죄악에 대한 핑곗거리로 사용할 수 있을 정도로 그렇게까지 눈멀어 있는 것은 아니다. 우리는 하나님이 존재하신다는 것을 인식하고, 그 하나님이 어떤 분이시든 우리가 그를 예배하여야 한다는 결론을 내리기는 하지만, 우리의 지각(sensus)에 결함이 있기 때문에 하나님이 어떤 분이신지를 알지는 못한다. 그래서 사도가 히브리서 11:3에서 사람으로 하여금 하나님이 지으신 만물 속에서 참된 지식을 얻게 해줄 빛을 받으려면 믿음이 있어야 한다고 말한 것은 합당하다. 우리는 눈이 멀어서 목표 지점에 도달할 정도로 볼 수는 없지만, 핑계를 할 수 없을 정도로는 볼 수 있다. 바울은 사도행전 14:16-17에서 이 두 가지를 아주 잘 보여준다. 거기에서 그는 하나님이 지나간 세대에는 모든 민족을 무지 속에 두시긴 하셨지만 하늘로부터 비를 내리시며 결실기를 주셨기 때문에 자기를 증언하지 아니하신 것($\dot{\alpha}\mu\dot{\alpha}\rho\tau\upsilon\rho\text{o}\nu$-하마르튀론)이 아니었다고 말한다. 그러나 하나님을 아는 이 지식은 오직 핑계하지 못하게 하는 역할만을 할 뿐인 까닭에, 그리스도께서 요한복음 17:3("영생은 곧 유일하신 참 하나님과 그가 보내신 자 예수 그리스도를 아는 것이니이다")에서 언급하신 구원을 가져다주는 지식과는 크게 다르다. 예레미야는 바로 그런 지식을 자랑하라고 우리에게 가르친다(렘 9:24): "자랑하는 자는 이것으로 자랑할지니 곧 명철하여 나를 아는 것과 나 여호와는 사랑과 정의와 공의를 땅에 행하는 자인 줄 깨닫는 것이라."

21. 하나님을 알되. 바울은 여기에서 하나님이 모든 사람의 마음에 그를 알 만한 것을 두셨다고 분명하게 증언한다. 즉, 하나님은 자신이 지으신 것들을 통해서 자신을 아주 분명하게 나타내셨기 때문에, 사람들은 자신의 힘으로 찾고자 하지 않아도 하나님이 계시다는 것을 알게 되어 있다는 것이다. 왜냐하면, 세계는 우연히 존재하게 된 것도 아니고, 스스로 존재하게 된 것도 아니기 때문이다. 그러나 다음에 나오는 내용으로부터 알 수 있듯이, 우리는 사람들이 하나님에 대하여 어느 정도의 지식을 지니게 되었는지를 늘 염두에 두어야 한다.

하나님을 영화롭게도 아니하며 감사하지도 아니하고. 우리는 하나님의 영원하심, 능력, 지혜로우심, 선하심, 참되심, 의로우심, 긍휼하심을 떠올림이 없이는 하나님을 생각할 수 없다. 하나님의 영원하심은 그가 만물을 창조하셨다는 사실로부터 분명하고, 하나님의 능력은 그가 만물을 그의 손으로 붙드시고 계시고 만물이 그 안에서 견고히 서 있다는 사실로부터 분명하며, 하나님의 지혜로우심은 그가 만물을 기가 막히게 완벽한 질서로 배열하셨다는 사실로부터 분명하고, 하나님의 선하심은 그가 만물을 창조하시고 유지해나가시는 이유가 그의 선하심 이외의 다른 이유가 없다는 사실로부터 분명하며, 하나님의 의로우심은 그가 세계를 다스리실 때에 죄 지은 자들을 벌하시고 무죄한 자들을 옹호하신다는 사실로부터 분명하고, 하나님의 긍휼하심은 그가 사람들의 완악함을 그토록 오래 참으신다는 사실로부터 분명하며, 하나님의 참되심은 그가 변함이 없으시다는 사실로부터 분명하다. 그러므로 하나님을 제대로 아는 자는 그의 영원하심과 지혜로우심과 선하심과 의로우심에 합당한 찬송을 그에게 돌리지 않을 수 없다. 사람들은 하나님에게서 그러한 속성들을 인식하지 못하고, 마치 하나님이 실체 없는 유령이라도 된다는 듯이 그에 대하여 제멋대로 상상하였기 때문에, 그들이 하나님으로부터 그의 영광을 빼앗아 버리는 불경죄를 범했다고 바울이 말하고 있는 것은 합당하고, 또한 사람들이 "감사하지도 아니하였다"는 말을 덧붙이고 있는 것도 지극히 합당하다. 왜냐하면, 하나님의 무수한 은혜들에 빚지지 않은 자는 아무도 없고, 하나님이 스스로를 낮추셔서 우리에게 자신을 계시하셨다는 이 한 가지 사실만으로도 우리는 하나님께 이루 말할 수 없는 빚을 진 것이기 때문이다.

오히려 그 생각이 허망하여지며 미련한 마음이 어두워졌나니. 이것은 사람들이 하나님의 진리를 버리고서 그들 자신의 허망한 이성을 의지하게 되었는데, 이성이 생각해 내는 모든 것들은 다 연기처럼 허망하게 사라져 버릴 것들이라는 의미이다. 이렇게 해서 "어두워져" 버린 사람들의 "미련한 마음"은 아무것도 올바르게 인식할 수 없게 되어서, 온갖 다양한 방식으로 오류(error)와 거짓(mendacium)으로 치닫게 되었다. 사람들이 저지른 불의(iniustitia)라는 것은 참된 지식의 씨앗을 그것이 자라서 열매를 맺기 전에 재빨리 그들 자신의 악으로 질식시켜 버린 데에 있다.

22. 스스로 지혜 있다 하나 어리석게 되어. 이 구절과 관련해서 일반적으로 주장되는 것은 바울은 여기에서 지혜가 있다고 자부하는 철학자들을 염두에 두고서 이 말을 하고 있다는 것이다. 그런 주장을 하는 자들은, 지혜에 있어서 뛰어나다고 자타가 공인하는 자들이 사실은 전혀 지혜로운 자들이 아님을 보임으로써 일반 사람들은 자기가 지혜롭다고 말할 엄두를 내지 못하게 하는 것이 여기에서 바울의 논증의 의도라고 생각한다. 그러나 내게는 그런 자들은 빈약한 논거 위에서 추론하고 있는 것으로 보인다. 왜냐하면, 하나님을 아는 지식에 있어서 스스로를 지혜롭다고 여기는 것은 비단 철학자들만이 아니고 모든 민족과 계층의 사람들도 마찬가지여서, 실제로 사람들은 누구나 하나님의 위엄에 대하여 생각하지 않을 수 없기 때문

에, 자신의 지각(知覺, sensus)을 따라 하나님에 대한 자기 나름대로의 어떤 개념을 형성하고자 하기 때문이다. 하나님에 대한 우리의 이러한 주제넘고 경솔한 태도는 학교에서 배운 것이 아니라 모태로부터 타고난다. 왜냐하면, 사람들이 아무렇지도 않게 제멋대로 잘못된 미신들을 만들어 내는 것이 모든 세대에서 횡행하는 악이라는 것은 아주 분명하기 때문이다. 그러므로 바울이 여기에서 정죄하고 있는 교만은 사람들이 마땅히 스스로 낮아져서 하나님께 영광을 돌렸어야 함에도 불구하고, 도리어 자신의 힘으로 지혜롭고자 하고 스스로 지혜 있다고 여겨서 하나님을 그들의 비천한 수준으로 끌어내렸다는 것이다. 바울은 그 누구도 자신의 잘못이 없이는 하나님을 섬기고 예배하는 것으로부터 떠날 수 없다는 원리를 고수한다. 따라서 그는 "사람들이 스스로 높아지고 교만해졌기 때문에, 하나님의 의로우신 보응에 의해서 어리석게 되어 버렸다"고 말한 것과 같다. 또한, 앞에서 내가 거부한 해석이 틀렸음을 보여주는 아주 분명한 근거가 있다. 왜냐하면, 하나님에 대하여 제멋대로 어떤 관념을 형성한 오류는 본래부터 철학자들로부터 유래한 것이 아니고, 단지 그들은 다른 사람들로부터 유래한 그런 관념에 동의한 것일 뿐이기 때문이다.

23. 썩어지지 아니하는 하나님의 영광을 썩어질 사람과 새와 짐승과 기어다니는 동물 모양의 우상으로 바꾸었느니라. 사람들은 육신적인 지각(sensus)으로 이해할 수 있는 그런 신(神)을 자신들의 생각 속에서 만들어 낸 것이었기 때문에, 참 하나님을 알게 된 것과는 거리가 멀었고, 어떤 허구적인 새로운 신(神), 아니 유령을 고안해 낸 것이었다. 바울은 사람들이 "하나님의 영광을 바꾸었다"고 말하는데, 이것은 마치 어떤 아이를 다른 아이로 바꿔치기 하듯이, 사람들은 참 하나님을 다른 허구적인 하나님으로 바꿔치기 해서 참 하나님에게서 떠났기 때문이다. 또한, 사람들이 자신들은 하나님이 하늘에 계신다는 것을 믿고, 나무로 만든 우상을 하나님으로 여기는 것이 아니라 단지 하나님의 형상으로 여기는 것뿐이라고 변명할지라도, 그런 변명은 통할 수 없다. 왜냐하면, 위엄으로 가득하신 하나님을 감히 그런 조악하기 짝이 없는 형상으로 만들 생각을 했다는 것 자체가 하나님에 대한 모독이기 때문이다. 그러나 제사장이든 정치인이든 철학자든 그런 주제넘고 무모한 악으로부터 자유로운 사람은 아무도 없었다. 심지어 철학자들 중에서 가장 건전한 이성을 지녔다고 하는 플라톤조차도 하나님 속에서 어떤 형상, 곧 우상을 찾아내고자 하였다.

그러므로 여기에서 볼 수 있는 사람들의 얼빠진 모습, 즉 정신이 나가서 어리석게 되어 버린 것(insania)은 모든 사람이 각자 나름대로 하나님을 우상으로 바꾸고자 했다는 데에 있다. 이것은 하나님에 대한 사람들의 관념이 하나같이 조악하고 어리석은 것임을 보여주는 확실한 증거이다. 먼저, 사람들은 하나님의 영광을 "썩어질 사람" 모양의 우상으로 바꿈으로써 하나님의 위엄을 훼손하였다. 여기에서 나는 에라스무스의 번역인 "죽게 되어 있는 사람"보다 "썩어질 사람"이라는 번역이 더 낫다고 본다. 왜냐하면, 바울은 죽지 않으시는 하나님과 죽게 되어 있는 사람을 대비시키고 있는 것이 아니라, 그 어떤 흠도 없으신 하나님의 영광을 인간의 지극히 비참한 상태와 대비시키고 있기 때문이다. 다음으로, 사람들은 그러한 극악무도한 범죄로도 만족하지 못해서, 하나님의 영광을 짐승들, 그것도 가장 더러운 짐승들의 모양으로 바꾸어 버리기까지 하였다. 이러한 가증스러운 일들에 관한 자세한 설명은 락탄티우스(Lactantius), 에우세비우스(Eusebius)의 글들과 아우구스티누스의 「하나님의 도성」에서 찾아볼 수 있다.

[24]그러므로 하나님께서 그들을 마음의 정욕대로 더러움에 내버려 두사 그들의 몸을 서로 욕되게 하게 하셨으니 [25]이는 그들이 하나님의 진리를 거짓 것으로 바꾸어 피조물을 조물주보다 더 경배하고 섬김이라 주는 곧 영원히 찬송할 이시로다 아멘 [26]이 때문에 하나님께서 그들을 부끄러운 욕심에 내버려 두셨으니 곧 그들의 여자들도 순리대로 쓸 것을 바꾸어 역리로 쓰며 [27]그와 같이 남자들도 순리대로 여자 쓰기를 버리고 서로 향하여 음욕이 불 일듯 하매 남자가 남자와 더불어 부끄러운 일을 행하여 그들의 그릇됨에 상당한 보응을 그들 자신이 받았느니라 [28]또한 그들이 마음에 하나님 두기를 싫어하매 하나님께서 그들을 그 상실한 마음대로 내버려 두사 합당하지 못한 일을 하게 하셨으니 [29]곧 모든 불의, 추악, 탐욕, 악의가 가득한 자요 시기, 살인, 분쟁, 사기, 악독이 가득한 자요 수군수군하는 자요 [30]비방하는 자요 하나님께서 미워하시는 자요 능욕하는 자요 교만한 자요 자랑하는 자요 악을 도모하는 자요 부모를 거역하는 자요 [31]우매한 자요 배약하는 자요 무정한 자요 무자비한 자라 [32]그들이 이같은 일을 행하는 자는 사형에 해당한다고 하나님께서 정하심을 알고도 자기들만 행할 뿐 아니라 또한 그런 일을 행하는 자들을 옳다 하느니라(1:24-32).

24. 그러므로 하나님께서 그들을 마음의 정욕대로 더러움에 내버려 두사. "경건

하지 않음"(18절)은 숨겨진 악이어서, 사람들이 그 점을 악용해서 빠져나갈 길을 발견할 수도 있기 때문에, 그런 일이 일어나지 않도록 하기 위해서, 바울은 좀 더 눈에 보이는 확실한 증거를 제시함으로써, 그들이 하나님의 의로우신 정죄 아래 있다는 것을 인정할 수밖에 없게 만든다. 즉, 사람들의 "경건하지 않음"으로 인한 열매들은 하나님의 진노가 그들에게 임하여 있다는 것을 보여주는 명백한 증거들이라고밖에는 달리 볼 수 없다는 것이다. 왜냐하면, 하나님의 진노는 언제나 의로우신 까닭에, 그들로 하여금 정죄를 받을 수밖에 없도록 만든 어떤 것이 그 진노보다 선행했을 것임에 틀림없다는 결론이 나오기 때문이다. 이제 바울은 그러한 증거들을 통해서 사람들의 배교와 변절을 증명한다. 왜냐하면, 하나님은 자신의 인자하심을 거부하고 떠나간 자들을 벌하셔서 그들로 하여금 다양한 방식으로 멸망과 파멸을 향하여 치닫도록 내버려 두시기 때문이다. 바울은 그들이 저지른 악들과 자기가 전에 그들을 고소하면서 언급했던 "경건하지 않음"을 연결시켜서, 그들이 하나님의 의로우신 심판을 통해서 벌을 받은 것임을 보여준다. 왜냐하면, 우리 자신의 명예보다 우리가 더 소중히 여기는 것은 없는 까닭에, 우리가 우리 자신에게 수치와 욕을 가져다줄 일들을 서슴지 않고 한다는 것은 우리가 극도로 눈이 멀어 있음을 보여주는 증거인데, 그러한 벌은 하나님의 위엄을 모독한 것에 대한 벌로서 가장 적절하기 때문이다. 이것이 바울이 이 장의 끝까지 다루고 있는 주제이다. 그는 이것을 사람들에게 아주 분명하게 각인시킬 필요가 있었기 때문에 여러 가지 다양한 방식으로 다루어 나간다.

요컨대, 바울이 우리에게 증명하고자 하는 것은, 하나님의 진노가 사람들에게 부어지고 있다는 것은 부정할 수 없는 명백한 증거들로 말미암아 너무나 분명한 사실이기 때문에 하나님에 대한 사람들의 배은망덕함은 변명할 여지가 없다는 것이다. 만일 사람들이 하나님의 진노와 미움을 불러일으키지 않았더라면, 사람들이 짐승처럼 그러한 더러운 정욕들(cupiditas)에 빠져 뒹굴며 살아가는 일은 일어나지 않았으리라는 것이다. 그런 까닭에, 바울은 지독하게 가증스러운 악들이 도처에서 횡행하고 있다는 것은 하나님이 사람들에게 보응하고 계시다는 것을 보여주는 의심할 여지 없이 명백한 증거들이라고 결론을 내린다. 하나님의 이러한 보응하심은 결코 불합리하거나 불의한 것이 아니라 정의와 공평을 따라 이루어지는 것이기 때문에, 멸망이 모든 사람 위에 드리우게 된 것은 합당한 일일 뿐만 아니라 확실한 사실이기도 하다고 바울은 말한다.

하나님이 사람들을 어떤 식으로 악(vitium)에 내어주시느냐 하는 문제는 지금 여기에서 자세하게 논의할 필요는 없지만, 분명한 것은 하나님은 사람들이 죄를 짓도록 내버려 두시거나 묵인하심으로써 죄에 빠지게 하실 뿐만 아니라, 자신의 의로우신 심판을 통해서 사람들이 마귀에게 이끌려서만이 아니라 그들 자신의 정욕에 이끌려서 그러한 미친 짓(rabies) 속으로 끌려가도록 하게도 하신다는 것이다. 그래서 바울은 여기에서 "내어주다"(한글개역개정에는 "내버려 두다")라는 단어를 채택해서 성경의 통상적인 용법을 따라 사용한다. 이 단어를 근거로 해서, 사람은 오직 하나님의 허락하심에 의해서만 죄를 짓게 된다고 보는 자들은 이 단어의 의미를 철저히 왜곡하는 것이다. 왜냐하면, 사탄은 하나님의 진노를 집행하는 일꾼인 까닭에 은밀하게만이 아니라 심판주이신 하나님의 명령을 따라서도 우리를 공격하기 때문이다. 그러나 바울은 우리가 벌을 받아 마땅할 때에만 사탄의 권세 아래로 넘겨진다는 것을 분명하게 보여주기 때문에, 우리는 앞에서 말한 그런 이유를 들어서 하나님은 잔인하고 우리는 무죄하다고 말해서는 결코 안 된다. 우리는 죄의 뿌리는 늘 죄인 자신 속에 있기 때문에, 죄를 저지르는 원인자는 하나님으로부터 오는 것이 아니라는 사실을 명심하여야 한다. "오, 이스라엘아, 네가 스스로 멸망하였으나 너의 도움이 내게 있느니라"(호 13:9, 한글개역개정에는 "이스라엘아 네가 패망하였나니 이는 너를 도와주는 나를 대적함이니라"로 되어 있음)는 말씀은 참일 수밖에 없다.

바울은 사람의 "마음의 정욕들"을 "더러움"과 연결시킴으로써 하나님이 우리의 마음을 내버려 두었을 때에 어떤 것들이 거기에서 생겨나는지를 간접적으로 보여준다. "서로"라는 어구를 사용한 것은 강조의 의미가 있다. 왜냐하면, 이 어구는 그들의 몸에 각인된 "욕됨"의 흔적들이 얼마나 깊고 지워질 수 없는 것인지를 강조해서 표현해 주고 있기 때문이다.

25. 이는 그들이 하나님의 진리를 거짓 것으로 바꾸어. 바울은 앞에서 이미 말한 것을 우리의 마음속에 더 깊이 각인시키기 위해서 여기에서 다시 한 번 다른 표현을 사용해서 반복한다. "하나님의 진리"가 "거짓 것"으로 탈바꿈될 때, 하나님의 영광은 사라지고 만다. 그러므로 하나님에게서 그 존귀하심을 박탈하고 그의 이름을 모독하고자 하는 사람들이 온갖 욕을 뒤집어쓰게 되는 것은 지극히 합당하다.

피조물을 조물주보다 더 경배하고 섬김이라 주는 곧 영원히 찬송할 이시로다 아멘. 나는 두 동사를 하나의 구문 속에 담기 위해서 이렇게 번역하였다. 바울이 여기에서 우상 숭배의 죄를 지적한 것은 옳다. 왜냐하면, 피조물을 경배하고 섬기는 것은 하나님으로부터 그가 마땅히 받으셔야 할 것들을 박탈함으로써 하나님을 모독하고 욕되게 하는 것이 될 수밖에 없기 때문이다. 하나님은 사람들이 그의 형상을 만들어 경배하는 것을 인정하지도 않으시고 받으시지도 않으시는 까닭에, 하나님을 형상으로 만들어 경배하고 섬긴 것일 뿐이라고 변명해도, 그런 변명은 통할 수 없다. 사람들이 그런 식으로 경배하고 섬기는 것은 참 하나님이 아니라, 그들이 육신의 소욕을 만족시키기 위하여 육신의 생각을 따라 고안해 낸 거짓 신일 뿐이다.

바울이 "주는 곧 영원히 찬송할 이시로다 아멘"이라는 어구를 더한 것은 우상 숭배자들을 더욱더 수치스럽게 하기 위한 것으로서, 이 어구는 "주는 그들이 유일하게 경배하고 섬겼어야 할 분이시기 때문에, 그분에게서 아무리 작은 것이라도 박탈하고자 하는 것은 합당하지 않다"는 의미를 지닌다.

26. 이 때문에 하나님께서 그들을 부끄러운 욕심에 내버려 두셨으니. 바울은 삽입구 다음에 곧바로 자기가 앞에서 말해 왔던 하나님의 보응(ultio)에 관한 주제로 되돌아가서, 먼저 도착된 성적 욕구라는 끔찍한 죄악을 첫 번째 예로 든다. 이것으로부터 분명한 것은 그들은 자연의 질서 전체를 뒤집어 버렸기 때문에, 그들 자신을 짐승 같은 정욕에 내맡겼을 뿐만 아니라, 짐승보다 더 못한 존재가 되어 버렸다는 것이다. 다음으로, 바울은 모든 시대에 존재하였고, 특히 당시에 도처에서 아무런 제약도 없이 횡행하고 있던 온갖 악들에 관한 긴 목록을 열거한다.

모든 사람이 다 이렇게 무수한 악들을 저지른 것은 아니지 않느냐고 말해 보아야 아무 소용이 없다. 왜냐하면, 인류의 전반적인 타락상을 보여주는 이 목록은 모든 사람이 한 사람도 빠짐없이 이 목록 중에 나오는 어떤 악들을 저지르고 있음을 인정하지 않을 수 없게 만드는 데 충분할 정도의 증거가 되기 때문이다. 따라서 우리는 바울이 여기에서 모든 시대에 공통적이었고 당시에 널리 횡행하던 저 수치스러운 일들을 열거하고 있는 것이라고 보아야 한다. 짐승들조차도 혐오할 그러한 더러운 짓들이 당시에 이렇게 횡행하였을 뿐만 아니라, 심지어 그것들 중 어떤 악들은 일상적으로 행해졌다는 사실은 정말 놀랍다. 그러므로 바울은 여기에서 온 인류가 다 연루되어 있던 악들의 목록을 제시하고 있는 것이다. 왜냐하면, 모든 사람이 살인자나 도둑이나 간음한 자는 아닐지라도, 이 목록에 나오는 이런저런 악에 의해서 더럽혀지지 않은 사람은 단 한 명도 없기 때문이다. 바울은 사람들이 보기에도 부끄러울 뿐만 아니라 하나님을 욕되게 하는 그러한 악들을 "부끄러운 욕심들"이라고 부른다.

27. 그들의 그릇됨에 상당한 보응을 그들 자신이 받았느니라. 하나님이 주시는 빛에 대하여 악의적으로 눈을 감아 버리고 하나님의 영광을 보고자 하지 않은 사람들이 철저히 눈이 멀어서 그들 자신이 어떤 존재인지를 망각하고 그들에게 적절한 일들이 무엇인지를 볼 수 없게 된 것은 합당한 일이었다. 요컨대, 우리에게 유일한 빛인 하나님의 영광을 있는 힘을 다해서 주저없이 꺼버린 사람들은 대낮에도 볼 수 없을 정도로 눈이 멀어 버리게 된 것은 합당한 일이었다는 것이다.

28. 또한 그들이 마음에 하나님 두기를 싫어하매 하나님께서 그들을 그 상실한 마음대로 내버려 두사. 이 구절에서 우리는 죄와 벌의 올바른 상관관계가 탁월하게 제시되고 있는 것을 주목해야 한다. 즉, 사람들이 그들의 마음을 유일하게 참된 지혜로 이끌어줄 수 있는 하나님을 아는 지식 안에 계속해서 머물러 있기를 거부하였기 때문에, 하나님께서는 올바른 것을 결코 선택할 수 없는 뒤틀린 마음(perversa mens, "상실한 마음")을 그들에게 주셨다는 것이다. 바울이 "그들이 싫어하매"라고 말한 것은 그들이 합당한 열심을 가지고서 하나님을 아는 지식을 추구했어야 함에도 불구하고 그렇게 하지 않고, 도리어 하나님을 생각하는 것을 의도적으로 회피하였다고 말한 것과 같다. 그러므로 바울은 그들이 그들 자신의 허망한 것들을 하나님보다 더 좋아해서 잘못된 선택을 한 것이기 때문에, 그렇게 스스로 미혹되어 오류를 범한 것은 전적으로 그들의 자발적인 선택이었다고 말하고 있는 것이다.

합당하지 못한 일을 하게 하셨으니. 바울은 지금까지는 많은 사람들 가운데서 일반적으로 행해져 오긴 했지만 모든 사람에게 해당되는 것은 아니었던 한 가지 수치스럽고 가증스러운 악만을 언급하였지만, 이제 여기에서는 그 누구도 자유로울 수 없는 악들을 열거하기 시작한다. 왜냐하면, 앞에서도 말했듯이, 각 사람이 여기에 열거된 모든 악을 다 저지르는 것은 아니지만 그 중 몇몇 악을 저지르는 까닭에, 모든 사람이 한 명도 빠짐없이 다 각각 악하다고 말할 수 있기 때문이다. 바울이 무엇보다도 먼저 그들이 하는 일들을 "합당하지 못한" 일들이라고 말한 것은 그 일들이 다 순리(順理)에 어긋나고 인간의 도리에 맞지 않는 일들이라고 말한 것이다. 그는 사람들이 순리에 비추어서 마땅히 거부했어야 할 그런 악들을 아무런 스스럼 없이 일상적으로 저지르는 것을 뒤틀린 마음("상실한 마음")의 증표로 제시한다.

여기에 열거된 악들을 서로 연결시켜서 파악해보고자 한다면, 그것은 헛수고가 될 것이다. 왜냐하면, 바울의 의도는 그런 것이 아니었고, 그는 단지 자신의 마음에 생각나는 대로 그 악들을 열거한 것일 뿐이기 때문이다. 그러면, 각각의 악이 무엇을 의미하는지를 간단하게 살펴보기로 하자.

29. 곧 모든 불의, 추악, 탐욕, 악의가 가득한 자요 시기, 살인, 분쟁, 사기, 악독이 가득한 자요 수군수군하는 자요. "불의"는 각 사람을 각자에게 합당한 대로 대접하지 않음으로써 사람들 가운데서 인간의 도리를 짓밟는 것을 의미한다. 나는 암모니우스(Ammonius)의 견해를 따라 '포네리아'(πονηρία, 한글개역개정에서는 "추악")를 "악"으로 번역하였는데, 그는 '포네론'(πονηρόν, "악인")은 '드라스티콘 카쿠'(δραστικὸν κακοῦ, "행악자")라고 설명한다. 따라서 '포네리아'("악")는 악을 행하는 것, 또는 거리낌 없이 악행을 마음대로 저지르는 것을 의미하는 반면에, "악의"로 번역된 '카키아'(κακία)는 우리로 하여금 이웃들에게 해악을 가하게 이끄는 뒤틀리고 어긋난 마음을 가리킨다. 바울이 사용한 '포르네이안'(πορνείαν)을 나는 "정욕"이라고 번역하였다. "음행"으로 번역하는 것에 대해서도 반대하지는 않지만, 우리가 주의할 것은 이 단어를 통해서 바울은 외적인 행위만이 아니라 내적인 욕구도 표현하고 있다는 것이다.

"탐욕"과 "시기"와 "살인"이 무엇을 의미하는지는 아주 분명하고, "분쟁"은 다툼이나 싸움, 선동 등을 포함한다. "악독"으로 번역된 '카코에테이아'(κακοήθεια)는 유별나게 지독한 악을 의미한다. 즉, 사람이 철저하게 악이 몸에 배어 있어서 아무런 감각도 없이 타락한 삶을 살아가는 모습을 가리킨다.

30. 비방하는 자요 하나님께서 미워하시는 자요 능욕하는 자요 교만한 자요 자랑하는 자요 악을 도모하는 자요 부모를 거역하는 자요. '테오스튀게이스'(θεοστυγεῖς)가 "하나님을 미워하는 자들"(한글개역개정에는 "하나님께서 미워하시는 자")을 의미한다는 것은 의심의 여지가 없다. 바울은 여기에서 사람들이 명백한 악들을 통해서 죄를 짓고 있다는 것을 증명하고자 하는 것인 까닭에, 우리는 이 단어를 수동의 의미로 이해할 이유가 없다. 따라서 하나님을 미워하는 자들은 악을 행하여 하나님의 공의에 저항하는 자들을 가리킨다. '카타랄루스'(καταλάλους, 한글개역개정에는 "비방하는 자")와 '휘브리스타스'(ὑβριστάς, 한글개역개정에는 "능욕하는 자")는 다음과 같이 구별된다. '카타랄루스'는 은밀한 비방을 통해서 사이 좋던 사람들을 서로 갈라놓고, 그들의 마음을 분노로 타오르게 하며, 무죄한 자들을 헐뜯고, 불화의 씨를 퍼뜨리는 자들을 가리키고, '휘브리스타스'는 타고난 악의를 가지고서 그 누구에 대해서도 좋게 얘기하지 않고, 마치 사람들을 비방하고 헐뜯는 것에 사로잡혀 미쳐 있는 것처럼 사람을 가리지 않고 무차별적으로

비방하고 헐뜯는 자들을 가리킨다. 나는 '휘브리스타스'를 "흉악한 자들"이라고 번역하였다. 왜냐하면, 라틴 저술가들은 약탈이나 도둑질, 방화, 주술 같은 큰 악들을 저지르는 자들을 그렇게 불렀고, 바울이 여기에서 말하고자 한 것도 바로 그러한 악들이기 때문이다. 나는 바울이 사용한 '휘페레파누스'(ὑπερηφάνους, 한글개역개정에는 "교만한 자")를 "거만한 자들"이라고 번역하였는데, 이것이 헬라어에서 이 단어가 지닌 의미이다. 이 단어의 어원은 높은 곳에서 자기 아래에 있는 자들을 내려다보며 경멸한다는 것이고, 그런 자들은 다른 사람들이 자기와 동등한 위치에 서는 것을 참을 수 없어 한다. "자랑하는 자들"로 번역된 '알라조나스'(ἀλαζόνας)는 자기가 대단한 사람이라도 된다는 듯이 헛바람이 들어 잔뜩 부풀어 올라 있는 자들을 가리키고, '에퓨레타스 카콘'(ἐφευρετὰς κακων, 한글개역개정에는 "악을 도모하는 자")은 죄악을 저지름으로써 사회의 유대를 깨는 자들, 또는 약속을 해놓고서 깨는 것을 밥 먹듯이 하는 등 진실성이나 신의가 없는 자들을 가리킨다.

31. 우매한 자요 배약하는 자요 무정한 자요 무자비한 자라. "무정한 자"는 자신의 혈육에 대한 가장 기본적이고 자연스러운 정도 없는 자들을 가리킨다. 바울은 "무자비함"을 인간의 본성이 타락했음을 보여주는 증거로 언급하기 때문에, 아우구스티누스는 스토아 학파와의 논쟁에서 "자비"야말로 기독교적인 덕목이라고 결론을 내린다.

32. 그들이 이같은 일을 행하는 자는 사형에 해당한다고 하나님께서 정하심을 알고도 자기들만 행할 뿐 아니라 또한 그런 일을 행하는 자들을 옳다 하느니라. 이 구절은 여러 가지로 설명되고 있지만, 내게 가장 올바른 해석으로 보이는 것은 이것이다. 즉, 사람들은 온갖 악을 제약 없이 저지르는 데에 자신을 철저히 방임하여, 선과 악의 구별을 완전히 없애 버리고서, 하나님이 진노하시는 일들이자 장차 하나님의 의로우신 심판에 의해서 정죄될 일들이라는 것을 뻔히 알면서도, 그들 자신은 물론이고 다른 사람들이 그런 일들을 행하는 것을 옳다고 하며 살고 있다는 것이다. 죄인이 수치심을 완전히 잃어버리고서 스스로 악들을 행하는 것을 기뻐하고, 남들이 그런 악들을 책망하면 참지 못할 뿐만 아니라, 그런 악들을 행하는 자들을 두둔해 주고 격려해 주고 있다면, 그는 지금 모든 악 중에서 최정상에 서 있는 것이다. 성경은 이러한 절망적인 악에 대해서 이렇게 말씀한다: "행악하기를 기뻐하며 악인의 패역을 즐거워하나니"(잠 2:14); "모든 지나가는 자에게 다리를 벌려 심히 음행하고"(겔 16:25). 수치를 아는 자는 아직 고침 받을 가능성이 있지만, 죄악이 습관화

되어 너무나 뻔뻔스러워져서 덕(virtus)이 아니라 악(vitium)을 기뻐하고 좋아하는 자에게는 더 이상 나아질 소망이 없다. 이것이 이 구절에 대한 나의 해석이다. 왜냐하면, 사도는 여기에서 단지 악을 행하는 것 이상의 더 심각하고 악독한 어떤 것을 정죄하고자 하는 것이기 때문이다. 나는 그 어떤 것이 무엇인지를 알지 못하지만, 그것이 모든 악 중에서 최정상에 있는 악, 즉 극악무도한 자들이 모든 수치심을 다 팽개쳐 버리고서 하나님의 의에 맞서서 온갖 악들의 후원자로 나서는 악을 가리키고 있다는 것은 분명하다.

제2장

¹그러므로 남을 판단하는 사람아, 누구를 막론하고 네가 핑계하지 못할 것은 남을 판단하는 것으로 네가 너를 정죄함이니 판단하는 네가 같은 일을 행함이니라 ²이런 일을 행하는 자에게 하나님의 심판이 진리대로 되는 줄 우리가 아노라(2:1-2).

1. 그러므로 남을 판단하는 사람아 … 네가 핑계하지 못할 것은. 이 책망은 외적인 거룩함을 과시하여 사람들의 눈을 현혹시키고, 마치 자신이 하나님을 온전히 흡족하시게 해드리는 삶을 살고 있다는 듯이, 그들 자신이 하나님 앞에서 열납되고 있다고 생각하는 위선자들, 또는 외식하는 자들에 대한 것이다. 따라서 바울은 앞에서 큰 악들을 열거하여 하나님 앞에서 의롭다고 할 자가 아무도 없다는 것을 증명한 후에, 이제 여기에서는 그런 부류의 악인들에 포함시킬 수 없는 사람들, 즉 자기가 거룩하다고 착각하고 있는 자들을 공격하는 것이다. 여기에 나오는 추론은 아주 단순하고 명쾌해서, 사도가 어떤 식으로 논증을 해나가고 있는지와 관련해서 의구심이 있을 수 없다. 왜냐하면, 그는 그들이 스스로 하나님의 심판을 알고 있으면서도 하나님의 법을 범하는 까닭에 그들에게는 변명의 여지가 있을 수 없다고 말하는 것이기 때문이다. 그러므로 그는 이렇게 말한 것과 같다: "네가 다른 사람들이 저지르는 악들에 대하여 동의하지 않고, 도리어 그러한 악들의 불구대천의 원수로 자처하여 그 악들을 책망한다고 할지라도, 너는 그 악들로부터 결코 자유로운 것이 아니기 때문에, 네 자신을 철저하게 살피지 않는다면, 너는 변명할 여지가 없게 될 것이다."

남을 판단하는 것으로 네가 너를 정죄함이니. 우리가 주목해야 할 것은 바울은 '크리네인'(χρίνειν, "판단하다")과 '카타크리네인'(καταχρίνειν, "정죄하다")이라는 헬라어의 두 동사 간의 단어유희라는 수사법을 사용하고 있을 뿐만 아니라, 이 두 동사를 활용해서 그들의 죄를 강화시키고 있다는 것이다. 즉, 그는 "너는 네 스스로도 동일한 악들을 저지르면서도 그런 악들을 저지르는 다른 사람들을 책망하고 정죄하였으니 두 배로 정죄를 받아 마땅하다"고 말한 것과 같다. 다른 사람들에게 모든 미덕을 갖춘 흠 없고 절제된 삶을 요구하는 자들은 스스로 자신은 그런 자라고 선언하는 것이기 때문에, 그들이 다른 사람들에게서 고치고자 한 것과 동일한 악들이 그들에게서 발견된다면, 그들은 용서받을 수 없는 자들이 된다는 유명한 말이 있다.

판단하는 네가 같은 일을 행함이니라. 이것은 축자적인 번역이고, 그 의미는 "너는 판단하고 있지만 동일한 일들을 하고 있다"는 것이다. 바울은 그들이 올바른 마음 상태에 있지 않기 때문에 똑같은 악들을 저지르고 있는 것이라고 말한다. 왜냐하면, 사람의 마음에는 본래부터 죄가 자리잡고 있기 때문이다. 그러므로 이 점에 있어서 그들은 스스로를 정죄하고 있는 것이다. 즉, 그들이 도둑이나 간음한 자나 비방하는 자를 책망할 때, 그들 자신도 그런 악들을 똑같이 저지르고 있기 때문에, 그것은 단지 그 사람들만을 정죄하는 것이 아니라, 그들 자신을 정죄하는 것이 된다는 것이다.

2. 이런 일을 행하는 자에게 하나님의 심판이 진리대로 되는 줄 우리가 아노라. 여기에서 바울의 의도는 위선자들에게서 그들의 자기만족을 떨쳐내서, 그들이 세상으로부터 칭찬을 받고 그들 스스로도 자신을 죄에서 떠난 자로 여긴다고 할지라도, 사실은 그 어떤 것도 얻은 것이 없음을 알게 하기 위한 것이다. 왜냐하면, 천국에서는 그들이 생각했던 것과는 판이하게 다른 시험이 기다리고 있기 때문이다. 그러나 그는 그들의 마음 중심에 있는 악을 고소하고 있고, 그 악은 사람들의 눈에 감춰져 있어서 사람들의 증언에 의해서 증명되거나 정죄될 수 없는 까닭에, 그들을 하나님의 심판에 호소한다. 왜냐하면, 하나님 앞에서는 어둠조차도 감춰질 수 없고, 죄인들은 좋든 싫든 이 사실을 알 필요가 있기 때문이다.

하나님의 심판의 기준이 될 "진리"는 두 가지이다. 첫 번째는, 하나님은 죄가 발견된 자가 누구이든 사람을 차별하지 않고 공평하게 그 사람을 벌하시리라는 것이고, 두 번째는, 하나님은 외적인 모습들을 보시거나 그 어떤 외적인 행위에도 만족하지 않으시고, 오직 진실한 마음에서 나오는 것들만을 받으시리라는 것이다. 이것으로부터 알 수 있는 것은 아무리 겉으로 거룩함을 위장한다고 해도 그 사람이 저지른 은밀한 악들은 반드시 하나님의 심판을 받게 된다는 것이다. 왜냐하면, "진리대로"라는 어구는 히브리어 관용구이고, 히브리어에서 "진리"는 흔히 내면의 마음에 흠이 없는 것을 가리키는 까닭에, 눈에 보이는 명백한 거짓만이 아니라 겉으로 선하게 보이는 것들에 대한 반대말로도 사용되기 때문이다. 위선자들은 하나님께서는 그들의 위장된 의만이 아니라 그들의 은밀한 동기들과 감정들에 대해서도 판단하실 것이라는 말을 들을 때에야 비로소 정신을 차린다.

³이런 일을 행하는 자를 판단하고도 같은 일을 행하는 사람아, 네가 하나님의 심판을 피할 줄로 생각하느냐 ⁴혹 네가 하나님의 인자하심이 너를 인도하여 회개하게 하심을 알지 못하여 그의 인자하심과 용납하심과 길이 참으심이 풍성함을 멸시하느냐 ⁵다만 네 고집과 회개하지 아니한 마음을 따라 진노의 날 곧 하나님의 의로우신 심판이 나타나는 그 날에 임할 진노를 네게 쌓는도다 ⁶하나님께서 각 사람에게 그 행한 대로 보응하시되 ⁷참고 선을 행하여 영광과 존귀와 썩지 아니함을 구하는 자에게는 영생으로 하시고 ⁸오직 당을 지어 진리를 따르지 아니하고 불의를 따르는 자에게는 진노와 분노로 하시리라 ⁹악을 행하는 각 사람의 영에는 환난과 곤고가 있으리니 먼저는 유대인에게요 그리고 헬라인에게며 ¹⁰선을 행하는 각 사람에게는 영광과 존귀와 평강이 있으리니 먼저는 유대인에게요 그리고 헬라인에게라(2:3-10).

3. 이런 일을 행하는 자를 판단하고도 같은 일을 행하는 사람아, 네가 하나님의 심판을 피할 줄로 생각하느냐. 수사학자들은 잘못이 다 증명되기 전에는 섣불리 호된 질책을 하려고 해서는 안 된다고 가르친다는 사실에 비추어 보면, 어떤 사람들에게는 바울이 앞에서 자신이 제기한 고소를 아직 증명하지도 않은 상태에서 여기에서 이렇게 혹독한 비난을 하는 것이 지혜롭지 못한 행동으로 보일 수도 있지만, 사실은 그렇지 않다. 왜냐하면, 바울은 사람들 앞에 그들을 고소한 것이 아니라, 그들의 양심의 판단에 호소한 것이었던 까닭에, 자신이 의도했던 것을 충분히 증명했다고 여겼기 때문이다. 즉, 그들은 그들 자신을 하나님의 판단에 부쳐서 잘 살핀다면 자신의 죄악을 부인할 수 없으리라는 것이다. 바울은 그들의 위장된 거룩함을 이렇게 아주 날카롭고 심하게 책망할 필요가 절실하였다. 왜냐하면, 그런 부류의 사람들은 누가 그들의 헛된 자부심(securitas)을 강제로 흔들어놓지 않으면 놀라울 정도로 철석 같이 그들 자신을 신뢰하기 때문이다. 그러므로 우리는 위선자들을 망상에서 깨어나게 해서 그들의 위선을 하나님의 심판의 빛 아래로 끌어오기 위해서는 그렇게 하는 것이 최선이라는 것을 기억하여야 한다.

여기에서 바울의 논증은 작은 것에서 큰 것으로 진행해 나간다. 즉, 우리의 죄가 사람들의 판단을 받을 수밖에 없다고 한다면, 하물며 만유의 유일하신 참된 심판자이신 하나님의 판단을 받게 되리라는 것은 두말할 필요도 없다는 것이다. 사실 사람들은 하나님으로부터 받은 본능에 의해서 악한 행위들을 정죄하도록 이끌리지만, 그것은 단지 하나님의 심판을 희미하게 닮은 것일 뿐이다. 그러므로 다른 사람들이 자신의 판단을 피하는 것은 용납하지 않으면서도 그들 자신은 하나님의 심판을 피할 수 있다고 생각하는 자들은 지극히 어리석은 자들이다. 바울이 "사람아"라는 말을 반복해서 사용하는 것은 의미가 없지 않은데, 그것은 "사람"과 "하나님"을 대비시키기 위한 것이다.

4. 혹 네가 … 그의 인자하심과 용납하심과 길이 참으심이 풍성함을 멸시하느냐. 어떤 이들은 이 구절 속에서 양도논법(dilemma)이 사용되고 있다고 주장하지만, 내게는 그렇게 보이지 않고, 바울은 단지 반론을 예상하고 미리 반박해 나가는 예변법(prolepsis)을 사용하고 있는 것으로 보인다. 위선자들은 일반적으로 마치 자신들이 선한 행위들을 행해서 하나님이 그들에게 "인자하심"을 베푸신 것이라는 듯이 자신들의 형통에 고무되어서 한층 더 교만해지고 완악해져서 하나님을 "멸시"하게 되기 때문에, 사도는 그들의 기고만장함을 미리 전제하고서, 그들은 자신들의 외적인 형통을 보고서 자신들이 하나님과 사이가 좋다고 생각하지만, 하나님은 그들이 생각하는 것과는 판이하게 다른 목적, 즉 죄인들을 회개시킬 목적으로 그들에게 은혜를 베푸시는 것이라는 정반대의 논증을 통해서 그들의 생각이 완전히 착각이라는 것을 증명한다. 따라서 사람이 하나님을 경외하지도 않으면서 자신의 외면적인 형통을 보고서 자부심을 갖는 것은 하나님의 선하심에 대한 멸시이자 조롱이 된다. 이것으로부터 알 수 있는 것은 이 세상에서 하나님이 오래 참아주신 자들은 장차 더 큰 벌을 받게 되리라는 것이다. 왜냐하면, 그런 자들은 그들의 다른 악에 하나님의 인자하신 초대를 거절한 악을 더한 것이 되기 때문이다. 하나님이 주신 모든 은혜들은 아버지로서의 "그의 인자하심과 용납하심과 길이 참으심"을 증언해 주는 무수한 증거들이고, 하나님이 그렇게 많은 은혜를 베풀어 주시는 데에는 다른 목적이 있기 때문에, 불경건한 자들이 자신의 형통함을 보고서, 마치 그들이 하나님으로부터 사랑받는 자들인 것처럼 착각하여 스스로 자축하는 것은 어처구니없는 일이다.

하나님의 인자하심이 너를 인도하여 회개하게 하심을 알지 못하여. 하나님은 자신의 인자하심을 통하여 우리가 잘되고자 한다면 그에게로 돌아가야 한다는 것을 우리에게 보여주시고, 아울러 우리 속에 그의 긍휼하심에 대한 확신과 기대를 불러 일으키신다. 우리가 하나님의 풍성하신 인자하심을 늘 동일한 방식으로 받는 것은 아니지만, 어쨌든 하나님의 그 풍성하심을 바로 그런 목적으로 사용하지 않는다면, 그것은 하나님의 인자하심을 악용하는 것이다. 왜냐하면, 하나님께서 자신의 종들에게 은혜를 베푸시고 선대하셔서 그들에게 이 땅의 복들을 주시는 것은 바로 그런 증표들을 통해 자신의 인자하심을 그들로 하여금 알게 하시고, 오직 그에게만 있는 온갖 복된 것들을 모두 다 구하도록 훈련시키시기 위한 것이기 때문이다. 마찬가지로, 하나님께서 자신의 법을 어긴 자들을 동일한 너그러우심과 용납하심으로 대하시는 것도 자신의 인자하심을 통해서 그들의 완악함(contumacia)을 누그러뜨려 보고자 하시는 것이다. 하지만 이것은 하나님이 그들과 이미 화목을 이루어 사이가 좋다고 증언하시는 것이 아니라, 정반대로 그들을 회개하라고 초청하시는 것이다. 여기에서 어떤 사람이 하나님께서 그들의 내면의 마음을 만져주시지 않으신다면 그런 것은 귀 먹은 자에게 노래를 불러주는 것과 같은 것일 뿐이라고 반론을 제기한다면, 우리는 이 경우에 모든 책임은 우리의 악성(惡性)에 있다는 대답을 할 수밖에 없다. 나는 바울이 여기에서 사용한 동사를 "초청하다"가 아니라 "인도하다"로 번역하는 것이 더 좋다고 본다. "인도하다"가 훨씬 더 풍성한 의미를 담고 있기 때문이다. 하지만 우리는 "인도한다"는 것을 몰아간다는 의미가 아니라 손을 잡고 이끈다는 의미로 이해해야 한다.

5. 다만 네 고집과 회개하지 아니한 마음을 따라 … 진노를 네게 쌓는도다. 우리가 하나님이 권고하시는 말씀들을 듣지 않고 고집을 부리게 될 때에 "회개하지 아니한 마음"이 생겨나고, 회개에 대하여 아무런 관심도 없는 자들은 의심할 여지 없이 하나님의 진노를 초래하게 된다.

이 구절로부터 우리는 내가 앞에서 이미 언급했던 것, 즉 불경건한 자들은 이 땅에서 살아가는 동안에 날마다 하나님의 더 무거운 심판을 쌓아가고 있을 뿐만 아니라, 그들이 끊임없이 누리고 있는 하나님의 모든 은사들도 결국에는 다 결산해야 될 것들인 까닭에 그들에 대한 정죄를 계속해서 더 무겁게 하는 역할을 한다는 것을 배울 수 있다는 점에서 주목할 필요가 있다. 장차 그들은 하나님이 이 땅에서 그들에게 베풀어 주신 풍성하신 인자하심으로 말미암아 그들이 더 선해져야 했음에도 불구하고 도리어 더 악해졌기 때문에, 하나님께서 그들을 지극히 악한 자로 정죄하실지라도 그 판단이 의로우시다는 것을 인정할 수밖에 없게 될 것이다. 그러므로 우리는 하나님이 우리에게 주신 복들을 불법적으로 악용함으로써 우리 자신을 위해 저주를 차곡차곡 쌓아나가지 않도록 조심하지 않으면 안 된다.

진노의 날 곧 하나님의 의로우신 심판이 나타나는 그 날에 임할. 헬라어 '엔 헤메라'(ἐν ἡμέρα)는 직역하면 "그 날에"이지만 '에이스 헤메란'(εἰς ἡμέραν)이라는 의미로 사용된 것이기 때문에 "그 날을 위해"이다. 불경건한 자들은 지금 하나님의 진노를 자기 주변에 쌓아가고 있고, 그 진노는 "그 날에" 그들의 머리에 한꺼번에 부어질 것이다. 그들은 자신을 위해 은밀하게 멸망을 쌓아가고 있고, 그 멸망은 "그 날에" 하나님의 곳간에서 꺼내질 것이다. 최후의 심판의 날은 불경건한 자들과 관련해서는 "진노의 날"로 불리지만, 믿는 자들에게는 속량함을 받는 날이 될 것이다. 이 날 외에도 하나님의 모든 임하심은 언제나 불경건한 자들에게는 극히 두렵고 무시무시한 일로 묘사되는 반면에, 경건한 자들에게는 즐겁고 기쁜 일로 묘사된다. 그래서 성경에서는 하나님이 임하실 날이 가깝다고 얘기할 때마다 경건한 자들에게는 기뻐하고 즐거워하라고 말하지만, 멸망 받을 자들에게는 오로지 두려움과 공포만을 선포한다. 스바냐는 "그날은 분노의 날이요 환난과 고통의 날이요 황폐와 패망의 날이요 캄캄하고 어두운 날이요 구름과 흑암의 날"(습 1:15)이라고 말한다. 요엘서 2:2에도 비슷한 묘사가 나온다. 그리고 아모스는 "화 있을진저 여호와의 날을 사모하는 자여 너희가 어찌하여 여호와의 날을 사모하느냐 그 날은 어둠이요 빛이 아니라"(5:18)고 외친다. 또한, 바울은 "나타나는"이라는 말을 덧붙임으로써 이 "진노의 날"이 어떤 날이 될지를 암시한다. 즉, 그 날에 "하나님의 심판"이 전면적으로 나타나리라는 것이다. 하나님께서는 매일매일 부분적으로 그 심판을 나타내시기는 하지만, "그 날"이 이르기까지는 전면적인 심판은 억제하시고 미루신다. 하지만 "그 날"이 되면, 책들이 열릴 것이고, 양들과 염소들이 분리될 것이며, 알곡과 가라지가 나누어질 것이다.

6. 하나님께서 각 사람에게 그 행한 대로 보응하시되. 바울은 겉보기에 그럴 듯한 행위들로 잘 포장하기만 하면 자신의 마음의 악이 감춰질 것이라고 생각하며 거룩함을 가장하는 눈먼 자들을 상대로 말하고 있는 것이기 때문에, 그들이 겉보기만 그럴 듯한 언행을 해도 하나님이 기뻐하실 것이라고 착각하지 않도록 하기 위해서, 하나님 앞에서 인정받을 수 있는 진정으로 참된 행위가 무엇인지를 제시한다. 일반적으로 사람들이 생각하는 것과는 달리, 이 구절을 해석하는 데에는 별 어려움이 없다. 왜냐하면, 이 구절은 하나님께서 의로우신 보응을 통해서 멸망 받을 자들의 악을 벌하심으로써 그들이 마땅히 받아야 할 벌을 그들에게 되갚아 주실 것이고, 또한 그가 전에 영화롭게 하시기로 작정하셨던 자들에 대해서는 그들의 어떤 공로로

말미암아서가 아니라, 오직 그들을 거룩하게 하셔서 그들로 선한 행위들을 하게 하시고 거기에 대하여 상을 주시리라고 말씀하시는 것이기 때문이다. 이 구절은 그들이 행한 선한 행위들이 하나님 앞에서 공로가 될 수 있다는 것을 증명해 주는 것이 결코 아니다. 왜냐하면, 이 구절은 선한 행위들에 대하여 어떤 상이 있을 것이라고 선언하고 있기는 하지만, 그 행위들이 그런 상을 받을 만한 어떤 공로가 있는 것인지에 대해서는 말하고 있지 않기 때문이다. 하나님께서 선한 행위들을 한 자들에게 상이 있을 것이라고 말씀하고 계시는 것으로 보아서 그들의 행위들을 공로로 여기시는 것이라고 추론하는 것은 터무니없는 비약이다.

7. 참고 선을 행하여 영광과 존귀와 썩지 아니함을 구하는 자에게는 영생으로 하시고. "참고"로 번역된 단어는 라틴어 역본에는 "꿋꿋하게"(perseverantiam)로 되어 있지만, 더 풍부한 의미를 담고 있는 "인내로써"(patientiam)라는 번역이 더 낫다. 왜냐하면, "꿋꿋함"은 지침이 없이 꾸준히 선을 행하는 것을 의미하지만, 성도들에게는 여러 가지 시련을 당했을 때에도 계속해서 흔들림 없이 견고히 서 있기 위해서는 "인내"도 요구되기 때문이다. 사탄은 성도들이 하나님께 쉽게 나아가도록 내버려 두지 않고, 무수한 방해공작들을 통해서 그 길을 가는 것을 방해하며, 어떻게 해서든지 그들을 올바른 길에서 벗어나게 만들려고 애쓴다. 바울이 믿는 자들은 끊임없이 선한 일들을 함으로써 "영광과 존귀"를 구한다고 말한 것은 그들이 하나님 외에 다른 어떤 것을 갈망한다거나, 어떤 뛰어난 경지에 도달하고자 한다는 의미가 아니다. 믿는 자들이 하나님을 구한다면 아울러 하나님 나라의 복된 삶을 추구하지 않을 수 없고, 이 구절은 믿는 자들의 그러한 모습을 풀어서 묘사하고 있는 것이다. 그러므로 이 구절에서 말하고자 하는 것은 하나님은 끊임없이 선을 행하며 "썩지 아니함"에 이르고자 애쓰는 자들에게 "영생"을 주시리라는 것이다.

8-9. 오직 당을 지어 진리를 따르지 아니하고 불의를 따르는 자에게는. 이 구절은 서술의 순서가 뒤엉켜 있다. 첫 번째는 문맥이 잘 통하지 않고 단절되어 있다는 것이다. 문맥이 잘 통하기 위해서는, 앞 절에 나온 첫 번째 구절과 대구를 이루고 있는 이 두 번째 구절은 "하나님께서는 참고 선을 행하여 영광과 존귀와 썩지 아니함을 구하는 자들에게는 영생으로 하실 것이지만, 다투기 좋아하고 불순종하는 자들에게는 영원한 사망으로 하시리라"는 식으로 연결되어야 하고, 그런 후에 "전자의 사람들에게는 영광과 존귀와 썩지 아니함이 예비되어 있고, 후자의 사람들에게는 진노와 환난이 예비되어 있느니라"는 결론이 나와야 한다. 두 번째는 "진노와 분

노,” 그리고 “환난과 곤고”가 두 개의 구절에서 따로 언급되고 있다는 것이다. 하지만 그렇다고 해서 이 구절의 의미가 모호한 것은 결코 아니기 때문에, 우리는 사도들이 쓴 글들의 의미가 명확하다는 것만으로도 감사하고 만족하여야 한다. 왜냐하면, 우리는 다른 글들에서는 유려한 글솜씨를 배울 수 있겠지만, 사도들의 글 속에서는 소박하고 단순한 문체로 씌어진 영적인 지혜를 배울 수 있기 때문이다.

여기에 언급된 “당을 지어”는 반역(rebellio)과 완고함(pervicacia)을 의미한다. 왜냐하면, 바울은 외식하는 자들, 즉 완전히 망상에 사로잡혀서 자기만족에 빠져 하나님을 조롱하는 위선자들을 상대로 논쟁하고 있기 때문이다. “진리”는 유일한 진리의 빛인 하나님의 계시된 뜻을 의미한다. 불경건한 자들은 하나님의 멍에를 짊어지기보다는 언제나 죄악의 종이 되어 살아가는 쪽을 좋아하는 것이 그들의 특성이기 때문에, 겉으로는 하나님의 말씀에 순종하는 체하더라도 사실은 끈질기게 그 말씀에 맞서서 악을 쓰며 덤벼들고 대적하는 것을 결코 그치지 않는다. 대놓고 악한 자들은 “진리”를 비웃고 코웃음치는 자들이라면, 위선자들은 진리에 맞서서 그들이 고안해 낸 것들을 진리라고 말하며 내세우기를 두려워하지 않는 자들이다. 또한, 사도는 이렇게 고집스럽게 진리에 불순종하는 자들은 죄의 종이 되어 살아갈 수밖에 없다는 말을 덧붙인다. 왜냐하면, 하나님의 법에 순종하고자 하지 않는 자들은 그 즉시 죄에게 종 노릇 하는 삶을 살지 않을 수 없게 되고, 그렇지 않을 수 있는 제3의 길이라는 것은 존재하지 않기 때문이다. 하나님을 섬기는 것을 견딜 수 없어 하는 자들이 죄의 종이 될 수밖에 없는 것은 그들의 광란의 방종(furiosa licentia)에 대한 마땅한 보응이다.

진노와 분노로 하시리라 … 환난과 곤고가 있으리니. 나는 첫 번째 두 단어를 그 단어들의 성격을 고려해서 라틴어로 각각 ‘엑스칸데스켄티아’(excandescentia, “진노”)와 ‘이라’(ira, “분노”)로 옮겼다. 헬라어 ‘튀모스’(θυμός, “진노”)는 라틴어의 엑스칸데스켄티아’(excandescentia)와 뜻이 같은데, 키케로(Cicero)의 글에 나오는 용례가 보여주듯이, 이 단어는 갑자기 불같이 화를 내는 것을 의미한다. 나머지 단어들에 대한 설명은 에라스무스를 따른다. 다만 한 가지 말해두고 싶은 것은 여기에 언급된 네 단어 중에서 마지막 두 단어(“환난과 곤고”)는 처음 두 단어(“진노와 분노”)의 결과라는 것이다. 왜냐하면, 사람은 하나님의 진노하심이 자기 위에 임하여 있다는 것을 느끼는 순간 그 심령이 초토화되고 말기 때문이다.

바울은 경건한 자들이 받게 될 복과 멸망 받을 자들이 장차 처하게 될 비참함을 각각 한두 단어로 간단하게 서술하고 넘어갈 수도 있었지만, 사람들로 하여금 더욱 더 하나님의 진노를 두려워하여 그리스도로 말미암는 은혜를 얻고자 하는 간절한 마음을 갖게 하기 위하여 이 두 주제에 대하여 좀 더 상세한 설명을 덧붙인다. 왜냐하면, 우리는 마땅히 하나님의 심판을 두려워해야 함에도 불구하고, 그 심판이 우리 눈앞에 보이듯이 생생하게 묘사되고 제시되지 않으면 결코 두려워하지 않고, 또한 여러 가지 유인책들로 계속해서 부추기지 않으면, 내세에서의 삶에 대한 열망으로 불타오르지도 않기 때문이다.

9-10. 먼저는 유대인에게요 그리고 헬라인에게며 … 먼저는 유대인에게요 그리고 헬라인에게라. 바울이 여기에서 유대인과 이방인을 대비시키고 있다는 것은 의심의 여지가 없다. 왜냐하면, 그는 여기에서 "헬라인"이라고 부른 사람들을 나중에는 "이방인"이라 부르기 때문이다. 이 일에 있어서 순서상으로 유대인이 먼저 판단을 받게 되는 것은 율법의 약속들과 경고들이 다른 어느 민족보다도 유대인에게 먼저 주어졌기 때문이다. 따라서 바울은 이렇게 말한 것과 같다: "이것이 하나님의 심판에 있어서 보편적인 법칙인데, 이 심판은 유대인으로부터 시작되어서 온 세계에 대하여 행해질 것이다."

¹¹이는 하나님께서 외모로 사람을 취하지 아니하심이라 ¹²무릇 율법 없이 범죄한 자는 또한 율법 없이 망하고 무릇 율법이 있고 범죄한 자는 율법으로 말미암아 심판을 받으리라 ¹³하나님 앞에서는 율법을 듣는 자가 의인이 아니요 오직 율법을 행하는 자라야 의롭다 하심을 얻으리니(2:11-13).

11. 이는 하나님께서 외모로 사람을 취하지 아니하심이라. 지금까지 모든 죽을 수밖에 없는 존재들, 즉 온 인류가 죄 아래 있다는 것을 일반적으로 설명해 왔던 바울은 이제 여기에서는 유대인과 이방인을 따로따로 분리해서 각각에 대한 본격적인 고소를 수행해 나간다. 아울러, 그는 이 점에 있어서 유대인과 이방인 간에 어떤 차이가 있는 것이 아니라, 어느 쪽이든 차별없이 영원한 죽음을 당하게 될 것이라고 가르친다. 이방인들은 무지(ignorantia)를 변명으로 내세웠고, 유대인들은 자신들이 율법을 가지고 있다는 것을 자랑하였다. 그렇기 때문에 바울은 이방인들에게는 그들의 무지는 핑계에 불과하다는 것을 보여주고, 유대인들에게는 그들의 자랑은 거짓되고 헛된 자랑에 불과하다는 것을 보여준다.

온 인류는 두 부류로 분류된다. 왜냐하면, 하나님이 유대인을 다른 모든 민족으로부터 구별하셨기 때문이다. 그렇지만 이방인들이라고 해서 불리한 처지에 놓인 것은 결코 아니었다. 이제 바울은 하나님이 유대인과 이방인을 이렇게 구별하셨다는 사실이 이 둘을 동일한 잣대로 고소해서는 안 되는 이유가 되지 않는다고 가르친다. 성경은 사람들이 어떤 가치나 존귀를 소유하고 있다고 여기곤 하는 온갖 외적인 것들을 나타내는 데에 "사람"이라는 단어를 사용한다. 성경이 "하나님은 사람을 보시는 분이 아니시다"(한글개역개정에는 "하나님께서 외모로 사람을 취하지 아니하심이라")라고 말씀한다면, 그것은 하나님이 보시는 것은 순전한 마음 또는 흠 없는 내면이고, 혈연이나 출신지, 높은 지위나 부 같이 사람들이 아주 높이 평가하는 그런 것들은 보시지 않으신다는 뜻이다. 따라서 우리는 여기에서 "사람을 본다" 또는 "외모로 사람을 취한다"는 것은 유대인이냐 이방인이냐에 따라 대우에 있어서 차별이나 차이를 둔다는 의미로 해석하여야 한다. 이것에 대하여 어떤 사람이 "그렇다면, 하나님의 값없으신 택하심 같은 것은 존재하지 않는다는 말이 되는 것이 아니냐"고 반론을 제기한다면, 우리는 이렇게 대답해줄 수 있다. 즉, 하나님이 사람들을 택하시는 것에는 두 종류가 있는데, 첫 번째는 우리의 본성 속에는 하나님으로부터 인정받을 만한 것이 아무것도 없기 때문에 오로지 하나님이 값없이 베풀어 주시는 선하심으로 말미암아 무(無)로부터 우리를 택하시는 것이고, 두 번째는 우리를 거듭나게 하신 후에 우리에게 그의 은사들을 수여하시고 우리 안에 있는 그의 아들의 형상에 대하여 은총을 보이시는 것이다.

12. 무릇 율법 없이 범죄한 자는 또한 율법 없이 망하고. 바울은 이 절의 전반부에서 이방인들을 공격한다. 즉, 하나님께서 이방인들에게 모세를 주셔서 그의 율법을 선포하고 확증하게 하지 않으셨을지라도, 그것이 하나님이 그들의 죄에 대하여 사형을 선고하시는 것을 의롭지 않게 만드는 이유가 되지는 못한다는 것이다. 이것은 죄인들에게 먼저 글로 씌어진 율법을 주어서 알게 하는 것이 죄인들에 대한 단죄를 의롭게 만드는 필수적인 요건이 아니라고 말한 것과 같다. 그러므로 우리는 복음의 빛을 받지 못한 이방인들은 무지해서 그런 것이라는 이유를 들어서 잘못된 자비심에 휘둘려서 그들을 하나님의 심판으로부터 면제받게 하고자 하는 자들이 도대체 어떤 말도 안 되는 변호를 하고 있는 것인지를 깊이 생각하지 않으면 안 된다.

무릇 율법이 있고 범죄한 자는 율법으로 말미암아 심판을 받으리라. 이방인들이 자신들의 잘못된 지각(sensus)에 이끌려서 멸망으로 치닫는 것처럼, 유대인들은 자신들에게 주어진 율법에 의해서 단죄를 받게 된다. 왜냐하면, 하나님께서는 이미 오래 전에 "이 율법의 말씀을 실행하지 아니하는 자는 저주를 받을 것이라"(신 27:26)고 선언해 놓으셨기 때문이다. 그러므로 죄인인 유대인들에게는 더 안 좋은 상황이 기다리고 있는 것이다. 왜냐하면, 그들에 대한 단죄가 그들에게 주어진 율법에 이미 선언되어 있기 때문이다.

13. 하나님 앞에서는 율법을 듣는 자가 의인이 아니요 오직 율법을 행하는 자라야 의롭다 하심을 얻으리니. 이것은 유대인들이 제기할 법한 반론을 미리 예상하고 한 말이다. 왜냐하면, 유대인들은 율법이 의의 준칙이라고 들었던 까닭에(신 4:1) 오직 자신들만이 율법을 안다는 것을 자랑하였기 때문이다. 바울은 그들의 이러한 망상(hallucinatio)을 깨뜨리기 위해서, 율법을 듣거나 아는 것만으로는 의를 얻을 수 없고, "사람이 이를 행하면 그로 말미암아 살리라"(레 18:5)는 말씀대로 오직 행함이 있어야만 의를 얻을 수 있다고 선언한다. 그러므로 이 구절의 의미는 이런 것이다. 즉, 율법의 의는 행위의 완전함에 있기 때문에, 율법으로 말미암아 의를 얻고자 한다면, 율법을 행하여야 한다는 것이다. 행위를 통해서 의로워지고자 하는 목적으로 이 구절을 왜곡하는 자들은 어린아이들로부터 조롱과 비웃음을 당해도 할 말이 없다. 따라서 그러한 너무나 헛된 궤변에 맞서기 위해 여기에서 이 주제를 길게 논의하는 것은 부적절하고 쓸데없는 일이다. 사도도 여기에서 단지 율법이 무엇이라고 말하고 있는지만을 제시하며 유대인들을 압박한다. 즉, 그는 유대인들이 율법을 행하지 않는다면 율법으로 말미암아 결코 의롭게 될 수 없고, 그들이 율법을 범한다면 그들에게 즉시 저주가 임하리라는 것이 율법이 말하고 있는 것이라고 말한다. 우리는 완전한 의가 율법에 제시되어 있다는 것을 부인하는 것이 아니라, 모든 사람이 율법을 범하였기 때문에, 또다른 의(alia iustitia)를 구하지 않으면 안 된다고 말하는 것이다. 또한, 이 구절로부터 우리는 아무도 행위로 말미암아 의롭게 될 수 없다는 것을 증명할 수 있다. 왜냐하면, 율법을 행하는 자들만이 의롭게 될 수 있는 것이라면, 자신이 율법을 다 지켜 행하였다고 자랑할 수 있는 사람은 아무도 없는 까닭에, 아무도 율법이나 행위로 의롭게 될 수 없다는 결론이 나오기 때문이다.

¹⁴(율법 없는 이방인이 본성으로 율법의 일을 행할 때에는 이 사람은 율법이 없어도 자기가 자기에게 율법이 되나니 ¹⁵이런 이들은 그 양심이 증거가 되어 그 생각들이

서로 혹은 고발하며 혹은 변명하여 그 마음에 새긴 율법의 행위를 나타내느니라) [16] 곧 나의 복음에 이른 바와 같이 하나님이 예수 그리스도로 말미암아 사람들의 은밀한 것을 심판하시는 그 날이라(2:14-16).

14. 율법 없는 이방인이 본성으로 율법의 일을 행할 때에는 이 사람은 율법이 없어도 자기가 자기에게 율법이 되나니. 바울은 이제 여기에서 12절의 상반절에서 선언한 내용을 증명해 나간다. 즉, 그는 단순한 선언을 통해서 우리를 단죄하고 우리에 대한 하나님의 의로우신 심판을 선포하는 것만으로는 충분하지 않다고 여겨서, 우리 속에 그리스도를 향한 더 큰 간절한 마음과 사모하는 마음을 불러일으키기 위하여 여러 가지 논거를 들어 증명해 나가고자 하는 것이다. 이제 바울은 이방인들은 그들 자신의 행위들을 통해서 그들에게 의의 준칙이 존재한다는 것을 증명하고 있기 때문에 무지를 변명으로 내세워 보아야 아무 소용이 없다는 것을 보여준다. 왜냐하면, 어느 정도 율법의 한계 내에서 살아가지 못할 정도로 인간성(humanitas)을 완전히 상실한 족속은 존재하지 않기 때문이다. 모든 족속은 감시자가 없어도 자발적으로 그들 자신을 위한 율법을 정립하는 경향을 보여주기 때문에, 헬라인들이 '프로렙세이스'(προλήψεις, 선험적 이성)라 부른 것, 즉 사람들의 마음 속에 선천적으로 심어진 정의관을 어느 정도 지니고 있다는 것은 의심할 여지 없이 분명하다. 그러므로 그들에게는 율법이 주어져 있지 않지만 실제로는 율법이 존재하는 것이다. 왜냐하면, 글로 씌어진 모세 율법은 그들에게 없지만, 옳고 공평한 것을 아는 지식이 그들에게 전적으로 결여되어 있는 것은 결코 아니기 때문이다. 만일 그런 지식이 그들에게 존재하지 않았다면, 그들이 미덕과 악덕을 구분해서, 악덕은 벌하여 억제하고, 미덕은 칭찬하고 인정해주고 상을 주어 높이는 것은 불가능했을 것이다. 바울이 글로 씌어진 율법과 "본성"을 대비시키고 있는 것은 이방인들도 태어날 때부터 의의 빛을 지니고 있고, 그 빛이 유대인들에게 주어진 율법을 대신하는 역할을 하기 때문에, 이방인들의 경우에는 "자기가 자기에게 율법이 된다"고 말하고 있는 것이다.

15. 이런 이들은 … 그 마음에 새긴 율법의 행위를 나타내느니라. 바울은 여기에서 이방인들은 옳은 것과 옳지 않은 것, 정직한 것과 정직하지 않은 것을 구별하는 것을 통해서 자신들의 마음에 분별과 판단의 근거가 되는 어떤 것이 새겨져 있다는 것을 증언하고 있다고 말한다. 이것은 그런 법이 그들의 의지에 새겨져 있어서 그

들이 부지런히 그 법을 추구한다는 것이 아니라, 그들이 진리의 힘에 의해 압도되어 그 법을 인정하지 않을 수 없다는 것이다. 그들이 하나님을 예배해야 한다고 확신하지 않았다면, 왜 종교적인 의식들을 제정했겠으며, 간음과 도둑질을 악으로 여기지 않았다면, 왜 그런 짓들을 부끄러워했겠는가?

그러므로 마치 바울이 율법을 지키는 것이 우리의 능력 안에 있다고 말하기라도 했다는 듯이, 이 구절로부터 인간의 의지가 지닌 능력을 추론하는 것은 전혀 근거가 없다. 왜냐하면, 그는 율법을 이룰 수 있는 능력에 대해서가 아니라 율법을 아는 지식에 대하여 말하고 있는 것일 뿐이기 때문이다. 또한, 여기에서 사용된 "마음"이라는 단어는 정서(affectus)가 자리잡고 있는 곳으로서의 마음이 아니라, "깨닫는 마음과 보는 눈과 듣는 귀는 오늘 여호와께서 너희에게 주지 아니하셨느니라"(신 29:4)는 말씀과 "미련하고 선지자들이 말한 모든 것을 마음에 더디 믿는 자들이여"(눅 24:25)라는 말씀에서 볼 수 있듯이 단지 지성(intellectus)이 자리잡고 있는 곳으로서의 마음을 의미하는 것으로 해석되어야 한다.

또한, 이 구절로부터 우리는 사람들 안에는 율법에 대한 온전한 지식이 존재한다고 결론을 내려서도 안 된다. 왜냐하면, 사람들의 본성 속에는 우리가 모든 이방인들이 다 똑같이 종교적인 의식들을 제정하였고, 간음과 도둑질과 살인을 벌하는 법들을 만들었으며, 거래와 계약에서 신의를 권장하였다는 것 등과 같은 증거들을 통해 볼 수 있는 것과 같이 단지 옳은 것들을 아는 약간의 씨앗 정도만 존재하기 때문이다. 이런 식으로 이방인들은 사람은 하나님을 예배하여야 하고, 간음과 도둑질과 살인은 악한 일들이며, 정직함은 칭찬할 덕목이라는 것을 증언하였다. 이방인들이 여호와 하나님을 어떤 하나님으로 생각하였는지, 또는 얼마나 많은 신(神)들을 고안해냈는지는 여기에서 우리가 따질 문제는 아니고, 우리는 그들이 어떤 신이 존재한다고 생각했고, 그 신에게 합당한 존귀와 경배를 드리는 것이 마땅하다고 생각했다는 것을 아는 것으로 충분하다. 또한, 우리는 이방인들이 다른 사람들의 것을 탐하는 것은 옳지 않다고 여겼다는 것을 확인하는 것으로 충분하기 때문에, 그들이 다른 사람의 아내나 소유나 그 어떤 것을 탐하는 것을 허용하였는지, 또는 분노와 증오를 묵인하였는지의 여부는 중요하지 않다.

그 양심이 증거가 되어 그 생각들이 서로 혹은 고발하며 혹은 변명하여. 바울이 그들 자신의 "양심"의 증언을 거론한 것은 다른 그 어떤 것보다 그들에게 더 큰 압박을 가하는 것이 되었을 것이다. 왜냐하면, "양심"의 증언은 천 명의 증언과 맞먹는 힘을 발휘하기 때문이다. 사람들은 자신이 선한 일을 했다는 것을 알 때에 거기에서 힘과 위로를 얻지만, 자기가 악을 행하였다는 것을 알 때에는 내적으로 괴로움과 고통을 당하게 된다. 이것으로부터 다음과 같은 이방인들의 속담이 생겨났다: "양심은 웃을 때에는 지극히 드넓은 무대가 되지만, 화낼 때에는 가장 잔혹한 사형 집행인이 되어서 그 어떤 분노의 화신보다도 더 맹렬하게 불경건한 자들을 괴롭히고 고문한다." 이렇게 사람들은 본성적으로 율법에 대한 어느 정도의 지식, 즉 "이 행위는 권장할 만한 선한 것이고, 저 행위는 혐오해야 할 것"이라고 말해주는 지식을 지니고 있다.

바울이 "양심"을 얼마나 노련하게 정의하고 있는지를 주목하라. 그는 우리 마음속에서 어떤 "생각들"이 올라와서 우리가 옳게 행한 일을 "변호"하기도 하고 우리가 행한 악한 일에 대해서 "고발"하고 죄를 깨닫게 한다고 말한다. 그는 이렇게 고발하기도 하고 변호하기도 하는 것(accusandi ac defendendi)을 "여호와의 날"과 연결시킨다. 이것은 이러한 고발과 변호는 지금도 계속해서 진행되고 있는 까닭에, 그런 것이 "그 날에" 처음으로 개시될 것임을 의미하는 것이 아니라 그 날에 온전히 효력을 발휘하게 될 것임을 의미한다. 그가 이렇게 여호와의 날을 언급하는 것은 그 누구도 이러한 고발과 변호를 일시적이고 하찮은 것으로 여겨서 무시해 버리지 않도록 하기 위한 것이다. 이런 이유로 그는 5절에 "그 날까지"(in diem) 대신에 "그 날에"(in die)라는 표현을 사용한다.

16. 곧 나의 복음에 이른 바와 같이 하나님이 예수 그리스도로 말미암아 사람들의 은밀한 것을 심판하시는 그 날이라. 바울이 이 대목에서 하나님의 심판을 이런 식으로 풀어서 설명하고 있는 것은 대단히 적절하다. 왜냐하면, 그는 그들 자신의 영적인 무감각(stupor)을 악용해서 악의적으로 그들 자신의 진실을 숨기고 있는 자들에게 그들의 마음 깊은 곳에 지금 완벽하게 숨겨져 있는 그들의 저 지극히 "은밀한" 생각들이 그 날에는 백일하에 드러나게 될 것임을 알려주고 있기 때문이다. 마찬가지로, 그는 다른 곳에서 고린도 교인들에게 단지 외적인 행위들만을 보고서 평가하는 사람들의 판단은 별 가치가 없는 하찮은 것임을 보여주고자 할 때에도 그런 식으로 말하고 있다. 즉, 거기에서 그는 그들에게 "어둠에 감추인 것들을 드러내고 마음의 뜻을 나타내실" "주께서 오시기까지 아무것도 판단하지 말고" 기다리라고 명한다(고전 4:5). 우리는 이런 말씀을 들을 때에 우리가 우리의 재판장으로부터 진정으로 인정받고자 한다면 진실한 마음(animi sinceritas)을 갖도록 애써야 한다는

경고를 받는다.

바울이 "나의 복음을 따라"(한글개역개정에는 "나의 복음에 이른 바와 같이")라는 말을 덧붙인 것은 자기가 사람들이 태어날 때부터 지니고 있는 지각(sensus)에 부합하는 가르침을 전하였다는 것을 암시한다. 그리고 그가 "나의 복음"이라고 부른 것은 그의 직분 때문이었다. 왜냐하면, "나의 복음"이라고 부를 수 있는 권한은 오직 한 분 하나님께만 있고, 사도들에게는 그 복음을 전파하는 일만이 맡겨진 것이기 때문이다. 사실, 복음이 어떤 경우들에 있어서 장래에 있을 심판을 전하는 사자이자 포고자라 불리는 것은 별로 놀랄 일은 아니다. 왜냐하면, 복음이 약속한 것들의 성취와 완성이 하나님 나라가 온전히 나타날 때까지 미루어지고 있는 것이라면, 복음은 최후의 심판과 필연적으로 연결되어 있을 수밖에 없기 때문이다. 또한, 그리스도를 전하는 말씀은 어떤 사람들에게는 부활이 되고 어떤 사람들에게는 멸망이 되는데, 이 부활과 멸망은 둘 다 심판의 날과 연결되어 있다. "예수 그리스도를 통해서"(한글개역개정에는 "예수 그리스도로 말미암아")라는 어구를 어떤 이들은 다르게 보기도 하지만, 나는 이 어구를 심판의 날과 연결시켜서, 하나님은 그리스도를 내세우셔서 심판을 집행하실 것을 의미하는 것으로 해석한다. 왜냐하면, 예수 그리스도는 아버지 하나님에 의해서 산 자와 죽은 자를 심판하실 심판주로 임명되셨기 때문이다. 사도들은 언제나 이것을 복음의 주된 내용들 중의 하나로 언급한다. 이런 식으로 해석한다면, 뭔가가 빠져 있는 것 같은 이 구절이 비로소 온전해질 것이다.

[17]유대인이라 불리는 네가 율법을 의지하며 하나님을 자랑하며 [18]율법의 교훈을 받아 하나님의 뜻을 알고 지극히 선한 것을 분간하며 [19]맹인의 길을 인도하는 자요 어둠에 있는 자의 빛이요 [20]율법에 있는 지식과 진리의 모본을 가진 자로서 어리석은 자의 교사요 어린 아이의 선생이라고 스스로 믿으니 [21]그러면 다른 사람을 가르치는 네가 네 자신은 가르치지 아니하느냐 도둑질하지 말라 선포하는 네가 도둑질하느냐 [22]간음하지 말라 말하는 네가 간음하느냐 우상을 가증히 여기는 네가 신전 물건을 도둑질하느냐 [23]율법을 자랑하는 네가 율법을 범함으로 하나님을 욕되게 하느냐 [24]기록된 바와 같이 하나님의 이름이 너희 때문에 이방인 중에서 모독을 받는도다(2:17-24).

17. 유대인이라 불리는 네가. 몇몇 옛 사본들에는 '에이 데'(εἰ δὲ, "실로 … 이지

만")가 첨가되어 있다. 만약 이 읽기가 일반적으로 받아들여지고 있다면, 나도 그 읽기를 따르겠지만, 대부분의 사본들이 그 읽기를 따르지 않고, 그런데도 의미가 잘 통하며, 특히 불변화사 하나의 작은 차이이기 때문에, 나는 기존의 읽기를 고수하고자 한다.

바울은 이방인들에 대하여 말하고자 한 것을 다 마쳤기 때문에, 이제 여기에서는 유대인들에게로 돌아와서, 그들의 온갖 허영(vanitas)을 좀 더 강력하게 공격해서 무너뜨리기 위하여, 먼저 그들의 마음을 한껏 높아지게 하고 기고만장하게 해주었던 온갖 특권들이 실제로 그들에게 존재한다는 사실을 인정하고 나서, 그런 후에 그런 특권들이 그들에게 참된 영광을 가져다준 것과는 한참이나 거리가 멀었고, 아니 도리어 그들에게 수욕(羞辱)만을 가져다주었다는 것을 보여준다. 바울은 "유대인"이라는 이름 아래 그 민족이 율법과 선지자들로 말미암아 가지게 되었다고 헛되게 자랑하였던 온갖 특권들을 포괄하고 있기 때문에, 실제로 모든 이스라엘 백성을 다 포함시킨 것이다. 왜냐하면, 당시에는 이스라엘 민족에 속한 모든 사람들은 누구나 다 "유대인"으로 불렸기 때문이다.

그러나 "유대인"이라는 명칭이 이스라엘 민족이 여러 이방 나라로 흩어진 후에 생겨났다는 것은 의심할 여지가 없지만 정확히 언제 처음으로 그렇게 불리게 되었는지는 확실하지 않다. 요세푸스(Josephus)는 「유대민족 고대사」 제11권에서 한동안 몰락해서 거의 묻혀져 있다시피했던 이스라엘 민족의 자유와 영광이 유다 마카베오(Judas Maccabaeus) 치하에서 다시 부흥하게 되었을 때에 그들이 "유대인"으로 불리게 된 것이라고 보았다. 나는 그의 견해가 옳을 가능성이 높다고 생각하긴 하지만, 그런 견해에 만족하지 못하는 사람들도 있을 것이기 때문에, 내 자신의 견해를 제시하고자 한다. 나는 이스라엘 민족이 수많은 재난들을 겪으면서 망가지고 흩어진 후에 그 어떤 민족적인 정체성도 제대로 유지할 수 없었을 가능성이 분명히 많았을 것이라고 생각한다. 왜냐하면, 민족으로서의 정체성을 유지하는 데에는 정기적으로 인구조사도 이루어져야 하고 정상적인 정부도 존재해야 하는데, 그들의 처지에서는 그런 것들이 가능하지 않았기 때문이다. 그들은 여러 이방 나라들에 넓게 흩어져 살았고, 역경들을 헤쳐나가느라 지치고 힘들어서 그들의 족보를 따질 겨를이 없었을 것이다. 여러분이 나의 이러한 견해를 받아들이지 않는다고 할지라도, 이스라엘 민족이 당한 그러한 혼란스러운 상황 속에서는 그런 위험이 상존했을 것임은 부인할 수 없을 것이다. 그래서 장래를 준비하기 위해서였든, 아니면 이미 겪은 상처들을 치유하기 위해서였든, 그들은 모두 자신들의 민족적 종교를 오랜 세월 동안 순수하게 보존해 왔던 저 유다 지파, 즉 거기로부터 구속주가 나올 것이라고 예언된 특권을 통해서 다른 모든 지파 위에 뛰어났던 저 유다 지파의 명칭을 자신들을 지칭하는 호칭으로 삼았을 것이라고 나는 생각한다. 왜냐하면, 극심한 역경과 고난 속에 처해 있던 그들에게는 메시아 대망을 통해서 그들 자신을 위로하는 것이 그들의 최후의 피난처가 되어줄 수 있었을 것이기 때문이다. 어쨌든 그들은 "유대인"이라는 이름을 통해서 자신들이 여호와 하나님께서 아브라함 및 그의 자손과 맺으셨던 언약의 후예들로 자처하였다.

　　율법을 의지하며 하나님을 자랑하며. 이것은 그들이 율법에 주의를 기울여서 율법을 지키는 일에 온 마음을 쏟았다고 말하는 것이 아니라, 반대로 그들이 하나님께서 그들에게 율법을 주신 목적에 주의를 기울이지 않았다고 책망하는 것이다. 왜냐하면, 그들은 율법을 지키는 일에는 관심이 없었고, 오로지 하나님의 말씀이 그들에게 있다는 이유만으로 마음이 한껏 높아져 교만해져 있었기 때문이다. 마찬가지로, 그들은 하나님께서 선지자를 통해서 명하신 것(렘 9:24)을 따라 스스로를 낮추고 오직 하나님만을 자랑한 것이 아니라, 하나님의 선하심을 전혀 알지 못하였고 그들의 마음속에 하나님이 계시지 않았는데도, 사람들 앞에서 허세를 부리며 잘난 체할 목적으로 하나님은 오직 그들만의 하나님이시고 그들은 그의 백성이라고 주장하였다. 그러므로 그들이 "하나님을 자랑한" 것은 마음에서 우러나와서 하나님께 영광을 돌리며 하나님을 자랑한 것이 아니라, 그저 혀로만 하나님을 내세워 자신을 자랑한 것이었다.

　　18. 율법의 교훈을 받아 하나님의 뜻을 알고 지극히 선한 것을 분간하며. 바울은 여기에서 그들이 율법의 가르침을 받았기 때문에 그들에게 하나님의 뜻을 아는 지식과 유익한 분별력이 있다는 것을 일단 인정한다. 그러나 그러한 지식과 분별력은 두 방향으로 작용한다. 즉, 그것들은 한편으로는 우리가 선한 일인 것으로 분별한 것을 그대로 받아들여서 행할 때에는 하나님이 우리를 택하셨다는 것을 보여주는 증거가 되고, 다른 한편으로는 우리가 선과 악을 분별하면서도 선한 일이라고 인정한 것을 열심으로 행하지 않을 때에는 장차 심판이 우리를 기다리고 있다는 증거가 된다. 유대인들은 율법으로부터 가르침을 받아서 다른 사람들의 행위에 대하여 판단을 할 수 있었지만, 자신들의 그런 판단을 따라 자신의 삶을 규율해 나가고자 하지는 않았다. 바울이 그들의 위선을 책망하고 있고 있기 때문에, 역으로 우리는 우

리의 판단이 진실함에서 나오는 것이라고 전제했을 때에 우리가 어떤 것들의 선악을 올바르게 분별하는 것은 오직 우리 자신이 하나님을 청종하고자 할 때에만 우리에게 유익이 된다는 결론을 내릴 수 있다. 왜냐하면, 여기에서 바울은 율법에 계시된 하나님의 뜻은 우리가 올바른 것을 분별하고자 할 때에 우리를 안내해 주고 깨우쳐 주기 위한 것이라고 말하고 있기 때문이다.

19. 맹인의 길을 인도하는 자요 어둠에 있는 자의 빛이요. 여기에서 바울은 한 걸음 더 나아가서 그들이 단지 스스로 올바르게 살아가는 데에 필요한 것들을 충분히 지니고 있을 뿐만 아니라, 다른 사람들을 부요하게 할 수 있는 것들도 가지고 있는 자들이라는 것을 인정한다. 이것은 그들이 다른 사람들에게 후하게 나눠줄 수 있을 정도로 차고 넘치는 참된 지식을 가지고 있다는 것을 인정하는 것이다.

20. 율법에 있는 지식과 진리의 모본을 가진 자로서 어리석은 자의 교사요 어린 아이의 선생이라고 스스로 믿으니. 나는 "율법에 있는 지식과 진리의 모본을 가진 자로서"를 이유로 제시하는 구절로 보아서, "네가 율법에 있는 지식과 진리의 모본을 가진 자이기 때문에"로 해석하는 것이 좋다고 본다. 왜냐하면, 유대인들은 자신들의 가슴속에 율법의 모든 비밀들을 지니고 있다고 생각했던 까닭에 자신들을 다른 사람들을 가르치는 교사로 자처한 것이기 때문이다. 바울이 여기에서 채택한 단어는 '튀폰'($\tau\acute{\upsilon}\pi o\nu$)이 아니라 '모르포신'($\mu\acute{o}\rho\phi\omega\sigma\iota\nu$)이기 때문에 "모본"으로 번역되지만(동일한 단어가 사용된 딤후 3:5에서는 "모양"으로 번역됨. "경건의 모양은 있으나 경건의 능력은 부인하니" — 역주), 나는 바울이 여기에서 유대인들이 사람들에게 보이고 과시하기 위한 겉보기에 그럴 듯한 지식을 나타내기 위해 이 단어를 사용한 것이라고 생각한다. 그들은 자신들이 자랑하던 그러한 지식을 실제로는 가지고 있지 못했던 것이 분명하다. 바울은 유대인들이 율법을 악용하고 있는 것을 간접적으로 비웃는 한편, 진리가 견고하고 확실한 토대 위에 서 있게 하기 위해서는 올바르고 참된 지식은 율법으로부터 구해져야 한다는 것을 보여준다.

21. 그러면 다른 사람을 가르치는 네가 네 자신은 가르치지 아니하느냐. 바울이 지금까지 유대인들과 관련해서 열거한 특권들을 그들이 거짓 것으로 만들어 버리지 않고 진정으로 지니고 있었더라면, 그들은 그 특권들로 말미암아 당연히 영광을 얻었을 것이지만, 그런 것들은 심지어 불경건한 자들에 의해서도 소유되고 악용될 수 있는 중립적인 성격의 특권들이었기 때문에, 그런 것들을 소유하고 있다는 사실만으로는 참된 영광을 얻을 수 있는 것이 결코 아니었다. 바울은 그들이 단지 그런

것들을 소유하고 있다는 사실만을 의지해서 자랑하고 교만해진 것을 책망하고 비웃는 것에서 만족하지 않고, 그들이 자랑하는 것들을 거꾸로 그들의 수치스러운 행실을 뚜렷이 부각시키는 데에 활용한다. 왜냐하면, 하나님이 주신 비할 데 없이 귀하고 소중한 은사들을 무익한 것으로 만들어 버릴 뿐만 아니라 자신의 악으로 말미암아 더럽히고 부패시키는 자들은 심한 수치와 모욕을 당하는 것이 합당하기 때문이다. 어떤 조언자가 자신의 유익을 위해서는 지혜롭지 않고 오직 다른 사람들의 유익을 위해서만 지혜롭다면, 그는 뭔가 잘못된 조언자이다. 그러므로 바울은 유대인들이 그토록 자랑스러워했던 것들이 사실은 그들에게 수치와 욕을 가져다주는 것들이라는 것을 보여준다.

도둑질하지 말라 선포하는 네가 도둑질하느냐. 바울은 시편 50:16-18에 나오는 구절을 염두에 두고 이 말을 한 것으로 보인다. 거기에서 하나님께서는 악인들에게 "교훈을 미워하고 내 말을 네 뒤로 던지며 도둑을 본즉 그와 연합하고 간음하는 자들과 동료가 되는 … 네가 어찌하여 내 율례를 전하며 내 언약을 네 입에 두느냐"고 말씀하신다. 이러한 책망이 단지 율법을 안다는 것에 의지해서 율법이 없을 때보다 결코 더 나은 삶을 살지 않았던 옛적의 유대인들에게 합당하였던 것과 마찬가지로, 우리는 그러한 책망이 오늘날 우리를 향한 것이 되지 않도록 조심하지 않으면 안 된다. 실제로 이러한 책망은 복음을 아주 잘 알고 있다고 자랑하면서도 마치 복음이 삶의 준칙이 아니라는 듯이 온갖 더러움에 자신을 내어주고 있는 많은 사람들에게 그대로 적용될 수 있을 것이다. 그러므로 우리는 하나님을 아무렇지도 않게 조롱하는 자들이 되지 않기 위해서는, 하나님의 말씀을 청종할 생각은 전혀 없이 단지 입으로만 떠벌리며 가지고 노는 자들에게 어떠한 심판이 기다리고 있는지를 기억하여야 한다.

22. 우상을 가중히 여기는 네가 신전 물건을 도둑질하느냐. 신성모독과 우상숭배는 동일한 부류의 죄악인 까닭에, 바울이 이 둘을 대비시키고 있는 것은 합당하다. 왜냐하면, 신성모독은 간단히 말해서 하나님의 위엄을 모독하는 것으로서 이방인 시인들도 알고 있던 죄였기 때문이다. 그런 이유로 오비디우스(Ovidius, 주전 43-주후 17년, 로마의 시인)는 리쿠르구스(Lycurgus)가 술의 신 바쿠스에게 드리는 제사를 멸시함으로써 신성모독의 죄를 저질렀다고 말하고, 베누스 신의 위엄을 훼손한 손(手)들에 대하여 언급하기도 했다. 그러나 이방인들은 자신의 신들의 위엄을 우상들에게 돌렸기 때문에, 오직 그들의 신앙 전체의 중심이라고 믿었던 신전에 봉헌

된 물건을 훔친 행위만을 신성모독으로 생각하였다. 마찬가지로, 하나님의 말씀이 아니라 미신이 지배하는 오늘날에도 오직 우상들만이 자신들의 하나님이고 외면적인 화려한 의식만이 자신들의 신앙인 까닭에, 사람들은 교회 물건을 훔친 행위만을 유일하게 신성모독으로 인정한다.

이 구절이 우리에게 주는 경고는 첫째는, 우리가 율법의 일부를 행하였다고 해서 우쭐해져서 다른 사람들을 멸시해서는 안 된다는 것이고, 둘째는, 우리 마음속 깊은 곳에 자리잡고 있는 불경죄를 몰아내고 박멸하려고 하지는 않으면서도 외적으로 우상 숭배를 제거한 것에 대해서 자랑해서는 안 된다는 것이다.

23. 율법을 자랑하는 네가 율법을 범함으로 하나님을 욕되게 하느냐. 우리는 모두 거룩함과 의로움 가운데서 하나님을 예배하기 위하여 태어나는 것이기 때문에, 율법을 범하는 자는 누구든지 하나님을 욕되게 하는 것이기는 하지만, 바울이 그런 잘못을 특히 유대인들에게 적용한 것은 합당하다. 왜냐하면, 그들은 하나님을 자신들의 입법자로 인정하고서도, 하나님의 법에 따라 자신의 삶을 살아가는 데에는 아무런 관심도 보이지 않음으로써, 그들이 하나님의 위엄을 존중하지 않고 도리어 아무렇지도 않게 멸시하였다는 것을 분명하게 증명하였기 때문이다. 마찬가지로, 오늘날에도 사람들은 입으로는 복음의 가르침에 대하여 이러쿵저러쿵 떠들어대면서도 실제로는 고삐 풀린 방탕하고 방종한 삶을 통해서 복음을 발로 짓밟음으로써 그리스도를 욕되게 하고 있다.

24. 기록된 바와 같이 하나님의 이름이 너희 때문에 이방인 중에서 모독을 받는도다. 나는 바울이 이 인용문을 이사야 52:5이 아니라 에스겔 36:20에서 가져온 것이라고 생각한다. 왜냐하면, 이사야서의 해당 대목에는 이스라엘 백성을 책망하는 말씀이 하나도 나오지 않는 반면에, 에스겔서의 해당 장에는 책망의 말씀들로 가득하기 때문이다. 어떤 이들은 이 구절을 작은 것에서 큰 것으로의 논증으로서 다음과 같은 것을 의미하는 것이라고 생각한다: "선지자가, 당시의 유대인들이 포로로 잡혀감으로 인해서 마치 하나님이 그들을 자신의 보호 아래 두었으면서도 결국 그들을 지킬 수 없었다는 듯이 이방인들 가운데서 하나님의 영광과 능력이 조롱을 당하셨다고 그들을 책망한 것이 합당한 일이었다고 할 때, 오늘날 너희의 악한 삶으로 인해서 하나님에 대한 신앙이 사람들 가운데서 모독을 당하고 있는 것이 하나님께 얼마나 큰 수치와 모욕이 될 것인지는 너무나 분명한 일이다." 나는 그런 견해를 거부하는 것은 아니지만, 다음과 같은 좀 더 단순한 해석이 더 나은 것으로 보인다:

"유대인들은 하나님의 백성으로 여겨지고, 그들의 이마에 하나님의 이름을 새기고 다니기 때문에, 이스라엘 백성에게 쏟아지는 온갖 욕들은 그대로 하나님의 이름 위에 쏟아지게 된다는 것을 우리는 안다. 그런 까닭에, 그들이 짊어지고 다니는 하나님의 이름이 그들의 악한 행실로 말미암아 사람들 가운데서 욕을 먹을 수밖에 없다." 하나님으로 말미암아 영광을 얻은 자들이 하나님의 거룩하신 이름을 욕되게 하며 돌아다닌다는 것은 정말 기괴한 일이다. 왜냐하면, 하나님이 그들에게 주신 은혜를 적어도 그들이 그런 식으로 되갚아서는 안 되었다는 것은 분명하기 때문이다.

[25]네가 율법을 행하면 할례가 유익하나 만일 율법을 범하면 네 할례는 무할례가 되느니라 [26]그런즉 무할례자가 율법의 규례를 지키면 그 무할례를 할례와 같이 여길 것이 아니냐 [27]또한 본래 무할례자가 율법을 온전히 지키면 율법 조문과 할례를 가지고 율법을 범하는 너를 정죄하지 아니하겠느냐 [28]무릇 표면적 유대인이 유대인이 아니요 표면적 육신의 할례가 할례가 아니니라 [29]오직 이면적 유대인이 유대인이며 할례는 마음에 할지니 영에 있고 율법 조문에 있지 아니한 것이라 그 칭찬이 사람에게서가 아니요 다만 하나님에게서니라(2:25-29).

25. 네가 율법을 행하면 할례가 유익하나 만일 율법을 범하면 네 할례는 무할례가 되느니라. 바울은 유대인들이 그들 자신을 옹호하기 위하여 그의 말에 어떤 식으로 반론을 제기할지를 예상하고서 미리 그 반론을 반박한다. 왜냐하면, 할례가 하나님이 아브라함과 그의 자손을 자신의 소유된 백성으로 택하신 것을 나타내는 표징이라면, 유대인들의 자랑이 결코 허풍이 아닌 것이 될 수 있었기 때문이다. 그러나 바울은, 그들이 할례라는 표징이 의미하는 것을 지키는 데는 관심이 없었고 단지 외적인 표징만을 소중히 여겼기 때문에, 표징에 불과한 것을 근거로 해서 그들이 그 어떤 권리를 주장하는 것은 어불성설이라고 대답한다. 할례의 본질은 믿음을 전제로 한 영적인 약속이었다. 그런데 유대인들은 믿음과 약속 둘 다를 무시하였다. 그러므로 그들이 뭔가를 기대하는 것 자체가 어리석은 짓이었다. 그런 까닭에, 바울은 갈라디아서에서와는 달리 여기에서는 할례의 주된 용도에 대한 언급을 생략하고 단도직입적으로 그들의 말도 안 되는 잘못을 드러낸다. 우리는 이 점을 유의하지 않으면 안 된다. 왜냐하면, 만일 그가 할례의 성격과 목적 전체를 설명하고

자 한 것이라면, 은혜와 값없이 주신 약속에 대해 언급하지 않은 것은 갈라디아서에서의 설명과의 일관성을 결여한 것이 되었을 것이기 때문이다. 그러나 이 두 경우 모두에 있어서 그는 자신이 다루고 있는 주제가 요구하는 것을 따라 설명하고 있는 것이었기 때문에 오직 거기에서 논란이 되는 부분만을 다룬 것이다.

유대인들은 의를 얻는 데에는 할례 자체만으로 충분하다고 생각하였다. 그래서 바울은 그들의 관점을 따라 이렇게 대답해 나간다. 즉, 그들이 할례로부터 그러한 유익을 기대한다면, 할례를 받은 사람이 하나님을 전적으로 그리고 온전히 섬겨야 한다는 조건이 충족되어 있어야 한다는 것이다. 그러므로 할례는 온전함(perfectio)을 요구한다. 마찬가지로, 우리가 받은 세례에 대해서도 동일하게 말할 수 있다. 만약 어떤 사람이 오로지 세례의 물만을 의지해서, 마치 자신이 세례라는 성례를 통해서 거룩함을 얻었다는 듯이, 자기가 의롭다 함을 받은 것으로 생각한다면, 우리는 세례의 목적을 제시하며, 하나님이 세례를 통해서 우리를 거룩한 삶으로 부르신 것임을 반론으로 제시하여야 한다. 그런 경우에는 세례가 증언하고 인치고 있는 은혜와 약속에 대해서는 언급할 필요가 없다. 왜냐하면, 우리가 상대하는 자들은 세례라는 빈 껍데기에 만족해서 세례가 나타내고 있는 실체가 무엇인지에 대해서는 관심도 없고 중요하게 생각하지도 않기 때문이다. 우리가 주목할 것은 바울은 믿는 자들에게 표징들(signum)에 대하여 얘기할 때에는 그 표징들에 속해 있는 약속들의 효력 및 성취와 연결시키지만, 표징들의 의미에 대해 완전히 무지해서 그 의미를 거꾸로 이해하고 해석하는 자들과 다툴 때에는 표징들의 본래의 참된 본질에 대한 말은 다 생략하고, 오로지 그들의 잘못되고 왜곡된 해석을 공격하는 데에만 집중한다는 것이다.

사람들은 바울이 율법의 다른 부분이 아니라 할례를 문제삼는 것을 보고서, 그가 오직 종교의식들을 통해 의롭게 되는 것만을 부정하고 있는 것이라고 주장하지만, 사실은 전혀 그렇지 않다. 하나님의 의에 맞서서 자신의 공로를 내세우는 자들이 실제적으로 선한 행위들을 한 것이 아니라 외적인 종교의식들을 철저히 지킨 것을 자랑하는 것은 늘 있는 일이다. 진정으로 하나님을 경외하는 마음이 그 속에 살아 움직이고 있는 자는 참된 의에 도달하고자 애를 쓰면 쓸수록 자신이 그 의로부터 너무나 멀리 있다는 것을 더 분명하게 보게 되는 까닭에, 감히 눈을 들어 하늘을 바라보지 못한다. 그러나 바리새인들은 겉으로 거룩함을 위장하는 것으로 만족하기 때문에, 그들이 너무나 쉽게 자기만족에 빠져 버리는 것은 결코 이상한 일이 아니다.

그런 까닭에, 바울은 앞에서 할례로 의롭다 함을 받을 수 있다는 이 터무니없는 속임수를 제외하고는 유대인이 붙잡을 만한 것들을 다 제거한 후에, 이제 여기에서는 이 헛된 핑계조차도 그들로부터 제거한다.

26. 그런즉 무할례자가 율법의 규례를 지키면 그 무할례를 할례와 같이 여길 것이 아니냐. 이것은 아주 강력한 논증이다. 수단은 목적 아래 있고 목적에 종속되어 있다. 할례는 율법을 지향하고 있기 때문에 율법의 하위 개념이다. 그러므로 율법을 위해 제정된 할례를 받는 것보다 율법을 행하고 지키는 것이 더 중요한 일이다. 이것으로 알 수 있는 것은 율법을 지키는 무할례자가 율법을 범해서 할례를 무익하고 쓸모없는 것으로 만들어 버린 유대인보다 훨씬 더 낫다는 것이다. 그런 무할례자는 비록 본래 부정한 자이지만 율법을 지킴으로써 거룩하게 되어, 그의 무할례는 할례로 여겨지게 될 것이다. "무할례"라는 단어는 하반절에서는 본래의 의미로 사용되고 있지만, 상반절에서는 이방인들을 가리키는 비유적인 의미로 사용되고 있다(한글개역개정에는 "무할례자"로 되어 있음 ― 역주).

내가 한 가지 덧붙여서 해두고자 하는 말은 바울이 여기에서 말하는 율법을 지키는 이방인들은 이 세상에 존재하지 않기 때문에 그들이 누구를 가리키는지를 알아내려고 애써 보아야 아무 소용이 없다는 것이다. 왜냐하면, 바울은 단지 만일 율법을 지킨 어떤 이방인이 있다고 가정한다면, 그는 비록 할례를 받지 않았다고 할지라도 율법을 지켜서 율법의 의를 얻은 것도 없이 단지 할례만 받은 유대인보다 훨씬 더 나을 것이라고 말하고자 한 것일 뿐이기 때문이다. 따라서 다음 절에 나오는 "또한 본래 무할례자가 율법을 온전히 지키면 율법 조문과 할례를 가지고 율법을 범하는 너를 정죄하지 아니하겠느냐"는 말도 실제로 그런 이방인들이 존재한다는 것이 아니라 앞에서 가정한 것의 연속선상에서 나온 말이라고 보아야 한다. 이것은 그리스도께서 "심판 때에 남방 여왕이 일어나 이 세대 사람을 정죄하리니"(마 12:42)라고 말씀하신 것이나 "심판 때에 니느웨 사람들이 일어나 이 세대 사람을 정죄하리니"(눅 11:32)라고 말씀하신 것과 동일한 경우이다. 바울의 표현 자체가 우리를 그러한 해석으로 이끈다. 바울은 이렇게 말한다: "이방인은 무할례자이고 너는 율법 조문을 따라 할례를 받은 자일지라도, 율법을 지키는 자인 이방인이 율법을 범하는 자인 너를 정죄하리라."

27. 율법 조문과 할례를 가지고 율법을 범하는 너를. "율법 조문과 할례를 가지고"는 대환법(代換法)이다. 따라서 바울은 그들이 율법 조문을 따라 할례를 받았기

때문에 율법을 범하였다고 말하는 것이 아니라, 그들이 외적인 의식을 따라 할례를 받아놓고서도 하나님에 대한 영적인 예배, 즉 율법의 주된 것들인 경건하고 의롭고 공평하고 참되게 행하는 것은 계속해서 무시하였다고 말하는 것이다.

28. 무릇 표면적 유대인이 유대인이 아니요 표면적 육신의 할례가 할례가 아니니라. 이 구절의 의미는 참된 유대인이냐 아니냐는 어떤 사람의 혈통이나 신앙 고백 여부나 외적인 표징을 따라 판단되어야 하는 것이 아니며, 유대인임을 나타내는 할례도 외적인 표징에 있는 것이 아니고, 유대인과 할례에 대한 진정한 기준은 내면에 있다는 것이다. 바울이 참된 할례와 관련해서 제시하고 있는 기준은 성경의 전체적인 가르침과 여러 구절들에서 가져온 것들이다. 성경은 도처에서 이스라엘 백성에게 그들의 마음에 할례를 받으라고 명하고 있고, 또한 그것은 하나님께서 장차 자기 백성에게 행하시겠다고 약속하신 것이기도 하다. 왜냐하면, 포피(包皮)를 잘라내는 것은 단지 사람의 몸의 작은 일부가 아니라 본성 전체를 잘라내는 것을 의미하였기 때문이다. 그러므로 할례는 육신 전체를 죽이는 것(totius carnis mortificatio)이었다.

29. 오직 이면적 유대인이 유대인이며 할례는 마음에 할지니 영에 있고 율법 조문에 있지 아니한 것이라. 바울은 "영에 있고 율법 조문에 있지 아니한 것이라"고 말하는데, 우리는 이 어구를 이렇게 이해하여야 한다. 그는 경건이 없는 외적인 의식(caeremonia)을 "율법 조문"이라 부르고, 그러한 의식의 영적인 목적(finis)을 "영"이라 부른다. 그런데 표징들과 의식들의 모든 중요성은 그것들의 목적에 있기 때문에, 그 목적이 도외시된다면, "율법 조문"만이 남게 되고, 그랬을 때에 "율법 조문" 자체는 아무런 유익도 가져다줄 수 없다. 바울이 이런 식으로 말하는 이유는 하나님의 음성이 들릴 때에 사람들이 그 음성을 진심으로 받지 않으면 하나님이 명하시는 모든 것은 단지 "율법 조문," 즉 죽은 문자로 남아 있게 되는 반면에, 그 음성이 사람들의 마음속으로 꿰뚫고 들어간 경우에는 일정 정도 "영"으로 바뀌기 때문이다. 또한, 바울은 이 말을 할 때에 예레미야 31:33("그러나 그 날 후에 내가 이스라엘 집과 맺을 언약은 이러하니 곧 내가 나의 법을 그들의 속에 두며 그들의 마음에 기록하여 나는 그들의 하나님이 되고 그들은 내 백성이 될 것이라 여호와의 말씀이니라")에서 지적하고 있는 옛 언약과 새 언약의 차이도 염두에 두었을 것이다. 거기에서 하나님께서는 그들의 마음에 새겨서 자신의 언약을 영원히 견고하게 하실 것이라고 분명하게 말씀하신다. 그리고 바울은 고린도후서 3:6("그가 또한 우리를 새 언

약의 일꾼 되기에 만족하게 하셨으니 율법 조문으로 하지 아니하고 오직 영으로 함이니 율법 조문은 죽이는 것이요 영은 살리는 것이니라")에서도 동일한 관점을 보여준다. 거기에서 그는 율법과 복음을 대비시키면서, 율법을 사람들을 죽이는 역할만을 하는 죽은 "조문"이라 부르고, 복음을 "영"으로 호칭한다. 따라서 이 구절에서 "율법 조문"은 자연적인 의미를 가리키고 "영"은 알레고리적인 의미를 가리킨다고 해석하는 자들은 정말 지독하게 어리석은 자들이다.

그 칭찬이 사람에게서가 아니요 다만 하나님에게서니라. 여기에서 바울은 사람들은 오직 눈에 보이는 것들만을 보기 때문에, 우리는 흔히 외면적인 화려함에 미혹되어 속는 사람들의 소견에 칭찬받을 만한 것으로 보이는 것들에 만족해서는 안 되고, 사람들의 마음속 가장 깊은 곳에 있는 은밀한 것들까지도 다 보시는 하나님이 칭찬하시는 것들에 만족하여야 한다고 말한다. 이런 식으로 바울은 거짓된 망상에 사로잡혀 자기만족에 빠져 있는 위선자들 또는 외식하는 자들을 다시 한 번 하나님의 법정에 불러 세운다.

제3장

¹그런즉 유대인의 나음이 무엇이며 할례의 유익이 무엇이냐 ²범사에 많으니 우선은 그들이 하나님의 말씀을 맡았음이니라(3:1-2).

1. 그런즉 유대인의 나음이 무엇이며 할례의 유익이 무엇이냐. 바울은 할례 자체가 유대인에게 가져다주는 것은 아무것도 없다는 것을 탁월하게 논증하긴 했지만, 하나님께서 할례라는 표징을 통해 유대인을 인치신 것이었기 때문에, 이방인과 유대인 간에는 차이가 있다는 것은 부정할 수 없는 사실이었고, 따라서 하나님이 행하신 그러한 차이를 무효로 만들어서 아무것도 아닌 것으로 치부해 버리는 것은 말이 안 되는 것이었던 까닭에, 그러한 반론에 대해서도 대처할 필요가 있었다. 유대인들이 그런 이유를 빌미로 삼아서 스스로를 자랑한 것이 어리석은 짓이었음은 너무나 분명하였다. 그렇지만 유대인들이 할례로 말미암아 유익을 얻게 하실 의도가 아니었다면, 하나님께서는 왜 할례를 제정하신 것이고 그 목적이 무엇인지에 대한 의문은 여전히 남아 있었다. 그러므로 바울은 유대인들이 어떤 반론을 제기할지를 미리 예상하고서, 어떤 점에서 유대인이 이방인보다 더 나은가라는 질문을 던지고, 곧이어서 "할례의 유익이 무엇이냐"라는 또다른 질문을 통해서 앞의 질문을 던진 이유를 덧붙인다. 왜냐하면, 할례는 유대인과 나머지 인류를 구별하는 것이었기 때문이다. 그래서 바울은 율법의 의식들을 사람들을 서로 갈라놓은 "중간에 막힌 담"(엡 2:14)이라 불렀다.

2. 범사에 많으니. 바울은 여기에서 표징 자체에 찬사를 보내기 시작하지만, 그렇다고 해서 유대인들이 그런 것을 이유로 자랑하는 것이 합당하다는 것을 인정하는 것은 아니다. 왜냐하면, 그는 그들이 할례의 표를 통해서 인침을 받고서 하나님의 자녀들로 여김을 받은 것을 인정하면서도, 그들이 그들 자신의 어떤 공로나 그럴 만한 자격이 있어서가 아니라 전적으로 하나님의 값없는 은혜로 말미암아 그런 특권을 받게 된 것이라고 말하기 때문이다. 그러므로 바울은 인간으로서의 유대인 자체만을 보는 경우에는 그들이 다른 사람들과 하나도 다를 것이 없고 동등한 위치

에 있다는 것을 보여주면서도, 하나님의 은혜를 고려하는 경우에는 그들이 다른 사람들보다 그들을 더 뛰어나게 만들어준 것을 소유하였다는 것을 인정한다.

우선은 그들이 하나님의 말씀을 맡았음이니라. 어떤 이들은 원래 여기에 유대인을 이방인보다 더 낫게 만들어준 몇 가지 이유가 더 나열되어 있었을 것이라고 생각한다. 왜냐하면, 바울은 그 이유가 많다고 말해놓고는 여기에서 단지 한 가지 이유만을 들고 있기 때문이다. 그러나 나는 "우선은"이라는 단어는 "첫째로"라는 뜻이 아니라 "특히"를 의미하는 것으로 보고서, 이 구절을 다음과 같은 의미로 해석하는 것이 옳다고 생각한다: "하나님의 말씀이 그들에게 맡겨졌다는 이 한 가지 사실만으로도 그들의 나음은 증명되고도 남는다." 여기에서 우리가 주목할 필요가 있는 것은 할례의 유익은 그 표징 자체에 있는 것이 아니라, 그 표징을 받은 자들에게 "하나님의 말씀"이 맡겨졌다는 사실에 있다는 것이다. 즉, 바울은 여기에서 유대인들에게 주어진 표징이 그들에게 도대체 어떤 유익이 있었던 것이냐는 질문을 던진 후에, 하나님께서 그들에게 하늘의 지혜의 보고를 맡기신 것이 바로 유익이었다고 대답하고 있는 것이다. 이것으로부터 알 수 있는 것은 하나님의 말씀을 떠나서는 할례로 인해 유대인들이 얻는 유익이나 특권은 없다는 것이다. "하나님의 말씀"은 하나님에 의해서 처음에는 아브라함과 그의 자손에게 계시되었고, 나중에는 율법과 선지자들에 의해서 인쳐지고 설명된 언약(foedus)을 의미한다.

하나님께서 유대인들에게 말씀을 맡기신 것은 먼저 그들 가운데서 영광을 나타내셔서 그들로 하여금 말씀을 보존하게 하시고, 다음으로는 그들을 청지기로 사용하셔서 온 세상에 말씀을 전하시기 위한 것이었다. 즉, 유대인들은 먼저는 말씀을 맡은 자들이었고, 다음으로는 말씀을 나눠주는 자들이었다. 하나님이 이렇게 한 민족을 은혜로 택하셔서 그들에게 자신의 말씀을 주신 것이 이루 말할 수 없이 큰 유익이었다면, 그렇게 주어진 하나님의 말씀에 대하여 무관심하고 소홀히 했을 뿐만 아니라 심지어 경멸하기까지 한 그들의 배은망덕함은 그 어떤 비난을 받아도 할 말이 없을 것이다.

³어떤 자들이 믿지 아니하였으면 어찌하리요 그 믿지 아니함이 하나님의 미쁘심을 폐하겠느냐 ⁴그럴 수 없느니라 사람은 다 거짓되되 오직 하나님은 참되시다 할지어다 기록된 바 주께서 주의 말씀에 의롭다 함을 얻으시고 판단 받으실 때에 이기려 하심이라 함과 같으니라(3:3-4).

3. 어떤 자들이 믿지 아니하였으면 어찌하리요. 바울은 앞에서 유대인들이 단지 표징 자체를 자랑할 때에 그들이 조금이라도 자랑하지 못하게 한 것과 마찬가지로, 이제 여기에서는 표징의 본질에 대해 얘기할 때에도 그들의 신실하지 못함으로 인해서 표징의 효력이 폐하여지는 것이 아니라고 증언한다. 그는 앞에서 할례라는 표징 속에 어떤 은혜가 존재했다고 할지라도 그러한 은혜는 유대인들의 배은망덕함으로 인해서 완전히 사라졌다고 말한 것처럼 보였기 때문에, 여기에서는 다시 한 번 반론을 예상하고서, 그것을 어떻게 보아야 하느냐는 질문을 던진다. 바울은 자기가 정말 말하고 싶어한 것을 그대로 다 말하지 않고 수위를 낮추어서 말하고 있기 때문에 여기에는 일종의 절제가 행해지고 있다고 보아야 한다. 왜냐하면, 사실 그는 이스라엘 민족의 대다수가 하나님의 언약에 대한 믿음을 버렸다고 말하고 싶었을 것이지만, 그렇게 말하면 유대인들이 격분할 것이었던 까닭에, 수위를 낮추어 유대인 중 일부가 그렇게 한 것으로 언급하고 있기 때문이다.

그 믿지 아니함이 하나님의 미쁘심을 폐하겠느냐. "폐하다"로 번역된 '카타르게인'(καταργεῖν)은 원래 무효가 되게 만들어 버리는 것을 의미하고, 이러한 의미는 이 구절의 맥락에 아주 잘 부합된다. 왜냐하면, 바울이 여기에서 묻고 있는 것은 유대인들의 불신앙으로 인해서 언제까지나 불변해야 할 "하나님의 미쁘심"이 무효가 되어 버린 것이냐는 것이 아니라, 그들의 불신앙으로 인해서 하나님의 언약의 성취가 방해를 받아서 효력을 발휘하지 못하게 된 것이냐는 것이기 때문이다. 이 질문에 대한 바울의 대답은 하나님의 참되심이 사람들의 악함으로 인해서 무효가 되어 원래의 목적을 관철하지 못하게 되는 일은 있을 수 없다는 것이다. 즉, 유대인 중 대다수가 하나님의 언약을 어기고 발로 짓밟아 왔다고 할지라도, 그 언약은 그들 전체에 대해서는 아니지만 일부에 대해서 효력을 유지하고 있고 능력을 나타내고 있어서, 영원한 구원을 주시고자 하는 하나님의 은혜와 복은 여전히 그들 가운데서 유효하다는 것이다. 하지만 이 약속은 믿음으로 받을 때에만 유효하다. 왜냐하면, 하나님과 이스라엘 민족 간에 맺어진 언약은 믿음으로 말미암아서만 효력이 발생하고 확고해지기 때문이다. 따라서 바울은 여기에서 이스라엘 민족 가운데는 아직도 계속해서 그 약속을 믿고 있어서 하나님의 언약에 의한 특권들에서 떨어져 나가지 않은 자들이 일부 있다고 말하고 있는 것이다.

4. 그럴 수 없느니라 사람은 다 거짓되되 오직 하나님은 참되시다 할지어다. 다른 이들은 이 구절을 어떻게 보든, 나는 이 구절에서 바울은 서로 상반되는 명제들

을 대비시켜서 앞서의 반론을 반박하는 논증을 해나가고 있다고 본다. 왜냐하면, "하나님은 참되시다"와 "사람은 거짓되다"라는 두 명제가 다 참이라면, 하나님의 참되심은 사람의 거짓됨으로 말미암아 무효가 되지 않는다는 결론이 나오기 때문이다. 만일 바울이 이 시점에서 이 두 가지 참된 명제를 대비시켜서 제시하지 않았다면, 나중에 그가 사람의 불의함이 도리어 하나님의 의로우심을 드러내는 것이라고 말할 때에 하나님이 어떤 식으로 의로우신가라는 터무니없는 반론을 반박하려고 애를 써도 소용이 없을 것이었다. 따라서 이 구절의 의미는 조금도 모호하지 않다. 즉, 하나님의 신실하심은 사람들의 신실하지 못함과 변절에 의해서 무효가 되기는커녕 도리어 더 분명하게 드러난다는 것이다. 바울은 이렇게 말하고 있다: "하나님은 자신의 약속들을 충실히 지키실 준비가 항상 되어 계시기 때문만이 아니라 자기가 약속하신 것들을 실제로 행하시기 때문에 참되시다. 그래서 하나님께서는 자신의 명령은 곧 그대로 현실이 된다고 말씀하신다. 반면에, 사람은 자신이 서약한 것들을 깨뜨리는 일이 비일비재하기 때문만이 아니라 본성적으로 거짓을 추구하고 진리를 피하기 때문에 거짓되다."

이 절의 상반절에서 말하고 있는 것은 모든 기독교 철학의 제1의 공리이다. 이 구절의 전반부는 시편 116:11("내가 놀라서 이르기를 모든 사람이 거짓말쟁이라 하였도다")에서 가져온 것인데, 거기에서 다윗은 사람으로부터는 확실한 것이 나올 수도 없고 사람 안에는 확실한 것이 존재하지도 않는다고 고백한다.

이 구절은 우리에게 정말 필요한 위로를 담고 있다는 점에서 주목할 만하다. 왜냐하면, 하나님의 말씀을 거부하고 멸시함에 있어서 사람들의 악함은 너무나 지독해서, 우리는 만일 하나님의 참되심은 사람의 참됨과는 아무 상관 없이 유효하다는 사실을 기억하지 않는다면, 하나님의 말씀이 참되다는 것에 대하여 시도 때도 없이 의심을 품게 될 것이기 때문이다. 그러나 이 구절은 바울이 앞서 말했던 것, 즉 하나님의 약속이 효력을 발휘하게 하려면 사람들이 그 약속을 믿음으로 받는 것이 필수적이라고 말했던 것과 모순되는 것인가? 왜냐하면, 믿음은 "거짓"과 반대되기 때문이다. 이것은 어려운 문제인 것처럼 보이지만, 사실은 별 어려움 없이 해결될 수 있다. 즉, 하나님께서는 자신의 참되심에 방해가 될 법한 사람들의 온갖 거짓됨에도 불구하고 전에 없던 길을 내어서라도 자신의 참되심을 드러낼 길을 만드셔서, 어떤 사람들을 택하시고 그들의 본성에 뿌리박힌 불신앙을 고치시며, 도저히 굴복하지 않을 것처럼 보이던 사람들을 굴복시키셔서 그를 섬기게 하심으로써 자기가 참되시다는 것을 증명해줄 일들을 이루어 나가신다. 한 가지 덧붙여둘 것은, 바울은 여기에서 사람의 본성이 지닌 악을 고치는 치료제인 하나님의 은혜에 대해서가 아니라 그 악(vitium) 자체에 대해서 다루고 있다는 것이다.

기록된 바 주께서 주의 말씀에 의롭다 함을 얻으시고 판단 받으실 때에 이기려 하심이라 함과 같으니라. 이 구절의 의미는 하나님의 참되심은 우리의 거짓됨과 신실하지 않음에 의해서 폐기되기는커녕, 다윗이 전에 증언한 대로 더욱 빛을 발하며 분명하게 드러난다는 것이다. 왜냐하면, 다윗은 자신은 죄인이지만, 하나님은 그런 그에 대하여 어떤 처분을 결정하실 때에 언제나 의로우시고 공평하신 재판장이실 것인 까닭에, 불경건한 자들이 하나님의 의로우심에 대하여 트집을 잡고 온갖 비방과 중상모략을 늘어놓는다고 해도 넉넉히 이기실 것이라고 증언하기 때문이다. 다윗이 말한 "주의 말씀들"은 하나님께서 우리에 대하여 내리시는 판단들(iudicia)을 의미한다. 이 "말씀들"을 하나님의 약속들을 가리키는 것으로 보는 것이 일반적이지만, 그런 해석은 너무 억지스럽다. 따라서 불변화사 '안'(ἄν)은 목적이나 장래의 결과를 나타내는 것이 아니라, 앞에서 말한 것의 결론을 나타내기 때문에, 이 구절의 의미는 "내가 주께 범죄하였으니, 주께서 나를 벌하시는 것은 의로우시다"는 것이다. 바울이 다윗의 이 말이 지닌 본래의 참 뜻을 살려서 그대로 인용했다는 것은 그 직후에 덧붙여진 반론, 즉 "그러나 우리 불의가 하나님의 의를 드러나게 하면 무슨 말 하리요"(5절)라는 반론에 의해서 분명해진다. 왜냐하면, 내가 이미 앞에서 말했듯이, 만일 다윗이 말한 것이 하나님께서는 자신의 놀라운 섭리 속에서 사람들의 죄로 인해서 도리어 자신의 의가 더욱 분명하게 드러나게 하셨다는 의미가 아니라면, 바울이 그러한 반론을 미리 예상하고서 즉시 덧붙임으로써 독자들의 이목을 집중시킨 것은 별 의미도 없고 적절한 것도 아니었을 것이기 때문이다. 하반절의 후반부는 히브리어로 "주께서 심판하실 때에 순전하시다 하리이다"(시 51:4)이다. 이러한 표현은 불경건한 자들이 온갖 시비를 걸며 어떻게 해서든 하나님의 영광을 가리려고 아우성을 치며 소란을 떤다고 할지라도, 하나님의 모든 판단들은 누구나 수긍할 수밖에 없는 판단들이 되리라는 것을 의미한다. 그러나 바울은 여기에서 자신의 목적과 의도에 더 잘 부합하는 칠십인역을 따랐다. 우리가 알고 있듯이, 사도들은 성경을 인용할 때에 흔히 자신이 인용하는 구절이 자기가 현재 다루고 있는 주제에 적절하기만 하면 그것으로 충분하다고 여겨서 원문의 자구에 지나치게 얽매이지 않고 자유롭게 인용하였다.

따라서 이 인용문은 현재의 구절 속에서 다음과 같은 의미를 지닌다: "사람들의 모든 죄는 하나님의 영광을 드러내는 데에 기여할 수밖에 없고, 하나님은 특히 자신의 참되심으로 말미암아 영광을 받으시는 까닭에, 사람들의 거짓됨은 하나님의 참되심을 폐기하기는커녕 도리어 확증하는 데에 기여한다는 결론이 나온다." "판단받다"로 번역된 '크리네스타이'(κρίνεσθαι)는 수동과 능동 어느 쪽으로도 해석될 수 있지만, 칠십인역의 번역자는 히브리어 원문의 의미와는 반대로 수동으로 번역하였음이 틀림없다.

⁵그러나 우리 불의가 하나님의 의를 드러나게 하면 무슨 말 하리요 [내가 사람의 말하는 대로 말하노니] 진노를 내리시는 하나님이 불의하시냐 ⁶결코 그렇지 아니하니라 만일 그러하면 하나님께서 어찌 세상을 심판하시리요 ⁷그러나 나의 거짓말로 하나님의 참되심이 더 풍성하여 그의 영광이 되었다면 어찌 내가 죄인처럼 심판을 받으리요 ⁸또는 그러면 선을 이루기 위하여 악을 행하자 하지 않겠느냐 어떤 이들이 이렇게 비방하여 우리가 이런 말을 한다고 하니 그들은 정죄 받는 것이 마땅하니라 (3:5-8).

5. 그러나 우리 불의가 하나님의 의를 드러나게 하면 무슨 말 하리요 [내가 사람의 말하는 대로 말하노니] 진노를 내리시는 하나님이 불의하시냐. 이것은 주된 주제에서 벗어난 것이었지만, 유대인들이 이런 반론을 펼 것이 거의 분명했기 때문에, 바울은 그들이 기선을 잡고서 이런 악한 말을 할 기회를 주지 않기 위해서 이 반론을 여기에서 다룰 필요가 있었다. 왜냐하면, 그들은 복음을 비방할 기회를 호시탐탐 노리고 있었고, 또한 다윗이 말한 대로, 그들에게는 다음과 같이 복음을 비방할 좋은 구실이 있었기 때문이다: "하나님이 구하는 것이 오직 사람들로 말미암아 영광을 받으시는 것이라면, 사람들이 죄를 범함으로써 하나님이 영광을 받으시는데, 왜 하나님은 죄를 범한 자들을 벌하시는 것인가? 하나님이 진노하실 일이 도리어 하나님의 영광이 드러나는 기회가 된다면, 하나님이 진노하실 이유가 없음이 분명하다." 우리가 잠시 후에 보게 되겠지만, 실제로 이것이 도처에서 일반적으로 행해졌던 비방이었다는 것은 의심의 여지가 없다. 이런 이유로 바울은 충분히 예상할 수 있는 그러한 반론에 대하여 아무 말도 하지 않은 채 그냥 덮고 지나갈 수가 없었다. 그런데 그런 말은 단지 그의 생각을 표현한 것일 뿐이라고 말하는 사람이 아무

도 없도록 하기 위해서, 바울은 본격적인 답변으로 들어가기 전에 먼저 이 말은 불경건한 자들이 하는 말을 자신이 그대로 옮긴 것일 뿐이라고 전제한다. 그런 후에, 단 한 마디로 그는 인간의 이성을 정면으로 공격하면서, 인간의 이성이라는 것이 언제나 하나님의 지혜를 못마땅해하고 으르렁대는 속성을 지니고 있음을 암시한다. 왜냐하면, 그는 "불경건한 자들의 말하는 대로"라고 표현하는 것이 아니라, "사람의 말하는 대로"라고 표현하고 있기 때문이다. 실제로 이것은 사실이다. 왜냐하면, 하나님의 모든 신비들은 육신에게는 모순덩어리들이고, 또한 육신은 너무나 뻔뻔하고 오만방자해서 자기가 이해할 수 없는 그 신비들을 공격하고 맞서는 것을 주저하지 않기 때문이다. 이것으로부터 우리는 하나님의 신비들을 이해하고자 한다면, 특히 우리 자신의 지각(sensus)에서 벗어나서, 하나님의 말씀에 전적으로 우리 자신을 맡겨드리려고 애써야 한다는 경고를 받는다. 여기에서 심판의 의미로 사용된 "진노"라는 단어는 벌을 가리키기 때문에, 실제로 바울은 "사람들이 저지르는 죄들이 하나님의 의를 드러내 주는 데도 그런 죄들을 벌하시는 하나님이 불의하시냐?"라고 말한 것이 된다.

6. 결코 그렇지 아니하니라 만일 그러하면 하나님께서 어찌 세상을 심판하시리요. 유대인들의 이러한 신성모독을 차단하고자 할 때, 바울은 즉시 그 반론에 대하여 직접적인 대답을 하는 것이 아니라, 기독교 신앙 속에서 그런 말도 안 되는 터무니없는 주장이 용납될 수도 있다는 인상을 조금이라도 주지 않기 위해서, 먼저 그런 주장에 대한 자신의 혐오감을 강하게 표현한다. 바울의 이러한 반응은 그가 단순히 부인하는 말을 했을 때보다도 더 큰 무게감을 지닌다. 왜냐하면, 그는 그런 불경스러운 말은 들을 가치조차 없는 까닭에 극도의 혐오감으로 반응하는 것이 합당하다는 것을 보여준 것이나 다름없기 때문이다. 그런 후에, 바울은 즉시 간접적인 반박이라고 할 수 있는 것을 덧붙인다. 왜냐하면, 그는 그들의 비방을 조목조목 짚어가며 반박하는 것이 아니라, 단지 그들의 비방은 터무니없는 것이라는 대답만을 주고 있기 때문이다. 바울은 하나님이 맡고 계시는 소임을 근거로 논증을 펴서, 그들의 비방이 터무니없음을 증명한다. 즉, 하나님께서는 장차 세상을 심판하실 분이시기 때문에 결코 불의하실 수 없으시다는 것이다.

이러한 논증은 어떤 이들의 주장과는 달리 단순히 추상적으로 본 하나님의 능력을 근거로 한 것이 아니라, 하나님이 지금까지 행해 오신 모든 일들 속에서 빛나고 있는 그의 실제적인 능력을 근거로 한 것이다. 따라서 바울은 이렇게 말한 것과 같

다: "세상을 심판하시는 것, 즉 자신의 의로써 세상을 바로잡으시고 무너진 질서를 가장 선한 질서로 바꾸시는 것이 하나님이 하시는 일이다. 그러므로 하나님은 단 한 가지도 불의하게 계획하시거나 행하실 수 없으시다." 바울은 이 말을 할 때에 모세가 창세기 18:25("주께서 이같이 하사 의인을 악인과 함께 죽이심은 부당하오며 의인과 악인을 같이 하심도 부당하니이다 세상을 심판하시는 이가 정의를 행하실 것이 아니니이까")에 기록해 놓은 구절을 염두에 두고 있었던 것으로 보인다. 거기에서 아브라함은 하나님께 소돔을 완전히 멸망에 내어주시지 말아 주시라고 간구할 때에 다음과 같은 취지로 기도한다: "장차 세상을 심판하실 주께서 의인들을 악인들과 더불어 멸하시는 것은 부당합니다. 그렇게 하시는 것은 주께서 일하시는 방식도 아니고, 주께서 하실 수 있는 일도 아닙니다." 욥기 34:17에서도 비슷한 항변이 발견된다: "정의를 미워하시는 이시라면 어찌 그대를 다스리시겠느냐." 사람들 가운데서는 불의한 재판관들이 발견되지만, 그런 일은 그들이 법과 권한을 무시하고 권세를 휘두르거나, 별 생각 없이 권좌에 오르거나, 그들이 스스로 타락한 까닭에 일어난다. 그러나 하나님과 관련해서는 그런 일들이 일어날 수 없다. 따라서 하나님은 본질상 재판장이시고 자기 자신을 부정하실 수 없으시기 때문에 의로우실 수밖에 없다. 그러므로 바울은 불가능한 일, 즉 세상을 의로 다스리시는 것이 하나님의 고유한 본질이기 때문에 하나님이 불의하게 행하시기는 불가능하다는 것을 논거로 사용해서 하나님이 의로우실 수밖에 없으시다는 것을 증명한다. 바울의 이러한 가르침은 하나님의 지속적인 다스리심에 다 적용되기는 하지만, 특히 최후의 심판을 염두에 둔 것이라고 할 수 있다. 왜냐하면, 그때에야 비로소 올바른 질서의 진정한 회복이 일어날 것이기 때문이다. 그러나 여러분이 이런 종류의 불경스러운 주장들을 직접적으로 반박하고 싶다면, 이렇게 말하라: "인간의 불의가 하나님의 의를 더 분명하게 드러낸다고 해도, 그것은 인간의 불의가 본래부터 그런 속성을 지니고 있기 때문이 아니라, 하나님의 선하심이 인간의 악함을 압도해서, 인간의 불의가 원래 지향했던 것과 다른 목적에 기여하도록 하시기 때문일 뿐이다."

7. 그러나 나의 거짓말로 하나님의 참되심이 더 풍성하여 그의 영광이 되었다면 어찌 내가 죄인처럼 심판을 받으리요. 이러한 반론이 불경건한 자들에 의해서 제기되었다는 것은 의심의 여지가 없다. 여기에 나오는 반론은 앞 절에 나온 반론에 대한 일종의 부연설명으로서, 만일 사도가 앞의 반론에 분노하여 그들의 말을 중간에 끊지 않았다면, 이 둘은 서로 연결되어 있었을 것이다. 이 반론의 의미는 이런 것

이다: "우리의 신실하지 못함으로 인하여 하나님의 참되심이 더욱 두드러지게 부각되고, 어떤 면에서는 확증되기까지 해서, 더 큰 영광이 하나님께 돌아간다면, 하나님의 영광을 드러내는 데에 기여한 자가 죄인으로 처벌을 받는 것은 너무나 부당하다."

8. 또는 그러면 선을 이루기 위하여 악을 행하자 하지 않겠느냐. 이 구절은 몇몇 단어들이 생략된 문장이기 때문에 그 단어들을 보충해 넣으면 여기에 번역된 내용이 된다. 사도는 아주 확고하고 확실한 근거 위에서 그러한 비방을 반박할 수도 있었지만, 아예 대응할 가치조차 없다고 여겨서 답변을 제시하지 않는다. 불경건한 자들의 궤변은 이런 것이다: "사람이 현세에서 행하는 일들 중에서 하나님께 영광을 돌리는 것보다 더 합당한 일이 없는데, 우리가 범죄할 때에 하나님이 영광을 받으신다고 하니, 하나님으로 하여금 더 큰 영광을 받으시도록 하기 위하여 범죄하자." 이러한 궤변에 대한 답변은 분명하다: "악은 그 자체로는 오직 해악만을 만들어 낼 수 있을 뿐이기 때문에, 우리의 죄로 인하여 하나님의 영광이 드러나는 것은 사람이 행하는 일이 아니라 하나님이 행하시는 일이다. 즉, 하나님은 모든 일들을 놀랍고 기이하게 행하시는 분이어서, 우리의 악을 이기시고 그 방향을 바꾸셔서, 우리가 의도했던 목적과는 정반대로 그의 영광을 더욱 드러내시는 목적에 기여하도록 하시는 방법을 아신다는 것이다." 하나님께서는 우리가 그의 말씀에 순종하여 살아가는 경건함(pietas)을 통해서 그에게 영광을 돌리도록 그 길을 우리에게 정해 놓으셨기 때문에, 그러한 길을 벗어나는 것은 하나님을 존귀하게 해드리는 것이 아니라 도리어 욕되게 하는 것이 된다. 그런데도 결과가 전혀 딴판으로 나오는 것은 오로지 하나님의 섭리 덕분이고, 사람들이 저지른 악이 그런 결과를 만들어 내는 것은 결코 아니다. 즉, 사람들이 죄악을 저질러도 하나님의 위엄이 완전히 무너지지도 않고 손상을 입지도 않는 것은 전적으로 하나님의 섭리로 인한 결과라는 것이다.

어떤 이들이 이렇게 비방하여 우리가 이런 말을 한다고 하니. 바울이 지극히 공손한 태도로 하나님의 은밀한 심판에 대하여 말하는데도, 그의 원수들이 그토록 펄펄 뛰며 막무가내로 그를 비방하는 데에 골몰하는 것은 정말 이상한 일이다. 그러나 하나님의 종들이 지극히 공손하게 진심으로 말을 했다고 해서, 더럽고 비루한 혀들이 제어된 경우는 일찍이 없었다. 그러므로 우리 스스로가 우리의 가르침이 그리스도의 순전한 복음임을 너무나 잘 알고 있고, 믿는 자들만이 아니라 모든 천사들도 그렇다고 증거하는 우리의 가르침이 오늘날 그토록 무수한 거짓 고소들에 의해서 억압받고 있는 것은 새삼스러운 일이 아니다. 우리는, 바울이 전하는 말씀이 순진한 자들에게 미움을 받도록 하기 위한 목적으로 우리가 이 구절에서 읽은 비방이 그에게 퍼부어졌다는 사실보다 더 기괴한 일을 상상할 수 없다. 그러므로 우리는 불경건한 자들이 우리가 전하는 진리를 왜곡해서 비방할 때에 그런 비방을 참고 견디며, 그런 이유 때문에 변함없이 일편단심으로 그 진리를 시인하고 고백하는 것을 그쳐서는 안 된다. 또한, 아울러 여기에서 사도가 보여준 모범을 따라서, 우리는 멸망 받을 악한 자들이 아무런 통제도 받음이 없이 마음 내키는 대로 우리의 창조주를 비방하지 못하게 하기 위하여 그들의 온갖 악의적이고 교활한 술책들에 대항하여 우리의 힘이 닿는 데까지 맞서야 한다.

그들은 정죄 받는 것이 마땅하니라. 어떤 이들은 '크리마'(χρίμα)를 능동의 의미로 보고 "그들이 판단하는 것"으로 이해해서 바울이 아무도 복음의 가르침 속에 그러한 모순들이 존재한다고 생각하지 못하도록 하기 위하여 그들의 반론이 옳다고 동의한 것으로 이 구절을 해석한다. 하지만 나는 '크리마'가 "판단 받는 것" 또는 "정죄 받는 것"이라는 수동의 의미를 지닌다고 본다. 왜냐하면, 그들의 그런 악한 말은 동의해야 할 것이 아니라 도리어 심하게 단죄해야 할 것이었던 까닭에, 바울이 그런 말에 동의하는 것은 불가능하였을 것이기 때문이다. 그들의 악(perversitas)은 두 가지 이유에서 정죄 받는 것이 마땅하였는데, 첫째는 이러한 불경스러운 일(impietas)에 마음으로 동의하였다는 것이고, 둘째는 복음을 근거로 삼아서 복음을 비방하였다는 것이다.

⁹그러면 어떠하냐 우리는 나으냐 결코 아니라 유대인이나 헬라인이나 다 죄 아래에 있다고 우리가 이미 선언하였느니라(3:9).

9. 그러면 어떠하냐 우리는 나으냐 결코 아니라. 바울은 앞에서 본래의 주제에서 잠시 벗어나서 연관된 문제를 다룬 후에 이제 여기에서 다시 본래의 주제로 되돌아온다. 그는 앞에서 유대인들로 하여금 그들이 이방인보다 더 우월하다고 생각하게 만들었던 특권들을 언급해 놓고서는 이제 와서 그들의 그러한 특권들을 무시하는 것이냐는 항변을 그들로부터 듣지 않기 위해서, 여기에서 마침내 유대인이 어떤 점에서 이방인보다 나은 것인가라는 질문에 대답한다. 바울은 자기가 앞에서 유대인

들에게 부여하였던 온갖 존귀함을 여기에서는 다 거두어들이고 있기 때문에, 얼핏 보면 그의 대답은 자신이 앞에서 말했던 것과 충돌하는 것처럼 보이지만 실제로 모순되는 것은 전혀 없다. 왜냐하면, 그가 앞에서 유대인들을 이방인보다 더 낮게 만든 것들로 열거했던 특권들은 그들 자신의 어떤 공로로 인한 것이 아니라 전적으로 하나님의 선하심으로 말미암은 것이었던 까닭에 사실 그들이 자랑할 만한 것들이 되지 않았고, 그런 상황에서 이제 여기에서 그는 그들 자체만으로 그들에게 과연 내세울 만하고 자랑할 만한 것이 있는지를 따지고 있는 것이기 때문이다. 그러므로 그가 제시하는 두 가지 대답은 한 가지 대답에서 다른 한 가지 대답을 도출해 낼 수 있을 만큼 서로 완전히 부합한다. 왜냐하면, 그는 한편으로는 하나님의 은혜라는 요소를 포함시켜서 유대인에게 주어진 특권들에 대하여 찬양하면서, 다른 한편으로는 유대인 자체만을 볼 때에는 그들은 아무것도 아닌 존재라는 것을 보여주기 때문이다. 그런 까닭에 그가 이제 여기에서 대답하고 있는 내용은 쉽게 유추될 수 있는 것이다. 왜냐하면, 유대인이 이방인보다 특별히 나은 점은 그들이 하나님의 말씀을 맡았다는 것이었지만, 그 특권은 그들 자신의 공로로 말미암아 받게 된 것이 아니었던 까닭에, 실제로 그 일과 관련해서 그들이 하나님 앞에서 자랑할 이유는 전혀 없었기 때문이다. 한편, 우리는 여기에서 사도가 이 문제를 다룰 때에 아주 지혜롭게 행하는 것을 본다. 왜냐하면, 그는 유대인에게 주어진 특권들을 얘기하며 그들의 나음에 대하여 말할 때에는 3인칭을 사용하는 반면에, 그들로부터 모든 특권을 다 벗겨낼 때에는 그들을 격동시키지 않기 위해서 자기 자신을 그들 가운데 포함시켜서 1인칭을 사용하기 때문이다.

유대인이나 헬라인이나 다 죄 아래에 있다고 우리가 이미 선언하였느니라. 바울이 여기에서 사용하고 있는 헬라어 동사 '아이티아스타이'(αἰτιάσθαι, "선언하였다")는 원래 법정 용어이기 때문에, 나는 이 단어를 "우리가 고소하였다"로 번역하는 쪽을 택하였다(우리가 현재 사용하는 헬라어 본문에는 προαιτιάομαι-프로아이티아오마이, "이미 고소하다"로 되어 있다 — 역주). 왜냐하면, 소송에서 원고가 피고의 범죄를 입증하기 위하여 여러 증언들과 증거들을 통해서 죄상을 열거하는 것을 "고소한다"고 하기 때문이다. 그러니까 사도는 온 인류를 하나의 동일한 죄목으로 단죄하기 위하여 그들 모두를 하나님의 법정으로 이미 소환하였다고 말하고 있는 것이다. 사도가 여기에서 고소를 하는 것에서 그치지 않고 한 걸음 더 나아가 그 고소한 것을 증명하고 있는 것이라고 이의를 제기하는 것은 별 의미가 없다. 왜냐하면, 키케로

(Cicero)가 자신의 글에서 고소와 비방을 구별하면서 말했듯이, 확실하고 유효한 증거에 의거하지 않은 것은 "고소"일 수 없기 때문이다. "죄 아래 있다"는 것은 하나님 앞에서 죄인으로 정죄를 받는 것이 마땅한 상태에 있다는 것, 또는 죄에 합당한 저주 아래 놓여 있다는 것을 의미한다. 왜냐하면, 의(iustitia)는 무죄방면을 가져오듯이, 죄(peccatum)에는 정죄가 뒤따르기 때문이다.

[10]기록된 바 의인은 없나니 하나도 없으며 [11]깨닫는 자도 없고 하나님을 찾는 자도 없고 [12]다 치우쳐 함께 무익하게 되고 선을 행하는 자는 없나니 하나도 없도다 [13]그들의 목구멍은 열린 무덤이요 그 혀로는 속임을 일삼으며 그 입술에는 독사의 독이 있고 [14]그 입에는 저주와 악독이 가득하고 [15]그 발은 피 흘리는데 빠른지라 [16]파멸과 고생이 그 길에 있어 [17]평강의 길을 알지 못하였고 [18]그들의 눈 앞에 하나님을 두려워함이 없느니라 함과 같으니라(3:10-18).

10. 기록된 바. 바울은 지금까지 사람들에게 그들의 죄악을 깨우쳐 주기 위해서 증거나 논증을 사용해 왔지만, 이제 여기에서는 권위(autoritas)에 의거한 논증을 펼쳐 나가기 시작한다. 권위가 유일하신 참 하나님으로부터 나온 것이라면, 그 권위는 그리스도인들에게 가장 강력한 증거가 된다. 여기에서 교회의 선생들은 자신의 직분이 어떤 성질의 것인지를 배워야 한다. 즉, 바울은 여기에서 자신이 성경의 확실한 증언을 통해서 확증된 것 외에는 그 어떤 가르침도 제시하지 않는 까닭에, 바울을 비롯한 사도들로부터 받은 복음을 전하는 사명만을 받은 자들도 그렇게 하는 것이 마땅하다는 것이다.

의인은 없나니 하나도 없으며. 성경에 기록된 내용을 문자 그대로 인용하기보다는 그 의미와 취지를 살려서 인용하고 있는 사도는 세부적인 내용으로 들어가기에 앞서 먼저 선지자가 사람 안에 무엇이 있다고 선언하는지 그 핵심을 일반적으로 제시하는 것으로 보이는데, 그것은 아무도 의롭지 않다는 것이다. 그런 후에, 그는 이어서 이 불의의 열매들을 구체적으로 열거해 나간다.

11. 깨닫는 자도 없고 하나님을 찾는 자도 없고. 사람들의 불의에서 맺어진 첫 번째 열매는 "깨닫는 자가 없다"는 것이다. 그리고 이러한 우매함(insipientia)은 "하나님을 찾는 자가 없다"는 것으로부터 즉시 증명된다. 왜냐하면, 다른 배움이나 학식이 있다고 할지라도 하나님을 아는 지식이 없는 사람은 헛되고, 학문이나 기술들은

그 자체로는 선할지라도 하나님을 아는 지식이라는 토대를 갖추지 못했을 때에는 헛된 것들이 되고 말기 때문이다.

12. 다 치우쳐 함께 무익하게 되고 선을 행하는 자는 없나니 하나도 없도다. 바울은 "선을 행하는 자가 하나도 없다"는 말을 덧붙인다. 우리는 이 말을 사람들이 인간으로서의 모든 지각(sensus)을 다 팽개쳐 버렸다는 의미로 이해하여야 한다. 왜냐하면, 하나님은 모든 사람의 아버지로서 우리를 완벽하게 하나가 되게 해주시는 분이어서 하나님을 떠나서는 오직 흩어짐(dissipatio)만이 있을 뿐이고, 따라서 우리를 서로 연결시켜 주는 최고의 끈은 하나님을 아는 지식인 까닭에, 하나님에 대하여 무지한 곳에서는 각 사람이 자기 자신만을 사랑하고 자신의 이익만을 추구하게 되어서 서로를 멸시하는 등 일반적으로 비인간적인 것이 횡행하게 되기 때문이다.

13. 그들의 목구멍은 열린 무덤이요 그 혀로는 속임을 일삼으며 그 입술에는 독사의 독이 있고. 또한, 바울은 "그들의 목구멍이 열린 무덤," 즉 사람들을 삼키는 깊은 구멍이라는 말을 덧붙인다. 어떤 사람의 목구멍이 사람들을 통째로 삼켜 버릴 수 있을 정도로 아주 크다고 말하는 것은 극도의 야만성을 암시하는 것이기 때문에, 이것은 그들이 "사람들을 삼키는 자들"(ἀνθρωποφάγους - '안트로포파구스')이라고 말한 것보다 더 심하게 말한 것이다. "그들의 혀가 거짓되고, 그들의 입술 아래에는 독사의 독이 있다"고 말한 것도 동일한 취지이다.

14. 그 입에는 저주와 악독이 가득하고. 또한, 바울은 그들의 "입에는 저주와 악독이 가득하다"고 말한다. "저주와 악독"은 앞에서 언급된 것과 대비되는 악으로서, 그들은 어떤 일에서든 악한 기운(malitia)을 내뿜는다는 의미이다. 왜냐하면, 그들은 좋은 말을 할 때에는 자신의 독기에 사람들이 듣기 좋아하는 말을 섞어서 사람들을 속이지만, 자신의 마음속에 있는 것을 그대로 드러낼 때에는 "저주와 악독"을 뿜어 내기 때문이다.

16. 파멸과 고생이 그 길에 있어. "애곡(contritio)과 파국(calamitas)이 그들의 길에 있다"는 말은 바울이 이사야서에서 가져와서 덧붙인 것으로서 대단히 의미심장한 말이다. 왜냐하면, 이 말은 가는 곳마다 모든 것을 초토화시켜서 황량하고 쓸쓸한 곳으로 만들어 버리는 지독하게 야만적인 사나움(feritas)을 나타내는 말이기 때문이다. 플리니우스(Plinius, 61-112년, 로마의 저술가)는 도미티아누스 황제를 그런 식으로 묘사하였다.

17. 평강의 길을 알지 못하였고. 바울은 이어서 "그들이 평강의 길을 알지 못하

였다"는 말을 덧붙인다. 즉, 그들은 약탈과 폭력을 일삼는 것과 남을 해치는 것, 그리고 야만성과 잔인함이 너무나 몸에 배어 있어서 인자하고 너그럽게 행하는 것이 무엇인지를 알지 못한다는 것이다.

18. 그들의 눈 앞에 하나님을 두려워함이 없느니라. 마지막 구절에서 바울은 우리가 처음에 보았던 말, 즉 모든 악이 하나님을 무시하는 데서 나온다는 것을 다른 식으로 다시 한 번 반복한다. 왜냐하면, 지혜의 근본은 하나님을 경외하는 것인 까닭에, 우리가 거기에서 떠났을 때에는 우리 속에 올바른 것이나 진실한 것이 남아 있지 않게 되기 때문이다. 요컨대, "하나님을 두려워함"은 우리의 악성을 제어하는 재갈이기 때문에, 그것이 없을 때에 우리는 고삐 풀린 망아지처럼 온갖 악(vitium)에 마음놓고 빠져들게 된다는 것이다.

이러한 증언들이 성경 속에서의 원래의 의미와는 다르게 왜곡되어 인용된 것이 아니냐는 의구심을 갖는 사람이 없도록 하기 위하여, 이 증언들을 원래의 맥락 속에서 살펴보기로 하자. 다윗은 시편 14:1-3에서 사람들이 다 뒤틀리고 사악해서 하나님이 서로 처지가 다른 모든 사람들을 다 살펴보셨어도 그 중에서 의로운 사람은 단 한 사람도 찾아낼 수 없으셨다고 말한다: "어리석은 자는 그의 마음에 이르기를 하나님이 없다 하는도다 그들은 부패하고 그 행실이 가증하니 선을 행하는 자가 없도다 여호와께서 하늘에서 인생을 굽어살피사 지각이 있어 하나님을 찾는 자가 있는가 보려 하신즉 다 치우쳐 함께 더러운 자가 되고 선을 행하는 자가 없으니 하나도 없도다." 그러므로 다윗의 이러한 증언으로부터 알 수 있는 것은 온 인류가 보편적으로 다 이 악에 물들어 있다는 것이다. 왜냐하면, 하나님의 눈 앞에서 숨겨질 수 있는 것은 아무것도 없기 때문이다. 다윗은 이 시편의 끝부분에서 이스라엘이 장차 속량받게 될 것이라고 말하지만, 우리는 사람들이 어떻게 거룩하게 되고, 어느 정도까지 이 죄악된 상태로부터 벗어나게 되는지에 대해서는 나중에 살펴보고자 한다. 다른 시편들에서 다윗은 자기 자신과 자신의 자손들을 통해서 그리스도의 나라에 대한 예표를 보여주는 가운데, 자신의 원수들이 속이는 자들이라고 탄식한다. 따라서 우리는 다윗의 원수들 속에서 그리스도를 떠나서 성령의 인도하심을 받지 않는 모든 자들의 모습을 본다. 이사야는 명시적으로 이스라엘이라고 언급하고 있기 때문에, 그의 고소가 이방인들에게는 더더욱 합당하다는 것은 두말할 필요가 없다. 그렇다면, 바울은 이런 증언들을 통해서 도대체 무엇을 말하고자 하는 것인가? 바울이 여기에서 이러한 말들로 인간의 본성을 묘사하는 이유가 우리로 하여금 하나님을 떠나서 홀로 남겨졌을 때에 사람이라는 것이 어떤 존재인지를 보게 하기 위한 것임은 의심의 여지가 없다. 왜냐하면, 성경은 하나님의 은혜로 말미암아 거듭나지 않은 모든 사람은 그런 상태에 있다고 증언하기 때문이다. 성도들도 이러한 악을 고침 받지 못한다면, 그들의 상태도 결코 낫지 못할 것이다. 하나님께서는 성도들로 하여금 그들도 본질상 다른 사람들과 다르지 않다는 것을 늘 기억하도록 하시기 위하여, 그들에게 남아 있을 수밖에 없는 육신적인 본성의 잔재 속에서 그러한 악의 씨앗을 보게 하시고, 만일 그들이 끊임없이 그들 자신의 본성이 아니라 하나님의 은혜를 의지해서 이 악을 죽이지 않을 때에는 그 악이 계속해서 그들 속에서 역사하여 열매를 맺는 것을 보게 하신다. 우리가 여기에서 한 가지 덧붙일 말은 우리가 이미 로마서 1:26을 다룰 때에 살펴보았듯이, 여기에 열거된 모든 악들이 각각의 사람에게서 다 두드러지게 나타나는 것은 아니지만, 이 모든 악을 인간의 본성에 돌리는 것은 옳고 참되다는 것이다.

[19]우리가 알거니와 무릇 율법이 말하는 바는 율법 아래에 있는 자들에게 말하는 것이니 이는 모든 입을 막고 온 세상으로 하나님의 심판 아래에 있게 하려 함이라 [20] 그러므로 율법의 행위로 그의 앞에 의롭다 하심을 얻을 육체가 없나니 율법으로는 죄를 깨달음이니라(3:19-20).

19. 우리가 알거니와 무릇 율법이 말하는 바는 율법 아래에 있는 자들에게 말하는 것이니. 바울은 이방인들에게서 눈을 돌려서 이제 구체적으로 유대인들을 향하여 입을 연다. 유대인들은 이방인들과 마찬가지로 참된 의가 결여되어 있었음에도 불구하고 하나님의 언약이라는 은폐물 뒤로 그들 자신을 숨긴 채로 자신들이 하나님의 택하심으로 말미암아 세상의 다른 민족들로부터 구별된 것이 마치 그들에게 거룩함을 가져다주기에 충분하다는 듯이 처신하였기 때문에, 그들을 굴복시키는 것은 훨씬 더 어려운 일이었다. 바울은 유대인들이 어떤 핑계들을 대고 빠져나가려 할 것인지를 잘 알고 있었기 때문에 여기에서 실제로 그런 핑계들을 언급한다. 왜냐하면, 통상적으로 그들은 율법에서 인류에 대하여 안 좋게 말씀한 것들은 모두 다 이방인들에게만 적용하고, 마치 인류가 공통적으로 처한 상태는 그들과는 아무런 상관도 없다는 듯한 태도를 취하였기 때문이다. 사실 만일 그들이 그들 자신의 본래의 위치에서 떨어져 나오지만 않았더라면, 실제로 그들은 이방인들과는 전혀 다

른 위치에 있었을 것이었다. 그래서 바울은 유대인들이 그들 자신이 대단한 민족이라도 된다는 듯이 거짓된 자만에 빠져 있는 것이 그들에게 장애물이 되지 않게 하고, 율법에서 그들을 포함한 온 인류에 대하여 말씀하는 것들을 오직 이방인들에게만 국한시키지 않도록 하기 위하여, 여기에서 그들이 어떤 핑계를 대고 반론을 펼지를 미리 예상하고, 성경이 말씀하고 있는 것을 근거로 해서, 그들의 처지도 이방인들의 처지와 전혀 다를 바가 없을 뿐만 아니라, 율법의 그러한 정죄가 특히 그들을 향한 것임을 분명하게 밝힌다.

우리는 사도가 유대인들로부터 예상되는 반론들을 반박하는 말이 너무나 지당함을 본다. 왜냐하면, 그는 이렇게 말하고 있기 때문이다: "율법이 유대인들에게 주어진 것이 아니면 도대체 누구에게 주어진 것이며, 율법이 주어진 것이 유대인들을 위한 것이 아니면 도대체 누구를 위한 것이겠는가? 따라서 율법이 다른 사람들에 관하여 말하고 있는 것들이 있다면, 그것들은 그들의 말마따나 부수적인 것($\pi\alpha\rho\epsilon\rho\gamma\grave{o}\nu$ - 파레르곤)일 뿐이고, 그 가르침들은 일차적으로 율법의 제자들에게 적용하는 것이 마땅하다." 바울은 "무릇 율법이 말하는 바는 율법 아래에 있는 자들에게 말하는 것"이라고 함으로써 율법은 유대인들에게 말하기 위한 것이라고 지적한다. 이것으로부터 알 수 있는 것은 율법은 원래 유대인들을 염두에 두고 있었다는 것이다. 바울은 "율법"이라는 말 속에 선지자들 또는 예언서들을 포함시키고 있기 때문에, 여기에서 "율법"은 구약성경 전체를 가리킨다.

이는 모든 입을 막고 온 세상으로 하나님의 심판 아래에 있게 하려 함이라. "모든 입을 막는다"는 것은 모든 사람들이 이 곤경에서 빠져나가기 위해 댈 수 있는 온갖 핑곗거리와 변명할 수 있는 빌미를 주는 것을 다 차단하고 막아 버린다는 것이다. 이것은 법정에서 가져온 비유이다. 법정에서 피고는 정당하게 자신을 변호할 말이 있는 경우에는 자신에게 지워진 고소나 죄목에 대하여 결백하다는 것을 밝히기 위하여 말할 시간을 달라고 요구하게 되지만, 자신의 양심에 가책을 받아 아무 말도 하지 못하고 침묵하며 자신에 대한 유죄판결을 기다리는 경우에는 그 침묵 자체가 이미 자신의 유죄를 인정한 것이 된다. 욥기 40:4에 나오는 "나는 … 손으로 내 입을 가릴 뿐이로소이다"라는 말씀도 동일한 의미이다. 왜냐하면, 거기에서 그는 자기가 변명할 말이 아주 없는 것은 아니지만, 그럼에도 불구하고 자신이 옳다는 것을 증명하고자 하는 시도를 그치고, 하나님의 판결을 받아들이고자 한다고 말하는 것이기 때문이다. 다음에 나오는 구절은 보충설명을 담고 있다. 왜냐하면, 영락없이 유죄선고를 받게 되어 있어서 빠져나갈 길이 전혀 없는 자만이 할 말을 잃고 자신의 입을 닫는 법이기 때문이다. 하지만 어떤 경우에는 하나님 앞에서 침묵한다는 것은 그의 위엄을 보고 두려워 떨며 그의 광채에 놀라 아무 말도 하지 못하고 서 있는 것을 의미하기도 한다.

20. 그러므로 율법의 행위로 그의 앞에 의롭다 하심을 얻을 육체가 없나니. "율법의 행위"가 무엇을 의미하는지를 놓고 학자들 사이에서도 의견이 분분해서, 율법 전체를 지키는 것을 의미한다고 주장하는 이들도 있고, 율법 중에서 의식(儀式)과 관련된 것들만을 의미한다고 주장하는 이들도 있다. "율법"이라는 말이 덧붙여져 있다는 것을 근거로 크리소스토무스(Chrysostomus, 헬라어로는 Δίων Χρυσόστο-μος-디온 크뤼소스토모스["황금 입을 가진 디온"], 1세기의 헬라 교부), 오리게네스(Origenes, 헬라어로는 Ὠριγένης, 3세기의 헬라 교부), 히에로니무스(Hieronymus, 347-420년, 라틴 교부)는 후자의 견해에 동의하였다. 왜냐하면, 그들은 "행위"라는 말에 "율법"이 덧붙여져 있다는 것은 이 표현이 모든 행위를 가리키는 것으로 이해되어서는 안 된다는 것을 분명히 보여주고 있다고 생각하였기 때문이다. 하지만 그러한 난점을 해결하기는 아주 쉽다: 우리의 행위들은 우리가 그 행위들을 통해서 하나님께 경배와 순종을 드리고자 한 정도만큼 하나님 앞에서 의로울 수 있기 때문에, 바울은 우리의 모든 행위들로부터 우리를 의롭게 하는 능력을 좀 더 확실하게 제거하기 위하여, 우리가 생각할 때에 우리의 행위들 중에서 우리를 의롭게 할 수 있는 가능성이 가장 클 것이라고 생각되는 행위들을 나타내는 표현인 "율법의 행위"라는 어구를 사용하였다는 것이다. 왜냐하면, 하나님의 약속이 없이는 우리의 행위들은 하나님 앞에서 그 어떤 가치도 지니지 못하는데, 율법은 하나님의 약속을 받은 것이기 때문이다. 그러므로 우리는 바울이 왜 "율법의 행위"라고 표현했는지 그 이유를 알 수 있는데, 그것은 우리의 행위에 상을 약속하고 있는 것이 바로 "율법"이기 때문이다. 행위는 그 자체로 어떤 가치를 지니고 있는 것이 아니라 하나님의 언약에 의해서 공로로 인정되는 것일 뿐이라는 것은 율법 학자들도 알고 있었던 것으로서 하나의 널리 인정된 사실로 여겼다. 그들은 행위들은 언제나 악으로 더럽혀져 있어서 전혀 공로가 될 수 없다는 것을 알지 못했다는 점에서 오해한 부분이 있긴 하지만, 행위에 대한 상은 전적으로 율법의 약속에 의한 것이라는 이 원칙은 여전히 사실이다. 그러므로 바울이 여기에서 행위 일반이 아니라, 그가 다루고 있던 주제인 율법을 지키는 것을 특별히 구체적으로 언급하여 논증한 것은 올바르고 지혜

로운 것이었다.

　학자들이 여기에서 "율법의 행위"는 오직 율법의 의식들만을 가리킨다는 자신의 견해를 옹호하기 위해 제시하는 근거들은 대체로 취약해서 기대에 미치지 못한다. 그들은 바울이 오직 율법의 의식들만을 염두에 두고 있었기 때문에 할례를 예로 든 것이라고 생각한다. 하지만 우리는 바울이 왜 할례를 언급했는지 그 이유를 이미 앞에서 설명한 바 있다. 즉, 외식하는 자들만큼 자신의 행위에 대한 자부심으로 그 마음이 부풀어올라 있는 자들은 없는데, 오직 겉으로 보여지는 것들만을 자랑하는 그들이 보기에는 할례는 율법의 의로 들어가는 일종의 입구였기 때문에, 그들에게 할례는 최고로 존귀하고 가치있는 행위이자 온갖 행위로 말미암는 의의 토대로 보였다는 것이다. 또한, 그들은 바울이 갈라디아서에서 여기에서와 동일한 주제를 다루면서 오직 율법의 의식들만을 언급하고 있다는 사실을 근거로 제시하기도 한다. 그러나 이 논거도 그들이 옹호하고자 하는 견해를 밑받침해 주기에는 역부족이다. 바울이, 사람들로 하여금 율법의 의식들에 대한 거짓된 자부심을 지니도록 부추긴 자들과 논쟁을 벌였다는 것은 분명하다. 하지만 그런 자부심을 제거하기 위해서 그는 단지 율법의 의식들만을 국한해서 다루거나 그 의식들이 어떤 가치를 지니고 있는지에 대해서만 말하고 있는 것이 아니라, 율법에서 가져온 인용문들이 분명하게 보여주듯이, 율법 전체를 포함시켜서 말하고 있다. 제자들이 예루살렘에서 벌였던 논쟁도 바로 그런 성격의 것이었다.

　따라서 바울이 여기에서 율법 전체에 대하여 말하고 있다는 우리의 주장은 충분한 근거가 있다. 왜냐하면, 이런 주장은 바울이 지금까지 전개해 왔고 계속해서 전개해 나가고 있는 일련의 추론 과정에 비추어 볼 때에 충분한 밑받침을 받고 있고, 우리로 하여금 다른 식으로는 생각할 수 없게 만드는 다른 많은 구절들이 있기 때문이다. 그러므로 우리가 가장 중요한 것으로서 기억해 두어야 할 진리는 율법을 지키는 것을 통해서는 아무도 의에 도달할 수 없다는 것이다. 바울은 모든 사람이 하나 같이 죄를 범하고 불의를 행하여 율법의 정죄 아래 있다는 것을 앞에서 이미 상세히 밝혔고, 조금 있다가 또다시 반복해서 말하게 될 것이다. 앞으로 논의를 진행해 나가면서 좀 더 자세하게 살펴보겠지만, 행위로 말미암아 의롭다 하심을 얻는다는 것과 죄를 범한다는 것, 이 두 가지는 결코 서로 양립할 수 없다.

　"육체"라는 단어는 특별한 경우 외에는 일반적으로 "사람들"을 의미한다. 하지만 이 단어는 그냥 "사람들"이라고 말하는 것보다 더 모든 사람이 공통적으로 지니고 있는 것을 내세워서 한 사람도 예외가 없다는 보편성을 강조하고 있다. 이것은 갈리우스(Gallius)의 글에서 볼 수 있듯이, "모든 사람들"(omnes homines)이라고 말하는 것보다 "모든 죽을 인생들"(omnes mortales)이라고 말하는 것이 더 풍부한 의미를 담고 있는 것과 마찬가지이다.

율법으로는 죄를 깨달음이니라. 바울은 정반대의 것을 제시해서 원래 제시되었던 명제를 부정하는 논증방식을 취한다. 즉, 율법은 우리가 죄와 정죄 아래 있음을 깨닫게 해주고, 또한 동일한 원천에서 생명과 사망이 나올 수는 없기 때문에, 율법은 우리에게 의를 가져다줄 수 없다는 것이다. 바울은 율법의 정반대의 효과를 근거로 해서 율법이 우리에게 의를 가져다줄 수 없다는 것을 논증하고 있기 때문에, 우리가 율법은 사람에게 죄를 보여주어서 구원의 소망을 끊어놓는다는 것을 율법과 뗄래야 뗄 수 없고 율법에 늘 붙어다니는 불변의 부속명제(accidens)로 받아들일 때에만, 그의 논증은 효력을 발휘하게 된다. 사실 율법 자체는 우리에게 의가 무엇인지를 가르쳐주기 때문에 구원의 길이기는 하지만, 우리의 타락과 부패가 율법이 그 점에 있어서 우리에게 유익이 되는 것을 가로막는다. 두 번째로 여기에 덧붙여서 말하지 않으면 안 될 것은, 죄인으로 발견된 자는 누구든지 의를 박탈당한다는 것이다. 왜냐하면, 궤변론자들이 주장하는 것처럼 절반의 의(dimidia iustitia)라는 개념을 고안해 내서 행위도 부분적으로 의를 만들어 낸다고 주장하는 것은 쓸데없는 짓이고, 사람은 자신의 부패로 인해서 그 어떤 의도 이루어 낼 수 없기 때문이다.

²¹이제는 율법 외에 하나님의 한 의가 나타났으니 율법과 선지자들에게 증거를 받은 것이라 ²²곧 예수 그리스도를 믿음으로 말미암아 모든 믿는 자에게 미치는 하나님의 의니 차별이 없느니라(3:21-22).

21. 이제는 율법 외에 하나님의 한 의가 나타났으니. 바울이 우리가 믿음으로 말미암아 얻는 의를 "하나님의 의"라고 부르는 이유가 우리가 오직 그 의로만 하나님 앞에서 설 수 있기 때문인지, 아니면 하나님이 자신의 긍휼하심 가운데서 그 의를 우리에게 수여하시기 때문인지는 확실하지 않다. 이 두 해석은 어느 것이나 다 적절하기 때문에, 우리는 어느 한 쪽을 주장하지 않을 것이다. 따라서 바울은 하나님이 사람에게 수여하시는 의이자 하나님이 유일하게 의로 인정하시고 받아들이시는 이 의는 "율법 없이"(한글개역개정에는 "율법 외에"), 즉 율법의 도움 없이 나타났다고

말한다. 여기에서 "율법"은 행위를 의미하는 것으로 이해하여야 한다. 왜냐하면, 바울은 곧이어서 율법의 가르침이 믿음으로 말미암아 값없이 주어지는 의를 증거하고 있다고 말하는 까닭에, "율법"이 율법의 가르침을 가리키는 것으로 보는 것은 적절하지 않기 때문이다. 어떤 이들은 여기에 언급된 "율법"이 율법의 의식들을 가리키는 것이라고 주장하지만, 곧 나는 그러한 견해가 핵심을 파악하지 못한 억지 주장임을 보일 것이다. 그러므로 우리는 행위로 말미암은 공로가 배제되고 있다는 것을 알아야 한다. 또한, 우리는 여기에서 바울이 하나님의 긍휼하심(misericordia)에 사람의 행위를 혼합하지 않고, 도리어 사람의 행위를 의지하는 모든 것을 완전히 다 제거해 버리고서 오로지 하나님의 긍휼하심만을 견고히 세우고 있음을 본다.

나는 아우구스티누스가 나와는 다른 해석을 하고 있음을 잘 알고 있다. 왜냐하면, 그는 하나님의 의는 중생의 은혜라고 보고서, 하나님은 아무런 자격도 없는 우리를 성령으로 말미암아 새롭게 하시는 것인 까닭에, 이 은혜는 값없이 거저 주어지는 것이라고 말하기는 하지만, 율법의 행위들, 즉 사람이 중생의 새로워짐 없이 스스로의 힘으로 하나님으로부터 공로로 인정받고자 행하는 행위들만을 의로부터 배제하기 때문이다. 또한, 나는 최근의 일부 사변가들이 이러한 가르침을 마치 이 시대에 그들에게 계시된 것인 양 제시하고 있다는 것도 잘 알고 있다. 그러나 문맥상으로 볼 때, 사도가 예외 없이 모든 행위, 심지어 하나님이 자신의 백성 속에서 만들어 내시는 행위들까지도 다 포함시키고 있다는 것은 분명하다. 왜냐하면, 아브라함이 당시에 자신이 행위로 의롭다 하심을 얻을 수 있다는 것을 부인하고서, 하나님의 성령으로 말미암아 중생하였고 그 인도하심을 받았다는 것은 의심할 여지없는 사실이기 때문이다. 따라서 바울은 사람들이 일반적으로 도덕적으로 선하다고 말하는 행위들이나 본성의 충동에 의해서 행하는 행위들만이 아니라 믿는 자들이 행하는 모든 행위들로도 사람이 의롭다 하심을 얻을 수 없다고 말하고 있는 것이다. 또한, "허물의 사함을 받은 자는 복이 있도다"(시 32:1)라는 것이 믿음으로 말미암는 의에 대한 정의라면, 행위의 종류를 따지는 것은 아무런 의미가 없다. 왜냐하면, 거기에서 행위로 말미암는 공로라는 개념은 완전히 폐기되고, 의를 가져다주는 것은 오직 죄 사함(peccatorum remissio)뿐이기 때문이다.

사람이 그리스도의 은혜로 말미암아 믿음으로 의롭다 하심을 얻는다는 명제, 그리고 그럼에도 불구하고 사람은 영적인 중생으로부터 흘러나오는 행위들로 말미암아 의롭다 하심을 얻는다는 명제는 서로 완전히 부합한다고 주장하는 사람들이 있다. 왜냐하면, 이것은 하나님은 값없이 거저 우리를 새롭게 하시는 것이고, 우리도 하나님의 선물을 믿음으로 받는 것이기 때문이라는 것이다. 그러나 바울은 그런 주장과는 판이하게 다른 원리, 즉 사람들의 양심은 오직 하나님의 긍휼하심만을 의지하기 전에는 결코 평안을 얻을 수 없다는 원리를 제시한다. 그런 까닭에, 그는 다른 구절에서 하나님이 그리스도 안에서 사람들로 하여금 의롭다 하심을 얻게 하신다고 가르친 후에, "그들의 죄를 그들에게 돌리지 아니하시고"(고후 5:19)라고 말함으로써 하나님이 어떤 방식으로 사람들을 의롭다고 하시는지를 보여준다. 마찬가지로, 그는 갈라디아 3:12("율법은 믿음에서 난 것이 아니니 율법을 행하는 자는 그 가운데서 살리라 하였느니라")에서는 사람을 의롭게 하는 효력과 관련해서 율법과 믿음을 대비시켜 말한다. 왜냐하면, 율법은 율법이 명령하는 것을 행하는 자들에게 생명을 약속하고 있지만, 외적인 행위들만이 아니라 하나님에 대한 진실한 사랑도 요구하기 때문이다. 이것으로부터 알 수 있는 것은 믿음으로 말미암는 의(義) 속에는 행위에 의한 공로가 들어설 여지가 전혀 없다는 것이다. 따라서 우리가 성령으로 말미암아 새롭게 되어서 그리스도의 지체가 되기 때문에 그리스도 안에서 의롭다 하심을 얻는 것이고, 우리가 믿음으로 그리스도의 몸에 접붙여져서 하나가 되기 때문에 믿음으로 말미암아 의롭게 되는 것이며, 하나님이 우리 안에서 죄 외에는 아무것도 발견하지 않으시기 때문에 값없이 의롭다 하심을 받는 것이라고 말하는 것이 허튼 궤변이라는 것은 분명하다. 왜냐하면, 우리는 우리 자신을 내려놓는 까닭에 그리스도 안에 있게 되는 것이고, 오직 하나님의 긍휼하심과 값없이 거저 주신 약속들만을 의지하는 까닭에 믿음으로 의롭다 하심을 얻는 것이며, 하나님이 우리의 죄를 묻지 않으시고 묻어두심으로써 우리로 그와 화목하게 하시는 까닭에 값없이 의롭다 하심을 얻게 되는 것이기 때문이다. 또한, 이것은 그들이 생각하는 것과는 달리 칭의의 시작에만 국한될 수 없다. 왜냐하면, 칭의를 정의하고 있는 "허물의 사함을 받은 자는 복이 있도다"(시 32:1)라는 말씀은 다윗이 오랜 세월 동안 하나님을 섬긴 후에 받은 말씀이었기 때문이다. 마찬가지로, 거룩한 삶을 산 희귀한 모범이었던 아브라함도 하나님의 부르심을 받고서 30년을 지냈지만 자신의 행위들을 하나님 앞에서 자랑할 수 없었기 때문에, 하나님께서는 자신의 약속을 믿은 그의 믿음을 근거로 그를 의롭다고 하셨다. 바울은 하나님이 사람들의 죄를 묻지 않으시고 그들을 의롭다고 하신다는 것을 가르칠 때에 교회에서 날마다 반복적으로 봉독되는 한 구절을 인용한다. 게다가, 우리가 우리의 행위들과 관련해서 양심의 가책을 받는 것은 단지 하루 동안이 아니라 일생 동안 지속된다. 이것으로부터 알 수 있는 것은 하나님께서는 그리스도 안에서 우리를 받으셔서 양자로 삼으셨기 때문에, 우리는 죽을 때까지 오직 그리스도만을 바라볼 때에만 하나님으로부터 의롭다 하심을 받을 수 있는 상태를 유지할 수 있다는 것이다. 또한, "오직"이라는 배타적인 단어는 성경의 그 어디에서도 찾아볼 수 없다는 것을 근거로 내세워서, 우리가 "오직" 믿음으로 말미암아 의롭다 하심을 얻는다고 단언하는 것은 잘못이라고 주장하는 자들의 궤변도 이러한 논증을 통해 반박된다. 율법이나 우리 자신을 의지해서는 의롭다 하심을 얻을 수 없다면, 오직 하나님의 긍휼하심을 의지해서만 우리가 의롭다 하심을 얻을 수 있다는 것은 자명한 것이 아니겠는가? 그리고 오직 하나님의 긍휼하심으로부터만 의롭다 하심을 얻을 수 있다면, 그 의는 오로지 믿음으로 말미암는 것이 된다.

"이제는"이라는 불변화사는 오늘날에도 흔히 "그러나"라는 의미로 사용되고 있듯이, 여기에서도 시간과는 아무런 관계 없이 단지 역접(逆接)을 나타내는 것으로 해석될 수 있다. 그러나 여러분이 이 단어를 시간의 부사로 보고자 한다고 해도, 그런 식의 해석을 이 구절을 오직 율법의 의식들만을 폐기하는 것으로 이해하고자 하는 꼼수로 이용하지만 않는다면, 나는 기꺼이 그런 해석을 인정할 것이다. 왜냐하면, 여기에서 사도의 의도는 단지 율법과 은혜를 대비시켜서 우리가 받은 은혜가 조상들이 의지하던 율법을 훨씬 능가함을 보여주는 것이기 때문이다. 그러므로 이 구절이 의미하는 것은 그리스도께서 육체로 오신 후에 복음이 전파됨으로써 믿음의 의가 나타났다는 것이다. 하지만 이것으로부터 우리는 그리스도께서 오시기 전에는 믿음의 의가 감춰져 있었다는 결론을 도출해 내서는 안 된다. 왜냐하면, 이 구절은 믿음의 의가 두 가지로 나타났음을 보여주기 때문이다. 첫 번째는 구약에서 말씀과 성례전들을 통해서 나타났고, 두 번째는 신약에서 율법의 의식들과 약속들에 대한 성취로서 그리스도 안에서 나타났다. 여기에 덧붙일 수 있는 것은 믿음의 의가 복음으로 말미암아 더 분명하게 드러나게 되었다는 것이다.

율법과 선지자들에게 증거를 받은 것이라. 바울은 값없이 거저 의를 수여하는 복음이 율법을 대적하는 것으로 보이지 않도록 하기 위해서 이 구절을 덧붙인다. 따라서 그는 앞에서 믿음의 의가 율법의 도움을 필요로 한다는 것을 부정하였듯이, 이제 여기에서는 믿음의 의가 율법의 증언에 의해서 확증된다고 단언한다. 율법이 값없이 거저 주어지는 의를 증언하고 있다면, 어떻게 해야 행위로 말미암아 의를 얻을 수 있는지를 가르치는 것이 하나님께서 율법을 주신 목적이 아니었다는 것은 분명하다. 그러므로 의를 얻기 위한 수단이나 통로로 율법을 사용하고자 하는 자들은 율법을 왜곡하는 것이다. 이 말이 과연 참된지를 검증해 보고자 한다면, 모세의 주된 가르침들을 차례대로 살펴보라. 우리는 하나님의 나라로부터 쫓겨난 인간에게는 처음부터 복된 씨(semen benedictum)에 관한 저 복음적인 약속들에 담겨 있는 것 외에는 그 어떤 회복의 수단이나 통로가 없었음을 발견하게 된다. 하나님께서는 그 복된 씨인 "여자의 후손"(창 3:15)이 뱀의 머리를 상하게 할 것이라고 미리 말씀해 주셨고, 모든 족속이 그로 인하여 복을 받게 될 것이라는 약속을 주셨다. 우리는 율법의 계명들 속에서는 우리 자신의 죄악을 보게 되고, 희생제사들과 결례들 속에서는 오직 그리스도 안에서만 대속함과 깨끗하게 하심을 얻을 수 있다는 것을 알게 된다. 또한, "선지자들"에게로 눈을 돌리면, 우리는 하나님께서 값없이 거저 주시는 은혜에 관한 아주 분명한 약속들을 발견하게 된다. 이 주제에 대해서는 내가 쓴 「기독교 강요」를 보라.

22. 곧 예수 그리스도를 믿음으로 말미암아 … 하나님의 의니. 바울은 이 칭의 (iustificatio)가 어떤 것인지를 몇 마디로 간략하게 보여준다. 즉, 의는 "그리스도" 안에서 발견되고 "믿음으로" 붙잡는 것이라는 것이다. 아울러, 바울은 하나님의 이름을 다시 언급함으로써, 하나님은 의롭다고 인정해 주시는 분이실 뿐만 아니라 의의 원천이 되시는 분이심을 보여준다. 이것은 의는 오직 하나님으로부터 흘러나오고, 의의 기원은 하늘에 있지만, 그리스도 안에서 우리에게 나타났다고 말한 것과 같다.

그러므로 이 주제를 논의할 때에 우리는 다음과 같은 순서를 따라야 한다. 첫째, 우리의 칭의에 관한 문제는 사람들의 판단이 아니라 하나님의 판단에 맡겨야 하고, 율법의 약속들과 경고들로부터 분명하게 알 수 있듯이, 하나님 앞에서는 율법에 대한 온전하고 절대적인 순종 외에는 그 어떤 것도 의롭다고 할 수 없다. 따라서 그러한 온전한 거룩함에 도달한 사람이 단 한 사람도 없다면, 모든 사람에게 의가 결여되어 있다는 결론이 나온다. 둘째, 그리스도께서 우리를 도우시러 반드시 오셔야 했다는 것이다. 왜냐하면, 오직 그리스도만이 유일하게 의로우신 까닭에 자신의 의를 우리에게 전가하심으로써 우리를 의롭게 하실 수 있기 때문이다. 이제 우리는 믿음의 의가 어떻게 해서 그리스도의 의인지를 알게 되었다. 그러므로 우리가 의롭다 하심을 얻을 때, 의의 원천은 하나님의 긍휼하심(misericordia)이고, 의의 내용물은 그리스도이시며, 의의 도구는 믿음으로 받은 말씀(verbum cum fide)이다. 믿음이 사람으로 하여금 의롭다 하심을 얻게 한다고 말하는 것은 의는 그리스도 안에서 우리에게 전달되는데 우리가 그리스도를 받는 도구가 바로 믿음이기 때문이다. 우리가 그리스도에 참여하는 자들이 될 때, 우리 자신만이 의로워지는 것이 아니라, 우리의 행위들도 하나님이 보시기에 의로운 것으로 여겨진다. 왜냐하면, 우리의 행위들 속에 있는 그 어떤 불완전한 것들도 다 그리스도의 피로 말미암아 제거되기 때문이다. 또한, 하나님의 조건부 약속들도 바로 그 동일한 은혜로 말미암아 우리에게 성취된다. 왜냐하면, 우리의 결격사유들은 값없이 거저 주어지는 죄 사하심으로 말미암아 제거되는 까닭에, 하나님은 우리의 행위들을 온전한 것으로 여기시고 상을 주시기 때문이다.

모든 믿는 자에게 미치는. 바울은 강조를 위해서 동일한 내용을 서로 다른 형태로 반복해서 표현한다(라틴어 본문은 "모든 믿는 자에게 미치고 모든 믿는 자에게 있는"으로 되어 있음 — 역주). 즉, 이것은 바울이 우리가 이미 앞에서 들었던 것들, 즉 오직 믿음만이 요구된다는 것, 믿는 자들은 외적인 표지(標識)들에 의해서 구분되는 것이 아니라는 것, 따라서 이방인이냐 유대인이냐 하는 것은 아무런 문제도 되지 않는다는 것을 더 분명하게 표현하고자 한 것이다.

차별이 없느니라. 바울은 단 한 사람의 예외도 없이 모든 사람이 그리스도 안에서 의를 구하여야 한다고 역설한다. 그는 이렇게 말한 것과 같다: "의를 얻는 다른 길은 없다. 왜냐하면, 모든 사람이 죄인이어서 하나님 앞에서 자랑할 것을 가지고 있는 사람은 아무도 없는 까닭에, 어떤 사람은 이런 방식으로, 어떤 사람은 저런 방식으로 의롭게 될 수 없고, 모든 사람이 다 똑같이 믿음으로 의롭다 하심을 얻어야 하기 때문이다."

[23]모든 사람이 죄를 범하였으매 하나님의 영광에 이르지 못하더니 [24]그리스도 예수 안에 있는 속량으로 말미암아 하나님의 은혜로 값 없이 의롭다 하심을 얻은 자 되었느니라 [25]이 예수를 하나님이 그의 피로써 믿음으로 말미암는 화목제물로 세우셨으니 이는 하나님께서 길이 참으시는 중에 전에 지은 죄를 간과하심으로 자기의 의로우심을 나타내려 하심이니 [26]곧 이 때에 자기의 의로우심을 나타내사 자기도 의로우시며 또한 예수 믿는 자를 의롭다 하려 하심이라(3:23-26).

23. 모든 사람이 죄를 범하였으매 하나님의 영광에 이르지 못하더니. 바울은 모든 사람이 자신의 죄를 알기 때문에 하나님의 법정 앞에 섰을 때에 수치심으로 인해서 곤혹스러워하며 어쩔 줄을 모르게 된다는 것을 당연한 사실로 전제한다. 따라서 우리가 아담의 경우에서 그 예를 볼 수 있듯이, 그 어떤 죄인도 하나님이 자기를 보시는 것을 감당할 수 없다. 바울은 여기에서 또다시 정반대의 것을 들고나와서 근거로 제시한다. 따라서 우리는 이하에 나오는 내용들을 눈여겨보아야 한다. 바울은 우리가 모두 죄인이기 때문에 의롭다는 칭찬을 절대로 받을 수 없다고 결론을 내린다. 그가 가르치는 바에 의하면, 온전하고 절대적인 의 외에는 그 어떤 의도 없다는 것이다. 만일 절반의 의(義) 같은 것이 존재한다면, 어떤 사람이 죄인이라고 해서 그 사람에게서 모든 영광을 철저히 박탈해 버리는 것은 합당하지 않을 것이다. 이것을 통해서 이른바 부분적인 의라는 허구는 충분히 반박된다. 왜냐하면, 만일 우리가 행위로 말미암아 부분적으로 의롭게 되고 하나님의 은혜로 말미암아 또 다시 부분적으로 의롭게 되는 것이라면, 모든 사람이 죄인인 까닭에 하나님의 영광에 이르지 못하고 있다는 바울의 논증은 유효하지 못할 것이기 때문이다. 그러므로 확실한 것은 그리스도께서 죄로 인한 저주(maledictio)를 제거하실 때까지는 죄가 있는 곳에는 의가 없다는 것이다. 바로 이것이 갈라디아서 23:10("무릇 율법 행위에 속한 자들은 저주 아래에 있나니 기록된 바 누구든지 율법 책에 기록된 대로 모든 일을 항상 행하지 아니하는 자는 저주 아래에 있는 자라 하였음이라")에서 바울이 말하고 있는 것이다. 거기에서 그는 율법 아래 있는 자들은 모두 다 저주 아래 있는 자이고, 오직 그리스도의 은혜(beneficium)를 힘입어야만 그 저주로부터 건짐을 받을 수 있다고 말한다. 요한복음 12:43에 나오는 "그들은 사람의 영광을 하나님의 영광보다 더 사랑하였더라"는 말씀에서처럼, 여기에서도 "하나님의 영광"은 하나님 앞에 자리하는 영광을 의미한다. 따라서 바울은 인간 극장(humani theatrum)에서 받는 찬사를 뒤로 하고 하늘의 법정으로 나아오라고 우리를 호출하고 있는 것이다.

24. 하나님의 은혜로 값없이 의롭다 하심을 얻은 자 되었느니라. 동사 대신에 분사를 사용하는 헬라어 용법에 따라 여기에서는 '디카이우메노이'(δικαιούμενοι, "의롭다 하심을 얻은 자 되었느니라")라는 분사가 사용되고 있다. 따라서 이 구절의 의미는, 사람은 오직 하나님의 의로우신 심판에 부쳐져 죽을 수밖에 없는 존재이기 때문에 사람이 거기에서 벗어나기 위해서는 하나님의 긍휼하심(misericordia)으로 말미암아 값없이 의롭다 하심을 얻는 것 외에는 다른 길이 없다는 것이다. 왜냐하면,

그리스도께서는 인간의 이러한 곤경을 도우시러 오셔서 믿는 자들에게 자기 자신을 주심으로써, 그들로 하여금 오직 그 안에서 그들에게 결여된 모든 것을 발견하게 하시기 때문이다. 성경 전체를 통틀어서 그리스도의 의의 능력(vis)을 이 구절보다 더 선명하게 보여주는 구절은 아마도 없을 것이다. 왜냐하면, 이 구절은 하나님의 긍휼하심이 효력을 발생시키는 원인(efficiens causa)이고, 그리스도와 그의 피가 내용물(materiae causa)이며, 말씀에 의해 생겨난 믿음이 그 내용물을 받는 그릇(formalis causa)이고, 하나님의 의로우심과 선하심의 영광이 최종 목적(finalis causa)임을 보여주기 때문이다.

효력을 발생시키는 원인과 관련해서 바울은 우리는 "값없이," 그리고 또한 "하나님의 은혜로" 의롭다 하심을 얻는다고 말한다. 그가 이렇게 똑같은 내용을 표현을 달리해서 두 번 반복하고 있는 것은 모든 것이 전적으로 하나님으로부터 나오는 것이고 우리 자신에게서 나오는 것은 아무것도 없음을 보여주기 위한 것이다. 은혜(gratia)를 공로(meritum)와 대비시켜 얘기하는 것만으로도 충분했을 것이지만, 혹시라도 우리가 절반의 은혜 같은 것을 생각하지 못하도록 하기 위해서, 바울은 자신이 말하고자 하는 것을 반복을 통해 더 강조해서 단언하면서, 우리가 의롭게 되는 것과 관련된 모든 것은 오직 하나님의 긍휼하심으로 말미암는 것임을 보여준다. 반면에, 궤변론자들은 그들 자신의 철저한 결핍(inopia)을 인정하기 싫어서 우리가 의롭게 되는 것의 원인을 쪼개서 일부는 우리의 행위로, 일부는 하나님의 은혜로 돌린다.

그리스도 예수 안에 있는 속량으로 말미암아. 이것은 우리에게 주어지는 의의 내용물이다. 즉, 그리스도께서는 자신의 순종하심을 통해서 아버지 하나님의 심판을 만족시키셨고, 우리가 받아야 할 것을 대신 짊어지심으로써 우리를 포로로 잡고 있던 사망의 폭압(tyrannis)으로부터 자유롭게 하셨다는 것이다. 왜냐하면, 그리스도께서 드리신 제사로 말미암아 우리의 죄책(reatus)이 제거되었기 때문이다. 여기에서 우리의 의를 전적으로든 부분적으로든 우리 자신의 본성에 기인하는 것으로 돌리고자 하는 자들의 술수는 여지없이 반박된다. 왜냐하면, 우리가 그리스도라는 속전을 치르고서 속량함을 받아 하나님 앞에서 의롭다 하심을 얻는 것이라면, 우리에게 없던 것을 어떤 다른 원천으로부터 빌려온 것임이 분명하기 때문이다. 곧이어서 바울은 이 "속량"의 효력 또는 목적이 무엇인지를 좀 더 분명하게 설명하는데, 그것은 우리를 하나님과 화목하게 하는 것이라는 것이다. 왜냐하면, 그는 그리스도를

"화목제물" 또는 (그가 옛적의 예표를 염두에 두고 있었다고 한다면) "속죄소"라 부르기 때문이다. 바울이 여기에서 말하고자 하는 것은, 우리는 오직 그리스도께서 자신을 화목제물로 드려서 우리를 아버지 하나님과 화목하게 하신 일로 말미암아서만 의롭다 하심을 얻게 된다는 것이다. 따라서 우리는 바울의 설명을 좀 더 자세하게 살펴볼 필요가 있다.

25. 이 예수를 하나님이 그의 피로써 믿음으로 말미암는 화목제물로 세우셨으니. "세우셨으니"로 번역된 헬라어 동사 '프로티테마이'($\pi\rho o\tau i\theta \epsilon \mu \alpha \iota$)는 "미리 정하다"를 의미하기도 하고 "나타내다"를 의미하기도 한다. 전자의 의미로 본다면, 바울은 그리스도를 우리의 중보자로 세우셔서 그의 죽음의 제사를 통해서 아버지의 진노하심을 풀어주게 하신 하나님의 값없이 거저 주시는 긍휼하심을 말하고자 한 것이 된다. 왜냐하면, 하나님께서 자발적으로 스스로 나서서 우리의 저주를 제거할 길을 찾으셨다고 말한 것은 하나님의 이루 말할 수 없이 지극한 은혜를 찬양한 것이 되기 때문이다. 그러한 견해를 따르게 되면, 이 구절은 요한복음 3:16에 나오는 "하나님이 세상을 이처럼 사랑하사 독생자를 주셨으니"라는 말씀과 잘 부합하는 것으로 보인다. 그렇지만 우리가 그러한 의미로 해석한다고 해도, 하나님께서 미리 중보자로 세우신 그리스도를 때가 되어 나타내셨다는 것도 여전히 사실이다.

앞에서 말했듯이, "화목제물"로 번역된 '힐라스테리온'($\iota\lambda\alpha\sigma\tau\eta\rho\iota o\nu$)이라는 단어는 옛적의 속죄소에 대한 암시가 내포되어 있는 것으로 보인다. 왜냐하면, 바울은 유대인들에게 전에 예표로 주어졌던 바로 그것이 그리스도 안에서 실제로 나타났다고 가르치기 때문이다. 하지만 "화목제물"로 보는 견해가 옳지 않다는 것이 증명된 것도 아니어서 이 견해를 취하는 것도 괜찮다고 보기 때문에, 나는 어느 쪽이냐를 결정하지 않고 이 문제를 그대로 놓아두고자 한다. 바울이 여기에서 구체적으로 말하고자 하는 바가 무엇인지는 그의 말에 분명히 나타나 있는데, 그것은 하나님께서는 그리스도를 배제하는 경우에는 우리에 대하여 늘 진노하실 수밖에 없기 때문에, 우리는 그리스도의 의를 덧입어 하나님께 받아들여질 때에만 하나님과 화목될 수 있다는 것이다. 왜냐하면, 사실 하나님은 자신이 친히 지으신 우리 인간이라는 존재를 미워하시는 것이 아니라, 그의 형상의 빛을 소멸시켜 버린 우리의 더러워진 모습을 미워하시는 것이기 때문이다. 따라서 우리가 그리스도로 말미암아 씻음을 받아 그러한 더러움이 우리에게서 제거될 때, 하나님께서는 자신이 친히 지으신 순전한 모습 그대로의 우리를 사랑하시고 받아들이신다.

나는 바울이 사용한 표현을 그대로 유지해서, "그의 피로써 믿음으로 말미암는 화목제물"이라고 문자적으로 번역하는 것이 더 낫다고 본다. 왜냐하면, 우리가 그리스도의 피를 의지하는 순간 하나님이 우리와 화목하신다는 것을 단 한 문장으로 선언하고자 한 것이 바울의 의도인 것으로 보이고, 우리는 믿음으로 말미암아 그러한 은택(beneficium)을 입게 되기 때문이다. 그러나 그가 오직 "피"만을 언급한 것은 "속량"과 관련된 다른 것들을 배제하기 위한 것이 아니라, 도리어 우리가 그리스도의 "피"로 씻음을 받는 까닭에 이 한 단어 속에 모든 것을 포함시키기 위한 것이었다. 이렇게 그는 부분으로 전체를 표현하는 제유법(提喩法)을 사용해서 속죄 사역 전체를 나타내고 있다. 왜냐하면, 앞에서 하나님이 그리스도 안에서 우리와 화목하신다는 것을 이미 말한 바울은 이제 여기에서는 그러한 화목이 믿음으로 말미암아 이루어지고, 그 믿음은 일차적으로 그리스도를 믿는 믿음이어야 한다는 것을 덧붙이고자 한 것이기 때문이다.

이는 하나님께서 길이 참으시는 중에 전에 지은 죄를 간과하심으로 자기의 의로 우심을 나타내려 하심이니. "전에 지은 죄를 간과하심으로"라는 어구는 원인을 나타내는 전치사 '디아'(διά)가 사용되고 있기는 하지만, 바울은 "전에 지은 죄를 사해 주시기 위하여" 또는 "전에 지은 죄를 지우실 목적으로"라고 말한 것이다. 이러한 정의 내지 설명은 내가 이미 앞에서 자주 말했던 것, 즉 사람은 스스로의 힘이 아니라 전가(imputatio)에 의해서 의롭다 하심을 얻는다는 것을 다시 한 번 확증해준다. 이것은 바울이 우리가 의롭다 하심을 얻는 것과 관련해서 거기에는 우리의 공로가 전혀 존재하지 않는다는 것을 더욱더 분명하게 표현하기 위해서, 여러 가지 표현들을 바꿔가며 사용하고 있는 것일 뿐이다. 왜냐하면, 우리가 죄 사함으로 말미암아 이러한 의를 얻는 것이라면, 우리는 그 의가 우리 자신으로부터 나오지 않는다는 결론을 내릴 수밖에 없고, 게다가 죄 사함 자체가 오로지 하나님의 관용하심(liberalitas)에 의한 것이라면, 그 어떤 공로도 결코 거기에 개입될 수 없기 때문이다.

여기에서 왜 바울은 죄 사함을 "전에 지은 죄들"에만 한정시키고 있는 것인가라는 의문이 제기될 수 있다. 이 구절은 여러 가지로 설명되고 있긴 하지만, 나는 바울이, 장래의 대속을 증거하는 것들이기는 했지만 결코 하나님의 마음을 풀어드릴 수는 없었던 율법의 화목제사들을 염두에 두고 있었을 가능성이 높다고 생각한다. 히브리서 9:15("이로 말미암아 그는 새 언약의 중보자시니 이는 첫 언약 때에 범한 죄에서 속량하려고 죽으사 부르심을 입은 자로 하여금 영원한 기업의 약속을 얻게 하려 하심이라")에도 비슷한 말씀이 나오는데, 거기에서는 "첫 언약 때에 범한 죄들"에 대한 "속량"이 그리스도로 말미암아 이루어졌다고 말한다. 하지만 우리는 그리스도의 죽으심으로 말미암아 오직 "전에 지은 죄들"만이 속해졌다고 이해해서는 안 된다. 그런 이해는 일부 광신자들이 이 구절에 대한 왜곡된 해석을 통해 도출해낸 망상(delirium)일 뿐이다. 왜냐하면, 바울은 단지 그리스도께서 죽으실 때까지는 하나님의 마음을 풀어드릴 그 어떤 길도 없었고, 참된 것(veritas)은 때가 차서야 오게 되어 있었던 까닭에, 그런 일은 율법 아래에서의 예표들과 모형들을 통해서는 이루어질 수 없었다는 것만을 가르치고 있기 때문이다. 한 가지 덧붙여둘 말은 우리에게 날마다 더해지는 죄책들에 대해서도 우리는 동일한 시각에서 바라보아야 한다는 것이다. 왜냐하면, 모든 죄를 위한 참된 화목제물은 오직 하나밖에 존재하지 않기 때문이다.

앞뒤가 안 맞는 것 같은 이러한 난점을 해결하기 위해서 어떤 이들은 바울이 "전에 지은 죄"가 사함을 받았다고 말한 것은 장래에 짓게 될 죄에 대하여 면죄부를 주는 것처럼 보이지 않게 하기 위한 것이었다고 주장해 왔다. 물론, 실제로 죄를 범해야 사함도 주어질 수 있다는 것은 사실이지만, 그것은 노바투스(Novatus)와 그 분파의 망상처럼 우리가 이후에 실족하여 죄를 범하면 거기에는 속죄의 효력이 적용되지 않기 때문이 아니라, 죄를 범하고자 하는 죄인 앞에는 하나님의 심판과 진노를 두고 죄인 앞에는 하나님의 긍휼하심을 두는 것이 복음의 경륜(dispensatio)이기 때문이다. 따라서 우리가 앞에서 제시한 설명은 여전히 유효하다.

바울은 이 죄 사함이 하나님의 "길이 참으심"으로 말미암은 것이었다는 말을 덧붙이는데, 이것은 하나님이 자신의 심판을 불같이 당장 집행하셔서 우리를 멸망시켜 버리신 것이 아니라 마침내 때가 되어 우리를 자신의 은혜 속으로 받아들이실 때까지 그 심판을 미루신 온유하심(mansuetudo)을 말하고자 한 것이다. 그러나 여기에는 하나님의 그러한 은혜가 왜 그토록 늦게 나타난 것이냐는 반론을 예상하고서 미리 차단하기 위한 의도도 있는 것으로 보인다. 즉, 바울은 그것은 하나님의 "오래 참으심"을 보여주는 증거였다고 가르친다.

26. 곧 이 때에 자기의 의로우심을 나타내사 자기도 의로우시며 또한 예수 믿는 자를 의롭다 하려 하심이라. 이 구절을 다시 한 번 반복하고 있는 것은 강조를 위한 것으로서, 이러한 강조는 꼭 필요한 것이었기 때문에, 바울에 의해 의도된 것이었

다. 왜냐하면, 어느 하나도 자신의 것이라고 주장해서는 안 되고, 모든 것을 다 하나님의 공로로 돌려야 한다는 것을 사람들에게 설득하는 것보다 더 어려운 일은 없기 때문이다. 또한, 바울이 하나님께서 새롭게 "자기의 의로우심을 나타내셨다"는 것을 강조한 것은 유대인들로 하여금 그들의 눈을 열어 이 사실을 보게 하기 위한 것이기도 하였다.

바울이 "이 때에"라고 말함으로써 모든 시대에 내내 존재해 왔던 것을 그리스도께서 나타나신 때에 돌리고 있는 것은 충분한 이유가 있었다. 왜냐하면, 하나님께서는 전에는 그림자 같이 희미하게 보여주셨던 것을 자신의 아들 안에서 분명하고 똑똑하게 나타내셨기 때문이다. 따라서 그리스도께서 오신 때는 하나님이 기뻐하시는 때였고 구원의 날이었다. 사실 하나님께서는 모든 시대에 자신의 의로우심에 대한 증거들을 부분적으로 보여주셨다. 하지만 "의로운 해"가 떠올랐을 때에 하나님의 의로우심은 그 어느 때보다도 훨씬 더 밝게 드러났다. 그러므로 우리는 구약과 신약이 서로 대비된다는 것을 유념하여야 한다. 왜냐하면, 하나님의 의는 오직 그리스도께서 오셨을 때에야 비로소 아주 분명하게 나타났기 때문이다.

이것은 바울이 그리스도께서 오셨을 때에 나타났다고 선언하였고, 또 1장에서는 복음을 통해 나타났다고 말했던 바로 그 의에 대한 정의이다. 바울은 이 의가 두 부분으로 이루어져 있다고 말한다. 첫 번째는 하나님은 많은 의로운 자들 중 한 분이 아니라 자기 자신 안에 온전한 의를 지니신 분으로서 의로우시다는 것이다. 즉, 온 인류는 불의함으로 인해 정죄 아래 있는 반면에, 오직 하나님은 홀로 의로우시다는 이름과 존귀를 얻고 계시기 때문에 지극한 찬송을 받으시기에 합당하시다는 것이다. 두 번째는 하나님께서 그 의를 나눠 주시는 것과 관련되어 있다. 왜냐하면, 하나님은 자신의 부요하심을 자기 자신 안에 쌓아 두시는 분이 아니라, 그 부요하심을 사람들에게 부어 주시는 분이시기 때문이다. 따라서 하나님께서 그리스도를 믿는 우리의 믿음으로 말미암아 우리를 의롭다고 하실 때마다 하나님의 의는 우리 속에서 빛을 발하게 된다. 이것이 믿음으로 말미암는 이유는 우리가 믿음으로 그리스도를 받지 않으면 하나님께서 우리를 의롭게 해주시고자 하셔도 그렇게 되지 못하기 때문이다. 이것으로부터 우리는 하늘로부터의 치유책이 주어질 때까지는 사람은 누구나 다 온전히 타락해서 불의한 존재로 살아갈 수밖에 없다는 것을 알게 된다.

[27]그런즉 자랑할 데가 어디냐 있을 수가 없느니라 무슨 법으로냐 행위로냐 아니라

오직 믿음의 법으로니라 ²⁸그러므로 사람이 의롭다 하심을 얻는 것은 율법의 행위에 있지 않고 믿음으로 되는 줄 우리가 인정하노라(3:27-28).

27. 그런즉 자랑할 데가 어디냐 있을 수가 없느니라. 사도는 충분히 강력한 근거들을 통해서 사람들이 자신의 행위를 의지해서 의롭게 되고자 하는 것이 얼마나 허망한 일인지를 분명하게 말하고 나서, 이제 여기에서는 그들의 자랑이 헛되다는 것을 단호하게 못박아 말한다. 이러한 단호한 질책은 꼭 필요한 것이었다. 왜냐하면, 이런 일에 있어서는 단순히 가르치는 것만으로는 충분하지 않고, 우리의 높아진 마음을 낮추기 위해서는 성령의 벽력 같은 단호한 질책이 필요하기 때문이다. 바울은 우리는 우리 자신의 것들 중에서 하나님으로부터 인정이나 칭찬을 받을 수 있는 것은 단 하나라도 내놓을 수 없기 때문에 우리에게 자랑은 있을 수 없다고 단호하게 말한다. 우리가 자랑하는 행위가, 가톨릭에서 사람들이 하나님의 은혜를 힘입어서 선행을 하는 경우에 하나님으로부터 절대적으로 상을 받게 된다고 하는 보상적 공로(meritum de condigno)에 해당하는 선행이든, 아니면 일반적인 자연법을 따라 상대적으로 선한 것으로 인정되어 상을 받게 되는 재량공로(meritum de congruo)에 해당하는 선행이든, 우리는 여기에서 이 두 종류의 공로가 다 폐기되고 있는 것을 본다. 왜냐하면, 바울은 여기에서 사람들의 행위가 지닌 공로의 크고 작음을 다루는 것이 아니라, 공로라는 개념 자체가 아예 발붙일 수 없게 만들고 있기 때문이다. 또한, 믿음은 행위에 대한 자랑을 완전히 배제하기 때문에, 모든 공로를 하나님의 긍휼하심에 돌리고 사람들에게서는 자랑이나 칭찬을 완전히 박탈하는 것이 아닌 것은 참된 믿음이라고 할 수 없다면, 행위는 우리가 의를 얻는 데에 아무런 도움도 될 수 없다는 결론이 나온다.

무슨 법으로냐 행위로냐 아니라 오직 믿음의 법으로니라. 사도가 여기에서 율법으로 말미암는 우리의 공로를 부인하고 배제할 수 있는 것은 이미 앞에서 우리가 율법으로 말미암아서는 오직 정죄를 받을 뿐임을 증명하였기 때문이다. 율법은 우리를 사망에 내어줄 뿐인데, 우리가 율법으로부터 무엇을 자랑할 수 있겠는가? 도리어, 율법은 우리에게서 모든 자랑을 박탈하고 우리에게 오직 수치와 부끄러움만을 가져다줄 뿐이다. 앞에서 바울은 우리가 모두 율법이 말하고 있는 것들을 지키기는커녕 도리어 거기에서 벗어난 삶을 살고 있기 때문에 율법으로 말미암아 우리의 죄가 그대로 다 드러나게 된다는 것을 보여준 후에, 이제 여기에서는 만일 의가 행위의 법으로 말미암는 것이라면 우리에게 뭔가 자랑할 것이 있을 것이지만, 의는 오직 믿음으로만 말미암고, 믿음은 전적으로 하나님으로부터 오는 것인 까닭에, 우리가 철저히 낮아진 상태에서 우리 자신의 온전한 무능력(inopia)을 고백하는 것 외에 다른 것이 아니기 때문에, 의를 얻는 데에 우리가 뭔가를 기여했다고 자랑할 여지는 결코 있을 수 없다고 말하고 있는 것이다.

우리는 믿음과 행위의 이러한 대비를 철저히 유념하여야 한다. 즉, 바울은 여기에서 "행위"를 말할 때에 그 어떤 제한도 두지 않고 있기 때문에, 모든 행위가 예외 없이 다 거기에 포함된다. 따라서 바울이 말하는 "행위"는 율법의 의식들만을 가리키는 것이거나 모든 외적인 행위들만을 가리키는 것이 아니라, 행위로 말미암은 공로로 생각될 수 있는 모든 것을 포함한다.

여기에서 "믿음"에 "법"이라는 명칭을 붙인 것은 적절한 것이 아니지만, 그런 표현으로 인해서 사도가 말하고자 하는 것이 모호해지는 것은 결코 아니다. 왜냐하면, 그가 말하고자 하는 것은 하나님이 우리에게 믿음이라는 잣대를 들이대시면 우리의 행위에 대한 자랑은 여지없이 무너져내리게 된다는 것이기 때문이다. 따라서 바울은 이렇게 말한 것과 같다: "행위로 말미암는 의가 율법에서 장려된다고 한다면, 믿음의 법은 행위로 말미암는 의를 철저히 부정한다."

28. 그러므로 사람이 의롭다 하심을 얻는 것은 율법의 행위에 있지 않고 믿음으로 되는 줄 우리가 인정하노라. 바울은 이제 논란의 여지가 없게 된 주된 명제를 제시하고 설명을 덧붙인다. 왜냐하면, 행위가 명시적으로 배제될 때에야 이신칭의 (fidei iustificatio), 즉 믿음으로 말미암아 의롭다 하심을 얻는다는 것이 분명해지기 때문이다. 그래서 오늘날 우리의 대적들은 다른 어떤 일보다도 믿음에 행위로 말미암는 공로를 혼합하는 일에 온 힘을 쏟는다. 그들도 사람이 믿음으로 말미암아 의롭다 하심을 얻는다는 것을 인정하지만, 오직 믿음으로만 의롭게 된다는 것은 인정하지 않는다. 그들은 사랑(caritas)도 믿음이라고 주장하면서, 사랑에 사람을 의롭게 만드는 힘을 부여한다. 그러나 이 구절에서 바울은 "사람이 의롭다 하심을 얻는 것"은 값없이 거저 주어지는 것이라고 말함으로써, 이러한 의를 행위로 말미암는 공로와 결부시키는 것은 아예 불가능하다는 것을 아주 분명히 한다. 바울이 왜 "율법의 행위"라고 표현하고 있는지에 대해서는 내가 이미 앞에서 설명한 바 있고, "율법의 행위"를 율법의 의식들로 국한시키는 것이 얼마나 터무니없는 것인지도 증명하였다. 또한, "율법의 행위"를 그리스도의 영 없이 문자적으로 행해지는 외적인 행위들

을 가리키는 것으로 이해하는 것도 잘못이다. 반대로, 바울이 "율법의 행위"라고 말한 것은 "공로가 되는 행위"라고 말한 것과 같다. 왜냐하면, 그는 "율법"이라는 단어를 통해서 율법에 약속된 상을 말하고자 한 것이기 때문이다.

야고보가 사람이 단지 믿음으로만 의롭다 하심을 받는 것이 아니라 "행함으로 의롭다 하심을 받는다"(약 2:24)고 말한 것은 내가 위에서 말한 것과 결코 배치되지 않는다. 야고보의 논증의 목적과 이유가 무엇인지를 살펴보면, 그의 견해와 내가 앞에서 말한 견해가 결코 다르지 않다는 것이 드러난다. 왜냐하면, 야고보가 다루고 있는 문제는 사람이 어떻게 하나님 앞에서 의를 얻느냐 하는 것이 아니라, 어떤 사람이 믿음으로 의롭다 하심을 얻었다는 것이 어떤 식으로 증명될 수 있느냐 하는 것이었고, 그의 목적은 실제로는 믿음도 없으면서 자기에게 믿음이 있다고 헛되게 자랑하는 외식하는 자들을 반박하는 것이었기 때문이다. 그러므로 야고보가 "의롭다 하심을 받다"라는 단어를 바울과는 다른 의미로 사용하고 있다는 것을 인정하지 않는 것은 대단히 잘못된 것이다. 왜냐하면, 두 사람은 서로 다른 주제를 다루고 있는 것일 뿐이기 때문이다. 또한, "믿음"이라는 단어도 여러 가지 의미를 지닐 수 있다는 것은 의심의 여지가 없다. 따라서 이 문제와 관련해서 정확한 판단을 하기 위해서는 이 두 가지가 다 고려되지 않으면 안 된다. 야고보서의 맥락을 잘 살펴보면, 우리는 야고보가 사람은 거짓 믿음 또는 죽은 믿음으로는 의롭게 될 수도 없고 자신이 의롭다 하심을 받았다는 것을 증명할 수도 없다는 것, 그리고 행위들을 통해서 자신이 믿음으로 말미암아 얻은 의를 증명하여야 한다는 것을 말하고자 한 것뿐임을 알 수 있다. 이 문제와 관련해서는 나의 「기독교 강요」를 보라.

²⁹하나님은 다만 유대인의 하나님이시냐 또한 이방인의 하나님은 아니시냐 진실로 이방인의 하나님도 되시느니라 ³⁰할례자도 믿음으로 말미암아 또한 무할례자도 믿음으로 말미암아 의롭다 하실 하나님은 한 분이시니라(3:29-30).

29. 하나님은 다만 유대인의 하나님이시냐 또한 이방인의 하나님은 아니시냐 진실로 이방인의 하나님도 되시느니라. 바울이 두 번째로 제시하는 명제는 이 의는 유대인에게만이 아니라 이방인에게도 적용된다는 것이다. 온 세상 사람들로 하여금 값없이 그리스도의 나라로 들어가게 하기 위해서는 이 점을 역설하는 것이 아주 중요하였다. 그러므로 바울은 단지 하나님이 이방인들의 창조주인지 그렇지 않은

지를 묻고 있는 것이 아니라, 하나님께서 이방인들에게도 자신을 구원자로 나타내고자 하신 것인지 그렇지 않은 것인지를 묻고 있는 것이다. 왜냐하면, 하나님이 이방인들에게도 창조주이신 것은 너무나 자명한 사실이기 때문이다. 하나님께서는 온 인류를 평등하게 지으셨고 동일한 상태에 두셨기 때문에, 사람들로부터 온 것이 아니라 하나님으로부터 온 어떤 차이가 사람들 간에 있는 상황에서 하나님이 땅의 모든 족속으로 하여금 자신의 긍휼하심에 참여하는 자들이 되게 하고자 하시는 것이 사실이라면, 구원, 그리고 그 구원에 필요한 의가 모든 사람에게 미치는 것은 당연하다. 그런 까닭에 "하나님"이라는 이름 속에는 성경에서 흔히 "너희는 내 백성이 되겠고 나는 너희들의 하나님이 되리라"(렘 30:22)는 말씀으로 언급되는 상호관계가 암시되어 있다. 왜냐하면, 하나님께서 일정 기간 동안 어떤 민족을 자기 백성으로 특별히 택하셨다고 해서, 모든 사람이 하나님의 형상을 따라 지음을 받아서 저 복된 영원한 삶을 소망하도록 이 세상에서 배워가게 되어 있는 창조 원리가 무효가 되어 버린 것은 아니기 때문이다.

30. 할례자도 믿음으로 말미암아 또한 무할례자도 믿음으로 말미암아 의롭다 하실 하나님은 한 분이시니라. 바울이 할례자들은 "믿음에 의해서"(ἐκ πίστεως, '에크 피스테오스'), 무할례자들은 "믿음으로 말미암아"(διὰ τῆς πίστεως, '디아 테스 피스테오스')라고 말한 것은 하나님 앞에서 의롭다 하심을 얻는 문제와 관련해서 그들 자신과 이방인들 간에는 아무런 차이가 없는데도 불구하고 분명한 차이가 존재한다고 생각하였던 유대인들의 어리석음을 은연중에 보여주기 위해서 단어들을 다르게 사용하여 동일한 내용을 표현하고자 한 것으로 보인다. 왜냐하면, 모든 사람이 다 오직 믿음으로 말미암아 이 은혜에 참여하게 되어 있고, 믿음이라는 것은 유대인에게나 이방인에게나 동일한 것인데도, 이렇게 동일한 것을 어떻게든 차이가 있는 것으로 보고자 하는 것은 어처구니없는 일이기 때문이다. 그러므로 나는 이 구절 속에는 풍자가 내포되어 있다고 생각하게 된다. 즉, 바울은 이렇게 말한 것이나 다름없다: "이방인과 유대인을 꼭 구별해야 하겠다고 생각하는 사람이 있다면, 그런 사람은 유대인은 믿음에 의해서, 이방인은 믿음으로 말미암아 의를 얻는다고 말하라." 어떤 이들은 유대인들은 은혜의 후사들로 태어나서 양자의 권리를 조상들로부터 물려받은 것이기 때문에 "믿음에 의해서"라고 한 반면에, 이방인들은 이 언약이 외부로부터 그들에게 온 것이었기 때문에 "믿음으로 말미암아"라고 한 것이라고 이 표현의 차이를 설명하기도 한다.

³¹그런즉 우리가 믿음으로 말미암아 율법을 파기하느냐 그럴 수 없느니라 도리어 율법을 굳게 세우느니라(3:31).

31. 그런즉 우리가 믿음으로 말미암아 율법을 파기하느냐 그럴 수 없느니라 도리어 율법을 굳게 세우느니라. 율법과 믿음을 대비시키면, 육신(caro)은 즉각적으로 마치 율법과 믿음이 상반되기라도 한다는 듯이 둘은 서로 양립할 수 없을 것이라고 오해한다. 이러한 잘못된 생각은 율법을 오해해서 하나님의 약속들을 무시한 채 오직 행위로 말미암는 의만을 추구하는 자들 가운데서 특히 두드러지게 나타난다. 이런 이유로, 바울만이 아니라 우리 주님조차도 마치 율법을 폐하기 위한 말씀을 전하고 있는 것처럼 오해를 받아서 유대인들로부터 비난을 받으셨다. 그래서 주님은 친히 "내가 율법이나 선지자를 폐하러 온 줄로 생각하지 말라 폐하러 온 것이 아니요 완전하게 하려 함이라"(마 5:17)고 항변하시기까지 하셨다. 그러한 오해는 율법 중에서 의식에 관한 부분만이 아니라 도덕에 관한 부분까지 미친다. 왜냐하면, 그들은 복음이 모세 율법에 속한 의식들을 끝장낸 것으로 보아서 모세의 사역 전체를 부정하는 성향을 지니고 있을 것으로 생각하기 때문이다. 또한, 하나님께서는 율법의 모든 증언을 통해 의와 구원의 길을 미리 보이셨다고 분명하게 말씀하셨는데도, 그들은 복음이 행위로 말미암는 모든 의를 부정하고 제거하고 있는 것으로 보아서, 율법의 증언들도 다 배척할 것임에 틀림없다고 믿는다. 따라서 나는 바울의 이 항변을 율법의 의식들이나 도덕적 교훈이라 불리는 계명들만이 아니라 율법 전체에 관한 것으로 본다.

율법 중에서 도덕적인 부분은 사람들에게 자신의 죄악을 깨우쳐 주어서 그리스도께로 인도하기 위하여 주어진 것이기 때문에 그리스도를 믿는 믿음으로 말미암아 진정으로 확증되고 굳게 세워진다. 왜냐하면, 그리스도 없이는 율법이 성취될 수 없기 때문이다. 율법은 무엇이 옳은 일인지를 아무리 선포한다고 해도, 실제로는 아무것도 성취할 수 없고, 오직 사람들의 육신의 정욕 또는 욕심(cupiditas)만을 더욱 부채질해서 결국 사람들에게 더 큰 정죄를 가져다줄 뿐이다. 하지만 그리스도께로 가면, 우선 그 안에는 율법의 온전한 의가 있어서, 그 의는 전가(imputatio)에 의해서 우리의 의가 되고, 다음으로는 성화(sanctificatio)를 통해서 우리의 마음은 율법을 지켜나갈 수 있도록 준비된다. 물론, 그렇다고 할지라도 우리는 율법을 불완전하게 지키게 되지만, 어쨌든 율법을 지키는 것을 지향해 나가게 된다. 율법 중에서 의식에 속한 부분도 마찬가지이다. 율법의 의식들은 그리스도께서 오실 때에 폐기되는 것 같지만 사실은 확증되고 견고히 세워진다. 왜냐하면, 율법의 의식들은 그 자체로 볼 때에는 실체가 없는 허망한 그림자들일 뿐이지만, 그 실체가 나타났을 때에는 실질적이고 확실한 의미를 지니게 되기 때문이다. 따라서 율법의 의식들은 그리스도 안에서 성취됨으로써 최고조로 확증된다. 그러므로 우리는 율법을 견고히 세우는 방식으로 복음을 전해야 하지만, 복음을 전할 때에는 오직 그리스도를 믿는 믿음만을 의지해야 한다는 것을 명심하여야 한다.

제4장

¹그런즉 육신으로 우리 조상인 아브라함이 무엇을 얻었다 하리요 ²만일 아브라함이 행위로써 의롭다 하심을 받았으면 자랑할 것이 있으려니와 하나님 앞에서는 없느니라 ³성경이 무엇을 말하느냐 아브라함이 하나님을 믿으매 그것이 그에게 의로 여겨진 바 되었느니라(4:1-3).

1. 그런즉 육신으로 우리 조상인 아브라함이 무엇을 얻었다 하리요. 이것은 사례를 통한 확증인데, 주제와 인물 양면에서 모두 바울이 현재 다루고 있는 것과 동일한 사례를 들고 있기 때문에 아주 강력한 논증이 되고 있다. 왜냐하면, 아브라함은 믿는 자들의 조상으로서 우리 모두가 본받아야 할 인물이었고, 사람이 의롭다 하심을 얻을 수 있는 길은 여러 가지가 아니라 누구에게나 오직 하나밖에 없기 때문이다. 다른 경우도 많이 있는데 오직 하나의 사례를 들어서 보편적인 잣대(regula)로 삼는 것은 뭔가 부족해 보일 수도 있지만, 하나님께서는 아브라함이라는 인물을 통해서 온 교회에 공통적으로 해당되는 의를 거울처럼 보여주는 본보기(exemplar)를 제시하신 것이기 때문에, 바울이 아브라함이라는 한 인물에 대하여 기록된 것을 교회 전체에 적용함과 동시에, 아브라함의 자손이라는 것을 최고의 자랑거리로 삼고 있던 유대인들을 견제한 것은 합당하다. 왜냐하면, 유대인들은 하나님께서 이 거룩한 조상에게 돌리신 것보다 더 큰 거룩함을 감히 그들 자신에게 돌릴 수는 없을 것이었기 때문이다. 아브라함이 값없이 거저 의롭다 하심을 얻었다는 것은 자명한 사실이었기 때문에, 사실 율법으로 말미암는 의를 주장한 그들은 부끄러워서 입을 다무는 것이 마땅한 일이었다.

헬라어 원문에는 "육신으로"라는 어구와 "조상"이라는 단어 사이에 동사 '휴레케나이'(εὑρηκέναι, "얻었다")가 삽입되어 있기 때문에 원래의 어순 그대로 옮기면 이렇게 된다: "그런즉 우리 조상인 아브라함이 육신으로 무엇을 얻었다 하리요." 이런 이유로 인해서 어떤 해석자들은 이 구절을 "아브라함이 육신을 따라 무엇을 얻었다고 하겠는가"로 번역해야 한다고 생각한다. 이러한 해석이 옳다면, "육신으로"라는 어구는 "본성적으로" 또는 "자기 자신으로부터"를 의미하게 된다. 그러나 이 어구는 "조상"이라는 단어에 연결되는 것일 가능성이 높다. 왜냐하면, 사람들은 일반적으로 평소에 친숙한 인물을 사례로 들었을 때에 더 많은 영향을 받는 법인 까닭에, 바울은 유대인들이 그토록 자랑하던 그들 민족의 존귀함을 여기에서 다시 한 번 언급하는 것이기 때문이다. 어떤 이들은 바울이 다른 곳에서 유대인들을 아브라함의 영적이거나 합법적인 자손이 아니라 단지 육신적인 자손이라고 부르고 있다는 사실을 근거로 여기에서 "육신으로"라는 어구를 덧붙인 데에는 경멸의 의미가 담겨 있다고 본다. 그러나 나는 이 어구가 오직 유대인들에게만 속한 존귀를 표현하기 위한 것이었다고 생각한다. 왜냐하면, 유대인들에게 믿음이 있기만 하다면, 육신적인 혈통을 따라 자신들이 아브라함의 자손이라는 사실은 그들에게 큰 존귀가 될 것이기 때문이다. 따라서 바울은 유대인들과 아브라함 사이에는 좀 더 긴밀한 유대감이 존재한다는 것을 인정하고 있는 것이다. 하지만 이것은 유대인들에게 그들의 조상의 모범에서 떠나서는 안 된다는 것을 한층 더 깊이 각인시키기 위한 것이었다.

2. 만일 아브라함이 행위로써 의롭다 하심을 받았으면 자랑할 것이 있으려니와 하나님 앞에서는 없느니라. 이 구절의 논증은 생략된 것이 있어서 빠진 부분을 보충해 넣으면 이렇게 될 것이다: "아브라함이 행위로써 의롭다 하심을 받았으면 자신의 공로를 자랑할 수 있겠지만, 그에게는 하나님 앞에서 자랑할 것이 없었다. 그러므로 그는 행위로써 의롭다 하심을 받은 것이 아니었다." 따라서 "하나님 앞에서는 없느니라"는 명제는 삼단논법의 소전제에 해당하기 때문에, 바울이 명시적으로 말하지는 않았지만 내가 앞에서 말한 결론이 거기에 첨가되어야 한다. 여기에서 바울은 우리에게 있는 것들 중에서 하나님의 법정에서 상을 받을 만한 것을 "자랑할 것"이라고 표현한다. 아브라함에게조차도 그 어떤 공로도 허용되지 않는데, 우리 중에서 조금이라도 우리 자신의 공로를 주장할 수 있는 사람이 누가 있겠는가?

3. 성경이 무엇을 말하느냐 아브라함이 하나님을 믿으매 그것이 그에게 의로 여겨진 바 되었느니라. 이 구절에서 바울은 아브라함에게 자랑할 것이 전혀 없었다는 자신의 소전제를 입증하고자 한다. 왜냐하면, 아브라함이 하나님의 선하심을 믿음으로 받아들여서 의롭다 하심을 받은 것이라면, 그가 한 일이라고는 오로지 자신의 참상(miseria)을 고백하고서 하나님의 긍휼하심을 구한 것밖에 없었던 까닭에, 그에게는 자랑할 것이 없었음이 증명되기 때문이다. 여기에서 바울은 믿음의 의는 행위로는 구원 받을 수 없는 죄인의 "도피성"(asylum)이라는 것을 당연한 것으로 전

제한다. 왜냐하면, 만일 율법이나 행위로 말미암는 의가 존재한다면, 실제로 사람들은 그들 자신에게 없는 것을 믿음을 통해서 외부로부터 가져오는 것인 까닭에, 믿음의 의는 전가된 것이라고 하는 것이 옳기 때문이다.

여기에 인용된 구절은 창세기 15:16에서 가져온 것이다. 거기에서 "믿다"라는 단어는 하나님의 어떤 특정한 말씀이나 명령에 대한 것이 아니라, 아브라함이 믿음으로 붙잡았던 구원의 언약과 양자 됨의 은혜 전체에 대한 것이었다. 거기에는 하나님께서 아브라함의 상속자가 될 "씨"를 주시겠다는 약속도 언급되고 있는 것은 사실이지만, 그 약속은 양자 됨의 은혜를 토대로 한 것이었다. 우리가 주목해야 할 것은 하나님께서는 은혜를 주심이 없이 구원을 약속하시거나 구원 없이 은혜를 약속하시지 않는다는 것, 또한 우리를 의롭다 하심이 없이 하나님의 은혜나 구원의 소망으로 부르시지 않는다는 것이다.

이렇게 볼 때, 우리는 바울이 모세의 증언을 심하게 왜곡하였다고 보는 자들은 신학의 원리들을 제대로 이해하지 못하고 있는 자들임을 분명하게 알게 된다. 그들은 창세기의 해당 구절에 특정한 약속이 언급되고 있다는 것을 근거로 삼아서, 아브라함이 그 약속을 믿은 것이 옳고 합당하였기 때문에 하나님의 인정을 받은 것이었다고 주장한다. 여기에서 그들이 오해한 것은 아브라함의 믿음은 오직 한 구절이 아니라 그 구절을 포함한 맥락 전체에 미친다는 것을 고려하지 않았다는 것이다. 하지만 그들의 주된 잘못은 하나님께서 아브라함에게 은혜를 주셨다는 증언으로부터 그들의 논증을 시작하지 않았다는 것이다. 하나님은 아브라함으로 하여금 자기가 그를 양자로 삼아 그의 아버지가 되어 주시리라는 약속(여기에는 예수로 말미암는 영원한 구원에 관한 약속도 포함되어 있었다)을 한층 더 믿게 하기 위하여 이 은혜를 주신 것이었다. 따라서 아브라함은 하나님이 그에게 주신 은혜가 헛되지 않을 것임을 신뢰하면서, 자신에게 주어진 바로 그 은혜를 믿음으로 받아들인 것이었다. 하나님은 아브라함의 그러한 믿음을 의로 여기신 것이기 때문에, 만약 그가 하나님의 선하심을 믿고서 하나님으로부터 오는 모든 것을 소망한 자가 되지 않았다면, 그는 의롭다 하심을 얻지 못하였을 것이라는 결론이 나온다. 모세는 사람들이 아브라함을 어떻게 생각했는지가 아니라, 아브라함이 하나님의 법정에서 어떤 자로 여겨졌는지에 대해 말하고 있다. 그러니까 아브라함은 약속을 통해 자기에게 제시된 하나님의 인자하심(benignitas)을 받아들였고, 하나님이 그를 의롭다고 여기신다는 것을 이 믿음을 통해서 알게 되었다. 의를 제대로 이해하려면, 약속과 믿음의 이러한 관계를 이해하는 것이 필수적이다. 왜냐하면, 이것과 관련해서, 법률적으로 증여하는 자와 증여받는 자 간에 존재하는 것과 동일한 관계가 하나님과 우리 사이에 존재하기 때문이다. 우리가 의롭다 하심을 얻는 것은 그 의가 오로지 복음의 약속에 의해서 우리에게 오기 때문이고, 이렇게 의가 왔을 때에 우리는 그 의가 우리에게 있다는 것을 믿음으로 알게 된다.

야고보서에 나오는 말씀이 여기에서 내가 설명한 것과 상반되어 보이지만 사실은 서로 잘 부합한다는 것에 대해서는 내가 앞에서 이미 설명한 바 있지만, 하나님께서 내게 야고보서를 주석할 기회를 주시면, 그 때에 좀 더 자세하게 설명하기로 하고, 내가 여기에서 해두고 싶은 말은 하나님으로부터 의롭다 하심을 받은 자들은 의롭게 행하게 된다는 것이다. 왜냐하면, 바울은 이 두 표현을 동의어로 사용하기 때문이다. 이것으로부터 알 수 있는 것은 사람이 그 자체로 어떤 존재이냐가 아니라 하나님이 사람을 어떤 존재로 여기시느냐가 문제이고, 순전한 양심과 흠 없는 삶이 하나님의 거저 주시는 은혜와 분리될 수 있느냐가 문제가 아니라 왜 하나님이 우리를 사랑하시고 의롭다고 하시는지 우리가 그 이유를 물을 때마다 예수께서 우리에게 자신의 의를 덧입히시는 분으로서 등장하실 수밖에 없다는 것이 문제의 핵심이라는 것이다.

⁴일하는 자에게는 그 삯이 은혜로 여겨지지 아니하고 보수로 여겨지거니와 ⁵일을 아니할지라도 경건하지 아니한 자를 의롭다 하시는 이를 믿는 자에게는 그의 믿음을 의로 여기시나니(4:4-5).

4. 일하는 자에게는 그 삯이 은혜로 여겨지지 아니하고 보수로 여겨지거니와. 바울이 말하는 "일하는 자"는 하나님의 모든 자녀라면 누구나 마땅히 열심을 가지고 행하여야 하는 선한 일들에 몰두하는 자를 가리키는 것이 아니라, 자신의 행위를 공로로 여기는 자를 가리킨다. 따라서 "일하지 않는 자"는 자신의 행위를 공로로 여기지 않는 자를 가리킨다. 바울은 믿는 자들에게 아무 일도 하지 않고 빈둥거리며 나태하게 지내라고 하는 것이 아니라, 단지 그들이 어떤 행위를 할 때에 마치 그 행위에 당연히 삯이 주어져야 하는 것처럼 하나님께 뭔가를 요구하는 삯꾼 같은 마음을 갖지 말라고 하는 것이다.

앞에서 우리는 여기에서 다루어지고 있는 것은 우리가 우리의 삶을 어떻게 규율해야 하느냐 하는 것이 아니라, 우리가 어떻게 구원 받을 수 있느냐 하는 것임을 이미 말한 바 있다. 바울은 정반대의 사실들을 들어서 하나님은 우리에게 빚진 "삯"이 있어서가 아니라 그저 값없이 "은혜"로 우리를 의롭다 하시는 것임을 논증한다. 부처(Bucer)는 바울이 다음과 같이 어느 한 단어를 중심으로 해서가 아니라 이 구절 전체에 걸쳐서 논증을 해나가고 있음을 보여주고 있는데, 나도 그의 견해에 동의한다: "어떤 사람이 자신의 행위를 통해서 뭔가를 얻는다면, 그 사람이 얻은 것은 그에게 값없이 거저 주어지는 것이 아니라 그가 한 일에 대한 삯으로 주어지는 것이다." 믿음은 우리에게 어떤 공로가 되기 때문이 아니라 하나님이 값없이 거저 주시는 것을 그대로 받아들이기 때문에 의로 여겨진다. 따라서 우리에게 있어서 의는 우리가 당연히 받아야 할 "삯"이 아니라 값없이 거저 주어지는 것이다. 왜냐하면, 그리스도께서는 아무 공로 없는 우리를 단지 믿음을 보시고 의롭다 하시는 것인 까닭에, 바울은 언제나 우리의 믿음 속에서 우리가 스스로를 비우는 것을 보기 때문이다. 우리가 믿는 것이 그리스도께서 우리를 하나님과 화목시키기 위한 우리의 "화목제물"이라는 것이 아니면 무엇이겠는가? 이 동일한 진리는 갈라디아서 3:11-12에도 다른 식으로 표현되어 있다: "하나님 앞에서 아무도 율법으로 말미암아 의롭게 되지 못할 것이 분명하니 이는 의인은 믿음으로 살리라 하였음이라 율법은 믿음에서 난 것이 아니니 율법을 행하는 자는 그 가운데서 살리라 하였느니라." 율법은 행위에 대한 상을 약속하고 있기 때문에, 이것으로부터 바울은 값없이 거저 주어지는 믿음의 의가 삯을 바라고 일하는 행위의 의와 같지 않다는 결론을 내린다. 만일 믿음조차도 하나의 행위이고 그런 까닭에 의롭다 하심을 얻는 것이라면, 이런 결론은 유효하지 않을 것이다. 이 구절에 나오는 대비는 우리가 의롭다 하심을 얻는 것과 관련해서 공로라는 것 자체를 완전히 제거하기 때문에, 우리는 이러한 대비를 꼭 명심할 필요가 있다.

5. 일을 아니할지라도 경건하지 아니한 자를 의롭다 하시는 이를 믿는 자에게는 그의 믿음을 의로 여기시나니. 이 구절은 믿음과 의(fides et iustitia)가 지닌 본질과 실질에 대하여 비록 완곡하게 에둘러 말하고 있지만 대단히 힘 있고 분명하게 표현하고 있다. 즉, 그는 믿음이 공로를 지닌 행위이기 때문이 아니라 하나님의 은혜를 얻게 해주기 때문에 우리에게 의를 가져다주는 것임을 분명하게 보여준다. 바울은 하나님은 의를 수여하시는 분이실 뿐만 아니라, 자신의 관대하심으로 우리의 결핍(inopia)을 도우시기 위하여 우리의 불의를 단죄하는 분이시기도 하다고 말한다. 요

컨대, 자신이 불경건하다고 느끼는 자만이 믿음의 의에 도달하게 된다는 것이다. 왜냐하면, 이 구절은 다음과 같은 상황, 즉 믿음은 우리가 하나님께 구걸해서 거저 얻게 된 외부로부터의 의를 우리에게 덧입혀 주는 그런 상황을 말하고 있기 때문이다. 그러므로 여기에서 또다시 바울은 하나님이 우리를 의롭다 하시는 것은, 그의 긍휼하심 가운데서 값없이 거저 죄인들의 죄를 사하시고 그들의 불의를 제거해 주심으로써 마땅히 진노의 대상으로 삼아야 할 자들에게 그의 사랑을 보이시고 은총을 베푸시기 때문이라고 말하고 있는 것이다.

⁶일한 것이 없이 하나님께 의로 여기심을 받는 사람의 복에 대하여 다윗이 말한 바 ⁷불법이 사함을 받고 죄가 가리어짐을 받는 사람들은 복이 있고 ⁸주께서 그 죄를 인정하지 아니하실 사람은 복이 있도다 함과 같으니라(4:6-8).

6-8. 일한 것이 없이 하나님께 의로 여기심을 받는 사람의 복에 대하여 다윗이 말한 바 불법이 사함을 받고 죄가 가리어짐을 받는 사람들은 복이 있고 주께서 그 죄를 인정하지 아니하실 사람은 복이 있도다 함과 같으니라. 이 구절을 통해서 우리는 "율법의 행위"를 율법의 의식들로 제한하고자 하는 자들의 주장이 순전히 궤변일 뿐임을 확인하게 된다. 왜냐하면, 바울은 앞에서 "율법의 행위"라고 불렀던 것을 이제 여기에서는 아무런 수식어도 덧붙이지 않은 채 그냥 "행위"(한글개역개정에는 "일한 것")라고 표현하고 있기 때문이다. 우리가 이 구절에서 볼 수 있는 단순하고도 그 어떤 제한도 덧붙이지 않는 표현방식을 그대로 받아들여서 여기에서 말하는 "행위" 또는 "일한 것"이 무제한적으로 온갖 행위를 가리키는 것으로 이해해야 한다는 것을 아무도 부정할 수 없기 때문에, 우리는 이러한 견해를 이 논증 전체에 적용하는 것이 마땅하다. 왜냐하면, 바울이 우리가 의롭다 하심을 얻는 것과 관련해서 그 어떤 차이도 두지 않고 모든 행위를 다 배제시키고 있는데도, 오직 율법의 의식들로부터만 우리를 의롭게 할 수 있는 힘을 박탈하는 것보다 더 불합리한 것은 없을 것이기 때문이다. 우리가 "일한 것"으로 말미암아 의롭다 하심을 얻기는커녕 하나님께서는 사람들의 죄를 묻지 않으심으로써 그들을 의롭다고 하신다는 정반대의 말씀이 여기에 덧붙여져 있다. 이 말씀을 통해서 우리는 바울이 말하는 의는 죄 사함 외의 다른 것이 아니라는 것, 그리고 이 죄 사함은 "일한 것"이 없이 주어지는 것인 까닭에 값없이 거저 주어지는 것임을 알게 된다. 죄 사함이라는 명칭 자체가 바

로 그런 사실을 보여준다. 왜냐하면, 채무자가 빚을 다 상환했을 때가 아니라 채권자가 순전히 자신의 호의로 자발적으로 빚을 탕감해줄 때에 우리는 "사해주다"(이 단어는 "탕감해 주다"라는 뜻이다)라는 말을 사용하기 때문이다. 그러므로 우리는 보속(補贖)을 통해서 죄 사함을 얻을 수 있다고 가르치는 자들로부터 떠나야 한다. 왜냐하면, 바울은 의가 값없이 거저 주어진다는 것을 증명하기 위해서 빚을 탕감해 주는 것과 관련된 일을 하나의 예로 사용해서 자신의 논증을 전개해 나가고 있기 때문이다. 그런데 어떻게 그런 자들의 주장이 바울이 여기에서 말하고 있는 것과 같을 수 있겠는가? 왜냐하면, 그들은 "우리가 죄 사함을 얻기 위해서는 우리의 행위를 통해서 하나님의 공의를 만족시켜야 한다"고 말하는 반면에, 바울은 "믿음의 의는 전적으로 하나님의 죄 사하심에 달려 있는 것이기 때문에 우리가 일한 것이 없이 값없이 거저 받는 것"이라고 논증하고 있기 때문이다. 따라서 만일 하나님이 우리의 죄를 사해주시는 데에 우리의 행위가 요구되는 것이라면, 바울의 그러한 논증은 잘못된 것이 되고 말 것임에 틀림없다.

또한, 마찬가지로 절반의 죄 사함을 말하는 신학자들의 어처구니없는 주장도 선지자 다윗의 증언을 통해서 완전히 무너질 수밖에 없다. 그들은 "죄책은 사함 받지만, 하나님에 의해 벌 받는 것은 그대로 유지된다"(Culpa remissa, poenam retineri a Deo)고 헛소리를 늘어놓는다. 그러나 선지자 다윗은 우리의 죄가 가려진다고, 즉 하나님 앞에서 제거된다고 선언할 뿐만 아니라, 하나님이 우리의 죄를 우리에게 돌리시거나 우리의 죄를 묻지 않으신다는 말도 덧붙인다. 하나님께서 죄를 묻지도 않으시는데, 어떻게 그 죄를 벌하시는 일이 있을 수 있단 말인가? 그러므로 우리는 다음과 같은 지극히 영광스러운 말씀을 붙잡는 것이 안전하다: "믿음으로 의롭다 하심을 받는 자란 하나님에 의해서 값없이 거저 죄 사하심을 받아 하나님 앞에서 정결하게 된 자이다." 또한, 이것으로부터 우리는 값없이 거저 받은 의는 일생 동안 지속된다는 사실을 추론해 낼 수 있다. 왜냐하면, 다윗이 자신의 양심의 끊임없는 가책으로 인해 기진맥진한 상태에서 이런 말이 그의 입에서 토해져 나왔을 때에는 이미 오랜 세월 동안 하나님을 섬겨 왔던 그가 자신의 경험을 바탕으로 그런 말을 했을 것임에 틀림없기 때문이다. 그러므로 그는 오랜 세월에 걸쳐 신앙의 큰 진보가 있은 후에 경험을 토대로 하나님의 법정에 불려나갈 때에 모든 사람이 곤고하고 비참할 수밖에 없다는 것을 알게 되고 나서, 하나님이 우리의 죄를 묻지 않으시고 우리를 자신의 은혜 속으로 받아주시는 것 외에 우리가 복을 얻을 수 있는 길은 없다고 선언한 것이었다. 따라서 믿음의 의는 단지 시작에 불과할 뿐이고, 그 후에는 믿는 자들이 처음에 공로 없이 얻었던 바로 그 의를 행위를 통해 유지해 나가야 한다고 주장하는 자들의 망상도 당연히 설 자리가 없다.

또한, 성경에서 종종 하나님께서 사람들의 어떤 행위를 의로 여기시고, 그 밖의 다른 복들도 언급하고 있다고 해도, 바울이 여기에서 말하고 있는 것은 결코 무효화되지 않는다. 시편 106:30-31에서는 하나님께서 제사장 비느하스가 간음한 자와 창기를 벌함으로써 이스라엘에게서 수치를 제거한 일을 의로 여기셨다고 말한다. 우리는 그 구절들을 통해서 비느하스가 의로운 일을 했다는 말을 분명히 듣지만, 사람이 율법의 한 행위로 의롭다 하심을 받는 것이 아님도 알고 있다. 사람이 율법을 따라 의롭게 되려면, "너희는 내 규례와 법도를 지키라 사람이 이를 행하면 그로 말미암아 살리라"(레 18:5)는 약속대로 모든 면에서 온전한 순종을 드리지 않으면 안 된다. 그렇다면, 비느하스가 죄인들을 벌한 일이 어떻게 의로 여기심을 받게 된 것인가? 그는 이 일에 앞서 이미 먼저 하나님의 은혜로 의롭다 하심을 받았음이 틀림없다. 하나님께서는 그리스도의 의로 이미 옷입은 자들에 대해서는 그들만이 아니라 그들의 행위에 대해서도 은혜를 베푸셔서, 그 행위들로 인하여 심판을 받지 않도록 하시기 위하여, 그 행위들의 흠과 점을 그리스도의 정결하심으로 덮어주신다. 왜냐하면, 더러움으로 물들지 않은 행위만이 의로운 것으로 여겨지는 까닭에, 하나님의 이러한 너그러우심(indulgentia)으로 말미암지 않고는 사람의 행위는 그 어떤 것도 하나님을 기쁘시게 해드릴 수 없다는 것은 너무나 자명하기 때문이다. 믿음으로 말미암은 의가 하나님이 우리의 행위를 의롭다고 여기시는 유일한 이유이기 때문에, "하나님이 사람들의 어떤 행위를 의로 여기시는 것으로 보아서, 사람이 의롭다 하심을 얻는 것이 오직 믿음으로만 되는 것은 아니다"라고 주장하는 것은 지극히 어리석은 것이다. 그러므로 나는 그런 주장에 맞서 모든 것을 이기는 다음과 같은 명제를 제시하고자 한다: 사람이 오직 믿음으로 의롭다 하심을 받지 않는다면, 그의 모든 행위는 불의한 것으로 정죄를 받게 될 것이다.

우리는 "복"에 대해서도 마찬가지로 말할 수 있다. 성경은 "여호와를 경외하며 그의 길을 걷는 자"(시 128:1)와 "오직 여호와의 율법을 즐거워하여 그의 율법을 주야로 묵상하는"(시 1:2) 자가 복이 있다고 선언하지만, 그런 것들을 완벽하게 행하여서 하나님의 명령을 온전히 이행할 수 있는 자는 아무도 없기 때문에, 우리가 죄 사함을 받고 정결하게 되어서, 하나님이 율법과 선행에 힘쓰는 자신의 종들에게 약속하시는 저 복을 누릴 수 있게 될 때까지는, 그런 종류의 모든 복은 아무 짝에도 쓸모가 없다. 따라서 행위의 의는 믿음의 의의 결과이고, 행위로부터 생겨나는 복은 죄 사함으로부터 오는 복의 결과이다. 결과를 가지고서 그 원인을 부정하는 것은 있을 수도 없고 있어서도 안 되는 일이기 때문에, 믿음의 의가 가져다준 행위의 의를 가지고서 믿음의 의 자체를 부정하고자 하는 것은 기괴한 일이 아닐 수 없다.

그런데도 이렇게 말하는 사람이 있을 수 있다: "그러한 증언들을 근거로 삼아서 우리가 사람은 행위로 말미암아서 의롭게 될 수 있고 복을 받을 수 있다고 주장해서는 안 되는 이유가 어디에 있는가? 분명히 성경은 사람이 믿음으로 말미암아서와 마찬가지로 행위로 말미암아서도 의롭다 하심을 얻고 복을 받는다고 선언하고 있지 않은가?" 이 문제에 있어서 우리는 하나님의 은혜의 경륜과 아울러서 일련의 일들의 인과관계를 고려하지 않으면 안 된다. 왜냐하면, 유일한 참된 의인 믿음의 의가 먼저 있어서 자신의 모든 기능을 수행하지 않으면, 행위의 의 또는 거기로부터 생겨나는 복에 관한 말은 아예 할 수가 없다는 점에서, 믿음의 의라는 나무가 견고하게 뿌리를 내리고 나서야 비로소 행위로 말미암는 의와 복이 그 나무로부터 자라나서 많은 열매로 맺히게 되는 것이기 때문이다.

⁹그런즉 이 복이 할례자에게냐 혹은 무할례자에게도냐 무릇 우리가 말하기를 아브라함에게는 그 믿음이 의로 여겨졌다 하노라 ¹⁰그런즉 그것이 어떻게 여겨졌느냐 할례시냐 무할례시냐 할례시가 아니요 무할례시니라(4:9-10).

9-10. 그런즉 이 복이 할례자에게냐 혹은 무할례자에게도냐 무릇 우리가 말하기를 아브라함에게는 그 믿음이 의로 여겨졌다 하노라 그런즉 그것이 어떻게 여겨졌느냐 할례시냐 무할례시냐 할례시가 아니요 무할례시니라. 할례자와 무할례자만 언급되고 있다는 것을 이유로, 바울은 여기에서 율법의 의식들을 통해서 의롭다 하심을 받을 수 있느냐 없느냐는 문제만을 다루고 있는 것이라고 주장하는 무지한 자들이 많다. 그러나 우리는 바울이 누구를 대상으로 이러한 논증을 해나가고 있는지를 고려하지 않으면 안 된다. 왜냐하면, 우리는 외식하는 자들 또는 위선자들은 겉으로는 자신의 행위들로 말미암는 공로를 자랑하면서도, 그러한 외적인 가면으로 그들 자신을 위장한다는 것을 잘 알고 있기 때문이다.

또한, 유대인들이 율법을 심하게 악용해서 참되고 온전한 의에서 떠나게 된 데에는 나름대로의 이유가 있었다. 앞에서 바울은 하나님의 값없이 거저 주시는 죄사함으로 말미암아 하나님과 화목하게 된 자들 외에는 그 누구도 복을 받을 수 없다고 말한 바 있는데, 이것으로부터 알 수 있는 것은 자신의 행위를 따라 심판 받고자 하는 자들은 모두 저주받은 자들이라는 것이다. 따라서 사람은 자신의 가치(dignitas)로 말미암아서가 아니라 하나님의 긍휼하심(misercordia)으로 말미암아 의롭다 하심을 받는다는 원리는 이제 확립되었다. 그러나 죄 사함이 모든 행위에 선행되지 않는다면, 그 원리만으로는 여전히 아직 충분하지 않다. 유대인이 행한 율법의 모든 행위들 중에서 첫 번째 행위는 그들로 하여금 처음으로 하나님을 섬기는 일로 들어가게 해준 할례였다. 그래서 바울은 여기에서 할례를 본격적으로 다루기 시작한다.

우리는 할례가 소위 율법의 의에 속한 최초의 행위이기 때문에 여기에서 다루어지고 있다는 것을 항상 기억해 두어야 한다. 왜냐하면, 유대인들은 할례를 하나님의 은혜의 상징으로서가 아니라 율법을 지킴으로써 자신들이 얻게 되는 공로로서 자랑하였고, 이 공로를 토대로 마치 자신들이 하나님 앞에서 다른 어떤 민족보다도 더 뛰어나고 훌륭하다는 듯이 그들을 다른 사람들보다 더 거룩하고 선한 자들로 여겼기 때문이다. 이제 우리는 여기에서의 논쟁이 어느 한 의식에 관한 것이 아니라, 할례라는 한 가지 의식을 통해서 율법의 모든 행위, 즉 상을 받기에 합당하다고 여겨질 수 있는 모든 행위를 다루고 있는 것임을 알게 된다. 그러므로 바울이 여기에서 할례를 언급한 것은 할례가 율법의 의의 토대였기 때문이었다.

바울은 정반대의 사실을 제시하고서 거기로부터 추론해 나간다: "아브라함의 의는 죄 사함을 받는 의였고(이것은 당연한 것으로 전제된다), 그는 이 의를 할례 이전에 받았기 때문에, 죄 사함은 선행하는 공로들에 근거해서 주어진 것이 아니라는 결론이 나온다." 우리는 바울이 원인과 결과를 따져서 논증을 전개해 나가는 것을 본다. 즉, 원인은 언제나 결과보다 앞서는데, 아브라함은 할례를 받기 이전에 의롭다 하심을 얻었다는 것이다.

[11]그가 할례의 표를 받은 것은 무할례시에 믿음으로 된 의를 인친 것이니 이는 무할례자로서 믿는 모든 자의 조상이 되어 그들도 의로 여기심을 얻게 하려 하심이라 [12]또한 할례자의 조상이 되었나니 곧 할례 받을 자에게뿐 아니라 우리 조상 아브라함이 무할례시에 가졌던 믿음의 자취를 따르는 자들에게도 그러하니라(4:11-12).

11. 그가 할례의 표를 받은 것은 무할례시에 믿음으로 된 의를 인친 것이니 이는 무할례자로서 믿는 모든 자의 조상이 되어 그들도 의로 여기심을 얻게 하려 하심이라. 바울은 반론을 예상하고서, 할례가 사람을 의롭게 할 수는 없었지만, 믿음의 의를 "인치는", 즉 재가하는 또다른 아주 중요한 용도를 지니고 있었기 때문에 결코 무익하고 쓸데없는 것이 아니었음을 보여준다. 하지만, 아울러 그는 할례의 목적이 무할례시에 "믿음으로 된 의"를 확증하기 위한 것이었기 때문에, 할례는 결코 의를 가져다주는 원인이 아니었다고 말함으로써, 할례의 유무에 의해 그 의가 좌지우지되는 것은 결코 아님을 보여준다.

이것은 성례전의 일반적인 유익과 관련해서 주목할 만한 구절이다. 바울의 증언에 의하면, 성례전들은 하나님의 약속들을 우리의 심령에 인쳐서 각인시키고 은혜의 확실함을 확증하는 봉인들(sigilla)이다. 성례전들은 그 자체로는 아무런 유익이 없지만, 하나님께서는 성례전들을 자신의 은혜를 전달하는 통로로 삼고자 하셨고, 성령의 비밀한 은혜를 통해서 택한 자들로 하여금 유익을 얻게 하신다. 성례전들은 멸망 받을 자들에게는 무익하고 죽은 상징들에 불과하지만, 지금도 여전히 본래의 효력을 유지하고 있다. 왜냐하면, 우리의 불신앙으로 말미암아 성례전이 효력을 발휘하지 못한다고 해도, 우리의 불신앙이 하나님의 참되심을 훼손하거나 소멸시킬 수는 없기 때문이다. 이것으로부터 다음과 같은 확고한 진리가 정립된다: 거룩한 표징들, 곧 성례전들은 하나님께서 자신의 은혜를 우리의 심령에 인쳤음을 보여주는 증언들(testimonia)이다.

할례라는 표징과 관련해서 특히 말할 수 있는 것은 할례는 두 종류의 은혜를 나타내 보여주는 표였다는 것이다. 그 중 하나는, 하나님께서 온 세상에 구원을 가져다줄 복된 "씨"를 아브라함에게 약속하셨음을 보여주는 것이었는데, "내가 너와 네 후손의 하나님이 되리라"(창 17:7)고 하신 약속은 바로 이 언약에 근거한 것이었다. 따라서 할례라는 표징 속에는 하나님께서 우리를 자신과 값없이 거저 화목하게 하시겠다는 의도가 내포되어 있었다. 이것은 하나님께서 믿는 자들에게 자신이 약속한 "씨"를 바라보라고 하신 것과 같았다. 그리고 다른 하나는, 하나님은 우리가 흠 없고 거룩한 삶을 살기를 원하시기 때문에, 할례라는 표징을 통해 어떻게 해야 그런 삶을 살 수 있는지를 보여주셨다는 것이다. 즉, 사람의 본성은 그 전체가 부패하고 타락해 있기 때문에, 사람에게서 육(caro)으로 난 모든 것을 잘라내야(circumcido) 그런 삶이 가능해진다는 것이다. 따라서 하나님께서는 할례라는 외적인 표를 통해서 아브라함에게 그의 부패한 육을 영적으로 잘라내라고 깨우쳐 주신 것이었다. 모세도 신명기 10:16("그러므로 너희는 마음에 할례를 행하고")에서 이것을 암시하고 있다. 거기에서 모세는 이것이 사람의 일이 아니라 하나님의 일임을 보여주기 위해서, 이미 정해진 시기가 지나서 할례를 받을 수 없었던 유아들로 하여금 할례를 받게 하라고 명한다. 또한, 모세는 신명기 30:6에서 영적인 할례가 하나님의 능력으로 말미암아 이루어지는 일이라고 분명하게 말한다: "네 하나님 여호와께서 네 마음과 네 자손의 마음에 할례를 베푸사 너로 마음을 다하며 뜻을 다하여 네 하나님 여호와를 사랑하게 하사 너로 생명을 얻게 하실 것이며." 선지자들도 나중에 이 동일한 것을 훨씬 더 분명하게 설명하였다.

요컨대, 오늘날의 세례와 마찬가지로 옛적의 할례도 두 가지 의미를 지니고 있었다. 즉, 할례는 새로운 삶(vitae novitas)의 표이자 죄 사함(peccatorum remissio)의 표였다. 그러나 아브라함의 경우에는 의롭다 하심을 받은 것이 할례보다 선행했지만, 우리가 이삭과 그의 자손에게서 볼 수 있듯이, 모든 성례전이 언제나 다 그런 것은 아니다. 하지만 하나님께서는 그 누구도 외적인 표에 의지해서 구원 받았다고 주장하지 못하도록 하시기 위하여, 처음에 한 번 표본(specimen)을 보여주시고자 하신 것이었다.

이는 무할례자로서 믿는 모든 자의 조상이 되어 그들도 의로 여기심을 얻게 하려 하심이라. 우리는 여기에서 아브라함의 할례가 값없이 의롭다 하심을 얻게 해주는 우리의 믿음을 어떤 식으로 확증해 주는지를 주목할 필요가 있다. 왜냐하면, 할례는 우리에게 의가 전가되도록 하기 위하여 믿음의 의를 인치는 것이었기 때문이다. 이렇게 바울은 자신의 대적들이 반론으로 사용할 수 있었던 것을 놀라운 솜씨로 요리해서 도리어 그들을 공격하는데에 사용한다. 즉, 할례의 실체와 힘은 "무할례시에" 있기 때문에, 유대인들이 자신들을 이방인들보다 높여서 자신들이 훨씬 더 거룩하고 의롭다고 자랑할 이유가 없다는 것이다.

하지만 여기에서 우리도 아브라함의 모범을 따라서 우리의 믿음의 의를 할례라는 표로 확증하는 것이 합당하지 않은가라는 의문이 제기될 수 있다. 그리고, 사도는 왜 그런 말을 언급하지 않은 것인가? 그 이유는 사도는 자신이 지금까지 한 말로 그 문제가 이미 해결되었다고 생각했기 때문이었다. 왜냐하면, 할례는 오직 하나님의 은혜를 인치는 역할만을 한다는 것이 인정되었을 때에, 그 결론은 오늘날 주님께서 할례 대신에 주신 표를 지니고 있는 우리에게 할례는 불필요하다는 것이 될 것이기 때문이다. 따라서 오늘날에는 세례가 있어서 할례가 더이상 필요하지 않다는 것이 자명한 상황에서, 바울은 하나님께서는 이방인들에게는 아브라함의 경우와는 다른 방식으로 믿음의 의를 인치신다는 사실을 두고서 무익한 논쟁을 벌이고 싶지 않았을 것이다. "무할례시에," 즉 무할례로 있는 상태에서 믿는다는 것은 이방인들이 할례라는 표를 도입하지 않고 무할례인 상태로 그대로 지냈다는 것을 의미한다. 따라서 여기에서 전치사 '디아'(διά)는 '엔'(ἐν) 대신에 사용된 것이다.

12. 또한 할례자의 조상이 되었나니 곧 할례 받을 자에게뿐 아니라 우리 조상 아브라함이 무할례시에 가졌던 믿음의 자취를 따르는 자들에게도 그러하니라. '토이스 에크 페리토메스'(τοῖς ἐκ περιτομῆς)는 "할례 받을 것으로 여겨지는 자들"이라는 의미로 해석되어야 한다. 왜냐하면, 바울은 여기에서 믿음이 없이 오직 외적인 할례만을 받았으면서도 그 할례를 스스럼 없이 자랑하는 육신적으로 아브라함의 자손인 자들을 다루고 있기 때문이다. 아브라함은 오직 믿음으로 말미암아 구원을 얻은 것인데도, 그들은 아브라함에게서 가장 중요했던 것, 곧 믿음은 도외시하고 본받지 않았다. 이것으로부터 분명한 것은 바울은 믿음과 성례전을 아주 세심하게 구별해서 그 누구도 사람이 의롭다 하심을 얻는 데에는 마치 성례전만으로 충분하다는 듯이 여겨서 믿음 없이 성례전으로 만족하는 일이 없게 하고, 오직 믿음만이 모든 것을 충족시킨다는 것을 알게 하고자 하였다는 것이다. 왜냐하면, 그는 할례 받은 유대인들도 의롭다 하심을 받을 수 있다는 것을 인정하면서도, 오직 그들이 믿음에 있어서 아브라함을 본받을 때에만 그렇다는 분명한 단서를 달고 있기 때문이다. 다른 어떤 것의 도움 없이도 오직 믿음만으로 충분하다는 것을 보이기 위한 것이 아니라면, 바울이 굳이 "무할례시에" 지니고 있던 믿음을 언급할 이유가 어디에 있었겠는가? 그러므로 우리는 믿음과 성례전을 칭의의 두 가지 통로로 인식해서 이 둘이 모두 있어야만 의롭다 하심을 받을 수 있다고 여기지 않도록 조심해야 한다.

구약의 성례전과 신약의 성례전 간에는 차이가 있다는 학자들의 주장도 위에서 말한 것과 동일한 논리를 통해 반박된다. 그들은 구약의 성례전에는 사람들로 하여금 의롭다 하심을 얻게 하는 힘이 없지만, 신약의 성례전에는 있다고 말한다. 그러나 아브라함이 믿음으로 말미암아 의롭다 하심을 얻었기 때문에 할례는 사람으로 하여금 의롭다 하심을 얻게 하지 못한다고 한 바울의 논증이 옳다면, 우리도 사람이 아브라함의 믿음과 동일한 믿음으로 말미암아 의롭다 하심을 얻는 까닭에 세례로 말미암아 의롭다 하심을 얻는다는 것을 부인한다는 점에서, 그 동일한 논증은 우리에게도 그대로 적용된다.

13아브라함이나 그 후손에게 세상의 상속자가 되리라고 하신 언약은 율법으로 말미암은 것이 아니요 오직 믿음의 의로 말미암은 것이니라(4:13).

13. 언약은 율법으로 말미암는 것이 아니요 오직 믿음의 의로 말미암은 것이니라. 바울은 앞에서 다루었던 율법과 믿음의 대비를 이제 여기에서는 좀 더 분명하게 제시하는데, 우리는 이것을 주의 깊게 살펴볼 필요가 있다. 왜냐하면, 믿음으로 의롭다 하심을 얻음에 있어서 율법이 기여하는 것이 아무것도 없다는 사실로부터 우리는 믿음이 오직 하나님의 긍휼하심과만 연결되어 있다는 것을 알게 되기 때문이다. 또한, 이러한 사실을 통해서 여기에서도 율법이 오직 율법의 의식들만을 말하는 것이라고 주장하는 자들의 궤변도 쉽게 반박될 수 있다. 왜냐하면, 만일 사람이 의롭다 하심을 얻는 데에 행위가 어떤 기여를 하는 것이 사실이라면, 바울은 율법으로 말미암은 것이 아니라 자연법으로 말미암은 것이라고 말했어야 했을 것이기 때문이다. 그런데 바울은 영적으로 거룩한 삶과 율법의 의식들을 대비시키는 것이 아니라, 믿음과 율법의 의를 대비시킨다. 따라서 이 구절의 요지는 하나님께서 아브라함에게 "세상의 상속자"가 되리라고 약속하신 것은 아브라함이 율법을 지킴으로써 그런 약속을 받을 만한 자격이 있었기 때문이 아니라, 단지 믿음으로 말미암아 의롭다 하심을 얻었기 때문이라는 것이다. 바울이 곧 보여주겠지만, 사람의 양심은 자신이 의롭다 하심을 받을 자격이 없는데도 값없이 은혜로 의롭다 하심을 받는 것임을 알게 될 때에야 비로소 참된 평화를 누릴 수 있다는 것은 의심의 여지가 없다.

이것으로부터 우리가 알 수 있는 것은 이 은혜(beneficium)를 받을 수 있는 조건은 누구에게나 동일한 까닭에, 이방인도 유대인과 마찬가지로 아무런 차별 없이 이 은혜를 받을 수 있다는 것이다. 왜냐하면, 사람의 구원이 오직 하나님의 선하심에만 토대를 두고 있다면, 이방인들을 이 구원에서 배제하고자 하는 자들은 하나님의 선하심이 흘러가는 것을 있는 힘을 다해 방해하고 훼방하는 자들이 되기 때문이다.

아브라함이나 그 후손에게 세상의 상속자가 되리라고 하신. 바울은 지금 영원한 구원에 대하여 다루고 있는 까닭에 여기에서 "세상의 상속자"라는 표현을 사용한 것은 뭔가 적절하지 못한 것으로 보일 수 있지만, 사실은 그리스도로 말미암아 기대되는 회복(instauratio) 전체를 "세상"이라는 단어 속에 담고 있는 것이다. 물론, 일차적이고 주된 것은 생명의 회복이었지만, 온 세상의 타락한 상태가 회복되는 것도 꼭 필요한 일이었다. 사도는 히브리서 1:2에서 그리스도를 "만유의 상속자"라 부른다. 왜냐하면, 우리는 하나님의 은혜로 말미암아 아들들이 됨으로써 우리가 아담 안에서 상실했던 유업을 다시 회복하게 되기 때문이다. 하나님께서는 가나안 땅이라는 모형을 통해서 아브라함에게 하늘의 생명만이 아니라 하나님의 참된 복 전체에 대한 소망을 보여주신 것이기 때문에, 사도가 하나님께서 아브라함에게 세상을 다스리는 권세를 약속하셨다고 가르친 것은 옳다. 경건한 자들은 현세에서 이것을 어느 정도 맛본다. 그들은 이 세상에서 궁핍과 곤경에 처하는 일이 비일비재하지만, 하나님께서 그들로 사용하게 하시기 위하여 지으신 만물을 평안한 양심 가운데서 아무런 거리낌 없이 사용하고 있고, 하나님의 허락하심과 호의 속에서 영생의 담보이자 맛보기로서 이 땅의 좋은 것들을 누리고 있는 것이기 때문에, 그들의 궁핍은 그들이 하늘과 땅과 바다를 자신들의 것이라고 고백하는 것을 결코 막을 수 없다.

불경건한 자들은 세상의 부를 탐욕스럽게 삼키지만, 그럼에도 불구하고 그 어떤 것도 그들의 것이라고 할 수가 없다. 왜냐하면, 그들은 자신의 것이 아닌 것들을 몰래 훔치고 찬탈해서 하나님의 저주 아래 사용하고 누리고 있는 것이기 때문이다. 반면에, 경건한 자들은 자신들이 비록 궁핍 가운데서 옹색한 삶을 산다고 할지라도, 장차 온 피조물이 그들에게 굴복하여 그들의 영광에 기여하게 됨으로써 그들의 유업을 온전히 소유하게 될 때까지, 남의 것을 하나도 훔치지 않고 천부께서 그들에게 주시는 것을 합법적으로 받아 사용하고 누린다는 것이 큰 위로가 된다. 하나님께서는 온 피조물로 하여금 각자 자신의 분량에 따라 하나님의 나라를 영화롭게 하게 하시기 위하여 장차 하늘과 땅을 새롭게 하실 것이다.

¹⁴만일 율법에 속한 자들이 상속자이면 믿음은 헛것이 되고 약속은 파기되었느니라 ¹⁵율법은 진노를 이루게 하나니 율법이 없는 곳에는 법법도 없느니라(4:14-15).

14. 만일 율법에 속한 자들이 상속자이면 믿음은 헛것이 되고 약속은 파기되었느니라. 바울은 불가능하거나 말도 안 되는 것을 가정하고서, 그것을 토대로 하나님께서는 율법에서 약속하신 것이나 아브라함의 어떤 행위를 근거로 해서 그에게 은

혜를 약속하신 것이 아니라고 논증해 나간다. 왜냐하면, 만일 하나님께서 자격을 갖춘 자들, 또는 율법을 다 지킨 자들에게만 은혜를 베푸셔서 자신의 아들들로 삼겠다는 조건을 제시하신 것이라면, 감히 자기가 그런 자격을 갖추었다고 자신할 수 있는 사람은 아무도 없을 것이기 때문이다. 사람들 중에서 자기는 율법에 비추어 온전하고 아무 흠도 없기 때문에 율법의 의로 말미암아 유업을 얻는 것이 마땅하다고 자신할 수 있는 자가 어디 있을 수 있겠는가? 만일 이 가정이 사실이라면, "믿음"은 "헛것"이 되고, 사람들은 하나님이 제시하신 불가능한 조건 앞에서 극도의 불안감으로 초조해하며 안절부절하지 못하고 두려움에 사로잡혀 떨 수밖에 없게 될 것이다. 또한, "약속"도 헛것이 되고 말 것이다. 왜냐하면, 사람은 믿음이 아닌 율법의 행위로는 "약속"을 받을 수 없게 될 것이기 때문이다. 만약 우리의 대적들이 이 한 가지 이유만이라도 경청한다면, 우리와 다투는 쟁점은 쉽게 해결될 수 있을 것이다.

사도는 하나님의 약속들은 만일 사람이 마음의 온전한 확신으로 받는 것이 아니라면 "파기된" 것일 수밖에 없다는 것을 기정 사실로 전제한다. 사람의 구원이 율법을 지키는 것을 근거로 해서 주어지는 것이라면, 어떤 일이 일어나게 될까? 사람의 양심은 확신을 가질 수 없어서 끊임없이 불안감으로 괴로워하다가 결국 절망하게 되고 말 것이고, 불가능한 조건 위에 세워진 "약속" 자체도 아무런 성과도 없이 폐기되고 말 것이다. 그러므로 우리는 바울이 하나님의 약속은 행위를 조건으로 한 것이라면 이미 폐기된 것이나 마찬가지라고 분명하게 선언하고 있음을 알기 때문에, 무지몽매한 사람들에게 자신의 행위로 스스로 구원을 얻어야 한다고 가르치는 자들에게서 떠나야 한다. 그러나 우리가 특히 알아야 할 것은 만일 사람이 의롭다 하심을 받는 것이 행위에 토대를 두는 것이라면, 믿음은 "헛것"이 되고 만다는 것이다. 이것으로부터 우리는 믿음이 무엇인지, 행위의 의를 의지했을 때에 어떻게 될 수밖에 없는지, 사람이 어느 쪽을 의지해야 안전할 수 있는지를 알게 된다.

사도는 우리의 심령이 평안히 하나님의 선하심을 의지할 때 외에는 믿음은 헛것이 되고 만다고 가르친다. 따라서 믿음은 하나님이나 그의 진리를 단순히 알고 있는 것도 아니고, 하나님이 존재하시고 그의 말씀이 진리라는 단순한 확신도 아니며, 복음을 통해 알게 되어서 하나님 앞에서 양심에 평안을 주고 마음에 쉼을 준 하나님의 긍휼하심에 대한 확실한 지식(certa notitia)이다. 그러므로 이 구절의 요지는 만일 구원이 율법을 지키는 것에 달려 있다면, 우리의 심령은 구원에 관한 확신을 가질 수 없게 되어서, 하나님이 우리에게 주신 모든 약속은 헛것이 되고 만다는 것이다. 따라서 우리가 행위로 돌아가서 거기에서 구원의 근거(causa)나 확신(certitudo)을 찾고자 한다면, 우리는 자신의 참상만을 발견하고서 절망하게 될 것이고 결국 멸망받게 될 것이다.

15. 율법은 진노를 이루게 하나니. 이 구절은 율법의 정반대의 효과를 근거로 해서 앞 절을 확증한다. 즉, 율법은 오직 응보(ultio)만을 낳기 때문에 은혜(gratia)를 가져다줄 수 없다는 것이다. 율법은 선하고 온전한 자들에게는 올바른 삶의 길을 제시해 줄 수 있지만, 죄악되고 타락한 자들에게는 그들이 마땅히 행해야 할 일들을 보여주면서도 정작 그 일들을 행할 힘을 공급해 주지는 않기 때문에, 그들을 하나님의 법정에 세워서 유죄판결을 받게 만들 뿐이다. 왜냐하면, 우리의 본성은 본래 사악해서 무엇이 옳고 의로운 것인지를 가르침 받을수록, 우리의 죄악, 특히 우리의 완악함(contumacia)이 더 공개적으로 드러나서, 하나님의 더 무거운 심판을 불러들이기 때문이다.

우리는 여기에서 "진노"를 일반적인 의미에서의 하나님의 심판으로 이해하여야 한다. 어떤 이들은 여기에 언급된 "진노"를 죄인들이 율법으로 말미암아 자극을 받아서 분노하여 자신의 욕심들(cupiditas)을 반대하는 입법자이신 하나님을 미워하고 욕하는 것을 가리키는 것이라고 설명한다. 이러한 설명은 독창적이긴 하지만 이 구절의 문맥에 맞지 않는다. 왜냐하면, "진노"라는 단어의 일반적인 용법과 바울이 곧이어서 덧붙인 이유를 고려해 볼 때, 바울이 여기에서 말하고자 하는 것은 율법은 우리 모두에게 오직 정죄(condemnatio)만을 가져다줄 뿐이라는 것이기 때문이다.

율법이 없는 곳에는 범법도 없느니라. 바울은 자신이 앞에서 한 말을 확증하기 위해 여기에서 두 번째 증거를 제시한다. 왜냐하면, 그는 율법으로 말미암아 하나님의 진노가 우리에게 나타나는 이유를 좀 더 분명하게 제시하지 않으면, 사람들이 그 이유를 알기가 어려울 것이라고 생각했기 때문이다. 그 이유는 우리가 율법을 통해서 하나님의 의를 알게 될 때에 우리에게는 변명할 말이 없어지게 되고, 그런 상태에서 하나님에 대하여 저지르는 우리의 범죄는 한층 더 심각하고 중대한 것이 되는 까닭이다. 왜냐하면, 하나님의 뜻을 알면서 무시하는 자들은 알지 못하고 범죄한 자들보다 더 무거운 심판을 받는 것이 마땅하기 때문이다. 그러나 사도는 단순히 의롭고 옳은 것을 범하는 행위에 대해 말하고 있는 것이 아니다. 그런 행위에서 자유로울 수 있는 사람은 아무도 없다. 여기에서 사도가 "범법"이라고 부르는 것은 사람이 하나님께서 기뻐하시거나 진노하시는 것이 무엇인지에 대하여 가르침을 받았음에도 불구하고, 하나님의 말씀에 의해 정해진 한계를 알면서 의도적으로 범하는 것을 의미한다. 한 마디로 말하면, "범법"은 단순한 범죄 행위가 아니라, 의로운 것을 악의를 가지고 범하고자 하는 완악함(contumacia)을 의미한다.

나는 불변화사 '우'(οὗ)를 부사로 보았지만, 어떤 이들은 관계사로 본다. 하지만 전자의 읽기가 훨씬 더 적절하고 일반적으로 받아들여지고 있다. 어느 읽기를 따르든 의미는 동일하다. 즉, 율법의 가르침을 받지 않고서 범죄한 자는 하나님의 율법을 알면서 악의적으로 범한 자만큼 그 "범법"으로 인한 죄가 크지 않다는 것이다.

¹⁶그러므로 상속자가 되는 그것이 은혜에 속하기 위하여 믿음으로 되나니 이는 그 약속을 그 모든 후손에게 굳게 하려 하심이라 율법에 속한 자에게뿐만 아니라 아브라함의 믿음에 속한 자에게도 그러하니 아브라함은 우리 모든 사람의 조상이라 ¹⁷기록된 바 내가 너를 많은 민족의 조상으로 세웠다 하심과 같으니 그가 믿은 바 하나님은 죽은 자를 살리시며 없는 것을 있는 것으로 부르시는 이시니라(4:16-17).

16. 그러므로 상속자가 되는 그것이 … 믿음으로 되나니. 이것은 논증을 마무리하는 구절이다. 즉, 지금까지 바울의 논증은 다음과 같은 말로 요약될 수 있다는 것이다: "만일 우리가 구원의 상속자가 되는 것이 행위로 되는 것이라면, 그것을 믿는 우리의 믿음은 헛것이 되고, 그것에 관한 하나님의 약속도 폐기되고 만다. 그러나 믿음과 약속, 이 둘은 확실한 것이 되지 않으면 안 된다. 그러므로 구원의 상속자가 되는 것이 오직 하나님의 선하심에 토대를 두고 있고, 우리는 믿음으로 구원의 상속자가 된다는 결론이 나온다." 사도가 믿음을 견고하고 확실한 것으로 여기고, 주저하고 의심하는 것을 믿음을 헛것으로 만들고 약속을 폐기하는 불신앙으로 여기고 있는 것을 보라. 신학자들이 도덕적 추론(coniectura moralis)이라 부르는 것이 바로 그런 의심에 해당한다. 그런데 안타깝게도 그들은 믿음을 그런 추론으로 대체해 버린다.

은혜에 속하기 위하여 … 이는 그 약속을 그 모든 후손에게 굳게 하려 하심이라. 여기에서 사도는 먼저 믿음 앞에 놓여져 있는 것은 오직 "은혜"밖에 없다는 것을 보여준다. 사람들은 흔히 이것을 "은혜가 믿음의 대상"이라고 말한다. 왜냐하면, 만일 믿음을 공로라고 한다면, 믿음으로 말미암아 우리가 얻는 것은 무엇이든지 값없이 거저 주어지는 것이라는 바울의 추론은 틀린 것이 될 것이기 때문이다. 이것을 다른 식으로 다시 한 번 표현해 보면 이렇게 될 것이다: "우리가 믿음으로 말미암아 얻는 것이 은혜가 전부라면, 행위라는 개념이 들어설 여지는 원천적으로 봉쇄된다."

다음에 나오는 구절은 "약속"은 오직 은혜에 의거할 때에만 견고하게 세워질 수 있다고 말함으로써 모든 모호성을 좀 더 분명하게 제거한다. 왜냐하면, 이렇게 말함으로써 바울은 사람이 행위를 의지하는 한, 약속들로 말미암은 열매를 얻을 수 없는 까닭에 끊임없이 의심에 시달릴 수밖에 없다는 것을 확증하기 때문이다. 또한, 이것으로부터 우리는 어떤 이들이 생각하는 것처럼 "은혜"를 중생의 선물(donum regeneratio)로 보아서는 안 되고, 값없이 거저 주어지는 은총(gratuitus favor)으로 보아야 한다는 것을 쉽게 알 수 있다. 왜냐하면, 중생은 결코 온전하지 않은 까닭에 우리의 심령에 평안을 가져다주기에 충분하지 않고, 중생 자체가 약속을 확실하게 해줄 수도 없기 때문이다.

율법에 속한 자에게뿐만 아니라 아브라함의 믿음에 속한 자에게도 그러하니. "율법에 속한 자"라는 어구는 다른 곳에서는 율법에 대하여 광신적인 열심이 있어서 스스로 그 멍에를 메고서 율법을 자랑하는 자들을 가리키지만, 여기에서는 단지 하나님의 율법을 받은 유대 민족을 가리킨다. 왜냐하면, 바울은 다른 곳에서 율법의 멍에를 메고 있는 자는 모두 저주 아래 있는 자들이라고 가르치고 있는 까닭에, 그런 자들이 은혜에 참여하는 것으로부터 배제되는 것은 확실하기 때문이다. 따라서 여기에서 그는 행위의 의를 고집하며 그리스도를 부인하는 율법의 종들이 아니라, 율법 아래에서 자라났지만 그리스도의 이름을 고백한 유대인들을 지칭하고 있는 것이다. 따라서 이 구절을 다음과 같이 표현하면 의미가 한층 더 분명해질 것이다: "율법에 속한 자에게뿐 아니라 전에는 율법 없이 살았지만 이제 아브라함의 믿음을 본받고 있는 모든 자에게도 그러하니."

아브라함은 우리 모든 사람의 조상이라. 여기에서 관계대명사 '호스'(ὅς)는 이유를 나타내는 불변화사로서의 의미도 지닌다. 왜냐하면, 바울은 이방인도 아브라함과 그의 자손에게 상속자가 될 것이라고 약속했던 바로 그 동일한 예언의 말씀에 의해서 그의 자손으로 받아들여진 까닭에 이 은혜에 참여하는 자들이 되었다는 것을 증명하고자 하기 때문이다. 따라서 바울은 아브라함이 오직 한 민족이 아니라 많은 민족의 "조상"으로 세우심을 받았다고 말하는 것이다. 이러한 사실 속에는 당시에 오직 이스라엘에게만 국한되었던 은혜가 장래에는 많은 민족에게로 확장될 것이라는 의미가 이미 내포되어 있었다. 왜냐하면, 만일 하나님께서 약속하신 복이 많은 민족에게로 확장되지 않는다면, 그들은 아브라함의 자손으로 인정을 받을 수 없었을 것이기 때문이다. 이 구절은 모세의 증언을 보충해 넣어서 "아브라함은 하나님 앞에서 우리 모든 사람의 조상이라"고 읽으면 무리 없이 읽힐 수 있다. 왜냐하면, 바울은 여기에서 유대인들이 자신들의 육신적인 혈통을 지나치게 자랑하지 못하도록 하기 위하여 그런 혈통 관계가 어떤 의미를 지니는지를 확실히 해 둘 필요가 있었기 때문이다. 따라서 그가 "아브라함은 우리의 영적 조상"이라고 말한 것과 같다. 왜냐하면, 아브라함은 자신의 육신에 근거해서가 아니라 하나님의 약속에 의해서 그런 특권을 갖게 된 것이기 때문이다.

17. 기록된 바 내가 너를 많은 민족의 조상으로 세웠다 하심과 같으니 그가 믿은 바 하나님은 죽은 자를 살리시며 없는 것을 있는 것으로 부르시는 이시니라. 바울이 여기에서 많은 말로 아브라함의 믿음의 실체(substantia)를 장황하게 설명하는 목적은 아브라함이라는 본보기를 연결고리로 삼아서 이방인의 믿음으로 넘어가기 위한 것이다. 아브라함은 자기가 하나님의 입으로부터 약속을 듣긴 했지만 그 어떤 증표도 주어지지 않았던 까닭에, 놀랍고 기이한 방식으로 그 약속을 실현시켜야 했다. 하나님께서는 마치 아브라함이 아직 생식 능력이 있고 기력이 온전한 자인 듯이 그에게 "씨"를 약속하셨다. 하지만 실제로는 아브라함은 이미 생식 능력이 없어서 죽은 자와 방불한 자였기 때문에, 하나님에게는 "죽은 자를 살리시는" 능력이 있다는 것을 믿지 않으면, 이 약속의 실현은 불가능할 수밖에 없었다. 그러므로 아무런 열매도 맺을 수 없는 죽은 자들이었던 이방인들이 유대인들과 마찬가지로 하나님의 권속으로 들어오게 된다고 하더라도, 그것은 결코 이상하거나 터무니없는 일이 아닐 것이었다. 이방인들이 하나님의 은혜를 받을 수 없다고 생각하는 자는 아브라함을 짓밟는 자가 될 수밖에 없다. 왜냐하면, 아브라함은, 하나님의 능력으로는 말씀 한 마디로 죽은 자를 살리는 것은 식은 죽 먹기나 같은 까닭에, 하나님의 부르심을 받는 자가 죽은 자인가 산 자인가 하는 것은 아무런 문제도 되지 않는다는 믿음을 지니고 있었기 때문이다. 또한, 우리는 아브라함에게서 어떻게 해서 우리가 하나님의 부르심을 받아 살리심을 받아서, 우리의 첫 번째 출생의 연속선상에서 살아가는 것이 아니라, 장래의 삶에 대한 소망과 연결되어 살아가기 시작하게 되는가에 대한 본보기와 전형을 보게 된다. 즉, 우리는 하나님의 부르심을 받을 때에 "없

는 것"으로부터 일으키심을 받는 것이다. 왜냐하면, 우리가 스스로를 어떤 사람으로 생각하든, 우리로 하여금 하나님의 나라에 들어가기에 합당한 자가 될 수 있게 해주는 그 어떤 선한 것도 우리에게는 눈곱만큼도 없기 때문이다. 따라서 우리가 하나님의 부르심을 받기에 합당한 존재가 되기 위해서는 우리 자신이 철저히 죽어야만 한다. 하나님께서 그의 능력으로 죽은 자를 살리시고 아무것도 아닌 자를 뭔가 있는 자가 되게 하시는 것이 바로 하나님의 부르심의 성격(conditio)이다. "부르다"라는 단어는 하나님께서 말씀하셨다는 의미로 한정되어서는 안 되고, 성경의 용법을 따라 "일으켜 세우다, 살리다"라는 의미로 해석되어야 한다. 이 단어를 사용해서 바울은, 자기가 원하시는 자를 몸짓 하나로 살려서 일으켜 세우시는 하나님의 능력을 좀 더 생생하게 표현하고자 하였다.

18아브라함이 바랄 수 없는 중에 바라고 믿었으니 이는 네 후손이 이같으리라 하신 말씀대로 많은 민족의 조상이 되게 하려 하심이라(4:18).

18. 아브라함이 바랄 수 없는 중에 바라고 믿었으니. 우리가 이 읽기를 채택한다면, 이 구절의 의미는, 믿을 만한 근거가 전혀 없었고 모든 것이 믿는 데에 불리하게 작용하고 있던 상황 속에서 아브라함은 계속해서 믿었다는 것이다. 우리의 마음과 생각을 우리의 눈에 꼭 묶어두어서 우리 눈에 보이는 것에서 소망의 근거를 찾고자 하는 것만큼 우리의 믿음에 해로운 것이 없다는 것은 분명하다. 바울은 이 구절에서 "바라다"라는 단어를 두 번 사용하는데, 첫 번째의 것은 자연적이고 육신적인 근거를 토대로 했을 때에 바랄 만한 이유가 있어서 바라는 것을 가리키고, 두 번째의 것은 하나님에 의해서 주어진 믿음을 가리킨다. 왜냐하면, 그 어떤 바랄 만한 근거나 이유도 없는 상황에서 아브라함은 하나님의 약속을 바라고 의지하였기 때문이다. 그는 하나님이 약속하신 일 자체는 도저히 믿기지 않는 일이었을지라도 하나님이 약속하셨다는 사실 자체가 바라고 믿을 만한 충분한 근거와 이유가 된다고 생각하였다.

이는 네 후손이 이같으리라 하신 말씀대로. 내가 이 구절을 과거완료로 번역한 이유는 하나님의 말씀이 아브라함의 때에 주어진 것임을 나타내기 위한 것이다. 바울은 여기에서 아브라함이 수많은 시험 속에서 절망에 빠져들어 믿음을 잃어버릴 위기에 처할 때마다 하나님이 그에게 전에 하신 약속, 즉 "네 씨가 하늘의 별과 같고 바닷가의 모래와 같게 하리라"(cf. 창 22:17)는 약속을 생각하였다는 것을 말하고자 했으면서도, 우리로 하여금 성경의 해당되는 대목을 읽어보도록 자극하기 위하여 일부러 불완전하게 인용한다. 실제로 사도들은 성경을 인용할 때마다 늘 우리에게서 성경을 더 부지런히 읽고 싶은 마음이 생겨나도록 하기 위해 세심한 주의를 기울였다.

[19]그가 백 세나 되어 자기 몸이 죽은 것 같고 사라의 태가 죽은 것 같음을 알고도 믿음이 약하여지지 아니하고 [20]믿음이 없어 하나님의 약속을 의심하지 않고 믿음으로 견고하여져서 하나님께 영광을 돌리며 [21]약속하신 그것을 또한 능히 이루실 줄을 확신하였으니 [22]그러므로 그것이 그에게 의로 여겨졌느니라(4:19-22).

19. 그가 백 세나 되어 자기 몸이 죽은 것 같고 사라의 태가 죽은 것 같음을 알고도 믿음이 약하여지지 아니하고. 나의 번역은 "그가 백세나 되어 자기 몸이 죽은 것 같고 사라의 태가 죽은 것 같음을 아랑곳하지 않고 믿음이 약하여지지 아니하고"로 되어 있어서, 부정사가 두 번이나 사용되고 있는데, 이것이 마음에 들지 않는다면, "그가 믿음이 약해져서 백세나 되어 자기 몸이 죽은 것 같고 사라의 태가 죽은 것 같음을 고려한 것이 아니라"로 번역해도 좋을 것이다. 어느 쪽으로 옮기더라도 의미는 동일하다. 바울은 이제 여기에서 아브라함이 하나님의 약속을 그대로 받아들여서 믿는 것을 방해하거나 완전히 포기하게 만들 수 있었던 것들이 무엇이었는지를 좀 더 구체적으로 보여준다. 하나님께서는 아브라함이나 사라가 생물학적으로 자녀를 잉태하고 생산할 수 없었던 때에 아브라함에게 사라로부터 그의 "후손"을 얻게 될 것이라고 약속하셨다. 아브라함이 자신의 몸 상태와 관련된 모든 것을 고려해 보았을 때에 하나님의 약속은 절대적으로 실현이 불가능한 것이었다. 그래서 그는 하나님의 약속이 꼭 성취될 것이라고 믿기 위해서는 자기 눈에 보이는 모든 것들을 아랑곳하지 않아야 했고 자신의 몸의 상태가 어떠한지도 잊어야 했다.

하지만 우리는 아브라함이 "자기 몸이 죽은 것 같음"을 아예 처음부터 개의치 않았다고 생각해서는 안 된다. 왜냐하면, 그런 생각과는 정반대로 성경은 아브라함이 '백 세나 된 남자에게 아이가 생기고 구십 세 된 사라가 아들을 잉태하는 일이 과연 가능할까'라고 속으로 궁리를 했다고 증언하기 때문이다. 그러나 아브라함은 이 모든 것들에 대한 고려를 다 접고서 모든 판단을 하나님께 맡겼기 때문에, 사도는 "그가 아랑곳하지 않았다"고 말하고 있는 것이다. 아브라함이 그런 생각들을 아예 처음부터 하지 않은 것이 아니라, 그런 생각들이 그의 마음속으로 밀고 들어오는데도 그것들을 다 떨쳐내고 아랑곳하지 않게 되었다는 것이 그의 믿음의 견고함을 더 분명하게 보여주는 증표였음은 분명하다.

아브라함이 하나님의 축복의 말씀을 받았던 때에 그의 몸은 이미 늙어서 자식을 생산할 수 없게 되어 있었다는 사실은 이 구절 및 창세기 17장과 18장으로부터 너무나 분명하기 때문에, 생식 능력과 관련해서 오직 사라에게만 문제가 있었다고 말한 아우구스티누스의 주장은 받아들여질 수 없다. 또한, 아우구스티누스는 아브라함이 나중에 많은 자녀를 갖게 된 것을 볼 때에 그가 백 세가 되었다고 해서 자식을 가질 수 없게 되었다고 보는 것은 터무니없다고 생각해서 그러한 해법을 제시한 것이기 때문에, 우리는 그러한 해법의 발단과 근거가 된 사실에 대한 아우구스티누스의 해석도 터무니없다는 것을 알아야 한다. 왜냐하면, 하나님께서는 바로 그런 일들을 통해서 자신의 능력을 더 분명하게 나타내 보이신 것이기 때문이다. 즉, 하나님은 이전에 말라 비틀어져서 열매를 맺을 수 없었던 아브라함을 하늘의 축복으로 되살리시고 그의 기력을 회복시키셔서 그로 하여금 이삭을 얻게 하신 것에서 그치신 것이 아니라 그 후로도 더 많은 자식을 생산할 수 있게 하셨다는 것이다. 어떤 이들은 남자가 그 나이에 자녀를 얻는 것은 결코 자연의 법칙을 거스르는 것이 아니라고 말하며 반론을 제기할지도 모른다. 나는 그런 일이 자연법칙상 불가능한 일이 아니라는 것을 인정하지만 어쨌든 거의 이적에 가까운 일이라고 본다. 그리고 이 거룩한 자가 백 세가 되도록 내내 상속자 문제로 얼마나 노심초사하며 속을 끓이고 애태웠을지를 생각해 보라. 그는 나이도 나이이지만, 마음 고생으로 인해서도 이미 진이 다 빠지고 기력이 완전히 쇠해 있었을 것임을 우리는 인정하여야 한다. 끝으로, 우리는 아브라함의 몸은 자식을 생산하지 못할 정도로 절대적으로 죽어 있었던 것이 아니라 상대적으로 "죽은 것 같았다"는 사실도 고려하여야 한다. 왜냐하면, 한창 기력이 좋던 나이에도 자식을 얻을 수 없었던 아브라함이 이제 기력이 쇠해진 때에 이르러서야 자식을 얻게 된 것은 거의 있을 수 없는 일이었기 때문이다.

바울이 "믿음이 약하여지지 아니하고"라고 말한 것은 사람들은 일반적으로 어려운 상황 아래에서는 믿음이 흔들리거나 요동치는 것이 보통인데 아브라함은 그렇지 않았다는 것이다. 실제로 믿음이 약해지는 것은 두 종류가 있다. 하나는 역경의 시험에 굴복해서 하나님의 능력을 의지하지 않고 도망쳐 버리는 것이고, 다른 하나는 온전하지 못함(imperfectio)에서 오는 것으로서 이 경우에는 믿음을 잃지는 않는다. 왜냐하면, 후자의 경우에는 지성(mens)에 온전한 조명을 받지 못해서 많은 무지가 여전히 존재하고, 심령(animus)이 충분한 힘을 얻지 못한 가운데 많은 의심이 그 마음에 여전히 들러붙어 있어서, 믿는 자들은 무지와 의심 같은 육신의 악들과 끊임없이 싸우게 되고, 그러한 싸움 속에서 그들의 믿음은 흔히 심하게 흔들리고 눌리지만 결국에는 그런 것들을 이겨내고 승리하기 때문이다. 따라서 믿는 자들은 약함 속에서 가장 강해진다고 할 수 있다.

20. 믿음이 없어 하나님의 약속을 의심하지 않고. 내가 불가타 역본이나 에라스무스의 역본을 따르지 않고 이 구절을 "믿음이 없어 하나님의 약속을 따져 본 것이 아니라"(칼빈의 라틴어 번역 — 역주)로 번역한 데에는 이유가 있는데, 그것은 사도가 여기에서 말하고자 한 것은 아브라함이 이 문제를 불신앙의 저울에 달아봄으로써 하나님께서 과연 자신이 약속하신 일을 이루실 수 있을지를 알아보고자 하지 않았다는 것이기 때문이다. (한글개역개정에서 "의심하지 않고"로 번역된) 헬라어 동사 '디아크리노'(διακρίνω)는 원래 어떤 것에 대하여 의구심이 있을 때에 그 의구심을 떨쳐버리기 위해서 꼼꼼하게 살피고 따져 보는 것이고, 의구심이 드는 일을 그렇게 철저히 따져 봄이 없이 그대로 받아들이고자 하지 않는 것을 의미한다. 따라서 아브라함은 어떻게 그런 일이 있을 수 있는지를 묻긴 했지만, 그것은 전혀 예기치 않았던 말씀에 놀라서 물은 것일 뿐이었고 결코 의구심을 품고 물은 것이 아니었다. 우리는 천사의 수태고지를 들은 마리아가 천사에게 어떻게 그런 일이 있을 수 있느냐고 물은 것을 비롯해서 이와 비슷한 여러 사례들을 성경에서 찾아볼 수 있다. 그러므로 성도들은 우리가 도저히 이해할 수 없는 하나님의 큰 일들에 관한 메시지를 들었을 때에는, 먼저 그 경이로움에 대하여 찬탄하게 되고, 곧이어서 하나님의 능력을 찬양하게(suspicio) 된다. 그러나 불경건한 자들은 그 메시지를 이리저리 따져 보고서는(sciscitor) 말도 안 되는 소리라고 조롱하며 일축해 버린다. 우리가 알고 있듯이, 유대인들이 그리스도께 어떻게 그가 자기 살을 주어 먹게 하겠느냐고 반문하며 조롱한 것이 바로 그 예이다. 반면에, 아브라함은 백 세나 된 남자와 구십 세인 여자 사이에서 어떻게 아기가 생길 수 있겠느냐고 웃으며 묻긴 했지만, 그가 깜짝 놀라서 이렇게 물은 와중에도 그의 마음에서는 하나님의 말씀의 능력을 믿고 있었기 때문에 책망을 받지 않았다. 하지만 사라는 하나님의 약속을 공허한 것(vanitas)으로 보고서 이루어질 것으로 믿지 않는 가운데 하나님이 말씀하시는 것을 듣고서 웃었

기 때문에 책망을 들어야 했다.

이러한 고찰들을 지금 우리가 다루고 있는 주제에 적용해 보면, 아브라함이 의롭다 하심을 받은 일이 바로 이방인들이 믿음으로 의롭게 되는 일의 시초(origo)였다는 것이 분명해진다. 따라서 하나님께서 이방인들을 부르셨다는 것을 유대인들이 말도 안 되는 일이라고 아우성친다면, 그것은 그들의 조상 아브라함을 욕보이는 일이 될 수밖에 없다. 또한, 우리는 우리 모두의 처지와 형편도 아브라함의 경우와 동일하다는 것을 기억하여야 한다. 우리를 둘러싸고 있는 모든 것은 하나님의 약속이 도저히 이루어질 수 없는 일이라고 말한다: 하나님은 우리에게 영원히 살게 될 것을 약속하시지만, 우리는 온통 죽을 수밖에 없는 것들과 썩어지는 것들로 둘러싸여 있다. 하나님은 우리를 의롭다고 하시지만, 우리는 죄악으로 뒤덮여 있다. 하나님은 우리와 화해하셨고 우리에 대하여 인자하시다고 말씀하시지만, 외적인 증거들은 하나님의 진노를 나타내고 있다. 이런 상황에서 우리는 어떻게 해야 하는가? 우리는 우리 자신 및 우리와 연결된 모든 것에 대하여 눈을 감아 버리고 무시함으로써, 그 어떤 것도 우리가 하나님이 참되시다는 것을 믿지 못하게 방해하거나 가로막지 못하도록 하여야 한다.

믿음으로 견고하여져서 하나님께 영광을 돌리며. "믿음으로 견고하여졌다"는 것은 앞 구절에서 "믿음이 약하여지지 않았다"는 것과 동일한 의미이다. 따라서 바울은 아브라함이 견고하고 변함없는 믿음으로 불신앙을 극복하였다고 말한 것과 같다. 왜냐하면, 하나님의 말씀을 자신의 병기와 힘으로 삼는 자만이 이 싸움에서 승리자가 될 수 있기 때문이다. 바울이 "하나님께 영광을 돌리며"라고 덧붙인 말 속에서 우리가 유념할 것은 우리의 믿음을 통해서 하나님의 참되심을 인치는 것보다 하나님께 더 큰 영광을 돌리는 일은 없고, 반면에 하나님이 우리에게 주시는 은혜를 거절하거나 하나님의 말씀의 권위를 훼손시키는 것보다 더 하나님을 모독하고 욕보이는 일은 없다는 것이다. 그러므로 하나님을 경배함에 있어서 가장 중요한 것은 하나님의 약속들을 순복하는 마음으로 받드는 것이다. 참된 경건은 믿음에서 시작된다.

21. 약속하신 그것을 또한 능히 이루실 줄을 확신하였으니. 누구나 다 하나님의 능력을 인정하기 때문에, 아브라함의 믿음에 대하여 바울이 말하고 있는 것은 별로 특별할 것이 없어 보일 수 있겠지만, 경험은 사람이 하나님의 능력에 합당한 영광을 돌리는 것보다 더 희귀하거나 어려운 일은 없다는 것을 증명해 준다. 왜냐하면,

육신(caro)은 지극히 사소하고 별 것 아닌 장애물을 만나도 하나님의 손이 묶여서 일하실 수 없으실 것이라고 생각하는 것이 현실이기 때문이다. 그런 까닭에, 우리는 아주 작은 시험을 만나도 하나님의 약속을 내팽개쳐 버리고 만다. 앞에서 말했듯이, 아무런 문제가 없을 때에는 하나님이 모든 것을 하실 수 있다는 것을 아무도 부정하지 않는다. 그러나 하나님의 약속의 성취를 방해하는 어떤 일이 생기자마자, 그 즉시 우리는 하나님의 능력이 아무것도 아닌 양 내팽개쳐 버린다. 따라서 우리가 하나님의 능력에 합당한 권위와 영광을 돌리고자 한다면, 시험이 왔을 때에, 마치 강렬한 햇빛이 아침 안개를 흩어 버리듯이, 하나님의 능력은 세상의 장애물들을 이기기에 충분하다는 사실을 굳게 붙잡지 않으면 안된다. 시험을 만났을 때, 우리는 하나님께서 자신이 행하실 수 있는 것 이상의 것을 말씀으로 약속하신다고 생각하기 때문이 아니라(이것은 잘못된 생각이고 하나님에 대한 명백한 모독이다), 우리 스스로의 연약함과 부족함을 느껴서 주저하고 의심하는 까닭에, 우리가 하나님의 약속들에 대하여 자주 의심한다고 해서, 그것이 곧 하나님의 능력을 부정하거나 폄하하는 것은 아니라고 늘 변명하곤 한다. 그러나 하나님의 능력은 우리의 연약함보다 더 크시다고 생각하지 않는다면, 그것은 하나님의 능력을 제대로 높이고 있는 것이 아니다. 그러므로 믿음은 우리의 약함과 형편없음과 부족함을 보아서는 안 되고, 오직 하나님의 능력만을 전적으로 바라보아야 한다. 왜냐하면, 믿음이 우리의 의로움이나 가치를 의지할 때에는 하나님의 능력을 결코 바라볼 수 없게 되기 때문이다. 바울이 앞에서 말했듯이, 우리가 하나님의 능력을 우리 자신의 잣대로 재려고 한다면, 그것은 불신앙의 증거이다. 왜냐하면, 믿음은 하나님이 가만히 앉아 계신 채로 모든 일을 하실 수 있으시다고 생각하는 것이 아니라, 반대로 하나님의 능력이 끊임없이 역사하셔서 자신의 말씀을 이루어가고 계신다고 생각하는 것이고, 실제로 하나님의 손은 하나님의 입에서 나온 말씀들을 언제든지 이루실 준비가 되어 계시기 때문이다.

에라스무스가 이 구절에서 사용된 관계대명사를 남성으로 파악한 것은 좀 의아하다. 왜냐하면, 그렇게 이해한다고 해서 의미가 바뀌는 것은 아니지만, 우리는 바울이 사용한 헬라어를 충실히 따르는 편이 더 나을 것이기 때문이다. 또한, "약속하신"으로 번역된 '에펭겔타이'(ἐπήγγελται)라는 동사는 수동의 의미로 해석되어야 한다. 이 동사의 형태를 조금만 바꾸면, 의미상의 어색함이 줄어들 수 있을 것이다.

22. 그러므로 그것이 그에게 의로 여겨졌느니라. 믿음이 아브라함에게 어떤 이

유로, 그리고 어떤 식으로 의를 가져다주었는지가 이제 한층 더 분명해지는데, 그것은 그가 하나님의 말씀을 굳게 믿고 의지하고 하나님이 약속하신 은혜를 일축하지 않았기 때문이었다. 우리는 믿음과 말씀의 이러한 관계를 잘 이해하고 꼭 기억해 두어야 한다. 왜냐하면, 믿음은 우리가 말씀을 통해서 받은 것을 우리에게 이루어지도록 해주는 것이기 때문이다. 그런 까닭에, 오직 하나님이 참되시다는 일반적이고 모호한 생각만을 지니고 있을 뿐 하나님의 은혜의 약속을 구체적으로 믿고 의지하지 않는 자는 즉시로 의롭다 하심을 받을 수 없다.

[23]그에게 의로 여겨졌다 기록된 것은 아브라함만 위한 것이 아니요 [24]의로 여기심을 받을 우리도 위함이니 곧 예수 우리 주를 죽은 자 가운데서 살리신 이를 믿는 자니라 [25]예수는 우리가 범죄한 것 때문에 내줌이 되고 또한 우리를 의롭다 하시기 위하여 살아나셨느니라(4:23-25).

23. 그에게 의로 여겨졌다 기록된 것은 아브라함만 위한 것이 아니요. 내가 앞에서 말했듯이, 하나의 사례를 통해 제시된 증거는 늘 유효하고 타당한 것은 아니기 때문에, 바울은 자신의 말에 의문을 제기하는 사람이 없도록 하기 위하여 사람이 의롭다 하심을 받는 것과 관련해서 모든 사람에게 똑같이 적용되는 공통적인 본보기가 아브라함이라는 인물을 통해서 제시된 것이라고 여기에서 분명하게 단언한다.

이 구절은 성경에 기록된 예들로부터 유익을 얻어야 할 의무가 우리에게 있음을 일깨워 준다. 하나님을 알지 못하는 자들이 "역사는 우리에게 인생을 어떻게 살아야 하는지를 가르쳐 주는 선생"이라고 말한 것은 옳지만, 그들이 전해 준 역사에서는 제대로 된 유익을 얻을 수 없고 오직 성경만이 그런 역할을 제대로 해낼 수 있다. 먼저, 성경은 일반적인 규범(regula)을 제시하고 있기 때문에, 우리는 다른 모든 역사를 그 규범에 비추어 보아서 우리에게 유익한 것들을 취할 수 있다. 다음으로, 성경은 어떤 일들을 본받아야 하고 어떤 일들을 피해야 하는지를 분명하게 보여준다. 그러나 가르침 또는 교훈(doctrina)과 관련해서는 성경은 하나님의 섭리, 자기 백성을 향하신 하나님의 의로우심과 선하심, 멸망받을 자들에 대한 심판을 분명하게 계시하고 있다는 점에서 독보적인 위치에 있다.

따라서 바울은 아브라함에 대하여 기록된 것은 오로지 아브라함만을 위하여 기록된 것이 아니라고 말한다. 왜냐하면, 성경에 "기록된 것"은 단지 어떤 특정한 개인이 하나님의 특별한 부르심을 받은 것에 관한 것이 아니라, 사람이 의롭다 하심을 받는 것과 관련해서 모든 사람에게 똑같이 적용되는 원칙에 관한 것이고, 우리 모두가 똑바로 주시해야 할 모든 믿는 자들의 공통의 조상에 대한 것이기 때문이다.

그러므로 우리가 거룩한 역사들을 제대로 올바르게 사용하고자 한다면, 거기로부터 바른 가르침과 교훈을 이끌어 내는 방향으로 사용해야 한다는 것을 명심하여야 한다. 거룩한 역사들은 우리에게 어떤 삶을 살아가야 하는지를 교훈하기도 하고, 어떻게 해야 믿음을 굳게 할 수 있는지를 가르쳐 주기도 하며, 때로는 하나님을 경외하는 마음을 우리 속에서 불일듯이 일어나게 하기도 한다. 우리가 성도들을 본받아서 그들로부터 바른 정신과 인자함과 사랑, 인내와 절제, 세상을 멸시하는 것 등과 같은 덕목들을 배운다면, 그것은 우리의 삶을 올바르게 정립하는 데에 유익이 된다. 거룩한 성도들에게 하나님의 도우심이 늘 있었다는 사실은 우리의 믿음을 굳게 하는 데에 도움이 되고, 하나님께서 그들의 아버지가 되셔서 그들을 늘 돌보아 주셨다는 사실은 고난의 때에 우리에게 큰 위로와 힘이 되어줄 것이다. 하나님의 심판들과 악인들에 대한 징벌들도 우리가 그런 것들을 보고서 우리의 마음이 하나님을 두려워하고 경외하는 것으로 충만해져서 하나님께 더욱 헌신하고자 하는 마음이 생겨난다면 우리에게 적지 않은 도움이 될 것이다. 그러나 바울은 "아브라함만 위한 것이 아니요"라고 말함으로써 성경에 기록된 것이 한편으로는 아브라함을 위한 것임을 암시하고 있다. 이런 이유로 어떤 이들은, 솔로몬이 "의인을 기념할 때에는 칭찬하거니와 악인의 이름은 썩게 되느니라"(잠 10:7)고 말한 대로 하나님께서는 자기 종들이 영원히 기억되기를 원하시기 때문에 아브라함이 믿음으로 의롭다 하심을 받은 것이 기록된 것은 그를 칭찬하고 기념하기 위한 것이었다고 주장한다. 그러나 만일 우리가 "아브라함만 위한 것이 아니요"라는 어구를 이 일이 오직 그에게만 해당되는 어떤 특별한 일이어서 우리의 모범이 될 수는 없고, 단지 동일한 방식으로 의롭다 하심을 얻어야 하는 우리를 가르치는 데에만 적합한 것이라고 말한 것으로 이해한다면, 앞뒤가 잘 맞지 않게 될 것이기 때문에, 앞에서 우리가 한 설명이 분명히 더 적합하다.

24. 의로 여기심을 받을 우리도 위함이니 곧 예수 우리 주를 죽은 자 가운데서 살리신 이를 믿는 자니라. 나는 앞에서 이미 바울이 이렇게 장황하게 설명하는 이유가 무엇인지를 언급한 바 있는데, 그것은 바울은 여러 상황의 요구에 맞추어서 우

리의 믿음의 실체를 다양한 방식으로 설명하기 위하여 이렇게 장황한 설명을 이어 왔다는 것이다. 그런데 그리스도의 부활은 우리에게 장래의 삶에 대한 토대인 까닭 에 우리의 믿음에서 가장 중요한 부분인데, 만일 바울이 우리가 하나님을 믿는다는 것만을 말했다면, 우리는 그런 믿음이 어떻게 해서 의를 얻게 되는지를 쉽게 알기 어려웠을 것이다. 그러나 바울이 여기에서 그리스도께서 부활을 통해 우리에게 영 생에 대한 확실한 보증이 되어 주셨다고 말하고 있기 때문에, 우리는 하나님께서 우 리를 의롭다 하시는 것이 어떤 원천에서 흘러나오는 것인지를 분명하게 알게 된다.

25. 예수는 우리가 범죄한 것 때문에 내줌이 되고. 바울은 내가 방금 언급한 가르 침을 여기에서 좀 더 자세하게 부연설명한다. 왜냐하면, 우리의 마음을 그리스도께 로 향하게 하는 것에서 그치지 않고, 그리스도께서 어떻게 우리의 구원을 이루셨는 지를 분명하게 알게 해주는 것도 우리에게 아주 중요하기 때문이다. 성경은 우리의 구원을 다룰 때에 주로 그리스도의 죽으심에 집중하지만, 사도는 여기에서 한 걸음 더 나아간다. 왜냐하면, 여기에서 사도의 목적은 우리의 구원의 토대를 좀 더 분명 하게 제시하는 것이었던 까닭에, 그 토대를 두 부분으로 세분해서 설명하고자 하기 때문이다. 그래서 그는 먼저 우리의 죄가 그리스도의 죽으심으로 말미암아 속함을 받았음을 말하고, 다음으로 우리의 의가 그리스도의 부활하심으로 말미암아 얻어 졌음을 말한다. 따라서 요지는 우리가 그리스도의 죽으심과 부활하심으로 말미암 은 열매(fructus)를 소유하게 되기만 한다면 온전한 의를 이루는 데에 아무런 부족 함도 없게 된다는 것이다. 사도가 그리스도의 죽으심과 부활하심을 이렇게 따로 떼 어서 설명하는 것은 우리의 무지함을 고려해서 그 수준에 맞춰 설명하고 있는 것임 에 틀림없다. 왜냐하면, 그가 다음 장에서 보여주듯이, 우리가 의롭다 하심을 받게 된 것은 사실 그리스도께서 자신의 죽으심을 통하여 보이신 순종(obedientia) 덕분 이기 때문이다. 하지만 그리스도께서는 죽은 자 가운데서 다시 살아나심으로써 자 신의 죽으심을 통해 무엇을 이루셨는지를 분명하게 알게 하신 것이기 때문에, 이렇 게 그리스도의 죽으심과 부활하심을 따로 떼어서 설명하는 것은 우리의 구원이 우 리 죄를 속하신 그리스도의 희생제사를 통해 시작되었고, 그의 부활하심에 의해 완 성되었다는 것을 우리에게 가르치는 데에 적절하다. 왜냐하면, 우리를 의롭다 하심 의 시작은 하나님과 화목되는 것이고, 그 완성은 사망이 폐하여지고 생명을 얻는 것 이기 때문이다. 따라서 바울이 말하고자 하는 것은 우리의 죄를 위한 대속이 십자 가 위에서 이루어졌다는 것이다. 왜냐하면, 그리스도께서는 우리에 대한 하나님의

은총을 회복시키시기 위해서는 우리의 죄를 멸하셔야 했고, 이 일은 그리스도께서 우리가 도저히 감당할 수 없었던 벌을 우리 대신 받으셔야만 가능했기 때문이다. 그래서 이사야 선지자는 "그가 찔림은 우리의 허물 때문이요 그가 상함은 우리의 죄악 때문이라 그가 징계를 받으므로 우리는 평화를 누리고 그가 채찍에 맞으므로 우리는 나음을 받았도다"(사 53:5)라고 말한다. 그러나 바울은 이러한 대속이 이런 식으로 화목을 이루고자 하신 하나님의 영원하신 기쁘신 뜻(beneplacitum)을 따라 이루어진 것이었기 때문에, 그리스도께서 죽으셨다고 말하는 것이 아니라 "내줌이 되었다"고 말한다.

또한 우리를 의롭다 하시기 위하여 살아나셨느니라. 만일 그리스도께서 저주를 이기시고 승리하셔서서 하늘의 영광 속으로 받아들여져서 그의 중보기도를 통해서 하나님과 우리를 화목하게 하신 것이 아니라면, 그가 자기 자신을 하나님의 진노와 심판에 내주시고 우리의 죄에 합당한 저주를 담당하셨다고 해도, 그것만으로는 충분하지 않았을 것이다. 따라서 바울이 여기에서 칭의의 효력을 사망을 이기신 그리스도의 부활에 돌리고 있는 것은 그리스도께서 십자가의 희생 제사로 우리를 하나님과 화목하게 하신 것이 우리의 칭의에 아무런 기여도 하지 않았기 때문이 아니라, 그리스도께서 다시 살아나신 것 속에서 이 은혜가 완성되었다는 것이 한층 더 분명하게 드러났기 때문이다.

하지만 나는 이 하반절이 새 생명(vita novitatis)을 언급하는 것이라고 보는 자들의 견해에 동의할 수 없다. 왜냐하면, 사도는 아직 이 문제를 다루지 않고 있을 뿐만 아니라, 상반절과 하반절은 둘 다 동일한 것을 언급하고 있음에 틀림없기 때문이다. 만일 칭의가 새 생명을 의미한다면, 그리스도께서 우리 죄를 위하여 죽으신 것도 마찬가지로 우리로 하여금 육신을 죽일 은혜(mortificandae carnis gratia)를 얻게 하신 것을 의미한다고 해야 하는데, 이것은 아무도 받아들일 수 없는 해석이다. 따라서 그리스도께서 "우리 죄를 위해 죽으셨다"는 것이 그가 우리가 받아야 할 벌을 대신 받으시고 죽으심으로써 사망의 재앙(mortis calamitas)에서 우리를 건지셨음을 의미하는 것과 마찬가지로, 그리스도께서 "우리를 의롭다 하시기 위하여 살아나셨다"는 것도 그가 부활하심으로써 우리에게 생명을 온전히 회복시키셨다는 것을 의미한다. 왜냐하면, 그리스도께서는 우리를 대신하여 죄인이 되셔서 죄로 말미암은 화(peccati miseria)를 담당하시기 위하여 먼저 하나님의 손에 의해 맞으셨고, 그런 후에 자기 백성에게 의와 생명을 값없이 주시기 위하여 다시 살리심을 받으셨기 때문이다. 따라서 바울은 여기에서 계속해서 전가된 의에 대하여 말하고 있는 것이고, 이것은 다음 장을 통해서 확증될 것이다.

때문이다. 따라서 바울은 여기에서 계속해서 전가된 의에 대하여 말하고 있는 것이고, 이것은 다음 장을 통해서 확증될 것이다.

제5장

¹그러므로 우리가 믿음으로 의롭다 하심을 받았으니 우리 주 예수 그리스도로 말미암아 하나님과 화평을 누리자 ²또한 그로 말미암아 우리가 믿음으로 서 있는 이 은혜에 들어감을 얻었으며 하나님의 영광을 바라고 즐거워하느니라(5:1-2).

1. 그러므로 우리가 믿음으로 의롭다 하심을 받았으니 우리 주 예수 그리스도로 말미암아 하나님과 화평을 누리자. 사도는 지금까지 믿음의 의에 대하여 말해 온 것들을 이제 여기에서는 그 효과들을 통해서 예시하기 시작한다. 그러므로 이 장 전체는 지금까지 말해 온 것들을 확증함과 동시에 좀 더 확장해서 설명하는 내용들로 이루어져 있다. 사도는 앞에서 행위를 통해서 의롭게 되고자 하는 것은 믿음을 폐기하는 것이라고 말한 바 있는데, 그런 불쌍한 심령들은 자기 자신 속에서 그 어떤 확실한 것도 찾을 수 없기 때문에 끊임없이 불안에 시달리게 된다. 이제 그는 여기에서 우리가 믿음으로 말미암아 의롭다 하심을 얻었을 때에는 우리 영혼이 평안과 안정을 회복하게 된다고 가르친다. 즉, 우리는 하나님과 화평을 누리게 된다는 것이다. 이것은 믿음으로 말미암은 의에만 수반되는 열매이다. 세상적이고 무지한 자들처럼 행위를 통해서 양심의 평안함을 얻고자 하는 자는 헛수고를 하는 것이다. 왜냐하면, 그런 자의 심령은 우리의 유일한 "화평"(pax)이신 그리스도 안에 안길 때까지는 하나님의 심판을 무시하거나 잊어버리고서 잠들어 있거나 늘 두렵고 떨림으로 가득할 것이기 때문이다.

그러므로 "화평"은 양심이 하나님과 화목되었음을 알았을 때에 생겨나는 청명함(serenitas)이다. 자신의 행위에 대한 잘못된 자부심으로 부풀어 있는 바리새인이나 악행의 달콤한 쾌락에 빠져 있는 무감각한 죄인에게는 이런 청명함이 없다. 왜냐하면, 그런 자들은 죄를 깨닫고서 양심의 가책으로 괴로워하는 자들과는 달리 아직 하나님의 법정에 가까이 나아가지 않아서 하나님에게 대들고 싸우고 있는 것으로 보이지 않는다고 할지라도, 그들에게는 하나님과의 화목됨이 없기 때문이다. 양심이 무감각해져 있다는 것은 하나님에게서 떠나 있다는 것(recessus a Deo)을 보여주는 것이다. 하나님과 화평한 상태에 있는 것은 육신의 안일함에 빠져 있는 것과 반대된다. 왜냐하면, 사람에게 가장 중요한 것은 제정신으로 깨어나서 장차 자신의 삶에 대하여 하나님과 결산해야 한다는 것을 깨닫는 것이기 때문이다. 하나님의 값없이 주시는 "화평"을 의지하지 않는 자는 그 누구도 하나님 앞에 두려움 없이 설 수 없다. 하나님은 심판주이시기 때문에, 그 앞에서 모든 사람은 두려움과 곤혹스러움에 휩싸일 수밖에 없는 것이다. 이것은 우리의 대적들이 행위로 말미암아 의롭게 될 수 있다고 주장하는 것이 헛소리를 지껄이는 것일 뿐임을 보여주는 아주 강력한 증거이다. 왜냐하면, 여기에 나오는 바울의 이러한 결론은 그리스도의 은혜를 의지하지 않는 불쌍한 심령들은 늘 두려워 떨 수밖에 없다는 원리에 토대를 둔 것이기 때문이다.

2. 또한 그로 말미암아 우리가 믿음으로 서 있는 이 은혜에 들어감을 얻었으며. 우리가 하나님과 화목을 누리게 된 것은 전적으로 그리스도로 말미암은 것이다. 왜냐하면, 오직 그리스도만이 하나님이 사랑하시는 독생자이시고, 우리는 모두 본성적으로 진노의 자식들이기 때문이다. 따라서 이 은혜는 복음으로 말미암아 우리에게 주어진다. 복음은 우리를 하나님과 화목하게 해서 하나님의 나라로 들어가게 해주기 때문이다. 따라서 바울이 우리로 하여금 행위를 의지하는 것으로부터 좀 더 쉽게 빠져 나오게 하기 위하여 하나님의 은혜의 확실한 보증(pignus)이신 그리스도를 바라보게 하고 있는 것은 합당하다.

바울은 "들어감"이라는 단어를 통해서 구원이 그리스도에게서 시작된다는 것을 가르침으로써, 어리석은 자들이 생각하듯이, 하나님의 긍휼하심을 얻으려면 우리가 먼저 뭔가를 준비해야 한다는 것이 얼마나 터무니없는 생각인지를 보여준다. 따라서 바울은 "그리스도께서는 은혜 받을 만한 자들에게 찾아오셔서 그들에게 구원의 손길을 뻗치시는 것이 결코 아니다"라고 말한 것과 같다. 그는 곧이어서 이 동일한 은혜가 지속됨으로 말미암아 우리의 구원이 견고하고 안전하게 지켜지는 것이라는 말을 덧붙임으로써, 믿음을 지키는 것(perseverantia)이 우리의 힘이나 성실함으로 되는 것이 아니라 오직 그리스도로 말미암아 된다는 것을 보여준다. 하지만 그는 "우리가 서 있는"이라고 말함으로써, 복음이 경건한 자들의 심령 속에 깊이 뿌리를 내리고 있어야만 그 심령이 복음의 진리로 인해 힘을 얻어서 마귀와 육신의 모든 궤계를 물리치고 굳건히 설 수 있음도 아울러 보여준다. 바울은 "서 있다"라는 단어를 사용한 것은 믿음은 하루밖에 못가는 일시적인 확신이 아니라, 우리의 심령 속에 깊고 견고하게 자리를 잡아서 흔들림 없이 일생 동안 지속되는 것임을 보여주기 위한 것이다. 따라서 믿음이 있어서 믿는 자들에 속하는 것으로 인정받을 수 있는 사람은 순간적인 충동으로 믿게 된 사람이 아니라, 하나님이 자신에게 정해 주신 자리에 견고하고 흔들림 없이 머물러 있어서 늘 그리스도를 굳게 붙잡고 있는 사람이다.

하나님의 영광을 바라고 즐거워 하느니라. 우리가 장래의 삶에 대한 소망을 지닐 뿐만 아니라 더 나아가 담대히 기뻐하고 즐거워할 수 있는 이유는 하나님의 은혜라는 확실한 토대 위에 확고하게 서 있기 때문이다. 왜냐하면, 바울이 여기에서 말하고자 하는 것은 믿는 자들은 이 땅에서 순례자로 살아가고 있기는 하지만, 믿음으로 하늘에 잇대어 살고 있는 까닭에, 그들이 장차 받게 될 유업을 자신의 심령 속에서는 이미 이 땅에서 누리며 살아간다는 것이기 때문이다. 따라서 궤변론자들의 두 가지 매우 해롭고 파괴적인 가르침이 여기에서 여지없이 무너진다. 그들은 먼저 그리스도인들에게 과연 자신이 하나님의 은혜를 받고 있는지를 분별함에 있어서 도덕적인 추측(coniectura moralis)으로 만족하라고 말하고, 다음으로 자신이 최종적으로 믿음을 지킬 수 있을지를 알 수 있는 사람은 아무도 없다고 가르친다. 그러나 지금 이 땅에서 장래의 삶에 대하여 확실히 알지도 못하고 추호도 의심 없는 분명한 확신도 없는데, 담대히 기뻐하고 즐거워할 수 있는 사람이 도대체 어디 있겠는가? 하나님의 영광을 바라는 소망은 복음으로 말미암아 늘 우리의 심령 속에서 빛을 발하고 있다. 왜냐하면, 복음은 우리가 하나님을 대면하여 뵙게 될 때에 하나님과 같이 되어서 "신성한 성품에 참여하는 자"가 될 것이라고 증언하기 때문이다(벧후1:4; 요일 3:2).

³다만 이뿐 아니라 우리가 환난 중에도 즐거워하나니 이는 환난은 인내를, ⁴인내는 연단을, 연단은 소망을 이루는 줄 앎이로다 ⁵소망이 우리를 부끄럽게 하지 아니함은 우리에게 주신 성령으로 말미암아 하나님의 사랑이 우리 마음에 부은 바 됨이니 (5:3-5).

3. 다만 이뿐 아니라 우리가 환난 중에도 즐거워하나니. 바울은 그리스도인들이 기뻐하고 즐거워한다고 하는데 그런 그들이 현세의 삶 속에서 환난을 당하여 고생하고 결코 행복한 모습으로 살아가지 못하는 것은 이상한 일이 아니냐고 반론을 제

기할 사람들이 있을 것을 미리 예상하고서 그런 반론이 나오지 못하도록 하기 위해서, 그러한 환난들은 경건한 자들의 행복을 방해할 수 없을 뿐만 아니라 도리어 그들이 기뻐하고 즐거워하는 것을 한층 더 촉진시킨다고 선언한다. 이것을 증명하기 위해서 바울은 환난의 결과들을 그 근거로 제시한다. 그는 환난이 경건한 자들에게 만들어 내는 결과들을 점층적으로 제시한 후에, 마지막에 가서 우리가 겪는 모든 환난은 우리의 구원과 복에 기여할 뿐이라는 결론을 내린다.

우리는 성도들이 "환난 중에도 즐거워한다"는 바울의 말을 마치 성도들은 환난을 두려워하지도 않고 피하지도 않으며 환난이 닥쳤을 때에 그 고통으로 인해 괴로워하지도 않는다는(고통이나 괴로움이 없다면 인내할 필요도 없을 것이기 때문에) 의미가 아니라, 그들은 지극히 인자하시고 온유하신 아버지 하나님께서 그들의 유익을 위하여 그들에게 그런 환난들을 주시는 것임을 알기 때문에 슬픔과 괴로움 속에서도 큰 위로를 얻는다는 의미로 이해하여야 한다. 따라서 바울이 성도들은 "환난 중에도 즐거워한다"고 말한 것은 옳다. 왜냐하면, 구원이 이루어져가는 것을 볼 때마다 성도들이 기뻐하고 즐거워할 이유는 충분하기 때문이다.

그러므로 여기에서 우리는 하나님이 성도들에게 환난을 주시는 목적이 무엇인지에 대하여 가르침을 받는다. 즉, 우리가 하나님의 자녀임을 나타내고자 한다면, 우리는 환난들을 통해서 인내를 익히는 것이 마땅하다는 것이다. 그런데 실제로 환난들이 그러한 소기의 목적을 이루지 못한다면, 그것은 우리의 타락으로 인해서 하나님의 역사가 아무런 효과를 내지 못하고 수포로 돌아가고 만 것이다. 왜냐하면, 인내로써 환난들을 감당함으로써 자신의 소망에 자양분을 더해 주시고 확증해 주시는 하나님의 도우심을 느끼는 사람 외에는 믿는 자들이 기뻐하고 즐거워하는 것을 환난이 방해하지 못한다는 것을 증명할 수 있는 사람은 아무도 없기 때문이다. 따라서 "인내"를 배우지 못한 자들이 구원을 이루기 어렵다는 것은 분명하다. 또한, 성경에는 절망으로 가득찬 성도들의 탄식들이 기록되어 있다는 사실도 유효한 반론이 될 수 없다. 왜냐하면, 하나님께서는 자기 백성을 한동안 심하게 짓누르시고 바짝 조이셔서 거의 숨쉴 틈도 없고 그 어떤 위로도 거의 받을 수 없게 하시다가, 그들이 사망의 어둠 속으로 가라앉아 버리기 직전에 그들을 순식간에 다시 소생시키시는 일이 종종 있기 때문이다. "우리가 사방으로 우겨쌈을 당하여도 싸이지 아니하며 답답한 일을 당하여도 낙심하지 아니하며 박해를 받아도 버린 바 되지 아니하며 거꾸러뜨림을 당하여도 망하지 아니하고"(고후 4:8-9)라는 바울의 말은 실제로 이렇게 늘 이루어지고 있다.

이는 환난은 인내를. 이것은 환난의 자연스러운 결과가 아니다. 왜냐하면, 우리는 대다수의 사람들은 환난을 당했을 때에 화가 나서 하나님을 향하여 불평하고 심지어 욕하기까지 하는 것을 보기 때문이다. 그러나 하나님의 성령이 부어주시는 기꺼이 순복하고자 하는 마음(interior mansuetudo)과 위로하심이 우리의 완악한 마음을 대신하고 있을 때에는, 완악한 자들에게는 오직 분노와 아우성만을 낳았던 환난이 그들에게는 인내를 낳는 통로가 된다.

4. 인내는 연단을, 연단은 소망을 이루는 줄 앎이로다. 야고보는 여기에서와 비슷한 점층법을 사용하면서도 순서를 달리 하고 있는 것처럼 보일 수 있다. 왜냐하면, 그는 "인내"가 "연단"으로부터 나온다고 말하기 때문이다. 그러나 우리가 바울과 야고보가 동일한 단어를 서로 다른 의미로 사용하고 있다는 것을 안다면, 두 본문은 서로 조화될 수 있을 것이다. 바울은 믿는 자들이 하나님의 도우심을 의지하여 온갖 어려움들을 극복함으로써 하나님의 확실한 보호하심을 경험하게 되는 것, 즉 인내로써 견디며 굳게 서 있는 동안에 하나님께서 자기 백성에게 늘 능력으로 함께 하시겠다고 하신 약속이 그대로 이루어지는 것을 경험하게 되는 것을 "연단"이라고 표현한다. 반면에, 야고보는 성경에서 흔히 "환난"이라고 말하는 것을 "연단"이라는 단어로 표현한다. 왜냐하면, 하나님께서는 이러한 환난들을 통해서 자신의 종들을 시험하시고 검증하시기 때문이다. 그래서 환난은 시험으로도 불린다.

따라서 이 구절에 의하면, 우리는 하나님이 주시는 힘으로 우리가 "인내"로써 견고히 서 있을 수 있음을 경험해 나가면서 우리를 늘 곤경에서 구해 주셨던 하나님의 은혜가 장래에도 우리에게 계속해서 주어질 것이라는 "소망"을 품게 될 때에 믿음의 진보를 이루어나갈 수 있다. 그러므로 바울은 "연단"에서 "소망"이 생겨난다는 말을 덧붙인다. 왜냐하면, 우리가 받은 은혜들을 기억하고서 장래에 대한 소망을 굳게 하지 않는다면, 그것은 배은망덕한 일이기 때문이다.

5. 소망이 우리를 부끄럽게 하지 아니함은. 즉, 소망은 구원을 지극히 확실한 것으로 여긴다는 것이다. 이것으로부터 분명한 것은 하나님께서 환난과 역경으로 우리를 연단하시는 것은 그렇게 하심으로써 우리의 구원을 점진적으로 이루어가시기 위함이라는 것이다. 그러므로 오직 우리에게 더 큰 복을 가져다주기 위한 것일 뿐인 환난을 보고서 얼굴을 찡그리며 괴로워해야 할 이유가 어디 있겠는가? 이렇게 해서 바울이 앞에서 말한 것, 즉 경건한 자들은 "환난 중에도 즐거워할" 이유가 있

다는 것이 증명된다.

우리에게 주신 성령으로 말미암아 하나님의 사랑이 우리 마음에 부은 바 됨이니. 나는 이 구절이 단지 마지막 문장에만 걸리는 것이 아니라, 인내는 하나님의 도우심을 경험함으로써 소망을 더욱 견고히 해준다고 말하는 앞의 내용 전체에 걸린다고 본다. 왜냐하면, 바울은 우리가 아무리 눌리고 우겨쌈을 당하여 거의 끝장이 난 것처럼 보일지라도, 우리를 향하신 하나님의 인자하심(benevolentia)을 끊임없이 느끼는 까닭에, 그것이 우리에게 모든 일이 잘 되어갈 때보다도 훨씬 더 큰 위로가 되어 준다고 말하고 있는 것이기 때문이다. 하나님이 우리를 기뻐하지 않으시고 대적하실 때에는 모든 일이 행복해 보일지라도 그것들은 다 불행이자 괴로움 자체인 것과 마찬가지로, 역으로 하나님이 우리와 화목한 관계에 계실 때에는 환난이나 재난들조차도 결국 형통함과 기쁨을 우리에게 가져다준다. 왜냐하면, 모든 일은 창조주 하나님의 뜻을 따르게 되어 있고, 하나님께서는 우리를 향하여 아버지 같은 자애로우심을 지니고 계시는 까닭에(바울이 8장에서 또다시 얘기하듯이), 우리의 구원을 위해 십자가의 모든 시련들을 조율하시기 때문이다. 우리를 향하신 하나님의 사랑에 대한 이러한 지식은 하나님의 성령으로 말미암아 우리에게 부어진다. 왜냐하면, 하나님께서 자신의 종들을 위해 준비해 두신 복된 일들은 사람들의 눈과 귀와 생각으로부터는 감춰져 있고, 그 일들을 계시해 주실 수 있는 분은 오직 성령뿐이기 때문이다. "부은 바 되다"라는 분사는 매우 강조되어 있기 때문에, 우리를 향하신 하나님의 사랑의 나타남은 너무나 풍성하고 차고 넘쳐서 우리의 심령을 가득 채운다는 의미로 사용되고 있다고 보아야 한다. 우리에게 나타난 하나님의 사랑은 이렇게 우리 심령의 모든 부분에 다 부어져서 환난 가운데서 우리가 느끼는 슬픔과 괴로움을 완화시켜 줄 뿐만 아니라, 감미로운 조미료를 친 것처럼 환난 자체도 즐겁고 사랑스러운 것으로 느끼게 해 준다.

또한, 바울은 성령이 우리에게 주어진다고 말한다. 아우구스티누스가 잘 지적했듯이, 성령은 우리의 공로로 말미암아서가 아니라 값없이 하나님의 베풀어 주시는 선하심으로 말미암아 우리에게 수여된다. 하지만 "하나님의 사랑"이라는 어구에 대한 아우구스티누스의 설명은 잘못되었다. 그는 우리가 성령으로 말미암아 거듭나서 하나님을 사랑하기 때문에, 환난과 역경을 꿋꿋이 견뎌내게 되고, 그런 가운데 우리의 소망이 더욱 견고해지는 것이라고 설명한다. 그의 말은 분명히 경건한 말이기는 하지만, 바울이 여기에서 말하고자 하는 것은 아니다. 왜냐하면, "사랑"은 여기에서 능동이 아닌 수동의 의미로 해석되어야 하는 까닭에, 바울이 말하고자 하는 것은 믿는 자들이 하나님의 사랑을 받고 있음을 확신할 때에 그 확신이 단지 그들의 심령을 가볍게 어루만지는 정도에서 그치는 것이 아니라 그들의 영혼 전체에 깊이 침투하고, 그것이 하나님을 향한 믿는 자들의 모든 사랑의 참된 원천이 된다는 것이기 때문이다.

⁶우리가 아직 연약할 때에 기약대로 그리스도께서 경건하지 않은 자를 위하여 죽으셨도다 ⁷의인을 위하여 죽는 자가 쉽지 않고 선인을 위하여 용감히 죽는 자가 혹 있거니와 ⁸우리가 아직 죄인 되었을 때에 그리스도께서 우리를 위하여 죽으심으로 하나님께서 우리에 대한 자기의 사랑을 확증하셨느니라 ⁹그러면 이제 우리가 그의 피로 말미암아 의롭다 하심을 받았으니 더욱 그로 말미암아 진노하심에서 구원을 받을 것이니(5:6-9).

6. 우리가 아직 연약할 때에 기약대로 그리스도께서 경건하지 않은 자를 위하여 죽으셨도다. 나는 본문 번역에서 이 구절을 "우리가 연약한 상태로 있던 때에"라고 자유롭게 의역하고 싶었지만, 감히 실제로는 그렇게 옮기지 못하였다. 큰 것에서 작은 것으로의 논증이 여기에서 시작되는데, 바울은 나중에 이 논증을 좀 더 상세하게 전개해 나간다. 그는 자신의 논증의 흐름을 아주 명료하게 이끌고 있는 것은 아니지만, 논증의 체계가 고르지 못하다고 해서, 그가 말하고자 하는 것이 방해를 받고 있는 것은 아니다. 그는 이렇게 말한다: "그리스도께서 '경건하지 않은 자들'을 긍휼히 여기셔서 원수된 자들을 아버지 하나님과 화목하게 하셨고, 그것도 자신의 죽으심으로 말미암아 그 일을 이루신 것이라면, 그의 살아나심의 능력이 그의 죽으심에 더해지기까지 한 지금에 있어서 그가 이미 의롭다 하심을 받은 자들을 보호하고 지키시며, 이미 은혜를 회복한 자들을 은혜 속에 두시는 것은 얼마나 더 쉬운 일이겠는가." 어떤 이들은 "연약한 때"는 그리스도께서 처음으로 세상에 나타나셨을 때를 말하고, 율법이라는 "초등교사"(갈 3:24) 아래 있는 어린 아이 같았던 자들이 "연약한" 자들로 불리고 있는 것이라고 말한다. 하지만 나는 이 어구가 우리 모두를 가리키는 것이라고 보고, "연약한 때"는 우리 각자가 하나님과 화목되기 이전의 때를 가리키는 것으로 본다. 왜냐하면, 우리는 모두 진노의 자녀로 태어나는 것과 마찬가지로, 그리스도에게 속한 자가 되기 전에는 저주 아래 있기 때문이다. 그

리고 바울은 자기 자신 속에 오직 죄악된 것밖에는 아무것도 가지고 있지 않은 자들을 "연약하다"고 표현하고 있다. 왜냐하면, 그는 곧이어서 그들을 "경건하지 않은 자들"이라고 부르기 때문이다. "연약함"을 이런 의미로 해석하는 것은 전혀 새로운 것이 아니다. 바울은 고린도전서 12:22에서는 "몸의 덜 귀히 여기는 그것들"을 "연약하다"고 표현했고, 고린도후서 10:10에서는 고린도 교인들이 그를 직접 대면할 때에 그가 별 볼일 없다는 의미로 "연약하다"는 표현을 사용한다. 이러한 의미로 사용되는 "연약함"이라는 단어는 이제 곧 자주 등장하게 될 것이다. 따라서 우리가 연약했을 때, 즉 우리가 하나님으로부터 그 어떤 배려나 존중을 받을 만한 가치나 자격이 전혀 없었을 바로 그때에 그리스도께서 "경건하지 않은 자들"을 위하여 죽으셨다는 것이다. 그들이 "경건하지 않은 자들"인 이유는 경건의 출발점은 믿음인데, 그들은 모두 믿음에서 떠나 있었기 때문이다. 이것은 그리스도께서 죽으시기 전에 의롭다 하심을 얻은 옛적의 성도들에게도 그대로 적용된다. 왜냐하면, 그들은 장차 있게 될 그리스도의 죽으심으로 말미암아 의롭다 하심을 받는 은혜를 입은 것이기 때문이다.

7. 의인을 위하여 죽는 자가 쉽지 않고 선인을 위하여 용감히 죽는 자가 혹 있거니와. 나는 여기에 나오는 불변화사 '가르'(γὰρ)가 이유를 나타내는 것이 아니라 선언의 의미를 지니는 것으로 보는 것이 더 타당하다고 본다. 그랬을 때에 이 구절의 요지는 이런 것이다: "의인을 위해서 죽는 일이 종종 일어나기는 하지만, 그런 일을 인간 세상에서 찾아보기는 극히 어렵다. 하지만 그런 일은 드물게나마 일어난다고 할지라도, 경건하지 않은 자를 위하여 죽고자 하는 자는 아무도 없을 것이다. 그런데 그리스도께서 그런 일을 하셨다." 따라서 이것은 대비를 통한 강조이다. 즉, 그리스도께서 우리에게 보여주신 선대하심(beneficentia)은 인간 세상에서 그 유례를 찾아볼 수 없는 일이라는 것이다.

8. 우리가 아직 죄인 되었을 때에 그리스도께서 우리를 위하여 죽으심으로 하나님께서 우리에 대한 자기의 사랑을 확증하셨느니라. "확증하셨느니라"로 번역된 동사 '쉬니스테시'(συνίστησι)는 여러 가지 의미가 있지만, 여기에 가장 적합한 것은 "확증하다"라는 의미이다. 왜냐하면, 여기에서 사도의 목적은 우리에게서 하나님께 감사하는 마음을 불러일으키고자 하는 것이 아니라, 우리의 심령 속에서 믿음과 확신을 굳게 하고자 하는 것이기 때문이다. 따라서 여기에서 사도는 하나님께서 경건하지 않은 자들을 위하여 자기 아들 그리스도를 아끼지 않으신 것을 볼 때에 우

리를 향하신 하나님의 사랑은 지극히 확실하고 견고하다고 확증하고 선언하는 것이다. 요한이 말해주듯이(요일 4:10), 하나님께서는 우리가 그를 사랑하는 것을 보시고 감동하셔서가 아니라, 전적으로 자신의 선하시고 기뻐하시는 뜻을 따라 먼저 우리를 사랑하신 것이라는 사실에서, 우리를 향하신 그의 사랑은 분명하게 드러난다.

다른 많은 구절들에서와 마찬가지로 여기에서 "죄인들"이라 불리는 자들은 죄악에 완전히 물들어서 온통 사악함으로 가득한 자들이다. 요한복음 9:31에는 "하나님이 죄인의 말을 듣지 아니하시고"라는 말씀이 나오는데, 거기에서 "죄인들"은 완전히 타락해서 흉악해진 자들이고, 누가복음 8:37에서 "죄인"이라 불린 여자는 부끄러운 삶을 살고 있어서 평판이 좋지 않은 여자이다. 이것은 다음 절에 나오는 우리의 변화된 대조적인 모습에 대한 설명, 즉 우리가 "그의 피로 말미암아 의롭다 하심을 받았다"는 묘사를 통해서 더욱 분명해진다. 왜냐하면, 바울은 이 두 모습을 대비시키는 가운데, 죄책으로부터 건지심을 받은 자들을 "의롭다 하심을 받은" 자들이라고 부르는 것으로 보아서, 앞에서 언급된 "죄인들"은 그들의 악행으로 인하여 정죄를 받고 있는 자들이라는 결론이 필연적으로 도출될 수밖에 없기 때문이다. 따라서 전체적인 요지는, 그리스도께서 자신의 죽으심을 통해서 죄인들로 하여금 의롭다 하심을 받게 한 것이라면, 이미 의롭다 하심을 받은 자들을 멸망으로부터 지켜 주실 것은 너무나 자명한 일이라는 것이다. 이 마지막 구절에서 바울은 작은 것과 큰 것 간의 대비를 자신의 논증에 적용한다. 왜냐하면, 만일 그리스도께서 우리에게 주어진 구원을 끝까지 온전하고 견고하게 지켜 주시지 않는다면, 그가 우리로 하여금 구원을 얻게 하신 것만으로는 충분하지 않을 것이기 때문이다. 그러므로 사도가 지금 역설하고 있는 것은, 우리는 달려갈 길을 다 달려가기도 전에 그리스도께서 우리에게 은혜를 베푸시는 것을 갑자기 중단하실 것이라고 염려할 필요가 없다는 것이다. 그리스도께서 우리를 아버지 하나님과 화목하게 하신 후에는 우리에게 날마다 은혜를 더하시고자 하시는 것이 우리가 지금 처해 있는 상황이자 처지이기 때문이다.

[10]곧 우리가 원수 되었을 때에 그의 아들의 죽으심으로 말미암아 하나님과 화목하게 되었은즉 화목하게 된 자로서는 더욱 그의 살아나심으로 말미암아 구원을 받을 것이니라(5:10).

10. 곧 우리가 원수 되었을 때에 그의 아들의 죽으심으로 말미암아 하나님과 화목하게 되었은즉 화목하게 된 자로서는 더욱 그의 살아나심으로 말미암아 구원을 받을 것이니라. 이 구절은 그리스도의 살아나심과 죽으심을 대비시키는 내용을 도입해서 앞 절을 보충설명함과 동시에 강화시킨다. 왜냐하면, 바울은 그리스도께서 아버지 하나님께 자신을 화목제물로 드리셨을 때에 우리가 하나님의 원수들이었지만, 그리스도의 화목제사로 말미암아 지금은 하나님의 벗들이 되었는데, 그리스도의 죽으심이 그런 결과를 가져올 수 있었다면, 그리스도의 살아나심으로 인한 효력은 얼마나 더 강력하겠느냐고 말하고 있기 때문이다. 그러므로 우리에게는 우리의 구원에 대한 확신으로 우리의 심령을 굳게 하기에 충분한 풍부한 증거들이 있다는 것이다. 우리가 4장에서 이미 살펴보았듯이, 바울은 그리스도의 죽으심은 하나님을 세상과 화목하게 하신 속죄 제사였기 때문에, 우리가 그리스도의 죽으심으로 말미암아 하나님과 화목하게 된 것이라고 이해한다.

하지만 사도는 앞에서 자기가 한 말과 모순되는 말을 여기에서 하고 있는 것처럼 보인다. 왜냐하면, 그리스도의 죽으심이 우리를 향하신 하나님의 사랑에 대한 "확증"이라면, 우리는 이미 하나님께 받아들여지고 있었다는 결론이 나오는데, 지금 그는 전에 우리가 하나님의 "원수들"이었다고 말하고 있기 때문이다. 이것에 대한 나의 대답은 하나님은 죄를 미워하시기 때문에, 우리가 아직 죄인으로 있는 동안에는 우리를 미워하시지만, 이미 그의 비밀한 계획 속에서 우리를 받아들이셔서 그리스도의 몸이 되게 하신 한에서는 우리를 미워하시는 것을 그치셨다는 것이다. 하지만 우리에 대한 하나님의 은혜가 회복되었다는 사실은 우리가 믿음으로 그 은혜를 받아들일 때까지는 우리는 알지 못한다. 따라서 그리스도의 죽으심으로 말미암아 하나님과의 화목이 이루어지기 전에는 우리 자신을 놓고 볼 때는 우리는 언제나 하나님의 "원수들"이다. 우리는 이 두 가지 측면을 유념해야 한다. 왜냐하면, 하나님께서 자신과 우리 사이에 불화가 존재했던 때에 이미 우리를 사랑하셨던 까닭에 자신의 독생자를 아끼지 않으셨다는 사실이 그리스도의 죽으심으로 말미암아 분명하게 드러날 때까지는 우리는 하나님의 값없는 긍휼하심(misericordia)을 알지 못하기 때문이다. 또한, 우리는 그리스도의 죽으심이 우리가 하나님과 화목하게 되는 출발점이 되어서 그 화목제사로 말미암아 전에 우리에 대하여 진노하시던 하나님께서 이제는 우리와 화목하게 되셨다는 사실을 알지 못한다면, 그리스도의 죽으심이 우리에게 가져다준 은택(beneficium)을 제대로 이해할 수 없다. 따라서 이 구절의 요지는 그리스도의 죽으심으로 말미암아 우리가 하나님의 은혜 속으로 받아들여진 까닭에, 그렇지 않았다면 우리가 마땅히 짊어졌어야 할 죄책이 제거되었다는 것이다.

¹¹그뿐 아니라 이제 우리로 화목하게 하신 우리 주 예수 그리스도로 말미암아 하나님 안에서 또한 즐거워하느니라(5:11).

11. 그뿐 아니라 이제 우리로 화목하게 하신 우리 주 예수 그리스도로 말미암아 하나님 안에서 또한 즐거워하느니라.　바울은 이제 최고 수준의 즐거움 속으로 우리를 이끌어간다. 왜냐하면, 우리가 하나님이 우리의 하나님이심을 즐거워할 때에 우리가 생각하거나 바랄 수 있는 온갖 복이 이 근원으로부터 흘러나오는 법인데, 온갖 복 중에서 최고의 복이실 뿐만 아니라 자신 속에 온갖 복의 총체와 각각의 구체적인 복을 소유하고 계시는 하나님이 그리스도로 말미암아 우리의 하나님이 되셨기 때문이다. 그러므로 우리는 믿음으로 말미암은 이 은혜로 인해서 우리의 행복을 위해 아무것도 부족함이 없는 상태에 다다르게 된다. 바울이 이토록 자주 "화목"을 거듭 반복해서 말하는 것은 결코 괜히 쓸데없이 그러는 것이 아니라, 첫째는 우리의 구원에 대하여 말할 때마다 우리의 눈을 그리스도의 죽으심에 고정시키라고 우리에게 가르치고자 하는 것이고, 둘째는 오로지 우리의 죄를 속하신 그리스도의 속죄제사만을 의지하고 다른 것을 의지하지 않아야 한다는 것을 우리로 알게 하기 위한 것이다.

¹²그러므로 한 사람으로 말미암아 죄가 세상에 들어오고 죄로 말미암아 사망이 들어왔나니 이와 같이 모든 사람이 죄를 지었으므로 사망이 모든 사람에게 이르렀느니라 ¹³죄가 율법 있기 전에도 세상에 있었으나 율법이 없었을 때에는 죄를 죄로 여기지 아니하였느니라 ¹⁴그러나 아담으로부터 모세까지 아담의 범죄와 같은 죄를 짓지 아니한 자들까지도 사망이 왕 노릇 하였나니 아담은 오실 자의 모형이라(5:12-14).

12. 그러므로 한 사람으로 말미암아 죄가 세상에 들어오고 죄로 말미암아 사망이 들어왔나니 이와 같이 모든 사람이 죄를 지었으므로 사망이 모든 사람에게 이르렀

느니라. 바울은 이제 정반대되는 것들을 서로 대비시키는 방식으로 앞에서와 동일한 가르침을 좀 더 자세하게 설명해 나가기 시작한다. 왜냐하면, 아담의 타락으로 말미암아 그의 모든 자손에 닥친 재앙(calamitas)으로부터 우리를 구속하시기 위하여 그리스도께서 오신 것이라면, 우리가 아담 안에서 잃어버린 것을 볼 때에야 비로소 우리가 그리스도 안에서 얻게 된 것을 더욱 분명하게 볼 수 있기 때문이다. 하지만 서로 대비되고 있는 두 경우가 모든 면에서 유비가 되는 것은 아니었기 때문에, 바울은 나중에 그 점을 바로잡는데, 우리는 해당되는 대목에서 이것을 살펴봄과 동시에 있을 수 있는 다른 차이점들도 지적할 것이다. 이 구절과 대비되는 후속 구절이 이 대목에 명시적으로 표현되어 있지 않아서 불완전하게 서술된 이 구절은 종종 모호하게 번역된다. 따라서 우리는 해당되는 대구가 나올 때에 거기에서 이 둘을 분명하게 설명하고자 한다.

"죄가 세상에 들어오고 사망이 들어왔나니"라는 구절 속에서 바울이 따르고 있는 순서를 주목하라. 즉, 그는 "죄"가 먼저 들어왔고, 죄로부터 "사망"이 나왔다고 말한다. 그런데도 어떤 이들은 마치 우리 자신은 아무런 잘못도 저지르지 않았는데 단지 아담이 범죄했기 때문에 우리가 멸망받게 됐다는 듯이, 우리는 아담의 죄로 말미암아 멸망받게 된 것이라고 주장한다. 그러나 바울은 아담으로 말미암아 들어온 죄가 모든 사람에게 퍼져서 모든 사람이 죄에 대한 벌을 받게 된 것이라고 분명하게 단언하고, 곧이어서 아담의 모든 자손이 사망의 지배를 받게 된 이유를 설명할 때에 이 점을 더욱 분명하게 밝힌다. 즉, "모든 사람이 죄를 지었기 때문에, 사망이 모든 사람에게 이르렀다"는 것이다. 여기에서 "죄를 지었다"는 것은 타락하고 부패해서 악하게 되어 있다는 것이다. 왜냐하면, 우리가 모태로부터 지니고 태어나는 본성적으로 타락한 악한 상태(naturalis pravitas)는 즉각적으로 그 열매들을 맺는 것은 아닐지라도 그 자체가 하나님 앞에서 "죄"이고 하나님의 보응을 받아야 마땅한 것이기 때문이다. 이것이 소위 원죄(originale peccatum)라 불리는 것이다. 아담은 처음 지음받을 때에 자기 자신만을 위해서가 아니라 우리를 위해서도 하나님의 은혜의 선물들을 받은 것이었기 때문에, 그가 범죄하여 우리의 본성을 타락시키고 악하게 만들며 뒤틀어지게 하고 망쳐놓았을 때에 하나님의 형상을 상실하고서 오직 자신을 닮은 자손만을 낳을 수 있었다. 따라서 우리가 모두 범죄하게 된 것은 우리 모두가 본성적으로 부패되어 있고 뒤틀려 있어서 악하기 때문이다. 그러므로 전에 펠라기우스주의자들이 죄가 아담으로부터 온 인류로 대물림된 것은 모방(imitatio)

에 의한 것이었다고 주장함으로써 바울이 여기에서 한 말을 교묘히 빠져나가려고 한 것은 어리석기 짝이 없는 짓이었다. 왜냐하면, 만일 그것이 사실이라면, 그리스도는 의의 원천(causa)가 아니라 단지 모범(exemplar)으로 전락하게 될 것이기 때문이다. 또한, 바울이 여기에서 자범죄(自犯罪)를 다루고 있지 않다는 것은 우리가 쉽게 알 수 있다. 왜냐하면, 각 사람이 각각 죄를 지어 죄책을 짊어지게 되는 것이라면, 바울은 여기에서 굳이 아담과 그리스도를 대비시킬 이유가 없을 것이기 때문이다. 따라서 바울이 여기에서 다루고 있는 것은 우리의 타고난 유전적인 타락상(pravitas)이라는 결론이 나온다.

13. 죄가 율법 있기 전에도 세상에 있었으나. 이 삽입문은 예상되는 반론에 대한 답변이다. 왜냐하면, 율법이 없었다면 범법함도 없었을 것으로 보이는 까닭에, 율법이 주어진 후에 죄가 존재했다는 것에 대해서는 의심이 없을지라도, "율법이 있기 전에도" 과연 "죄"라는 것이 존재했을까 하는 의구심이 생길 수 있기 때문이다. 문제가 되는 것은 율법이 있기 이전에 대한 것이다. 그래서 바울은 그때에는 하나님께서 아직 율법을 통해 죄에 대한 심판을 말씀하지는 않으셨지만, 인류는 저주 아래 있었고, 그것도 모태로부터 그랬기 때문에, 율법이 공포되기 전에 흉악한 삶을 산 자들은 결코 그들의 죄로 인한 정죄로부터 벗어날 수 없었다고 대답한다. 왜냐하면, 그들이 마땅히 예배해야 했던 하나님이 언제나 계셨고, 의의 규범도 어느 정도 언제나 존재했기 때문이다. 이러한 해석은 너무나 명백하고 분명하기 때문에, 이것과 반대되는 온갖 견해를 반박하기에 충분한 근거가 된다.

율법이 없었을 때에는 죄를 죄로 여기지 아니하였느니라. 우리를 책망하는 율법이 없는 경우에는 우리는 우리의 죄 가운데서 일정 정도 잠을 자게 되고, 우리 자신이 악을 행하고 있다는 것을 모르지는 않는다고 해도, 우리를 압박해 오는 악에 대한 인식을 될 수 있는 한 억누르고, 적어도 그런 생각을 빨리 잊어버림으로써 그 인식을 지워 버린다. 반면에, 율법은 우리를 책망하고 꾸짖어서 잠에서 깨어나게 하여 하나님의 심판을 생각하게 만든다. 그러므로 사도는 사람들은 본래 악해서, 율법의 책망을 받지 않을 때에는 선악 간의 차이를 무시하고서 마치 하나님의 심판이라는 것이 전혀 존재하지 않는다는 듯이 자신의 죄 가운데 빠져서 안일하고 즐겁게 살아가는 것이 바로 사람이라고 말하고 있는 것이다. "율법이 있기 전에도" 하나님께서 사람들의 죄악에 대하여 그 책임을 물으셨다는 것은 하나님이 가인을 벌 주신 것, 온 세상을 대홍수로 멸망시키신 것, 소돔의 멸망, 아브라함으로 인하여 애굽 왕 바로와 아비멜렉에게 재앙을 내리신 것, 애굽 사람들에게 재앙들을 내리신 것 등을 통해서 분명하게 증명된다. 또한, 사람들이 서로의 죄악에 대하여 책임을 물었다는 것도 사람들이 서로를 고소한 수많은 불만들과 비난들, 그리고 잘못했다는 고소로부터 벗어나기 위해서 제기한 수많은 자기 변호들을 통해서 분명하게 드러난다. 실제로 모든 사람이 선과 악을 스스로 알고 있었음을 증명해 주는 많은 예들이 있다. 하지만 사람들은 그들 자신이 저지른 악행들에 대해서는 대체로 눈감아 버리고, 어쩔 수 없는 상황이 아닌 경우에는 자신의 죄에 대하여 책임을 지라고 스스로에게 책임을 묻지 않는다. 따라서 바울이 "율법이 없었을 때에는" 사람들이 "죄를 죄로 여기지 아니하였다"고 말할 때에 그것은 상대적인 의미로 말하고 있는 것이다. 즉, 율법이 그 가시채로 사람들을 쿡쿡 찌르지 않을 때에는 사람들은 영적 나태함(socordia)에 빠져서 깨어날 생각을 하지 않는다는 것이다.

바울이 유대인들로 하여금 율법이 버젓이 그들을 정죄하고 있는데도 그들이 범죄해 온 것이 얼마나 심각한 일인지를 좀 더 분명하게 알도록 하기 위해서 이 구절을 여기에 삽입한 것은 지혜로운 일이었다. 왜냐하면, 하나님이 자신의 법정으로 소환하여 유죄로 판결하신 적이 없는 자들도 결코 벌을 면제받지 못했다면, 율법이 마치 전령관처럼 그들의 죄책을 선포하고 심판을 경고해 왔는데도 여전히 죄 가운데 있는 유대인들이 받을 벌이 어떤 것일지는 말할 필요도 없을 것이기 때문이다. 또한, 우리는 바울이 "율법 있기 전에도" 죄가 지배하였지만 사람들이 "죄를 죄로 여기지 아니하였다"고 분명하게 말한 또다른 이유를 들 수 있을 것인데, 그것은 율법은 단지 사람들에게 죄의 결과가 사망임을 알려줄 뿐이고 결코 사망을 가져다주는 원인이 아니라는 것을 우리로 하여금 알게 하고자 하였다는 것이다. 따라서 바울은 모든 사람이 멸망에 처해 있다는 사실은 율법에 의해서 비로소 드러났을지라도, 사실 모든 사람은 아담이 타락하자마자 바로 그 직후부터 멸망받을 자의 비참한 상태에 놓이게 되었다고 선언하고 있는 것이다. 역접의 접속사 '데'(δέ)를 양보의 종속절을 이끄는 것으로 이해한다면, 본문의 흐름이 더 자연스러워질 것이다: "율법이 없었을 때에는 죄를 죄로 여기지 아니하였을지라도 죄가 율법 있기 전에도 있었느니라." 왜냐하면, 이 구절의 요지는 율법이 사람들을 정죄하지 않아서 사람들이 죄 가운데 빠져서 안일하게 살아간다고 할지라도, 사람들은 하나님의 심판을 피할 수 없다는 것이기 때문이다.

14. 그러나 아담으로부터 모세까지 … 사망이 왕 노릇 하였나니. 바울은 아담으

로부터 율법이 공포된 때까지 선악 간의 차이를 의도적으로 무시한 채 율법의 경고가 없다고 해서 죄의식을 애써 묻어 버리고서 방탕한 삶을 산 자들이 "율법 있기 전"이라고 해서 그 어떤 이점이 있었던 것이 결코 아니었다는 것을 여기에서 더욱 분명하게 설명한다. 왜냐하면, 율법이 없었다고 해도, 그들에게도 죄로 인한 정죄는 존재하였던 까닭에, 그들도 사망의 지배를 받았고, 사람들이 눈멀고 완악해졌다고 해서 하나님의 심판이 유야무야 될 수 있는 것은 아니었기 때문이다.

아담의 범죄와 같은 죄를 짓지 아니한 자들까지도. 일반적으로 이 구절은 죄를 실제로 짓지 않았는데도 원죄로 말미암아 죽는 유아들을 가리키는 것으로 이해되어 왔지만, 나는 율법 없이 범죄한 모든 사람들을 가리키는 것이라고 본다. 왜냐하면, 이 절은 율법 없이 살던 사람들이 죄를 죄로 여기지 않았다고 말하고 있는 앞 구절과 연결되어 있다고 보는 것이 합당하기 때문이다. 그들은 아담과는 달리 확실한 계시를 통해서 말씀을 받고 하나님의 뜻을 알고 있었던 것이 아니기 때문에, 아담이 범죄했던 것과 같은 방식으로 범죄한 것이 아니었다. 왜냐하면, 하나님께서는 아담에게는 선악을 알게 하는 나무의 열매를 따먹지 말라고 명하셨던 반면에, 그들에게는 양심의 증언 외에는 그 어떤 명령도 주지 않으셨기 때문이다. 따라서 사도가 말하고자 한 것은 아담과 그의 자손 간에 이런 차이가 있다고 해서 그들이 정죄로부터 벗어날 수 있는 것은 아니었다는 것이다. 이것은 유아들에게도 그대로 적용된다.

아담은 오실 자의 모형이라. 이 구절은 앞에서 말한 것과 대비되는 내용이 와야 할 자리에 놓여져 있다. 왜냐하면, 서로 대비되는 것들 중 하나만이 지금까지 표현되었고, 다른 하나는 파격 구문을 통해 생략되어 있기 때문이다. 따라서 바울이 지금까지 말한 것의 요지는 한 사람으로 말미암아 죄가 온 세상에 들어왔고 죄로 말미암아 사망이 들어왔듯이, 한 사람으로 말미암아 의가 회복되었고 의로 말미암아 생명이 회복되었다는 것이다. 그리고 아담이 그리스도와 닮은 점이 있다는 말은 전혀 이상하지 않다. 왜냐하면, 완전히 반대되거나 상반되는 것들 속에도 흔히 닮은 점이 발견되기 때문이다. 우리는 모두 아담의 죄로 말미암아 멸망에 처한 자들이 되어 버렸던 것과 마찬가지로, 그리스도의 의로 말미암아 회복된다. 그런 까닭에, 바울이 아담을 "그리스도의 모형"이라고 말한 것은 결코 부적절한 것이 아니다. 그러나 우리가 유의할 것은 바울은 마치 아담이나 그리스도가 자신의 모범을 통해서 사람들을 그 길로 인도했다는 듯이 아담은 죄의 모형이고 그리스도는 의의 모형이라고 말하는 것이 아니라, 아담과 그리스도를 직접적으로 대비시키고 있다는 것이다. 우리가 어리석게도 오리게네스(Origenes)처럼 잘못된 길로 들어서서 치명적인 오류를 범하지 않기 위해서는 이 점을 각별히 유념해야 한다. 왜냐하면, 오리게네스는 인류의 타락을 세상적이고 철학적인 관점에서 논증함으로써 그리스도의 은혜를 약화시켰을 뿐만 아니라 거의 완전히 말살해 버렸기 때문이다. 또한, 그런 황당하기 짝이 없는 논증을 감싸주기 위하여 무진 애를 쓴 에라스무스도 결코 용서받기 힘들 것이다.

[15]그러나 이 은사는 그 범죄와 같지 아니하니 곧 한 사람의 범죄를 인하여 많은 사람이 죽었은즉 더욱 하나님의 은혜와 또한 한 사람 예수 그리스도의 은혜로 말미암은 선물은 많은 사람에게 **넘쳤느니라**(5:15).

15. 그러나 이 은사는 그 범죄와 같지 아니하니 곧 한 사람의 범죄를 인하여 많은 사람이 죽었은즉. 사도는 지금까지 아담과 그리스도를 대비시켜서 논증하는 가운데 대비의 특성으로 인하여 생겨난 적절하지 못한 부분들을 이제 여기에서 바로잡는다. 그러나 그는 그리스도와 아담의 차이점들을 아주 세세하게 언급하지는 않고, 단지 우리가 쉽게 빠질 수 있는 오류들만을 다룬다. 따라서 우리는 사도가 설명하는 가운데 생략한 것들을 추가로 덧붙일 것이다. 바울은 아담과 그리스도의 차이를 자주 언급하면서도, 그가 말한 모든 구절들에는 대비되는 구절이 빠져 있거나 생략되어 있다. 실제로 이런 것들은 논증을 전개해 나갈 때에 결함들로 작용하기는 하지만, 사도가 우리에게 전해주는 저 하늘의 지혜가 지닌 위엄을 손상시키지는 못한다. 도리어 정반대로, 우리의 믿음이 사람의 유창한 언변이 아니라 오직 성령의 능력 있는 역사로 말미암도록 하기 위하여, 하늘의 심오한 신비들이 남루한 옷을 입고서 우리에게 전달되게 한 것이 하나님의 섭리를 통해 비일비재하게 있어 왔다.

사도는 여기에서조차도 자신이 앞에서 한 논증 중에서 미흡한 부분을 바로잡고자 하는 이유를 명시적으로 밝히지 않고, 단지 그리스도로 말미암은 은혜는 첫 사람 아담으로 말미암은 정죄보다 훨씬 더 풍성한 것이었다는 사실만을 가르친다. 어떤 이들은 사도가 여기에서도 여전히 계속해서 논증을 펼쳐 나가고 있는 것이라고 생각하지만, 나는 과연 그들의 주장에 동조할 사람이 얼마나 될지 의심스럽다. 만약 우리가 사람들을 구원하시는 그리스도의 능력이 사람들을 멸망에 빠뜨린 아담보다 훨씬 더 크셨기 때문에, 아담의 타락이 많은 사람의 멸망을 낳는 결과를 가져왔다면, 하나님의 은혜는 많은 사람에게 유익을 가져다주는 일에서 훨씬 더 큰 능력을 발휘하게 되었다고 추론한다면, 그러한 추론은 옳을 것이다. 그러나 그러한 추론을 받아들이고자 하지 않는 자들의 주장이 틀리다는 것을 증명하기는 현실적으로 불가능하기 때문에, 나는 두 견해 중 어느 쪽을 택하느냐 하는 것은 각자의 판단에 맡겨두고자 한다. 이 절 이하의 내용은 논리적인 추론이라고 할 수는 없지만, 사도가 앞에서 말한 것과 그 요지가 동일하다. 따라서 바울은 지금까지 자기가 그리스도와 아담 간의 유비에 대하여 말해왔던 것들을 이제 여기에서 예외를 말하는 형식을 빌려서 수정하거나 조율하고 있는 것일 뿐일 가능성이 높다.

하지만 우리가 유의할 것은 여기에서 두 번 나오는 "많은 사람"이 서로 대비되고 있는 것은 아니라는 것이다. 왜냐하면, 사도는 사람의 수에 대해 말하고자 하는 것이 아니라, 단지 아담의 죄가 많은 사람을 멸망에 빠뜨린 것과 마찬가지로, 그리스도의 의도 많은 사람을 구원하는 능력을 발휘할 것이라고 논증하고자 하는 것일 뿐이기 때문이다.

바울이 "한 사람의 범죄를 인하여 많은 사람이 죽었다"고 함으로써 말하고자 하는 것은 타락함(corruptio)이 아담으로부터 우리에게로 대물림 되었다는 것이다. 왜냐하면, 우리는 죄가 없는데 아담의 잘못으로 인해 죽는 것이 아니라, 아담의 죄가 우리의 죄의 원인인 까닭에, 바울이 우리의 죽음을 아담 탓으로 돌리는 것이기 때문이다. 여기에서 내가 "우리의 죄"라고 한 것은 우리가 태어날 때부터 지니고 있는 죄를 말한다.

더욱 하나님의 은혜와 또한 한 사람 예수 그리스도의 은혜로 말미암은 선물은 많은 사람에게 넘쳤느니라. 사도가 "은혜"를 "범죄"와 대비시키고 은혜로부터 흘러나오는 "은사"를 "사망"과 대비시키고 있는 것은 적절하다. 따라서 "은혜"는 하나님께서 우리를 참상(miseria)에서 건져내시기 위하여 그의 선하심 또는 사랑을 값없이 거저 베풀어 주시고 그 증거로 그리스도를 우리에게 주신 것을 의미하고, "은사"는 이 긍휼하심의 결과로서 우리에게 주어진 것, 곧 우리로 하여금 생명과 구원, 의와 새 생명을 비롯해서 온갖 복을 얻게 해주는 하나님과의 화목(reconciliatio)을 의미한다. 이것으로부터 우리는 학자들이 은혜를 정의할 때에 은혜는 사람들의 심령 속에 주어지는 하나의 속성에 불과하다고 가르치는 것이 얼마나 엉터리인 줄을 알게 된다. 왜냐하면, 엄밀하게 말해서 은혜는 하나님 안에 있고, 우리 안에 있는 것은 은혜의 결과일 뿐이기 때문이다. 사도는 이 은혜가 "한 사람"으로 말미암았다고 말한다. 왜냐하면, 아버지 하나님께서는 "한 사람 예수 그리스도"를 근원(fons)으로 삼으셔서, 모든 사람이 그리스도의 충만으로부터 은혜를 길어올릴 수 있게 하셨기 때문이다. 그러므로 사도는 그리스도 밖에서는 생명수를 단 한 방울도 찾을 수 없고, 그리스도께서 자신의 풍성하심으로부터 우리에게 전해 주시는 것 외에는 우리의 가난과 결핍을 해결해 줄 수 있는 것은 아무것도 없다고 가르치고 있는 것이다.

[16]또 이 선물은 범죄한 한 사람으로 말미암은 것과 같지 아니하니 심판은 한 사람으로 말미암아 정죄에 이르렀으나 은사는 많은 범죄로 말미암아 의롭다 하심에 이름이니라(5:16).

16. 또 이 선물은 범죄한 한 사람으로 말미암은 것과 같지 아니하니 심판은 한 사람으로 말미암아 정죄에 이르렀으나 은사는 많은 범죄로 말미암아 의롭다 하심에 이름이니라. 사도는 자신이 앞에서 아담과 그리스도를 대비시켜서 논증했지만 그런 대비를 일정 정도 수정할 필요가 있음을 보여주는 구체적인 근거를 여기에서 제시하는데, 그것은 "한 사람의 범죄"로 말미암아 모든 사람이 죄를 범하게 되어 정죄에 이르게 된 것이지만, 은혜, 아니 값없이 거저 주어진 "은사"는 우리를 많은 범죄로부터 의롭다 하심에 이르게 하는 능력이 있다는 것이다. 사도는 그리스도께서 어떤 식으로, 또는 어떤 점에서 아담을 능가하시는지를 아직 말하지 않았기 때문에, 이 절은 앞 절에 대한 보충설명이다. 아담과 그리스도 간의 이러한 차이를 알게 될 때, 우리가 그리스도로 말미암아 회복되는 것은 원죄 또는 아담에게서 물려받은 타락으로부터 벗어나는 것이라고 가르치는 자들이 얼마나 불경스러운 자들인지가 분명하게 드러난다. 또한, 우리가 유의해야 할 것은 우리가 그리스도로 말미암아 벗어났다고 사도가 선언하고 있는 "많은 범죄"는 우리 각자가 세례 이전에 범하였던 것들만이 아니라, 성도들이 날마다 새롭게 범하는 것들도 포함하는 것으로 이해되어야 한다는 것이다. 왜냐하면, 만일 후자의 범죄들이 이 은혜로 말미암아 계속해서 성도들에게서 제거되지 않는다면, 성도들은 정죄 아래 놓여 있게 될 수밖에 없을 것이기 때문이다.

사도는 "은사"와 "심판"을 대비시키는데, "심판"은 엄격한 공의를 의미하고 "은사"는 값없이 베풀어 주시는 죄 사하심을 의미한다. 엄격한 공의로부터는 "정죄"가 나오고 죄 사함으로부터는 무죄 방면이 뒤따른다. 다른 식으로 표현하자면, 하나님께서 만일 공의를 따라 우리를 대하신다면 우리는 모두 멸망 받을 수밖에 없게 되지만, 그리스도 안에서 값없이 우리를 의롭다고 하셨다는 것이다.

[17]한 사람의 범죄로 말미암아 사망이 그 한 사람을 통하여 왕 노릇 하였은즉 더욱 은혜와 의의 선물을 넘치게 받는 자들은 한 분 예수 그리스도를 통하여 생명 안에서 왕 노릇 하리로다(5:17).

17. 한 사람의 범죄로 말미암아 사망이 그 한 사람을 통하여 왕 노릇 하였은즉 더욱 은혜와 의의 선물을 넘치게 받는 자들은 한 분 예수 그리스도를 통하여 생명 안에서 왕 노릇 하리로다. 바울은 여기에서도 자기가 앞에서 아담과 그리스도를 대비시켜 논증한 것을 전체적으로 바로잡아가는 일을 계속해 나간다. 왜냐하면, 그의 목적은 이 주제와 관련해서 모든 세세한 부분을 다 설명하는 것이 아니라, 주된 것들을 밝히는 데 있었기 때문이다. 앞에서 그는 은혜의 능력이 죄의 능력을 능가하였다는 사실을 이미 선언하였기 때문에, 이제 여기에서는 그러한 사실을 토대로 삼아서 믿는 자들을 위로하고 굳건히 함과 동시에, 그들로 하여금 하나님의 너그러우심(benignitas)을 묵상하도록 격려한다. 그가 하나님의 은혜는 사람들이 받아들일 만한 가치가 있는 것이라고 이렇게 끈질기게 반복해서 말하는 의도는 사람들로 하여금 자신을 의지하는 것에서 벗어나 그리스도를 의지함으로써 이 은혜를 얻어 온전한 평안(securitas)을 누리게 하기 위한 것이었다. 궁극적으로 이 평안으로부터 감사가 나온다. 따라서 이 구절의 요지는 그리스도는 아담을 능가하시기 때문에, 아담의 죄가 그리스도의 의에 의해서 극복되어 아담으로 인한 저주가 그리스도로 인한 은혜에 의해서 지워지고, 아담으로 말미암은 사망이 그리스도로 말미암은 생명에 의해서 삼켜진다는 것이다. 하지만 이러한 대비는 모든 점에서 서로 동일할 정도로 대응되는 것은 아니었기 때문에, 그는 "은혜의 풍성하심으로 인하여 생명의 은사가 더욱 차고 넘쳐 왕 노릇 하리로다"고 말하여야 함에도 불구하고 "믿는 자들이 한 분 예수 그리스도를 통하여 생명 안에서 왕 노릇 하리로다"라고 말한다. 하지만 믿는 자들이 왕 노릇 하는 것은 생명 안에서이고, 생명이 왕 노릇 하는 것은 믿는 자들 속에서이기 때문에, 이 둘은 동일한 의미이다.

한편, 사도는 중요하지 않아서가 아니라 현재의 논증과 상관이 없어서 생략하고 열거하지는 않았지만, 우리가 여기에서 살펴보아야 할 것이 있는데, 그것은 그리스도와 아담의 차이이다. 첫 번째 차이는 우리가 아담의 죄로 말미암아 오직 전가(imputatio)에 의해서 정죄받는 것이 아니라는 것이다. 즉, 우리는 단지 남이 지은 죄로 말미암아 벌을 받는 것이 아니라, 우리 자신도 죄를 짓기 때문에 아담과 똑같은 벌을 받는다는 것이다. 왜냐하면, 아담으로 말미암아 우리의 본성이 악해졌고, 하나님은 그것을 이미 죄를 짓고 있는 것으로 보시기 때문이다. 반면에, 그리스도의 의는 아담의 죄와는 다른 방식으로 우리에게 구원을 회복시킨다. 왜냐하면, 우리 안에 의가 있어서가 아니라, 아버지 하나님께서 그 너그러우신 인자하심으로 말미암아 우리에게 그리스도와 그의 모든 복을 주어 누리게 하시는 덕분에, 우리가 하나님께 받아들여져서 의롭다 하심을 얻는 것이기 때문이다. 그런 까닭에, "의의 선물"은 어떤 이들의 어리석은 설명과는 달리 하나님이 우리에게 수여하시는 어떤 특질이나 속성(qualitas)이 아니라, 값 없이 주어지는 의의 전가(gratuita institia imputatio)를 의미한다. 왜냐하면, 사도는 바로 앞에 나오는 "은혜"가 바로 "의의 선물"을 뜻하는 것이라고 설명하고 있는 것이기 때문이다. 두 번째 차이는 아담은 자신의 죄로 말미암아 온 인류를 정죄에 빠뜨렸던 반면에, 그리스도로 인한 은사는 모든 사람에게 주어지는 것은 아니라는 것이다. 그 이유는 아주 분명하다. 왜냐하면, 아담으로 말미암은 저주는 본성(natura)을 통해서 우리에게 대물림 되는 까닭에 온 인류에게 미치는 것이 이상한 일이 아니지만, 그리스도의 은혜에 참여하기 위해서는 믿음으로 그에게 접붙임되어야 하기 때문이다. 따라서 죄라는 비참한 유업은 사람의 혈과 육에 거하기 때문에 거기에 참여하기 위해서는 사람으로 태어나기만 하면 되지만, 그리스도의 의를 누리기 위해서는 믿는 자가 되지 않으면 안 된다. 우리는 믿음에 의해서만 그리스도에 참여할 수 있다. 유아들이 그리스도와 교제하게 되는 방식은 특별하다. 왜냐하면, 유아들은 언약에 의해서 양자 됨의 권리를 갖고 있어서, 이 권리로 말미암아 그리스도와 교제하게 되기 때문이다. 하지만 이것은 은혜의 약속이 주어진 경건한 자들의 자녀에게만 해당되고, 그렇지 않은 유아들은 인간으로서의 공통의 운명에서 결코 벗어날 수 없다.

[18]그런즉 한 범죄로 많은 사람이 정죄에 이른 것 같이 한 의로운 행위로 말미암아 많은 사람이 의롭다 하심을 받아 생명에 이르렀느니라(5:18).

18. 그런즉 한 범죄로 많은 사람이 정죄에 이른 것 같이 한 의로운 행위로 말미암아 많은 사람이 의롭다 하심을 받아 생명에 이르렀느니라. 이 구절은 문법적으로 결함이 있는 문장인데, "정죄"와 "의롭다 하심"을 주격으로 읽으면 그런 결함은 치유될 것이고, 게다가 이 구절의 의미를 파악하고자 한다면 우리는 그렇게 읽을 수밖에 없다. 이 구절은 사도가 지금까지 아담과 그리스도를 대비시켜서 논증해 온 것의 전체적인 결론이다. 즉, 그는 이러한 대비에서 미비했던 내용들을 보완해서 바로잡는 것을 마치고서, 이제 여기에서는 "한 사람의 범죄로 말미암아 우리가 죄인이 되었던 것과 마찬가지로, 그리스도의 한 의로우신 행위로 말미암아 우리가 의롭다 하심을 받았다"고 말함으로써 이 대비를 완결하고 있다. 사도가 "의"(δικαιοσύνη - 디카이오쉬네)라고 하지 않고 "의로운 행위"(δικαίωμα - 디카이오마)라고 한 것은 그리스도께서는 한 개인의 자격으로 자기 자신을 위하여 의로우셨던 것이 아니라, 그가 수여받으신 의는 믿는 자들에게 선물로 주어져서 그들을 부요하게 하고자 하는 훨씬 광범위한 목적을 지니고 있었다는 것을 우리에게 상기시키기 위한 것이다. 또한, 사도는 실제로 모든 사람이 이 은혜를 받아 누리지는 않지만 모든 사람에게 제시되기는 하는 까닭에 이 은혜가 모든 사람에게 미치는 것이라고 말한다. 왜냐하면, 그리스도는 온 세상의 죄를 위하여 고난당하셨고 하나님의 자비하심으로 말미암아 모든 사람에게 차별 없이 제시되기는 하지만, 모든 사람이 그를 받아들이는 것은 아니기 때문이다.

사도가 앞에서 사용했던 "심판"과 "은혜"라는 두 단어를 가져와서 이 구절을 다시 한 번 표현해 본다면 이렇게 될 것이다: "하나님의 심판으로 말미암아 한 사람의 죄가 많은 사람이 정죄 받게 되는 결과를 가져왔듯이, 은혜가 역사해서 많은 사람이 의롭다 하심을 받게 되었다." 나는 "생명의 의롭다 하심"(한글개역개정에는 "의롭다 하심을 받아 생명에 이르렀느니라")이라는 어구는 우리에게 생명을 회복시켜 주는 죄 사함, 즉 우리에게 생명을 주는 죄 사함을 의미하는 것으로 본다. 왜냐하면, 하나님이 우리와 화목하실 때에만 우리에게 구원의 소망이 있을 수 있고, 우리가 하나님에 의해서 받아들여지려면 의로워야 하는 까닭에, "생명"은 "의롭다 하심"에서 나오기 때문이다.

[19]한 사람이 순종하지 아니함으로 많은 사람이 죄인 된 것 같이 한 사람이 순종하심으로 많은 사람이 의인이 되리라(5:19).

19. 한 사람이 순종하지 아니함으로 많은 사람이 죄인 된 것 같이 한 사람이 순종하심으로 많은 사람이 의인이 되리라. 이것은 앞에 나온 내용을 똑같이 반복하고 있는 것이 아니라, 앞 절에 대한 꼭 필요한 보충설명이다. 왜냐하면, 여기에서 사도는 우리 자신은 무죄한데 단지 한 사람 아담의 범죄로 말미암아 죄인이 된 것이 아님을 보여주고 있기 때문이다. 즉, 그는 이미 앞에서 우리가 정죄를 받았다고 말하긴 했지만, 아무도 자기가 무죄하다고 주장하지 못하도록 하기 위하여, 여기에서 각 사람은 자신이 죄인이기 때문에 정죄를 받는 것이라는 말을 덧붙이고 있는 것이다. 다음으로, 사도는 우리가 그리스도의 "순종하심"으로 말미암아 의롭게 되었다고 선언하고 있기 때문에, 우리는 그리스도께서 아버지 하나님을 흡족하시게 해드리심으로써 우리를 위한 의를 확보하신 것임을 알게 된다. 이것으로부터 알 수 있는 것은 의의 실체는 그리스도 안에 있고, 오직 그리스도께만 속한 의가 우리에게 전가되는 것일 뿐이라는 것이다. 아울러, 사도는 이 의를 "순종하심"이라고 부름으로써 이 의가 어떤 종류의 의인지를 보여준다. 여기에서 우리가 특히 주목할 것은 하나님 앞에 설 수 있기 위해서 행위로 의롭다 하심을 받고자 한다면 율법의 일부에 순종하는 것이 아니라 율법 전체를 순종해야 한다는 것이다. 왜냐하면, 어떤 의인이 넘어지면, 그에게 지금까지 있던 모든 의는 기억되지 않을 것이기 때문이다. 이것으로부터 우리는 사람들이 하나님을 달랠 수 있는 방법들을 스스로 고안해 내서 막무가내로 하나님께서 받아주시기를 강요하는 것이 얼마나 악한 일인지를 알게 된다. 왜냐하면, 하나님께서 명령하신 것들을 따르고 그의 말씀에 순종할 때에만 우리는 하나님을 진정으로 예배하는 것이 되기 때문이다. 그러므로 우리는 율법을 온전히 지킬 때에만 존재할 수 있는 까닭에 그 어디에서도 찾아볼 수 없다는 것이 분명한 행위의 의가 그들 자신에게 있다고 자신만만하게 주장하는 자들로부터 떠나는 것이 마땅하다. 또한, 우리는 하나님이 보시기에는 너무나 더럽고 추악한 것들인 그런 행위들을 스스로 고안해 내서 하나님 앞에서 자랑하고 뽐내는 자들이 얼마나 정신 나간 자들인지도 알게 된다. 왜냐하면, 순종이 제사보다 낫기 때문이다.

²⁰율법이 들어온 것은 범죄를 더하게 하려 함이라 그러나 죄가 더한 곳에 은혜가 더욱 **넘쳤나니** ²¹이는 죄가 사망 안에서 왕 노릇 한 것 같이 은혜도 또한 의로 말미암아 왕 노릇 하여 우리 주 예수 그리스도로 말미암아 영생에 이르게 하려 함이라 (5:20-21).

20. 율법이 들어온 것은 범죄를 더하게 하려 함이라. 바울이 여기서 다루고 있는 내용은 그가 앞에서 말했던 것, 즉 율법이 공포되기 전에도 죄가 있었다는 것을 토대로 한 것이다. 이것이 확증되었다면, 즉시 다음과 같은 문제가 제기된다: "그렇다면 도대체 율법은 어떤 목적으로 주어진 것인가?" 따라서 이 난제를 푸는 것은 필수적인 일이었다. 하지만 본래의 주제를 벗어나 이 문제를 여기에서 자세하게 다루는 것은 적절하지 않았기 때문에, 그는 여기에서는 단지 "율법이 들어온 것은 범죄를 더하게 하려 함이라"는 정도만을 언급하고, 이 문제를 본격적으로 다루는 것은 다음 기회로 미룬다. 즉, 여기에서 그는 율법의 소임(officium)과 용도(usus)를 전체적으로 다루지는 않고, 단지 현재의 주제와 관련 있는 한 부분만을 다룬다. 그는 사람들로 하여금 하나님의 은혜를 받을 수 있는 통로를 열어주기 위해서는 그들이 현재 멸망(exitium)에 처해 있다는 사실을 좀 더 분명하게 드러낼 필요가 있었다고 가르치고 있는 것이다. 사람들은 율법이 주어지기 전에 이미 난파되어 멸망에 처해 있었지만, 겉으로는 여전히 별 문제 없이 생존해 있는 것처럼 보였기 때문에, 그들이 인간적인 모든 기대나 예상과는 달리 그 멸망에서 건짐을 받게 되었을 때에 그 구원이 한층 더 분명하게 드러나도록 하기 위해서는 그들을 깊은 바다 속으로 밀어넣을 필요가 있었다는 것이다. 또한, 이미 정죄 아래 있는 사람들을 또다시 정죄하고자 한 것이 율법을 주신 또다른 목적이었는데, 이것은 합당한 일이었다. 왜냐하면, 모든 수단을 동원해서 사람들의 범죄를 드러내고 증명해서 그들로 하여금 자신의 악을 깨닫게 하는 일보다 더 합당한 일은 없기 때문이다.

그러나 죄가 더한 곳에. 아우구스티누스 이래로 이 구절이 어떻게 해석되어 왔는지는 아주 잘 알려져 있다. 즉, 금지하면 할수록 더 하려고 애쓰는 것이 인간의 본성이기 때문에, 율법의 제약과 간섭을 받게 되었을 때에 육신의 정욕(cupiditas)이 더욱 기승을 부리게 되었다는 것이다. 그러나 나는 여기에서 "더하게 하려"라는 어구를 사람들로 하여금 자신의 죄를 더 잘 알게 하고 더 완악해지게 하기 위한 것이라는 의미로 이해한다. 왜냐하면, 율법이 사람들의 눈 앞에 그들의 죄를 드러낼 때, 그들은 정죄가 자신들에게 예비되어 있다는 사실을 끊임없이 보지 않을 수 없게 되어서, 율법이 없었다면 내팽개쳐 버리고 잊어버릴 수 있었을 죄로 인해 계속해서 가책을 받고 괴로워하게 되기 때문이다. 또한, 사람들은 전에는 단지 공의의 경계를 넘어서서 범죄했을 뿐이었지만, 율법이 주어진 후에는 자신들이 하나님의 뜻을 악의적으로 짓밟고 있다는 것을 알게 되었기 때문에, 이제는 거기에서 더 나아가 하나님의 권위를 멸시하는 자가 되어 버린다. 이것으로부터 알 수 있는 것은 율법이 주어졌을 때에는 사람들의 범죄는 입법자의 권위를 멸시하고 그의 위엄을 욕보이는 의미를 띠기 때문에 율법으로 말미암아 죄가 더하게 된다는 것이다.

은혜가 더욱 넘쳤나니. 죄가 사람들을 뒤덮고 압도해서 장악한 후에, 그때에야 그들을 거기에서 건져내기 위해 은혜가 왔다. 바울은 죄가 차고 넘치는 가운데 은혜가 더욱 차고 넘치게 부어져서 죄의 홍수를 이길 뿐만 아니라 완전히 삼켜 버리기까지 찼기 때문에 은혜의 풍성함이 한층 더 분명하게 드러나게 되었다고 가르친다. 이것으로부터 우리는 하나님께서 율법을 주셔서 우리가 정죄 아래 있음을 알게 하시는 목적은 우리로 하여금 계속해서 정죄 아래 있게 하시기 위한 것이 아니라, 우리의 참상(miseria)을 제대로 깨닫게 하셔서, 병자들을 고치시는 의사요 포로 된 자들을 자유롭게 하시는 이시요 환난당하는 자들의 위로자시요 눌린 자들의 변호자로(사 61:1) 오신 그리스도께로 인도하시기 위한 것임을 알게 된다.

21. 이는 죄가 사망 안에서 왕 노릇 한 것 같이 은혜도 또한 의로 말미암아 왕 노릇하여 우리 주 예수 그리스도로 말미암아 영생에 이르게 하려 함이라. 죄는 사망의 독침이기 때문에, 사망은 죄로 말미암아 사람들을 지배할 권세를 지니고 있고, 죄는 사망으로 말미암아 권세를 휘두를 수 있다. 그런 까닭에, 바울은 "죄가 사망 안에서 왕 노릇 한다"고 말한다. 마지막 구절은 문법에서 이탈된 문장이긴 하지만, 바울에게는 그럴 만한 이유가 있었다. 앞 구절과의 대비를 보여주기 위해서는 단지 "의가 그리스도로 말미암아 왕 노릇 하게 하려 함이라"고 하면 되었을 것이지만, 그는 서로 대비되는 것들을 단순히 제시하는 것으로는 만족할 수 없었기 때문에, 지금까지 자기가 말한 모든 것이 우리의 공로로 말미암은 것이 아니라 순전히 하나님의 자비하심(beneficentia)으로 말미암은 것이라는 이 진리를 우리의 기억 속에 좀 더 깊이 각인시키기 위해서 "은혜"라는 말을 덧붙인다. 그는 앞에서는 사망이 왕 노릇 하였다(17절)고 말했지만, 여기에서는 죄가 왕 노릇 하였다고 말한 후에, 그 결국 또는 결과가 사망이라고 말한다. 그는 죄가 왕 노릇 하였다고 과거 시제로 말하는데, 이것은 오직 육체로 태어났을 뿐 거듭나지 않은 자들에게서 지금은 죄가 왕 노릇 하는 것을 그쳤다는 의미가 아니라, 아담의 때와 그리스도의 때를 구별하고자 한 것뿐이다. 따라서 그리스도의 은혜가 어떤 사람 속에서 역사하기 시작하자마자, 죄와 사망이 그에게서 왕 노릇 하는 것은 그치게 된다.

제6장

¹그런즉 우리가 무슨 말을 하리요 은혜를 더하게 하려고 죄에 거하겠느냐 ²그럴 수 없느니라 죄에 대하여 죽은 우리가 어찌 그 가운데 더 살리요(6:1-2).

1. 그런즉 우리가 무슨 말을 하리요 은혜를 더하게 하려고 죄에 거하겠느냐. 이 장 전체에 걸쳐서 사도는, 그리스도로 말미암아 값없이 의롭다 하심을 받았으니 그것으로 된 것이고 새 생명 또는 새 삶(vitae novitas)과는 상관이 없다고 착각하는 자들은 그리스도를 갈기갈기 찢는 수치스러운 짓을 하고 있는 것임을 증명하고자 하는 것이지만, 여기에서 사람들이 더 고집스럽게 죄에 거한다면 은혜가 드러날 기회가 더 많아지지 않겠느냐는 악한 반론을 다루는 것으로 논의를 시작한다. 왜냐하면, 우리의 육신(caro)은 어떤 핑계를 대서라도 자신이 좋아하는 것들만을 제멋대로 행하고자 하는 성향이 아주 강하고, 사탄도 은혜에 관한 가르침을 훼손시키기 위해서 온갖 비방을 아주 쉽게 고안해 내기 때문이다. 즉, 그리스도에 관하여 선포되는 모든 것들은 인간의 지각(sensus)에 매우 모순되는 것들로 보이기 때문에, 육신은 믿음으로 말미암아 의롭게 된다는 이신칭의에 관한 가르침을 들으면 아주 다양한 걸림돌들에 부딪치게 된다. 하지만 우리는 우리의 길을 계속해서 가야 한다. 그리스도께서 많은 사람들을 걸려 넘어지게 하고 거치게 하는 돌이요 바위라는 이유로 그리스도를 억눌러서는 안 된다. 왜냐하면, 그리스도께서는 불경건한 자들에게는 파멸(ruina)이지만 경건한 자들에게는 부활(resurrectio)이 되시기 때문이다. 아울러, 우리는 늘 터무니없는 반론들에 적절히 대처해서 기독교의 가르침 속에 터무니 없는 것들이 침투하지 못하도록 하여야 한다.

사도는 이제 하나님의 은혜를 전할 때에 비일비재하게 제기되는 반론을 다루기 시작하는데, 그 반론은 이런 것이다: "우리가 더 많은 죄짐에 눌려 있을수록, 하나님의 은혜가 우리에게 더욱 풍성하고 차고 넘치게 임한다는 것이 사실이라면, 우리가 더 깊이 죄에 빠져들고 계속해서 새로운 범죄들로 하나님의 진노를 불러일으키는 것이 바람직하다. 왜냐하면, 그럴 때에만 우리는 그 어떤 것보다도 우리가 가장 사모해야 하는 하나님의 은혜를 더욱 풍성하게 경험할 수 있게 될 것이기 때문이다." 이러한 반론이 어떻게 반박될 수 있는지에 대해서는 우리가 나중에 살펴보게 될 것이다.

2. 그럴 수 없느니라. 어떤 이들에게는 사도가 여기에서 그런 터무니없고 정신 나간 말을 하는 것에 대하여 단지 화를 내며 책망만 하고자 하는 것처럼 보이겠지만, 다른 곳들을 보면, 우리는 그가 긴 논증을 해나가기에 앞서 이런 종류의 대답을 먼저 제시하는 것이 흔한 일이었음을 알게 된다. 마찬가지로, 여기에서도 그는 곧 앞에서 언급한 반론 또는 비방을 주의깊고 세심하게 반박해 나갈 것이지만, 우선 우리의 의를 회복시키기 위한 그리스도의 은혜가 우리의 악을 부추긴다고 말하는 것보다 더 어처구니없는 말은 없다는 것을 독자들의 마음에 각인시키기 위해서 그런 반론을 단호하게 배척하고 있는 것이다.

죄에 대하여 죽은 우리가 어찌 그 가운데 더 살리요. 이것은 정반대의 사실을 토대로 한 논증이다: "범죄하는 자는 분명히 죄에 대하여 살아 있는 것이지만, 우리는 그리스도의 은혜로 말미암아 죄에 대하여 죽었다. 그러므로 죄를 폐하는 은혜가 죄를 살아나게 한다고 말하는 것은 거짓이다." 실상을 말한다면, 믿는 자로 자처해도 중생의 선물을 받지 않은 자는 하나님과 화목하게 된 것이 결코 아니라는 것이다. 사실, 하나님께서 우리를 의롭게 하시는 목적은 우리로 하여금 이후로는 순전한 삶 가운데서 하나님을 섬기게 하기 위한 것이다. 그리스도께서는 우리로 하여금 오직 우리를 새롭게 하여서 거룩한 삶을 살아가게 하는 성령에 참여하는 자가 되게 하시는 방식으로만 그의 피로 우리를 깨끗하게 하시고 그의 대속으로 말미암아 우리를 하나님과 화목하게 하신다. 그러므로 만일 그리스도 안에서 우리에게 주어진 은혜로 말미암아 죄가 힘을 얻는다고 누가 말한다면, 그것은 하나님의 역사를 완전히 뒤집어 버리는 너무나 어처구니없고 황당한 일이 될 것이다. 왜냐하면, 약은 병을 키우는 것이 아니라 멸하는 것이기 때문이다. 또한, 우리는 내가 앞에서 이미 언급했던 것, 즉 바울은 여기에서 하나님께서 우리를 부르셔서 그의 아들과 사귐이 있게 하실 때의 우리의 모습에 대하여 말하고 있는 것이 아니라, 하나님께서 우리를 긍휼히 여기셔서 값없이 양자로 삼으신 후에 우리가 어떠하여야 마땅한지에 대하여 말하고 있는 것임을 명심하여야 한다. 왜냐하면, 바울은 미래를 나타내는 부사 '에티'(ἔτι, "더")를 통해서 우리가 의롭다 하심을 받은 후에 어떤 변화가 뒤따라야 마땅한지를 보여주기 때문이다.

³무릇 그리스도 예수와 합하여 세례를 받은 우리는 그의 죽으심과 합하여 세례를 받은 줄을 알지 못하느냐 ⁴그러므로 우리가 그의 죽으심과 합하여 세례를 받음으로 그와 함께 장사되었나니 이는 아버지의 영광으로 말미암아 그리스도를 죽은 자 가운데서 살리심과 같이 우리로 또한 새 생명 가운데서 행하게 하려 함이라(6:3-4).

3. 무릇 그리스도 예수와 합하여 세례를 받은 우리는 그의 죽으심과 합하여 세례를 받은 줄을 아지 못하느냐. 바울은 앞 절에서 말했던 것, 즉 그리스도께서 자기 백성 속에서 죄를 멸하신다는 것을 여기에서는 우리로 하여금 그리스도를 믿는 믿음으로 들어가게 해주는 세례의 효과를 언급함으로써 증명한다. 왜냐하면, 우리가 세례를 통해서 그리스도로 옷 입는다는 것과 그리스도와 하나 되기 위해서 세례를 받는다는 것은 논란의 여지가 없기 때문이다. 그러나 바울은 또 하나의 원리, 즉 우리가 세례를 받을 때에 그리스도의 죽으심이 우리 안에서 열매를 맺어서 그리스도의 몸과 진정으로 연합된다는 원리를 제시한다. 그러므로 그는 그리스도의 죽으심과의 이러한 연합이야말로 우리가 세례에서 핵심적으로 고려해야 할 사항이라고 가르치고 있는 것이다. 왜냐하면, 세례는 단순한 정결예식이 아니라 우리의 옛 사람이 죽었음을 나타내는 것이기 때문이다. 이것으로부터 분명한 것은 우리가 하나님의 은혜 속으로 받아들여지자마자 즉시 그리스도의 죽으심의 효력이 나타난다는 것이다. 그리스도의 죽으심과의 이러한 연합의 효과는 이하에서 설명된다.

4. 그러므로 우리가 그의 죽으심과 합하여 세례를 받음으로 그와 함께 장사되었나니 이는 아버지의 영광으로 말미암아 그리스도를 죽은 자 가운데서 살리심과 같이 우리로 또한 새 생명 가운데서 행하게 하려 함이라. 바울은 우리가 그리스도의 죽으심과 합하여 세례를 받는 목적을 여기에서 자세하게 다 설명하지는 않고, 일단 우리로 하여금 우리 자신에 대하여 죽고 새로운 피조물이 되게 하기 위한 것이 세례의 목적이라는 것만을 언급한다. 그가 그리스도의 죽으심과의 연합으로부터 그리스도의 살아나심에의 참여로 이행해가는 것은 합당하다. 왜냐하면, 이 둘은 분리될 수 없는 끈으로 서로 연결되어 있어서, 그리스도의 죽으심으로 말미암아 우리의 옛 사람이 멸해지고, 그리스도의 살아나심으로 인하여 우리가 의를 회복하여 새로운 피조물이 되기 때문이다. 분명히 하나님께서는 우리를 살리시기 위하여 그리스도를 우리에게 주셨는데, 만일 우리가 더 나은 생명으로 다시 살리심을 받지 않는 것이라면, 그리스도와 함께 죽을 이유가 어디 있겠는가? 따라서 그리스도께서 "우

리 안에 존재하는 죽을 수밖에 없는 것"(quod in nobis mortale est)을 죽이시는 이유는 우리를 다시 진정으로 살리시기 위한 것일 수밖에 없다.

또한, 우리는 사도가 단지 그리스도의 죽으심은 모든 그리스도인이 본받아야 할 모범이라고 말하며 우리에게 그리스도를 본받으라고 권면하고 있는 것이 아님을 알아야 한다. 왜냐하면, 그는 나중에 권면의 토대가 될 가르침을 제시하고자 하는 더 깊은 의도를 지니고 있는 것임에 틀림없기 때문이다. 우리가 분명히 알 수 있듯이, 그가 제시하는 가르침은 그리스도의 죽으심은 우리의 육신의 악(nequitia)을 멸하고 뿌리뽑는 효력이 있고, 그리스도의 살아나심은 우리 속에 더 나은 새로운 본성을 깨어나게 하는 효력이 있는데, 우리는 세례를 통해서 이 은혜에 참여함을 허락받게 된다는 것이다. 이런 토대가 놓여진 후에야, 그리스도인들에게 그들의 부르심에 합당한 삶을 살기 위해 힘쓰라고 권면하는 것이 지극히 적절하게 된다. 한편, 이러한 능력이 모든 세례 받은 자들에게서 분명하게 나타나는 것은 아니지 않느냐고 반론을 제기하는 것은 여기에서의 논지에서 벗어나는 것이다. 왜냐하면, 바울은 믿는 자들에게 말할 때에는 통상적으로 외적인 표징에 원래 부여되어 있는 실체(substantia)와 효과(effectum)를 얘기하기 때문이다. 우리가 알다시피, 하나님께서 가시적인 표징을 통해서 주시는 것들은 우리의 믿음과 합해질 때에만 확증되고 재가(裁可)된다. 요컨대, 바울은 우리가 세례를 올바르게 받았을 때에 세례의 진실이 어떤 것인지를 가르치고 있는 것이다. 그래서 그는 갈라디아 교인들에게 누구든지 그리스도와 합하여 세례를 받은 자는 그리스도로 옷 입은 것이라고 증언한다(갈 3:27). 하나님께서 제정하신 성례전과 경건한 자들의 믿음이 합해져 있을 때에는 우리가 그런 식으로 말하는 것이 마땅하다. 왜냐하면, 우리의 배은망덕함과 사악함이 하나님의 인자하심으로 인한 역사를 가로막지 않는 한, 하나님이 우리에게 주신 표징들은 결코 허접하고 헛된 것들이 아니기 때문이다.

"아버지의 영광으로 말미암아"는 "하나님이 참으로 영광스러운 분이시고 그의 영광이 지극히 크시다는 것을 보여준 저 탁월하신 능력을 통해서"라는 의미이다. 성경에서 그리스도의 부활 속에서 역사했던 하나님의 능력을 이런 식으로 지극히 높여 표현하는 데에는 그럴 만한 이유가 있는데, 그것은 하나님의 지극히 크신 능력을 이런 식으로 명시적으로 언급함으로써, 육신의 지각으로는 도무지 알 수 없는 마지막 날의 부활에 대한 믿음만이 아니라, 우리가 그리스도의 부활로부터 받는 그 밖의 다른 은택들에 대한 확신도 우리 안에서 더욱 견고해지게 할 필요가 있기 때문이다.

⁵만일 우리가 그의 죽으심과 같은 모양으로 연합한 자가 되었으면 또한 그의 부활과 같은 모양으로 연합한 자도 되리라 ⁶우리가 알거니와 우리의 옛 사람이 예수와 함께 십자가에 못 박힌 것은 죄의 몸이 죽어 다시는 우리가 죄에게 종 노릇 하지 아니하려 함이니(6:5-6).

5. 만일 우리가 그의 죽으심과 같은 모양으로 연합한 자가 되었으면 또한 그의 부활과 같은 모양으로 연합한 자도 되리라. 바울은 앞에서 이미 말한 것을 여기에서 좀 더 분명한 표현을 사용해서 확증한다. 왜냐하면, "연합한다"는 비유는 접붙임과 관계된 것으로서 단순히 그리스도를 모범으로 삼아 본받는다는 것이 아니라, 우리가 그리스도께 접붙임되어서 그리스도께서 그의 영으로 우리를 살리시고 자신의 능력을 우리에게 부어주시는 비밀한 연합을 가리키는 까닭에, 그가 사용하는 비유는 그 어떤 모호함도 남기지 않기 때문이다. 그러므로 접붙인 바 된 것은 접붙여진 원래의 나무와 생사를 함께 하게 되기 때문에, 우리가 그리스도의 죽으심은 물론이고 그의 생명에도 참여하는 자가 된다는 것은 지극히 합당한 일이다. 왜냐하면, 우리가 부활이 보장된 "그리스도의 죽으심과 같은 모양으로 연합해서" 접붙임되었다면, 우리도 죽고 나서 다시 부활하게 될 것은 당연하기 때문이다. 그러나 이 어구는 두 가지로 해석될 수 있다. 하나는 우리가 그리스도의 죽으심과 같은 모양으로 그에게 접붙임되었다는 것이고, 다른 하나는 단순히 우리가 그리스도의 죽으심과 같은 모양에 접붙임되었다는 것이다. 전자의 해석이 가능하려면, 헬라어의 여격 명사인 '호모이오마티'(ὁμοιώματι, "모양")를 우리가 접붙임 받는 방식을 나타내는 것으로 보아야 한다. 나는 이런 해석이 이 어구의 좀 더 깊은 의미를 드러내고 있다는 것을 부인하지는 않지만, 후자의 해석이 이 어구가 보여주는 표현의 단순성에 더 어울리기 때문에 후자를 택하였다. 하지만 어느 쪽이나 결국 동일한 의미로 귀결되기 때문에, 이 문제는 별로 중요하지 않다. 크리소스토무스(Chrysostomus)는 바울은 다른 곳에서 그리스도께서 "사람이 되셨다"는 것을 "사람과 같이 되셨다"(빌 2:7), 또는 "사람의 모양으로 되셨다"고 표현했던 것과 동일한 방식으로 여기에서 "그의 죽으심과 같은 모양으로"라는 표현을 사용한 것이라고 생각하였다. 그러나 나는 이 표현 속에는 그런 것보다 더 깊은 의미가 담겨 있다고 본다. 즉, 이 표현은 단지 부활을 암시하는 역할만을 하는 것에서 그치지 않고, 우리의 죽음은 그리스도와는 달리 자연적인 죽음을 수반하지 않지만 우리의 죽음과 그리스도의 죽으심 사이에는

유사성이 존재한다는 것을 나타내고자 한 것으로 보인다. 그리스도께서는 우리로부터 취하신 육체로 죽으셨고, 우리는 그리스도 안에서 살기 위하여 우리 자신에 대하여 죽는다. 그러므로 이 둘은 동일하지는 않지만 비슷한 죽음이다. 왜냐하면, 바울이 여기에서 주목하고 있는 것은 현세적인 삶에서 죽는 것(praesentis vitae interitus)과 영적으로 새로워지는 것(spiritualis renovatio) 간의 유비이기 때문이다.

"연합한 자가 되다"는 아주 강력한 말이다. 이 말은 사도가 어떤 권면을 하고 있는 것이 아니라, 우리가 그리스도로부터 어떤 은택(beneficium)을 얻는지에 대하여 가르치고 있음을 분명하게 보여준다. 왜냐하면, 그는 우리에게 어떤 것을 주의하고 힘써서 행하라고 요구하는 것이 아니라, 하나님의 손에 의해 이루어진 접붙임에 대해 말하기 때문이다. 그러나 이 비유를 세부적인 부분까지 추적해 들어갈 필요는 없다. 왜냐하면, 나무들 간의 접붙임과 영적인 접붙임 간의 현격한 차이는 곧 분명하게 드러나게 될 것이기 때문이다. 전자에서는 접붙인 바 된 나무는 접붙여진 원래의 나무의 뿌리로부터 자양분을 공급받긴 하지만, 사람들이 먹게 되는 열매에 있어서는 자신의 고유한 본성을 그대로 유지한다. 그러나 후자에서는 우리가 생명의 활기와 자양분을 그리스도로부터 끌어올 뿐만 아니라, 우리의 본성 자체도 그리스도의 본성으로 바뀐다. 하지만 사도는 오직 우리의 육체를 죽이는 것으로 나타나는 그리스도의 죽으심의 효력과 우리 안에서 더 나은 영적인 본성을 새롭게 하는 것으로 나타나는 그리스도의 부활의 효력만을 표현하고자 한 것이었다.

6. 우리가 알거니와 우리의 옛 사람이 예수와 함께 십자가에 못 박힌 것은 죄의 몸이 죽어 다시는 우리가 죄에게 종 노릇 하지 아니하려 함이니. 구약이 신약과의 관련성 속에서 구약이라 불리는 것과 마찬가지로, "옛 사람"은 새 사람과의 관련성 속에서 옛 사람이라 불린다. 왜냐하면, 어떤 사람에게서 중생이 시작될 때에 그의 이전의 본성은 "옛 것"이 되기 시작해서 점차 죽어가게 되기 때문이다. 따라서 여기에서 말하는 "옛 사람"은 우리가 모태로부터 가지고 나오는 본성 전체를 가리키고, 이 본성은 하나님의 나라를 받을 수 없기 때문에, 우리가 참 생명으로 새로워지는 정도에 비례해서 죽어질 수밖에 없다. 바울은 이 "옛 사람"이 그리스도의 십자가에 못 박혔다고 말한다. 즉, 십자가의 능력으로 말미암아 옛 사람이 죽었다는 것이다. 바울이 십자가를 명시적으로 언급한 것은 우리가 그리스도의 죽으심에 참여함이 없이는 다른 식으로는 결코 죽어질 수 없다는 것을 좀 더 분명하게 보여주기 위한 것이다. 나는 바울이 "죽었다"는 표현이 아니라 "십자가에 못 박혔다"는 표현을 사

용한 것은 우리의 옛 사람이 여전히 살아 있고 어떤 점에서는 활기차게 활동하고 있기 때문이라고 설명하는 자들의 견해에 동의할 수 없다. 그런 설명은 분명히 옳은 것이기는 하지만, 이 구절에는 적절하지 않다. 바울이 직후에 언급하는 "죄의 몸"은 살과 뼈를 의미하는 것이 아니라 죄 덩어리라는 의미이다. 왜냐하면, 사람은 본성을 따라 살도록 내버려 두어질 때에는 죄로 똘똘 뭉쳐진 덩어리이기 때문이다. 바울이 "다시는 우리가 죄에게 종 노릇 하지 아니하려 함이니"라고 말한 것은 "죄의 몸"을 죽이는 목적을 밝힌 것이다. 이것으로부터 알 수 있는 것은 우리가 아담의 자손으로서 단지 자연인으로 살아가는 동안에는 죄의 종이 되어서 오직 죄만을 짓고 살아갈 수밖에 없지만, 그리스도께 접붙임이 될 때에는 즉시 모든 죄를 완전히 그치게 되는 것은 아닐지라도 이 싸움에서 결국 승리하게 된다는 의미에서 그러한 비참한 곤경에서 건짐을 받게 된다는 것이다.

⁷이는 죽은 자가 죄에서 벗어나 의롭다 하심을 얻었음이라 ⁸만일 우리가 그리스도와 함께 죽었으면 또한 그와 함께 살 줄을 믿노니 ⁹이는 그리스도께서 죽은 자 가운데서 살아나셨으매 다시 죽지 아니하시고 사망이 다시 그를 주장하지 못할 줄을 앎이로라 ¹⁰그가 죽으심은 죄에 대하여 단번에 죽으심이요 그가 살아 계심은 하나님께 대하여 살아 계심이니 ¹¹이와 같이 너희도 너희 자신을 죄에 대하여는 죽은 자요 그리스도 예수 안에서 하나님께 대하여는 살아 있는 자로 여길지어다(6:7-11).

7. 이는 죽은 자가 죄에서 벗어나 의롭다 하심을 얻었음이라. 이것은 죽음의 고유한 속성 또는 결과를 근거로 한 논증이다. 왜냐하면, 죽음으로 모든 생명 활동이 그치게 되는 것이라면, 죄에 대하여 죽은 우리는 우리가 살아 있는 동안에 죄가 행하던 활동들을 그치게 될 것은 당연한 일이기 때문이다. "의롭다 하심을 얻었다"는 것은 죄에 대한 종살이로부터 벗어난 것을 의미한다. 즉, 재판장으로부터 무죄 선고를 받은 자가 고소의 속박에서 벗어나는 것과 마찬가지로, 죽음은 우리를 현세의 삶에서 벗어나게 해주어서 모든 현세의 일로부터 자유롭게 해준다는 것이다.

사람들 가운데서 그런 예를 찾아볼 수 없다고 할지라도, 바울이 여기에서 말하고 있는 것이 공허한 사변이라고 생각할 이유도 없고, 우리 자신이 육체를 온전히 십자가에 못 박은 자들에 속하지 않았다고 해서 낙심할 이유도 없다. 왜냐하면, 하나님의 이러한 역사는 우리 안에서 시작된 바로 그 날에 완성되는 것이 아니라, 매일의 진보를 통해 조금씩 진척되고 점진적으로 계속하여 진행되어서 마침내 완성되는 것이기 때문이다. 따라서 우리는 이 구절의 요지를 이런 식으로 요약해 볼 수 있을 것이다: "당신이 그리스도인이라면, 당신 속에는 당신이 그리스도의 죽으심과 연합하였음을 보여주는 증거가 나타나야 하는데, 그 열매는 당신의 육체가 그 모든 욕심과 더불어서 십자가에 못 박히는 것이다. 그러나 육체의 잔재가 여전히 당신 속에 살아 있다고 해서, 그것을 이러한 연합이 존재하지 않는 증거라고 보아서는 안 된다. 도리어, 당신이 목표에 도달할 때까지 이러한 연합이 점진적으로 커져가도록 부지런히 힘쓰는 것이 마땅하다." 우리의 육체가 지속적으로 죽어진다면, 그것은 우리에게 정말 좋은 일이고, 성령이 이전에 육체가 지니고 있던 지배권을 빼앗아 장악하게 되었다면, 그것은 대단한 성취이다. 한편, 사도가 고린도후서 4장을 비롯한 여러 곳에서 말하는 그리스도의 죽으심과의 또다른 연합이 있는데, 그것은 십자가를 짊어지는 것이다. 우리는 그리스도의 죽으심과 연합하여 십자가를 질 때에 영생에 참여하게 된다.

8. 만일 우리가 그리스도와 함께 죽었으면 또한 그와 함께 살 줄을 믿노니. 바울이 이 말을 반복하는 이유는 오직 직후에 나오는 내용, 즉 그리스도께서 한 번 살아나셨기 때문에 다시는 죽지 않으신다는 선언을 덧붙이기 위한 것이다. 이것을 통해서 그가 가르치고자 하는 것은 그리스도인들은 살아 있는 동안 새 생명을 따라 사는 삶을 살아가야 한다는 것이다. 왜냐하면, 그리스도인들은 육체를 십자가에 못 박는 것과 성령의 인도하심을 받는 삶을 통하여 그리스도의 형상을 자기 자신 속에 나타내야 하는데, 전자는 단번에 이루어지지만, 후자는 지속적으로 이루어져야 하기 때문이고, 우리가 이미 말했듯이, 육체는 우리 안에서 한순간에 죽어지는 것이 아닌 까닭에, 우리는 육체를 십자가에 못 박는 일에서 뒷걸음질쳐서는 안 되기 때문이다. 우리가 우리 자신의 더러움으로 다시 돌아간다면, 그것은 그리스도를 부인하는 것이다. 그리스도께서는 부패되지 않은 삶을 살고 계시기 때문에, 우리는 새 생명을 따른 삶을 살지 않을 때에는 그리스도와 연합한 삶을 살 수 없다.

9. 사망이 다시 그를 주장하지 못할 줄을 앎이라. 여기에서 바울은 사망이 한때 그리스도를 주장한 적이 있었다는 것을 암시하고 있는 것으로 보인다. 물론, 그리스도께서는 우리를 위하여 자신을 사망에 내주셨을 때에 어떤 의미에서는 사망 권세에 굴복하신 것이지만, 사망의 고통에 의하여 꼼짝없이 굴복한 것이거나 삼켜져 버린 것은 결코 아니었고, 도리어 사망 권세에 잠시 굴복하심으로써 사망을 영원히

멸하신 것이었다. 하지만 우리는 좀 더 단순하게 생각해서, 사망이 그리스도를 주장했다는 것은 그리스도께서 자원하여 자신을 사망에 내주셨을 때에 시작되었다가 부활하심으로 인해 끝이 난 죽음의 상태(mortis conditio)를 가리키는 것으로 보아야 한다. 따라서 이 구절의 요지는, 지금 자신의 영으로 믿는 자들을 살리시는, 또는 하늘로부터의 자신의 비밀한 능력을 통해서 믿는 자들에게 자신의 생명을 불어넣어 주시는 그리스도께서는 자신의 모든 백성을 사망 권세로부터 건지시기 위하여 죽은 자 가운데서 다시 살아나실 때에 사망 권세로부터 벗어나셨다는 것이다.

10. 그가 죽으심은 죄에 대하여 단번에 죽으심이요. 바울은 앞에서 우리가 그리스도의 본을 따라 사망의 멍에로부터 영원히 벗어났다고 말한 후에, 이제 여기에서는 그가 지금 다루고 있는 주제에 맞춰서, 우리가 더 이상 죄의 폭정(tyrannis peccati) 아래 있지 않다는 것을 그리스도께서 죽으신 궁극적인 목적을 근거로 제시하며 증명한다. 즉, 그리스도께서는 죄를 멸하시기 위하여 죽으셨다는 것이다. 하지만 우리는 이러한 표현 방식이 과연 그리스도에 대하여 무엇을 말하고 있는 것인지를 주목하지 않으면 안 된다. 왜냐하면, 그리스도께서는 자신이 죄 짓는 것을 그치시기 위하여 죄에 대하여 죽으신 것(우리에 대해서는 이렇게 말하는 것이 적절하다)이 아니라, 우리의 죄를 인하여 자신을 속전(ἀντίλυτρον - 안티뤼트론)으로 삼으셔서 죄의 권세와 능력을 멸하시기 위하여 죽으신 것이기 때문이다. 바울이 그리스도께서 "단번에 죽으셨다"고 말하는 것은 단지 단번의 제사를 통해서 영원한 구속을 이루시고 자신의 피로 죄를 깨끗하게 하심으로써 믿는 자들을 영원히 거룩하게 하셨기 때문만이 아니라, 우리와 그리스도 사이에 유비가 존재하도록 하기 위한 것이기도 하다. 왜냐하면, 우리 안에서 영적인 죽음은 계속해서 진행되는 것이기는 하지만, 그리스도께서 그의 피로 우리를 아버지 하나님과 화목하게 하심과 동시에 그의 영의 능력으로 우리를 거듭나게 하실 때에 우리는 "단번에 죽는다"고 하는 것이 옳기 때문이다.

그가 살아 계심은 하나님께 대하여 살아 계심이니. "하나님께 대하여"는 "하나님 앞에서"로 읽든 "하나님 안에서"로 읽든 의미는 동일하다. 왜냐하면, 바울은 그리스도께서는 영원히 죽지 않고 썩지 않는 하나님 나라에서 죽음에 종속되지 않는 삶을 살아가고 계신다는 것과 이런 삶의 모습이 경건한 자들의 중생을 통해서 나타나는 것이 마땅하다고 말하고자 하는 것이기 때문이다. 우리는 여기에서 앞에 나온 "같은 모양"(5절)이라는 명사를 기억하여야 한다. 왜냐하면, 바울은 여기에서 그리스도께서 지금 천국에 사시는 것처럼 우리도 장차 천국에서 살게 될 것이라고 말하는 것이 아니라, 우리가 중생 후에 이 땅에서 새로운 삶, 즉 천국에서의 그리스도의 삶과 비슷한 삶을 살아가게 된다고 말하는 것이기 때문이다. 바울이 우리가 그리스도의 본을 따라 죄에 대하여 죽어야 한다고 말할 때, 우리는 그것이 그리스도와 동일한 죽음이라고 생각해서는 안 된다. 왜냐하면, 우리가 죄에 대하여 죽는다는 것은 우리 안에서 죄가 죽는 것인 반면에, 그리스도의 경우에는 죄를 멸하기 위한 죽음이었기 때문이다.

바울은 앞에서 우리가 "그리스도와 함께 살 줄을 믿는다"고 말할 때에 "믿는다"는 단어를 통해서 자기가 그리스도의 은혜에 대하여 말하고 있다는 것을 분명히 보여준다. 왜냐하면, 만일 그가 단지 우리가 마땅히 해야 할 일을 일깨워 주고자 한 것일 뿐이라면, "우리가 그리스도와 함께 죽었기 때문에, 또한 그와 함께 사는 것이 마땅하다"는 식으로 말했을 것이기 때문이다. 하지만 "믿노니"라는 단어는 그가 여기에서 약속들에 토대를 둔 믿음에 관한 가르침을 다루고 있음을 보여준다. 따라서 그는 이렇게 말한 것과 같다: "믿는 자들은 그리스도의 은혜로 말미암아 그들이 육체에 대하여 죽었고, 이제 바로 이 그리스도께서 그들을 새 생명 가운데서 끝까지 보존하시리라는 것을 확신하여야 한다." 동사 "살다"가 미래 시제로 되어 있는 것은 마지막 날의 부활을 가리키기 위한 것이 아니라, 단지 우리가 이 땅에서 나그네로 살아가는 동안에 계속해서 새 생명 가운데서 살게 될 것임을 보여주기 위한 것이다.

11. 이와 같이 너희도 너희 자신을 죄에 대하여는 죽은 자요 그리스도 예수 안에서 하나님께 대하여는 살아 있는 자로 여길지어다. 바울은 이제 여기에서 내가 앞에서 언급했던 유비를 토대로 한 자신의 논증을 더한다. 즉, 그는 그리스도께서 죄에 대하여 단번에 죽으셨다는 것과 하나님에 대하여 영원히 살아 계신다는 것을 말한 후에, 이제 이 둘을 우리에게 적용해서, 어떻게 하면 우리가 살아 있는 동안에 죽을 수 있는지를 말하는데, 그것은 죄를 거부하는 것이라고 가르친다. 하지만 그는 이 유비의 다른 측면, 즉 우리가 믿음으로 그리스도의 은혜를 받아들인 후에 어떻게 살아야 하는지에 대하여 말하는 것을 빠뜨리지 않는다. 왜냐하면, 우리의 육체가 죽어지는 것이 우리 안에서 단지 시작된 것에 불과할지라도, 죄의 삶은 멸해진 것인 까닭에, 이후로는 하나님께 속한 영적인 새로움(spiritualis novitas)이 우리 안에서 영원히 지속되기 때문이다. 만일 그리스도께서 우리 안에 있는 죄를 단번에 죽이신 것이 아니라면, 우리에게 주어진 그리스도의 은혜는 결코 확실할 수도 없고

지속될 수도 없을 것이다.

따라서 이 구절의 의미는 이런 것이다: "너희는 너희 자신을 이렇게 보아야 한다. 즉, 그리스도께서 죄를 멸하시기 위하여 죄에 대하여 단번에 죽으신 것과 마찬가지로, 너희가 그리스도와 함께 죽은 것도 이후로는 죄에서 떠난 삶을 살기 위한 것이다. 그러므로 너희는 죄가 너희 안에서 온전히 멸해질 때까지 너희 안에서 시작된 죄를 죽이는 일에서 날마다 진보해 나가야 한다. 또한, 그리스도께서 부활하셔서 썩어지지 않을 삶을 살고 계시는 것과 마찬가지로, 너희도 하나님의 은혜로 거듭났고, 너희를 새롭게 하신 성령의 능력이 영원하고 늘 동일하게 역사할 것이기 때문에, 거룩하고 의로운 삶을 살아가게 될 것이다." 본문에서 "그리스도 예수 안에서"로 번역된 부분을 에라스무스는 "그리스도 예수로 말미암아"로 옮기지만, 나는 바울이 사용한 표현을 그대로 유지하는 편이 좋을 것으로 본다. 왜냐하면, "그리스도 예수 안에서"로 옮길 때에 우리를 그리스도와 하나 되게 만들어 주는 "연합" 또는 접붙임의 의미가 더 잘 표현되기 때문이다.

¹²그러므로 너희는 죄가 너희 죽을 몸을 지배하지 못하게 하여 몸의 사욕에 순종하지 말고 ¹³또한 너희 지체를 불의의 무기로 죄에게 내주지 말고 오직 너희 자신을 죽은 자 가운데서 다시 살아난 자 같이 하나님께 드리며 너희 지체를 의의 무기로 하나님께 드리라(6:12-13).

12. 그러므로 너희는 죄가 너희 죽을 몸을 지배하지 못하게 하여 몸의 사욕에 순종하지 말고. 바울은 이제 여기에서 자기가 그리스도와 우리의 연합(societas)에 관하여 지금까지 전했던 가르침으로부터 자연스럽게 도출되는 권면을 시작한다. 죄는 믿는 자들인 우리 안에도 거하기는 하지만, 죄가 아주 왕성하게 역사해서 우리에 대하여 여전히 왕 노릇 한다면, 그것은 말도 되지 않는 일이다. 왜냐하면, 우리를 거룩하게 하는 능력은 죄의 권세를 능가하는 까닭에, 우리의 삶은 우리가 진정으로 그리스도의 지체들임을 증거하게 되는 것이 마땅하기 때문이다. 나는 앞에서 이미 "몸"이라는 단어는 살과 뼈와 피부를 가리키는 것이 아니라, 한 인간 전체를 하나의 덩어리로 표현하고 있는 것이라고 말한 바 있다. 우리는 이러한 사실을 현재의 구절로부터 아주 확실하게 추론해낼 수 있다. 왜냐하면, 바울은 이 "몸"의 여러 부분들과 관련해서 조금 후에 덧붙이게 될 하반절에서는 "심령"도 이 몸의 일부로 포함

시키기 때문이다. 따라서 그는 땅에 속한 인간을 폄하해서 이런 식으로 지칭하고 있는 것이다. 왜냐하면, 우리는 타락하고 부패한 본성으로 인하여 본래 우리가 지니고 있던 존귀함에 속한 것을 전혀 바랄 수 없게 되어 버렸기 때문이다. 그래서 하나님께서는 창세기 6:3에서 그런 식으로 말씀하신다. 거기에서 하나님은 사람이 짐승처럼 "육신"이 되어 버렸다고 한탄하시고, 땅에 속한 것들 외에는 그 어떤 것도 사람에게 허락하지 않으신다. 그리스도께서 "육으로 난 것은 육이요"(요 3:6)라고 말씀하신 것도 동일한 것을 말씀하신 것이었다. 영혼의 경우는 사정이 다르지 않느냐는 반론을 누가 제기한다면, 거기에 대한 대답은 이미 준비되어 있다. 즉, 현재의 타락한 상태에서는 우리의 영혼은 땅에 고착되어서 우리의 몸의 노예가 되어 있기 때문에, 우리의 영혼이 원래 지니고 있었던 탁월성(praestantia)을 상실하였다는 것이다. 요컨대, 사람은 하늘에 속한 은혜를 잃어버리고서 알맹이가 없는 빈 껍데기 또는 그림자가 되어 있기 때문에, 바울은 사람의 본성을 "몸"이라고 말하고 있는 것이다. 여기에 한 가지 더 첨가한다면, 바울은 경멸의 의미로 이 "몸"을 "죽을 몸"으로 지칭하고 있다는 것이다. 이것은 사람의 본성 전체는 사망과 파멸을 향해 있다는 것을 가르치기 위한 것이다. 또한, 바울은 우리의 심령 속에 거하여 우리를 죄로 이끌고 온갖 악행과 가증스러운 일들의 원천으로서의 역할을 하는 가장 근원적인 악(prima pravitas)을 "죄"라는 이름으로 부르고, 이 "죄"와 우리 중간에 "사욕들"을 위치시킨다. 따라서 "죄"가 사람들을 주관하는 왕의 자리에 있다고 한다면, "사욕들"은 왕의 칙령들과 명령들이라고 할 수 있다.

13. 또한 너희 지체를 불의의 무기로 죄에게 내주지 말고 오직 너희 자신을 죽은 자 가운데서 다시 살아난 자 같이 하나님께 드리며 너희 지체를 의의 무기로 하나님께 드리라. 일단 죄가 우리의 심령을 지배하게 되었을 때에는 우리의 모든 지체들은 계속해서 죄를 섬기게 된다. 그러므로 바울은 여기에서 우리가 죄의 멍에를 떨쳐내고자 한다면 어떻게 해야 하는지를 좀 더 분명하게 보여주기 위해서, 죄가 우리를 지배하게 되었을 때에 어떤 결과들이 초래되는지를 설명한다. 그는 우리 몸의 지체들을 "무기"라고 부름으로써 군대 비유를 활용해서 이렇게 말한다: "군인은 대장의 명령이 있을 때에 무기를 사용하기 위해서 항상 무기를 준비해 두고 있고, 오직 대장의 명령에 의해서만 그 무기를 사용하는 것과 마찬가지로, 그리스도인들은 자신의 모든 지체들을 영적인 전쟁의 무기들로 여겨야 한다. 그러므로 그들이 악을 행하는 데 자신의 지체를 사용한다면, 그것은 죄를 섬기는 것이다. 그러나 그들은

하나님과 그리스도의 군인이 되기로 맹세하였고, 이 맹세에 묶여 있다. 따라서 그들은 죄의 진영과의 그 어떤 교류도 일체 하지 않는 것이 마땅하다." 마치 자신들이 사탄의 창기라도 된다는 듯이 자신의 지체를 총동원해서 온갖 가증스러운 일들을 아무렇지도 않게 저지르는 자들은 이 구절을 통해서 자신들이 무슨 권리로 뻔뻔스럽게 그리스도인으로 자처하는지를 살펴보아야 할 것이다.

바울은 이제 우리에게 우리 자신을 전적으로 하나님께 드려서, 우리의 마음과 생각이 육체의 "사욕들"에 휘둘려서 온갖 어그러진 길들에서 헤매지 못하게 하고, 오직 하나님의 뜻만을 바라보는 가운데, 하나님의 명령들을 받아 준행하는 데 힘쓰라고 명하고, 우리의 지체들을 하나님의 뜻을 이루는 데 온전히 드려서 우리의 마음과 몸의 모든 지체들로 하여금 오직 하나님의 영광만을 갈망하게 하라고 명한다. 또한, 그는 우리가 그렇게 해야 할 이유를 덧붙이는데, 그것은 하나님께서 우리의 이전의 생명을 멸하시고 우리를 새 생명 가운데서 다시 지으신 것이 헛되지 않도록 하기 위해서는 우리가 새 생명에 합당한 일들을 하는 것이 마땅하기 때문이라는 것이다.

[14]죄가 너희를 주장하지 못하리니 이는 너희가 법 아래에 있지 아니하고 은혜 아래에 있음이라 [15]그런즉 어찌하리요 우리가 법 아래에 있지 아니하고 은혜 아래에 있으니 죄를 지으리요 그럴 수 없느니라 [16]너희 자신을 종으로 내주어 누구에게 순종하든지 그 순종함을 받는 자의 종이 되는 줄을 너희가 알지 못하느냐 혹은 죄의 종으로 사망에 이르고 혹은 순종의 종으로 의에 이르느니라 [17]하나님께 감사하리로다 너희가 본래 죄의 종이더니 너희에게 전하여 준 바 교훈의 본을 마음으로 순종하여 [18]죄로부터 해방되어 의에게 종이 되었느니라(6:14-18).

14. 죄가 너희를 주장하지 못하리니 이는 너희가 법 아래에 있지 아니하고 은혜 아래에 있음이라. 옳은 것을 거의 담고 있지 않거나 그런 모양조차도 지니고 있지 않은 해석들을 여기에서 열거해가면서 일일이 반박할 필요는 전혀 없겠지만, 그래도 다른 것들보다는 꽤 일리가 있어 보이는 해석이 있는데, 그것은 본문에서 "법"은 우리의 마음을 새롭게 해줄 수 없는 율법의 문자를 가리키고, "은혜"는 우리를 악한 욕심들로부터 자유롭게 해주는 성령의 은혜를 가리킨다는 것이다. 그러나 나는 그러한 해석에 동의할 수 없다. 왜냐하면, 만일 우리가 그런 해석을 받아들인다면, 바울이 다음 절에서 "우리가 법 아래에 있지 아니하니 죄를 지으리요"라고 반문할 이

유가 없었을 것이기 때문이다. 만일 바울이 우리가 엄격한 율법으로부터 벗어났기 때문에 하나님께서는 더 이상 우리를 율법의 높은 요구들을 따라 대하지 않으신다고 말한 것이 아니라면, 그는 그런 반문을 결코 제기하지 않았을 것이 틀림없다. 따라서 그가 여기에서 말하고자 한 것이 우리가 하나님의 율법 자체로부터 벗어났다는 것임은 의심의 여지가 없다. 나는 다른 해석들과의 논쟁을 생략하고 단지 나의 견해만을 간단하게 설명하고자 한다.

먼저 여기에는 믿는 자들이 거룩한 삶을 살고자 힘쓸 때에 자신의 연약함을 느끼고서 낙심하지 않도록 하기 위해서 그들에게 힘이 되는 위로가 제시되고 있다. 바울은 앞에서 그들에게 그들의 모든 지체를 의를 섬기는 데에 드리라고 권면하였지만, 그들은 여전히 육신의 잔재들(carnis reliquia)을 지니고 있기 때문에 일정 정도 절뚝거리며 걸을 수밖에 없다. 그런 까닭에, 그들이 자신의 연약함을 느끼고서 의기소침해지지 않도록 하기 위해서, 바울은 그런 상황에서 위로가 될 수 있는 말을 때맞춰 여기에 갖다놓는다. 즉, 하나님께서는 믿는 자들의 부정함과 더러움을 다 사하셨기 때문에 그들의 행위를 율법이라는 엄격한 잣대로 평가하시는 것이 아니라, 인자하심과 긍휼하심으로 그들을 받으신다는 것이다. 율법의 멍에를 메는 자들은 누구든지 박살이 나고 분쇄될 수밖에 없다. 그러므로 믿는 자들은 그리스도께로 피하여 그들의 자유함을 지켜 주시라고 탄원할 수밖에 없고, 그리스도는 바로 그들의 자유함을 지켜 주시는 이로 자신을 나타내신다. 왜냐하면, 그리스도께서 율법에 빚진 자가 아니셨음에도 불구하고 스스로 율법 아래에서 종살이를 하신 것은 사도가 말하듯이 율법 아래 있던 자들을 속량하시기 위한 것이었기 때문이다(갈 4:5).

따라서 "법 아래에 있지 않다"는 것은 단지 율법의 요구들을 행할 수 없는 우리를 죄인이 되지 않을 수 없게 만들어 버리는 율법의 문자 아래에 우리가 더 이상 있지 않게 되었다는 것이 아니라, 온전한 의를 요구하면서 조금이라도 거기에서 벗어나는 모든 자에게 죽음을 선고하는 율법에 우리가 더 이상 예속되어 있지 않다는 것을 의미한다. 마찬가지로, 우리는 "은혜"라는 말도 구속의 두 부분, 즉 하나님께서 우리에게 의를 전가시키시는 죄 사하심(cremascio peccatorum)과 우리를 새롭게 하셔서 선한 일을 하게 하는 성령의 거룩하게 하심(sanctificatio spiritus)을 가리키는 것으로 이해하여야 한다. 나의 견해로는, 본문에 나오는 역접의 불변화사 '알라'(ἀλλά, "그러나", 한글개역개정에는 번역되지 않음 — 역주)는 흔히 그러하듯이 이유를 나타내기 때문에, 바울은 "우리는 은혜 아래 있기 때문에 율법 아래 있는 것이 아니다"라고 말한 것과 같다. 이제 이 구절의 의미는 분명하다. 즉, 사도는 우리가 선한 일에 힘쓰다가 우리 자신 속에 여전히 불완전한 것들이 많음을 느끼고서 우리의 마음이 지치는 일이 일어나지 않도록 하기 위하여 우리를 위로하고자 하는 것이다. 아무리 많은 죄의 독침들이 우리를 괴롭힌다고 할지라도, 우리는 하나님의 영을 힘입어 죄를 이길 수 있기 때문에, 죄는 우리를 굴복시킬 수 없다. 게다가 우리는 은혜 아래 있어서 율법의 엄격한 요구들로부터 자유롭다. 또한, 우리는 사도가 하나님의 은혜가 없는 모든 자들은 율법의 멍에에 묶인 채 정죄 아래 있다는 것을 당연한 것으로 전제하고 있다는 것을 알아야 한다. 따라서 역으로 우리는 율법 아래 있는 자들은 죄의 권세 아래 예속되어 있는 것이라는 결론을 얻게 된다.

15. 그런즉 어찌하리요 우리가 법 아래에 있지 아니하고 은혜 아래에 있으니 죄를 지으리요 그럴 수 없느니라. 육체의 지혜는 늘 하나님의 신비들에 맞서 아우성을 치기 때문에, 바울은 반론을 예상하고 대처하기 위하여 이 구절을 여기에 덧붙일 필요가 있었다. 왜냐하면, 율법은 선한 삶을 살기 위한 규범으로서 사람들의 삶을 규율하기 위하여 주어진 것이었던 까닭에, 얼마든지 우리는 율법이 제거되는 순간 모든 훈육이 무너지고 제약들이 없어져서 결국에는 선악의 차이나 구별도 사라지게 될 것이라고 생각할 수 있을 것이었기 때문이다. 그러나 우리의 착각 또는 오해는 율법이 폐기될 때에 하나님이 자신의 율법 속에서 인정하셨던 의도 폐기될 것이라고 생각한 데에 있다. 율법의 폐기는 우리에게 올바른 삶의 길을 가르치는 계명이나 교훈들의 폐기가 결코 아니다. 그리스도께서도 그러한 계명이나 교훈들을 폐기처분하지 않으시고, 도리어 확증하시고 재가하신다. 이 문제에 대한 올바른 이해는 율법 중에서도 은혜 아래 있지 않은 자들이 예속되어 있는 저주(maledictio)만이 폐기되고 제거된다는 것이다. 그러나 여기에서 바울은 이 점을 명시적으로 표현하지는 않고 간접적으로 암시하기만 한다.

그럴 수 없느니라. 어떤 이들은 바울의 이 말을 앞서의 반론은 옳고 그름을 따질 필요도 없는 것이라고 생각하여 극도의 혐오감을 나타내며 일축해 버리는 모습을 보여주는 것이라고 생각하지만, 사실은 그렇지 않다. 왜냐하면, 그는 즉시 정반대의 전제에서 출발해서 다음과 같은 취지의 반박을 이어가기 때문이다: "그리스도의 멍에와 죄의 멍에는 서로 상반되기 때문에 아무도 이 둘을 모두 멜 수는 없다. 우리가 죄를 짓는다면 우리 자신을 죄에게 내주어 죄를 섬기는 것이지만, 믿는 자들은 그리스도를 섬기기 위하여 죄의 폭정으로부터 속하심을 받았다. 따라서 믿는 자들이 죄에 묶여 살아가는 것은 불가능하다.” 우리는 바울이 논증해 나가는 방식을 좀 더 자세하게 살펴볼 필요가 있다.

16. 너희 자신을 종으로 내주어 누구에게 순종하든지 그 순종함을 받는 자의 종이 되는 줄을 너희가 알지 못하느냐 혹은 죄의 종으로 사망에 이르고 혹은 순종의 종으로 의에 이르느니라. 관계대명사 ‘호스’(ὅς, 한글개역개정에는 “자”로 번역 – 역주)는 흔히 그러하듯이 이유를 나타내는 것으로 해석될 수 있다. 따라서 이 관계대명사를 사용해서 다음과 같이 말하는 것이 가능하다: “가장 흉악무도한 범죄, 심지어 들짐승들까지도 혐오할 정도로 극도로 야만적인 범죄를 저지르기를 주저하지 않았던 저 패륜아가 행하지 못할 범죄는 아무것도 없다”(즉, “…주저하지 않았기 때문에 저 패륜아가…”). 바울은 일부는 결과들로부터, 일부는 관련 단어들의 속성으로부터 논거를 가져와 제시한다. 먼저, 그는 “너희가 누구에게 순종한다면, 너희는 종들이다”라고 추론한다. 왜냐하면, 순종한다는 것은 순종함을 받는 자에게 명령할 수 있는 권세가 있다는 증거가 되기 때문이다. 이러한 논거는 종이 되었을 때의 결과에 토대를 둔 것이다. 이 논거로부터 “너희가 종들이라면, 너희는 당연히 지배 아래 있는 것”이라는 논거가 성립된다.

“순종의 종으로 의에 이르느니라”는 표현은 엄밀하게 말해서 정확하지 않다. 왜냐하면, 만일 바울이 정확한 대구를 원했다면, “의의 종으로 생명에 이르느니라”고 표현했어야 하기 때문이다. 하지만 이런 식으로 단어들을 바꾸었다고 해서 의미 파악이 방해되는 것이 아니었기 때문에, 그는 “순종”이라는 단어를 통해서 “의”가 무엇인지를 표현하고자 했다. 여기에서 “순종”이라는 표현 속에는 원래 말하고자 하는 것을 그 속성과 밀접한 관계가 있는 다른 단어를 빌려서 표현하는 환유법 또는 대유법이 사용되고 있다. 왜냐하면, 여기에서 “순종”은 하나님의 계명들 자체를 가리키고, 바울은 수식어 없이 “순종”이라고만 언급함으로써 사람의 양심을 주관해야 하실 분은 오직 하나님뿐임을 보여주기 때문이다. 하나님이라는 이름이 여기에 명시적으로 언급되고 있지 않다고 할지라도, “순종”은 나뉠 수 없는 까닭에 하나님에 대한 순종일 수밖에 없다.

17. 하나님께 감사하리로다 너희가 본래 죄의 종이더니. 바울은 여기에서 앞서의 비유를 현재의 주제에 적용한다. 그는 그들이 이제는 죄의 종이 아니라는 것만을 상기시켜 주기만 해도 될 것이었지만, 감사의 말을 덧붙이고 있는데, 그 이유는 먼저 이것이 그들 자신의 공로로 말미암은 것이 아니라 전적으로 하나님의 긍휼하

심으로 말미암은 것임을 그들에게 가르치고, 이 감사의 말을 통해서 그들로 하여금 하나님의 은혜가 얼마나 큰 지를 알게 하여 죄를 더욱더 미워하도록 격려하기 위한 것이다. 바울은 그들이 죄의 종으로 살았던 때와 관련해서가 아니라, 그 이후에 죄에서 자유롭게 되어서 이전의 삶을 청산할 수 있게 된 때와 관련해서 하나님께 감사를 드리고 있는 것이기는 하지만, 그들의 이전의 삶과 현재의 삶 간의 이러한 암묵적인 대비를 강조하고 있다. 왜냐하면, 사도는 이 은혜가 없을 때에는 온 인류가 죄의 지배 아래에서 포로가 되어 살아가지만, 이 은혜가 임하자마자 죄의 지배가 끝난다는 것을 보여줌으로써, 그리스도의 은혜를 비방하는 자들을 공격하고 있는 것이기 때문이다.

이것으로부터 알 수 있는 것은 우리가 율법의 종살이에서 벗어나 자유롭게 되지 않으면 죄를 지을 수밖에 없다는 것이다. 왜냐하면, 하나님의 은혜가 우리를 주장하여 우리 안에서 의를 회복시킬 때까지는 율법은 우리에 대한 지배력을 상실하지 않기 때문이다. 그러므로 하나님의 은혜가 우리 안에서 지배할 때에는 우리가 죄 아래 있는 것은 불가능하다. 왜냐하면, 앞에서 이미 말했듯이, 이 "은혜"에는 중생의 성령이 주어지는 것도 포함되기 때문이다.

너희에게 전하여 준 바 교훈의 본을 마음으로 순종하여. 바울은 여기에서도 성령의 비밀한 능력과 외적인 율법의 문자를 대비시키고 있는 것이기 때문에 이렇게 말한 것과 같다: "그리스도께서는 우리의 영혼을 위협하고 두렵게 하여 자신의 요구들을 강제하는 율법보다 우리의 내면에서 우리 영혼을 더 잘 빚어내신다." 따라서 "그리스도께서 우리를 율법의 속박으로부터 자유롭게 하신다면, 그것은 죄에게 활개를 칠 수 있게 해주는 것"이라는 비방은 설 자리를 잃는다. 왜냐하면, 그리스도께서는 자신의 사람들에게 고삐 풀린 방종을 허락하셔서 그들로 하여금 들판에 풀어놓은 말들처럼 아무런 제약도 없이 날뛸 수 있게 하시는 것이 아니라, 그들을 규모 있고 합당한 삶(legitima vivendi ratio)으로 이끄시는 것이기 때문이다. 에라스무스는 불가타 역본을 따라서 교훈의 "형태"(forma)라고 번역하는 쪽을 택했지만, 나는 바울이 사용한 단어인 '튀포스'(τύπος)를 그대로 살려서 반드시 "본"(typus)으로 옮겨야 할 것 같았다. 물론, "본보기, 모범"(exemplar)으로 옮기는 것도 괜찮을 것이다. 왜냐하면, 바울이 말하는 '튀포스'는 그리스도께서 우리 마음에 분명하게 새겨 놓으시는 의의 형상(iustitiae imago)을 가리키는 것으로 보이기 때문이다. 또한, 이런 식으로 이해하게 되면, '튀포스'는 우리의 모든 행위를 철저히 규율해서 좌로나 우로나 치우치지 못하게 하는 율법의 역할과 대응된다.

18. 죄로부터 해방되어 의에게 종이 되었느니라. 이 구절의 의미는 이런 것이다: "어떤 사람이 종의 신분에서 벗어나 자유롭게 된 후에도 계속해서 종 노릇을 하고 있다면, 그것은 어처구니없고 황당한 일이다. 왜냐하면, 그는 자신이 얻은 자유를 지키는 것이 마땅하기 때문이다. 그러므로 너희가 그리스도로 말미암아 자유롭게 되고 나서 죄의 지배 아래로 되돌아가는 것은 합당하지 않다." 이것은 효과를 근거로 한 논증이고, 바로 뒤에는 목적을 근거로 한 논증이 나온다: "하나님께서 너희를 죄에게 종살이 하던 삶에서 건져내신 것은 너희로 하여금 의의 지배를 받게 하기 위한 것이다. 그러므로 너희는 의를 섬기도록 죄에게 종살이 하는 것에서 건짐을 받은 것이기 때문에, 죄에서 철저히 떠나 온 마음을 다하여 의를 섬기는 것이 마땅하다."

우리가 주목해야 할 것은 하나님의 능력과 은혜로 말미암아 먼저 죄의 폭정에서 자유롭게 되지 않는다면, 그 누구도 의를 섬길 수 없다는 것이다. 그래서 그리스도께서는 친히 "아들이 너희를 자유롭게 하면 너희가 참으로 자유로우리라"(요 8:36)고 증거하신다. 우리가 먼저 죄의 종에서 해방되어야만 우리에게서 선한 것이 시작될 수 있고, 이것은 전적으로 하나님의 은혜로만 되는 것이라면, 우리가 우리 자신의 자유의지의 능력으로 준비한 것들이 거기에 무슨 기여를 하겠는가?

[19]**너희 육신이 연약하므로 내가 사람의 예대로 말하노니 전에 너희가 너희 지체를 부정과 불법에 내주어 불법에 이른 것 같이 이제는 너희 지체를 의에게 종으로 내주어 거룩함에 이르라**(6:19).

19. 너희 육신이 연약하므로 내가 사람의 예대로 말하노니. 바울은 자기가 내용(substantia)이 아니라 방식(forma)에 있어서는 사람들의 방식을 따라 말하고 있는 것이라고 밝힌다. 마찬가지로, 그리스도께서도 요한복음 3:12에서 자신이 "땅의 일들"에 대하여 말하고 계시지만 사실은 하늘의 신비들에 대하여 말씀하고 계시는 것이라고 하신다. 즉, 하나님의 신비들은 지극히 고상하고 고결한 것들이지만, 그리스도께서는 무지하고 단순한 사람들의 수준에 맞춰야 하셨기 때문에 그런 방식으로 말씀하실 수밖에 없으시다는 것이다. 바울이 서두에 이런 말을 하는 것은 그리스도께서 우리에게 주시는 자유를 죄를 마음껏 지을 자유라고 비방하는 것이 얼마나 터무니없고 악한 것인지를 더 분명하게 드러내기 위한 것이다. 아울러, 그는 믿

는 자들에게 그들이 그리스도의 이러한 영적인 은혜를 받고도 인간 세상에서 노예로부터 해방되었을 때보다도 감사함과 감격함이 덜하다면, 그것보다 더 황당한 일은 없을 것이라고, 아니 그것보다 더 수치스럽고 욕된 일은 없을 것이라고 경고하고 있는 것이다. 따라서 바울은 이렇게 말한 것과 같다: "내가 여기에서 만일 죄와 의를 대비시켜서 말한다면, 너희가 죄를 섬기는 것이 아니라 모든 열심을 다해서 의를 섬기는 것이 마땅하다는 것을 더욱 생생하게 보여줄 수 있었을 것이다. 그러나 너희의 연약함을 고려해서 나는 그러한 대비를 생략한다. 그렇지만 내가 아무리 너희를 봐줘서 최대한으로 너그럽게 말한다고 해도, 너희는 적어도 죄를 섬겼을 때보다 더 냉랭하게 또는 무성의하게 의를 섬겨서는 안 된다는 말만은 꼭 해두지 않을 수 없다." 이것은 자신이 간절히 바라는 것을 의도적으로 말을 아끼거나 침묵함으로써 말로 표현하지 않고 그냥 마음에 담아둠으로써 상대방이 자신의 마음을 헤아려 주기를 바랄 때에 사용하는 기법이다. 따라서 바울은 비록 자기가 많은 말로 요구하거나 권면하지 않더라도, 의를 섬기는 것이 죄를 섬기는 것보다 더 가치 있고 합당한 일임을 생각해서, 더 큰 열심을 가지고 의에 순종하라고 그들에게 권면하고 있는 것이다.

전에 너희가 너희 지체를 부정과 불법에 내주어 불법에 이른 것같이 이제는 너희 지체를 의에게 종으로 내주어 거룩함에 이르라. 즉, "너희는 전에 너희의 모든 지체를 기꺼이 죄에게 내주어 죄를 섬김으로써 너희가 육체의 악(pravitas)에 의해 철저히 장악당하여 그 종이 되어서 비참한 삶을 살고 있음을 아주 분명하게 보여주었다. 그러므로 이제는 너희가 하나님의 명령들을 준행하는 일에 기꺼이 자원해서 힘씀으로써, 너희가 지금 선을 행하는 것이 전에 악을 행하던 때보다 열심이 덜 해서는 결코 안 된다." 여기에서 바울은 "부정하게 하심"과 "거룩하게 하심"을 정확히 대비시키고 있는 데살로니가전서 4:7에서와는 달리 서로 대비되는 것들을 정확히 대비시키고 있지는 않지만, 그 의미는 아주 분명하다.

바울은 먼저 두 종류의 죄, 즉 "부정"과 "불법"을 언급한다. "부정"은 정절 및 거룩함과 대비되고, "불법"은 이웃에게 가하는 해악들을 가리킨다. 그런 후에, 그는 앞에서와는 다른 의미로 다시 한 번 "불법"을 언급한다. 먼저 언급된 "불법"은 약탈, 사기, 위증을 비롯해서 온갖 종류의 잘못된 행위들을 의미하는 반면에, 나중에 언급된 "불법"은 전반적으로 타락하고 부패한 삶을 의미한다. 따라서 바울은 이렇게 말한 것과 같다: "너희는 너희 지체들을 창기처럼 굴려서 온갖 악행들을 자행함으로써 너희 안에서 죄악의 지배를 공고하게 해주었다.” 나는 “의”는 바른 삶을 위한 규범(regula)을 의미하는 것으로 본다. 이 규범은 믿는 자들을 거룩하게 하여 순전하게 하나님을 섬기는 일에 헌신하게 만들기 위한 것이다.

[20]너희가 죄의 종이 되었을 때에는 의에 대하여 자유로웠느니라 [21]너희가 그 때에 무슨 열매를 얻었느냐 이제는 너희가 그 일을 부끄러워하나니 이는 그 마지막이 사망임이라 [22]그러나 이제는 너희가 죄로부터 해방되고 하나님께 종이 되어 거룩함에 이르는 열매를 맺었으니 그 마지막은 영생이라 [23]죄의 삯은 사망이요 하나님의 은사는 그리스도 예수 우리 주 안에 있는 영생이니라(6:20-23).

20. 너희가 죄의 종이 되었을 때에는 의에 대하여 자유로웠느니라. 바울은 앞에서 언급했던 죄의 멍에와 의의 멍에 간의 차이를 여기에서도 계속해서 반복하여 말한다. 왜냐하면, 이 둘, 즉 죄와 의는 서로 완전히 상극이어서 어느 한 쪽에 헌신하는 자는 필연적으로 다른 쪽에서 떠날 수밖에 없게 되기 때문이다. 그는 우리에게 죄와 의 각각으로부터 무엇을 기대할 수 있는지를 좀 더 분명하게 보여주기 위해서 이 둘을 분리해서 따로 고찰해 나간다. 왜냐하면, 이렇게 이 둘을 따로 하나씩 살펴보게 되면, 우리로 하여금 죄와 의가 지닌 각각의 고유한 본질을 더 잘 이해하게 해줄 수 있기 때문이다. 그래서 바울은 여기에서 먼저 죄를 고찰하고, 다음으로는 의를 고찰한다. 이렇게 이 둘을 따로 고찰해서 서로 간의 차이를 고찰한 후에, 그는 결론적으로 각각의 결국이 어떤 것인지를 보여준다.

따라서 우리는 사도가 여기에서도 여전히 다음과 같이 정반대의 것들을 토대로 해서 논증을 해나가고 있다는 것을 기억해야 한다: “너희가 죄의 종이었던 동안에는 의로부터 자유로웠다. 그러나 지금은 상황이 바뀌어서 너희가 죄의 멍에로부터 해방되었기 때문에 의를 섬기는 것이 마땅하다.” 바울은 의를 섬기도록 재갈이 물려 있지 않은 자들을 “의에 대하여 자유로운” 자들이라 부른다. 이것은 육체의 방종(carnis licentia)으로서 우리를 하나님께 순종하는 것으로부터 자유롭게 해서 마귀의 종이 되게 만든다. 그러므로 이 비참한 저주받은 자유는 미친듯이 광분하여 맹렬하게 우리를 멸망으로 내몬다.

21. 너희가 그 때에 무슨 열매를 얻었느냐 이제는 너희가 그 일을 부끄러워하나니 이는 그 마지막이 사망임이라. 여기에서 바울은 그들의 양심에 호소해서 그들

스스로가 부끄럽다고 고백하게 만드는 방식으로 자신이 의도한 것을 아주 강력하게 표현한다. 경건한 자들은 그리스도의 영과 복음의 말씀에 의해서 조명을 받기 시작하자마자 그리스도 없이 살았던 자신의 이전의 삶이 정죄 받아 마땅한 삶이었다는 것을 자원해서 인정하게 되고, 변명하려고 애쓰기는커녕 도리어 그들 자신을 부끄러워 하게 된다. 그리고 거기에서 더 나아가, 그들은 자신의 부끄러웠던 삶을 마음에 늘 새기기 때문에, 이 부끄러움으로 말미암아 더욱더 참되고 큰 열심으로 하나님 앞에 자신을 낮추게 된다.

바울이 "이제는 너희가 부끄러워하나니"라고 말하고 있는 것은 아주 중요하다. 왜냐하면, 이것은 우리가 전에 우리의 죄의 어둠 속에 완전히 매몰되어서 자기 자신에 대한 맹목적인 사랑에 철저하게 사로잡혀 우리 속에 있는 엄청난 "부정"을 생각하지 못했다는 것을 말해주는 것이기 때문이다. 오직 하나님의 빛만이 우리의 눈을 열어서 우리의 육체 속에 감춰져 있는 더러움을 볼 수 있게 해준다. 그러므로 자기 자신을 진정으로 기뻐하지 아니하고 자신의 비참한 모습으로 인해 당혹스럽고 부끄러워 어쩔 줄 모르게 된 자만이 기독교 철학의 초보를 알고 있는 자이다. 나아가, 하반절에서 바울은 그들이 사망 직전까지 가서 거의 멸망할 뻔하였다는 사실을 깨닫고서 얼마나 통렬하게 부끄러워해야 마땅한지를 한층 더 분명하게 보여준다. 사실, 만일 하나님께서 그 긍휼하심으로 말미암아 그들을 도로 끌어내지 않으셨다면, 그들은 지금 이미 사망의 문 속으로 들어가 있을 것이었다.

22. 그러나 이제는 너희가 죄로부터 해방되고 하나님께 종이 되어 거룩함에 이르는 열매를 맺었으니 그 마지막은 영생이라. 바울은 앞에서 죄의 두 가지 결과를 언급했던 것과 마찬가지로, 이제 여기에서는 의의 두 가지 결과를 언급한다. 죄는 현세에서는 양심의 가책이라는 고통을 가져다주고 내세에서는 영원한 사망을 가져다준다. 반면에, 의로부터 우리가 현세에서 거두는 열매는 "거룩함"이고, 장래에는 "영생"을 기대할 수 있다. 우리가 지나치게 멍청한 것이 아니라면, 이러한 것들을 생각할 때에 죄에 대하여는 미워하고 혐오하는 마음이 생기고 의에 대해서는 사랑하고 사모하는 마음이 생기는 것이 마땅할 것이다. 어떤 이들은 '텔로스'($\tau\acute{\epsilon}\lambda o\varsigma$)를 "마지막" 또는 "결국"이 아니라 "보응"으로 번역하지만, 나는 그런 번역은 사도의 의도를 제대로 반영하지 못한 것이라고 본다. 왜냐하면, 21절을 우리가 죄에 대한 보응으로 사망이라는 벌을 받는 것으로 해석하는 것은 합당하지만, 생명은 의의 보응 또는 상이라고 할 수 없는 까닭에 22절에 대한 번역으로는 합당하지 않기 때문이다.

23. 죄의 삯은 사망이요. 어떤 이들은 바울이 "사망"을 군인들에게 배급되는 식량에 비유함으로써 죄인들에게 주어질 "삯"이 얼마나 형편없는 것일지를 폄하하여 말하고 있는 것이라고 생각한다. 왜냐하면, 헬라인들은 군인들에게 배급되는 식량을 종종 "삯"이라는 단어로 표현하였기 때문이다. 그러나 바울은 물고기가 미끼를 덥석 물듯이 죄의 유혹들에 쉽게 이끌려서 멸망으로 치닫는 자들의 맹목적인 욕망을 간접적으로 언급하고 있는 것으로 보인다. 하지만 "사망"은 분명히 악인들에게 충분히 합당한 보응인 까닭에 "삯"으로 번역하는 것이 좋을 것 같다. 이 절은 바울이 앞에서 말한 것들의 결론 또는 맺는 말이다. 하지만 그가 동일한 내용을 다른 단어들을 사용해서 반복하고 있는 것은 쓸데없이 그렇게 하고 있는 것이 아니라, 그들로 하여금 갑절로 두렵게 해서 죄를 한층 더 미워하게 하고자 하는 것이다.

하나님의 은사는 그리스도 예수 우리 주 안에 있는 영생이니라. 마치 "영생"이 주어이고 "하나님의 은사"가 술어인 양 이 구절을 "영생은 하나님의 은사이니라"고 옮긴다면, 그것은 오역이 된다. 왜냐하면, 그런 식으로 번역하게 되면, 대비가 제대로 드러나지 않기 때문이다. 바울은 상반절에서 죄는 오로지 사망만을 낳을 뿐임을 이미 우리에게 가르쳤기 때문에, 이제 여기에서는 "하나님의 은사," 곧 하나님께서 우리를 의롭다 하시고 거룩하게 하신 것은 우리에게 영생의 복을 가져다준다는 말을 덧붙인다. 우리는 이 구절을 이런 식으로 표현해 볼 수도 있다: "사망의 원인이 죄인 것과 마찬가지로, 우리가 그리스도로 말미암아 얻는 의는 우리에게 영생을 회복시켜 준다."

하지만 우리가 이것으로부터 확실하게 알 수 있는 것은 우리의 구원이 전적으로 하나님의 은혜와 인자하심으로 말미암는다는 것이다. 바울은 "의의 삯은 영생"이라고 표현했을 수도 있었고, 만일 그런 식으로 표현했다면 상반절과 하반절은 서로 잘 대응되었을 것이다. 그러나 그는 우리가 의를 얻는 것은 우리 자신의 공로로 말미암는 것이 아니라 "하나님의 은사"로 말미암는다는 것을 너무나 잘 알고 있었다. 또한, 이 은사는 단 한 가지만 달랑 주어지는 것이 아니다. 왜냐하면, 우리는 하나님의 아들의 의를 덧입게 될 때에 하나님과 화목하게 되고 성령의 능력으로 말미암아 새롭게 되어 거룩함에 이르게 되기 때문이다. 그런 까닭에, 바울은 우리 자신 속에 어떤 선한 것이 있을 것이라는 생각을 추호도 할 수 없도록 하기 위하여 "그리스도 예수 우리 주 안에 있는"이라는 어구를 덧붙인다.

제7장

¹형제들아 내가 법 아는 자들에게 말하노니 너희는 그 법이 사람이 살 동안만 그를 주관하는 줄 알지 못하느냐 ²남편 있는 여인이 그 남편 생전에는 법으로 그에게 매인 바 되나 만일 그 남편이 죽으면 남편의 법에서 벗어나느니라 ³그러므로 만일 그 남편 생전에 다른 남자에게 가면 음녀라 그러나 만일 남편이 죽으면 그 법에서 자유롭게 되나니 다른 남자에게 갈지라도 음녀가 되지 아니하느니라 ⁴그러므로 내 형제들아 너희도 그리스도의 몸으로 말미암아 율법에 대하여 죽임을 당하였으니 이는 다른 이 곧 죽은 자 가운데서 살아나신 이에게 가서 우리가 하나님을 위하여 열매를 맺게 하려 함이라(7:1-4).

바울은 앞에서 율법의 폐기와 관련된 문제를 짧지만 충분히 설명하였다. 그러나 이 문제는 워낙 난해한 문제였던 까닭에 다른 많은 문제들을 불러일으킬 수도 있었기 때문에, 그는 이제 여기에서 율법이 우리와 관련해서 어떻게 폐기된 것인지를 좀 더 자세하게 보여주고, 율법의 폐기가 우리에게 어떤 유익을 가져다주었는지를 설명한다. 왜냐하면, 우리가 그리스도 없이 율법 아래에서 종살이 하는 동안에는 율법은 오직 우리를 정죄만을 할 수 있을 뿐이기 때문이다. 이런 이유로 율법 자체를 비난하고 나쁘게 말하는 일이 생기지 않도록 하기 위해서, 바울은 이 유명한 장에서 육체의 반론들을 거론하며 일일이 반박하는 가운데 율법의 용도(usus legis)라는 문제를 탁월하게 다루어 나간다.

1. 너희는 그 법이 사람이 살 동안만 그를 주관하는 줄 알지 못하느냐. 바울이 여기에서 제시하는 대명제는 "법"은 오직 현세의 삶을 규율하기 위한 목적으로 사람들에게 주어졌고, 죽은 자들에게는 더 이상 적용되지 않는다는 것이다. 나중에 그는 이 대명제에 우리가 "그리스도의 몸으로 말미암아 율법에 대하여 죽었다"는 명제를 덧붙인다. 어떤 이들은 이 구절을 율법이 시행되는 동안에만 우리에 대한 율법의 지배가 지속된다는 의미로 이해한다. 그러나 그러한 견해는 다소 모호하고, 직후에 나오는 명제와 그리 잘 조화되지도 않기 때문에, 나는 여기에서 말하는 "살

아 있는 동안"이라는 것은 율법이 존재하고 있는 동안이 아니라 사람이 살아있는 동안을 가리키는 것으로 보는 견해를 따르고자 한다. 바울이 반문하는 형식으로 말하고 있는 것은 그가 말하는 것이 확실한 사실임을 한층 더 특별히 강조하는 의미를 지닌다. 왜냐하면, 이 반문은 그가 말하는 것이 그들 중 누구에게도 새롭거나 알지 못하는 그런 내용이 아니라 그들 모두가 누구나 다 똑같이 인정할 수밖에 없는 그런 내용임을 보여주기 때문이다.

내가 법 아는 자들에게 말하노니. 바울의 이 삽입구는 그의 반문과 동일한 의미를 지니는 것으로 보아야 한다. 그는 이렇게 말한 것과 같다: "나는 너희가 율법에 미숙한 자들이 결코 아니기 때문에 이 문제와 관련해서 조금도 의심을 품지 않을 것임을 알고 있다." 대명제와 삽입구에 나오는 "법"은 율법을 가리키는 것으로 이해할 수도 있겠지만, 현재 다루어지고 있는 주제인 하나님의 법을 가리키는 것으로 보는 것이 더 좋다. 당시에 세계의 대부분이 로마인들의 통치와 법의 지배 아래 있었기 때문에 바울이 여기에서 말한 "법 아는 자들"은 로마인들을 가리키는 것이라고 생각하는 것은 유치한 발상이다. 왜냐하면, 바울은 부분적으로는 이방에 흩어져서 살아가던 유대인들을 향해 말하고 있고, 부분적으로는 익명의 일반 사람들을 향해 말하고 있기 때문이다. 아니, 그는 율법의 폐기라는 문제와 특별한 관계에 있던 유대인들을 주로 염두에 두고 있었고, 다만 그가 유독 그들에게만 시비를 걸고 있다는 오해를 불식시키기 위해서, 자기가 사람이라면 누구나 다 알 뿐만 아니라 어려서부터 율법을 배우며 자란 그들이 결코 모를 수 없는 일반 원리를 따라 말하고 있는 것임을 보여준다.

2-3. 남편 있는 여인이 그 남편 생전에는 법으로 그에게 매인 바 되나 만일 그 남편이 죽으면 남편의 법에서 벗어나느니라 그러므로 만일 그 남편 생전에 다른 남자에게 가면 음녀라 그러나 만일 남편이 죽으면 그 법에서 자유롭게 되나니 다른 남자에게 갈지라도 음녀가 되지 아니하느니라. 바울은 비유를 사용해서, 우리가 율법으로부터 놓여났기 때문에 율법은 더 이상 우리를 지배하거나 주관할 수 없다는 것을 증명한다. 그는 다른 근거들을 제시해서 이것을 증명할 수도 있었지만, 혼인의 예가 이 문제를 해명하는 데 아주 적절했기 때문에, 이것을 증명해 줄 다른 근거나 증거를 제시하지 않고 이 비유를 여기에서 들고 있다. 그러나 서로 대비되고 있는 부분들이 정확히 서로 대응되지 않는 것을 보고서 혼란스러워하지 않기 위해서는 우리가 사도는 좀 더 직설적이고 노골적으로 표현해서 반감을 사는 일이 생기지

않도록 이 비유에 의도적으로 약간의 수정을 가하였다는 것을 기억하여야 한다. 만일 이 대비를 수정 없이 있는 그대로 표현하고자 했다면, 사도는 이렇게 말했을 것이다: "남편 있는 여인이 그 남편이 죽으면 혼인의 속박에서 놓여난다. 우리에 대하여 남편의 위치에 있는 율법은 우리에 대하여 죽었다. 그러므로 우리는 율법의 권세로부터 자유롭게 되었다." 그러나 사도는 자기가 율법이 죽었다고 말하면 유대인들이 노발대발할 것을 알았기 때문에 한 발 물러나서 우리가 율법에 대하여 죽었다는 표현을 사용한 것이다. 어떤 이들은 사도가 작은 것으로부터 큰 것을 추론해 나가는 논증방식을 사용하고 있는 것으로 보지만, 그러한 해석은 너무 억지스럽기 때문에, 나는 좀 더 단순한 앞서의 해석을 택하고자 한다. 따라서 전체적인 논증을 정리해 보면 다음과 같이 될 것이다: "남편 있는 여인은 남편이 살아 있는 동안에는 법에 의해서 남편에게 매여 있기 때문에 다른 남자의 아내가 될 수 없지만, 남편이 죽은 후에는 남편의 법의 속박으로부터 놓여나기 때문에 자기가 원하는 남자와 자유롭게 혼인할 수 있다."

그런 후에 이 비유의 적용이 뒤따라 나온다: 율법은 우리의 "남편"이었고, 율법이 우리에 대하여 죽게 될 때까지 우리는 율법의 멍에 아래 놓여 있었다. 율법이 죽은 후에, 그리스도께서는 우리를 자기에게로 데려가셨다. 즉, 그리스도께서는 우리를 율법으로부터 해방시켜서 자기와 연합하게 하셨다. 그러므로 죽은 자 가운데서 살아나신 그리스도와 연합한 우리는 오직 그리스도에게만 붙어 있어야 한다. 그리고 부활 후의 그리스도의 삶은 영원하기 때문에, 이후로는 이혼은 결코 없을 것이다. 여기에 언급된 "법"이라는 단어들은 모든 면에서 동일한 의미로 사용되고 있는 것이 아니다. "법"은 혼인관계를 의미하기도 하고, 아내에 대한 남편의 권세를 의미하기도 하며, 모세 율법을 의미하기도 한다. 하지만 우리가 기억해야 할 것은 바울은 여기에서 오직 모세의 경륜 속에서 율법이 담당했던 기능만을 염두에 두고 있다는 것이다. 왜냐하면, 하나님께서는 십계명을 통해서 무엇이 옳고 의로운 것인지를 가르치시고 우리의 삶의 지침이 될 것들을 주셨고, 또한 하나님의 뜻은 영원히 동일한 까닭에, 그런 율법이 폐기될 수 있다는 것은 꿈에도 생각할 수 없는 일이기 때문이다. 우리는 하나님이 율법을 통해서 가르치신 의로부터 자유롭게 되는 것이 아니라, 율법의 엄격한 요구들과 거기에서 발생하는 저주로부터 벗어나게 되는 것임을 명심하여야 한다. 그러므로 우리의 삶의 규범으로서의 율법은 폐기되지 않고, 율법 중에서 우리가 그리스도로 말미암아 얻는 자유를 거스르는 부분, 즉 절대적인 완전함을 요구하는 것만이 폐기된다. 왜냐하면, 만일 이 부분이 폐기되지 않는다면, 우리가 절대적인 완전함을 보이지 않을 때에 율법은 우리를 영원한 사망 아래 묶어두게 될 것이기 때문이다. 하지만 바울은 여기에서 혼인관계의 성격을 파헤치는 것이 목적이 아니었기 때문에, 여인으로 하여금 남편에게서 벗어나게 해주는 사유들을 고찰하고자 하지는 않는다. 따라서 이 구절 속에서 그런 문제에 대한 결정적인 가르침을 찾고자 하는 것은 잘못된 일이다.

4. 너희도 그리스도의 몸으로 말미암아 율법에 대하여 죽임을 당하였으니. 그리스도께서 먼저 십자가라는 트로피를 들어올리심으로써 죄를 이기신 것은 우리를 속박하고 있던 노예문서를 무효화시키는 데 꼭 필요한 일이었다. 이 노예문서는 율법이었고, 율법이 효력을 발휘하고 있는 동안에는 우리는 꼼짝없이 죄를 섬길 수밖에 없었다. 그런 까닭에 율법은 "죄의 권능"(peccati virtus, 고전 15:56)이라 불린다. 따라서 우리가 "그리스도의 몸," 곧 십자가에 못 박히신 그리스도의 몸으로 말미암아 자유롭게 된 것은 이 노예문서가 그리스도의 십자가로 인해 무효화되었기 때문이다. 그러나 사도는 한 걸음 더 나아가서, 하나님께서 우리를 율법의 속박에서 자유롭게 해주신 것은 우리로 하여금 혼자 된 과부가 자기 좋은 대로 살아가듯이 우리 자신의 뜻대로 살게 하기 위한 것이 아니라 이제 다른 남편에게로 가서 그를 섬기게 하기 위한 것이라고 말한다. 즉, 하나님께서는 우리를 율법의 수중에서 건져내서서 그리스도의 손에 넘겨주셨다는 것이다. 여기에서 사도는 표현의 민망함을 덜기 위해서 그리스도께서 우리를 자신의 몸에 접붙이실 목적으로 율법의 멍에로부터 자유롭게 해주셨다고 말한다. 왜냐하면, 그리스도께서는 잠시 자원해서 율법에 복종하셨을지라도, 율법이 그를 지배하였다고 말하는 것은 옳지 않기 때문이다. 또한, 그리스도께서는 자신의 지체들에게 오직 그만이 가지신 자유를 나누어주신다. 그러므로 그리스도께서 거룩한 피로 자기와 하나 되게 하신 자들을 율법의 멍에에서 자유롭게 하셔서 자기와 한 몸이 되게 하시는 것은 전혀 이상한 일이 아니다.

이는 다른 이 곧 죽은 자 가운데서 살아나신 이에게 가서. 그리스도 없는 어떤 자유를 꿈꾸거나 율법에 대하여 죽지 않았으면서도 율법에서 벗어나고자 하는 자가 없도록 하기 위해서, 앞에서 이미 우리는 그리스도께서 율법의 자리를 대신하신다는 것을 말한 바 있다. 여기에서 바울은 그리스도인들로 하여금 그리스도와 우리의 관계가 영원하리라는 것을 알게 해주기 위해서, 이제 그리스도께서 자신의 부활로 말미암아 얻으신 저 생명은 영원한 것임을 일부러 풀어서 설명한다. 그리스도와 그의 교회의 영적 혼인은 에베소서 5장에서 더 분명하게 설명된다.

우리가 하나님을 위하여 열매를 맺게 하려 함이라. 바울은 그리스도께서 율법의 속박으로부터 건지셨다는 미명 아래에서 방탕함에 빠져 육체와 그 소욕을 마음껏 충족시키는 자가 없도록 하기 위해서, 여기에 그리스도께서 우리를 율법에서 벗어나게 하신 궁극적인 목적이 무엇이었는지를 설명하는 말을 덧붙인다. 즉, 그리스도께서는 자기 자신과 더불어 우리를 아버지 하나님께 희생제물로 드리셨고, 우리로 하여금 새 생명을 따라 살아감으로써 하나님을 위하여 열매를 맺게 하려고 우리를 거듭나게 하셨다는 것이다. 그리고 우리는 하늘에 계신 우리 아버지께서 우리에게 요구하시는 열매가 거룩함과 의로움임을 안다. 우리가 하나님을 섬긴다고 해서, 우리의 자유가 줄어드는 것이 결코 아니다. 도리어, 우리가 그리스도 안에 있는 지극히 큰 은혜를 누리고자 한다면, 이후로는 오로지 어떻게 하면 하나님께 영광을 돌릴 수 있을지만을 생각하고 다른 생각을 품지 않는 것이 마땅하다. 이러한 목적을 위해서 그리스도께서는 우리를 받으셨다. 만일 그리스도께서 그렇게 하지 않으셨다면, 우리는 여전히 율법의 종만이 아니라 죄와 사망의 종으로 남아 있었을 것이다.

⁵우리가 육신에 있을 때에는 율법으로 말미암는 죄의 정욕이 우리 지체 중에 역사하여 우리로 사망을 위하여 열매를 맺게 하였더니 ⁶이제는 우리가 얽매였던 것에 대하여 죽었으므로 율법에서 벗어났으니 이러므로 우리가 영의 새로운 것으로 섬길 것이요 율법 조문의 묵은 것으로 아니할지니라(7:5-6).

5. 우리가 육신에 있을 때에는. 바울은 율법에 열심이 있는 자들이 말하는 대로 했을 때에 그들의 생각과는 정반대의 결과가 나온다는 것을 보여줌으로써 믿는 자들을 여전히 율법의 지배 아래 묶어두고자 하는 것이 얼마나 잘못된 일인지를 좀 더 분명하게 증명한다. 왜냐하면, 그리스도의 성령 없이 율법을 문자 그대로 가르쳐서 그 율법이 힘을 발휘해서 사람을 지배하게 될 때에는 육체의 방종(carnis lascivia)이 제어되는 것이 아니라, 도리어 더욱더 분출되고 터져나오기 때문이다. 이것으로부터 알 수 있는 것은 그리스도께서 우리를 율법으로부터 해방시키실 때에만 의의 나라가 견고히 서게 된다는 것이다. 아울러, 바울은 우리가 율법에서 해방되었을 때

에 어떤 일들을 행하는 것이 마땅한지를 상기시킨다. 그러므로 사람이 율법의 멍에 아래 있는 동안에는 끊임없이 죄를 지어서 사망에 이르게 되는 것밖에는 자기를 위해서 아무것도 할 수가 없다. 율법의 종살이를 할 때에는 오직 죄만을 짓게 되는 것이라면, 반대로 율법에서 벗어나게 되면 의에 이르게 되는 것은 당연하다. 전자가 우리로 하여금 사망에 이르게 한다면, 후자는 우리를 생명으로 이끈다. 그러면 바울이 한 말들을 직접 살펴보자.

바울은 우리가 율법의 지배 아래 놓여 있던 때의 우리의 상태를 "우리가 육신에 있을 때"라고 말한다. 이것으로부터 알 수 있는 것은 율법 아래 있는 자들은 누구나 그들 속에 하나님의 영이 없기 때문에 오직 율법의 외적인 소리만을 귀로 듣게 될 뿐이어서 아무런 열매도 맺지 못한다는 것이다. 따라서 그들은 더 나은 치료책을 통해서 치유를 받게 될 때까지는 전적으로 죄악되고 악한 상태에 머물러 있을 수밖에 없다. 또한, "육신에 있다"라는 성경에 흔하게 나오는 어구를 주목하라. 이 어구는 하나님께서 자신의 택함 받은 백성에게 주시는 저 특별한 은혜는 받지 못하고 오직 타고난 그대로의 본성만으로 살아가고 있는 상태를 의미한다. 그리고 그렇게 살아가는 것이 온전히 죄악된 것이라면, 우리의 심령은 어느 한 부분도 본성적으로 순전한 것이 없는 까닭에, 우리의 자유의지가 가진 능력이라는 것은 우리의 모든 지체에 대하여 사악한 욕심들만을 화살처럼 쏘는 능력일 수밖에 없다는 것은 너무나 분명하다.

율법으로 말미암는 죄의 정욕이 우리 지체 중에 역사하여 우리로 사망을 위하여 열매를 맺게 하였더니. 율법은 우리 속에서 사악한 욕심들을 부추겼고, 이 욕심은 우리의 모든 지체에 영향력을 행사하였다는 것이다. 왜냐하면, 우리 지체 중에서 이 사악한 욕심에 종 노릇 하지 않는 지체는 하나도 없기 때문이다. 우리 내면의 교사인 성령이 없을 때에 율법이 하는 일은 우리의 마음을 활활 타오르게 하여 그 마음속에서 정욕들(cupiditas)이 끓어오르게 하는 것이다. 그러나 여기에서 주목할 것은 율법이 사람의 사악하기 짝이 없는 본성과 결합되어서 그런 일이 일어나게 된다는 것이다. 왜냐하면, 사람의 본성이 지닌 사악함과 욕구들은 의에 의해서 제지를 받으면 받을수록 더욱더 광분하여 분출되어 나오기 때문이다. 바울은 여기에서 다시 한 번 율법 아래에서 육체의 소욕들은 우리 속에서 사망의 열매를 맺는다는 말을 덧붙이는데, 이것은 율법은 그 자체로는 우리에게 멸망을 가져다줄 뿐임을 보여주기 위한 것이다. 이것으로부터 우리가 내릴 수 있는 결론은 사망만을 낳는 율법의 종살이를 그토록 간절하게 원하는 자들은 정신 나간 자들이라는 것이다.

6. 이제는 우리가 … 율법에서 벗어났으니. 바울은 정반대의 결과를 토대로 한 논증을 계속해서 펼쳐나간다: 율법의 속박이 육체를 재갈 물리는 데 별 소용이 없고 도리어 죄를 자극해서 부추기는 효과만 있다고 한다면, 우리가 죄를 그치기 위해서는 반드시 율법에서 벗어나는 수밖에는 없다. 그리고 우리가 율법의 종살이에서 벗어나는 것이 하나님을 섬기기 위한 것이라면, 그런 기회를 마음껏 죄를 짓는 데 사용하는 자들은 악한 자들이고, 사람들로부터 율법의 멍에를 벗겨주는 것은 그들에게 마음껏 육체의 욕심(concupiscentia)을 이루게 해주는 것이라고 가르치는 자들도 악한 자들이다. 그러므로 우리가 유념할 것은 하나님께서 우리를 율법의 엄격한 집행과 저주로부터 해방시키시고 그의 영을 주셔서 우리로 하여금 그의 길들로 행하게 하실 때에 우리는 진정으로 율법에서 자유롭게 된다는 것이다.

얽매였던 것에 대하여 죽었으므로. 이 어구는 우리가 율법에서 자유롭게 된 원인, 아니 우리가 어떤 식으로 율법에서 자유롭게 되었는지를 말해준다. 즉, 우리가 율법이라는 도저히 감당할 수 없는 짐에 눌리거나 율법의 엄격한 집행으로 인한 저주 아래에서 분쇄되지 않을 수 있게 된 것은 율법이 우리와 관련해서 폐기되었기 때문이라는 것이다.

이러므로 우리가 영의 새로운 것으로 섬길 것이요 율법 조문의 묵은 것으로 아니 할지니라. 바울은 영과 문자를 대비시킨다. 왜냐하면, 우리의 의지가 성령으로 말미암아 하나님의 뜻을 따라 형성되기 전에는, 우리에게 율법은 오로지 외적인 문자로서 우리의 외적인 행위들에 재갈을 물리기는 하지만, 우리의 육체의 욕심이 광분하는 것을 조금도 제어하지 못하기 때문이다. 바울은 "영"은 죽은 옛 사람을 계승하기 때문에 "새로운 것"이라고 부르고, "문자"는 우리가 성령으로 거듭날 때에 죽은 것이기 때문에 "묵은 것" 또는 "옛 것"이라고 부른다.

⁷그런즉 우리가 무슨 말을 하리요 율법이 죄냐 그럴 수 없느니라 율법으로 말미암지 않고는 내가 죄를 알지 못하였으니 곧 율법이 탐내지 말라 하지 아니하였더라면 내가 탐심을 알지 못하였으리라(7:7).

7. 그런즉 우리가 무슨 말을 하리요 율법이 죄냐 그럴 수 없느니라. 바울은 앞에서 우리가 "영의 새로운 것"으로 하나님을 섬기기 위해서는 율법에서 자유롭게 되

어야 한다고 말했기 때문에, 이것은 우리로 하여금 죄를 짓지 않을 수 없게 하는 그 어떤 악한 것이 본래부터 율법 속에 내재되어 있는 것이라고 생각하게 만들 수 있는 소지가 있었다. 그러나 그런 생각은 너무나 터무니없고 말도 안 되는 것이었기 때문에, 사도가 여기에서 그런 생각이 잘못된 것임을 증명하고자 한 것은 합당하다. 이제 그가 "율법이 죄냐"라고 반문하는 것은 "율법이 우리에게서 죄를 만들어내는 것이고, 따라서 우리가 죄를 짓는 것의 책임이 율법에 있는 것인가"라는 뜻이다.

율법으로 말미암지 않고는 내가 죄를 알지 못하였으니. 죄는 율법 속에 있는 것이 아니라 우리 속에 있다. 왜냐하면, 죄의 원인은 우리의 육체의 부패한 정욕(cupiditas)이고, 우리는 율법을 통해서 우리에게 계시된 하나님의 의를 아는 지식으로 말미암아 우리의 죄를 알게 되기 때문이다. 율법이 없을 때에 우리는 옳은 것과 그른 것의 차이를 전혀 알 수 없는 것은 아니지만, 우리의 지각이 둔해져 있어서 우리의 타락한 모습을 잘 분별하지 못하거나, 자기 자신에게 철저히 아부하여 완전히 무감각하게 되어 버린다.

곧 율법이 탐내지 말라 하지 아니하였더라면 내가 탐심을 알지 못하였으리라. 이 구절은 앞에 나온 구절에 대한 보충설명이다. 바울은 앞에서 우리가 죄를 알지 못하였다고 말한 것을 구체적으로 탐심을 알지 못한 것을 예로 들어서 증명한다. 그가 특히 "탐심"이라는 죄를 예로 든 이유는 탐심으로 인하여 외식이 생겨나기 쉽고, 외식은 곧바로 자기 만족(indulgentia)과 거짓된 안일함(securitas)으로 연결되기 때문이다. 왜냐하면, 사람들은 분별력을 완전히 잃어버린 것이 아닌 까닭에, 외적인 행위들의 옳고 그름을 분별할 수 있고, 나아가 악한 생각과 의도를 정죄하지 않을 수 없게 되어 있지만, 바르고 정직한 마음을 유지하지 않으면 그렇게 할 수 없기 때문이다. 하지만 "탐심"은 아주 깊이 숨어 있어서, 사람들이 자신의 인간적인 지각(sensus)을 따라 판단할 때에는 제대로 알아낼 수 없다. 사실, 사람들은 자기가 탐심으로부터 자유롭다고 자랑하지는 않지만, 자기 자신을 두둔하는 성향을 보이기 때문에, 이 악이 자신의 마음속에 은밀하게 숨어 있다고 생각하지는 않는다. 그래서 사람들은 자신의 탐심이 의를 가로막고 있다고 믿지 않고 그렇게 미혹된 채로 지내다가, 그 누구도 자유로울 수 없는 탐심을 율법이 금하고 있음을 알게 되었을 때에 비로소 자기가 죄인이라는 것을 깨닫게 된다.

아우구스티누스는 바울이 "탐심"이라는 단어 속에 율법 전체를 포함시키고 있다고 말한다. 이 말은 제대로 이해하기만 한다면 옳다. 왜냐하면, 모세는 우리가 하지 말아야 할 것들을 말할 때에 우리로 하여금 이웃에게 해악을 끼치지 않도록 하기 위해서 "탐심"에 관한 이 금령을 덧붙였고, 이 "탐심"은 그가 앞에서 금지한 모든 것들과 연관되어 있음에 틀림없기 때문이다. 모세가 앞의 여러 계명들에서 우리 마음이 품는 모든 악한 욕심들, 또는 "탐심들"(concupiscentia)을 정죄했다는 것은 의심의 여지가 없다. 그러나 적극적이고 의도적인 탐심과 우리를 시험하는 탐심들은 많은 차이가 있다. 따라서 하나님께서는 이 마지막 계명을 통해서 우리가 아무리 동의하지 않더라도 부패한 정욕(cupiditas)이 우리를 움직여서 악으로 이끄는 일이 벌어지지 않을 정도의 온전함(integritas)을 요구하시는 것이다. 그런 이유로, 나는 바울이 여기에서 사람들의 지각을 뛰어넘는 것을 얘기하고 있다고 말하였다. 사실 세상의 법도 결과가 아니라 의도를 처벌해야 한다고 선언하고 있고, 철학자들은 한층 더 정교하게 우리 심령 속에 있는 미덕들과 악덕들을 구별한다. 그러나 하나님께서는 이 계명을 통해서 한층 더 깊이 들어가서, 의지보다 더 깊숙이 숨겨져 있어서 악덕으로 여겨지지 않는 "탐심"을 지적하고 계시는 것이다. 이러한 "탐심"은 철학자들이 악덕으로 보지 않을 뿐만 아니라, 오늘날 교황주의자들은 중생한 자들에게서는 그러한 탐심은 죄가 아니라고 강변한다. 하지만 바울은 이 숨겨진 병(morbus)을 통해 자신의 죄악을 깨달았다고 말한다. 이것으로부터 알 수 있는 것은 "탐심"으로 시달리는 자는 누구나 하나님께서 그들의 죄를 사하시기 전에는 결코 죄책으로부터 자유롭게 될 수 없다는 것이다. 아울러, 우리는 우리의 동의를 얻은 악한 욕심들과, 우리의 마음을 시험하고 움직이지만 우리로 죄 짓게 하지는 못하고 도중에 중단되는 욕심들은 차이가 있다는 것을 기억하여야 한다.

[8]그러나 죄가 기회를 타서 계명으로 말미암아 내 속에서 온갖 탐심을 이루었나니 이는 율법이 없으면 죄가 죽은 것임이라 [9]전에 율법을 깨닫지 못했을 때에는 내가 살았더니 계명이 이르매 죄는 살아나고 나는 죽었도다 [10]생명에 이르게 할 그 계명이 내게 대하여 도리어 사망에 이르게 하는 것이 되었도다 [11]죄가 기회를 타서 계명으로 말미암아 나를 속이고 그것으로 나를 죽였는지라 [12]이로 보건대 율법은 거룩하고 계명도 거룩하고 의로우며 선하도다(7:8-12).

8. 그러나 죄가 기회를 타서 계명으로 말미암아 내 속에서 온갖 탐심을 이루었나니. 모든 악은 죄와 부패한 육체로부터 나온다. 율법은 단지 "기회"가 될 뿐이다. 바

울은 우리의 욕심이 율법으로 말미암아 자극을 받아서 한층 더 광분하여 끓어오르는 것만을 말하고 있는 것처럼 보일 수 있지만, 나는 그가 일차적으로 율법이 죄를 알게 해준다는 것을 말하고자 하는 것이라고 본다. 즉, 그는 이렇게 말한 것과 같다: "내 속에 은밀하게 감춰져 있어서 전혀 존재하지 않는 것처럼 보였던 온갖 탐심 또는 욕심을 율법이 내게 다 드러내 주었다." 하지만 나는 율법이 육체로 하여금 욕심 또는 탐심을 이루도록 한층 더 자극하고 부추겨서 탐심을 더욱 선명하게 드러낸다는 것을 부정하지 않고, 바울이 그런 의미로 이 말을 한 것일 수도 있다고 본다. 그러나 이어지는 내용을 볼 때, 내가 앞에서 말했듯이, 율법이 죄를 알게 해준다는 것이 이 구절의 주된 의미라고 보는 것이 문맥과 더 잘 조화되는 것으로 보인다.

이는 율법이 없으면 죄가 죽은 것임이라. 바울은 앞에서 자기가 한 말이 무슨 의미였는지를 여기에서 아주 분명하게 설명한다. 즉, 율법이 없다면 죄를 알아도 그대로 사장되고 만다는 것이다. 그는 여기에서 일반적인 명제를 제시한 후에, 나중에 이 명제를 자신의 경우에 구체적으로 적용한다. 그러므로 나는 번역자들이 도대체 무슨 생각으로 마치 바울이 여기에서 자기 자신에 대하여 말하고 있다는 듯이 이 구절을 미완료 시제로 옮긴 것인지 의아해하지 않을 수 없다. 왜냐하면, 바울의 의도는 여기에서 먼저 일반적인 명제를 제시하고 나서, 다음으로 자신의 예를 들어서 이 문제를 설명하고자 한 것임은 우리가 쉽게 알 수 있기 때문이다.

9. 전에 율법을 깨닫지 못했을 때에는 내가 살았더니. 바울이 여기에서 말하고자 하는 것은 자기 자신에게, 또는 자기 자신 속에서 죄가 죽어 있던 때가 있었다는 것이다. 그러나 우리는 이 구절을 바울이 율법 없이 살았던 때가 있었다고 말한 것으로 이해해서는 안 된다. "내가 살았더니"라는 어구는 특별한 함의를 지닌다. 왜냐하면, 율법이 없었다는 것이 그가 살아 있었던 이유, 즉 사실은 자기가 죽어 있는데도 자신이 의롭다는 자부심으로 마음이 부풀어 올라서 마치 살아 있는 것처럼 큰소리쳤던 이유였기 때문이다. 우리가 이 구절을 "내가 전에 율법 없이 지냈을 때에는 살아 있었더니"라고 바꿔 표현해 보면, 이 구절의 의미는 한층 분명해진다. 앞에서 나는 이러한 표현은 강조의 의미를 지닌다는 말을 한 적이 있다. 왜냐하면, 바울 자신도 자기가 대단하다고 착각하고서 자신은 펄펄 살아 있다고 큰소리쳤기 때문이다. 따라서 이 구절의 의미는 이런 것이다: "내가 율법을 알지 못한 상태에서 죄를 지었을 때에는 나의 죄를 주목하지 않았기 때문에 나의 죄는 잠들어 있어서 죽은 것처럼 보였다. 한편, 내 자신은 죄인 같아 보이지 않았기 때문에, 나는 내 자신에 대하

여 만족하였고, 내가 펄펄 살아 있다고 느꼈다." 우리가 여기에서 질문할 수 있는 것은, 바울이 율법을 알지 못했기 때문에, 또는 그의 표현을 빌리면, 율법이 없었기 때문에 자기가 살아 있다고 큰소리쳤던 때가 언제였느냐는 것이다. 그가 어려서부터 율법의 가르침을 받아 왔었다는 것은 분명한 사실이지만, 그가 배운 것은 사람들을 낮아지게 해주지 못하는 문자의 신학(literalis theologia)이었다. 왜냐하면, 그가 다른 곳에서 말하고 있듯이, 유대인들은 "수건"(고후 3:14)이 벗겨지지 않아서 율법 속에서 생명의 빛을 볼 수 없었기 때문이다. 마찬가지로, 바울 자신도 그의 눈이 수건에 덮여 있고 그리스도의 영도 없는 상태에서 의의 겉껍데기로 만족하였었다. 따라서 바울은 율법이 자기 눈앞에 있긴 했지만 하나님의 심판을 진정으로 깨닫게 해주지 못했던 때를 "율법이 없었다"고 표현하고 있는 것이다. 그런 까닭에, 외식하는 자들은 "수건" 또는 베일에 덮여 있어서, "탐내지 말라"는 하나님의 계명이 어느 정도까지의 탐심을 금하는 것인지를 알지 못한다.

계명이 이르매 죄는 살아나고.　바울은 이제 자기가 율법을 제대로 깨달았을 때를 "계명이 이르렀다"고 표현한다. 율법이 이르렀을 때에 죽은 것 같았던 죄는 "살아났다." 왜냐하면, 율법이 이르렀을 때에 바울은 자신의 마음 깊은 곳에 어마어마하게 큰 악(pravitas)이 자리잡고서 그를 죽였다는 것을 깨닫게 되었기 때문이다. 우리는 바울이 여기에서 외식하는 자들이 자신의 죄들을 묵인한 채로 자기 자신을 두둔하며 자부심과 자만심(contidentia)에 취해 있는 상태에 대하여 말하고 있다는 것을 늘 기억해야 한다.

10. 생명에 이르게 할 그 계명이 내게 대하여 도리어 사망에 이르게 하는 것이 되었도다.　바울은 여기에서 두 가지를 말한다. 첫째로, 계명은 우리에게 하나님의 의를 따라 사는 삶이 어떤 것인지를 보여주는 것이어서, 만일 우리의 타락과 부패에 의해서 방해를 받지 않았더라면, 우리로 하여금 하나님의 법을 지킴으로써 영생을 얻게 하기 위하여 주어졌다는 것이다. 둘째로, 그럼에도 불구하고 우리 중 그 누구도 율법을 순종할 수 없고, 도리어 온 몸을 던져서 율법이 금하는 삶을 기를 쓰고 살아가기 때문에, 율법은 우리에게 "사망"만을 가져다줄 수 있을 뿐이라는 것이다. 이렇게 우리는 율법의 본질과 우리의 악을 구별하지 않으면 안 된다. 이것으로부터 알 수 있는 것은 율법이 우리에게 사망에 이르는 상처를 입히는 것은 결코 필연적인 것이 아니고, 마치 불치병을 치료하려고 손을 쓰면 더욱 악화되는 것과 같은 원리에서 나오는 결과라는 것이다. 물론, 율법과 사망은 서로 불가분의 관계에 있다

는 것을 나도 인정한다. 그래서 바울은 다른 곳에서 율법을 복음과 대비해서 "죽게 하는 직분"(고후 3:7)이라고 부른다. 하지만 율법이 본성상으로 우리에게 해로운 것이 아니라, 우리의 부패성(corruptio)이 율법의 저주를 자초하는 것일 뿐이다.

11. 죄가 기회를 타서 계명으로 말미암아 나를 속이고 그것으로 나를 죽였는지라. 하나님의 뜻이 우리에게서 감춰져 있고 그 어떤 가르침도 우리를 비추어 주고 있지 않는 동안에도 사람들의 삶은 철저하게 어그러진 길로 가고 온통 잘못들로 가득 차 있다는 것은 사실이다. 율법이 우리에게 올바르게 살아가는 길을 보여줄 때까지, 우리는 오직 잘못된 것들만을 행할 수 있을 뿐이다. 하나님께서 우리의 죄를 아주 분명하게 보여주실 때에야 우리는 비로소 우리의 잘못을 깨닫기 시작하기 때문에, 바울이 죄가 율법에 의해서 책망을 받고 드러날 때에 우리가 "속았다"고 말하는 것은 옳다. 따라서 '엑사파타오'(ἐξαπατάω, "속이다")는 율법 자체가 우리를 속였다는 것이 아니라, 우리의 인식에 잘못이 있었다는 것을 의미하는 것으로 이해해야 한다. 왜냐하면, 율법은 우리가 올바른 길에서 얼마나 많이 벗어나서 살아왔는지를 분명하게 보여주기 때문이다. 그래서 우리는 이 동사를 "길에서 벗어나게 이끌다"로 옮기는 것이 마땅하다. 왜냐하면, 전에는 별 생각 없이 살아 왔던 죄인들은 율법이 그들의 더럽고 추한 죄를 드러내 줄 때에 자기가 사망을 향하여 치닫고 있다는 것을 깨닫고서는 자기 자신을 지긋지긋해하고 못마땅해하게 되기 때문이다. 하지만 바울은 우리로 하여금 율법 자체가 사망을 가져다주는 것이 아니라, 사망은 다른 원인에 의해서 일어나는 일이라는 것을 알게 하기 위하여 여기에 "기회"라는 단어를 집어넣는다.

12. 이로 보건대 율법은 거룩하고 계명도 거룩하고 의로우며 선하도다. 어떤 이들은 "율법"과 "계명"은 동일한 것을 가리키는 것이라고 생각하는데, 나도 그들과 생각이 같다. 바울이 이렇게 동일한 것을 두 개의 다른 단어로 표현한 것은 강조를 위한 것이다. 율법 자체와 율법 속에서 하나님이 명하고 계시는 모든 것들은 "거룩하기" 때문에 지극히 공경하는 마음으로 대하는 것이 마땅하고, 그것들은 "의롭기" 때문에 조금이라도 잘못이 있다고 고소할 수 없으며, 그것들은 "선하기" 때문에 온갖 악에서 자유롭고 순전하다. 바울은 그 누구도 선함과 의로움과 거룩함에 합당하지 않은 것들을 율법에 돌리지 못하도록 하기 위하여 온갖 고소와 비난에 맞서 이런 식으로 율법을 변호한다.

¹³그런즉 선한 것이 내게 사망이 되었느냐 그럴 수 없느니라 오직 죄가 죄로 드러나기 위하여 선한 그것으로 말미암아 나를 죽게 만들었으니 이는 계명으로 말미암아 죄로 심히 죄 되게 하려 함이라(7:13).

13. 그런즉 선한 것이 내게 사망이 되었느냐 그럴 수 없느니라. 바울은 지금까지 온갖 비방과 중상모략에 맞서 율법을 변호해 왔지만, 율법이 과연 사망의 원인이냐는 문제에 대해서는 아직도 여전히 의구심이 남아 있었다. 하나님의 특별한 선물인 율법이 우리에게 오직 사망만을 가져다줄 수 있다고 했을 때, 사람들은 혼란스러워하면서 어떻게 그럴 수 있느냐고 반문할 수밖에 없다. 그러한 반론에 대하여 이제 바울은 사망은 율법으로부터 오는 것이 아니라, 죄가 율법이라는 "기회"를 타서 우리에게 사망을 가져다주는 것이라고 답변한다. 이러한 답변은 그가 앞에서 말했던 것, 즉 "생명에 이르게 할 계명이 도리어 사망에 이르게 하는 것이 되었다"는 말과 겉보기에 모순되어 보이지만, 실제로는 이 둘은 전혀 모순되지 않는다. 왜냐하면, 바울은 앞에서는 우리의 악함으로 인하여 율법이 그 본성과는 반대로 우리에게 멸망을 가져다준 것이라고 말했고, 이제 여기에서는 그런 의미에서 율법은 사망의 원인이 아니기 때문에 사망의 책임을 율법에 돌려서는 안 된다고 말하고 있기 때문이다. 그는 고린도후서 3:7에서는 율법에 대하여 좀 더 자유롭게 다루는 가운데 율법을 "죽게 하는 직분"이라고 부르지만, 그것은 논쟁할 때에 흔히 그러하듯이, 율법의 본질을 보여주는 것이 아니라, 자신의 대적들의 잘못된 견해를 그대로 반영해서 말한 것일 뿐이다.

오직 죄가 죄로 드러나기 위하여 선한 그것으로 말미암아 나를 죽게 만들었으니 이는 계명으로 말미암아 죄로 심히 죄 되게 하려 함이라. 다른 사람들은 어떻게 생각하든, 이 구절은 내가 사역한 대로 읽어야 한다는 것이 나의 생각이다. 그렇게 읽었을 때에 이 구절의 의미는 이런 것이다: "죄는 율법에 의해서 드러나기 전까지는 이런저런 방식으로 정당화된다. 그러나 율법을 기회로 해서 드러나게 될 때에 죄는 진정한 의미에서 죄라는 이름을 얻게 되고, 선한 율법을 악용해서 우리를 멸망으로 이끌기 때문에 한층 더 악하고 죄악된 모습으로 드러난다. 왜냐하면, 원래 본성적으로 좋은 것을 해로운 것으로 만들어 버리는 것은 지독하게 악한 것일 수밖에 없기 때문이다." 따라서 이 구절의 의미는 죄의 극악무도함이 율법에 의해서 드러날 필요가 있었다는 것이다. 왜냐하면, 죄가 미친듯이 엄청나게 분출되어 터져나오지 않았다면, 죄가 죄로 인정되지 않았을 것이고, 그렇게 광분하여 터져나온 죄가 생명을 사망으로 바꾸는 것이 분명해질 때에 변명의 여지도 없어지기 때문이다.

[14]우리가 율법은 신령한 줄 알거니와 나는 육신에 속하여 죄 아래에 팔렸도다 [15]내가 행하는 것을 내가 알지 못하노니 곧 내가 원하는 것은 행하지 아니하고 도리어 미워하는 것을 행함이라 [16]만일 내가 원하지 아니하는 그것을 행하면 내가 이로써 율법이 선한 것을 시인하노니 [17]이제는 그것을 행하는 자가 내가 아니요 내 속에 거하는 죄니라(7:14-17).

14. 우리가 율법은 신령한 줄 알거니와. 바울은 이제 사망의 해악이 어디로부터 오는지를 좀 더 분명하게 알게 해주기 위하여 율법과 사람의 본성을 한층 더 세밀하게 대비시키기 시작한다. 다음으로, 그는 중생한 사람을 예로 들어서, 하나님의 법을 영은 기꺼이 순종하고자 하지만 "육신"의 잔재들은 전적으로 거스르는 모습을 보여준다. 앞에서 말했듯이, 바울은 여기에서 먼저 단지 사람의 본성과 율법을 대비시켜서 제시한다. 사람과 관련된 것들 가운데서 영과 육신 간의 불화보다 더 큰 불화는 존재하지 않고, 율법은 영적인 것이고 사람은 육적인데, 본성적인 사람과 율법 간에 그 어떤 일치가 존재할 수 있겠는가? 그것은 빛과 어둠의 관계와 동일하다. 바울이 율법을 "신령하다"고 한 것은 어떤 해석자들의 설명처럼 율법은 마음의 내적인 감정들을 요구한다는 것을 의미할 뿐만 아니라, "육신에 속하여"와 대비되는 정반대의 의미를 나타낸다. 위에서 말한 해석자들은 율법은 손과 발 등을 통한 외적인 행위들만이 아니라 마음의 감정들도 규율하고 하나님을 진심으로 경외할 것을 요구한다는 점에서 "신령하다"고 설명한다.

그러나 여기에서 바울은 분명히 육신과 영을 대비시키고 있다. 또한, "육신"은 사람이 모태로부터 가지고 나오는 모든 것을 가리키고, 태어난 본성을 그대로 유지하고 있는 사람들이 "육신"이라 불린다는 것은 문맥상으로 너무나 분명하고 앞에서도 이미 말한 바 있다. 본성적인 사람들이 "육신"이라 불리는 것은 그들이 부패하여서 땅에 속한 조악한 것들 외에는 아무것도 지각하지 못하고 원하지도 않기 때문이다. 반대로, 하나님이 자신의 형상을 따라 다시 빚으심으로써 부패한 본성이 새롭게 된 사람들은 "영"이라 불리는데, 바울이 그런 사람들을 그렇게 부르는 이유는 우리 속에 이루어진 새로움(novitas)은 성령의 선물이기 때문이다.

그러므로 여기에서는 율법의 온전한 가르침과 사람의 부패한 본성이 대비되고 있는 것이다. 따라서 이 구절의 의미는 이런 것이다: "율법은 흠 하나도 없이 온전히 정결한 천상의 천사 같은 의를 요구하지만, 나는 육신에 속한 사람이어서 율법과 반대되는 것들만을 행할 수 있다." 이 구절에 대한 오리게네스(Origenes)의 주해는 이전에는 많은 이들에 의해서 인정을 받았지만 사실은 반박할 가치조차 없다. 그는 바울이 율법을 "신령하다"고 한 것은 성경을 문자적인 의미로 이해해서는 안 된다는 것을 보여주기 위한 것이라고 말한다. 하지만 그런 주해가 현재의 주제와 도대체 무슨 상관이 있단 말인가?

나는 육신에 속하여 죄 아래에 팔렸도다. 바울은 이 어구를 통해서 "죄"가 어떤 힘을 지니고 있는지를 보여준다. 즉, 돈에 팔려간 노예들이 그들을 산 주인에 의해서 소나 나귀처럼 주인의 뜻대로 부림을 당하는 것과 똑같이, 사람은 본성적으로 죄의 노예라는 것이다. 우리는 철저하게 죄의 지배 아래 놓여 있어서, 우리의 모든 생각과 마음과 행위는 죄에 의해서 좌지우지된다. 이것은 결코 강제가 아니다. 왜냐하면, 우리는 자원해서 죄를 짓기 때문이다. 만일 자발적인 것이 아니라면, 그것은 죄가 되지 않을 것이다. 그러나 우리는 철저하게 죄에 묶여 있기 때문에 자원한다고 해도 죄밖에는 행할 수 없다. 왜냐하면, 우리를 지배하고 있는 악의(malitia)가 우리를 죄로 몰아가기 때문이다. 그러므로 바울이 이 비유를 통해 말하고자 하는 것은 우리가 강압에 의해 죄를 섬긴다는 것이 아니라, 태어날 때부터 죄의 종인 우리가 자원해서 죄에 순종하고 섬긴다는 것이다.

15. 내가 행하는 것을 내가 알지 못하노니. 바울은 이제 이미 중생한 사람에게서 나타나는 좀 더 구체적인 예로 나아가서, 자신이 말하고자 하는 두 가지, 즉 하나님의 법과 사람의 본성 사이에 큰 불화가 존재한다는 것과, 율법은 그 자체로 결코 사망을 낳지 않는다는 것을 이 예를 통해 좀 더 분명하게 보여준다. 육신적인 사람은 온 마음을 다하여 죄악된 정욕으로 치닫기 때문에, 마치 자신의 힘으로 자기 자신을 다스려서 자유로운 선택을 통해 죄를 짓고 있는 것처럼 보인다. 그래서 아주 위험하고 유해한 견해가 거의 모든 사람들 가운데서 힘을 얻어 왔는데, 그것은 사람은 하나님의 은혜를 힘입지 않고 자신이 날 때부터 지닌 본성적인 능력으로 자기가 원하는 것들을 선택해서 행할 수 있다는 것이다. 믿는 자의 의지는 하나님의 성령으로 말미암아 선한 것을 지향하긴 하지만, 선을 완강하게 거부하고 반대하면서 정반대 방향으로 나아가고자 하는 타락한 본성도 만만치 않게 작용한다. 그런 까닭

에, 중생한 사람의 예를 드는 것은 우리의 본성과 율법의 의(義) 간의 불화가 어느 정도인지를 우리에게 알게 해주는 데에 아주 적절할 뿐만 아니라, 하반절을 증명함에 있어서도 단순히 일반적인 인간의 본성을 고찰하는 것보다 더 적절하다. 왜냐하면, 율법은 전적으로 육신적인 사람에게서는 오직 사망만을 낳는 까닭에, 사망이 율법에서 나온다는 의심을 받기 쉽지만, 중생한 사람에게서는 유익한 결과를 낳는 까닭에, 율법이 오직 육신으로 말미암아 우리에게 생명을 주지 못하는 것일 뿐이고, 율법 자체가 사망을 낳는 것은 결코 아니라는 것이 드러나기 때문이다.

그러므로 우리가 이러한 논증 전체를 좀 더 정확하고 확실하게 이해하기 위해서는 사도가 말하는 이러한 갈등이 하나님의 영으로 거룩하게 되기 전에는 사람 속에 존재하지 않는다는 것을 유념하지 않으면 안 된다. 타고난 본성을 따라 살아가는 사람은 아무런 저항 없이 철저히 자신의 정욕(cupiditas)에 지배되어 살아가게 된다. 왜냐하면, 불경건한 자들은 양심의 찔림들에 의해서 괴로움을 당하는 까닭에 악 속에서 쾌락을 누릴 때에는 어느 정도 쓴 맛도 함께 맛볼 수밖에 없긴 하지만, 그렇다고 해서 이것으로부터 우리는 그들이 악을 미워하거나 선을 사랑한다고 말할 수 없고, 단지 하나님께서 그들로 하여금 의를 사랑하거나 죄를 미워하도록 감화를 주시는 것이 아니라 그들에게 일정 정도 자신의 심판을 보여주시기 위하여 그들로 그렇게 괴로움을 당하게 하시는 것이기 때문이다.

따라서 육신적인 사람들과 믿는 자들 간에는 다음과 같은 차이가 있다. 먼저, 육신적인 사람들도 결코 완전히 눈이 멀고 마음이 완악해져 있는 것은 아니기 때문에, 그들의 죄악들에 대하여 지적을 받게 되었을 때에는 자신의 양심 속에서 그 죄악들을 정죄한다. 왜냐하면, 선악의 차이를 아는 지식이 그들 속에서 완전히 소멸된 것이 아니고 여전히 남아 있기 때문이다. 그들은 종종 자신의 죄를 인식하고서 두려움에 사로잡힘으로써 현세에서도 일종의 정죄를 경험한다. 그럼에도 불구하고, 그들은 온 마음을 다해서 죄를 좋아하기 때문에 참된 가책 없이 자기 자신을 죄에게 내준다. 왜냐하면, 그들을 괴롭게 하는 양심의 찔림들은 죄를 짓지 않고자 하는 의지로부터 오는 것이 아니라 정반대로 죄를 짓고자 하는 의지로부터 오는 것이기 때문이다. 반면에, 하나님의 중생하게 하심이 시작된 경건한 자들은 그 마음이 나뉘어져 있어서 마음의 주된 소원 속에서는 하나님을 갈망하고 하늘에 속한 의를 구하며 죄를 미워하지만, "육신"의 잔재에 의해서 땅으로 끌려간다. 따라서 이렇게 양쪽으로 이끌리는 가운데 그들은 자신의 본성과 맞서 싸우면서, 본성도 그들과 맞서 싸우고 있음을 느낀다. 그들이 죄들을 정죄하는 것은 이성의 판단에 의해서 어쩔 수 없어서 그런 것이 아니라, 마음속에서 진정으로 죄를 미워하고 그런 이유로 자기 자신도 혐오하기 때문이다. 이것이 바울이 갈라디아서 5:17("육체의 소욕은 성령을 거스르고 성령은 육체를 거스르나니 이 둘이 서로 대적함으로 너희가 원하는 것을 하지 못하게 하려 함이니라")에서 말하는 그리스도 안에서의 "육체"와 "성령" 간의 싸움이다.

그러므로 육신적인 사람은 온 마음의 동의와 단결 아래에서 죄 속으로 뛰어들지만, 그가 하나님의 부르심을 받고 성령으로 새롭게 되자마자 그 즉시 처음으로 위에서 말한 분열이 시작된다고 말하는 것은 옳다. 왜냐하면, 중생은 오직 현세에서 시작되고, 우리 속에 남아 있는 육체의 잔재는 늘 자신의 부패한 정(affectus)과 욕심을 추구하는 까닭에, "육체"와 "성령"의 싸움이 일어나는 것이기 때문이다.

뭘 잘 모르는 사람들은 사도가 여기에서 다루고 있는 주제나 전체적인 논증을 진행해 나가고 있는 구도를 고려하지 않은 채 여기에서는 사람의 본성이 설명되고 있는 것이라고 생각한다. 그리고 실제로 사람의 타고난 본성을 여기에서와 비슷하게 설명한 철학자들도 있다. 그러나 성경의 철학은 훨씬 더 깊다. 왜냐하면, 성경은 아담이 하나님의 형상을 상실한 이래로 사람의 마음속에는 오직 뒤틀리고 부패한 것들만이 남아 있다는 것을 알기 때문이다. 또한, 궤변론자들도 이 구절을 근거로 해서 자유의지를 논하거나 사람의 본성의 능력을 평가한다. 그러나 내가 앞에서 이미 말했듯이, 바울은 여기에서 자연인 또는 본성적인 사람을 묘사하고 있는 것이 아니라, 자기 자신을 예로 들어서 믿는 자의 연약함이 어떤 것이고 그 정도가 어떠한지를 설명하고 있는 것이다. 아우구스티누스도 잠시 이 동일한 오류에 휘말려들었지만, 이 구절을 좀 더 면밀하게 검토한 후에 자신이 과거에 틀리게 가르친 것을 철회하였을 뿐만 아니라, 자신의 저서인 「보니파키우스(Bonifacius)에게 보내는 책」제1권에서는 많은 강력한 증거들을 동원해서 사도가 여기에서 말하고 있는 것이 오직 중생한 사람들에게만 적용될 수 있다는 것을 증명한다. 나는 독자들이 이것이 사실이라는 것을 분명하게 알 수 있게 하기 위하여 노력할 것이다.

바울이 "내가 알지 못하노니"라고 말하는 것은 그는 자기가 육신의 연약함으로 말미암아 행한 것들을 자기 자신의 행위들로 인정할 수 없다는 것이다. 왜냐하면, 그는 그런 행위들을 미워하였기 때문이다. 따라서 에라스무스가 이 어구를 "내가 인정하지 못하노니"라고 옮긴 것은 부적절한 것이 아니었다. 하지만 그런 번역은 의미가 모호한 감이 없지 않기 때문에, 나는 "내가 알지 못하노니"라는 번역을 그대로 유지하는 쪽을 택하였다. 이것으로부터 알 수 있는 것은 율법의 가르침은 올바른 판단과 전적으로 합치하기 때문에, 믿는 자들은 율법을 범하는 것을 완전히 잘못된 것으로 여겨 배척한다는 것이다. 하지만 바울은 자기가 율법이 정한 것과 다르게 가르치고 있다는 것을 인정하는 것처럼 보이기 때문에, 많은 해석자들은 거기에 미혹되어서, 여기에서 바울이 자기와는 다른 어떤 사람을 묘사하고 있는 것이라고 생각하였고, 이것으로부터 이 장 전체가 중생하지 않은 사람의 본성을 묘사하고 있는 것이라고 생각하는 흔한 오류가 생겨났다. 그러나 바울은 율법을 범하는 "나"를 통해서, 하나님을 경외하는 것이나 올바르게 행하고자 열심을 내는 것과 결코 모순되지 않는 경건한 자들의 온갖 실족들(lapsus)을 말하고 있는 것이다. 그는 율법이 명한 모든 것을 다 준행하는 것이 아니라 부분적으로는 실패하며 살아가고 있기 때문에 자기가 율법이 요구하는 것을 행하고 있다는 것을 부인한다.

곧 내가 원하는 것은 행하지 아니하고 도리어 미워하는 것을 행함이라. 우리는 이 구절을 바울이 언제나 선을 행할 수 없었다는 것으로 이해해서는 안 된다. 그는 단지 자기가 원하는 정도만큼 선을 행할 수 없다는 것만을 탄식할 뿐이다. 즉, 그는 일정 정도 육신에 매여 있었기 때문에 자기가 생각하기에 만족스러운 정도의 열심과 민첩함으로 선한 것을 추구할 수 없었고, 육신의 연약함으로 말미암아 방해를 받아서 자기가 원하는 것을 행할 수 없었다는 것이다. 그러므로 경건한 자들은 자신이 마음 먹은 대로 다 행할 수 없는 까닭에 자기가 원하는 것을 행하지 못하고, 자신은 서기를 원하지만 넘어지거나 적어도 비틀거리기 때문에 자신이 원하지 않는 악을 행하게 된다. 여기에서 "원하다" 또는 "원하지 아니하다"라는 표현들은 믿는 자들의 심령을 지배하고 있는 성령에 적용되어야 한다. 물론, 육신도 독자적인 의지를 지니고 있다. 그러나 바울은 그들의 심령의 주된 소원을 "원하는 것"으로 표현하고, 그 원하는 것을 거스르고 대적하는 것을 "원하지 아니하는 것"으로 표현한다. 이것으로부터 우리는 우리가 앞에서 말했던 것, 즉 바울은 여기에서 믿는 자들에 대하여 말하고 있다는 것이 옳다는 것을 알게 된다. 왜냐하면, 믿는 자들의 심령 속에는 성령의 은혜가 존재하는 까닭에 그들의 마음과 율법의 의 간에는 일치가 이루어지지만, "육신" 속에서는 죄를 미워하는 것이 존재하지 않기 때문이다.

16. 만일 내가 원하지 아니하는 그것을 행하면 내가 이로써 율법이 선한 것을 시인하노니. 즉, "내 마음이 율법을 따르고자 하고 율법의 의를 기뻐한다면(마음이

율법을 범하는 것을 미워하게 될 때에 이것은 분명한 사실이 된다), 그것은 율법이 선하다는 것을 알고 인정하는 것이다. 따라서 경험이 우리에게 가르쳐주듯이, 우리는 그 어떤 해악도 율법 탓으로 돌려서는 안 되고, 도리어 올바르고 순전한 마음으로 대할 때에는 율법은 우리에게 유익이 된다는 것을 온전히 확신하게 된다." 그러나 이러한 동의는 불경건한 자들이 "나는 내게 더 좋은 것들을 알고 그것들을 하고 싶지만 내게 더 나쁜 것들을 따른다"거나 "나는 내게 해로운 것을 따르고, 내게 유익할 것으로 믿어지는 것을 삼간다"라고 말하면서 하는 동의와 동일한 것으로 이해해서는 안 된다. 왜냐하면, 불경건한 자들은 어떻게 해서든지 하나님의 의로부터 완전히 떠나고 싶은 마음이 굴뚝같은데도 어쩔 수 없어서 거기에 동의하는 것이지만, 경건한 자들은 오직 천국에 소망을 두는 까닭에 진심으로 아주 기꺼이 율법에 동의하는 것이기 때문이다.

17. 이제는 그것을 행하는 자가 내가 아니요 내 속에 거하는 죄니라. 많은 실없는 사람들이 자신의 모든 악행들을 육신 탓으로 돌리고서 자신은 책임이 없다고 발뺌하는 것과 마찬가지로, 이 구절은 자신은 아무 책임이 없다고 강변하는 자의 변명이 아니라, 자신의 영적인 소원은 육신의 소욕과는 거리가 너무나 멀다는 것을 보여주는 선언이다. 왜냐하면, 믿는 자들의 심령은 하나님께 순종하고자 하는 열심으로 타오르는 까닭에 자신의 육신의 소욕을 거부하고 배척하기 때문이다.

또한, 이 구절은 바울이 여기에서 이미 거듭난 경건한 자들에 대하여 말하고 있다는 것을 분명하게 보여준다. 왜냐하면, 사람이 태어난 그대로의 모습을 유지하고 있는 한, 그가 어떤 사람이든, 우리는 그를 부패해 있는 자로 여기는 것이 합당한데, 바울은 여기에서 자기가 죄에 의해서 온전히 붙잡혀 있다는 것을 부인하고, 도리어 자신이 죄의 지배로부터 벗어나 있는 것으로 선언하기 때문이다. 즉, 그는 죄는 단지 자신의 심령의 일부에만 거하고 있고, 자신은 진심으로 하나님의 의를 이루기 위하여 애쓰고 갈망함으로써 하나님의 법이 자기 자신 속에 새겨져 있다는 것을 실제로 증명하고 있는 것이다.

[18]내 속 곧 내 육신에 선한 것이 거하지 아니하는 줄을 아노니 원함은 내게 있으나 선을 행하는 것은 없노라 [19]내가 원하는 바 선은 행하지 아니하고 도리어 원하지 아니하는 바 악을 행하는도다 [20]만일 내가 원하지 아니하는 그것을 하면 이를 행하는 자는 내가 아니요 내 속에 거하는 죄니라(7:18-20).

18. 내 속 곧 내 육신에 선한 것이 거하지 아니하는 줄을 아노니. 바울은 "내 속에 선한 것이 하나도 거하지 않았다"고 말한다. "내 속에"는 "나와 관련된 한에 있어서는"을 의미한다. 그는 먼저 "내 속에 선한 것이 거하지 아니한다"고 고백하며 자기 자신을 온전히 타락한 것으로 단죄하고 나서, 다음으로 이런 표현이 자기 속에 거하시는 하나님의 은혜를 모욕하는 것 같아서 "내 육신에," 즉 자신의 육신의 그 어디에도 선한 것이 거하지 않는다고 곧바로 수정하는 말을 덧붙인다. 그러므로 바울은 여기에서 자기가 일반적인 사람들이 아니라, 육신의 잔재와 은혜가 혼재하는 믿는 자들에 대하여 말하고 있다는 것을 다시 한 번 확증해주고 있다. 왜냐하면, 그가 자신 속에 타락하지 않은 것, 즉 육신이 아닌 부분이 존재하고 있는 것이 아니었다면, 굳이 이렇게 다시 수정해서 말할 필요가 없었을 것이기 때문이다. 바울이 말하는 "육신"은 언제나 성령으로 말미암아 거룩하게 된 것들을 제외한 인간 본성의 모든 것과 인간 안에 있는 모든 것을 가리킨다. 마찬가지로, 바울이 흔히 "육신"과 대비해서 사용하는 "영"이라는 단어는 하나님의 성령으로 말미암아 악에서 깨끗하게 되고 새롭게 빚어져서 안으로부터 하나님의 형상을 발하는 영혼을 가리킨다. 따라서 "영"이나 "육신"은 둘 다 심령에 속하지만, 전자는 새롭게 된 부분이고, 후자는 여전히 자연적인 성정(affectus)을 그대로 유지하고 있는 부분이다.

원함은 내게 있으나 선을 행하는 것은 없노라. 바울의 이 말은 자신이 선을 원하기는 하지만 전혀 행할 수 없다는 것이 아니라, 자신이 실제로 행한 것이 자신이 원한 것에 미치지 못한다는 것이다. 왜냐하면, 육신이 그를 방해해서 그가 원한 것을 온전히 행할 수 없게 만들었기 때문이다. 우리는 다음 절에 나오는 "원하지 아니하는 바 악"이라는 어구도 동일한 방식으로 이해하여야 한다. 육신은 믿는 자들이 신속하게 달려가는 것을 방해할 뿐만 아니라, 그들 앞에 많은 장애물들을 놓아서 그들로 넘어지게 하기 때문에, 그들은 합당한 열심(alacritas)으로 자신이 원하는 선을 행하지 못하게 되는 까닭에 "선을 행하는 것"이 없다고 하는 것이다. 따라서 바울이 말하는 "원함"은 성령의 역사로 말미암아 믿는 자들이 자신의 지체들을 드려서 기꺼이 하나님께 순종하고자 애쓰게 될 때의 믿음의 자발성(fidei promptitudo)이다. 그러나 그들은 자신이 원하는 만큼 행할 수는 없기 때문에, 바울은 자기가 원한 것, 즉 자기가 목표로 한 선을 이룰 수는 없었다고 말하는 것이다.

19. 내가 원하는 바 선은 행하지 아니하고 도리어 원하지 아니하는 바 악을 행하는도다. 이 구절도 우리는 앞에서와 동일한 방식으로 이해하여야 한다. 왜냐하면,

믿는 자들은 자신이 아무리 바른 마음과 생각을 지니고 있다고 할지라도 여전히 자신의 연약함을 알고 있고, 자신이 행하는 그 어떤 행위도 죄책(culpa)으로부터 자유로운 것으로 여기지 않기 때문이다. 바울은 여기에서 경건한 자들의 일부 잘못들을 다루는 것이 아니라, 그들의 삶의 여정을 전체적으로 묘사하고 있는 것이기 때문에, 우리는 그들이 행한 것들 중에서 최고로 선해 보이는 행위들도 사실은 언제나 죄의 흠들(macula)로 더럽혀져 있어서, 하나님께서 그 흠들을 사해 주시지 않는다면, 그들은 그 어떤 상도 바랄 수 없다.

마지막으로, 바울은 자기가 하늘의 빛을 받았기 때문에 율법의 의를 시인할 수밖에 없고 그 참된 증인이 될 수밖에 없었다는 고백을 여기에서 다시 한 번 반복한다. 이것으로부터 알 수 있는 것은 만일 우리의 본성이 원래 지니고 있던 온전함이 순수하게 그대로 유지되었다면, 율법은 우리에게 사망을 가져다주지 않았을 것이고, 건강하고 바른 마음으로 죄를 혐오하는 자들에게 불리하게 작용하지도 않았으리라는 것이다. 하지만 우리를 참으로 건강하게 해주시는 것은 하늘로부터 오신 치유자의 몫이다.

²¹그러므로 내가 한 법을 깨달았노니 곧 선을 행하기 원하는 나에게 악이 함께 있는 것이로다 ²²내 속사람으로는 하나님의 법을 즐거워하되 ²³내 지체 속에서 한 다른 법이 내 마음의 법과 싸워 내 지체 속에 있는 죄의 법으로 나를 사로잡는 것을 보는도다(7:21-23).

21. 그러므로 내가 한 법을 깨달았노니 곧 선을 행하기 원하는 나에게 악이 함께 있는 것이로다. 여기에서 바울은 네 가지의 법을 상정한다. 첫 번째는 하나님의 법인데, 오직 이것만이 원래는 법으로 불리는 것이 합당하다. 왜냐하면, 이 법은 의의 규범으로서, 이 법을 따를 때에만 우리의 삶이 올바르게 정립되기 때문이다. 여기에 바울은 "마음의 법"을 더하는데, 이 법은 믿는 자들의 마음이 하나님의 법에 기꺼이 순종하고자 하는 것을 가리키는 것으로서 하나님의 법과 일정 정도 합치하는 법이다. "마음의 법"과 반대되는 것으로 "불의의 법"이 있다. 바울은 죄악이 아직 중생하지 않은 자들은 물론이고 중생한 자들의 육신에 대해서 행사하는 지배력(imperium)이 법과 일정 정도 유사성을 지니고 있다는 점을 감안해서 그 지배력을 "법"이라 부른다. 이것은 폭군들의 법이 아무리 악한 것이라고 해도, 본래는 법이라

고 할 수 없는 것이지만 그럼에도 불구하고 법이라 불리는 것과 마찬가지이다. 바울은 우리의 지체들 속에 있는 욕심(concupiscentia)을 가리키는 "지체들의 법"을 이 "죄의 법"과 대응시킨다. 왜냐하면, 이 욕심과 죄악 간에는 상응관계가 존재하기 때문이다.

많은 해석자들은 상반절에 나오는 "한 법"을 하나님의 법을 가리키는 것으로 이해하고서, 그 앞에 '카타'(κατὰ) 또는 '디아'(διὰ)가 생략된 것으로 보고 "한 법으로 말미암아"로 해석한다. 예를 들면, 에라스무스는 마치 바울이 자신의 선생이자 인도자인 하나님의 법으로 말미암아 자기 자신 속에 죄가 내재되어 있는 것을 깨달았다고 말한 것처럼 "그 법으로 말미암아"라고 번역한다. 그러나 이 구절은 아무것도 보충해 넣지 않아도 다음과 같이 문맥이 잘 통한다: "믿는 자들은 선을 행하려고 애쓰지만, 그들 자신 속에서 폭군 행세를 하는 법이 있음을 깨닫는다. 왜냐하면, 하나님의 법을 거스르고 대적하는 악한 성향(vitiositas)이 그들의 골수와 뼛속 깊이 심겨져 있기 때문이다."

22. 내 속사람으로는 하나님의 법을 즐거워하되 우리는 여기에서 경건한 심령이 어떤 식으로 분열되어 있어서, 아우구스티누스가 어떤 글에서 "그리스도인의 씨름"(lucta christiana)이라 불렀던 영과 육 간의 싸움이 일어나는 것인지를 알게 된다. 하나님의 법은 그리스도인에게 의를 따라 살라고 명하지만, 사탄의 폭압적인 법인 "죄"는 악을 행하라고 부추기고 충동질한다. 영은 하나님의 법에 순종하도록 그리스도인을 이끌지만, 육신은 그를 정반대의 방향으로 다시 끌어간다. 그리스도인은 이렇게 서로 상반되는 의지 또는 성향으로 인해서 분열되기 때문에 어느 정도 이중적인 존재이다. 그러나 성령이 주권을 쥐고 있기 때문에, 그리스도인은 우선적으로 그런 측면에서 자기 자신을 판단하고 평가하는 것이 마땅하다. 그러므로 바울이 자기가 육신에 의해서 사로잡혀 있다고 말하는 것은 자신이 악한 욕심들(concupiscentia)에 의해 여전히 시험받고 부추겨지고 있는 것이 그런 욕심들을 전적으로 거부하는 자신의 영적인 열망들(desiderium)에 대하여 제약으로 작용하기 때문이다.

많은 사람들이 "속사람"과 "지체들"의 의미를 제대로 이해하지 못해서 잘못된 길로 갔기 때문에, 우리는 이러한 표현들이 어떤 의미인지를 주의깊게 살펴보지 않으면 안 된다. "속사람"은 단순히 심령을 의미하는 것이 아니라, 심령 중에서 하나님에 의해 중생한 저 영적인 부분을 가리키고, "지체들"은 그 밖의 다른 나머지 부분을 가리킨다. 그런데 사람에게서 심령이 더 우월한 부분이고 몸이 더 열등한 부분인 것과 마찬가지로, 영은 육신에 비해 우월하다. 따라서 "영"은 그리스도인 속에서 심령의 자리를 차지하고, 부패하고 타락한 심령인 "육신"은 몸의 자리를 차지하기 때문에, 전자는 "속사람"이라 불리고, 후자는 "지체들"이라 불린다. 물론, 고린도후서 4:16에서는 "속사람"은 다른 의미를 지닌다. 그러나 현재의 구절에서는 여러 가지 정황상 내가 앞에서 제시한 해석이 적절하다. 그것이 "속사람"이라 불리는 이유는 무엇보다도 육신의 소욕들은 그리스도인의 심령의 가장자리에서 맴도는 반면에, "속사람"이라 불리는 영은 마음을 비롯해서 은밀하게 감춰져 있는 성정들(affectus)을 장악하고 있기 때문이다. 이것은 마치 하늘과 땅을 대비시키고 있는 것과 마찬가지이다. 왜냐하면, 바울은 은밀하게 감춰진 우리의 새로워진 모습은 우리의 지각으로부터 숨겨져 있어서 오직 믿음으로만 인식할 수 있다는 것을 한층 더 분명하게 보여주기 위하여 우리에게서 분명하게 눈에 보이는 것들을 "지체들"이라는 용어로 폄하하여 부르고 있는 것이기 때문이다.

　"마음의 법"은 의심할 여지 없이 올바르게 형성된 성정(affectus)을 의미하기 때문에, 이 구절이 아직 중생하지 않은 자들에 대하여 말하고 있는 것이라고 주장하는 것은 너무나 터무니없음이 명백하다. 왜냐하면, 바울이 가르치고 있는 바와 같이, 그런 자들의 심령은 타락하여 올바른 것에서 벗어나 있는 까닭에 그들에게는 이런 "마음"이 존재하지 않기 때문이다.

²⁴오호라 나는 곤고한 사람이로다 이 사망의 몸에서 누가 나를 건져내랴 ²⁵우리 주 예수 그리스도로 말미암아 하나님께 감사하리로다 그런즉 내 자신이 마음으로는 하나님의 법을 육신으로는 죄의 법을 섬기노라(7:24-25).

24. 오호라 나는 곤고한 사람이로다 이 사망의 몸에서 누가 나를 건져내랴. 바울은 격렬한 탄식으로 자신의 논증을 끝맺는다. 이것을 통해서 그는, 우리는 우리의 육신과 싸워야 할 뿐만 아니라, 우리 자신 속에서 끊임없이 신음하며 하나님 앞에서 우리의 비참한 처지를 탄식하지 않을 수 없다는 것을 가르친다. 그러나 그는 한 분 참된 구원자가 계신다는 것을 알지 못하는 불신자들처럼 의심을 품고서 "누가 나를 건져내랴"고 묻는 것이 아니다. 이 말은 자신이 간절히 바라는 즉각적인 도우심을 발견하지 못해서 기진맥진하여 숨 쉬기조차 힘들어 하는 자에게서 터져나온

말이다. 바울이 "건져내다"라는 단어를 사용한 것은 자신을 이러한 곤경에서 구해내기 위해서는 하나님의 놀랍도록 크신 능력의 역사가 꼭 필요하였다는 것을 보여주기 위한 것이다.

"사망의 몸"은 죄 덩어리, 또는 전인적인 인간을 구성하고 있는 여러 요소들을 가리킨다. 하지만 바울에게는 오직 그 잔재들만이 남아 있었고, 그는 그러한 잔재들에 붙잡혀 있었다. 나는 에라스무스와 마찬가지로 대명사 '투투'(τούτου, "이")가 "몸"에 걸리는 것으로 보지만, "사망"에 걸린다고 보는 것도 괜찮다. 어느 경우나 의미는 거의 동일하다. 왜냐하면, 바울은 여기에서 하나님의 자녀들은 눈이 열려서 하나님의 법을 통해서 자신의 부패한 본성과 거기로부터 오는 사망을 잘 분별한다는 것을 우리에게 가르치고자 하는 것이기 때문이다. 그러나 "몸"은 외적인 사람과 지체들 같은 것을 의미한다. 왜냐하면, 바울은 "몸"을 사람으로 하여금 원래 지음 받은 목적인 창조의 법을 떠나서 이렇게 육신적이고 세상적인 존재가 되게 만든 악의 근원으로 지적하기 때문이다. 사람은 여전히 짐승들보다는 탁월하지만, 그의 진정한 탁월성은 그에게서 떠나가고, 그에게 남아 있는 것은 무수한 썩어지는 것들(corruptela)로 가득해서, 그의 심령은 타락하여 "몸"으로 전락하였다고 하는 것이 맞는 말이 되어 버렸다. 그래서 하나님께서는 모세를 통해서 "나의 영이 영원히 사람과 함께 하지 아니하리니 이는 그들이 육신이 됨이라"(창 6:3)고 말씀하셨다. 여기에서 사람은 자신의 영적인 탁월성을 상실한 까닭에 수치스럽게도 짐승에 비견되고 있다.

바울이 여기에서 하고 있는 말은 육신의 모든 영광을 무너지게 하는 데에 아주 적절하다. 왜냐하면, 그는 아무리 온전한 자들이라고 할지라도, 그들이 육신에 거하는 한, 그들은 사망 아래 있는 것인 까닭에, 비참한 자들일 수밖에 없다고 가르치고 있기 때문이다. 아니, 그들은 자기 자신을 면밀하게 살펴보기만 한다면, 그들 자신의 본성 속에는 오직 비참한 것들만이 있다는 것을 알게 된다. 또한, 바울은 그들이 영적 무감각(torpor)에 빠져 아무렇지도 않다는 듯이 살아가지 못하도록 하기 위하여, 자신의 모범을 통해서 그들에게 그런 자신의 모습을 보며 탄식하고 신음하며 몸부림치라고 권하고, 그들이 이 땅에서 살아가는 한 그들의 악에 대한 유일하게 참된 치유책은 죽는 것밖에는 없는 까닭에 그들에게 죽기를 간절히 구하라고 명한다. 죽기를 구하되 그 동기나 목적이 올바르지 않으면 안 된다. 왜냐하면, 세상적인 자들도 흔히 절망에 빠져서 죽기를 구하기는 하지만, 그들은 자신의 죄악이 지긋지긋해서가 아니라 현세의 삶이 지긋지긋해서 죽기를 원하는 것인 까닭에 그것은 잘못된 것이기 때문이다. 여기에서 우리가 한 가지 덧붙여야 할 것은 믿는 자들은 죽기를 구할 때에 그 동기가 참된 것이기는 하지만, 그렇다고 해서 막무가내로 죽고 싶은 충동에 이끌려 죽고자 하는 것이 아니라, 사나 죽으나 오직 하나님의 뜻에 복종하고자 하는 것일 뿐이라는 것이다. 그래서 그들은 하나님에 대한 분노를 터뜨리며 아우성치지 않고, 도리어 겸손히 자신의 염려와 걱정들을 하나님께 맡겨드린다. 왜냐하면, 그들은 자신의 비참함에만 골몰하는 것이 아니라, 하나님으로부터 받은 은혜를 생각하고서, 다음 절에서 볼 수 있듯이 슬픔 중에도 기쁨을 아울러 지니고 있기 때문이다.

25. 우리 주 예수 그리스도로 말미암아 하나님께 감사하리로다. 바울은 다른 사람들이 앞에서의 자신의 탄식과 신음을 자신이 완악하게도 하나님을 원망하고 불평하는 것으로 오해하지 않도록 하기 위해서 여기에 즉시 이 감사 찬송을 덧붙인다. 우리는 정당한 슬픔일지라도 어느새 불만과 원망으로 바뀌기가 너무나 쉽다는 것을 안다. 그래서 바울은 자신의 처지를 통탄하고 사망으로 끌려가는 자신의 모습에 탄식하는 가운데서도 자기가 하나님의 은혜를 생각하고서 묵묵히 감당해내고 있다고 고백한다. 왜냐하면, 성도들은 자신의 부족한 것들을 살필 때에도 자기가 하나님으로부터 이미 받은 것들을 잊지 않는 것이 마땅하기 때문이다. 또한, 그들은 자신이 하나님의 보호 아래 받아들여졌기 때문에 결코 망하지 않을 것이고, 영원한 유업에 대한 그들의 소망을 보증해 주시는 성령의 첫 열매들도 이미 맛보는 은혜를 받았다는 것을 생각하면, 그런 생각만으로도 원망이 나오려는 것을 재갈 물리고 평정심을 유지하기에 충분하다. 그들은 아직 하나님이 약속하신 하늘의 영광을 온전히 누리고 있지 못하고, 단지 자신의 분량을 따라 그 일부만을 누리는 것으로 만족해야 하지만, 그럼에도 불구하고 그들에게는 기뻐해야 할 이유가 결코 없지 않다.

그런즉 내 자신이 마음으로는 하나님의 법을 육신으로는 죄의 법을 섬기노라. 이 짤막한 맺는 말 속에서 바울은 믿는 자들은 육신으로 사는 동안에는 의(iustitia)라는 푯대에 결코 도달하지 못하지만, 몸을 벗는 날까지 경주를 계속하고 있는 것이라고 가르친다. 그는 여기에서도 심령 중에서 철학자들이 고상한 것으로 받드는 이성적인 부분이 아니라, 하나님의 성령의 조명을 받아서 올바른 것을 이해하고 원하게 된 그런 부분을 "마음"(mens)이라고 부른다. 왜냐하면, 그는 "마음"을 지성

(intelligentia)만이 아니라 마음의 간절한 소원과도 연결시키고 있기 때문이다. 바울은 자기가 하나님을 섬기고 있다고 고백하면서도, 자신이 이 땅에서 엉금엉금 기며 살아가는 동안에는 많은 부패한 것들로 더럽혀져 있을 수밖에 없다는 단서를 붙인다. 따라서 이 구절은 일부 요란을 떠는 사람들이 오늘날에 다시 부활시키려 하고 있는 순수주의자들(카타리파. 중세 시대에 널리 퍼져 있던 금욕주의적 분파 — 역주)의 지극히 위험스러운 독단적 교리가 틀렸음을 증명하는 데 적합한 구절이다.

제8장

¹그러므로 이제 그리스도 예수 안에 있는 자에게는 결코 정죄함이 없나니 ²이는 그리스도 예수 안에 있는 생명의 성령의 법이 죄와 사망의 법에서 너를 해방하였음이라 ³율법이 육신으로 말미암아 연약하여 할 수 없는 그것을 하나님은 하시나니 곧 죄로 말미암아 자기 아들을 죄 있는 육신의 모양으로 보내어 육신에 죄를 정하사 ⁴육신을 따르지 않고 그 영을 따라 행하는 우리에게 율법의 요구가 이루어지게 하려 하심이니라(8:1-4).

1. 그러므로 이제 그리스도 예수 안에 있는 자에게는 결코 정죄함이 없나니. 바울은 경건한 자들이 자신의 육신과 지속적으로 싸우는 싸움(certamen)을 설명한 후에, 이제 여기에서는 그들에게 너무나 필요한 것이었고 앞에서도 언급한 바 있던 위로가 되는 말씀으로 돌아간다. 즉, 그들은 여전히 죄에 의해서 휘둘리며 공격을 당한다고 할지라도, 육신을 따라서가 아니라 성령을 따라 살아가기만 한다면, 사망 권세와 그 온갖 저주로부터 벗어날 수 있다는 것이다. 바울은 다음과 같은 세 가지, 즉 믿는 자들은 늘 불완전함 속에서 괴로워한다는 것, 그 불완전함을 용서하시고 사하시는 하나님의 관용하심, 성령의 중생하게 하심을 한데 결합시킨다. 그가 성령의 중생하게 하심을 마지막에 언급하는 것은 그 누구도 자기가 아무렇지도 않게 육신을 따라 방탕하게 살아가고 있으면서도 마치 자기가 저주로부터 자유롭게 되었다는 듯이 허황된 생각으로 자기만족에 빠지지 않게 하기 위한 것이다. 육신적인 사람들은 자신의 삶을 고치려 하는 데에는 아무런 관심도 없으면서 헛된 자기만족에 빠져서 이 은혜를 방패막이로 삼아서 자신은 결코 저주 아래 있지 않다고 착각하는 반면에, 경건한 자들의 두려워 떠는 양심에게는 난공불락의 요새가 있다. 왜냐하면, 그들의 양심은 그들이 그리스도 안에 거하는 한 그들에게는 정죄받을 위험이 전혀 없다는 것을 알기 때문이다. 이제 바울이 한 말을 차근차근 살펴보기로 하자.

바울이 말하는 "성령을 따라 행하는" 자들은 육신의 모든 정과 욕심들을 완전히 벗어 버리고서 오직 하늘의 온전함만을 드러내는 삶을 살아가는 자들이 아니라, 육신을 복종시키고 죽이려고 무진 애를 씀으로써 참된 경건에 대한 열심이 그들을 지배하고 있음을 보여주는 자들이다. 바울은 그런 자들은 육신을 따라 행하는 것이 아니라고 선언한다. 왜냐하면, 하나님을 진심으로 경외하게 될 때, 육신의 모든 부패한 것들이 다 멸해지는 것은 아니지만, 육신은 그 지배력을 상실하게 되기 때문이다.

2. 이는 그리스도 예수 안에 있는 생명의 성령의 법이 죄와 사망의 법에서 너를 해방하였음이라. 이 구절은 앞 문장에 대한 확증이다. 이 구절을 이해하기 위해서는 먼저 단어들의 의미를 알아야 한다. 바울이 하나님의 성령을 "성령의 법"이라고 부르고 있는 것은 엄밀하게 말한다면 적절하다고 할 수 없다. 이 성령은 우리의 영혼에 그리스도의 피를 뿌려서, 죄책과 관련해서 우리를 죄의 더러운 것들로부터 깨끗하게 할 뿐만 아니라, 우리를 거룩하게 하여 진정으로 정결하게 만든다. 바울은 성령이 생명을 준다는 말을 덧붙이는데(왜냐하면, 여기에서 속격은 히브리어의 어법을 따라 형용사로 해석되어야 하기 때문이다), 이것으로부터 알 수 있는 것은 사람들을 율법의 문자에 묶어두고자 하는 자들은 사람들을 사망 아래 두고자 하는 자들이라는 것이다. 또한, 바울은 육신의 지배와 거기로부터 생겨나는 사망의 폭압에 대해서는 "죄와 사망의 법"이라는 이름을 부여한다. 그리고 하나님의 법은, 말하자면, 그 중간에 놓여 있는 셈이다. 왜냐하면, 하나님의 법은 우리에게 의를 가르쳐주기는 하지만 수여할 수는 없고, 도리어 한층 더 강력한 쇠사슬로 우리를 죄와 사망에 결박해 놓기 때문이다.

따라서 이 구절의 의미는 이런 것이다. 즉, 사람들은 율법의 요구 아래 있는 한 죄에게 눌려 죄의 종이 되어 살아갈 수밖에 없기 때문에 그럴 때에 하나님의 법은 사람들을 정죄해서 사망에 이르게 하지만, 그리스도의 성령은 육신의 걷잡을 수 없는 욕심들(cupiditas)을 멸함으로써 우리 속에서 죄의 법을 폐함과 동시에 우리를 사망의 죄책으로부터 건진다는 것이다. 우리가 중생할 때에 하나님이 우리의 죄악들을 묻지 않으시고 사하시는 것이 아니냐고 반론을 제기하는 사람이 있다면, 거기에 대답하는 것은 쉽다. 즉, 바울은 여기에서 우리가 죄책으로부터 건짐을 받는 원인(causa)이 아니라 단지 그 구체적인 방식(modus)에 대하여 말하고 있다는 것이다. 그는 우리가 율법의 외적인 가르침에 의해서 죄책으로부터 건짐을 받는다는 것을 부정하고, 우리는 하나님의 성령으로 말미암아 새롭게 될 때에 값없이 주어지는 죄 사함으로 인해 의롭다 하심을 받음과 동시에 죄의 저주가 더 이상 우리 안에 머물러 있지 못하게 된다고 말한다. 그러므로 바울이 이 구절을 통해서 말하고자 하는 것은 중생의 은혜와 의의 전가는 결코 분리될 수 없다는 것이다.

어떤 이들은 "죄와 사망의 법"이 하나님의 법을 가리키는 것으로 보지만, 나는 그런 표현은 너무 거칠어 보이는 까닭에 그렇게까지 말하고 싶지는 않다. 왜냐하면, 하나님의 법이 사람들 가운데서 죄를 더하여서 사망을 낳게 하는 것은 맞지만, 앞에서 바울은 그런 반감을 불러일으킬 수 있는 표현으로 하나님의 법을 지칭하는 것을 의도적으로 피하고 있기 때문이다. 아울러, 어떤 이들은 "죄의 법"이 육신의 소욕(concupiscentia)을 가리키는 것이라고 보고서, 마치 바울이 자기가 그런 소욕을 다 정복했다는 듯이 말한 것처럼 설명하지만, 나는 그런 견해에도 동의할 수 없다. 나는 바울이 우리로 하여금 하나님과 화목을 이루어 평안을 누리게 해주는 값없이 주어지는 죄 사함에 대하여 말하고 있다는 것이 곧 아주 분명하게 밝혀질 것이라고 생각한다. 또한, 에라스무스는 "법"이라는 단어를 "권세"로 번역하고 있지만, 나는 "법"이라는 역어를 그대로 유지하는 쪽이 더 좋다고 본다. 왜냐하면, 바울이 여기에서 죄의 법과 하나님의 법 간의 어떤 유비를 암시하는 데에는 그럴 만한 이유가 있다고 생각되기 때문이다.

3. 율법이 … 할 수 없는 그것을. 이제 여기에는 하나님께서 그의 값없이 주시는 긍휼하심으로 말미암아 그리스도 안에서 우리를 의롭다고 하셨다는 것을 증명하기 위한 설명 또는 예시가 나온다. 이것은 율법이 할 수 없었던 바로 그 일이었다. 이 구절은 매우 주목할 만하기 때문에, 각 부분을 하나하나 세밀하게 살펴보기로 하자.

바울이 다음 절에서 육신을 따르지 않고 성령을 따라 행하는 것에 관한 말을 덧붙이고 있는 것으로 보아서, 우리는 이 절에서는 하나님이 값없이 거저 우리를 의롭다 하시거나 우리의 죄를 사하심으로써 자기와 화목하게 하시는 것에 대하여 다루고 있다는 것을 알 수 있다. 왜냐하면, 만일 바울이 우리가 성령으로 말미암아 중생하게 될 때에 이미 죄를 다 이기게 된다고 가르치는 것이라면, 다음 절에서 그런 말을 덧붙일 이유가 없었을 것이기 때문이다. 그러나 그가 믿는 자들에게 값없이 주어지는 죄 사함을 약속한 후에, 이 약속을 오직 믿음에 회개를 더하는 자들만으로 국한시키고, 하나님의 긍휼하심을 악용하여 육신의 방종(carnis licentia)의 기회로 삼지 못하도록 한 것은 지극히 합당한 것이었다. 따라서 우리는 바울이 여기에서 그 이유 또는 원인을 말하고 있다는 것을 알아야 한다. 왜냐하면, 그는 여기에서 어떤 식으로 그리스도의 은혜로 말미암아 우리의 죄책이 사함을 받게 되었는지를 가르치기 때문이다. "율법이 할 수 없는 그것"(τὸ ἀδύνατον - '토 아뒤나톤')은 결함 또는 무능력을 의미하는 것으로 보아야 한다는 것은 의심의 여지가 없다. 따라서 이것은 율법으로는 불가능한 것을 가능하게 해주는 치유책을 하나님이 찾아내셨다고 말한 것과 같다. 불변화사 '엔 호'(ἐν ᾧ)와 관련해서는 에라스무스가 "육신으로 말미암아 연약한 부분에서"라고 옮겼지만, 나는 이 어구가 원인이나 이유를 나타낸다고 생각하기 까닭에 "육신으로 말미암아 연약하기 때문에"로 옮기는 것이 더 낫다고 본다. 이런 어구는 헬라어에 정통한 저자들의 글에서는 아마도 사용되지 않았을 것이지만, 사도들은 히브리어의 어법을 따른 표현들을 여기저기서 사용하는 까닭에, 내가 이렇게 번역하는 것을 이상하게 생각할 필요가 없다. 우리가 곧 다시 증명하게 되겠지만, 분별 있는 독자들이라면 바울이 여기에서 율법의 결함 또는 무능력의 원인을 말하고 있다는 것을 당연히 인정할 것이다. 에라스무스는 본문에 없는 주동사를 보충해 넣어서 읽고 있지만, 본문은 주동사가 없을 때에 오히려 그 의미가 더 잘 통하는 것으로 보인다. 에라스무스는 계사 '카이'(καὶ)로 인해 착각해서 주동사 "하셨나니"를 보충해 넣었지만, 나는 여기에서 계사는 강조를 위해 사용된 것이라고 생각한다. 물론, 어떤 사람들은 "죄로 말미암아"가 앞에 걸리는 것으로 보아서 "하나님이 죄로 말미암아 자기 아들을 죄 있는 육신의 모양으로 보내어"라고 번역해야 한다고 주장하는 어떤 헬라 주석자의 견해에 동의할 수도 있겠지만, 나는 바울이 진정으로 말하고자 한 것이라고 생각되는 것을 따랐다. 이제 바울이 말한 내용 자체를 살펴보도록 하자.

바울은 율법이 우리에게 의를 가져다주는 것이 불가능했기 때문에 우리의 죄가 그리스도의 죽으심으로 말미암아 속함 받을 수밖에 없었다는 것을 분명하게 단언한다. 이것으로부터 알 수 있는 것은 율법은 우리가 행할 수 있는 것보다 그 이상을 요구한다는 것이다. 왜냐하면, 만일 우리가 율법을 다 행할 수 있었다면, 다른 곳에서 치유책을 찾을 필요가 없었을 것이기 때문이다. 따라서 마치 하나님께서 우리의 능력이 어떠한 것이며 어느 정도인지를 고려하셔서 거기에 맞는 의를 요구하셨다는 듯이, 율법의 요구들을 기준으로 해서 인간의 능력을 가늠하고자 하는 것은 어처구니없는 일이다.

육신으로 말미암아 연약하여. 앞에서 바울은 자기가 불경스럽게도 율법을 연약하다거나 율법은 의식들을 지키는 것에 불과하다고 폄하하고 있다는 오해를 받지 않기 위해서, 그러한 결함이 율법에 어떤 흠이 있어서가 아니라 우리 육신의 부패 때문이라는 것을 분명하게 말하였었다. 왜냐하면, 만일 누가 하나님의 율법을 온전히 충족시킨다면, 그 사람은 하나님 앞에서 의로운 자라 인정받는 것이 마땅하기 때문이다. 그러므로 바울은 율법은 온전한 의의 규범을 담고 있기 때문에 가르침에 관한 한 우리를 의롭게 하기에 충분하다는 것을 부정하지 않는다. 하지만 우리의 육신은 율법의 의에 도달할 수 없기 때문에, 율법의 그런 능력은 별 소용이 없게 되어 버린다. 따라서 바울이 율법 중에서 의식에 속한 부분들로부터만 우리를 의롭게 하는 능력을 박탈하고 있는 것이라고 주장하는 자들의 잘못된 생각, 아니 망상은 자연스럽게 반박된다. 왜냐하면, 바울은 모든 책임이 우리에게 있다는 것을 분명히 함으로써 율법의 가르침 속에서는 그 어떤 흠도 발견할 수 없었다는 사실을 확실하게 보여주기 때문이다.

　또한, 우리는 율법의 연약함을 사도가 '아스테네이아'(ἀσθένεια, "연약함")라는 단어에 통상적으로 부여하는 의미, 즉 단지 약간의 연약함이 아니라 완전한 무능력이라는 의미를 지니는 것으로 이해해야 한다. 왜냐하면, 그는 율법은 의를 수여할 수 있는 능력을 조금도 지니고 있지 않다는 것을 말하기 위해 이 단어를 사용하기 때문이다. 따라서 우리는 행위로 말미암아 의롭게 될 수 있는 길이 우리에게 완전히 차단되어 있고, 우리 자신 속에는 의가 존재할 수 없기 때문에, 우리는 그리스도의 의로 피하지 않으면 안 된다는 것을 알게 된다. 우리가 먼저 우리 자신에게는 그 어떤 의도 있지 않다는 것을 분명하게 알지 못한다면, 결코 그리스도의 의를 덧입을 수 없기 때문에, 이러한 사실을 아는 것은 필수적이다. "육신"이라는 단어는 언제나 동일하게 우리 자신이라는 의미로 사용되고 있다. 따라서 하나님의 법은 우리 본성의 부패(corruptio)로 인해서 우리에게 무익한 것이 되어 버린다. 왜냐하면, 율법은 우리에게 생명의 길을 보여주긴 하지만, 사망으로 치닫고 있는 우리를 돌이켜서 살게 해주지는 못하기 때문이다.

하나님은 하시나니 … 자기 아들을 보내어 죄 있는 육신의 모양으로 보내어. 바울은 이제 하늘에 계신 우리 아버지께서 "자기 아들"로 말미암아 우리에게 의를 회복시키신 방법을 보여주는데, 다름아닌 바로 그리스도의 육신에 우리의 죄를 전가시키셔서 죄를 단죄하셨다는 것이다. 즉, 하나님께서는 그리스도를 단죄하심으로써 "법조문으로 쓴 증서"(골 2:14)를 무효화시키시고 우리를 결박하고 있던 죄를 폐하셨다는 것이다. 죄에 대한 단죄는 우리에게 의를 가져다주었다. 왜냐하면, 우리의 죄책이 지워지고, 우리가 죄 사함을 받음으로써, 하나님께서는 우리를 의로운 자로 여기게 되셨기 때문이다. 바울이 하나님께서 그리스도를 보내셨다는 것을 가장 먼저 언급하는 목적은 우리가 그리스도에게서 의를 찾아야 한다는 데서 알 수 있듯이 우리 속에는 결코 의가 없다는 것, 그리고 사람은 다른 이에게 간청하지 않으면, 즉 그리스도께서 자신의 육체로 이루신 저 대속으로부터 의를 가져오지 않으면 의롭게 될 수 없기 때문에, 자신의 공로를 의지해 보아야 헛되다는 것을 일깨워 주기 위한 것이다. 바울은 그리스도께서 "육신의 모양으로" 오셨다고 말한다. 왜냐하면, 그리스도의 육신은 결코 죄로 오염되지 않았지만, 우리의 죄로 인한 형벌을 짊어지셔야 했던 까닭에 표면적으로는 죄악된 것처럼 보였기 때문이다. 그리고 의심할 여지 없이 사망은 마치 그리스도의 육신이 사망 아래 있다는 듯이 그 육신에 자신의 모든 힘을 쏟아 부었다. 우리의 대제사장이신 그리스도께서는 자신이 연약한 자들의 어떤 것을 도와야 할지를 직접 몸으로 겪으셔서 배우시는 것이 합당하였기 때문에, 우리에게 더욱 공감하시고 우리를 더 동정하시기 위하여 우리의 연약함들을 몸소 겪으셨다. 이 점에서도 그리스도께서는 우리의 죄악된 본성의 "모양"을 입으셨다는 것이 드러난다.

곧 죄로 말미암아 … 육신에 죄를 정하사. 어떤 이들은 이 어구를 하나님께서 자기 아들을 보내신 이유 또는 목적을 나타내는 것으로 보고서 "죄를 대속하기 위하여"라는 의미를 지니는 것으로 설명한다는 것은 내가 이미 앞에서 언급한 바 있다. 크리소스토무스(Chrysostomus)를 필두로 해서 많은 이들이 이 어구를 한층 더 조잡한 의미로 이해해 왔는데, 그들은 죄가 그리스도를 부당하게, 그리고 도를 지나쳐서 공격했기 때문에 바로 그런 "죄로 말미암아" 단죄받았다는 것을 가리키는 것이라고 주장한다. 물론, 나는 그리스도께서 의로우시고 무죄하셨지만 죄인들을 대신하여 형벌을 받으셨고, 그렇게 하심으로써 속전을 다 치르셨다는 것을 당연히 인정하지만, 여기에서 "죄"가 속죄제사를 필요로 하는 히브리어로 '아샴'(אשם, "죄")이라 불리는 그런 죄, 헬라인들이 '카타르마'(κάθαρμα)라 부르는 저주가 결합된 제사를 필요로 하는 그런 죄 이외의 다른 의미로 사용되었다고는 전혀 생각할 수 없다. 바울은 이것과 동일한 내용을 고린도후서 5:21에서는 "하나님이 죄를 알지도 못하신 이를 우리를 대신하여 죄로 삼으신 것은 우리로 하여금 그 안에서 하나님의 의가 되게 하려 하심이라"고 말한다. 한편, 여기에서 전치사 '페리'(περί, "말미암아")는 원인이나 이유를 나타내는 것으로 보아야 하기 때문에, 바울은 "그리스도께 짊어지워진 저 희생제사 또는 죄의 짐으로 말미암아 죄는 자신의 권좌에서 쫓겨난 까닭에 이제는 우리를 사로잡아 자신에게 복종시키지 못한다"라고 말한 것과 같다. 왜냐하면, 바울은 비유를 사용해서, 하나님께서 그리스도의 희생제사로 말미암아 죄 사함을 얻은 자들을 이제는 더 이상 죄인으로 다루지 않으시는 까닭에 "죄"는 소송에서 진 자들처럼 단죄를 받았다고 말하기 때문이다. 우리를 억압하던 죄의 권세가 멸해졌다고 말해도, 의미는 동일할 것이다. 이렇게 그리스도께서는 자신의 것을 우리에게 주시기 위하여 우리의 것을 담당하셨다. 즉, 그리스도께서는 우리의 저주를 짊어지셨고, 우리에게 그의 복을 선물하셨다.

바울이 여기에 "육신에"라는 어구를 덧붙인 것은 우리로 하여금 바로 우리의 본성 속에서 죄가 정복되고 폐하여진 것을 알고서 더욱 큰 확신을 갖게 하기 위한 것이다. 왜냐하면, 이것은 우리의 본성이 그리스도의 승리에 진정으로 동참하게 되었다는 것을 보여주는 것이기 때문이다. 그는 곧 이것에 대하여 분명하게 밝힐 것이다.

4. 율법의 요구가 이루어지게 하려 하심이니라. 이 구절이 우리가 그리스도의 영으로 말미암아 새로워지면 율법의 요구를 온전히 충족시킬 수 있다고 말하는 것으로 이해하는 자들은 바울이 이 말을 한 의도와는 완전히 다른 잘못된 설명을 하고 있는 것이다. 왜냐하면, 믿는 자들이라고 해도 이 세상에서 살아가는 동안에는 그들 속에서 율법의 의가 온전해지는 정도로까지 진보를 이룰 수는 결코 없기 때문이다. 그러므로 우리는 이 구절이 죄 사함을 가리키는 것으로 이해해야 한다. 즉, 그리스도의 순종하심이 우리를 위한 것으로 받아들여져서 율법이 충족되었기 때문에 우리가 의로운 것으로 여겨진다는 것이다. 왜냐하면, 그리스도께서는 율법의 엄격한 요구가 더 이상 우리를 정죄할 수 있는 권세를 지니지 못하게 하시기 위하여 자신의 육체로 율법의 모든 요구를 온전히 이루신 것이기 때문이다. 그러나 그리스도께서는 오직 자신의 영으로 말미암아 자기와 연합하게 되는 자들에게만 자신의 의를 나누어 주시기 때문에, 아무도 그리스도를 죄를 조장하는 이로 생각하지 못하도록 하기 위하여, 바울은 여기에서 다시 한 번 중생에 대한 언급을 덧붙인다. 왜냐하면, 하나님이 아버지로서 우리에게 보이시는 관용하심(indulgentia)을 육신의 방탕의 기회로 악용하기가 너무나 쉽고 실제로 그런 자들이 많고, 또한 마치 이러한 가르침이 올바르게 살아가고자 하는 열심에 찬물을 끼얹는 것인 양 악의적으로 비방하는 자들도 있기 때문이다.

⁵육신을 따르는 자는 육신의 일을, 영을 따르는 자는 영의 일을 생각하나니 ⁶육신의 생각은 사망이요 영의 생각은 생명과 평안이니라 ⁷육신의 생각은 하나님과 원수가 되나니 이는 하나님의 법에 굴복하지 아니할 뿐 아니라 할 수도 없음이라 ⁸육신에 있는 자들은 하나님을 기쁘시게 할 수 없느니라(8:5-8).

5. 육신을 따르는 자는 육신의 일을, 영을 따르는 자는 영의 일을 생각하나니. 바울이 육신과 성령 간의 차이에 대하여 말하는 이런 내용을 여기에 도입하는 것은 정반대되는 것들을 서로 대비시켜서 자기가 앞에서 언급했던 것, 즉 그리스도의 은혜는 오직 성령으로 말미암아 거듭나서 순전한 삶을 살려고 애쓰는 자들에게만 주어진다는 것을 확증할 뿐만 아니라, 믿는 자들이 자신의 많은 연약함들을 알고서 낙심하지 않도록 시의적절한 위로로써 그들을 붙들어 주기 위한 것이다. 왜냐하면, 바울은 앞에서 오직 성령을 따라 살아가는 자들만이 저주에서 벗어난 삶을 살 수 있다고 말했고, 사실 이 세상에서 육신으로부터 완전히 자유롭게 되어서 천사 같이 순전한 삶을 사는 사람을 찾아볼 수 없을 것인 까닭에, 그의 말은 온 인류로부터 구원의 소망을 끊어 버린 것처럼 보일 수 있었기 때문이다. 그래서 그는 육신 안에 있어서 육신을 따라 살아간다는 것이 무엇을 의미하는지를 정의하는 말을 덧붙일 필요가 있었다. 사실, 처음에는 그의 의도가 아주 뚜렷하게 드러나지 않지만, 우리가 앞으로 점점 더 분명하게 볼 수 있듯이, 그의 목적은 믿는 자들에게 그들이 여전히 자신의 육신에 매여 살아가긴 하지만 육신의 정욕에 자신을 내맡기지 않고 도리어 성령의 인도하심에 자신을 맡기고 살아갈 수 있다는 선한 소망을 불어넣는 것이다.

　바울은 육신적인 사람들은 육신의 일들을 생각한다고 말함으로써, 하늘에 속한 의를 사모하고 갈망하는 자들이 아니라 완전히 세상에 매몰되어 살아가는 자들이 육신적인 자들임을 보여준다. 그런 까닭에, 나는 독자들로 하여금 자기 자신을 육신의 유혹들에 내주어 자신의 생각과 열심을 악한 정욕에 두는 자들만이 하나님의 자녀들로부터 배제된다는 것을 알게 하기 위하여 동사 '프로누신'(φρονοῦσιν)을 좀 더 폭넓은 의미를 지닌 단어인 "생각하다"로 옮겼다. 하반절에서 바울은 믿는 자들에게 그들 자신이 성령의 역사로 말미암아 의를 생각하고 있는 것을 본다면 선한 소망을 가져도 좋다고 격려한다. 왜냐하면, 성령이 소멸되고 육신이 지배하는 곳에는 하나님의 은혜가 존재하지 않는 것과 마찬가지로, 성령이 다스리고 있다는 것은 하나님의 구원의 은혜가 존재함을 보여주는 증거이기 때문이다. 나는 내가 앞에서 여러분에게 상기시켰던 것을 여기에서 다시 한 번 짤막하게 되풀이해서 말해 두고자 하는데, 그것은 육신 가운데 있는 것, 또는 육신을 따라 살아가는 것은 중생의 선물을 받지 못한 것과 동일한 것이고, 사람들의 통상적인 표현을 빌려 말하자면, 계속해서 "자연인"으로 살아가는 자들이 바로 그런 자들이라는 것이다.

6. 육신의 생각은 사망이요 영의 생각은 생명과 평안이니라. 에라스무스는 "생각"을 "정"(affectus)으로 옮겼고, 불가타 역본에는 "사려"(prudentia)로 되어 있다. 하지만 바울이 사용한 '토 프로네마'(τὸ φρόνημα)는 모세가 "마음으로 생각하는" 것(창 6:5)이라고 부른 것과 동일한 것이 확실하고, 이 단어는 이성과 오성과 감성 같은 심령의 모든 기능들을 다 포괄하기 때문에, 나는 "생각"으로 번역하는 것이 더 적절하다고 본다. 바울은 불변화사 '가르'(γάρ)를 사용하고 있지만, 나는 '가르'가 단지 강조 또는 확증을 위해서 사용된 것임을 의심하지 않는다. 왜냐하면, 바울은 육신 가운데 있다는 것이 무엇인지를 짤막하게 정의한 후에, 이제 자기 자신을 육신에 내준 모든 자들에게 어떤 결국(finis)이 기다리고 있는지를 여기에 덧붙이고 있는 것이기 때문이다. 그는 이렇게 대비를 통해서 육신에 거하는 자들은 일생에 걸쳐서 사망을 향하여 치닫는 삶을 살아가기 때문에 그리스도의 은혜에 참여하는 자가 될 수 없다는 것을 증명한다.

이 구절은 우리는 스스로의 생각으로는 오직 멸망으로 끝날 것들만을 궁리해낼 수 있을 뿐이기 때문에 우리가 본성이 이끄는 대로 살아간다면 사망으로 치달을 수밖에 없다는 것을 우리에게 가르쳐 준다는 점에서 특별히 주목할 필요가 있다. 바울은 곧이어서 이 구절과 정반대되는 대구를 덧붙이는데, "영의 생각은 생명과 평안이니라"는 대구는 우리 속의 어떤 부분이 생명을 향해 나아가고 있다면, 그것은 성령의 역사로 말미암은 것임을 우리에게 가르친다. 왜냐하면, 우리의 육신으로부터는 생명의 불꽃(vitae scintilla)이 전혀 나올 수 없기 때문이다. 바울은 "영의 생각"을 "생명"이라고 부르는데, 이것은 "영의 생각"은 우리에게 생명을 주거나 우리를 생명으로 인도하기 때문이다. 또한, 바울이 말하는 "평안"은 히브리식 어법을 따라 온갖 행복(felicitas)을 가리키는데, 이것은 하나님의 영이 우리 속에서 역사하셔서 만들어내는 모든 것은 우리에게 복을 더하여 주기 때문이다. 그렇다고 해서, 우리는 구원을 행위들과 결부시켜서는 안 되고 그럴 이유도 전혀 없다. 왜냐하면, 하나님께서는 우리의 구원을 시작하시고, 자신의 형상을 따라 우리를 새롭게 하심으로써 마침내 구원을 완성하시지만, 우리의 구원의 유일한 원인(causa)은 하나님의 기쁘신 뜻(beneplacitum)이고, 우리는 그 값없는 은총으로 말미암아 그리스도에게 참여하는 자들이 되는 것이기 때문이다.

7. 육신의 생각은 하나님과 원수가 되나니. 바울은 자신이 방금 앞에서 말했던 것을 증명해 줄 수 있는 근거를 덧붙이는데, 그것은 우리 육신이 애쓰고 노력하는 것들은 하나님의 뜻을 적대하여 거스르고 싸우기 때문에 거기로부터는 사망 외에는 아무것도 나올 수 없다는 것이다. 하나님의 뜻은 의의 잣대(iustitiae regula)인 까닭에, 불의한 것은 무엇이든지 하나님의 뜻을 거스를 수밖에 없고, 아울러 사망을 낳게 된다는 결론이 나온다. 하나님을 거스르고 진노하시게 해놓고서 생명을 기대해 보아야 헛된 일이다. 왜냐하면, 하나님의 진노로 인한 보응이 사망인 까닭에, 하나님의 진노에는 반드시 사망이 수반되기 때문이다. 그런데 우리가 여기에서 주목해야 할 것은 사람의 의지는 모든 면에서 하나님의 뜻을 거스를 수밖에 없다는 것이다. 왜냐하면, 굽어진 것이 똑바른 것과 다르듯이, 우리와 하나님은 그렇게 다르기 때문이다.

이는 하나님의 법에 굴복하지 아니할 뿐 아니라. 이 구절은 상반절에 대한 해설로서, 육신의 모든 생각이 왜 하나님의 뜻을 대적해서 늘 싸울 수밖에 없는지를 보여준다. 우리는 오직 하나님이 자신의 뜻을 계시하신 곳에서만 그 뜻을 알 수 있고, 하나님이 무엇을 기뻐하시는지는 율법에 나와 있다. 그런 까닭에, 자신이 하나님의 뜻과 어느 정도나 합치되게 살아가고 있는지를 진정으로 알고 싶은 자들은 자신의 모든 생각(consilium)과 궁리(studium)를 이 잣대에 비추어서 평가해 보아야 한다. 이 세상에서 일어나는 모든 일이 하나님의 비밀하게 다스리시는 섭리에 의해서 되는 것이기는 하지만, 그것을 핑계 삼아서 모든 일이 하나님의 재가 아래에서 일어나기 때문에, 모든 책임은 하나님께 있다고 말하는 것은 용납될 수 없는 신성모독이다. 그런데도 오늘날 일부 정신 나간 자들이 이 문제를 가지고 조롱하고 빈정대고 있다. 율법은 무엇이 옳고 무엇이 그른 것인지 그 차이를 분명하고 명백하게 우리 눈 앞에 제시하기 때문에, 옳고 그름을 저 깊은 미로 속에서 찾고자 하는 것은 정신 나간 짓이다! 내가 앞에서 말했듯이, 하나님께서는 자신의 숨겨진 계획을 따라 모든 일을 자신의 뜻대로 주관하시지만, 우리는 그 계획을 알 수 없기 때문에 지나친 호기심을 가지고서 그것을 찾아내려고 해서는 안 된다는 것을 알아야 한다. 지금 우리가 확고한 원칙으로 삼아야 할 것은 오직 의(iustitia)만이 하나님을 기쁘시게 해드릴 수 있고, 우리의 행위들은 오직 하나님께서 자신이 무엇을 기뻐하시고 무엇을 기뻐하지 않으시는지를 한 치의 거짓도 없이 증언해 놓으신 율법에 비추어 보았을 때에만 올바르게 평가될 수 있다는 것이다.

할 수도 없음이라. 궤변론자들이 그토록 입에 침이 마르도록 찬양하는 자유의지의 능력이 어떤 것인지를 잘 보라! 바울이 여기에서 그들이 노발대발할 말, 즉 우리의 성정(affectus)으로는 율법을 지킬 수 없다는 말을 아주 분명하게 하고 있다는 것은 의심의 여지가 없다. 그들은 성령의 감화를 힘입기만 한다면 사람의 마음은 선악 간에 어느 쪽으로도 향할 수 있고, 성령의 도우심만 있다면 우리에게는 선악 간에 어느 쪽을 선택할 수 있는 능력이 있는데, 택하거나 거부하는 것은 우리의 몫이라고 떠들어댄다. 또한, 그들은 우리 안에는 선한 움직임(bonus motus)이 있어서 우리 자신의 의지로 하나님의 은혜를 받을 준비를 할 수 있다고 생각한다. 하지만 바울은 정반대로 우리의 마음은 강퍅함(durities)과 절대로 굴복시킬 수 없는 완악함(contumacia)으로 가득 차 있어서 본성적으로 움직여서 하나님의 멍에를 메고자 하는 일은 결코 일어날 수 없다고 선언한다. 그는 우리 마음의 이런저런 기능에 대해서 말하고 있는 것이 아니라, 우리 속에서 일어나는 모든 움직임들을 한 묶음으로 싸잡아서 그렇게 말하고 있는 것이다. 그러므로 자유의지에 관한 이 이교적인 철학은 그리스도인의 마음에서 몰아내어야 하고, 각 사람은 자기가 죄의 종이라는 사실을 있는 그대로 인정하고서, 오직 그리스도의 은혜로만 해방되어 자유롭게 될 수 있다는 것을 받아들이는 것이 마땅하다. 사람에게 그 어떤 자유가 있다고 자랑하는 것 자체가 어리석음의 극치이다.

8. 육신에 있는 자들은 하나님을 기쁘시게 할 수 없느니라. 내가 역접의 부사 '데'(δέ)를 여기에 나오는 결론적인 말의 근거 또는 원인을 나타내는 것으로 보는 데에는 그럴 만한 이유가 있다. 왜냐하면, 사도는 자신이 앞에서 한 말들을 근거로 해서, 자기 자신을 육신의 정욕들이 이끄는 대로 내맡기는 자들은 누구든지 하나님 앞에서 가증스러운 자들이라는 결론을 추론해 내고 있기 때문이다. 지금까지 그는 성령을 따라 행하지 않는 모든 자는 자신 속에 하늘에 속한 생명이 없는 까닭에 그리스도와 상관 없는 자들이라는 진리를 확증해 왔다.

⁹만일 너희 속에 하나님의 영이 거하시면 너희가 육신에 있지 아니하고 영에 있나니 누구든지 그리스도의 영이 없으면 그리스도의 사람이 아니라 ¹⁰또 그리스도께서 너희 안에 계시면 몸은 죄로 말미암아 죽은 것이나 영은 의로 말미암아 살아 있는

것이니라 ¹¹예수를 죽은 자 가운데서 살리신 이의 영이 **너희** 안에 거하시면 그리스도 예수를 죽은 자 가운데서 살리신 이가 **너희** 안에 거하시는 그의 영으로 말미암아 **너희** 죽을 몸도 살리시리라(8:9-11).

9. 만일 … 너희가. 바울은 자신의 서신을 읽게 될 모든 자들에게 하나님의 영이 있다고 가정하는데, 이것은 자신이 하는 말이 그들에게 직접적으로 적용되게 함으로써 더 큰 영향력을 끼치기 위한 것일 뿐만 아니라, 그들로 하여금 자기가 앞에서 이미 설명한 것들을 토대로 해서 그들 각자가 그리스도로 말미암아 율법의 저주에서 벗어나게 된 자들 중에 속해 있다는 것을 확실하게 알 수 있게 하기 위한 것이기도 하다. 하지만 아울러 그는 하나님의 영이 택함 받은 자들 속에서 어떻게 역사하고 어떤 열매를 맺는지를 설명함으로써, 그들이 새 생명을 따라 살아가기를 힘쓰도록 격려한다.

너희 속에 하나님의 영이 거하시면 너희가 육신에 있지 아니하고 영에 있나니. 바울은 그들에게 그들이 그리스도의 이름을 고백하는 것이 헛된 일이 되지 않도록 하기 위해서 그들 자신을 좀 더 면밀하게 살펴볼 것을 촉구할 목적으로 보충설명을 담은 이 구절을 여기에 덧붙인다. 하나님의 성령으로 말미암아 새롭게 되어 순전함과 거룩함을 더해가고 있다는 것은 세상의 자녀들과 확연한 차이를 보여주는 하나님의 자녀들의 가장 확실한 표지(nota)이다. 하지만 바울의 목적은 위선을 바로잡기 위한 것이라기보다는, 율법에 생명을 부여하는 성령의 내적인 능력보다 율법의 죽은 문자를 더 중시하는 어처구니없는 율법주의자들을 일축하고서 그리스도인들이 무엇을 자랑해야 하는지를 제시하는 데 있는 것으로 보인다.

또한, 이 구절은 바울이 지금까지 말한 "영"은 자유의지를 신봉하는 자들이 영혼의 우월한 부분이라 부르는 지성이나 오성이 아니라 하늘의 선물이라는 것을 보여준다. 왜냐하면, 그는 자신 속에서의 어떤 충동에 휘둘려서 자신의 지각을 따라 살아가는 자들이 아니라 하나님의 영으로 다스림을 받는 자들이 신령한 자들임을 보여주기 때문이다. 또한, 바울은 그들이 하나님의 영으로 완전히 충만하기 때문이 아니라(이 세상에서는 누구에게도 이런 경우는 없다), 육신의 잔재들이 여전히 그들 속에 남아 있기는 하지만 그럼에도 불구하고 성령이 그들 속에 거하시기 때문에, 그들이 성령 가운데 있다고 말하는 것이다. 하지만 성령이 그들 속에서 지배적인 위치에 있지 않다면, 그들 속에 성령이 거한다고 할 수 없다. 왜냐하면, 사람의 상태는 어떤 세력이 지배하고 있느냐에 따라서 결정되기 때문이다.

누구든지 그리스도의 영이 없으면 그리스도의 사람이 아니라. 바울은 육신을 부인하는 것이 그리스도인들에게 얼마나 필수적인지를 보여주기 위해서 이 구절을 덧붙인다. 성령이 지배하게 되면 육신은 폐하여진다. 성령의 지배를 받지 않는 자들은 그리스도께 속한 자들이 아니다. 따라서 육신을 섬기는 자들은 그리스도인이 아니다. 왜냐하면, 그리스도를 그의 영과 분리시키는 자들은 그리스도를 죽은 형상이나 시체로 만드는 것이기 때문이다. 우리는 값없이 주어진 죄 사함은 중생의 성령과 결코 따로 떼어서 생각할 수 없다고 말하고자 한 사도의 의도를 늘 염두에 두지 않으면 안 된다. 왜냐하면, 이 둘을 분리시키는 것은 그리스도를 둘로 찢는 것과 같기 때문이다.

바울의 이 말이 사실이라면, 우리가 그리스도의 영이 우리 속에 거한다고 공언한다는 이유로, 복음의 대적들이 우리를 교만하다고 비난하는 것은 이상한 일이다. 왜냐하면, 우리는 그리스도를 부인하든지, 아니면 그의 영으로 말미암아 그리스도인이 된다는 것을 시인하든지, 둘 중의 하나를 택하지 않으면 안 되기 때문이다. 사람들이 하나님의 말씀으로부터 완전히 떠나서, 자신들은 하나님의 영 같은 것은 알지 못하지만 그리스도인이라고 자랑할 뿐만 아니라, 하나님의 영을 말하는 다른 사람들의 신앙을 조롱하기까지 하는 것은 정말 끔찍한 일이다. 그런데 오늘날 교황주의자들의 철학이 그러하다.

독자들이 여기에서 주목할 것은 성령은 의미상의 아무런 차이 없이 성부 하나님의 영으로도 불리고 그리스도의 영으로도 불린다는 것이다. 성령이 이렇게 불리는 이유는 성령의 모든 충만이 우리의 중보자이자 머리 되시는 그리스도께 부어져서 성령이 그리스도로부터 우리 각자에게 흘러나오기 때문만이 아니라, 성령이 한 본질과 동일한 영원한 신성을 지니신 성부와 성자 각각의 영이기 때문이기도 하다. 하지만 우리는 그리스도 없이는 하나님과 사귐을 가질 수 없는 까닭에, 사도는 지혜롭게도 성령을 먼저 우리에게 좀 더 멀게 느껴지는 "하나님의 영"으로 소개한 후에, 다음으로 "그리스도의 영"으로 소개한다.

10. 또 그리스도께서 너희 안에 계시면 몸은 죄로 말미암아 죽은 것이나 영은 의로 말미암아 살아 있는 것이니라. 바울이 앞에서 성령과 관련해서 말했던 것을 이제 여기에서는 그리스도와 관련해서 말하는 것은 그리스도께서 우리 안에 거하시는 방식을 보여주기 위한 것이다. 왜냐하면, 그리스도께서는 성령으로 말미암아 자

신의 성전인 우리를 성별하시고, 마찬가지로 성령을 통해서 우리 속에 거하시기 때문이다. 하지만 그는 우리가 앞에서 언급했던 것, 즉 하나님의 자녀들은 온전히 완전하게 되었기 때문이 아니라, 그들 속에서 시작된 새 생명으로 인해서 신령한 자들로 여김을 받는 것임을 여기에서 좀 더 자세하게 설명한다. 바울은 여기에서 우리를 당혹스럽고 혼란스럽게 할 수도 있는 한 가지 의구심을 예상하고 미리 다루어 나간다. 왜냐하면, 성령이 우리의 일부를 장악하고 있기는 하지만, 우리는 우리의 또다른 부분이 여전히 사망 권세 아래 있는 것을 보기 때문이다. 그래서 그런 의구심에 대하여 그는 그리스도의 영 안에는 우리를 살리는 능력이 있어서 우리의 "죽을 몸"을 삼켜 버릴 것이라고 대답한다. 이러한 사실을 토대로 해서, 그는 죄의 잔재들이 완전히 폐하여질 때까지 우리가 인내로써 기다려야 할 것이라고 결론을 내린다.

나는 앞에서 이미 바울이 말하는 "영"을 사람의 영이 아니라 중생의 성령을 가리키는 것으로 이해해야 한다고 말한 바 있다. 바울이 성령을 "생명"(한글개역개정에는 "살아 있는 것")이라 부르는 것은 성령이 우리 안에서 살며 다스리기 때문만이 아니라 마침내 죽을 육신을 멸하여 우리를 온전히 새롭게 할 때까지 자신의 능력으로 우리를 살리는 역사를 계속해 나가기 때문이다. 반면에, "몸"은 우리의 존재 중에서 아직 하나님의 성령으로 말미암아 정결하게 되지 않아서 오직 추악한 것들만을 좋아하는 부분을 가리킨다. 그렇지 않다면, 죄의 책임을 "몸"에 돌리는 것은 불합리한 일이 될 것이다. 또한, 사람의 영혼은 자체 속에 생명을 지니고 있지 않기 때문에 생명과는 거리가 멀다. 따라서 바울이 여기에서 말하고자 하는 것은 우리의 첫 번째 본성의 부패가 우리 속에 남아 있는 한, 죄는 우리를 정죄하여 사망으로 이끌어가려고 하지만, 하나님의 영이 승리한다는 것이다. 또한, 성령의 불꽃이 조금이라도 우리 안에 있다면, 그것은 생명의 씨앗이기 때문에, 우리가 하나님의 은혜를 입어 성령의 첫 열매들을 받기만 하였다면, 죄의 세력은 그 어떤 장애물도 되지 않는다.

11. 예수를 죽은 자 가운데서 살리신 이의 영이 너희 안에 거하시면. 바울은 여기에서 다음과 같이, 결과를 근거로 들어서 앞 절을 확증한다: "그리스도께서는 하나님의 영으로 말미암아 다시 살리심을 받은 것이고, 성령은 영원한 능력을 소유하고 계시기 때문에, 그 동일한 능력을 우리 안에서도 행하실 것이다." 바울은 하나님께서 그리스도의 경우를 통해서 교회 전체에 주어질 능력을 나타내셨다는 것을 당연한 것으로 전제한다. 그리스도를 다시 살리신 것은 하나님이셨기 때문에, 바울은

생명을 주시는 성령을 하나님의 영이라 부른다.

그리스도 예수를 죽은 자 가운데서 살리신 이가 너희 안에 거하시는 그의 영으로 말미암아 너희 죽을 몸도 살리시리라. 바울은 하나님을 이렇게 길게 풀어서 지칭하는데, 이것은 그냥 하나님이라고 한 것보다 여기에서의 그의 의도에 더 잘 부합한다. 동일한 이유로, 그는 그리스도를 다시 살리신 영광을 성부 하나님께 돌린다. 왜냐하면, 그가 염두에 둔 것을 증명하는 데에는 그렇게 하는 것이 부활을 그리스도 자신에게 돌리는 것보다 더 효과가 있을 것이었기 때문이다. "그리스도께서는 그 어떤 사람에게도 없는 자신의 능력으로 스스로 다시 사실 수 있으셨다"는 반론이 있을 수 있다. 하지만 바울이 하나님께서 우리에게도 주신 바로 그 성령으로 말미암아 그리스도를 다시 살리셨다고 말했다고 해서, 아무도 그 말이 틀렸다고 할 수 없기 때문에, 그는 이런 식으로 말함으로써 우리로 하여금 부활의 소망을 확실히 갖게 한 것이다. 바울이 한 이 말 속에는 요한복음에서 그리스도께서 "나는 버릴 권세도 있고 다시 얻을 권세도 있으니"(요 10:18)라고 하신 말씀과 어긋나는 것이 전혀 없다. 그리스도께서는 자신의 능력으로 부활하셨다는 것은 의심의 여지가 없지만, 자신이 소유한 신적인 능력은 무엇이나 다 성부 하나님께 돌리곤 하셨기 때문에, 사도가 여기에서 그리스도께서 자신의 고유한 신성으로 말미암아 행하신 일을 성부 하나님께 돌린 것도 마찬가지로 합당하다.

바울이 말하는 "죽을 몸"은 우리 속에서 여전히 사망에 종속되어 있는 모든 것들을 가리킨다. 왜냐하면, 우리의 존재 중에서 더럽고 추한 부분을 이런 명칭으로 부르는 것이 바울의 통상적인 어법이기 때문이다. 이것으로부터 알 수 있는 것은, 바울은 장차 한순간에 이루어지게 될 최후의 부활이 아니라, 성령께서 우리 속에서 육신의 잔재들을 점차적으로 죽여 나가고 하늘에 속한 생명을 새롭게 해나가는 지속적인 역사에 대하여 말하고 있다는 것이다.

[12]그러므로 형제들아 우리가 빚진 자로되 육신에게 져서 육신대로 살 것이 아니니라 [13]너희가 육신대로 살면 반드시 죽을 것이로되 영으로써 몸의 행실을 죽이면 살리니 [14]무릇 하나님의 영으로 인도함을 받는 사람은 곧 하나님의 아들이라(8:12-14).

12. 그러므로 형제들아 우리가 빚진 자로되 육신에게 져서 육신대로 살 것이 아

니니라. 이것은 바울이 지금까지 앞에서 해온 말들을 마무리하는 결론부이다. 왜 냐하면, 우리가 육신을 따라 사는 것을 거부하고자 한다면 육신의 말을 들어주어서 는 안 되고, 또한 성령께서 우리를 다스리시게 하고자 한다고 하면서 그의 명령을 청종하지 않는 것도 이상한 일이기 때문이다. 여기에 나오는 바울의 문장에는 "우 리가 성령에 빚진 자들이다"라는 구절과 대비되는 부분이 빠져 있어서 온전하지가 않지만, 그 의미가 모호한 것은 결코 아니다. 이 결론부는 권면의 의미가 강하다. 먼 저 가르침들을 제시하고 나서 거기에서 권면들을 도출해 내는 것이 바울의 통상적 인 방식이다. 마찬가지로, 그는 에베소서 4:30에서도 "하나님의 성령을 근심하게 하 지 말라 그 안에서 너희가 구원의 날까지 인치심을 받았느니라"고 권면하고, 갈라 디아서 5:25에서도 "만일 우리가 성령으로 살면 또한 성령으로 행할지니"라고 권면 한다. 우리는 육신의 소욕들을 거부하고 우리 자신을 하나님의 의에 드려 헌신하는 것이 마땅한데, 그렇게 행할 때에 우리는 바울의 권면을 따르는 것이 된다. 하나님 을 모독하는 불경스러운 자들은 우리에게는 아무런 능력도 없으니 아무것도 하지 말아야 한다고 깐죽거리며 말할지라도, 우리는 마땅히 앞에서 말한 것과 같이 생각 하고 행하여야 한다. 우리가 하나님께서 우리에게 주신 은혜를 멸시하고 소홀히 해 서 소멸시킨다면, 그것은 하나님을 거슬러 싸우는 것이나 마찬가지이다.

13. 너희가 육신대로 살면 반드시 죽을 것이로되. 바울은 그들의 영적 무감각 (torpor)을 좀 더 효과적으로 떨쳐내기 위해서 여기에 경고를 덧붙인다. 또한, 이 구 절은 그리스도의 영 없이 오직 믿음으로 말미암아 의롭게 된다고 주장하는 자들에 대한 충분한 반박이 된다. 물론, 그들은 그들 자신의 양심에 의해서 차고 넘치게 유 죄선고를 받는다. 왜냐하면, 의를 사랑함이 없는 곳에는 하나님을 신뢰함도 없기 때문이다. 우리가 오직 하나님의 긍휼하심으로 말미암아 그리스도 안에서 의롭다 하심을 얻는다는 것은 사실이지만, 의롭다 하심을 얻은 모든 자들은 하나님에 의해 서 그들의 부르심에 합당한 삶을 살도록 요구받는다는 것도 마찬가지로 확실한 사 실이다. 그러므로 믿는 자들은 의롭다 하심을 얻기 위해서만이 아니라 거룩하게 되 기 위해서도 그리스도를 붙드는 법을 배워야 한다. 왜냐하면, 하나님께서는 이 두 가지 목적을 위해 우리에게 그리스도를 주셨고, 우리가 이 두 가지를 동시에 추구 하지 않는다면, 그것은 우리의 절름발이 신앙으로 그리스도를 둘로 찢는 것이 되기 때문이다.

영으로써 몸의 행실을 죽이면 살리니. 바울은 자신의 연약함이 여전히 많다는 것을 알고 있는 경건한 자들이 앞에서 자기가 한 말을 듣고서 낙심하지 않도록 하기 위해서 여기에서 자신의 말을 누그러뜨린다. 즉, 우리가 아직도 많은 죄들을 저지른다고 할지라도, 계속해서 육신을 죽이려고 애쓰기만 한다면, 우리에게는 생명이 약속되어 있다는 것이다. 왜냐하면, 바울은 우리에게 육신을 완전히 멸할 것을 요구하는 것이 아니라, 단지 육신의 소욕들을 복종시키려고 있는 힘을 다하라고 명하는 것이기 때문이다.

14. 무릇 하나님의 영으로 인도함을 받는 사람은 곧 하나님의 아들이라. 바울은 여기에서 자기가 바로 앞에서 한 말에 대한 증거를 제시한다. 즉, 그는 하나님께서는 하나님의 영으로 인도함을 받는 것을 자기 백성임을 나타내는 표지(nota)로 보시기 때문에, 오직 그런 자들만이 하나님의 자녀들로 인정을 받게 된다고 가르친다. 바울의 이 말을 통해서 아무런 실체도 없이 그리스도인이라고 참칭하는 위선자들의 헛된 자랑은 무너지고, 믿는 자들은 자신들의 구원을 조금도 주저없이 확신하도록 격려를 받는다. 이 구절의 요지는 이런 것이다: "하나님의 영에 의해서 인도함을 받는 모든 자들은 하나님의 아들들이다. 그리고 하나님의 모든 아들들은 영생을 유업으로 받을 상속자들이다. 그러므로 하나님의 영의 인도함을 받는 모든 자들은 영생을 확신하는 것이 마땅하다." 바울은 이 삼단논법에서 중간명제에 해당하는 것은 의심의 여지가 없는 것이었기 때문에 생략한다.

물론, 우리는 성령의 역사가 다양하다는 것을 유념하는 것이 마땅하다. 모든 피조물을 붙들어 주고 보존하는 성령의 보편적인 역사도 있고, 오직 사람들을 대상으로 한 갖가지 성격을 지닌 성령의 역사도 있다. 그러나 바울이 여기에서 말하고자 하는 것은 성령의 거룩하게 하시는 역사이다. 하나님께서는 자신의 택함 받은 자들을 자신의 아들들로 구별하셔서 오직 그들에게만 이 은혜를 주신다.

[15]너희는 다시 무서워하는 종의 영을 받지 아니하고 양자의 영을 받았으므로 우리가 아빠 아버지라고 부르짖느니라 [16]성령이 친히 우리의 영과 더불어 우리가 하나님의 자녀인 것을 증언하시나니 [17]자녀이면 또한 상속자 곧 하나님의 상속자요 그리스도와 함께 한 상속자니 우리가 그와 함께 영광을 받기 위하여 고난도 함께 받아야 할 것이니라 [18]생각하건대 현재의 고난은 장차 우리에게 나타날 영광과 비교할 수 없도다(8:15-18).

15. 너희는 다시 무서워하는 종의 영을 받지 아니하고 양자의 영을 받았으므로. 바울은 앞에서 이미 믿는 자들에게 영생에 대한 확신 속에서 안심하라고 명한 바 있는데, 이제 여기에서는 성령이 낳는 특별한 효과를 언급함으로써 그 확신이 확실하다는 것을 확증한다. 즉, 그는 하나님께서 우리에게 성령을 주신 것은 우리로 하여금 두려워 떨게 하거나 불안감 속에서 괴로워하게 하시기 위한 것이 아니라, 도리어 우리의 모든 불안을 잠재우고 평온한 마음을 회복시키셔서 우리로 신뢰감과 자유함 가운데서 하나님의 이름을 부르게 하시기 위한 것이라고 말한다. 그러므로 여기에서 그는 단지 자신이 앞에서 행한 논증을 좀 더 자세하게 다루는 것이 아니라, 하반절에서 그 논증과 결부시켜서 말하고 있는 것, 곧 자기 백성들을 여전히 괴롭히고 있는 죄악들과 그들의 육신의 연약함들을 사하시는 아버지로서의 하나님의 너그러우심(indulgentia)에 더 집중한다. 바울은 "양자의 영"이 우리가 값없이 죄 사함을 받았다는 것을 인쳐주고 우리에게 하나님의 이 너그러우심에 대한 강한 확신을 주어서 우리로 하여금 담대하게 하나님을 향하여 기도할 수 있게 해준다고 가르친다. 그는 이 점을 더 분명하게 해두기 위하여 두 종류의 영에 대하여 언급한다. 즉, 우리가 율법으로부터 받는 "종의 영"이 있고, 복음으로부터 오는 "양자의 영"이 있다는 것이다. 그는 우리가 전에 받은 것은 두려움을 낳는 "종의 영"이었고, 지금 우리에게 주어진 것은 우리의 확신을 더하기 위한 "양자의 영"이라고 말한다. 우리가 볼 수 있듯이, 그는 이렇게 서로 상반되는 것들을 대비시킴으로써 자신이 확증하고자 한 우리의 구원의 확실성을 한층 더 분명하게 제시할 수 있었다. 히브리서 기자도 이와 동일한 대비를 사용해서, "우리가 이른 곳은 모든 것이 너무나 두려운 것들뿐이어서 이스라엘 백성이 곧 죽을 것 같은 공포에 사로잡혀 하나님께 더 이상 그들에게 직접 말씀하지 말아주시라고 탄원하였고 모세조차도 심히 두렵고 떨린다고 말하였던 시내 산이 아니라, 시온 산과 살아 계신 하나님의 도성인 하늘의 예루살렘과 새 언약의 중보자이신 예수니라"(cf. 히 12:18-24)고 말한다.

우리는 "다시"라는 부사를 통해서 여기에서 율법이 복음과 대비되고 있음을 알게 된다. 왜냐하면, 하나님의 아들이 오셔서 우리에게 가져다주신 이루 헤아릴 수 없는 은택은 우리로 하여금 이제 더 이상 율법에 매여서 율법의 종살이를 하며 살아가지 않아도 되게 해주신 것이기 때문이다. 하지만 이것으로부터 우리는 그리스도께서 오시기 전에는 양자의 영을 받은 사람이 아무도 없었다거나, 율법을 받은 모든 사람이 다 아들이 아니라 종으로 살았다는 결론을 내려서는 안 된다. 왜냐하면,

바울은 율법 아래에 있던 사람들과 지금의 사람들이 아니라, 율법의 직무와 복음의 경륜을 대비시키고 있는 것일 뿐이기 때문이다. 물론, 나는 바울이 여기에서 하나님께서 전에 구약 시대에 조상들을 대하셨을 때보다 훨씬 더 큰 너그러우심으로 지금 믿는 자들을 대하고 계신다는 것을 상기시키고 있다는 것을 인정한다. 하지만 바울은 단지 외적인 경륜만을 다루고 있고, 우리의 형편은 오직 그 점에서만 구약 시대의 사람들보다 더 나을 뿐이다. 왜냐하면, 아브라함과 모세와 다윗의 믿음은 우리보다 더 뛰어났지만, 하나님께서는 외적인 경륜이라는 면에서는 그들을 "초등 교사"(갈 3:24) 아래 두셨던 까닭에, 그들은 우리에게 계시된 저 자유에 이르지는 못하였기 때문이다.

하지만 우리가 알아두어야 할 것은 바울이 율법을 문자적으로 따르는 자들과, 하늘로부터 오신 선생이신 그리스도를 통해서 말씀으로 가르침을 받을 뿐만이 아니라 내적으로도 성령의 감화를 통해 가르침을 받는 믿는 자들을 의도적으로 대비시킨 것은 거짓 사도들 때문이었다는 것이다. 은혜의 언약은 율법 속에도 들어 있었지만, 바울은 복음과 율법이 어떻게 대비되는지를 극명하게 보여주기 위해서 그 점을 배제하고, 여기에서는 오직 율법에 고유한 것들, 즉 행하라고 명하는 것들과 금지하는 것들, 죽음의 벌을 경고함으로써 범죄를 억제하는 것만을 다룬다. 따라서 그는 복음과 다른 율법의 고유한 특성을 제시하고 있는 것이다. 또는, "바울은 율법을 오직 하나님이 행위와 관련해서 우리와 언약을 맺으신 것으로만 제시한다"고 말할 수도 있을 것이다. 그러므로 우리는 경륜이 아니라 사람들, 즉 유대인들과 관련해서는 다음과 같이 생각하여야 한다: 율법이 공포되기 이전이나 이후에나 경건한 자들은 동일한 믿음의 성령의 조명을 받았고, 영원한 유업에 대한 보증이자 인침이 되시는 성령으로 말미암아 그 유업에 대한 소망과 관련해서 그들의 심령에 인침을 받았다. 유일한 차이는 그리스도의 나라에서는 성령이 더 풍성하고 차고 넘치게 부어진다는 것이다. 그러나 우리가 가르침의 경륜만을 생각한다면, 그리스도께서 육체로 오셨을 때에 구원이 처음으로 확실하게 나타난 것이기 때문에, 복음의 밝은 빛과 비교해 볼 때에 구약에서는 모든 것이 가려져 있어서 너무나 희미하였다고 말할 수 있을 것이다.

율법은 그 자체로만 본다면 거기에 묶여서 종살이 하는 자들을 죽음에 대한 공포를 통해서 억제하는 것밖에는 아무것도 할 수 없다. 왜냐하면, 율법은 오직 조건부로만 복을 약속할 수 있고, 그 조건을 어긴 모든 자들에 대하여 죽음을 선고하기 때문이다. 그러므로 율법 아래에서는 양심을 두려움으로 짓누르는 "종의 영"이 있는 반면에, 복음 아래에서는 우리가 구원 받았음을 증언해 주는 것을 통해서 우리의 심령을 시원하게 해주는 "양자의 영"이 있다. 그러나 우리가 주목할 것은 바울이 "무서워하는" 것과 종살이를 결부시키고 있는 것은 율법이 지배하는 한 우리 심령은 끔찍한 불안 속에서 당혹해하고 괴로워할 수밖에 없기 때문이라는 것이다. 따라서 하나님께서 우리의 죄를 사하시고, 아버지가 자녀들을 대하듯이 우리를 인자하게 대해 주시는 것만이 불안에 떨고 있는 우리 심령이 평안을 얻을 수 있는 유일한 길이다.

우리가 아빠 아버지라고 부르짖느니라. 바울은 이제 모든 성도들의 공통된 특권을 설명하기 위해서 여기에서 인칭을 바꾼다. 즉, 그는 이렇게 말하고 있는 것과 같다: "너희는 성령을 받았다. 바로 그 성령으로 말미암아 너희와 우리, 곧 모든 믿는 자들이 하나님을 아빠 아버지라고 부르짖는 것이다." 바울이 아이가 아버지를 부를 때에 사용하는 "아빠"라는 단어를 가져와서 믿는 자들에게 적용시키고 있는 것은 대단히 의미심장하다. "아빠 아버지"라고 아버지를 부르는 말을 두 번이나 반복하고 있는 것은 강조를 위한 것이다. 왜냐하면, 바울은 하나님의 긍휼하심이 지금 온 세상에 전파되어서, 아우구스티누스가 지적하듯이, 사람들이 모든 언어로 하나님의 이름을 부르고 있다는 것을 암시하고 있는 것이기 때문이다. 따라서 바울의 의도는 모든 족속이 아무런 차별 없이 한 목소리로 이 사실을 증언하고 있음을 보여주는 것이었다. 이것으로부터 알 수 있는 것은 이제는 유대인과 헬라인 간에 아무런 차이가 없이 이 둘이 하나가 되어 하나님께로 나아가고 있다는 것이다. 이사야는 "가나안 방언"(19:18)이 모든 족속의 언어가 될 것이라고 선언하고 있어서 다르게 말하고 있는 것 같아 보이지만, 의미는 동일하다. 왜냐하면, 그는 외형적으로 언어가 통일될 것에 대해서가 아니라, 모든 족속이 한마음으로 하나님을 섬기며 모두 똑같이 진실한 열심을 가지고서 하나님을 참되고 순전하게 예배하게 될 것에 대해서 예언한 것이기 때문이다. "부르짖다"라는 단어는 사람들이 확신 가운데서 하나님을 부르고 있음을 보여주기 위한 것이다. 이것은 "우리는 뭔가를 의심스러워하며 기도하는 것이 아니라, 두려움 없이 담대하게 소리 높여 하나님을 부른다"고 말한 것과 같다.

율법 아래에서도 믿는 자들은 하나님을 자신의 아버지라 불렀지만, 휘장이 가로막고 있어서 지성소로부터 멀리 떨어져 있었기 때문에 지금과 같은 그런 확신과 담대함을 가지고서 그렇게 할 수는 없었다. 반면에, 지금은 그리스도의 피로 말미암아 지성소로 들어가는 문이 우리에게 열렸기 때문에, 우리는 우리가 하나님의 아들들이라는 것을 대놓고 마음껏 자랑할 수 있게 되었다. 바로 그 결과로 이 "부르짖음"이 나온다. 이렇게 해서 "내 백성 아니었던 자에게 향하여 이르기를 너는 내 백성이라 하리니 그들은 이르기를 주는 내 하나님이시라 하리라"(호 2:23)는 호세아의 예언이 성취되었다. 하나님의 약속이 분명하고 명백한 것일수록, 우리는 더욱 담대한 확신 가운데서 기도할 수 있게 된다.

16. 성령이 친히 우리의 영과 더불어 우리가 하나님의 자녀인 것을 증언하시나니. 바울은 단지 하나님의 영이 우리의 영을 향하여 증언하신다고 말하지 않고, 라틴어로 '콘테스타티오'(contestatio)의 본래의 의미, 즉 "공동증인이 되다"로 번역될 수 있는 복합동사 '쉼마르튀레오'($\sigma\nu\mu\mu\alpha\rho\tau\nu\rho\acute{\epsilon}\omega$)를 사용한다. 즉, 이것은 하나님의 영이 우리의 인도자와 선생으로서 우리에게 증언해 주실 때에 우리의 영이 우리가 하나님의 자녀라는 것을 확신하게 된다는 것이다. 왜냐하면, 우리의 영은 성령의 선행적인 증언 없이 독자적으로는 그러한 확신을 우리에게 줄 수 없기 때문이다. 또한, 이 구절은 앞 절에 대한 설명이기도 하다. 왜냐하면, 성령이 우리에게 우리가 하나님의 자녀라는 것을 증언함과 동시에 우리의 심령에 그런 확신을 부어줄 때, 우리는 담대하게 하나님을 "아버지"라 부르게 되기 때문이다. 우리는 오직 우리 마음의 확신만으로는 입을 열 수 없기 때문에, 만일 성령이 우리의 마음에 우리의 아버지로서의 하나님의 사랑을 증언해 주지 않는다면, 우리의 혀가 아무런 소리도 낼 수 없어서 결국 우리는 기도를 할 수 없게 된다. 따라서 우리는 우리의 입술로 하나님을 부를 때에 우리 마음속에서 하나님이 우리의 아버지시라는 것을 확신하고 있지 않다면 하나님께 제대로 기도하고 있는 것이 아니라는 이 원리를 늘 명심하여야 한다. 또한, 이것과 짝을 이루는 또 하나의 원리는 우리는 하나님을 부르는 것 이외의 방법으로는 우리의 믿음을 증명할 수 없다는 것이다. 따라서 바울이 여기에서 우리에게 이 시금석을 제시해서, 모든 믿는 자들은 은혜의 약속을 믿고서 기도를 통해 그 믿음을 나타내보일 때에만 자신의 믿음이 참되다는 것을 확인할 수 있다는 것을 보여주고 있는 것은 지극히 합당하다.

또한, 이 구절은 도덕적 추측에 관한 궤변론자들의 저 쓰레기 같은 주장들에 대한 훌륭한 반박이 된다. 그들의 그런 주장들은 제대로 알지 못해서 확신을 갖지 못하고 불안해하는 그들의 심령, 아니 망상에 사로잡혀 이리저리 휩쓸리는 그들의 심령을 그대로 반영한 것들에 지나지 않는데, 이 구절은 그들의 그런 반론에 대하여 답을 준다. 왜냐하면, 그들은 "사람이 어떻게 하나님의 뜻을 확실하게 알 수 있는 가?"라고 반문하는데, 실제로 사람이 자신의 힘으로 하나님의 뜻을 확실하게 아는 것은 불가능하지만, 하나님의 영으로 말미암아서는 가능하기 때문이다. 바울은 이 문제를 고린도전서 2:6-16에서 좀 더 자세하게 다루는데, 고린도전서의 이 해당 본 문은 현재의 구절에 대한 상세한 주해이기도 하다. 따라서 자기 자신이 하나님의 아들이라는 참된 확신을 지니고 있지 않은 자는 그 누구도 하나님의 아들이라 불릴 수 없다고 말하는 것은 지극히 옳다. 요한은 이것이 사실이고 확실하다는 것을 보 여주기 위해서 이것을 아는 우리의 지식을 "확실한 지식"(scientia)이라고 부른다(요 일 5:19-20).

17. 자녀이면 또한 상속자 곧 하나님의 상속자요 그리스도와 함께 한 상속자니. 바울은 자신이 앞에서 말한 것과 관련되거나 그것으로부터 도출되는 논증을 통해 서, 하나님이 우리의 아버지시라는 것이 우리의 구원의 토대가 된다는 것을 증명한 다. 즉, 자녀들만이 유업을 상속받을 수 있는데, 하나님은 우리를 자신의 자녀들로 삼으셨기 때문에, 그것은 우리를 상속자로 정하신 것이기도 하다는 것이다. 그런 후에, 바울은 우리가 받게 될 유업이 어떤 종류의 것인지를 보여준다. 즉, 그 유업은 하늘에 속한 것으로서 썩지 않고 영원한 것이고, 이미 그리스도 안에서 나타난 것 이라는 것이다. 하나님께서 이렇게 우리가 받을 유업을 그리스도 안에서 나타내심 으로써 모든 불확실성이 제거되었고, 우리가 하나님의 독생자와 함께 받게 될 이 유 업이 얼마나 엄청난 것인지가 드러났다. 앞으로 더 분명하게 드러나겠지만, 바울이 이런 말을 하는 목적은 우리에게 약속된 이 유업이 얼마나 엄청난 것인지를 상찬함 으로써 우리로 하여금 그 유업에 만족하고서 세상의 유혹들을 담대하게 멸시하고 이 세상에서 우리에게 닥치는 그 어떤 환난도 다 인내로써 감당하도록 하기 위한 것 이다.

우리가 그와 함께 영광을 받기 위하여 고난도 함께 받아야 할 것이니라. 이 구절 은 여러 가지로 해석되고 있지만, 나는 다음과 같은 해석이 가장 낫다고 본다: "우리 가 우리에게 약속된 유업이 무엇인지를 알고서 그리스도께서 먼저 가신 것과 동일 한 길을 뒤따라가기만 한다면, 우리는 그리스도와 함께 한 상속자이다." 따라서 바 울이 이렇게 그리스도를 언급하는 의도는 이런 과정을 거쳐서 다음과 같은 권면으 로 넘어가기 위한 것이다: "하나님의 유업이 우리의 것인 이유는 우리가 하나님의 은혜로 말미암아 하나님의 자녀들이 되었기 때문이고, 하나님께서는 우리가 그 유업을 의심하지 않도록 하시기 위하여 우리와 함께 상속자가 되신 그리스도께 이미 그 유업을 수여하셨다. 그러나 그리스도께서는 십자가를 통해서 그 유업을 얻으신 것이기 때문에, 우리도 동일한 방식으로 그 유업을 받아야 한다." 하지만 우리는 바울이 이렇게 우리의 수고가 우리의 영원한 영광의 원인이라고 말하고 있는 것으로 생각해서, 어떤 이들처럼 두려워할 필요는 없다. 왜냐하면, 이런 식으로 말하는 방식은 성경에서 흔한 일이기 때문이다. 그러므로 바울은 우리가 영광을 얻는 것이 우리의 행위로 말미암는 공로가 아니라 전적으로 하나님이 값없이 베풀어주시는 긍휼하심으로 말미암아 되는 것임을 이미 충분히 변증하였기 때문에, 여기에서 우리의 영광의 원인을 말하는 것이라기보다는 하나님께서 우리에게 구원을 베푸실 때에 따르는 질서(ordo)를 말하고 있는 것이다. 따라서 그가 우리에게 참고 인내하라고 권면할 때에 우리의 구원이 어디로부터 나오는지가 아니라, 하나님이 자기 백성을 어떤 방식으로 다스리시는지를 논하고 있는 것이다.

18. 생각하건대 현재의 고난은 장차 우리에게 나타날 영광과 비교할 수 없도다. 이 구절을 앞에서 말한 것에 대한 일종의 수정으로 보는 것도 부적절한 것은 아니지만, 나는 바울이 미리 반론을 예상하고서 다음과 같은 취지로 앞서의 권면을 더욱 강화하고 있는 것이라고 본다: "우리가 여러 환난들을 거쳐서 하늘의 영광으로 나아가야 한다고 해도, 그러한 환난들은 장차 우리에게 나타날 큰 영광에 비하면 아무것도 아니기 때문에, 우리는 별로 걱정할 것이 없다." 바울은 장차 우리에게 나타날 영광을 영원한 것이라 말하는 반면에, 세상에서 우리가 받는 고난은 신속하게 지나갈 것이라고 말한다.

　　이것으로부터 우리는 가톨릭 신학자들이 이 구절을 근거로 해서 하나님의 은혜를 힘입어서 선행을 하는 경우에 하나님으로부터 절대적으로 상을 받게 되는 보상적 공로(meritum de condigno)와, 일반적인 자연법을 따라 상대적으로 선한 것으로 인정되어 상을 받게 되는 재량 공로(meritum de congruo)를 구별하는 것이 얼마나 큰 착각이고 허무맹랑한 것인지를 알게 된다. 왜냐하면, 사도는 여기에서 현재의 고난과 장래의 영광의 가치를 비교하고 있는 것이 아니라, 단지 믿는 자들의 인내가 결코 헛되지 않을 것임을 확증해 주기 위해서 장차 그들에게 주어질 영광이 현재의 고난과 비교할 수 없을 정도로 크다고 말함으로써 십자가의 고난의 무게를 덜어주고자 하는 것이기 때문이다.

[19]피조물이 고대하는 바는 하나님의 아들들이 나타나는 것이니 [20]피조물이 허무한 데 굴복하는 것은 자기 뜻이 아니요 오직 굴복하게 하시는 이로 말미암음이라 [21]그 바라는 것은 피조물도 썩어짐의 종 노릇 한 데서 해방되어 하나님의 자녀들의 영광의 자유에 이르는 것이니라 [22]피조물이 다 이제까지 함께 탄식하며 함께 고통을 겪고 있는 것을 우리가 아느니라(8:19-22).

19. 피조물이 고대하는 바는 하나님의 아들들이 나타나는 것이니. 바울은 자신이 앞에서 우리에게 권면한 인내의 모범을 말 못하는 피조물 속에서조차도 찾아볼 수 있다고 가르친다. 이 구절에 대한 다양한 해석은 접어두고, 나는 이 구절이 다음과 같은 의미를 지니는 것으로 본다: "세상의 모든 것이 단 하나도 빠짐없이 현재의 세상이 너무나 비참하다는 것을 알기 때문에 만물이 새롭게 되기를 간절히 소망하고 있다." 바울은 여기에서 두 가지를 제시한다. 즉, 모든 피조물이 고통하고 괴로워하고 있지만, 소망으로 인해서 지탱되고 있다는 것이다. 이것으로부터 우리는 모든 만물이 다 간절히 바라고 소망할 정도로 영원한 영광의 가치는 엄청난 것임을 알게 된다.

또한, "고대하다"라는 표현은 비교적 드물게 사용되는 것이기는 하지만, 여기에 사용된 것은 아주 적절하다. 왜냐하면, 바울은 이 단어를 통해서 모든 피조물이 큰 괴로움 속에서 짓눌리는 가운데서도 간절한 열망을 가지고서 하나님의 아들들의 영광이 밝히 나타날 그 날을 고대하고 있다는 것을 말하고자 했기 때문이다. 요한이 "우리가 지금은 하나님의 자녀라 장래에 어떻게 될지는 아직 나타나지 아니하였으나 그가 나타나시면 우리가 그와 같을 줄을 아는 것은 그의 참모습 그대로 볼 것이기 때문이니"(요일 3:2)라고 말한 것처럼, 바울은 우리가 하나님과 같게 될 때를 "하나님의 아들들이 나타나는 것"이라고 표현한다. 그러나 나는 이 구절을 바울이 사용하고 있는 표현을 그대로 유지하여 번역하였다. "하나님의 아들들이 나타날 때까지"로 되어 있는 에라스무스의 역본은 본문에서 벗어난 정도가 지나쳐서, 사도의 의도를 충분히 표현해내지 못하고 있다. 왜냐하면, 바울은 하나님의 아들들이 마지막 날에 나타날 것이라는 사실을 말하고자 하는 것이 아니라, 그들이 썩어질 것을 벗어 버리고 하늘의 영광을 입게 될 때에 그들의 처지와 형편이 얼마나 복되고 바람직한 것인지가 여실히 드러나게 될 것임을 말하고자 하는 것이기 때문이다. 바울이 이성 없는 피조물이 지니고 있는 소망을 언급하는 이유는 믿는 자들로 하여금 그들의 눈을 열고서 아직은 초라한 모습 속에 감춰져 있는 저 보이지 않는 생명을 보게 하기 위한 것이다.

20. 피조물이 허무한 데 굴복하는 것은. 바울은 앞에서 말한 소망과 정반대되는 피조물의 현재의 상태를 언급함으로써 피조물이 왜 그토록 간절히 고대하는지를 보여준다. 즉, 피조물들은 지금 썩어짐(corruptio)에 굴복해 있는데, 하나님의 아들들이 온전히 회복될 때까지는 자신들도 새로워질 수 없기 때문이라는 것이다. 따라서 피조물들이 장차 자신들이 새로워지게 되는 날을 고대한다는 것은 하나님의 나라가 나타나기를 고대한다는 것이 된다. 바울이 "피조물이 허무한 데 굴복해" 있다고 말하는 것은 피조물들이 견고하고 탄탄하지 못하기 때문이 아니라 늘 변하고 덧없이 신속하게 사라지기 때문이다. 그는 허무함과 온전함을 대비시키고 있음이 분명하다.

자기 뜻이 아니요. 피조물들에게는 이성 또는 지각(sensus)이라는 것이 존재하지 않기 때문에, 우리는 여기에 나오는 "뜻"을 각각의 피조물로 하여금 자신에게 주어진 본성을 따라 자신을 온전하게 보존하게 하는 본성적인 성향(inclinatio)을 가리키는 것으로 보아야 한다. 그런데 "썩어짐"에 굴복되어 있는 것들은 무엇이나 다 강압적인 폭력(vis)을 계속해서 경험하기 때문에 그 본성은 못마땅해하고 반발하게 된다. 바울은 우리가 불확실하게 요동하는 이 세상을 뻔히 보면서도 우리의 마음을 들어 더 높은 곳을 바라보지 않는 우리의 어리석음을 한층 더 부끄러워하도록 하기 위하여, 여기에서 일종의 의인법을 사용하여 세상의 모든 만물이 마치 이성과 지각을 지니고 있는 것처럼 소개한다.

오직 굴복하게 하시는 이로 말미암음이라. 바울은 모든 피조물이 보여주는 순종의 모범을 우리 앞에 제시하고, 아울러 그 순종이 소망으로부터 생겨나는 것임을 보여준다. 왜냐하면, 해와 달과 모든 별들이 늘 변함없이 민첩하게 자신의 궤도를 도는 것도 소망으로 인한 것이고, 땅이 하나님께 순종하여 부지런히 애써서 열매를 내는 것도 소망으로 인한 것이며, 공기가 지치지도 않고 끊임없이 순환하는 것도 소망으로 인한 것이고, 물이 자발적으로 계속해서 흐르는 것도 소망으로 인한 것이기 때문이다. 하나님께서는 모든 피조물에 각각의 소임과 책임을 맡기시고 엄격한 명령을 내려 하나님 자신이 원하시는 것을 행하도록 명하셨을 뿐만 아니라, 아울러 모든 피조물의 내면에는 장차 새로워질 날을 고대하는 소망을 심어 놓으셨다. 왜냐하면, 아담의 타락으로 인하여 모든 것이 고장나 버린 상태에서, 만일 어떤 감춰진 힘이 세상을 지탱하지 않았다면, 세상의 모든 질서는 그 즉시 엉망진창이 되어 버렸을 것이고 그 모든 부분들은 다 제자리에서 이탈해 버렸을 것이기 때문이다. 그러므로 성령의 보증이 주어진 하나님의 아들들이, 감춰진 본능을 따라 행하는 생명 없는 피조물들만큼도 하나님께 순종하지 않는다면, 그것은 너무나 부끄럽고 창피한 일일 것이다. 피조물들은 본성적으로는 아무리 다른 길로 가고자 하는 것에 끌린다고 할지라도, 그들을 허무함에 굴복하게 하신 것이 하나님의 기쁘신 뜻임을 생각해서 하나님의 명령에 순종할 뿐만 아니라, 하나님께서 그들에게 더 좋은 날에 대한 소망을 주셨기 때문에, 그들에게 약속된 썩지 않음이 나타날 때까지 그들이 원하는 것의 성취를 미루고 묵묵히 자신의 소임과 책임을 다해나간다. 바울은 앞에서 일종의 의인화를 통해서 피조물들이 마치 원하기도 하고 원하지 않기도 하는 것처럼 묘사한 것과 마찬가지로, 여기에서도 피조물들이 소망을 지니고 있는 것으로 묘사한다.

21. 그 바라는 것은 피조물도 썩어짐의 종 노릇 한 데서 해방되어 하나님의 자녀들의 영광의 자유에 이르는 것이니라. 바울은 피조물들이 허무함에 굴복하고 있는 것은 그들에게 소망이 있기 때문임을 보여준다. 즉, 옛적에 이사야가 증언하였고 베드로가 한층 더 분명하게 확증하고 있듯이, 언젠가는 모든 피조물이 해방되는 때가 온다는 것이다. 이것으로부터 우리는 하늘과 땅의 모든 피조물이 우리의 죄로 인하여 벌을 받으며 고초를 겪고 있는 것을 보고서, 우리가 받아 마땅한 저주가 얼마나 끔찍한 것인지를 깊이 통감하는 것이 마땅하다. 왜냐하면, 피조물들이 썩어짐에 굴복하여 종 노릇 하고 있는 것은 그들 자신의 잘못으로 인한 것이 아니기 때문이다. 이렇게 인류에 대한 정죄는 하늘과 땅, 그리고 모든 피조물에 각인되어 있다. 이것으로부터 우리는 하나님의 아들들이 장차 받게 될 영광이 얼마나 지극히 큰 것인지, 그리고 장차 모든 피조물들도 새로워져서 하나님의 아들들의 영광이 지극히 큼을 한층 더 밝히 드러내고 그 광채를 더해 주게 될 것임을 분명하게 알게 된다.

하지만 바울이 말하고자 하는 것은 모든 피조물이 하나님의 아들들과 동일한 영광에 참여하게 되리라는 것이 아니라, 하나님께서 인류와 마찬가지로 현재의 타락한 세상도 온전한 상태로 회복시키실 것이기 때문에, 피조물들도 각각 자신의 본성을 따라 더 나은 상태로 변화되리라는 것이다. 식물이나 금속, 또는 짐승들이 온전하게 된다는 것이 무엇일지에 대하여 지나친 호기심을 가지고 탐구하고자 하는 것은 우리에게 합당하지도 않고 옳지도 않다. 왜냐하면, 썩어짐의 주된 결과는 소멸이기 때문이다. 일부 별로 건전하지 않은 호기심 많은 사람들은 온갖 종류의 동물들이 영원히 살게 될 것인가 아닌가를 묻는다. 우리가 그러한 사변적인 질문들을 자유롭게 다 허용한다면, 그들은 과연 우리를 최종적으로 어디로 이끌어가겠는가? 그러므로 우리는 모든 피조물이 온전하게 되는 그 날에는 피조물들의 체질이나 질서가 온전해져서 그 가운데서 어그러진 것이나 쇠하는 것을 찾아볼 수 없게 될 것이라는 이 간단한 가르침으로 만족하여야 한다.

22. 피조물이 다 이제까지 함께 탄식하며 함께 고통을 겪고 있는 것을 우리가 아느니라. 바울은 지금까지 말한 것과 동일한 것을 우리와 관련하여 다시 한 번 되풀이해서 언급하면서, 이것을 일종의 결론부로 삼는다. 즉, 피조물들은 자신들의 본성적인 욕구로 말미암아서가 아니라 하나님의 정하심에 따라서 썩어짐에 굴복해 있지만, 장차 썩어짐으로부터 해방될 것이라는 소망도 아울러 지니고 있는 까닭에, 자신들이 건짐을 받게 될 때까지는 마치 산고를 겪는 여인처럼 고통 중에서 신음하고 탄식하고 있다는 것이다. 바울이 말하는 "탄식"과 "고통"은 아무런 결과도 낳지 못하고 헛되이 끝나 버리는 것이 아니라, 결국에는 기쁘고 복된 열매를 낳게 될 것이라는 점에서, 이 비유는 아주 적절하다. 이 구절의 요지는 피조물들은 그들의 현재의 상태에 만족하고 있는 것은 아니지만, 아무런 소망이나 대책도 없이 그렇게 고통 받으며 시들어가고 있는 것이 아니라, 소망하는 것을 낳기 위하여 산고를 겪고 있는 중이라는 것이다. 왜냐하면, 더 나은 상태로의 회복이 그들을 기다리고 있기 때문이다. 피조물들이 "함께 탄식한다"고 하는 것은 그들이 서로 연합하여 공통의 고통을 함께 나누고 있다는 것이 아니라, 그들도 우리처럼 탄식하고 있다는 것이다. 불변화사 "이제까지"는 우리가 매일 살아가는 고단하고 힘든 삶의 무게를 경감시켜 주는 역할을 한다. 왜냐하면, 이것은 피조물들은 그토록 오랜 세월을 탄식하며 고통을 겪어 왔는데, 만일 우리가 덧없는 인생의 짧은 여정을 힘들어하고 견딜 수 없어 한다면, 우리의 안일함이나 나태함은 변명의 여지가 없다고 말하는 것이기 때문이다.

[23]그뿐 아니라 또한 우리 곧 성령의 처음 익은 열매를 받은 우리까지도 속으로 탄식하여 양자 될 것 곧 우리 몸의 속량을 기다리느니라 [24]우리가 소망으로 구원을 얻었으매 보이는 소망이 소망이 아니니 보는 것을 누가 바라리요 [25]만일 우리가 보지 못하는 것을 바라면 참음으로 기다릴지니라(8:23-25).

23. 그뿐 아니라 또한 우리. 어떤 이들은 사도가 여기에서 피조세계의 이성 없는 존재들만이 아니라 하나님의 영으로 거듭난 우리까지도 우리의 복된 미래를 열렬히 고대하고 있다는 것을 증거로 제시하면서 우리의 복된 미래가 대단히 영광될 것임을 부각시키고자 하는 것이라고 생각한다. 그러한 견해도 일리가 있기는 하지만, 나는 바울이 여기에서 큰 것과 작은 것을 대비시키고 있는 것이라고 본다. 즉, 그는 이렇게 말한 것과 같다: "우리의 미래의 영광의 지극히 큼은 이성과 지각이 없는 피조물들에게조차도 너무나 중요한 것이기 때문에, 그것들은 그 날이 오기를 열렬히 소원하고 바라고 있다. 하물며 하나님의 영으로 말미암아 빛을 받은 우리가 견고한 소망과 타오르는 열심으로 그러한 지극히 큰 복에 이르기를 열렬히 고대하고 애쓰는 것은 너무나 당연한 일이 아니겠는가." 바울은 믿는 자들 속에 두 가지 감정(affectus)이 동시에 공존해야 한다고 말한다. 즉, 그들은 한편으로는 그들 자신의 현재의 비참함을 깨닫고 고통하며 신음하여야 하고, 다른 한편으로는 그럼에도 불구하고 그들이 건짐 받게 될 날을 인내로써 참고 기다려야 한다는 것이다. 왜냐하면, 바울은 그들 속에 그들의 복된 미래에 대한 기대감을 불러일으켜서, 그들로 하여금 마음을 들어올려 그들의 현재의 모습이 아니라 장래의 모습을 바라보고서 그들의 현재의 온갖 비참한 것들을 이기게 하고자 하는 것이기 때문이다.

곧 성령의 처음 익은 열매를 받은 우리까지도 속으로 탄식하여. 어떤 이들은 "처음 익은 열매"를 보기 드물게 탁월한 것을 의미하는 것으로 해석하지만, 나는 그러한 해석에 결코 동의할 수 없다. 나는 모호함을 피하기 위해서 "만물"이라고 옮겼다. 왜냐하면, 나는 앞에서 언급한 자들과는 달리 이 단어가 사도들에게만이 아니라 이 세상에서 성령을 단지 몇 방울이라도 뿌림 받은 자들이나 차고 넘치게 받은 자들이나 상관없이 모든 믿는 자들에게 적용된다고 보기 때문이다. 많은 분량의 성령을 받은 자들일지라도 여전히 온전함과는 거리가 멀다. 그러므로 사도가 보기에, 이것들은 장차 온전히 거두어들이는 것과 대비되는 만물들 또는 첫 열매들이다. 우리는 성령을 충만히 받은 것이 아니기 때문에, 우리가 혼란해하는 것은 이상한 일이 아니다. 바울은 "우리"를 다시 한 번 반복하고 "속으로"를 덧붙여서 이 구절을 더욱 강조함으로써, 우리의 소원이 얼마나 간절한지를 나타내고자 한다. 또한, 그는 이것을 단지 소원이라고 하는 것이 아니라 신음하고 탄식하는 것이라고 부른다. 왜냐하면, 자신의 비참한 상태에 대한 자각이 있는 곳에서는 신음하고 탄식하는 것이 있을 수밖에 없기 때문이다.

양자 될 것 곧 우리 몸의 속량을 기다리느니라. 바울이 여기에서 우리가 양자가 되어서 마침내 실제로 유업을 누리게 되는 것을 표현하는 데에 "양자 될 것"이라는 단어를 사용한 것은 사실 부적절하기는 하지만 그럴 만한 충분한 이유가 있었다. 왜냐하면, 바울은 하나님의 영원하신 작정하심을 따라 우리가 창세 전에 그의 아들들로 택정함을 입고, 하나님께서 그런 사실을 복음을 통해서 우리에게 증거하시고, 거기에 대한 확신을 자신의 영으로써 우리의 마음에 인치신 것은 하나님이 약속하신 부활을 통해서 그 작정하심을 완성하시는 것이 확실한 것이 아니라면 공허한 것이 되어 버리고 말 것임을 이 단어로 나타내고자 한 것이기 때문이다. 만일 우리가 이 땅에서의 순례길을 마치고서 하나님이 준비해 놓으신 하늘의 유업을 받지 못한다면, 하나님이 우리의 아버지라는 것이 도대체 무슨 소용이 있겠는가? 바울이 곧이어서 "몸의 속량"이라는 어구를 덧붙인 것도 동일한 취지이다. 왜냐하면, 그리스도께서 우리를 속량하시기 위하여 속전을 치르셨다고 해도, 우리는 여전히 사망의 사슬에 묶여서 우리 속에 사망을 지니고 살아가고 있는 까닭에, 만일 이 속량하심의 열매가 우리가 하늘에서 새롭게 되는 것으로 나타나지 않는다면, 그리스도의 죽음의 희생제사는 헛되고 열매 없는 것이 되고 말 것이기 때문이다.

24. 우리가 소망으로 구원을 얻었으매 보이는 소망이 소망이 아니니 보는 것을 누가 바라리요. 바울은 우리의 구원이 모종의 죽음과 분리될 수 없다는 또다른 논증을 통해서 자신의 권면을 강화시킨다. 즉, 그는 소망의 성격을 근거로 해서 그것을 증명한다. 소망은 우리가 아직 얻지 못한 것들에 대한 것이고, 우리에게서 멀리 있고 감춰져 있는 것들을 우리의 심령에 제시하는 것이기 때문에, 눈에 뻔히 보이거나 실제로 소유하고 있는 것들은 소망의 대상이 될 수 없다. 바울은 우리가 이 세상에 사는 동안에 우리의 구원은 소망으로 존재한다는 것을 부인할 수 없는 당연한 사실로 전제한다. 이것으로부터 알 수 있는 것은 우리의 구원은 하나님 안에 있어서 우리의 눈으로 결코 볼 수 없다는 것이다. 바울은 "보이는" 것은 소망이 아니라고 거친 표현을 썼지만, 그 의미는 모호하지 않다. 왜냐하면, 그는 단지 소망은 현재의 복이 아니라 장래의 복에 대한 것인 까닭에 우리에게 지금 있는 것과는 아무런 연관이 없다는 것을 가르치고자 하는 것이기 때문이다. 만일 이 땅에서 신음하는 것을 짐스럽고 거추장스러운 것으로 여기는 자들이 있다면, 그들은 하나님께서 자기 백성들을 인내의 싸움 속에서 단련시키시기 전에는 그들에게 승리의 기쁨을 주시고자 하지 않으신다는 하나님 자신이 정해 놓으신 질서를 머지않아 뒤집어엎으

려고 할 수밖에 없게 될 것이다. 하나님께서는 우리의 구원을 그의 품 속에 은밀하게 감춰두시기를 기뻐하시기 때문에, 우리는 이 땅에서 수고하고 억눌리며 애통해하고 환난을 받으며 거의 또는 완전히 죽은 자처럼 엎드려져 살아가는 것이 마땅하다. 왜냐하면, 하나님께서는 "소망"을 구원의 수호자로 세워놓으신 까닭에, 소망을 거부하고 눈에 보이는 구원을 구하는 자들은 구원을 마다하는 것이 되기 때문이다.

25. 만일 우리가 보지 못하는 것을 바라면 참음으로 기다릴지니라. 이것은 전제절에서 귀결절을 도출해 내는 논증이다. 왜냐하면, 소망은 반드시 인내를 수반할 수밖에 없기 때문이다. 우리가 바라는 것이 주어지지 않아서 힘들 때에 인내로써 견디고 스스로를 위로하지 않는다면, 우리는 절망으로 말미암아 쓰러질 수밖에 없게 된다. 그러므로 소망은 언제나 인내를 필요로 한다. 따라서 바울이 부활의 영광에 대하여 복음이 약속하고 있는 모든 것은, 만일 우리가 인내로써 십자가와 환난들을 참고 감당하면서 현세의 삶을 지내지 않는다면, 우리에게서 다 사라져버리고 말 것이라고 끝맺고 있는 것은 지극히 적절한 결론이다. 왜냐하면, 우리의 생명이 눈에 보이지 않는 것이라면, 우리는 지금 사망을 짊어지고 있는 것이 틀림없고, 우리의 영광이 눈에 보이지 않는 것이라면, 우리의 현재의 상태는 수치와 욕을 당하는 삶일 수밖에 없다. 따라서 이 구절 전체를 몇 마디로 요약하자면, 바울의 논증을 다음과 같이 정리할 수 있을 것이다: "모든 경건한 자들에게 구원은 소망으로 존재한다. 그리고 소망의 특성은 장래에 있고 현재에는 없는 은택들을 바라는 것이다. 그러므로 믿는 자들의 구원은 감춰져 있다. 그리고 소망은 오직 인내에 의해서만 지탱된다. 따라서 믿는 자들의 구원은 오직 인내를 통해서만 완성된다."

이 구절은 인내가 믿음과 떼려야 뗄 수 없는 동반자라는 것을 보여준다는 점에서 주목할 만하다. 그 이유는 분명하다. 왜냐하면, 우리가 장래의 더 나은 상태에 대한 소망으로 우리 자신을 위로할 때, 우리의 현재의 비참한 것들에 대해 느끼는 지각이 완화되고 경감되어서, 우리는 그러한 것들을 좀 더 수월하게 감당해 나갈 수 있기 때문이다.

²⁶이와 같이 성령도 우리의 연약함을 도우시나니 우리는 마땅히 기도할 바를 알지 못하나 오직 성령이 말할 수 없는 탄식으로 우리를 위하여 친히 간구하시느니라 ²⁷ 마음을 살피시는 이가 성령의 생각을 아시나니 이는 성령이 하나님의 뜻대로 성도를 위하여 간구하심이니라(8:26-27).

26. 이와 같이 성령도 우리의 연약함을 도우시나니. 바울은 믿는 자들이 자신들은 너무나 연약해서 그토록 무거운 수많은 짐들을 감당할 수 없다는 반론을 제기하지 못하도록 하기 위하여, 모든 어려움들을 넉넉히 이겨나갈 수 있게 해주는 성령의 도우심을 그들 앞에 제시한다. 하늘의 능력이 우리를 붙잡아 주기 때문에, 그 누구도 자신의 힘으로는 도저히 십자가를 질 수 없다고 하소연할 이유가 없다. 헬라어 '쉰안티람바네타이'($\sigma\upsilon\nu\alpha\nu\tau\iota\lambda\alpha\mu\beta\acute{\alpha}\nu\epsilon\tau\alpha\iota$, "도우시나니")는 강력한 의미를 지닌다. 이 단어는 우리가 우리의 연약함으로 인해 무거운 짐에 눌릴 때에 성령께서는 우리가 진 짐 아래로 들어오셔서 우리와 함께 짐을 져주심으로써 우리를 도우시고 구조해 주실 뿐만 아니라 우리를 들어올려 주신다는 것을 의미한다. "연약함"이라는 단어는 복수형으로 되어 있어서 모든 면에서 철저히 연약하다는 것을 표현해 주고 있다. 즉, 경험이 보여주듯이, 만일 하나님의 손이 우리를 받쳐 주시지 않는다면, 우리는 그 즉시 무수한 악들에게 압도되어 버리는 까닭에, 바울은 우리가 모든 면에서 연약하고 온갖 연약함들이 우리를 무너뜨리려고 위협할지라도, 하나님의 영은 그런 우리가 무너지지 않고 무수한 악들에 의해 압도당하지 않게 해주시기에 충분할 정도로 우리를 보호해 주신다는 것을 일깨워 주는 것이다. 아울러, 성령이 이렇게 우리에게 힘을 공급해 주신다는 사실은 우리가 신음하고 탄식하며 우리의 속량을 향하여 힘써 나아가는 것이 하나님께서 정하신 것임을 우리에게 더욱 분명하게 증명해 준다.

우리는 마땅히 기도할 바를 알지 못하나. 바울은 앞에서 우리는 성령의 "증언"으로 말미암아 하나님이 우리의 아버지시라는 것을 알고, 거기에 의지해서 담대하게 하나님을 "아빠 아버지"라 부르는 것이라고 말한 바 있는데, 이제 여기에서는 두 번째 부분인 하나님의 이름을 부르는 것에 대하여 다시 한 번 언급하면서, 그 동일한 성령께서는 우리에게 어떻게 기도해야 하고, 기도 가운데서 무엇을 구해야 하는지를 가르쳐 준다고 말한다. 바울이 기도와 믿는 자들의 간절한 소원을 서로 연결시킨 것은 적절하다. 왜냐하면, 하나님께서 그들로 하여금 환난들을 겪게 하시는 것은 그들이 내적으로 슬픔을 곱씹으며 살아가도록 하시기 위한 것이 아니라, 기도를 통해서 그 슬픔을 덜어내도록 함과 아울러 그런 식으로 그들의 믿음을 연단시키시기 위한 것이기 때문이다.

나는 이 구절이 여러 가지로 다양하게 해석되고 있다는 것을 알지만, 내가 보기에, 바울은 단지 우리가 하나님께 어떻게 기도해야 하는지에 대하여 깜깜하게 모르는 상태에 있다는 것을 이 구절을 통해서 나타내고자 한 것으로 보인다. 왜냐하면, 우리는 우리의 악들을 느끼기는 하지만, 우리의 지성은 상당 부분 혼란스럽고 뒤죽박죽이어서 어떻게 기도하는 것이 올바르고 합당한 것인지를 제대로 분별할 수 없기 때문이다. 우리가 어떻게 기도해야 하는지에 대한 것은 하나님의 말씀 속에 이미 정해져 있는 것이 아니냐고 누가 반론을 제기한다면, 나의 대답은 그 말이 맞기는 하지만, 그럼에도 불구하고 우리의 지성과 감성은 성령의 빛으로 조명을 받을 때까지는 계속해서 어둠으로 덮여 있다는 것이다.

오직 성령이 말할 수 없는 탄식으로 우리를 위하여 친히 간구하시느니라. 바울은 실제적으로는 우리의 기도를 하나님이 들으신 것 같지 않아 보일지라도, 우리가 기도하고자 하는 것 자체가 이미 하늘의 은혜가 우리에게 비치고 있다는 증거라고 결론을 내린다. 왜냐하면, 그 누구도 자신의 힘으로 경건하고 뜨거운 기도의 열망을 생겨나게 할 수 없기 때문이다. 실제적인 믿음이 없는 자들은 청산유수처럼 기도를 한다고 할지라도, 그런 기도 속에는 진실함이나 신실함, 또는 제대로 된 것이 하나도 없기 때문에, 그것은 단지 하나님을 희롱하는 것일 뿐이다. 그러므로 우리가 어떻게 기도해야 할지는 성령께서 정해 주셔야 한다. 바울은 성령의 감동을 따라 나오는 우리의 탄식을 말로 표현할 수 없는 것이라고 한다. 왜냐하면, 그 탄식은 우리의 지성의 능력을 훨씬 뛰어넘는 것이기 때문이다. 바울이 성령께서 "우리를 위하여 친히 간구하신다"고 말하는 이유는 성령이 스스로 낮아져서 실제로 간구자가 되어 우리를 위해 기도하거나 탄식하기 때문이 아니라, 먼저 우리의 마음속에서 역사하여 우리가 하나님께 드려야 마땅한 기도를 생각나게 해주고, 다음으로 우리의 마음을 감동하여 뜨겁게 함으로써 우리의 기도와 소원이 하늘에 상달되게 하기 때문이다. 바울이 이런 식으로 말하는 것은 우리가 드리는 기도 전체가 다 성령의 은혜로 인한 것임을 한층 더 무게 있게 우리에게 전달하기 위한 것이다. 하나님께서는 우리에게 "두드리라"고 명하시지만, 만일 하나님이 먼저 자신의 영의 비밀한 감동을 통해 우리의 마음 문을 두드리셔서 그를 향하여 우리의 마음을 열어 주시지 않으신다면, 그 누구도 무엇을 기도해야 할지를 자신의 힘으로는 단 한 마디도 생각해낼 수 없다.

27. 마음을 살피시는 이가 성령의 생각을 아시나니 이는 성령이 하나님의 뜻대로 성도를 위하여 간구하심이니라. 우리가 성령을 힘입어서 기도할 때에 하나님이 들으신다는 것은 우리의 확신을 강화시켜 주는 아주 중요한 이유가 된다. 왜냐하면,

하나님께서는 자신의 영의 생각을 속속들이 다 아실 것인 까닭에, 우리의 소원도 너무나 잘 아실 것이기 때문이다. 우리는 여기에서 "아시나니"라는 단어가 사용된 것이 아주 적절하다는 것을 주목하여야 한다. 왜냐하면, 이 단어는 하나님께서 성령의 생각들을 당돌하고 무례한 것으로 여기시거나 불합리한 것으로 보시고서 거절하시는 것이 아니라, 그 생각들을 알아차리실 뿐만 아니라 자신이 익히 알고 계시는 것으로서 기꺼이 받아들이신다는 것을 암시하기 때문이다. 따라서 바울은 앞에서 하나님께서는 우리로 하여금 우리 자신의 힘으로 나아오게 하시는 것이 아니라 직접 우리를 도우셔서 우리를 자신의 품으로 이끄시는 것이라고 증언한 것과 마찬가지로, 이제 여기에서는 우리의 기도는 하나님이 친히 이끄시고 조율하시기 때문에 결코 응답받지 못하는 일이 생길 수 없다고 우리에게 위로가 되는 또 하나의 사실을 덧붙인다. 또한, 바울은 우리의 기도와 관련해서 하나님이 그렇게 하시는 이유를 곧바로 덧붙이고 있는데, 그것은 우리를 하나님의 뜻에 합하게 하시기 위함이라는 것이다. 이것으로부터 알 수 있는 것은 하나님이 만물을 다스리실 때에 기준이 되는 하나님의 뜻에 합한 일들은 결코 헛된 것이 될 수 없다는 것이다. 또한, 이것으로부터 우리는 기도에서 무엇보다도 가장 중요한 것은 하나님의 뜻에 합하는 것이고, 하나님은 우리가 원하는 것들에 결코 얽매이는 분이 아니시라는 것을 알게 된다. 따라서 하나님께서 받으시는 기도를 드리고자 한다면, 우리는 하나님이 자신의 뜻대로 우리의 기도를 이끌어 주시라고 구하지 않으면 안 된다.

[28]우리가 알거니와 하나님을 사랑하는 자 곧 그의 뜻대로 부르심을 입은 자들에게는 모든 것이 합력하여 선을 이루느니라 [29]하나님이 미리 아신 자들을 또한 그 아들의 형상을 본받게 하기 위하여 미리 정하셨으니 이는 그로 많은 형제 중에서 맏아들이 되게 하려 하심이니라 [30]또 미리 정하신 그들을 또한 부르시고 부르신 그들을 또한 의롭다 하시고 의롭다 하신 그들을 또한 영화롭게 하셨느니라(8:28-30).

28. 우리가 알거니와 하나님을 사랑하는 자들에게는 … 모든 것이 합력하여 선을 이루느니라. 바울은 자신이 지금까지 말한 것들로부터 현세의 환난들은 우리의 구원을 방해하기는커녕 도리어 도와주는 것이라는 결론을 이끌어 낸다. 추론의 불변화사 '데'($\delta\epsilon$)의 사용이 이런 식의 해석에 장애가 될 수는 없다. 왜냐하면, 바울이 이런 식으로 부사들을 두루뭉실하게 사용하는 것은 새삼스러운 일이 아니고, 바울은

이러한 결론에 대하여 육신의 판단을 따르는 자들이 우리의 환난들은 늘 동일한 방식으로 지속되는 것으로 보아서 하나님은 결코 우리의 기도를 들으시는 것 같지 않다고 반론하리라는 것을 이미 예상한 가운데 그런 결론을 이끌어 내고 있는 것이기 때문이다. 그런 이유로, 사도는 그런 반론을 예상하고서, 하나님께서는 자신의 기이하신 솜씨를 발휘하셔서 자기 백성에게 좋지 않은 일들로 보이는 것들을 그들의 구원을 촉진시키는 데에 사용하시는 까닭에, 그들을 환난으로부터 즉시 구해내지 않으신다고 해서, 그것이 그들을 버리신 것은 아니라고 말한다. 어떤 사람이 이 절을 독립된 것으로 보고서, 바울이 우리가 겪는 환난들은 우리의 구원을 돕는 것이기 때문에 힘들어하거나 슬퍼할 일이 아니라는 것을 보이기 위해서 여기에서 새로운 논증을 도입하고 있다고 해석한다면, 나는 그런 해석에 반대할 생각이 없다. 이 구절을 통해서 바울이 무엇을 말하고자 하는지는 분명하다: "택함 받은 자들과 멸망 받을 자들이 비슷한 환난이나 고난들을 겪는다고 할지라도, 그 의미는 판이하게 다르다. 왜냐하면, 믿는 자들의 경우에는 하나님께서 그들의 구원을 촉진시키기 위하여 환난으로 그들을 가르치시고 연단시키시는 것이기 때문이다."

그러나 우리가 기억해야 할 것은 바울은 여기에서 단지 환난이나 역경에 대해서만 말하고 있다는 것이다. 즉, 그는 "성도들에게 일어나는 모든 일은 전적으로 하나님이 주관하시기 때문에, 세상 사람들이 좋지 않은 일로 여기는 것들이 성도들에게는 결국 유익이 된다는 것이 드러난다"고 말한 것과 같다. 아우구스티누스가 성도들의 경우에는 죄조차도 하나님의 섭리에 의해 조율되어서 그들에게 해악을 끼치기는커녕 도리어 그들의 구원을 촉진시키는 역할을 한다고 말한 것은 옳긴 하지만, 십자가의 고난을 다루고 있는 현재의 본문과는 별 상관이 없다. 또한, 우리가 주목해야 할 것은 바울은 참된 경건 전체를 "하나님을 사랑하는 것"으로 표현하고 있다는 것이다. 왜냐하면, 하나님을 사랑하는 것은 모든 의의 실천의 토대가 되기 때문이다.

곧 그의 뜻대로 부르심을 입은 자들에게는. 바울은 믿는 자들이 하나님을 사랑하기 때문에 그들 자신의 공로로 말미암아 환난과 역경들로부터도 유익을 얻는 것이라고 생각하는 자가 있을 것을 우려해서, 이 어구를 덧붙여서 "하나님을 사랑하는 자들"이라는 어구를 수정보완하고 있는 것으로 보인다. 왜냐하면, 우리가 알듯이, 사람들은 구원을 얻고자 할 때에 자기 자신에게서 시작하여 하나님의 은혜를 받기 위해서 뭔가를 준비하고자 하기 때문이다. 그래서 바울은 자기가 앞에서 "하나님을 사랑하는 자"라고 불렀던 자들, 즉 하나님을 예배하는 자들이 거기에 앞서 먼저 하나님의 택하심을 받았다는 것을 우리에게 상기시킨다. 바울이 이렇게 전후순서를 상기시키는 것은, 성도들에게는 모든 일이 그들의 구원을 위하여 유익이 되는 것은 하나님이 그들을 값없이 양자로 삼으신 것이 선행적인 원인으로 작용하고 있기 때문이라는 것을 우리로 하여금 알게 하기 위한 것임은 아주 분명하다. 아니, 사실 바울은 다른 곳에서 우리에게 갈라디아 교인들이 하나님을 알기 전에 이미 하나님이 그들을 아셨다(갈 4:9)는 것을 상기시켜 주고 있듯이, 여기에서도 믿는 자들은 하나님의 부르심을 받은 후에야 하나님을 사랑하게 된다는 것을 보여주고 있는 것이다. 바울이 오직 하나님을 사랑하는 자들에게만 환난이 그들의 구원을 촉진시킨다고 말하는 것은 옳지만, 요한이 하나님께서 먼저 우리를 값없이 거저 사랑하신 후에야 비로소 우리가 하나님을 사랑하는 것이 시작된다고 말하는 것도 마찬가지로 옳다.

그러나 바울이 여기에서 말하는 "부르심"은 폭넓은 의미를 지닌다. 우리는 "부르심"을 바울이 곧 언급하게 될 택하심이 나타나는 것에만 국한시켜서는 안 되고, 단순히 사람들이 자신의 힘으로 뭔가를 추구하는 것과 반대되는 의미로 사용된 것이라고 보아야 한다. 즉, 바울은 "하나님께서는 믿는 자들을 자신의 특별한 백성으로 택하신 것이기 때문에, 그들은 그들 자신의 노력에 의해서가 아니라 반대로 하나님의 손에 이끌려서 경건에 이른다"고 말한 것과 같다. "뜻"이라는 단어의 사용은 사람들이 상호적이라고 말하는 것, 즉 사람 편에서도 뭔가를 기여하는 것이 있다는 생각을 아주 분명하게 배제시킨다. 즉, 바울은 우리의 택하심의 근거는 오직 하나님의 비밀한 선하시고 기뻐하시는 뜻 외에 다른 어떤 것에서도 찾을 수 없다고 말한 것과 같다. 이 주제는 에베소서 1장과 디모데후서 1장에서 더 자세하게 다루어지고 있는데, 거기에서는 택하심과 관련된 하나님의 뜻과 사람의 의(義) 간의 대비가 한층 더 뚜렷하게 제시된다. 하지만 바울이 여기에서 우리의 구원이 하나님의 택하심에 토대를 두고 있다는 것을 분명하게 선언하고 있는 것은 그가 곧바로 덧붙이게 될 말, 즉 우리로 하여금 그리스도를 닮아가게 하기 위한 목적으로 주어지는 환난들도 이 동일한 하나님의 작정하심에 의해서 정해진 것이라는 말로 넘어가기 위한 것임은 의심의 여지가 없다. 따라서 바울은 우리의 구원과 십자가를 지는 것은 서로 떼려야 뗄 수 없는 사슬로 연결되어 있음을 보여주고 있는 것이다.

29. 하나님이 미리 아신 자들을 또한 그 아들의 형상을 본받게 하기 위하여 미리

정하셨으니. 바울은 택하심의 순서(ordo)를 통해서 믿는 자들이 겪는 환난은 그리스도의 형상을 닮아가는 과정에 다름아니라는 것을 보여준다. 그는 믿는 자들이 그리스도를 닮아가는 것은 필수적인 것임을 이미 앞에서 선언한 바 있다. 따라서 우리가 하나님께서 우리에게 생명을 주시기로 정하시고 우리를 택하셨다는 것을 인정하고, 하늘에서의 영광을 준비하기 위하여 기꺼이 하나님의 아들의 형상이 우리 속에서 이루어지게 하고자 한다면, 우리가 환난을 당한다는 것을 근심하거나 힘겹고 짐스러운 것으로 여길 이유가 전혀 없다.

바울이 여기에서 언급한 하나님의 "미리 아심"은 일부 어리석은 자들의 터무니없는 생각처럼 단순히 미리 아셨다는 것(praescientia)이 아니라, 하나님께서 자기 자녀들을 멸망 받을 자들로부터 구별하실 때에 늘 행해 오셨던 저 양자 삼음(adoptio)을 가리킨다. 베드로가 믿는 자들이 "하나님 아버지의 미리 아심을 따라 성령이 거룩하게 하심으로 … 택하심을 받았다"(벧전 1:2)고 말한 것도 동일한 의미이다. 그런데도 내가 앞에서 언급한 일부 어리석은 자들은 하나님은 단지 어떤 자들이 자신의 은혜를 받을 만한 자들이라는 것을 미리 아시고 그들을 택하시는 것이라고 주장한다. 하지만 베드로는 마치 믿는 자들이 자신의 공로로 말미암아 택하심을 입었다는 듯이 그들에게 아부를 하고 있는 것이 아니라, 그들의 택하심이 전적으로 하나님의 영원하신 계획을 따라 된 것임을 상기시킴으로써 그들이 기여한 것이 전혀 없다는 것을 일깨워 주고 있는 것이다. 마찬가지로, 바울도 자기가 앞에서 "하나님의 뜻"이라고 했던 것을 여기 이 구절에서 다른 식으로 다시 한 번 반복해서 말하고 있다. 이것으로부터 알 수 있는 것은 이 "미리 아심"은 전적으로 하나님의 기쁘신 뜻으로 말미암는다는 것이다. 왜냐하면, 하나님께서 자기가 원하는 자들을 양자로 삼으실 때에 거기에 자신의 기쁘신 뜻 외에는 그 어떤 것도 영향을 미치지 않았고, 오직 자기가 택하시고자 하신 자들을 택하신 것일 뿐이기 때문이다.

동사 '프로오리제인'(προορίζειν, "미리 정하다")은 어떤 이들은 "예정하다"로 옮기지만, 이 구절의 맥락에 맞게 이해하는 것이 마땅하다. 왜냐하면, 이 단어를 통해서 바울은 단지 하나님께서 자기가 양자로 택하신 모든 자들이 그리스도의 형상을 지니게 하기로 정하셨다는 것만을 말하고자 한 것이기 때문이다. 또한, 바울이 하나님께서 그들로 단순히 그리스도가 아니라 "그리스도의 형상"을 본받게 하고자 하셨다고 한 것은 그리스도 안에는 하나님의 자녀들로 하여금 본받도록 하기 위하여 제시된 생생하고 분명한 모범(exemplar)이 존재한다는 것을 우리에게 가르치기 위한 것이다. 따라서 이 구절의 요지는, 우리의 구원의 토대가 되는 하나님의 값없는 양자 삼으심은 우리로 하여금 십자가를 지도록 정하신 하나님의 또다른 작정하심과 결코 분리될 수 없다는 것이다. 왜냐하면, 먼저 하나님의 독생자의 형상을 닮음이 없이는 그 누구도 천국의 상속자가 될 수 없기 때문이다.

이는 그로 많은 형제 중에서 맏아들이 되게 하려 하심이니라. 헬라어 부정사 '에이나이'(εἶναι)는 "되게 하려 하심이니라"로도 번역될 수 있고 "되게 하려 하셨음이니라"로 번역될 수도 있지만, 나는 전자가 더 낫다고 본다. 그러나 바울이 그리스도가 "맏아들"이라고 언급한 것은 단지 하나님의 아들들 중 장자이신 그리스도께서 우리에게 모범이 되는 것은 당연한 까닭에, 우리는 그리스도께서 자신이 겪는 것이 마땅하다고 여기셨던 것들은 무엇이든지 거부하지 말아야 한다는 것을 말하기 위한 것이었다. 그러므로 하늘에 계신 우리 아버지께서는 자신이 자기 아들에게 수여하신 권위와 존귀를 온갖 방법으로 증언하시기 위하여, 자신이 천국의 상속자들로 삼으신 모든 자들이 자기 아들을 본받게 하고자 하신다. 동일한 몸에 속한 지체들이 서로 차이가 있듯이, 경건한 자들의 처지와 형편도 다 달라보일지라도, 모든 경건한 자들은 각각 자신의 머리와 연결되어 있다. 장자가 가문의 이름을 잇는 것과 마찬가지로, 하나님이 그리스도를 장자의 위치에 놓으신 것은 그리스도의 존귀가 믿는 자들 중에서 으뜸이 되게 하실 뿐만 아니라, 그리스도 아래에서 모든 믿는 자들을 형제라는 공통의 이름으로 포괄하시기 위한 것이다.

30. 또 미리 정하신 그들을 또한 부르시고 부르신 그들을 또한 의롭다 하시고 의롭다 하신 그들을 또한 영화롭게 하셨느니라. 바울은 이제 그리스도의 낮아지신 모습을 본받는 것이 우리의 구원과 유익을 위한 것이라는 사실이 참되다는 것을 좀 더 분명한 증거를 통해 보여주기 위하여, 십자가에 동참하는 것은 우리의 부르심, 우리를 의롭다 하심, 우리의 장래의 영광과 떼려야 뗄 수 없을 정도로 연결되어 있다는 것을 점층법적 서술을 통해서 우리에게 가르친다.

독자들로 하여금 바울의 의도를 더 잘 이해하도록 하기 위해서 내가 앞에서 이미 했던 말, 즉 "미리 정하다"라는 단어는 택하심을 가리키는 것이 아니라 자기 백성으로 하여금 십자가를 지도록 정하신 하나님의 뜻, 또는 작정하심을 가리킨다는 것을 여기에서 다시 한 번 반복해서 말해 두는 것이 좋을 것 같다. 그는 하나님께서 지금 그들을 부르셨다고 말함으로써, 하나님이 그들로 하여금 자신에게 부과된 것에 자원해서 겸손하게 순복하도록 하기 위하여 그들에 대하여 자신이 정하신 것을 은폐해 두시지 않고 알게 하셨다는 것을 보여주고자 한다. 왜냐하면, 그는 여기에서 비밀한 택하심이 먼저이고, 부르심이 그 다음이라고 분명하게 구별하고 있기 때문이다. 그는 하나님이 각 사람에게 정해 주신 것을 아는 사람은 아무도 없다는 반론이 제기되지 않도록 하기 위해서, 하나님께서는 부르심을 통해서 자신의 감춰진 뜻을 분명하게 증언하신다고 말한다. 그러나 이러한 증언은 단지 외적인 복음 선포를 통해서만 드러나는 것이 아니라, 성령의 역사와도 관련되어 있다. 왜냐하면, 바울은 하나님이 택함 받은 자들에게 외적인 말씀을 통해 말씀하실 뿐만 아니라 내적인 역사를 통해서도 이끄신다고 말하기 때문이다.

우리는 "의롭다 하시는" 것에 우리가 부르심을 받은 때로부터 죽을 때까지 하나님의 은혜가 지속되는 것을 포함시키는 것도 나쁘지는 않겠지만, 바울은 로마서 전체에 걸쳐서 값없이 주어지는 의의 전가(gratuita iustitiae imputatio)를 가리키는 데에 이 단어를 사용하기 때문에, 우리가 굳이 그러한 의미로부터 벗어날 필요는 없다. 여기에서 바울의 의도는 하나님이 우리에게 주시는 보상이 너무나 값진 까닭에 우리가 환난을 피하고자 하는 것은 도저히 용납될 수 없음을 보여주는 것이다. 하나님께서 우리를 자기와 화목하게 하셔서 우리가 겪는 비참한 것들이 더 이상 저주의 증표도 아니고 우리를 멸망으로 이끌지도 않게 되었다면, 우리가 그 이상으로 무엇을 더 바라겠는가?

바울은 곧이어서 지금 십자가로 말미암아 눌려 살아가는 자들이 장차 "영화롭게" 될 것이기 때문에, 그들의 괴로움과 수치들은 결코 그들에게 손해가 되지 않을 것이라는 말을 덧붙인다. "영화롭게" 되는 것은 오직 우리의 머리 되시는 그리스도에게서만 나타났고 우리에게는 아직 나타나지 않아서, 우리는 영생이라는 우리의 유업을 그리스도 안에서 볼 뿐이지만, 그리스도께서 받으신 영광은 우리에게 우리가 장차 받을 영광에 대한 흔들림 없는 확신을 주기 때문에, 바울이 우리가 그 소망을 이미 소유하고 있는 것으로 말하는 것은 합당하다.

우리가 덧붙여둘 것은 바울은 히브리어의 어법을 따라서 여기에 나오는 동사들을 현재 시제가 아니라 과거 시제로 사용하고 있지만, 그가 다음과 같은 취지로 이 동사들을 통해서 지속적인 행위를 나타내고자 했다는 것은 의심의 여지가 없다: "하나님께서 자신의 뜻을 따라 지금 십자가 아래에서 연단시키고 계시는 자들은 하나님이 구원의 소망 가운데서 부르시고 의롭다 하신 자들이기 때문에, 그들이 낮아져 있는 동안에도 그들의 영광은 조금도 쇠하지 않으리라는 것은 당연하다. 왜냐하면,

그들의 영광은 세상 사람들의 눈에는 현세에서 그들이 겪는 환난들로 인해 제대로 드러나지 않지만, 하나님과 천사들 앞에서는 늘 온전히 빛을 발하고 있기 때문이다." 따라서 바울이 여기에서 점층법적 서술을 통해 말하고자 하는 것은, 믿는 자들이 지금 환난 가운데서 낮아져 있는 것은 오로지 그들로 하여금 장차 천국의 영광을 얻게 하고, 지금 그리스도와 함께 십자가에 못 박힌 그들로 하여금 그리스도의 부활의 영광에 이르게 하기 위함이라는 것이다.

[31]그런즉 이 일에 대하여 우리가 무슨 말 하리요 만일 하나님이 우리를 위하시면 누가 우리를 대적하리요 [32]자기 아들을 아끼지 아니하시고 우리 모든 사람을 위하여 내주신 이가 어찌 그 아들과 함께 모든 것을 우리에게 주시지 아니하겠느냐 [33]누가 능히 하나님께서 택하신 자들을 고발하리요 의롭다 하신 이는 하나님이시니 [34]누가 정죄하리요 죽으실 뿐 아니라 다시 살아나신 이는 그리스도 예수시니 그는 하나님 우편에 계신 자요 우리를 위하여 간구하시는 자시니라(8:31-34).

31. 그런즉 이 일에 대하여 우리가 무슨 말 하리요. 바울은 자신이 말하고자 한 것들을 지금까지 충분히 증명했기 때문에, 이제 여기에서는 경탄의 외침들을 통해서, 믿는 자들이 환난과 역경을 만나 의기소침해지려고 할 때마다 지녀야 할 담대한 확신을 제시함과 아울러서, 모든 시험을 이기는 무적의 담대함은 하나님이 우리에게 베푸시는 아버지로서의 은총에 근거하고 있다는 것을 우리에게 가르친다. 왜냐하면, 우리는 하나님이 우리를 사랑하시는지 미워하시는지를 다름아닌 우리의 현재의 상태를 기준으로 판단하는 것이 보통이기 때문이다. 그래서 우리의 일들이 뜻대로 잘 되지 않으면, 모든 확신과 위로는 사라지고 슬픔이 우리의 마음을 장악하게 된다. 그러나 바울은, 더 깊은 원리에 우리의 마음을 두는 것이 마땅하기 때문에, 오직 우리의 현재의 싸움이 보여주는 슬픈 광경만을 바라보는 자들은 잘못된 판단을 하게 될 것이라고 외친다. 물론, 우리는 하나님의 채찍들 그 자체는 하나님의 진노의 징표들이라고 보는 것이 마땅하다. 그러나 그 채찍들은 그리스도 안에서 성별되기 때문에, 바울은 성도들에게, 그 무엇보다도 아버지로서의 하나님의 사랑을 굳게 붙잡아서 그 방패를 힘입어 모든 환난을 담대하게 이기라고 명한다. 왜냐하면, 하나님께서 우리와 화목하실 때에는 아버지로서의 하나님의 사랑은 우리에게 놋 성벽이 되어서 우리를 모든 위험에서 지켜줄 것이기 때문이다. 하지만 바울은

그 어떤 것도 우리를 대적하지 않을 것이라고 말하는 것이 아니라, 온갖 대적들에 대하여 우리가 승리를 거두게 될 것이라고 약속하고 있는 것이다.

만일 하나님이 우리를 위하시면 누가 우리를 대적하리요. "하나님이 우리를 위하신다"는 사실은 모든 시험에서 우리가 기댈 수 있는 주된 의지처, 아니 정확히 말해서 유일한 의지처이다. 왜냐하면, 하나님이 우리와 화목하지 않으시면, 모든 것이 우리를 향하여 미소를 짓고 있다고 할지라도, 우리는 그 어떤 확실한 확신도 지닐 수 없는 반면에, 우리에게 오직 하나님의 은총만이 있다고 할지라도, 그것은 우리의 모든 슬픔과 괴로움 속에서 충분한 위로가 되고, 온갖 역경의 폭풍을 넉넉히 막아줄 수 있는 강력한 보호막이 되기 때문이다. 성경에는 성도들이 오직 하나님의 능력만을 의지할 때에 세상에서 그들을 거스르고 대적하는 모든 것들을 담대히 멸시할 수 있음을 보여주는 증언들이 많이 있다: "내가 사망의 음침한 골짜기로 다닐지라도 해를 두려워하지 않을 것은 주께서 나와 함께 하심이라"(시 23:4); "내가 하나님을 의지하였은즉 두려워하지 아니하리니 사람이 내게 어찌하리이까"(시 56:11); "천만인이 나를 에워싸 진 친다 하여도 나는 두려워하지 아니하리이다"(시 3:6).

하나님의 팔에 저항할 수 있는 세력은 하늘 아래에나 위에나 그 어디에도 없다. 그러므로 하나님이 우리 편이시면, 우리는 그 어떤 해악도 두려워할 필요가 없다. 그런 까닭에 하나님의 보호하심에 만족하고서 그 어떤 것도 두려워하지 않고 의기소침하지 않는 자만이 진정으로 하나님을 신뢰하고 의뢰하는 자이다. 물론, 믿는 자들도 자주 흔들리기는 하지만 결코 완전히 무너지지는 않는다. 요컨대, 이 구절에서 사도가 말하고자 하는 것은 경건한 심령은 성령의 내적인 증언만을 전적으로 의지하고서 외적인 일들에 좌지우지되어서는 안 된다는 것이다.

32. 자기 아들을 아끼지 아니하시고 우리 모든 사람을 위하여 내주신 이가 어찌 그 아들과 함께 모든 것을 우리에게 주시지 아니하겠느냐. 아버지로서의 하나님의 사랑을 온전히 믿고서 두려움 없이 그런 사실을 자랑하고 기뻐하는 것은 우리에게 지극히 중요한 일이기 때문에, 바울은 우리에 대한 하나님의 사랑을 확증하기 위하여 하나님이 우리를 위한 속전으로 무엇을 내주셨는지를 제시한다. 아버지 하나님께서 우리의 구원을 위하여 자기 아들을 아끼지 아니하시고 내주셨다는 것은 우리에 대한 하나님의 사랑이 이루 말할 수 없을 정도로 지극하시다는 것을 분명하게 보여주는 것임에 틀림없다. 여기에서 바울은 큰 것으로부터 작은 것으로 전개해 나가

는 논증방식을 사용한다. 즉, 하나님께서는 자신에게 그 무엇보다도 사랑스럽고 소중하며 귀한 자기 아들을 우리에게 아낌 없이 내주셨다. 그러므로 하나님께서 자신이 보시기에 우리에게 유익이 되는 모든 것을 하나도 빠짐없이 우리에게 주시리라는 것은 의심의 여지가 없다는 것이다.

이 구절을 통해서 우리는 그리스도께서 자신을 드리셔서 우리에게 가져다주신 그의 부요하심(divitia)을 깊이 생각하는 것이 마땅하다. 왜냐하면, 우리에 대한 하나님의 무한하신 사랑의 보증이신 그리스도께서는 우리에게 아무런 복도 가져다주심이 없이 빈 손인 채로 보내심을 받으신 것이 아니고, 하늘의 온갖 보화를 우리에게 주시기 위하여 오신 것인 까닭에, 그리스도를 소유한 자들은 자신의 온전한 행복을 위해 필요한 그 어떤 것도 부족함이 있을 수 없기 때문이다. 여기에서 "내주다"는 죽음에 내준 것을 의미한다.

33. 누가 능히 하나님께서 택하신 자들을 고발하리요 의롭다 하신 이는 하나님이시니. 환난 가운데서 경건한 자들에게 가장 위로가 되는 것은 아버지로서의 하나님의 인자하심(benevolentia)을 온전히 확신하는 것이다. 왜냐하면, 이 확신이 있을 때에 그들은 자신의 구원이 확실하다는 것을 알게 되고, 심령의 평안을 얻게 되는 까닭에, 이것들로 말미암아 환난들이 달콤하게 느껴지거나, 적어도 괴로움의 정도가 완화되기 때문이다. 그러므로 우리로 하여금 인내할 수 있도록 힘을 더해줄 수 있는 권면들 중에서 하나님이 우리와 화목하시다는 확신을 주는 것보다 더 적절한 권면은 없을 것이다. 그런 까닭에, 바울은 이러한 확신을 믿는 자들로 하여금 모든 환난에 맞서 견고히 서게 하기 위한 위로의 근본으로 삼는다. 사람들은 하나님으로부터 오는 구원을 먼저 "고발"을 통해서 공격하고, 다음으로는 "정죄"를 통해서 무너뜨리려고 하기 때문에, 바울은 먼저 "고발"의 소지를 제거한다. 즉, 유일하신 한 분 하나님이 계시고, 우리는 다 그 하나님의 법정에 서야 하는데, 바로 그 하나님이 우리를 의롭다고 하신 것이기 때문에, 우리를 고발할 수 있는 여지는 전혀 없다는 것이다. 다음 절까지 이어지는 대구는 정확히 배치되어 있지 않는 것으로 보인다. 왜냐하면, 하나님의 죄 사하심은 "정죄"에 대응되고, 그리스도의 중보기도는 "고발"에 대응되는 까닭에, 대구를 이루고 있는 두 부분이 정확하게 서로 대비되게 하기 위해서는, 먼저 "누가 우리를 고발하리요 우리를 위하여 간구하시는 자는 그리스도 예수시니"라는 구절이 온 후에, "누가 우리를 정죄하리요 의롭다 하신 이는 하나님이시니라"는 구절이 거기에 연결되어야 할 것이기 때문이다. 하지만 바울은 온갖

염려와 두려움을 다 내쫓아줄 이 확신으로 하나님의 자녀들을 머리부터 발끝까지 무장시키기를 원하였던 까닭에, 그런 식으로 위치를 바꾸어서 배치한 것이기 때문에, 거기에는 그럴 만한 이유가 있었다고 보아야 한다. 그러므로 그가 그리스도가 우리의 변호자이시기 때문이라고 말하지 않고 하나님이 우리를 의롭다고 하셨기 때문에 하나님의 자녀들을 고발할 자가 있을 수 없다고 논증을 전개한 것은 강조의 의미가 있다. 왜냐하면, 고발자가 벌을 받아 마땅한 자라고 끌고온 자를 재판장이 전혀 죄가 없다고 최종적으로 판결할 때에 그를 고발할 수 있는 길은 더 철저하게 봉쇄되기 때문이다. 마찬가지로, 대구의 두 번째 부분과 관련해서도 동일한 논리가 적용된다. 왜냐하면, 바울은 그리스도께서 친히 믿는 자들의 죄를 속하심으로써 그들을 대신하여 하나님의 심판을 이미 받으셨고, 자신의 중보기도를 통해서 사망을 폐하실 뿐만 아니라 그들의 죄를 지우서서, 하나님께서 그들의 죄를 묻는 일이 없게 하신 까닭에, 그들이 정죄를 받을 소지는 전혀 없다는 것을 보여주기 때문이다.

여기에서 바울이 말하고자 하는 요지는 우리는 단지 장차 하나님의 법정에 나아가게 될 때에 비로소 거기에서 무죄판결을 받아 두려움으로부터 해방되는 것이 아니라, 우리가 이 땅에서 살아갈 때에도 하나님께서는 먼 길을 달려오셔서 우리를 변호하심으로써 우리의 확신을 더해 주신다는 것이다.

하지만 우리가 앞에서 계속해서 말해 왔듯이, 우리는 바울에게 있어서 "의롭다 하심을 받는다"는 것은 하나님으로부터 무죄판결을 받아서 의로운 것으로 여겨지는 것을 의미한다는 것을 유념하여야 한다. 그가 이 어구를 그런 의미로 사용하고 있다는 것을 현재의 구절 속에서 증명하기는 어렵지 않다. 왜냐하면, 바울은 어떤 사람과 관련해서 재판장이 무죄판결을 내려서 의롭다고 하는 것과 그 사람을 유죄로 고발하는 것은 서로 양립할 수 없는 상반된 것이라는 사실을 근거로 해서, 전자를 증명함으로써 후자가 틀렸다는 것을 밝혀내는 논증방식을 여기에서 사용하고 있기 때문이다. 하나님께서는 우리의 모든 죄에 대하여 무죄를 선고하셨기 때문에, 우리에 대한 그 어떤 "고발"도 허용하지 않으시리라는 것이다. 물론, 마귀는 모든 경건한 자들을 고발하는 자이고, 하나님의 법과 모든 경건한 자들의 양심도 그들을 고발한다. 그러나 재판장이신 하나님께서 그들을 의롭다고 하시기 때문에, 그런 고발들은 아무런 힘도 발휘하지 못한다. 그러므로 그 어떤 대적도 우리의 구원을 흔들거나 위태롭게 할 수 없다.

또한, 바울은 그들을 "택하신 자들"이라고 부른다. 물론, 그 자신도 "택하신 자들"

에 속한 자였다는 것은 의심의 여지가 없다. 일부 궤변론자들의 잘못된 추측과는 달리, 그는 특별한 계시를 통해서가 아니라 모든 경건한 자들에게 공통적으로 존재하는 지각(sensus)을 통해서 자신이 택함 받았음을 알았다. 그러므로 바울이 자신의 경우에 비추어서 "하나님께서 택하신 자들"에 대하여 말하고 있는 것은 모든 경건한 자들에게 그대로 적용될 수 있다. 만일 바울이 하나님의 "택하심"은 하나님의 비밀한 뜻 가운데 감춰져 있다고 말했다면, 그런 가르침은 냉정할 뿐만 아니라 생명이 하나도 없는 것이 되었을 것이다. 그러나 우리는 바울이 여기에서 모든 경건한 자들이 자기 자신에게 적용해야 할 가르침을 의도적으로 우리 앞에 제시하고서, 우리로 하여금 우리의 부르심을 잘 살펴봄으로써 우리가 하나님의 자녀인지를 확실히 하도록 이끌고 있음에 틀림없다는 것을 안다.

34. 누가 정죄하리요 죽으실 뿐 아니라 다시 살아나신 이는 그리스도 예수시니 그는 하나님 우편에 계신 자요. 재판장이 무죄판결을 한 사람을 "고발"해 보아야 아무 소용이 없는 것과 마찬가지로, 형벌이 이미 이루어져서 법에서 정한 것이 충족되었다면 그 어떤 "정죄"도 남아 있을 수 없다. 그리스도는 우리가 받아야 할 형벌을 단번에 받으시고서 우리를 죄에서 해방시키기 위하여 우리 대신에 형벌을 담당한 것이라고 선언하신 분이다. 따라서 이후로 우리를 정죄하고자 하는 자는 그리스도를 또다시 죽여야 한다. 그러나 그리스도는 우리를 대신하여 죽으신 분일 뿐만 아니라, 부활을 통해서 사망과 그 권세를 이기고 승리하신 분이기도 하다.

더 나아가, 바울은 그리스도께서는 지금 아버지 하나님 우편에 앉아 계신다는 말을 덧붙인다. 여기에서 그가 말하고자 하는 것은 에베소서 1:20에서 말한 것과 마찬가지로 그리스도께서는 하늘과 땅을 다스리시는 권세, 만물을 다스리시는 능력과 권세를 지니고 계신다는 것이다. 또한, 바울은 그리스도께서 이렇게 하나님 우편에 앉아 계신다는 말을 통해서, 그가 우리를 위하여 끊임없이 변호하시고 간구하셔서 우리의 구원을 이루실 것임을 우리에게 가르친다. 이것으로부터 알 수 있는 것은 우리를 정죄하고자 하는 자는 그리스도의 죽으심을 무효로 돌리고자 하는 자일 뿐만 아니라, 아버지 하나님께서 그리스도를 존귀하게 하시기 위하여 주신 저 비할 수 없이 큰 능력과 최고의 권위에 맞서 싸우고자 하는 자라는 것이다. 이것은 마귀와 사망과 죄와 음부의 권세와 싸워서 승리하게 해주는 엄청난 힘을 지닌 확신이기 때문에, 모든 경건한 자들의 마음속에 깊이 심겨져 있어야 한다. 왜냐하면, 우리의 믿음이라는 것은 그리스도가 우리의 것이고 아버지 하나님이 그리스도 안에서 우리와 화목하셨다는 것에 대한 확신에 다름 아니기 때문이다. 그러므로 우리가 구원 받았는지의 여부는 알 수 없다고 가르치는 가톨릭 스콜라주의 신학자들의 교리보 다 더 해롭고 파괴적인 가르침은 있을 수 없다.

우리를 위하여 간구하시는 자시니라. 바울은 우리가 그리스도의 신적인 위엄 앞에서 두려워하지 않도록 하기 위해서 이 구절을 명시적으로 덧붙일 필요가 있었다. 그래서 그는 그리스도께서는 저 높은 보좌로부터 만물을 자기 발 앞에 복속시키고 계시는 분이지만, 그런데도 우리를 위해 간구하시는 중보자시라고 소개한다. 그리스도께서는 인자하심 가운데서 우리를 초청하셔서 자기에게로 오게 하실 뿐만 아니라, 아버지 하나님 앞에서 우리를 위하여 중보기도를 하시는 분이신데도, 우리가 그를 뵙기를 두려워한다면, 그것은 말도 안 되는 일일 것이다. 그러나 우리는 이러한 중보기도를 우리의 육신적인 지각을 따라 판단해서는 안 된다. 즉, 우리는 그리스도께서 무릎을 꿇으시고 손을 뻗으셔서 겸손히 아버지 하나님께 간구하신다고 생각해서는 안 된다는 것이다. 왜냐하면, 그리스도의 죽으심과 부활은 영원한 중보 기도의 의미가 있는 까닭에, 그리스도께서 죽으셨다가 다시 사신 분으로서 하나님 앞에 늘 계시는 것 자체가 하나님으로 하여금 우리와 화해하게 하시고 화목하게 하시는 강력한 기도의 효력을 지니고 있어서, 바울은 이것을 그리스도께서 우리를 위하여 간구하신다고 표현하고 있는 것이기 때문이다.

³⁵누가 우리를 그리스도의 사랑에서 끊으리요 환난이나 곤고나 박해나 기근이나 적신이나 위험이나 칼이랴 ³⁶기록된 바 우리가 종일 주를 위하여 죽임을 당하게 되며 도살 당할 양 같이 여김을 받았나이다 함과 같으니라 ³⁷그러나 이 모든 일에 우리를 사랑하시는 이로 말미암아 우리가 넉넉히 이기느니라(8:35-37).

35. 누가 우리를 그리스도의 사랑에서 끊으리요. 바울은 이제 여기에서 믿는 자들이 갖는 안전함(securitas)에 대한 확신이 적용되는 범위를 "고발"이나 "정죄"보다 한층 더 정도가 심한 일들로 넓힌다. 왜냐하면, 자신에 대한 하나님의 인자하심(benevolentia)을 확신하는 자는 아무리 심한 환난 속에서도 견고히 설 수 있기 때문이다. 일반적으로 사람들이 그러한 환난들을 몹시 힘들어하고 고통스러워하는 이유는 그런 일들이 하나님의 섭리로 일어난다고 여기지 않거나, 그런 일들을 하나님의 진노의 징표로 해석하거나, 하나님으로부터 버림받았다고 생각하거나, 그런

일들 속에서 그 어떤 선한 목적도 찾을 수 없거나, 더 나은 삶을 묵상하기를 소홀히 하기 때문이다. 그러나 우리의 심령이 그런 잘못된 생각들로부터 벗어나게 될 때에는, 우리가 겪는 환난들은 훨씬 가볍게 느껴지고 우리의 마음도 차분해지게 된다. 따라서 이 구절의 취지는 무슨 일이 일어날지라도 우리는 한번 자신의 사랑으로 우리를 품으신 하나님께서는 우리를 돌보시는 일을 결코 그치지 않으신다는 믿음에 굳게 서야 한다는 것이다. 왜냐하면, 바울은 단지 하나님을 우리에 대한 그의 사랑으로부터 떼어놓을 수 있는 것은 아무것도 없다고 말하는 것이 아니라, 그가 증거하는 이 사랑에 대한 지식과 생생한 지각이 우리의 마음속에서 활활 타올라서 환난의 어둠 가운데서 늘 빛을 발한다고 말하는 것이기 때문이다. 구름들이 태양의 밝은 빛을 가리기는 하지만 우리에게서 완전히 빼앗지는 못하는 것과 마찬가지로, 하나님께서는 환난 가운데서 우리가 시험에 져서 낙심하지 않도록 하시기 위하여 그 어둠에 자신의 은혜의 빛줄기들을 비추신다는 것이다. 아니, 우리의 믿음은 하나님의 약속들이라는 날개를 달게 될 때에 모든 장애물들을 뚫고서 하늘로 날아오르게 된다는 것이다. 환난들은 그 자체로만 본다면 하나님의 진노의 징표라는 것은 맞지만, 우리는 우리에게 죄 사하심과 화목하게 하신 것이 선행되어 있을 때에는, 하나님께서 우리를 징계하실지라도 긍휼하심을 결코 잊지 않으신다는 것을 굳게 확신하여야 한다. 바울은 우리가 징계를 받아 마땅한 자들임을 우리에게 상기시키지만, 아울러 하나님이 우리를 회개로 이끄시는 동안에 하나님의 관심은 우리의 구원에 있다고 증언한다.

   바울이 "그리스도의 사랑"이라고 부르는 이유는 어떤 의미에서는 아버지 하나님께서 그리스도로 말미암아 우리에게 자신의 마음을 여신 것이라고 할 수 있기 때문이다. 그러므로 바울이 우리가 하나님의 사랑을 그리스도 외에 다른 것 속에서 찾아서는 안 되기 때문에, 우리의 믿음이 그리스도의 은혜의 빛줄기 속에서 아버지 하나님의 평화로운 얼굴을 바라보게 하기 위하여 우리로 하여금 그리스도를 주목하게 한 것은 합당하다. 이 구절의 요지는, 하나님이 우리와 화목하실 때에는 그 어떤 것도 우리를 대적할 수 없다는 것에 대한 우리의 믿음은 그 어떤 환난과 역경 속에서도 흔들려서는 안 된다는 것이다. 어떤 이들은 이 사랑을 수동의 의미로 해석해서, 마치 바울이 우리를 무적의 담대함으로 무장시키고자 했다는 듯이, 그리스도에 대한 우리의 사랑을 가리키는 것이라고 보지만, 그런 해석은 바울의 논증의 전체적인 취지에 비추어서 쉽게 반박될 수 있다. 또한, 곧 그는 직접 이 사랑이 무엇인지를 좀 더 분명하게 정의해서 모든 의심을 다 제거해 줄 것이다.

환난이나 곤고나 박해나. 바울이 이 절의 처음에 사용한 남성 대명사 '티스'(τίς, "누가") 속에는 암묵적인 강조가 함축되어 있다. 왜냐하면, 그가 중성 대명사를 사용해서 "무엇이 … 끊으리요"라고 말해도 되었을 것인데도 굳이 생명 없는 것들에 인격을 부여한 것은 우리의 믿음을 흔들어놓고자 하는 온갖 시험들은 다 우리가 맞붙어 싸워야 하는 적수들이라는 것을 보여주기 위한 것이기 때문이다.

하지만 여기에 나오는 세 가지는 다음과 같은 차이가 있다. "환난"은 온갖 종류의 괴롭거나 나쁜 일을 가리킨다. 그리고 "곤고"는 우리가 어려운 일들로 말미암아 극단으로 내몰려서 어떻게 해야 할지를 모를 때에 느끼는 내적인 감정이다. 아브라함이 자신의 아내를 다른 사람이 범할 위험이 있는 상황으로 내몰리고, 롯이 자기 딸들을 다른 사람들이 범하도록 내주었을 때가 그런 경우라고 할 수 있다. 왜냐하면, 그들은 궁지에 몰린 상황에서 그 어떤 탈출구도 찾을 수 없는 가운데 어쩔 줄 모르며 속만 태웠기 때문이다. "박해"는 원래 하나님의 자녀들이 불경건한 자들에 의해서 부당하게 강압적인 폭력을 통해 핍박과 괴롭힘을 당하는 것을 가리킨다. 바울은 고린도후서 4:8에서 하나님의 자녀들이 궁지에 몰리는 일(στενοχωρεῖσθαι - '스테노코레이스타이,' "싸이다")이 일어날 수 있다는 것을 부인하지만, 그것이 여기에서 한 말과 모순되는 것은 아니다. 왜냐하면, 그는 단지 그들의 걱정과 근심을 덜어 주려고 하는 것이 아니라, 아브라함이나 롯의 경우가 증거해 주듯이, 그들은 그 궁지에서 건짐을 받게 된다고 말하고자 하는 것이기 때문이다.

36. 기록된 바 우리가 종일 주를 위하여 죽임을 당하게 되며 도살 당할 양 같이 여김을 받았나이다 함과 같으니라. 이 증언은 바울이 말하고자 하는 것에 상당한 무게를 더해준다. 왜냐하면, 그는 죽음을 자신들의 눈앞에 두고서 살아가는 것은 거의 모든 하나님의 종들의 운명인 까닭에, 죽음에 대한 두려움이 우리로 하여금 믿음에서 떨어져 나가게 만드는 이유가 전혀 될 수 없다고 말하기 때문이다. 바울이 인용한 이 시편은 안티오코스(Antiochus)의 폭정 아래에서 하나님의 백성들이 비참하게 압제당하는 모습을 그린 것일 가능성이 높다. 왜냐하면, 이 시편은 이 박해자가 오로지 참된 신앙에 대한 적대감으로 인해서 하나님을 예배하는 자들을 잔인하게 박해하였다고 명시적으로 말하기 때문이다. 또한, 이 시편 속에는 하나님의 백성들이 그런 상황 가운데서도 하나님의 언약에서 떠나지 않았다는 놀라운 증언도 들어 있는데, 아마도 바울은 특히 이 점을 염두에 두고 이 시편을 인용한 것으로

보인다. 이 시편에서 성도들은 도가 지나친 환난을 겪으면서 탄식하고 하소연하고 있다는 것은 이론의 여지가 없다. 왜냐하면, 그들은 앞서 자신의 무죄함을 증언하였는데도 불구하고, 너무나 지독한 환난을 견뎌야 했음을 보여주기 때문이다. 이것으로부터 우리는 하나님께서 성도들이 불경건한 자들에 의해서 부당하고 잔인하게 핍박과 박해를 당하는 것을 허용하시는 것은 새삼스러운 일이 아니라는 것을 알 수 있다. 그러나 이것은 성도들의 유익을 위한 것이다. 왜냐하면, 성경은 악인으로 의인을 멸하시는 것이 하나님의 의에 어긋나지 않고(창 18:23), 환난을 가져다주는 자들에게는 환난으로 갚으시고 환난 당하는 자들에게는 안식으로 갚으시는 것이 하나님의 공의라고(살후 1:6-7) 가르치기 때문이다. 그러므로 앞의 시편에서는 그들은 자신들이 "주를 위하여" 고난을 당하고 있다고 단언하고, 그리스도께서는 "의를 위하여 박해를 받은 자는 복이 있다"(마 5:10)고 선언하신다. "종일 죽임을 당하게 되며"라는 것은 죽음이 그들 위에 늘 드리워져 있어서 그들의 삶은 죽음과 별반 차이가 없었다는 것을 의미한다.

37. 그러나 이 모든 일에 우리를 사랑하시는 이로 말미암아 우리가 넉넉히 이기느니라. 이것은 우리가 늘 결국에는 온갖 난관을 뚫고 우뚝 선다는 것이다. 나는 바울이 사용한 단어를 그대로 살리기 위해서 라틴어에서는 잘 쓰이지 않는 '수페르빈코'(supervinco, "넉넉히 이기다")를 역어로 채택하였다. 믿는 자들은 종종 완전히 엎드러져서 일어나지 못할 것처럼 보이기도 한다. 하나님께서는 그런 식으로 그들을 연단시키실 뿐만 아니라 낮추신다. 하지만 그런 과정을 거쳐서 결국 그들이 얻는 것은 언제나 승리이다.

바울은 이 무적의 힘이 어디에서 나오는 것인지를 상기시켜 주기 위하여, 자신이 앞에서 했던 말을 여기에서 다시 한 번 반복한다. 즉, 그는 하나님께서는 우리를 사랑하시기 때문에 자신의 손으로 우리를 붙들어 주시는 것임을 우리에게 가르쳐줄 뿐만 아니라, 그리스도의 사랑을 언급하는 것을 통해서도 하나님의 붙들어 주심에 관한 자신의 단언을 확증한다. 사도가 여기에서 하나님에 대한 우리의 열렬한 사랑이 아니라 우리에 대한 아버지 하나님과 그리스도의 인자하심을 말하고 있다는 것은 이 한 구절만으로도 충분히 증명된다. 이 인자하심에 대한 확신이 우리 마음속 깊은 곳에 확고하게 뿌리를 내리고 있기만 한다면, 그 확신은 늘 우리를 음부의 문으로부터 빼내어 생명의 빛으로 이끌 것이고, 우리를 든든히 받쳐 주기에 충분한 힘이 되어 줄 것이다.

³⁸내가 확신하노니 사망이나 생명이나 천사들이나 권세자들이나 현재 일이나 장래 일이나 능력이나 ³⁹높음이나 깊음이나 다른 어떤 피조물이라도 우리를 우리 주 그리스도 예수 안에 있는 하나님의 사랑에서 끊을 수 없으리라(8:38-39).

38. 내가 확신하노니 사망이나 생명이나 천사들이나 권세자들이나 … 능력이나.

바울은 우리가 앞으로 겪게 될 일들 속에서 우리로 하여금 더 큰 확신을 가지고 견고히 설 수 있도록 해주기 위해서, 이제 여기에서는 과장법을 사용한다. "사망이나 생명" 속에 우리를 하나님에게서 떼어놓을 수 있을 것 같아 보이는 것들이 있다고 할지라도, 그런 것들은 결코 아무런 힘도 발휘하지 못하게 될 것이다. 아니, "천사들"이 이 토대를 무너뜨리려고 한다고 할지라도 우리에게 그 어떤 해도 끼치지 못할 것이다. 여기에서 "천사들"은 "구원 받을 상속자들을 위하여 섬기라고 보내심"을 받은 "섬기는 영"(히 1:14)이라는 데에는 이견이 없다. 왜냐하면, 바울은 갈라디아서 1:8에서와 마찬가지로 여기에서도 불가능한 일들을 언급해가며 논증을 전개해가고 있기 때문이다. 이것으로부터 우리가 유념해야 할 것은, 하나님의 진리를 옹호하기 위한 것일 때에는 천사들을 욕되게 하는 것조차 허용된다는 것을 명심하고서 우리는 하나님의 영광과 비교해서는 모든 것을 아무런 가치 없는 것으로 여기는 것이 마땅하다는 것이다. 또한, "권세자들"과 "능력"도 천사들을 가리키는데, 천사들은 하나님의 능력이 집행되는 주된 수단들인 까닭에 그렇게 불린다. 바울은 "천사들"이라는 말이 우리에게 너무 진부하게 들릴 것을 우려해서 좀 더 강력한 인상을 주기 위하여 이 두 단어를 덧붙였다. 하지만 우리가 우리의 지각을 벗어나서 전혀 모르는 것들이지만 그래도 있을 수 있는 어떤 것들을 가리킬 때에 사용하는 화법을 활용해서, 이 세 단어를 하나로 묶어서 "천사들이나 그 밖에 권세나 능력을 지닌 그 어떤 것이 있다고 할지라도"로 해석해도 상관없을 것이다.

현재 일이나 장래 일이나. 바울은 비록 과장법을 사용하고 있기는 하지만, 아무리 시간이 지나도 우리가 하나님의 은혜로부터 끊어지는 일은 결코 일어나지 않을 것이라고 선언한다. 우리는 현재의 환난들로부터 느끼는 슬픔과 고통만이 아니라 장래에 닥칠 위험들에 대한 염려와 걱정으로 인한 괴로움과도 싸우지 않으면 안 되기 때문에, 바울은 여기에 이 어구들을 덧붙일 필요가 있었다. 따라서 이 어구들의 의미는 우리는 오래 지속되는 환난이 하나님의 양자 됨에 관한 우리의 믿음을 무너뜨릴 것이라고 염려하지 않아도 된다는 것이다.

가톨릭 스콜라주의 신학자들은 아주 드물게 주어지는 특별한 계시를 받지 않고는 자신이 끝까지 믿음을 지켜 구원을 받게 될 것이라고 확신할 수 있는 사람은 아무도 없다고 어리석은 주장을 퍼지만, 그런 주장은 이 구절 앞에서 여지없이 무너진다. 그러한 교리는 믿음 전체를 망하게 만든다. 죽음과 그 이후까지 이어지지 않는 믿음은 아무것도 아니다. 따라서 정반대로 우리는 우리 안에서 선한 역사를 시작하신 이가 주 예수의 날까지 그 역사를 이어나가 결국 완성하실 것임을 확신하는 것이 마땅하다.

39. 우리를 우리 주 그리스도 예수 안에 있는 하나님의 사랑에서 끊을 수 없으리라. 이것은 그리스도가 하나님의 사랑에 대한 보증이시라는 것이다. 왜냐하면, 그리스도는 아버지 하나님이 "기뻐하는 자"(마 3:17)이시기 때문이다. 그러므로 우리는 그리스도를 힘입어서 하나님께 붙어 있기만 한다면, 우리를 향하신 하나님의 늘 변함없이 한결같으신 인자하심(benevolentia)을 확신할 수 있다. 바울은 이제 여기에서 사랑의 원천은 아버지 하나님 안에 있다고 선언하고, 그 사랑은 그리스도를 통하여 우리에게 흘러온다고 천명함으로써, 앞에서 이미 말했던 것을 한층 더 분명히 밝히고 있다.

제9장

¹⁻²내가 그리스도 안에서 참말을 하고 거짓말을 아니하노라 나에게 큰 근심이 있는 것과 마음에 그치지 않는 고통이 있는 것을 내 양심이 성령 안에서 나와 더불어 증언하노니 ³나의 형제 곧 골육의 친척을 위하여 내 자신이 저주를 받아 그리스도에게서 끊어질지라도 원하는 바로라 ⁴그들은 이스라엘 사람이라 그들에게는 양자 됨과 영광과 언약들과 율법을 세우신 것과 예배와 약속들이 있고 ⁵조상들도 그들의 것이요 육신으로 하면 그리스도가 그들에게서 나셨으니 그는 만물 위에 계셔서 세세에 찬양을 받으실 하나님이시니라 아멘(9:1-5).

이 장에서 바울은 사람들의 마음을 그리스도로부터 멀어지게 만들었을 수 있는 걸림돌들을 다루기 시작한다. 왜냐하면, 그리스도께서는 율법의 언약을 따라 유대인들을 위해 보내심을 받으셨는데도, 그들은 그를 배척하거나 멸시하였을 뿐만 아니라 대체로 그를 싫어하였기 때문이다. 이것으로부터 도출될 수 있는 결론은 하나님의 약속에 진실성이 없었거나, 바울이 전한 예수가 특히 유대인들에게 약속된 하나님의 기름 부음 받은 자가 아니었거나, 이 둘 중의 하나인 것으로 보였다. 바울은 이제 이 두 가지 매듭을 자세하게 풀어나가기 시작한다.

바울은 유대인들을 자극하여 분노하게 할 수 있는 모든 민감한 문제들을 피해가는 한편, 복음에 해가 되는 것은 단 하나라도 그들에게 양보하지 않는 방식으로 이 주제를 풀어나간다. 왜냐하면, 그는 유대인의 특권들을 인정하되, 그리스도에게 있는 것을 털끝만큼도 다치게 하지 않는 방식으로 그렇게 하기 때문이다. 한편, 바울은 겉보기에 갑자기 이 주제에 관한 논의로 넘어가고 있는 것으로 보이기 때문에, 이 주제가 앞서 그가 말했던 것들로부터 단절되어 있는 것으로 보일 수 있다. 그런데도 그는 마치 자기가 앞에서 이 주제를 이미 언급했다는 듯이 이 새로운 주제를 시작한다.

우리에게 그렇게 보이는 이유는 바울은 자신이 다루고자 했던 가르침에 대한 논의를 마치고 나서 이제 유대인들에게 눈을 돌려보니, 그들의 불신앙이 너무나 이질적으로 느껴져서 깜짝 놀라, 마치 그것이 자기가 앞서 다룬 주제였던 것인 양 갑자기 자신의 통분한 심정을 쏟아놓고 있는 것이기 때문이다. 왜냐하면, 바울이 지금까지 말한 "이것이 율법과 선지자들의 가르침이라면, 유대인들이 그토록 완고하게 배척하는 일이 어떻게 일어날 수 있는가?"라는 의구심을 품지 않을 사람은 아마도 없을 것이었기 때문이다.

또한, 바울이 지금까지 모세의 율법과 그리스도의 은혜에 대하여 전한 모든 말들은 유대인들의 동의를 얻는 경우보다도 반감을 사는 일이 더 많아서 이방인들이 그리스도를 믿는 데에 도움이 되기는커녕 방해가 되었다는 것도 잘 알려져 있는 사실이었다. 따라서 복음을 전파하는 일이 방해를 받지 않도록 하기 위해서는 이 장애물을 제거할 필요가 있었다.

1-2. 내가 그리스도 안에서 참말을 하고 거짓말을 아니하노라. 바울은 대다수의 유대인들이 그를 유대 민족의 불구대천의 원수라고 생각하였고, 믿음의 권속들에게조차 마치 그가 모세를 버리라고 그들에게 가르치기라도 한 양 일정 정도 의심을 받는 처지였기 때문에, 자신이 말하고자 하는 주제를 시작하기 전에 먼저 서문을 통해서 자기가 유대인들에 대하여 악감을 품고 있다는 잘못된 의심을 해명함으로써 그들의 마음을 준비시킨다.

이 일은 굳이 맹세까지 할 만한 일은 아니었지만, 그는 자기가 아무리 온 힘을 다해 자신의 진심을 밝힌다고 해도, 사람들이 그들 속에서 이미 굳어져 있는 편견을 깨고 그의 말을 믿어주지 않을 것임을 알았기 때문에, 자신이 진실을 말하고 있다는 것을 맹세로써 분명히 밝힌다. 내가 1장에서 이미 말했듯이, 바울의 이러한 모범 및 그 비슷한 사례들을 통해서 우리가 알아야 할 것은, 사람들이 반드시 알아야 하는 것인데도 다른 식으로는 사람들에게 그 진실을 믿게 할 수 있는 길이 없는 경우에 맹세를 하는 것은 합법적이라는 것이다. "그리스도 안에서"는 "그리스도를 의지해서"를 의미하고, "거짓말을 아니하노라"는 말을 덧붙인 것은 그가 거짓이나 가식 없이 말하고 있다는 것을 보여주기 위한 것이다.

내 양심이 성령 안에서 나와 더불어 증언하노니. 이 말을 통해서 바울은 자신의 양심을 하나님의 법정 앞에 불러낸다. 왜냐하면, 그는 성령을 자신의 심정을 증언해줄 증인으로 세우기 때문이다. 그가 여기에서 성령을 거론한 것은 자신이 그 어떠한 악감으로부터도 자유롭고 깨끗하다는 것과 하나님의 영의 인도하심과 지도하심 아래에서 그리스도의 복음을 전한 것임을 좀 더 분명하게 증언하기 위한 것이다. 사람들은 스스로 다 알고 있으면서도, 의도적으로 속이기 위한 것은 아닐지라도 육정(carnis affectus)으로 말미암아 눈이 멀어서, 진리의 빛을 가리는 경우가 자주 있다. 그러나 우리가 하나님의 이름으로 맹세한다는 것은 원래 의심 받고 있는 것을 확증할 목적으로 하나님을 증인으로 세움과 동시에, 우리가 말한 것이 거짓인 경우에는 하나님의 심판을 받겠다고 약속하는 것이다.

나에게 큰 근심이 있는 것과 마음에 그치지 않는 고통이 있는 것을. 바울은 자기가 하고 싶은 말을 아직 다 하지도 않은 채로 아주 능숙하게 중간에서 갑자기 말을 끊는다. 왜냐하면, 지금은 유대 민족의 멸망을 공개적으로 언급하기에는 아직 적절한 때가 아니었기 때문이다. 또 한 가지 덧붙여둘 것은 바울은 그런 식으로 해서 자신의 슬픔이 몹시 크다는 것을 보여주고 있다는 것이다. 왜냐하면, 중간에서 뚝뚝 끊어져서 문법적으로 제대로 되어 있지 않은 문장들은 대체로 아주 격한 감정으로 말하고 있음을 보여주는 것이기 때문이다. 하지만 바울은 자신의 진정성을 좀 더 충분히 확증하고 나서, 곧 자신의 근심의 원인이 무엇인지를 밝힐 것이다.

바울은 유대 민족의 멸망이 하나님의 뜻과 섭리에 의해 이루어지는 일이라는 것을 알았지만, 그 일이 그에게 아주 큰 괴로움과 근심을 안겨주었다. 이것은 멸망 받을 자들이 비록 하나님의 의로우신 심판에 의해서 멸망을 당하는 것이라고 할지라도 우리는 그들의 멸망을 슬퍼하고 근심하는 것이 마땅하고, 우리의 그런 태도는 하나님의 섭리에 순종하는 것과 모순되지 않는다는 것을 우리에게 가르쳐 준다. 왜냐하면, 우리는 한편으로 하나님을 바라볼 때에는 하나님이 멸하기로 작정하신 자들을 멸하시는 것을 충분히 수긍하며 감내할 수 있지만, 다른 한편으로 그 멸망당하는 사람들에게 생각이 미칠 때에는 그들이 겪는 화(禍)를 슬퍼할 수 있는 까닭에, 동일한 마음속에 이 두 가지 감정을 지니는 것이 가능하기 때문이다. 그러므로 경건한 자들은 하나님의 작정하심에 대항하지 않으려면 그런 경우에 냉정하고 무심한 마음을 지녀야 한다고 가르치는 자들은 미혹됨이 심한 자들이다.

3. 나의 형제 곧 골육의 친척을 위하여 내 자신이 저주를 받아 그리스도에게서 끊어질지라도 원하는 바로라. 바울은 자신이 여기에서 증언하고 있는 말보다 더 동족에 대한 자신의 뜨거운 사랑을 표현할 수 있는 말을 찾으려 해도 찾을 수 없었을 것이다. 왜냐하면, 어떤 친구의 구원을 위해서 자기가 죽기를 마다하지 않는 것보다 더 온전한 사랑은 분명히 없을 것이기 때문이다. 그러나 바울이 여기에서 사용한 "저주"라는 단어는 그가 현세에서의 죽음만이 아니라 영원한 죽음도 염두에 두

고 있었음을 보여준다. 그는 "그리스도에게서"라고 말함으로써 "저주"의 의미를 설명한다. 왜냐하면, 그것은 분리를 의미하기 때문이다. 그리스도에게서 분리된다는 것이 구원의 모든 소망으로부터 배제된다는 것을 의미하는 것이 아니면 무엇이겠는가? 따라서 바울이 유대인들 위에 "저주"가 드리워져 있는 것을 보고서 그들을 건져내기 위해서 그 "저주"를 자기가 대신 받겠다고 서슴지 않고 나섰다는 것은 그의 지극히 뜨거운 사랑을 보여주는 증거였다. 그가 자신의 구원이 결코 실패할 수 없는 하나님의 택하심에 토대를 두고 있음을 알고 있었다는 것이 장애가 될 수는 없었다. 왜냐하면, 뜨거운 열정을 지닌 자들은 앞뒤 돌아보지 않고 오직 자신의 열정의 대상만을 바라보고서 돌진하는 법이기 때문이다. 그런 까닭에, 바울은 동족에 대한 자신의 열망을 하나님의 택하심과 연결시키는 것을 까맣게 잊어버리고서, 오로지 유대인들의 구원에만 전적으로 몰두해 있었기 때문에, 이런 말을 할 수 있었다.

바울의 이런 소원이 과연 합당한 것이었는지를 의심하는 사람들이 많지만, 바울의 사랑은 한계가 없는 무한한 사랑이었기 때문에 죽음까지도 불사할 수 있었다고 생각한다면, 그런 의심은 풀릴 수 있다. 즉, 우리가 하나님과 상관 없이가 아니라 하나님 안에서 사랑한다면, 우리의 사랑은 결코 그 끝이 있을 수 없다는 것이다. 바울의 사랑이 그런 것이었다. 그는 자기 민족이 하나님으로부터 너무나 많은 은택들을 수여받은 것을 알았기 때문에, 그들 가운데 있는 하나님의 선물들을 소중히 여겼고, 하나님의 선물들을 인하여 그들을 소중히 여겼던 까닭에, 그러한 선물들이 사라지는 것을 용납할 수도 없고 있어서도 안 되는 일로 여겼다. 그런 이유로 혼란스러웠던 그의 마음이 여기에서 이러한 극단적인 소원으로 터져 나오게 된 것이다.

그러므로 나는 바울이 오직 하나님과의 관계 속에서만 이 말을 한 것이기 때문에 이 말은 사람들과는 상관이 없다고 보는 자들이나, 그가 하나님을 생각하지 않고 오직 사람들을 사랑하는 마음으로 이런 말을 한 것이라고 보는 자들의 견해에 동의하지 않고, 바울의 마음속에서는 하나님의 영광에 대한 열심과 사람들에 대한 사랑이 서로 연결되어 있었다고 본다.

그러나 나는 앞에서 말한 두 가지 중의 어느 쪽이 더 주된 것이었는지를 아직 설명하지 않았지만, 사실 바울은 여기에서 유대인들을 다른 민족들과 구별되는 특별한 표징들로 장식된 자들로 여기고 있다. 즉, 하나님께서는 자신의 언약을 통해서 그들을 지극히 높이셨기 때문에, 그들의 몰락은 하나님 자신의 신실하심과 진실하심이 이 세상에서 실패한 것으로 여겨질 수 있다는 것이다. 왜냐하면, 유대인들이 망하게 되면, 하늘에 해와 달이 빛을 발하는 한 영영히 견고히 설 것이라던 그들에 대한 하나님의 언약도 공허한 것이 되고 말 것인 까닭에, 그 언약이 폐하여지는 것은 격변이 일어나 온 세상이 혼란에 빠지는 것보다 더 있을 수 없는 일이었기 때문이다.

그러므로 바울은 단지 유대인들이 죽는 것과 자신이 죽는 것의 경중(輕重)만을 생각해서 그렇게 말한 것이 아니었다. 왜냐하면, 유대 민족 전체가 죽는 것보다는 한 사람이 죽는 것이 더 나은 일이긴 하겠지만, 바울이 유대인들을 그토록 소중히 여긴 것은 그들은 자신들이 늘 얘기한 바와 같이 하나님의 택하신 백성이라는 특성과 특질을 지니고 있었던 까닭이었기 때문이다. 우리가 곧 보게 되겠지만, 이 점은 바울이 앞으로 말하는 것들 속에서 더욱 분명히 드러나게 될 것이다.

"골육의 친척"이라는 어구는 새로운 내용을 담고 있지는 않지만, 바울이 말하고 자 하는 것을 한층 더 강화시켜 주는 역할을 한다. 왜냐하면, 첫째는 이 어구를 통해서 그는 자기가 혈육의 정을 다 버려서 자신의 혈족들이 멸망해도 아무렇지도 않을 것이라고 보는 것은 완전한 오해임을 보여줌으로써, 아무도 자기가 의도적으로 나서서 유대인들에게 시비를 걸고 있는 것으로 생각하지 못하게 하기 위한 것이기 때문이고, 둘째는 바울 자신이 전하는 복음이 시온으로부터 선포되어야 했던 까닭에 자신의 친척을 이렇게 많은 말로 칭송하는 것은 결코 헛된 일이 되지 않을 것이었기 때문이다.

바울이 "골육의"라는 수식어를 덧붙인 것은 내가 보기에는 다른 곳들에서처럼 유대인들을 폄하하기 위한 것이 아니라 그들로부터 더 큰 신뢰를 얻기 위한 것이다. 바울은 유대인들로부터 인정을 받지는 못했지만, 그 가지들은 말라버렸을지라도 뿌리에는 여전히 하나님의 택하심이 강하게 작용하고 있는 유대 민족이 자신의 출신이라는 사실을 감추지 않는다. "저주"라는 단어에 대하여 부다이우스(Budaeus) 가 말하고 있는 것은 '아나테마'(ἀνάθεμα, "저주, 저주받은 것")와 '아나테 마'(ἀνάθημα, "헌물")를 혼동한 크리소스토무스(Chrysostomus)의 견해와 상반된 다.

4. 그들은 이스라엘 사람이라. 바울은 이제 여기에서 자기가 유대 민족이 멸망하게 될 것을 알았을 때에 자신의 죽음을 통해서라도 그들을 어떻게든 건져내고 싶어할 정도로 큰 근심과 괴로움을 지니게 된 이유를 좀 더 분명하게 설명하는데, 그 이

유는 그들이 "이스라엘 백성"이기 때문이라는 것이다. 우리가 이 구절을 이렇게 해석할 수 있는 것은 관계대명사 '호이티네스'(οἵτινες, "그들은")는 여기에서 이유의 부사 대신에 사용되고 있기 때문이다. 마찬가지로, 모세도 그러한 근심으로 인해서 너무나 괴로워서, 하나님께 그가 택하신 거룩한 아브라함 족속을 멸하시려거든 차라리 생명책에서 자기 이름을 지워 달라고 간구하였다(출 32:32). 따라서 바울은 동족이라는 인간적인 정 말고도 자기로 하여금 유대인들을 그토록 소중히 여기고 사랑하게 만들 수밖에 없었던 그 밖의 다른 차원 높은 이유들도 언급하는데, 그것은 하나님께서 그들에게 일종의 특권을 주셔서 그들을 높이시고 뭇 민족들로부터 구별하셨다는 것이다.

그들의 존귀함에 대한 이러한 찬사들은 그들에 대한 바울의 사랑을 보여주는 증거들이었다. 왜냐하면, 일반적으로 우리는 우리가 사랑하는 자들이 아니라면 이런 식의 찬사를 보내고자 하지 않기 때문이다. 비록 유대인들이 자신들의 배은망덕함으로 인해서 하나님의 이러한 은사들로 말미암아 칭송을 받는 자들이 될 수 없게 되어 버리기는 하였지만, 바울은 그 은사들에 대하여 합당한 경의를 표하기를 멈추지 않는다. 이것을 통해서 바울은 불경건한 자들이 아무리 하나님의 선한 은사들을 악용하고 더럽히고 망쳐서 사람들로부터 욕만 먹고 수치만 당한다고 하여도, 우리는 늘 그 은사들을 존중하고 찬사를 보내는 것이 합당하다는 것을 우리에게 가르친다. 그러나 우리는 불경건한 자들을 미워하는 마음 때문에 그들에게 주어진 하나님의 은사들마저 멸시해서는 안 되는 것과 마찬가지로, 반대로 그들에게 주어진 은사들에 대한 우리의 찬사와 존중이 그들을 교만하게 만들거나, 특히 우리의 찬사가 그들의 비위를 맞추는 모양새가 되지 않도록 각별히 지혜롭게 행하지 않으면 안 된다.

여기에서 바울은 유대인들에게 주어진 특권들을 다 인정하면서도, 그런 후에 그리스도 없이는 그런 특권들이 아무 가치가 없다는 것을 분명하게 선언하고 있는데, 우리도 그를 본받아 그렇게 하는 것이 마땅하다. 또한, 바울이 그들에 대한 찬사들 중에 그들이 "이스라엘 사람"이라는 사실을 포함시킨 것은 결코 빈말이 아니었다. 왜냐하면, 야곱은 자신의 자손들인 그들이 자신의 이름인 "이스라엘"로 불리게 해 주신다면 그것이 그에게 가장 큰 복이 될 것이라고 하나님께 기도하였기 때문이다 (창 48:16).

그들에게는 양자 됨과 영광과 언약들과 율법을 세우신 것과 예배와 약속들이 있

고. 바울이 여기에서 말하고 있는 것의 전체적인 취지는 유대인들은 자신들의 변절과 배신으로 인해서 불경스럽게 하나님을 떠났기는 했지만, 그가 로마서 3:3에서도 이미 말했듯이, 하나님의 은혜의 빛이 그들에게서 완전히 꺼진 것은 아니라는 것이다. 비록 그들은 불신자들이 되어 버렸고 하나님과의 언약을 깨뜨려 버리긴 하였지만, 그들의 변절과 배신은 하나님의 신실하심을 무효화할 수 없었다. 왜냐하면, 그런 상황 속에서도 하나님께서는 유대 민족 중에서 자기를 위하여 일부 남은 자들을 보존해 두셨을 뿐만 아니라, 그들의 상속권을 존중하셔서 교회라는 이름을 여전히 그들 가운데 계속 두셨기 때문이다.

유대인들은 하나님이 그들을 존귀하게 하시기 위하여 덧입혀 주신 장식들을 이미 스스로 다 벗어 버려서, 아브라함의 자손이라 불릴 자격이 전혀 없었지만, 그들의 불미스러운 모습으로 인해 복음의 위엄이 손상을 입어 이방인들 가운데서 멸시를 당할 위험이 있었기 때문에, 바울은 복음이 하늘에 있는 샘으로부터와 하나님의 성소로부터, 그리고 택함 받은 민족으로부터 그들에게 흘러왔다는 것을 이방인들이 충분히 확신할 때까지 유대인들의 비열하고 수치스러운 모습을 있는 그대로 밝히지 않고 덮어준다. 왜냐하면, 하나님께서는 모세와 선지자들을 통해서 자주 증거하셨듯이 다른 민족들을 다 놓아두고서 오직 유대 민족을 자신의 소유인 백성으로 택하셨고 자신의 양자들로 삼으셨을 뿐만 아니라, 그들을 자녀라고 부르는 것에서 만족하지 않으시고 종종 자신의 "장자"라 부르기도 하시고 자신의 "사랑하는 자"라 부르기도 하셨기 때문이다.

그래서 하나님께서는 출애굽기 4:22-23에서는 "이스라엘은 내 아들 내 장자라 … 내 아들을 보내 주어 나를 섬기게 하라"고 말씀하셨고, 예레미야 31:9에서는 "나는 이스라엘의 아버지요 에브라임은 나의 장자니라"고 말씀하셨으며, 예레미야 31:20에서는 "에브라임은 나의 사랑하는 아들 기뻐하는 자식이 아니냐 … 그를 위하여 내 창자가 들끓으니 내가 반드시 그를 불쌍히 여기리라"고 말씀하셨다. 이러한 말씀들은 하나님께서 단지 이스라엘 민족을 측은히 여기시는 마음을 내보이신 것을 보여주는 것에서 한 걸음 더 나아가, 하늘의 유업에 대한 약속이 담겨 있는 "양자됨"의 효력을 보여주는 것이다.

"영광"은 하나님께서 수많은 다양한 방식으로, 특히 이스라엘 민족 가운데 거하심으로써 이 민족을 다른 모든 민족 위로 높이 드셔서 탁월하게 하신 것을 의미한다. 왜냐하면, 하나님께서는 자신의 임재를 보여주는 다른 많은 증표들 외에도 특히 법궤를 통해서 자기 백성의 기도를 들으시고 응답하셔서 그들을 도우시는 방식으로 자신의 능력을 나타내심으로써 자신의 임재에 대한 특별한 증거를 나타내셨기 때문이다. 이런 이유로 법궤는 "하나님의 영광"(삼상 4:22)이라 불렸다.

바울이 여기에서 "언약들"과 "약속들"을 구별하고 있기 때문에, 우리는 이 둘의 차이를 이렇게 구분할 수 있을 것이다: "언약"은 하나님이 아브라함과 맺으신 언약처럼 공식적이고 엄숙한 언어들로 표현된 것으로서 두 당사자의 책임에 대한 규정을 담고 있는 것인 반면에, "약속들"은 우리가 성경의 도처에서 만나는 것들이다. 왜냐하면, 하나님께서는 일단 자신의 옛 백성과 언약을 맺으신 후에는 계속해서 때를 따라 새로운 약속들을 통해서 그들에게 은혜 베푸시는 것을 그치지 않으셨기 때문이다. 이것으로부터 우리가 알 수 있는 것은 하나님이 믿는 자들에 대한 자신의 사랑을 증거하시기 위하여 때를 따라 베풀어 주시는 도우심들이 택하심이라는 유일한 원천으로부터 흘러나온다고 말할 수 있는 것과 마찬가지로, 모든 "약속들"의 유일한 원천은 "언약들"이라는 것이다.

그리고 율법은 이스라엘 민족으로 하여금 하나님의 언약을 더 똑똑히 기억하도록 하기 위해서 그 언약을 새롭게 갱신한 것에 다름 아니기 때문에, "율법을 세우신 것"이라는 어구는 여기에서 구체적으로 하나님께서 율법을 주셨다는 사실만을 가리키는 것으로 보인다. 왜냐하면, 하나님이 입법자시라는 사실은 유대 민족에게 부여된 엄청난 존귀였기 때문이다. 사람들은 솔론(주전 638-558년에 활동한 인물로서 아테네의 민주주의를 정립한 입법자)과 리쿠르고스(주전 820-730년경에 활동한 인물로서 법률들로 스파르타를 개혁하고 정립한 전설적인 입법자)를 칭송하는데, 하나님이 이스라엘 민족의 입법자였다면, 그것은 얼마나 더 자랑스러운 일이었겠는가? 우리는 이것에 대한 기사를 신명기 4:32에서 찾아볼 수 있다. 그리고 "예배"는 율법 중에서 의식들과 예식들처럼 하나님을 올바르게 섬기는 법을 규정해 놓은 부분을 가리킨다. 이러한 것들은 하나님이 정하신 것들이기 때문에 합법적인 것으로 여겨지는 것이 마땅하다. 반면에, 사람들이 고안해 낸 것들은 무엇이든지 다 참된 신앙을 더럽히는 것들일 뿐이다.

5. 조상들도 그들의 것이요. 하나님께서는 성경의 여러 구절들에서, 특히 창세기 17:4 등과 같이 아브라함과 이삭과 야곱에게 하신 말씀들에서 경건한 조상들에게 그들의 자손에 대하여 천대에 이르기까지 긍휼을 베푸시겠다고 약속하셨기 때문에, 성도들이나 하나님의 사랑을 받은 자들의 후손으로 태어난다는 것은 상당히 중

요하다. 물론, 그렇게 태어난 사람들이 하나님을 경외하는 것과 거룩한 삶에서 떠났을 때에 그런 출신배경은 헛되고 소용없게 되어 버린다는 것은 이사야 1:11, 60:1, 예레미야 7:4 등을 비롯해서 예언서 곳곳에서 분명하게 보여준다. 하지만 하나님께서는 경건함과 결합되었을 때에는 출신배경에도 어느 정도의 존귀함을 부여하셨기 때문에, 바울이 여기에서 "조상들"을 유대인들의 특권들 중의 하나로 열거한 것은 합당하다. 유대인들은 거룩한 "조상들"의 "자손"이었기 때문에(행 3:25) 약속들의 상속자들이라 불린다.

육신으로 하면 그리스도가 그들에게서 나셨으니. 어떤 이들이 여기에서 "그들"이 "조상들"을 가리키는 것으로 보고서, 마치 바울이 그리스도께서 거룩한 조상들로부터 나셨다고 말하고자 하였다는 듯이 해석하는 것은 근거가 없다. 왜냐하면, 바울이 이 말을 한 목적은 유대인들의 뛰어남에 대하여 자기가 지금까지 해온 말들을 다음과 같은 찬사, 즉 그리스도께서 유대인들에게서 나셨다는 찬사를 통해 마무리하는 것이었기 때문이다. 혈연의 친족관계로 세상의 구속주와 연결되어 있다는 것은 대단한 일이다. 그리스도께서 우리와 똑같이 사람의 본성을 입으시는 것을 통해서 우리와 자신을 연결시키신 것이 온 인류에게 영광이 되었다면, 그가 유대인들과 혈연으로 친족이 되고자 하셨다는 사실은 그들에게 얼마나 더 큰 영광이 되겠는가.

그러나 우리는 은혜로 말미암아 주어진 이러한 혈연관계는 경건함과 분리되는 경우에는 유익이 되기는커녕 도리어 더 큰 정죄를 초래한다는 것을 늘 명심하여야 한다. 이 구절은 그리스도 안에 있는 두 본성을 구별함과 동시에 이 두 본성이 그리스도 안에서 하나가 되어 있다고 말한다는 점에서 주목할 만하다. 왜냐하면, 바울은 그리스도께서 유대인들에게서 나셨다고 말함으로써 진정으로 인성을 지니고 계셨다는 것을 분명하게 선언함과 동시에, "육신으로 하면"이라는 어구를 덧붙임으로써 그리스도께서는 "육신"을 뛰어넘는 그 무엇을 가지고 계셨다는 것도 보여주기 때문이다. 여기에서 바울은 그리스도의 인성과 신성을 분명하게 구별하고 있는 것으로 보이지만, 육신을 따라서는 유대인들에게서 나신 그리스도는 "세세에 찬양을 받으실 하나님"이시라고 말함으로써 결국에는 인성과 신성을 결합시킨다.

또한, 우리는 바울이 그리스도께 돌린 이러한 찬송은 오직 참되고 영원하신 하나님에게만 해당되는 찬송이라는 사실을 주목하여야 한다. 왜냐하면, 바울은 디모데전서 1:17에서 "존귀와 영광"은 오직 참되신 하나님만이 받기에 합당하시다고 분명하게 밝히고 있기 때문이다. 이 구절을 문맥으로부터 분리해서 그리스도에게서 그의 신성에 대한 이 너무나 분명한 증언을 박탈하는 자들은 뻔뻔스럽게도 정오 같이 밝은 빛을 어둠으로 덮어 버리고자 하는 것이다. 왜냐하면, 이 구절을 통해서 바울은 육신을 따라서는 유대인들에게서 나신 그리스도께서는 "세세에 찬양을 받으실 하나님"이시라고 이 두 가지를 함께 결합해서 읽을 것을 아주 분명하게 의도하였기 때문이다. 그리고 나는 자기 앞에 놓인 걸림돌과 힘겨운 싸움을 벌이고 있던 바울은 여기에서 의도적으로 자신의 생각을 들어올려서 그리스도의 영원한 영광을 바라본 것임을 의심하지 않는다. 이것은 바울 자신을 위한 개인적인 것이라기보다는 다른 사람들에게 자신의 모범을 따라서 그들의 생각을 들어올려 그리스도의 영광을 바라보도록 격려하기 위한 것이었다.

⁶그러나 하나님의 말씀이 폐하여진 것 같지 않도다 이스라엘에게서 난 그들이 다 이스라엘이 아니요 ⁷또한 아브라함의 씨가 다 그의 자녀가 아니라 오직 이삭으로부터 난 자라야 네 씨라 불리리라 하셨으니 ⁸곧 육신의 자녀가 하나님의 자녀가 아니요 오직 약속의 자녀가 씨로 여기심을 받느니라 ⁹약속의 말씀은 이것이니 명년 이 때에 내가 이르리니 사라에게 아들이 있으리라 하심이라(9:6-9).

6. 그러나 하나님의 말씀이 폐하여진 것 같지 않도다. 바울은 앞에서 자신의 간절한 바람으로 말미암아 격정에 사로잡혔었지만, 이제 여기에서는 선생으로서의 자신의 직분으로 되돌아와서, 마치 자신의 주체할 수 없는 슬픔과 근심을 달래기라도 하려는 듯이, 자기가 앞서 말했던 것을 조금 수정하는 말을 덧붙인다. 즉, 바울은 자기 민족이 멸망할 것에 대하여 크게 근심하며 통탄하였던 까닭에, 사람들은 하나님이 아브라함의 지손과 맺으신 언약이 결국 수포로 돌아간 것이라는 터무니없는 결론을 내릴 수 있을 것으로 보였기 때문에(만일 언약이 폐하여지지 않는다면, 이스라엘 백성에 대한 하나님의 은혜는 지속될 수밖에 없기 때문에) 미리 그것을 예상하고서, 유대인들이 아무리 심하게 눈이 멀었다고 할지라도 하나님의 은혜는 유대 민족에게 여전히 지속되고 있어서, 하나님의 언약의 진실성은 변함이 없으시다는 것을 보여준다.

어떤 이들은 마치 헬라어 본문이 '호이온 테'(οἷον τε)로 되어 있다는 듯이 이 구절을 "그러나 하나님의 말씀은 폐하여지는 것은 불가능하다"로 읽지만, 나는 본문이 그렇게 되어 있는 사본을 본 적이 없기 때문에 "그러나 하나님의 말씀이 폐하여진 것이 아니다"라는 일반적인 읽기를 따르고자 한다. 따라서 이 구절의 의미는 이런 것이다: "내가 내 민족의 멸망을 통탄하는 것은 하나님께서 전에 아브라함에게 주신 약속이 이제 무효가 되거나 폐하여졌다고 생각하기 때문이 아니다."

이스라엘에게서 난 그들이 다 이스라엘이 아니요. 이 말은 하나님의 약속은 아브라함과 그의 자손에게 주어졌다 해서 그의 모든 자손이 다 차별 없이 유업을 받게 되는 것은 아니라는 것이다. 이것으로부터 알 수 있는 것은 아브라함의 자손들 중에서 일부가 변절하였다는 것이 하나님의 언약은 견고하지 않고 지금 유효하지도 않다는 증거가 되지 못한다는 것이다.

하나님께서 어떤 조건 하에서 아브라함의 자손들을 자신의 소유인 백성으로 삼으신 것인지를 좀 더 분명하게 알려면, 우리는 두 가지를 살펴보지 않으면 안 된다. 첫 번째는 아브라함에게 주어진 구원의 약속은 아브라함의 혈통을 이어받은 모든 자들에게 주어졌다는 것이다. 왜냐하면, 이 약속은 예외 없이 아브라함의 모든 자손에게 주어졌고, 그런 까닭에 그들은 하나님이 아브라함과 맺으신 언약의 상속자들이라 불리는 것이 합당하기 때문이다. 이 점에서 그들은 그의 후계자들, 또는 성경에 나오는 호칭을 따르자면 "약속의 자녀들"이다. 따라서 이 언약을 이삭과 야곱만이 아니라 이스마엘과 에서에게도 이루어지게 하시는 것이 하나님의 뜻이었기 때문에, 우리가 하나님의 명령으로 그들에게 행해진 할례를 무시하지 않는다면, 그들은 하나님을 전적으로 떠난 것은 아니었던 것으로 보인다. 그러나 우리가 할례를 무시하는 것은 하나님을 모욕하는 것이다.

따라서 사도는 앞에서 유대인들이 비록 불신앙 가운데 있었을지라도 "그들에게는 언약들이 있다"고 말한 이유였고, 베드로는 사도행전 3:25에서 그들이 "선지자들의 자손"이기 때문에 그들을 "언약의 자손"이라고 부른다. 우리가 두 번째로 살펴보아야 할 것은 그들 속에서 약속의 효력과 효과가 발견되는 자들만이 순수하게 "약속의 자녀들"이라 불릴 수 있다는 것이다. 그런 까닭에, 바울은 여기에서 하나님께서 아브라함의 모든 자손들과 언약을 맺으시기는 했지만, 언약을 충실하게 지킨 자는 별로 없었기 때문에, 자손이라고 해서 모두가 다 하나님의 자녀인 것은 아니라고 말한다. 그러나 하나님께서는 에스겔 16장에서 그들이 모두 자신의 자녀들이라고 증언하신다. 요컨대, 이스라엘 민족 전체가 "하나님의 기업으로 선택된 백성"(시 33:12)이라 불리는 것은 그들이 하나님의 택하심을 받아서 구원의 약속이 그들에게 주어졌고 할례의 표징을 통해 확증되었다는 것을 의미하는 것이다. 그러나 유대인들 중에 많은 수가 자신들의 배은망덕함으로 인해서 이 "양자 됨"을 거부하고 그 은택들을 전혀 누리지 못하고 있기 때문에, 약속의 성취와 관련해서는 그들 중에 차별이 생겨나게 되었다. 바울은 약속의 성취가 대다수의 유대인들에게서 분명하게 이루어지지 않은 것에 대하여 이상하게 생각하는 사람이 없도록 하기 위해서, 그들 모두가 진정으로 하나님의 택하심을 받은 자들인 것은 아니라고 밝힌다.

우리는 이것을 다음과 같이 다른 식으로 표현할 수도 있을 것이다: "하나님께서 이스라엘 백성 전체를 택하셨다는 것이 하나님이 자신의 비밀한 계획을 따라서 그들 중에서 자기가 기뻐하시는 자들을 택하시는 데에 결코 장애가 되지 않는다." 하나님께서 황송하게도 어떤 한 민족과 생명의 언약을 맺으신 것은 그의 값없이 거저 베풀어 주시는 긍휼하심(misericordia)을 보여주는 아주 분명한 예이지만, 하나님의 감춰진 은혜는 오직 그 민족의 일부에게만 국한된 두 번째 택하심 속에서 더욱 분명하게 드러난다.

바울은 이스라엘에게서 난 자들이 다 이스라엘이 아니며, 아브라함의 씨가 다 그의 자녀가 아니라고 말할 때에 소리나 의미가 비슷한 단어들을 가지고 언어유희를 하는 수사법(παρονομασία - 파로노마시아)을 사용한다. 왜냐하면, 그는 두 구절에서 모두 동일하거나 비슷한 단어를 먼저 "모든 자손들"을 가리키는 데에 사용하고 나서는, 다음으로 언약에서 떨어져 나가지 않은 참된 자손들만을 가리키는 데에 또다시 사용하기 때문이다.

7. 오직 이삭으로부터 난 자라야 네 씨라 불리리라. 바울이 이 말을 하는 것은 하나님의 비밀한 택하심이 외적인 부르심보다 위에 있고, 이 두 가지가 서로 모순되는 것이 아니라 전자가 후자를 확증하고 온전하게 한다는 것을 보여주기 위한 것이다. 그러므로 그는 이 두 가지를 순서대로 증명하기 위해서, 먼저 하나님의 택하심은 육신을 따른 아브라함의 자손들에게 국한되어 있는 것도 아니고, 언약의 조건들 속에 포함되어 있는 것도 아니라는 것을 다룬다. 이제 그는 아주 적절한 사례를 들어 이것을 확증하기 시작한다. 왜냐하면, 육신을 따른 아브라함의 자손들 중에서 언약으로부터 떨어져 나가지 않은 자손이 있는 것이 마땅하다면, 먼저 그는 특권을 부여받은 자들 중에 있어야 하기 때문이다. 그런데 아브라함이 아직 살아 있고 하나님의 언약이 아직도 생생한 때에 그의 두 아들 중 한 명이 아브라함의 "씨"라는 지위에서 탈락되었다면, 그의 먼 자손들 가운데서는 그런 일이 얼마나 비일비재하게

일어났겠는가? 바울이 인용한 예언은 창세기 17:20에서 가져온 것인데, 거기에서 하나님께서는 이스마엘을 위한 아브라함의 기도를 들으셨다고 하시면서, 자기가 약속한 복이 머물 자는 따로 있다고 말씀하신다. 이것으로부터 알 수 있는 것은 하나님께서 택하신 백성 가운데서 어떤 사람들을 또다시 택하셔서 특별한 은혜를 주신다고 할지라도, 이렇게 택함 받은 일부 사람들에게도 그 백성 전체를 양자로 삼으신 것은 여전히 유효하다는 것이다.

8. 곧 육신의 자녀가 하나님의 자녀가 아니요 오직 약속의 자녀가 씨로 여기심을 받느니라.　바울은 이제 하나님의 예언의 말씀으로부터 자신이 말하고자 한 모든 것을 담고 있는 결론을 이끌어 낸다. 즉, 이스마엘이나 이삭이나 둘 다 아브라함의 아들이었지만, 이스마엘이 아니라 이삭이 하나님이 약속하신 아브라함의 "씨"였다면, 육신을 따라 아브라함에게서 난 모든 자손들을 "씨"로 여겨서는 안 되고, 하나님의 약속은 그들 모두에게 공통적으로 똑같이 속하는 것이 아니라 오직 그들 중 일부에게서만 성취된다는 결론이 도출될 수밖에 없다는 것이다. 바울은 육신을 따른 아브라함의 자손에 지나지 않는 자들을 "육신의 자녀"라 부르고, 하나님에 의해서 친히 인침을 받은 자들을 "약속의 자녀"라 부른다.

9. 약속의 말씀은 이것이니 명년 이 때에 내가 이르리니 사라에게 아들이 있으리라 하심이라.　바울은 또 하나의 예언의 말씀을 여기에 덧붙이는데, 우리는 예언의 말씀을 구체적으로 적용하는 것 속에서 바울이 성경을 얼마나 세심하고 능숙하게 다루고 있는지를 알게 된다. 하나님께서는 "명년 이 때에 내가 이르리니" 사라로부터 아브라함에게 아들이 태어날 것이라고 말씀하심으로써 자신이 주고자 하는 복이 아직 주어지지 않았다는 것을 보여주셨다. 그런데 하나님이 이런 말씀을 하셨을 때에는 이미 이스마엘이 태어난 후였기 때문에, 하나님이 아브라함에게 주실 복은 이스마엘과는 상관이 없었다. 또한, 우리는 여기에서 바울이 유대인들의 분노를 불러일으키지 않으려고 아주 조심스럽게 말하고 있는 것을 얼핏 보게 된다. 그래서 바울은 먼저 단지 사실만을 보여주고, 그 이유나 목적은 숨긴다. 그런 다음에, 그는 나중에 가서야 이 사실의 근원을 이루고 있는 것을 열어보여줄 것이다.

[10]그뿐 아니라 또한 리브가가 우리 조상 이삭 한 사람으로 말미암아 임신하였는데 [11] 그 자식들이 아직 나지도 아니하고 무슨 선이나 악을 행하지 아니한 때에 택하심을 따라 되는 하나님의 뜻이 행위로 말미암지 않고 오직 부르시는 이로 말미암아 서게

하려 하사 ¹²리브가에게 이르시되 큰 자가 어린 자를 섬기리라 하셨나니 ¹³기록된 바 내가 야곱은 사랑하고 에서는 미워하였다 하심과 같으니라(9:10-13).

10. 그뿐 아니라 또한 리브가가 우리 조상 이삭 한 사람으로 말미암아 임신하였는데. 이 장에는 바울이 주동사가 나오기 전에 문장을 중간에서 끊어 버림으로써 문법적으로 불완전하게 된 문장이 종종 나오는데, 이 절도 그런 문장에 속한다. 이 절을 직역하면 이렇다: "그 뿐 아니라 우리 조상 이삭 한 사람으로 말미암아 임신한 리브가도." 하지만 의미는 분명하다. 즉, 육신을 따른 아브라함의 자손들 가운데서 약속을 받는 것과 관련해서 차이가 나게 된 것은 아브라함의 아들들이었던 이스마엘과 이삭의 경우에서만 볼 수 있는 것이 아니라, 야곱과 에서의 경우가 훨씬 더 분명한 사례가 될 수 있다는 것이다. 왜냐하면, 전자의 경우에는 한 아들은 여종에게서 태어난 까닭에 아예 처음부터 조건이 불평등하였다는 반론이 제기될 수도 있었지만, 후자의 경우에는 두 아들이 동일한 어머니에게서, 게다가 쌍둥이로 태어났지만, 하나님에 의해서 에서는 버린 바 되고 야곱은 택함을 받았기 때문이다. 이것으로부터 분명한 것은 하나님의 약속은 육신을 따라 아브라함의 자손인 모든 자들에게서 일률적으로 성취되는 것이 아니라는 것이다.

바울이 사용한 대명사는 하나님이 자신의 계획을 알게 하신 자들을 가리키는 것이기 때문에, 나는 에라스무스와 마찬가지로 중성 대명사가 아니라 남성 대명사로 보고자 한다. 왜냐하면, 이 구절의 취지는 하나님의 특별한 택하심은 아브라함에게만 나타난 것이 아니라 리브가가 쌍둥이 아들을 낳았을 때에도 나타났다는 것이기 때문이다.

11. 그 자식들이 아직 나지도 아니하고 무슨 선이나 악을 행하지 아니한 때에. 바울은 이제 한 단계 더 나아가서, 이러한 차이의 원인은 오직 하나님의 택하심 외에는 다른 그 어디에서도 찾을 수 없다는 것을 보여준다. 사실 그는 앞에서도 육신을 따른 아브라함의 자손들 간에 그러한 차이가 있다는 것, 즉 모든 자손이 할례를 받아 양자가 되어 언약에 참여하는 자가 되었지만, 하나님의 은혜가 그들 모두에게 주어진 것이 아니어서, 하나님의 은혜를 누리게 된 자만들이 약속의 자녀라는 것을 간단히 언급했었지만, 어떻게 해서 그런 일이 일어나게 된 것인지에 대해서는 아무 말 않고 그냥 넘어가거나 적어도 모호하게 암시만 했을 뿐이었다. 그러나 이제 그는 그러한 차이의 모든 원인이 하나님의 택하심에 있고, 그 택하심은 전적으로 은혜로

주어지는 것이기 때문에 사람들의 상태와는 아무런 관계가 없다는 것을 공개적으로 분명하게 밝힌다. 따라서 우리는 경건한 자들이 구원 받는 것 속에서 하나님의 선하심 이외의 다른 이유를 찾아서는 안 되고, 멸망 받을 자들이 멸망 받는 것 속에서 하나님의 엄위하신 의(義) 이외의 다른 이유를 찾아서는 안 된다.

그러므로 바울의 첫 번째 명제는 "하나님께서 이스라엘 민족에게 그들과 언약을 맺으시는 복을 주셔서 그들을 다른 모든 민족으로부터 구별하신 것과 마찬가지로, 이스라엘 민족에 속한 사람들에 대해서도 하나님이 어떤 사람들은 구원으로 예정하시고 어떤 사람들은 영원한 정죄로 예정하심으로써 하나님의 택하심으로 말미암아 차이가 생겨나게 된다"는 것이고, 두 번째 명제는 "이러한 택하심의 토대는 오직 하나님의 선하심(bonitas), 그리고 아담의 타락 이후에는 하나님의 긍휼하심(misericordia)뿐이고 그 외에는 없기 때문에, 하나님께서는 사람들의 행위가 어떠한지는 전혀 보지 않으시고 오직 자신의 선하심 또는 긍휼하심을 따라서 자기가 기뻐하시는 자들을 택하신다"는 것이며, 세 번째 명제는 "하나님께서는 이렇게 값없이 은혜로 사람들을 택하실 때에 모든 사람에게 똑같이 동일한 은혜를 나누어 주시는 것이 아니라, 도리어 자신이 택하지 않고자 하시는 자들을 택하지 않으시고 자신이 택하고자 하시는 자들을 택하신다"는 것이다. 바울은 이 모든 것을 한 문장 속에 담아서 짤막하게 표현하고 나서, 다른 것들로 나아간다.

또한, 바울은 "그 자식들이 아직 나지도 아니하고 무슨 선이나 악을 행하지 아니한 때에"라는 구절을 통해서, 하나님께서 에서와 이삭을 서로 다르게 다루셨을 때에는 그들이 아직 어떤 행위를 할 수 있는 처지에 있지 않았기 때문에 그들의 행위를 고려하거나 참작할 여지가 전혀 있을 수 없었다는 것을 보여준다. 어떤 이들은 이런 결론에 반대하여, 하나님은 에서와 야곱이 장차 태어나서 어떻게 행할지를 미리 아셨던 까닭에 누가 은혜를 받을 만한 자이고 누가 받을 자격이 없는 자인지도 미리 아신 것이기 때문에, 그들이 아직 태어나지 않았다는 것이 하나님의 택하심이 사람들의 행위로 인한 공로를 따라 되는 것이 아니라는 근거가 될 수는 없다고 주장한다. 그러나 그런 자들은 바울보다 더 통찰력이 있는 것이 아니라, 모든 그리스도인들이 잘 알고 있는 신학의 첫째 가는 원칙, 즉 하나님께서는 에서와 야곱을 비롯한 모든 사람의 부패한 본성 속에서 자기로 하여금 반드시 은혜를 베풀지 않으면 안 되게 할 만한 것을 보실 수 없으시다는 원칙을 정면으로 부정하고 있는 것이다. 따라서 우리가 여기에 덧붙여야 할 것은 바울은 에서나 야곱이 그 어떤 선이나 악을 행하지 않았다고 말할 때에, 그들은 둘 다 아담의 자손으로서 날 때부터 죄인이었고 티끌만한 의도 지니고 있지 않았다는 사실을 당연한 것으로 전제하고 있다는 것이다. 사도가 무엇을 말하고자 하는지가 확실하기 때문에, 나는 이러한 것들을 장황하게 설명하고자 하는 것은 아니고, 단지 궤변론자들이 사도가 분명히 말하고 있는 것을 그대로 받아들이지 않고 어줍잖은 논리를 들어 그 분명한 의미를 회피하고자 하기 때문에, 그들이 주장하는 것들을 바울이 결코 모르고 있지 않았다는 것을 보여주고자 한 것뿐이다.

또한, 우리는 인류 전체에 퍼져 있는 "썩어짐"이 행위나 행동으로 표출되기 전에도 그러한 썩어짐 자체만으로 사람은 정죄 받기에 충분하기 때문에, 에서는 본성적으로 진노의 자녀였던 까닭에 버림 받는 것이 마땅하였다는 결론을 내릴 수 있지만, 마치 에서가 택하심을 받지 못한 것이 그의 어떤 악이나 잘못으로 인한 것이라는 오해의 소지가 없게 하기 위하여, 바울이 하나님께서 그들을 택하실 때에 미덕들만이 아니라 죄들도 전혀 고려하지 않으셨다고 말한 것은 합당하다. 사람이 하나님으로부터 버림 받게 된 직접적인 원인이 우리 모두가 아담에게서 물려받은 저주 때문이라는 것은 옳지만, 바울은 우리로 하여금 오직 하나님의 선하시고 기뻐하시는 뜻만을 순순히 인정하고 순복하는 법을 배우도록 하기 위하여, 하나님께서 자신의 뜻을 따라 사람들을 택하시거나 버리실 때에는 거기에 충분히 합당한 이유가 있다는 가르침을 확고하게 세울 때까지는, 우리에게 그 직접적인 원인을 보여주는 것을 잠시 보류해 둔다.

택하심을 따라 되는 하나님의 뜻이 행위로 말미암지 않고 오직 부르시는 이로 말미암아 서게 하려 하사. 바울은 이 구절에 사용된 한 단어 한 단어 속에서 하나님의 택하심이 값없이 은혜로 된 것임을 역설한다. 만일 거기에서 사람들의 행위가 들어설 자리가 있었다면, 바울은 "하나님의 보응이 행위로 말미암아 서게 하려 하사"라고 말하였을 것이다. 그러나 반대로 그는 하나님께서는 전적으로 자신의 기뻐하시는 뜻으로만 되는 자신의 계획이 서게 하고자 하셨다고 말한다. 바울은 이 점에 대한 논란의 소지를 아예 없애기 위해서 "택하심을 따라 되는," "행위로 말미암지 않고," "오직 부르시는 이로 말미암아"라는 어구들을 차례로 덧붙임으로써 모든 의심을 제거한다. 이제 이 구절이 어떤 식으로 구성되어 있는지를 좀 더 자세하게 살펴보자.

에서와 야곱이 태어나기도 전에, 그러니까 그들이 선이나 악을 행하기도 전에 에서는 버림을 받고 야곱은 택하심을 받았기 때문에, "택하심을 따라 되는 하나님의 뜻"이 견고히 서는 것이라면, 그들에 대한 하나님의 이러한 구별이 그들의 행위 때문이었다고 주장하는 자들은 "하나님의 뜻"을 무너뜨리고자 하는 자들이라는 결론이 나온다. 바울이 "행위로 말미암지 않고 오직 부르시는 이로 말미암아"라는 어구를 덧붙인 것은 이 모든 것이 행위가 아니라 오직 부르심으로 된 것임을 말하고자 한 것이다. 왜냐하면, 그는 행위에 대한 고려를 완전히 배제시키고자 했기 때문이다. 따라서 우리는 하나님의 택하심은 오직 하나님의 뜻으로만 되는 것이기 때문에 영원히 견고할 수밖에 없다는 것을 알게 된다. 거기에는 오직 사망만을 초래할 뿐인 사람의 공로(meritum)가 끼어들 여지가 없다. 자격을 갖춘 사람은 아무도 없기 때문에, 그 어떤 자격도 고려되지 않는다. 오직 하나님의 인자하심(benignitas)만이 그 모든 것을 주관하신다. 그러므로 하나님께서는 각 사람이 자신의 은혜를 받을 자격이 있는지 없는지를 미리 내다보시고서 사람들을 택하기도 하시고 버리기도 하신다는 교리는 잘못된 것이고 하나님의 말씀을 정면으로 거스르는 것이다.

12. 큰 자가 어린 자를 섬기리라. 이삭의 아들들이 아직 모태에 있는 동안에 하나님께서 그들을 어떤 식으로 구별하시는지를 보라. 그러니까 이것은 그들에 대한 하나님의 예언의 말씀이었다. 이 예언의 말씀에 의하면, 하나님께서는 "큰 자"가 아니라 "어린 자"에게 자신의 특별한 은총을 베푸시기로 작정하셨다는 것이다. 이것은 장자권과 관련된 것이었지만, 하나님께서는 장자권이라는 모형(typus)을 통해서 그것보다 더 큰 어떤 것과 관련된 자신의 뜻을 나타내신 것이었다. 야곱이 육신을 따라서는 자신의 장자권으로 말미암아 유익을 얻은 것이 거의 없었다는 것을 생각하면, 우리는 이러한 사실을 분명히 알 수 있다. 왜냐하면, 야곱은 이 장자권으로 인해서 큰 위험에 처했고, 그 위험을 벗어나기 위해서 자신의 본향과 고국을 떠날 수밖에 없었으며, 타지에서 비인간적인 대우를 받아야 했고, 본향으로 돌아올 때에는 목숨이 위태로운 상황에서 두려워 떠는 가운데 형 에서의 발 앞에 꿇어엎드려 자신의 죄를 용서해 달라고 싹싹 빌어야 했으며, 에서의 관용 덕분에 겨우 목숨을 건질 수 있었기 때문이다. 이렇게 현실적으로 야곱은 에서 앞에서 자기를 살려달라고 애걸하지 않으면 안 되었는데, 이것이 하나님의 예언의 말씀을 따라 에서가 야곱을 섬기는 모습이었다고 할 수 있겠는가? 그러므로 하나님께서 이 예언의 말씀을 통해 약속하신 것은 장자권보다 더 큰 어떤 것이었음은 너무나 분명하다.

13. 기록된 바 내가 야곱은 사랑하고 에서는 미워하였다 하심과 같으니라. 여기

에서 바울은 한층 더 강력한 증언을 통해서, 리브가에게 주어진 하나님의 예언의 말씀이 자신이 말하고자 하는 것, 즉 야곱이 다스리고 에서가 섬길 것이라는 하나님의 예언의 말씀은 두 사람의 장래의 영적인 삶의 모습을 보여주는 것이었고, 야곱은 자신의 공로가 아니라 하나님의 인자하심으로 말미암아 이러한 은혜를 입었다는 것을 확증한다. 따라서 바울이 인용한 말라기 선지자의 증언은 하나님께서 왜 야곱에게 장자권을 수여하셨는지 그 이유를 보여준다. 이 인용문은 말라기 1장에서 가져온 것인데, 거기에서 하나님께서는 유대인들의 배은망덕함을 꾸짖으시면서 자기가 전에 그들에게 베푼 인자하심을 언급하신다. 하나님은 "내가 너희를 사랑하였노라"고 운을 떼신 후에, 그들에 대한 자신의 사랑이 어디로부터 온 것인지 그 원천에 대하여 언급하시면서 "에서는 야곱의 형이 아니냐"라고 말씀하시는데, 이것은 다음과 같이 말씀하신 것과 같다: "너희는 야곱이 에서보다 더 잘나서 내가 그를 장자인 에서보다 더 사랑한 줄 아느냐? 천만의 말씀이다. 야곱에게는 잘난 것이 전혀 없었다. 자연법을 따라 동생이 형을 섬겨야 했다는 것을 빼고는 에서나 야곱이나 조건은 똑같았다. 그렇지만 나는 야곱은 택하였고 에서는 버렸다. 이것은 오직 나의 긍휼히 여김으로 말미암은 것이었고, 결코 그들의 행위가 선하거나 악해서 그런 것은 아니었다. 마찬가지로, 나는 야곱의 자손에게도 나의 동일한 인자함을 보여주기 위하여 너희를 내 백성으로 택하였지만, 에서의 후손인 에돔 사람들은 버렸다. 그러므로 너희가 나의 이토록 큰 자비를 망각하고서 나의 뜻을 저버리고 나를 섬기지 않는다면, 너희보다 더 극악무도한 자들은 없는 것이다." 물론, 말라기 선지자는 하나님이 이스라엘 백성에게 베푸신 현세적인 복들도 아울러 언급하기는 하지만, 우리는 그러한 복들을 하나님의 인자하심을 보여주는 증표들 이외의 다른 의미로 받아들여서는 안 된다. 왜냐하면, 하나님의 진노가 있는 곳에는 사망이 뒤따르지만, 하나님의 사랑이 있는 곳에는 거기에 생명도 있기 때문이다.

[14]그런즉 우리가 무슨 말을 하리요 하나님께 불의가 있느냐 그럴 수 없느니라 [15]모세에게 이르시되 내가 긍휼히 여길 자를 긍휼히 여기고 불쌍히 여길 자를 불쌍히 여기리라 하셨으니 [16]그런즉 원하는 자로 말미암음도 아니요 달음박질하는 자로 말미암음도 아니요 오직 긍휼히 여기시는 하나님으로 말미암음이니라 [17]성경이 바로에게 이르시되 내가 이 일을 위하여 너를 세웠으니 곧 너로 말미암아 내 능력을 보이고 내 이름이 온 땅에 전파되게 하려 함이라 하셨으니 [18]그런즉 하나님께서 하고자

하시는 자를 긍휼히 여기시고 하고자 하시는 자를 완악하게 하시느니라(9:14-18).

14. 그런즉 우리가 무슨 말을 하리요. "육신"은 하나님의 이러한 지혜를 들으면 즉시 온갖 의문들이 들끓어오르고 아우성치는 바람에 혼란에 빠지게 되고, 어떤 식으로든 하나님께 해명하라고 대들 수밖에 없다. 그런 까닭에, 우리는 사도가 하나님의 오묘한 신비를 다룰 때마다 사람들의 지성을 사로잡고 있는 수많은 어처구니없고 불합리한 것들에 대처해 나가는 모습을 보게 된다. 사람들은 성경이 예정(praedestinatio)에 관하여 가르치고 있는 것들에 대하여 들을 때에는 특히 더욱 수많은 어처구니없는 의문들에 휩싸여 휘둘리고 걸려넘어진다.

사실 하나님의 예정은 정말 사람의 타고난 능력으로는 도저히 빠져나올 수 없는 미로이다. 그러나 사람의 호기심은 너무나 괴물 같고 끈질겨서, 어떤 주제를 탐구하는 것이 위험하면 할수록 더욱더 몸을 사리지 않고 돌파해 나가고자 한다. 그래서 예정론을 다룰 때, 사람들은 합당한 한계 내에서 자신을 절제하지 못하고, 충동적으로 깊은 바닷속으로 뛰어든다. 그렇다면, 경건한 자들에게는 그런 위험을 피할 어떤 방책이 있는 것인가? 예정론에 대한 논의는 무조건 피해야 하는가? 결코 그렇지 않다. 왜냐하면, 성령께서는 우리에게 우리의 유익을 위해서 꼭 알아야 할 것들만을 가르치신 까닭에, 예정론에 대한 지식은 하나님의 말씀의 한계 내에서 다루어지기만 한다면 의심할 여지 없이 유익할 것이기 때문이다. 그러므로 우리는 예정론과 관련해서 성경이 우리에게 가르치는 것 외에는 아무것도 알고자 하지 않는다는 것을 철칙으로 삼아야 한다. 즉, 하나님께서 어느 지점에서 그의 거룩하신 입을 닫으시면, 그 즉시 우리는 가던 길을 멈추고 그 이상으로 나아가고자 하지 않아야 한다는 것이다. 그러나 우리는 사람이기 때문에 우리 마음속에서 어리석고 우매한 의문들이 저절로 일어난다. 따라서 우리는 그런 의문들에 어떻게 대처해야 하는지를 바울로부터 배울 필요가 있다.

하나님께 불의가 있느냐. 사람의 타고난 성정(ingenium)이 지닌 광기는 기괴해서 자기 자신이 눈먼 것을 인정하기보다는 하나님이 불의하다고 비난하기가 너무나 쉽다. 사실 바울은 독자들을 혼란스럽게 할 수도 있는 문제로 끌어들일 마음이 추호도 없었지만, 하나님께서 자신의 뜻대로 각 사람의 운명을 정한다는 말씀을 듣자마자 많은 사람들의 생각속에서 슬그머니 올라오는 불경스러운 의문에 대처하지 않으면 안 되었기 때문에 이 문제를 다루고 있는 것이다. 육신이 일종의 불의라고 여기는 것은, 하나님이 어떤 사람은 거들떠보지도 않고 무시해 버리시고 어떤 사람은 잘 보살펴 주신다는 점이다.

바울은 이러한 걸림돌을 제거하기 위하여, 자신의 논증 전체를 두 부분으로 나누어서, 먼저 택함 받은 자들을 다루고, 다음으로 멸망 받을 자들을 다룬다. 그는 택함 받은 자들과 관련해서는 우리로 하여금 하나님의 긍휼하심(misericordia)을 묵상하게 하고, 멸망 받을 자들과 관련해서는 하나님의 의로우신 심판을 인정하게 만든다. 그는 먼저 하나님에게 불의가 있다는 생각 자체가 저주받기에 합당한 것이라고 대답한 후에, 다음으로 택함 받은 자들과 멸망 받을 자들이라는 두 부류의 사람들 모두와 관련해서 하나님에게는 그 어떤 불의도 있을 수 없다는 것을 보여준다.

이 문제를 본격적으로 다루기 전에, 우리가 유념해야 할 것은 사람들이 그러한 생각을 한다는 것 자체가 하나님이 사람들을 택하시거나 버리실 때에 거기에는 하나님 자신의 뜻 외에는 그 어떤 것도 영향을 미치지 못한다는 것을 분명하게 증명해 주고 있다는 것이다. 왜냐하면, 만일 이러한 차이가 사람들의 행위에 토대를 둔 것이라면, 바울은 하나님이 불의하신 것이 아니냐는 반론을 다룰 필요조차 없었을 것이고, 만일 하나님이 사람들을 각자의 공로를 따라 대우하시는 것이라면, 하나님이 불의하신 것이 아니냐는 의문조차 생겨날 수 없었을 것이기 때문이다. 우리가 두 번째로 유념해야 할 것은 바울은 자신이 하나님의 이 가르침을 전하면 사람들이 즉시 거세게 반발하며 끔찍한 불경스러운 말들을 쏟아낼 줄을 뻔히 알면서도, 숨김 없이 솔직하게 이 가르침을 전하였다는 것이다. 아니, 바울은 우리가 사람들의 운명이라는 것이 태어나기도 전에 이미 하나님의 비밀한 뜻에 따라 정해진다는 말을 들었을 때에 노발대발하여 아우성을 치게 되리라는 사실을 숨기지 않는다. 그렇지만 이 모든 것에도 불구하고, 바울은 모호한 화법을 사용하여 어물쩍 넘어가는 것이 아니라, 자신이 성령으로부터 배운 바를 분명하게 선포한다. 이것으로부터 우리가 알 수 있는 것은 걸림돌을 제거하거나 해결함에 있어서 자신이 성령보다 더 지혜롭게 보이고자 하는 자들의 잘못된 착각은 결코 용납될 수 없다는 것이다. 그런 자들은 하나님으로 하여금 욕을 먹으시게 할 생각이 아니라면 사람들의 구원이나 멸망은 하나님의 자유로운 선택에 의해서 결정된다고 정직하게 고백하여야 한다. 만일 그들이 자신의 마음을 다스려서 악한 호기심에서 벗어나고 자신의 혀에 재갈을 물려 멋대로 말하는 것을 그친다면, 그들의 절제와 양식(良識)으로 인하여 칭찬을 받겠지만, 도리어 성령과 바울을 제한하고자 한다면, 그것은 이만저만한 오만방자함이 아닐 것이다! 그러므로 경건한 선생들이 사람들로부터 극심한 미움을 받게 된다고 할지라도 참된 가르침을 정직하게 가르치고, 불경건한 자들이 어떠한 비방과 중상모략을 쏟아놓는다고 하여도 그러한 것들을 담대하게 반박하기를 부끄러워하지 않을 정도의 당당함이 하나님의 교회에는 늘 살아 있어야 한다.

15. 모세에게 이르시되 내가 긍휼히 여길 자를 긍휼히 여기고 불쌍히 여길 자를 불쌍히 여기리라 하셨으니. 택함 받은 자들과 관련해서 하나님에게 그 어떤 불의가 있다고 고발하는 것은 불가능하다. 왜냐하면, 하나님께서는 자신의 선하시고 기쁘신 뜻을 따라 긍휼하심으로 그들에게 은혜를 베푸시는 것이기 때문이다. 그렇지만 이 경우조차도 "육신"은 불평할 이유들을 찾아낸다. 왜냐하면, 육신은 하나님께는 어떤 사람에게는 은혜를 주고 어떤 사람에게는 주지 않을 권리가 있다는 것을 그 이유가 분명하고 납득할 수 있는 경우를 제외하고는 절대로 인정할 수 없기 때문이다. 어떤 사람들이 아무런 공로도 없이 다른 사람들보다 더 은총을 입는다는 것은 납득할 수 없는 것으로 여겨지기 때문에, 제멋대로인 인간은 마치 하나님이 그들을 부당하게 후대하기라도 하셨다는 듯이 하나님에게 대들며 다투게 된다. 이제 바울이 하나님의 의로우심을 어떤 식으로 변호하는지를 살펴보기로 하자.

첫째로, 바울은 자기가 지금부터 하는 말을 사람들이 싫어할 것이라는 사실을 결코 은폐하거나 숨기지 않고, 전혀 흔들림 없이 꿋꿋하게 자기가 해야 할 말을 해나가기 시작한다. 둘째로, 그는 어떻게 하면 되도록 사람들의 심기를 불편하게 하지 않을 수 있을까 그 방법을 찾아내려고 애쓰는 것이 아니라, 성경의 증언들을 통해서 더러운 말들을 짖어대는 입에 재갈을 물리고자 할 뿐이다.

사실 하나님은 자신이 긍휼히 여기고자 하시는 자들을 긍휼히 여기시기 때문에 불의하지 않으시다는 바울의 변호는 밋밋하고 열정도 없어 보이지만, 하나님은 오직 자신의 권위만으로 스스로를 변호하기에 지극히 충분하다고 여기시는 까닭에 그 누구의 변호도 필요로 하지 않으시기 때문에, 바울은 자기는 하나님께서 스스로 자신의 의로우심을 드러내시도록 해드리면 충분할 것이라고 생각하였다. 그래서 그는 여기에서 모세가 이스라엘 백성 전체의 구원을 위해 기도했을 때에 하나님으로부터 받은 응답을 제시하는데, 하나님의 응답은 이런 것이었다: "나는 은혜 베풀 자에게 은혜를 베풀고 긍휼히 여길 자에게 긍휼을 베푸느니라"(출 33:19). 이 말씀을 통해서 하나님께서는 첫째는, 자기는 인간 중에서 그 누구에게도 빚진 자가 아니기 때문에 자신이 사람들에게 베푸는 것은 무엇이든지 다 값없이 은혜로 주는 것이라는 것, 둘째는, 자신의 인자함은 거저 주어지는 것이기 때문에 자기가 원하는 자에게 줄 수 있다는 것, 셋째는, 자기가 모든 사람이 아니라 일부의 사람들에게만 은총을 베푸시고 복을 주시는 것은 자신의 뜻 이외의 다른 이유를 생각할 수 없다는 것을 분명하게 밝히신다. 따라서 하나님께서는 이렇게 말씀하신 것과 같다: "나는 한번 긍휼을 베풀기로 작정한 자에게서 절대로 그 긍휼을 빼앗지 않을 것이고, 내가 은혜를 베풀기로 작정한 자에게는 영원히 은혜를 베풀 것이다." 이렇게 하나님께서는 자신이 사람들에게 은혜를 베푸시는 이유는 오직 자신의 자발적인 뜻에 의한 것이라고 말씀하시고, 아울러 오직 일부 사람들에게만 자신의 긍휼을 베푸시기로 작정하셨다는 것을 보여주신다. 왜냐하면, 우리가 "나는 내가 하고 싶은 것을 하겠다"고 말한다면, 그것은 우리 자신이 다른 것들에 구애받지 않고 오로지 우리 자신의 뜻대로 하고자 한다는 것을 말하는 것임과 마찬가지로, 하나님께서 여기에서 말씀하시는 방식은 모든 외적인 이유들을 다 배제시키는 화법이기 때문이다. 또한, 여기에서 사용된 관계대명사도 하나님의 긍휼하심이 모든 사람에게 차별 없이 주어지는 것이 아님을 분명하게 보여준다. 우리가 하나님의 택하심을 외적인 이유들과 결부시킨다면, 그것은 하나님에게서 자유(libertas)를 박탈하는 것이 된다.

모세는 구원의 유일하게 참된 이유를 두 단어로 표현하는데, 첫 번째 단어는 값없이 차고 넘치게 은총이나 긍휼을 베푸는 것을 의미하는 '하난'(חנן)이고, 두 번째 단어는 긍휼히 여기는 마음으로 대하는 것을 의미하는 '라함'(רחם)이다. 이렇게 해서, 바울은 자신의 의도했던 것, 즉 하나님의 긍휼하심은 값없이 주어지는 것으로서 그 어떠한 제약 아래 있지 않고 오직 하나님 자신이 원하시는 자에게 베풀어진다는 것을 확증한다.

16. 그런즉 원하는 자로 말미암음도 아니요 달음박질하는 자로 말미암음도 아니요 오직 긍휼히 여기시는 하나님으로 말미암음이니라. 바울은 자신이 앞에서 인용한 말씀으로부터, 하나님이 우리를 택하시는 것이 우리의 성실함이나 열심이나 노력 때문이 아니라, 순전히 하나님 자신의 뜻으로 말미암는다는 것은 이론의 여지가 없다는 결론을 이끌어 낸다. 우리는 택함 받은 자들이 하나님의 택하심을 받은 것은 그들에게 그럴 만한 자격이 있기 때문이거나, 하나님의 은총을 받을 만한 어떤 것을 자신 속에 가지고 있기 때문이라고, 즉 요컨대 그들 속에는 하나님을 움직일 만한 것이 조금이라도 있기 때문이라고 생각해서는 안 되고, 우리가 택함 받은 자들 중에 속하게 된 것은 우리가 원해서이거나 우리의 노력으로 된 것이 아니라(바

울은 우리가 애쓰고 노력하는 것을 "달음박질하는" 것으로 표현하였기 때문에), 전적으로 원하지도 않고 애쓰지도 않고 심지어 그런 것을 생각조차 하지 않은 자들까지도 오직 자신의 뜻을 따라 택하시는 하나님의 선하심(bonitas)으로 말미암아 된 것임을 그대로 인정하고 받아들여야 한다. 이 구절을 근거로 해서 우리 속에는 택하심을 받고자 노력할 수 있는 힘이 있지만 단지 하나님의 긍휼하심의 도움이 없는 경우에는 아무런 효과도 내지 못하는 것이라고 주장하는 자들은 어리석고 우매한 짓을 하고 있는 것이다. 왜냐하면, 사도는 우리 속에 무엇이 있는지를 보여주고자 하는 것이 아니라, 도리어 하나님의 택하심과 관련해서 우리의 모든 노력을 배제시키고자 하는 것이기 때문이다. 따라서 그는 우리가 원하거나 달음박질할 수 있지만 그런 것이 하나님의 택하심에 아무런 영향을 미칠 수 없다고 말하는 것이 아니기 때문에, 단지 그가 "원하는 자"와 "달음박질하는 자"를 언급했다는 이유만으로, 우리 인간은 하나님의 택하심을 받기 위해서 원하고 달음박질할 수 있다고 말하는 것은 궤변에 지나지 않는다.

　반면에, 하나님의 택하심이 오로지 하나님의 뜻을 따라 은혜로 된다는 것을 핑계 삼아서 안일하고 나태하게 지내는 자들은 정죄 받아 마땅하다. 왜냐하면, 우리 자신의 노력과 열심만으로는 아무것도 이룰 수 없지만, 하나님의 감동을 따라 행해지는 노력과 열심은 효력이 없지 않기 때문이다. 따라서 하나님께서 이런 말씀들을 하신 것은 우리로 하여금 우리 자신의 완악함(pervicacia)이나 나태함(ignavia)으로 우리 안에서 불꽃들을 점화시키는 하나님의 영의 역사를 꺼버리게 하기 위한 것이 아니라, 우리가 가진 모든 것이 하나님에게서 왔다는 것을 깨닫고, 모든 것을 하나님께 구하고 소망하며 하나님께 돌리는 법을 배워가면서, 두렵고 떨리는 마음으로 우리의 구원을 이루어 가도록 하시기 위한 것이다.

　펠라기우스(Pelagius)는 하나님의 택하심은 사람이 원하고 달음박질하는 것만으로 되는 것은 아니고 거기에 하나님의 긍휼하심이 더해져야 한다는 또다른 해괴망측한 궤변을 통해서 여기에 나오는 바울의 선언을 교묘히 피해가고자 하였다. 그러나 아우구스티누스는 다음과 같이 명민하고 완벽하게 그의 궤변을 반박하였다: "사람의 의지를 유일한 이유가 아니고 단지 부분적인 이유라고 말했다고 해서, 그것이 사람의 의지가 택하심의 이유라는 것을 인정하는 것이 아니라면, 우리는 반대로 택하심은 하나님의 긍휼하심에 달려 있는 것이 아니라 사람이 원하고 달음박질하는 것에 달려 있다고도 말할 수 있다. 왜냐하면, 상호적인 협력이 존재하는 곳에는 상호적인 인정도 존재해야 하는 것이기 때문이다. 그러나, 여기에서 상호적인 인정이 존재한다는 것이 터무니없다는 것은 의심의 여지가 없다." 그러므로 우리는 하나님께서 자신이 구원하시기를 기뻐하실 자들을 구원하시는 것은 전적으로 그의 긍휼하심으로 말미암는 것이고, 거기에는 사람의 노력이 끼어들 여지가 전혀 없다는 진리를 굳게 붙잡아야 한다.

또한, 어떤 이들은 여기에 인용된 하나님의 말씀들은 불경건한 자들이 인용해서 말한 것이라고 주장하지만, 그런 주장은 터무니없다. 왜냐하면, 하나님의 의로우심을 단언하고 있는 성경 구절들을 하나님은 폭군이라고 비방할 목적으로 인용할 사람은 없을 것이고, 바울이 그들의 비방을 다른 방식으로도 얼마든지 반박할 수 있는 상황에서 그들이 성경의 말씀들을 조롱하기 위하여 말한 것들을 여기에서 인용했을 리가 없기 때문이다. 이런 주장은 사람의 능력으로는 결코 헤아릴 수 없는 하나님의 신비를 그들 자신의 잘못된 지각(sensus)으로 헤아리고 재고자 하는 자들이 사용하는 편법일 뿐이다. 그들의 우아하고 점잖은 귀에는 바울의 이런 가르침이 사도라는 직분에 걸맞지 않은 거칠고 상스러운 말로 들렸을 것이지만, 그들이 이러한 터무니없는 거짓들에 완전히 사로잡히지 않기 위해서는, 그들 자신의 끈질긴 고집을 성령에게 순종하는 데로 돌렸어야 마땅하였다.

17. 성경이 바로에게 이르시되 내가 이 일을 위하여 너를 세웠으니 곧 너로 말미암아 내 능력을 보이고 내 이름이 온 땅에 전파되게 하려 함이라 하셨으니. 바울은 이제 두 번째 부분, 즉 불경건한 자들이 하나님에 의해서 버림 받는 것에 대하여 다루기 시작한다. 불경건한 자들과 관련된 부분 속에는 택함 받은 자들과 관련된 부분보다 납득할 수 없는 것이 더 많아 보이기 때문에, 바울은 하나님께서 자기가 버리기 원하시는 자들을 버리시는 것은 비난받을 만한 것이 전혀 없을 뿐만 아니라, 거기에는 그의 놀라우신 지혜(sapientia)와 공평하심(aequitas)이 드러나 있다는 것을 더욱더 분명하게 보여주고자 애쓴다. 그래서 바울은 하나님께서 자신의 능력에 완강하게 저항하는 자를 이기시고 굴복시키심으로써 자신의 능력은 당할 자가 없어서 인간의 힘으로는 그 능력에 저항하기는커녕 감당할 수조차 없다는 것을 보여주시기 위하여 애굽 왕 바로를 세우셨다고 분명하게 밝히시는 출애굽기 9:16을 증거 본문으로 사용한다. 하나님께서 애굽 왕 바로를 통해서 어떤 표본을 보여주고자 하셨는지를 똑똑히 보라!

따라서 우리가 여기에서 살펴보아야 할 것이 두 가지인데, 첫 번째는 하나님이 애굽 왕 바로를 멸망으로 예정하신 것으로서, 이것은 하나님의 의로우시지만 감춰진 계획을 따라 이루어진 것이었고, 두 번째는 하나님이 그렇게 하신 목적은 하나님의 이름을 알리시기 위함이었다는 것이다. 바울은 주로 두 번째를 집중적으로 다룬다. 왜냐하면, 하나님께서 애굽 왕 바로를 완악하게 하신 것이 그렇게 해서 하나님의 이름을 알리는 것이 합당했던 까닭이라면, 그것 외의 다른 결과를 들어서 하나님을 불의하다고 비난하고 고발하는 것은 불경스러운 일이기 때문이다.

그러나 많은 해석자들이 이 구절의 내용을 좀 더 부드럽게 완화시켜서 그 의미를 왜곡하고자 하기 때문에, 우리는 먼저 "내가 너를 세웠다"는 것은 히브리어로 "내가 너를 임명했다"는 것이고, 이것은 하나님이 애굽 왕 바로의 완악함이 자신이 자기 백성을 건져내는 것을 방해하지 못할 것임을 보여줌으로써, 자신이 바로의 광분함을 미리 아시고서 그 광분함을 억제할 수단들을 준비하셨을 뿐만 아니라, 자신의 능력을 더 뚜렷하게 보여주고자 하는 분명한 목적을 가지고서 바로를 의도적으로 완악하게 하신 것임을 분명히 보여준다는 사실을 알아야 한다. 그러므로 어떤 이들처럼, 이 구절은 하나님이 애굽 왕 바로를 처음에 왕으로 세우신 것을 말하고 있는 것이 아니기 때문에, 그를 자신의 목적을 위해 사용하시기 위하여 한동안 더 살려 두셨다는 것을 의미하는 것이라고 해석하는 것은 터무니없다. 왜냐하면, 하나님은 온갖 사건들을 일으키셔서 어떤 사람들의 계획이나 행동을 막으시는 일이 비일비재하기 때문에, 하나님이 애굽 왕 바로를 내셨고, 바로의 인물됨도 하나님에 의해서 결정되었다고 보는 것이 "내가 너를 세웠다"는 동사와 부합하기 때문이다. 그러나 바울은 아무도 애굽 왕 바로가 하늘로부터의 어떤 일반적이고 모호한 충동에 의해서 저 폭력적인 행동으로 치달은 것이라고 오해하지 않도록 하기 위하여 여기에서 특별한 이유 또는 목적을 언급한다. 즉, 바울은 하나님께서는 애굽 왕 바로가 장차 어떻게 할지를 아셨을 뿐만 아니라, 그 특별한 목적을 위하여 의도적으로 바로로 하여금 그렇게 하도록 정하신 것이라고 말한 것과 같다. 이것으로부터 알 수 있는 것은 마치 하나님께서는 자기가 행하시는 일과 관련해서 그 이유나 목적을 우리에게 설명해 주셔야 할 의무가 있다는 듯이, 우리가 하나님과 다투고 따지는 것은 헛일이라는 것이다. 왜냐하면, 하나님께서는 바로 그러한 우리의 반론을 미리 예상하시고서, 그가 자기 이름을 온 땅에 알게 하고자 그의 섭리라는 비밀한 근원으로부터 멸망 받을 자들을 세우신 것이라고 미리 분명하게 못박고 계시기 때문이다.

18. 그런즉 하나님께서 하고자 하시는 자를 궁휼히 여기시고 하고자 하시는 자를

완악하게 하시느니라. 바울은 앞에서 택함 받은 자들에 대하여 말한 부분과 멸망 받을 자들에 대하여 말한 부분, 이 두 부분의 결론을 여기에서 제시하는데, 여기에 제시된 것이 사도 자신의 결론이라는 것은 의심의 여지가 없다. 왜냐하면, 그는 곧 이어서 자신의 대적들이 제기하는 반론들을 인용하면서 그들과의 논쟁을 시작하기 때문이다. 따라서 우리가 방금 앞에서 말했듯이, 바울은 여기에서 자기 나름대로의 표현을 사용해서, 하나님께서는 자신의 뜻을 따라 자기가 "하고자 하시는 자를 긍휼히 여기시고," "하고자 하시는 자"에게 혹독한 심판을 쏟아부으시는 것이라고 말하고 있다는 것은 의심의 여지가 없다. 우리로 하여금 택함 받은 자들과 멸망 받을 자들의 구별이 엄연히 존재하고, 거기에는 하나님의 뜻 외에 그 어떤 이유도 개입될 수 없다는 것을 받아들여서 더 이상 다른 이유를 찾지 않도록 하기 위하여, 하나님께서는 어떤 자들에게는 빛을 비쳐주셔서 구원을 얻게 하시고 어떤 자들에게는 그 눈을 멀게 하셔서 멸망 받게 하시는 것을 좋게 여기셨다는 사실을 우리로 수긍하게 하고자 하는 것이 바울의 목적이었다. 왜냐하면, 그는 특히 "하고자 하시는 자"라는 어구를 두 번이나 반복함으로써, 우리가 그것을 넘어서는 어떤 시도를 하는 것을 아예 허용하고자 하지 않기 때문이다. 성경에서 하나님께서 어떤 사람을 "완악하게 하신다" 또는 "강퍅하게 하신다"고 할 때, 그것은 그 의미를 좀 더 부드럽게 하고자 하는 자들이 말하는 것 같이 단지 허용하시고 허락하시는 것만을 의미하는 것이 아니라, 하나님의 진노로 말미암은 역사(divinae irae actio)를 가리키는 것이기도 하다. 왜냐하면, 멸망 받을 자들을 눈멀게 하는 쪽으로 이끄는 모든 외적인 일들은 하나님의 진노를 보여주는 도구들이기 때문이다. 심지어 우리의 내면에서 강력한 힘으로 역사하는 사탄조차도 하나님의 일꾼이기 때문에 자기 스스로 행하는 것이 아니라 하나님의 명령으로 행한다. 그러므로 가톨릭 스콜라주의 신학자들이 미리 아심(praescientia)이라는 교리를 내세워 하나님의 예정을 교묘하게 피해가고자 하는 시도는 설 자리를 잃는다. 왜냐하면, 바울은 악인들의 멸망은 하나님이 미리 아실 뿐만 아니라 하나님의 계획과 뜻에 의해서 미리 정해지는 것이라고 가르치고, 마찬가지로 솔로몬도 하나님께서는 악인들의 멸망을 미리 아실 뿐만 아니라, 그들로 하여금 멸망하게 하기 위하여 그들을 지으신 것이라고 가르치기 때문이다(잠 16:4).

[19]혹 네가 내게 말하기를 그러면 하나님이 어찌하여 허물하시느냐 누가 그 뜻을 대적하느냐 하리니 [20]이 사람아 네가 누구이기에 감히 하나님께 반문하느냐 지음을 받

은 물건이 지은 자에게 어찌 나를 이같이 만들었느냐 말하겠느냐 ²¹토기장이가 진
흙 한 덩이로 하나는 귀히 쓸 그릇을, 하나는 천히 쓸 그릇을 만들 권한이 없느냐
(9:19-21).

**19. 혹 네가 내게 말하기를 그러면 하나님이 어찌하여 허물하시느냐 누가 그 뜻
을 대적하느냐 하리니.** 멸망 받는 자들은 하나님의 뜻에 의해서 멸망으로 예정된
것이라는 말씀을 들을 때에 "육신"(caro)의 분노는 최고조에 이르게 된다. 그런 까
닭에, 사도는 하나님이 불의하시다고 공격하며 아우성치는 불경건한 자들의 입을
이대로는 막을 수 없다는 것을 알고서, 여기에서 다시 한 번 그들이 제기할 수 있는
반론들을 거론하며 거기에 대처해나간다. 그는 그들의 정서를 기가 막히게 잘 표현
하고 있다. 즉, 그들은 그들 자신을 변호하고 변명하는 것으로 만족하지 않고, 그들
이 죄인인데도 그들 대신에 하나님을 죄인으로 만들어서, 하나님이 그들을 정죄하
는 것은 잘못이라고 주장하며, 그 책임을 하나님께 물어서 하나님의 크신 능력에 화
를 낸다는 것이다. 그들은 실제로는 하나님께 대항할 수 없기 때문에 겉으로는 굴
복하는 체하면서 속으로는 앙심을 품고, 하나님의 통치권을 인정하면서도 하나님
을 폭군이라고 비난한다. 마찬가지로, 궤변론자들은 마치 하나님께서 자신의 의로
우심은 다 내팽개치시고, 모든 일들 속에서 사람들을 혼란스럽게 하심으로써 사람
들이 자신의 권위를 인정하는지 안 하는지를 시험하기라도 하신다는 듯이, 어리석
게도 자신들이 가르치는 학교들에서 하나님의 의는 "절대적"(그들은 이렇게 부른
다)이라고 강변한다. 따라서 이 구절에서 불경건한 자들은 이렇게 말하고 있는 것
이다: "하나님이 우리에게 진노하실 이유가 도대체 어디 있느냐? 하나님이 오직 자
신의 뜻을 따라 원하시는 대로 우리를 멸망 받을 자로 지으셨고, 또한 그렇게 이끄
서 놓고는, 우리를 멸망시키신다면, 그것은 하나님 자신이 우리 속에 만들어놓은 것
을 벌하시는 것밖에 더 되느냐? 우리에게는 하나님과 다툴 힘이 없고, 우리가 아무
리 저항한다고 해도, 결국은 하나님이 이기실 것이 아닌가. 그러므로 하나님이 우
리를 정죄하신다면, 그 심판은 불의한 것일 수밖에 없다. 하나님은 지금 우리에게
자신의 능력을 이루 말할 수 없이 남용하고 계시는 것이기 때문이다." 바울은 이런
항변에 대하여 무엇이라고 말하는가?

20. 이 사람아 네가 누구이기에 감히 하나님께 반문하느냐. 이 구절은 헬라어 본
문에는 분사로 되어 있기 때문에, 우리는 다음과 같이 현재 시제로 읽을 수 있다:

"네가 누구이기에 감히 하나님을 반대하여 논쟁하거나 다투거나 송사를 벌이겠느냐." 왜냐하면, 헬라어 본문을 직역하면, 그 의미는 "하나님과 논쟁하고자 하는 너는 누구냐"가 되기 때문이다. 그러나 의미에 있어서는 별 차이가 없다. 첫 번째 답변에서 바울은 먼저 인간이 어떤 존재인지를 근거로 한 논증을 통해서 그들의 불경스러운 신성모독을 제압한다. 그러고 나서 곧 그는 하나님이 불의하시다는 모든 고소가 다 틀렸다는 것을 분명하게 밝히는 또 하나의 논증을 덧붙일 것이다.

바울이 여기에서 하나님의 뜻 이외의 어떤 이유를 들고 있지 않다는 것은 명백하다. 만일 하나님의 예정과 관련해서 우리가 수긍할 수 있는 어떤 이유들이 있다면, 그 이유들을 말해주어서 이 문제를 즉시 해결하면 될 것인데, 바울이 여기에서 그런 간단한 해결책을 채택하지 않을 이유가 어디 있겠는가? 그런데 실제로는 그는 오직 하나님의 뜻만을 그 이유로 제시하고서, 도리어 우리에게 그 이유만으로 충분하지 그밖의 다른 이유들이 필요한 것이냐고 반문한다. 만일 하나님께서 자신의 뜻대로 어떤 사람들에게는 은총을 주지 않고 버리시고 어떤 사람들은 값없이 사랑하셔서 택하시는 것이라는 반론이 잘못된 것이었다면, 바울은 그러한 반론을 반드시 반박하고 넘어갔을 것이다. 불경건한 자들은 사람들이 구원받거나 멸망 받는 데에 하나님의 뜻이 일차적인 원인이라면 사람들에게는 잘못이 없는 것이 아니냐고 반론을 편다. 바울은 그들의 반론 중 전제가 잘못되었다고 말하는가? 그렇지 않다. 도리어 그는 그들의 전제, 즉 하나님께서는 자신이 하고자 하시는 대로 사람들을 택하기도 하시고 버리기도 하신다는 것을 확증하면서, 하나님이 그렇게 하신다고 해서 사람들이 들고 일어나 하나님과 다투어 보아야 헛된 일이고 미친 짓이라고 말한다. 왜냐하면, 바울의 말에 의하면, 하나님께서 자신이 지으신 자들의 운명을 자신이 기뻐하시는 대로 정하시는 것은 전적으로 하나님의 권한이라는 것이다.

바울이 이치를 따져 제대로 해명할 수 없으니까 괜히 화를 내며 자신들을 책망하는 것이라고 말하는 자들은 성령에 대하여 지독한 비방과 중상모략을 하고 있는 것이다. 왜냐하면, 바울은 하나님이 의로우시다는 것을 증명해 줄 증거들을 이미 가지고 있음에도 불구하고, 그런 증거들을 제시해 보아야 그들이 이해할 수 없을 것이었던 까닭에, 먼저 그 증거들을 제시하지 않은 것일 뿐이기 때문이다. 그래서 다음으로, 그는 하나님이 의로우시다는 것을 여러 증거들을 들어서 자세하게 변증하는 방법을 택하지 않고, 오직 우리가 진실로 낮아져서 하나님을 경외하는 마음으로 말씀을 받을 때에만 하나님이 의로우시다는 것을 충분히 납득할 수 있는 그런 방법으로 두 번째 논증을 변경한다. 즉, 그는 사람들에게 그들이 마땅히 기억해야 하는 것, 즉 자신의 본분과 처지를 상기시키는 방법을 택한다. 실제로 그는 이렇게 말한 것과 같다: "너는 사람이기 때문에 네가 띠끌이고 재에 불과하다는 것을 인정해야 한다. 그런데 그런 네가 어찌하여 너로서는 도무지 이해할 수 없는 것을 가지고서 하나님과 다투고자 하는 것이냐?" 요컨대, 사도는 자신이 얼마든지 말할 수 있었던 여러 증거들을 제시하는 방법을 사용하는 것이 아니라, 무지한 우리가 받아들일 수 있는 논거를 제시하고 있는 것이다. 교만한 자들은 바울이 하나님의 비밀한 계획에 의해 사람들이 버림 받기도 하고 택함 받기도 한다는 것을 인정하면서도, 그것이 정당하다는 것을 증명해 줄 그 어떤 증거나 이유도 제시하지 않는다고 아우성치며 분개한다. 하나님의 영은 그들의 생각과는 달리 그런 것들에 대하여 침묵하심으로써 도리어 우리에게 우리의 지성으로 헤아릴 수 없는 하나님의 신비에 대해서는 우리가 경외하는 마음으로 찬송하고 경배하는 것이 마땅하다는 것을 일깨워 주시고, 또한 그렇게 하심으로써 부끄러운 줄을 모르고 날뛰는 인간의 호기심을 억제하고자 하시는 것인데도, 그들은 마치 하나님의 영이 하나님이 의로우시다는 것을 이치를 따져 증명할 수 없어서 침묵하는 것이라는 듯이 따지고 든다. 그러므로 우리는 하나님께서는 우리가 그의 무한하신 지혜를 우리의 작은 그릇에 담을 수 없다는 것을 아시기 때문에 오로지 바로 그 이유로 인해서 말씀하지 않으시는 것일 뿐이고, 그 대신에 우리의 연약함을 생각하셔서 우리로 하여금 우리 자신의 처지와 본분을 깨 달아서 제정신을 차리고 절제하도록 우리를 이끄시는 것임을 알아야 한다.

지음을 받은 물건이 지은 자에게 어찌 나를 이같이 만들었느냐 말하겠느냐. 우리는 여기에서 바울이 하나님께서 사람들을 택하시거나 버리실 때에, 비록 그 이유가 우리에게 감춰져 있다고 할지라도, 하나님의 뜻은 언제나 의로우시다는 것을 믿어야 한다는 것을 계속해서 역설하고 있는 것을 본다. 왜냐하면, 그는 우리가 하나님께서 자신의 피조물들을 지으실 때에 자기가 보기에 합당하다고 여겨지는 대로 지으실 자유가 있으시다는 것을 부정하는 것은 하나님의 고유한 권한을 박탈하는 것이 된다는 것을 보여주고 있기 때문이다. 아마도 이 말씀은 많은 사람들의 귀에 거슬리게 들릴 것이다. 또한, 하나님을 그런 자의적인 권력을 휘두르는 분으로 설명하는 것 자체가 하나님에 대한 엄청난 모독이라고 말하는 자들도 있다. 바울은 믿는 자들로 하여금 자신이 전하는 말씀을 참된 잣대로 삼아 그들 자신의 처지와 본분을 깨닫고 스스로 낮아져서 하나님의 절대주권을 인정하고 그들 자신의 판단에 의거해서 하나님의 일을 판단하지 말라고 하는 것인데도, 그런 자들은 바울이 하는 말이 그들의 귀에 거슬린다고 해서, 마치 그들이 바울보다 더 훌륭한 신학자로서 하나님을 옹호하는 체하는 것이다.

바울은 하나님과 다투고자 하는 사람들의 이러한 교만함을 지극히 합당한 비유를 들어서 제압하는데, 이 비유는 예레미야 18:6이 아니라 이사야 45:9을 간접적으로 인용한 것으로 보인다. 왜냐하면, 예레미야는 단지 이스라엘이 하나님의 손에 있는 까닭에 마치 토기장이가 토기를 부수듯이 하나님께서는 그들의 죄를 인하여 그들을 완전히 박살내실 수 있으시다는 것만을 우리에게 가르치고 있는 반면에, 이사야는 거기에서 한 걸음 더 나아가서, "자기를 지으신 이와 더불어 다툴진대 화 있을진저 진흙이 토기장이에게 너는 무엇을 만드느냐 또는 네가 만든 것이 그는 손이 없다 말할 수 있겠느냐"고 말하며, 진흙이 자기를 만드는 토기장이와 다투는 것은 있을 수 없는 일이라고 말하고 있기 때문이다. 죽을 수밖에 없는 존재인 사람이 자기 자신을 하나님과 비교했을 때에 자기가 토기보다 더 낫다고 생각할 이유가 전혀 없다는 것은 분명하다. 하지만 바울은 토기장이와 토기에 관한 비유가 한층 더 큰 무게를 지니게 하기 위하여 단지 선지자의 말을 간접적으로 인용하고자 한 것이기 때문에, 우리는 이 비유의 세세한 부분까지 다 우리의 현재의 주제에 적용하려고 해서는 안 된다.

21. 토기장이가 진흙 한 덩이로 하나는 귀히 쓸 그릇을, 하나는 천히 쓸 그릇을 만들 권한이 없느냐. 지음 받은 것이 자기를 지은 자와 다투어서는 안 되는 이유는 지은 자는 단지 자기가 마땅히 해야 할 일을 한 것일 뿐이기 때문이다. "권한"이라는 단어는 지은 자가 자신의 뜻대로 행할 능력이나 힘을 지니고 있다는 것이 아니라, 자신의 뜻대로 행하는 것이 지은 자의 고유한 권리라는 것을 의미한다. 왜냐하면, 바울은 하나님께는 자의적인 권력을 휘두를 권한이 있으시다고 말하고자 하는 것이 아니라, 하나님께 주어진 고유한 권한에 대하여 말하고자 하는 것이기 때문이다.

또한, 이 비유를 적용할 때에 우리가 염두에 두어야 할 것은 토기장이가 진흙을 어떤 모양으로 빚든지 진흙이 거기에 기여하는 것은 없는 것과 마찬가지로, 하나님께서 사람을 어떤 모양으로 지으시든지 거기에 사람이 기여하는 것은 아무것도 없다는 것이다. 우리가 오직 기억해야 할 것은 하나님께는 사람들의 생사를 주관하시는 권세가 있으시다는 것을 우리가 인정하지 않는 것은 하나님에게서 그의 존귀의 일부를 박탈하는 것이 된다는 것이다.

²²만일 하나님이 그의 진노를 보이시고 그의 능력을 알게 하고자 하사 멸하기로 준비된 진노의 그릇을 오래 참으심으로 관용하시고 ²³또한 영광 받기로 예비하신 바 긍휼의 그릇에 대하여 그 영광의 풍성함을 알게 하고자 하셨을지라도 무슨 말을 하리요(9:22-23).

22. 만일 하나님이 그의 진노를 보이시고 그의 능력을 알게 하고자 하사 멸하기로 준비된 진노의 그릇을 오래 참으심으로 관용하시고. 이 두 번째 답변에서 바울은 하나님의 계획은 실제로 우리가 헤아릴 수 없지만, 하나님의 흠 잡을 수 없는 공평하심(aequitas)은 택함 받은 자들의 구원은 물론이고 버림 받은 자들의 멸망 속에서도 마찬가지로 밝히 빛난다는 것을 간략하게 보여준다. 사실 그는 하나님이 어떤 기준으로 사람들을 택하시는지를 보여주지 않기 때문에 왜 이 사람은 택함을 받고 저 사람은 버림을 받는지 그 이유를 해명하고 있지는 않다. 왜냐하면, 하나님의 비밀한 계획에 속한 일들이 사람들의 검열의 대상이 되는 것은 합당하지 않고, 게다가 이 신비는 불가해하기 때문이다. 그러므로 바울은 우리가 사람의 지성으로는 깨달을 수 없는 그러한 일들을 호기심과 궁금증으로 캐묻고자 하는 것을 금하면서도, 하나님의 예정이 실제로 드러나는 한에 있어서는 그것이 참으로 의로운 것임을 보여준다.

바울이 사용한 불변화사 '에이 데'(εἰ δὲ)는 "만일 … 무슨 말을 하리요"를 의미하기 때문에, 이 문장 전체는 의문문이다. 그렇게 읽을 때에 이 문장의 의미는 더 분명해진다. 또한, 이 문장 속에서는 생략법이 사용되고 있기 때문에, 우리는 생략된 것들을 보충해서 이 문장을 다음과 같이 이해할 수 있을 것이다: "만일 … 하셨을지라도, 누가 하나님을 불의하시다고 비난하거나 고소할 수 있으리요? 우리는 그런 일들 속에서 오직 지극히 올바른 공평하심만을 보게 되지 않는가?"

그러나 우리가 바울이 말하고자 하는 것을 제대로 온전히 이해하고자 한다면, 그가 사용한 거의 모든 단어를 살펴보지 않으면 안 된다. 그는 이런 식으로 논증을 전개해 나간다: "멸하기로 준비된," 즉 멸망에 부쳐지고 멸망 받기로 정해진 그릇들이 있다. 또한, 그들은 "진노의 그릇들," 즉 하나님께서 그의 원수 갚으심과 진노의 본보기들로 삼으시기 위하여 지으시고 빚으신 그릇들이다. 하나님께서 일찌감치 그들을 멸하시는 것이 아니라, 다른 사람들로 하여금 너무나 두려운 본보기들을 보고서 두려워하게 할 목적으로 자신의 엄위하심을 나타내시고 자신의 능력을 알게 하시기 위하여 그들에게 준비된 심판을 그 멸망 받을 자들에 대하여 오래 참으심으로 연기하시고 그들을 통해서 자신의 능력을 여러 모로 나타내심으로써, 택함 받은 자들에게 베푸신 그의 긍휼하심이 더욱더 온전히 알려지고 더 밝게 빛나게 하시는 것이라면, 하나님의 이러한 경륜 속에 비난받을 만한 것이 무엇이 있는가? 왜 그들이 "멸하기로 준비된 그릇들"이 된 것인지 그 이유에 대하여 바울이 침묵하고 있는 것은 전혀 이상한 일이 아니다. 왜냐하면, 그는 자신이 앞에서 말한 대로 그 이유는 하나님의 영원하시고 불가해한 계획 속에 감춰져 있는 까닭에, 우리가 하나님의 의로우심을 과연 그러한지 따지고 캐묻는 것이 아니라 찬양하고 경배하여야 한다는 것을 당연한 것으로 전제하기 때문이다.

바울은 여기에서 일반적으로 도구(instrumentum)라는 의미로 "그릇"이라는 단어를 사용한다. 왜냐하면, 모든 피조물들에 의해서 행해지는 일들은 무엇이나 다 하나님의 능력을 드러내는 일들이기 때문이다. 그러므로 우리 믿는 자들은 하나님께서 자신의 긍휼하심(misericordia)을 드러내는 도구들로 사용하시는 까닭에 "긍휼의 그릇"이라 불리고, 멸망 받을 자들은 하나님의 심판이 어떠한 것인지를 드러내는 역할을 하는 까닭에 "진노의 그릇"이라 불리는 것이 지극히 합당하다.

23. 또한 영광 받기로 예비하신 바 긍휼의 그릇에 대하여 그 영광의 풍성함을 알게 하고자 하셨을지라도 무슨 말을 하리요. 나는 여기에서 두 개의 불변화사 '카이 히나'(καὶ ἵνα)라는 표현 속에 도치법적 구문이 사용되고 있다는 것을 의심하지 않기 때문에, 이 구절을 앞 구절과 더 잘 조화되게 하기 위하여, "또한 … 알게 하고자 하셨을지라도"로 옮겼다. 이 구절은 하나님께서 멸망 받을 자들을 통해서 자신의 영광을 드러내시는 두 번째 이유를 보여주는데, 그 이유는 택함 받은 자들에 대한 하나님의 긍휼하심이 크다는 것을 더욱 분명하게 알게 하고자 하시기 위함이라는 것이다. 왜냐하면, 택함 받은 자들이라고 해서 그들이 순전히 하나님의 은혜로 말미암아 값없이 저 멸망의 깊은 구렁으로부터 건짐 받았다는 것 외에는 멸망 받을 자들과 특별히 다른 것이 전혀 없기 때문이다. 그들이 건짐 받은 것은 그들 자신의 공로로 말미암은 것이 절대로 아니고, 오직 하나님이 값없이 거저 베풀어 주신 인자하심(benignitas)으로 인한 것이다. 그러므로 우리가 하나님의 진노를 피하지 못한 모든 자들이 얼마나 비참하게 멸망당하는지를 볼 때, 택함 받은 자들에 대한 하나님의 무한하신 긍휼하심은 한없이 찬양받으시기에 합당하다는 것이 한층 더 뚜렷하게 드러날 수밖에 없다.

여기에 두 번 언급된 "영광"이라는 단어는 사물의 일부나 특성으로 그 사물 전체를 나타내는 수사법인 환유법으로 사용된 것으로서 하나님의 긍휼하심을 의미하는 것이라고 나는 생각한다. 왜냐하면, 하나님의 주된 찬송 또는 영광은 그의 인자하심에서 나오는 역사들에 있기 때문이다. 그래서 에베소서 1:12-14에서 바울은 하나님께서 "그의 은혜의 영광의 찬송"(한글개역개정에는 "그의 영광의 찬송")이 되게 하시기 위하여 우리를 택하셨다고 가르친 후에, "은혜"라는 단어를 빼고서 단지 우리가 "약속의 성령으로 인치심"을 받아서 "그의 영광의 찬송"이 되게 하셨다고 말한다. 따라서 바울이 여기에서 말하고자 하는 것은 택함 받은 자들은 하나님이 자신의 이름을 그들 가운데서 영화롭게 하시기 위하여 자신의 긍휼하심을 드러내시는 도구들 또는 그릇들이라는 것이다.

바울은 앞에서는 멸망 받을 자들에 대하여 단지 "멸하기로 준비된 그릇들"이라고 단순하게 말했던 반면에, 여기 두 번째 구절에서는 택함 받은 자들을 "영광 받기로 예비하신" 분은 하나님이시라는 것을 좀 더 분명하게 표현하기는 하지만, 두 부류의 사람들이 예비되고 준비되는 것이 하나님의 비밀한 계획과 연관되어 있다는 것은 의심의 여지가 없다. 만일 그렇지 않았다면, 바울은 멸망 받을 자들은 자기 자신을 스스로 멸망에 내주거나 내던진다고 말했을 것이다. 그러나 그는 여기에서 그들은 태어나기도 전에 이미 운명이 정해진다는 것을 보여준다.

[24]이 그릇은 우리니 곧 유대인 중에서뿐 아니라 이방인 중에서도 부르신 자니라 [25]호세아의 글에도 이르기를 내가 내 백성 아닌 자를 내 백성이라, 사랑하지 아니한 자를 사랑한 자라 부르리라 [26]너희는 내 백성이 아니라 한 그 곳에서 그들이 살아 계신 하나님의 아들이라 일컬음을 받으리라 함과 같으니라 [27]또 이사야가 이스라엘에 관하여 외치되 이스라엘 자손들의 수가 비록 바다의 모래 같을지라도 남은 자만 구원을 받으리니 [28]주께서 땅 위에서 그 말씀을 이루고 속히 시행하시리라 하셨느니라 [29]또한 이사야가 미리 말한 바 만일 만군의 주께서 우리에게 씨를 남겨 두지 아니하셨더라면 우리가 소돔과 같이 되고 고모라와 같았으리로다 함과 같으니라 (9:24-29).

24. 이 그릇은 우리니 곧 유대인 중에서뿐 아니라 이방인 중에서도 부르신 자니라. 바울이 지금까지 사람들을 택하심에 있어서 하나님의 자유하심(libertas)에 대

하여 전개해 온 논증으로부터 두 가지 결론이 도출되는데, 첫 번째는 택하심에 있어서 하나님의 은혜는 유대 민족에게만 국한되지 않고 다른 민족들에게로도 흘러가서 온 세계에 두루 퍼진다는 것이고, 두 번째는 이 택하심의 은혜는 유대인들에게 절대적으로 보증되어 있는 것이 아니기 때문에 육신을 따른 아브라함의 자손이라고 해서 모두 다 예외 없이 그 은혜를 받게 되어 있는 것이 결코 아니라는 것이다. 왜냐하면, 하나님의 택하심은 오직 그의 선하시고 기뻐하시는 뜻 위에만 세워져 있는 까닭에, 하나님의 뜻이 향하는 바로 거기에 택하심도 있기 때문이다. 이렇게 해서 하나님의 택하심에 관한 문제가 해명되었기 때문에, 이제 바울에게는 이방인들의 부르심과 유대인들의 버림 받음에 관하여 자기가 말하고자 했던 것들을 다룰 수 있는 길이 열리게 되었다. 이방인들의 부르심은 전혀 새로운 일이어서 이상하게 여겨질 수 있었고, 유대인들의 버림 받음은 결코 있을 수 없는 일로 보였다. 하지만 후자가 더 심한 반발을 불러올 수 있는 내용이었기 때문에, 바울은 반발이 비교적 덜 할 수 있는 내용인 전자를 먼저 다룬다. 그래서 그는 하나님이 자신의 이름의 영광을 위하여 택하시는 "긍휼의 그릇들"은 유대인들은 물론이고 이방인들에 이르기까지 모든 민족과 족속으로부터 택하신다고 말한다.

바울은 관계대명사를 사용함에 있어서 문법적인 규칙을 제대로 지키지 않으면서까지, 이후에 말하고자 하는 내용으로 넘어가기 위하여 여기에서 바로 우리가 유대인 중에서만이 아니라 이방인 중에서도 부르심을 받은 하나님의 영광의 그릇들이라는 말을 덧붙인다. 그는 하나님의 부르심을 근거로 해서, 하나님의 택하심에는 민족의 구별이라는 것이 존재하지 않는다는 것을 증명한다. 왜냐하면, 이방인 출신이라는 것이 하나님이 우리를 부르시는 데에 아무런 장애가 되지 않는 것이라면, 이방인들이 하나님의 나라와 영원한 구원의 언약에서 결코 배제되지 않는다는 사실은 자명해지기 때문이다.

25. 호세아의 글에도 이르기를. 이제 바울은 하나님이 이방인들을 부르시는 것은 이미 오래 전에 선지자에 의해 예언된 것이기 때문에 우리는 그것을 새로운 일로 여겨서는 안 된다는 것을 보여준다. 이 구절의 의미는 분명하다. 하지만 이 예언의 말씀을 구체적으로 적용함에 있어서는 약간의 어려움이 있다. 왜냐하면, 선지자가 이 예언에서 말하고 있는 것은 이스라엘 백성에 대한 것임은 아무도 부정할 수 없기 때문이다. 즉, 하나님께서는 이스라엘 백성들의 악에 진노하셔서 그들은 더 이상 자신의 백성이 아니라고 선언하셨지만, 나중에 위로의 말씀을 주시면서, 자기

가 사랑하지 아니한 자들 중 일부를 사랑할 것이고 자기 백성이 아닌 자들을 자기 백성으로 삼을 것이라고 말씀하신 것인데, 바울은 명백하게 이스라엘 백성에게 주어진 말씀을 이방인들에게 적용하고 있는 것이기 때문이다.

지금까지 이 어려운 매듭을 푸는 데 가장 성공적이었던 것으로 평가될 수 있는 견해는 바울은 다음과 같은 방식으로 논증을 전개해 나가고자 하였다는 것이다: "이방인들이 구원에 참여하는 자들이 되는 것에 장애가 되는 것처럼 보이는 사정은 유대 민족에게도 존재했었다. 그러니까 하나님께서 자기가 전에 배척하시고 추방하셨던 유대인들을 다시 받아들이시는 은혜를 베풀어 주셨던 것과 마찬가지로, 지금은 이방인들을 향하여 그것과 동일한 인자하심을 보여주고 계신다." 그러나 이러한 해석은 일리가 없는 것은 아니지만, 내게는 좀 억지스러워 보이기 때문에, 독자들은 여기에서 선지자에 의해서 주어진 위로의 말씀은 단지 유대인들만이 아니라 이방인들도 염두에 둔 것이라는 견해가 더 적절한 것은 아닌지를 고려해 보아야 한다. 왜냐하면, 선지자들이 유대인들에 대하여 그들의 죄악으로 인한 하나님의 보응을 선포한 후에, 그들로 하여금 장차 온 세계에 미칠 그리스도의 나라를 바라보게 한 것은 새롭거나 드문 일이 아니기 때문이다. 선지자들이 그렇게 한 데에는 그럴 만한 이유가 없었던 것이 아니었다. 왜냐하면, 유대인들이 그들의 죄로 말미암아 하나님의 진노를 불러일으켜서 하나님으로부터 버림 받는 것이 마땅했을 때에 장차 오셔서 은혜의 언약을 회복하실 그리스도를 바라보지 않는다면 그들에게 구원의 소망이라는 것은 남아 있을 수 없었던 상황에서, 그 은혜의 언약은 오직 그리스도로 말미암아서만 가능한 것이었고, 그가 오실 때에만 새롭게 될 것이었기 때문이다. 그들의 절체절명의 곤경 속에서 그리스도가 그들의 유일한 피난처였고, 그들이 하나님의 진노가 그들의 머리 위에 드리워져 있는 것을 보았을 때에 그리스도를 바라고 소망하지 않는다면, 그 어떤 확실한 위로도 그들 같은 비참한 죄인들에게 주어질 수 없었기 때문에, 우리가 앞에서 말했듯이, 선지자들이 유대 백성에 대한 하나님의 보응을 선포하여 그들을 낮춘 후에, 그들로 하여금 절망 가운데 있는 자들의 유일하게 참된 도피성이신 그리스도를 바라보게 한 것은 어쩌면 당연한 일이었다. 그리스도의 나라가 세워진 곳에는 저 하늘의 예루살렘도 세워져서, 온 세계의 모든 족속에서 하늘의 시민들이 거기로 모여든다. 이것이 바울이 여기에 인용한 예언의 말씀 속에 포함된 주된 의미이다. 왜냐하면, 유대인들은 하나님의 권속으로부터 추방당했을 때에 시민권을 박탈당하고 이방인들과 동등한 처지가 된 것이기 때문이다. 이제 유대인과 이방인 간의 구별이 제거되었고, 하나님의 긍휼하심은 모든 이방인들에게 차별 없이 미친다. 이것으로부터 우리는 바울이 이 예언의 말씀을 현재의 주제에 적용한 것은 적절하였다는 것을 알게 된다. 왜냐하면, 이 예언의 말씀 속에서 하나님께서는 유대인들을 이방인처럼 만드신 후에 모든 외인들로부터 자기 자신을 위한 교회를 불러모으셔서, 자기 백성이 아니었던 자들을 자기 백성이 되게 하시겠다고 선언하고 계시는 것이기 때문이다.

내 백성 아닌 자를 내 백성이라, 사랑하지 아니한 자를 사랑한 자라 부르리라. 이것은 하나님께서 유대 백성으로부터 모든 존귀를 다 박탈하시고서 내치심으로써 그들이 다른 민족들보다 나은 것이 없게 하신 것에 관한 말씀이다. 하나님께서 자신의 영원한 계획 속에서 자신을 위하여 택하셔서 양자로 삼으신 자들은 그때로부터 늘 하나님의 아들들이지만, 성경은 흔히 그들의 부르심을 통해서 그들이 택함 받았음이 증명된 자들 외에는 그 누구도 하나님의 자녀로 여기지 않는다. 이것을 통해서 바울은 하나님의 택하심이 분명한 증거들을 통해서 드러나기 전에는 택하심에 관하여 단정하는 것은 물론이고 판단하는 것조차 하지 않아야 한다는 것을 가르친다. 따라서 바울은 에베소 교인들에게 그들의 택하심과 양자 됨이 창세 전에 하나님에 의해서 정해졌음을 보인 직후에, 하나님이 비록 자신의 영원하신 긍휼하심 안에서 그들을 품고 계시긴 하셨지만 그들에 대한 자신의 사랑을 나타내시기 전까지는 그들이 하나님을 떠나 있었던 것이라고 분명하게 말한다(엡 2:1). 그런 까닭에, 이 구절에서 그들은 하나님이 "사랑하지 아니한 자," 즉 하나님의 사랑이 아니라 진노 가운데 있던 자들이라 불린다. 왜냐하면, 사람들이 양자 됨을 통해서 하나님과 화목하게 될 때까지는 하나님의 진노가 모든 사람 위에 머물러 있다는 것을 우리는 알기 때문이다.

이 구절에서 분사가 여성형으로 되어 있는 것은 바울이 이 구절을 가져온 호세아서 본문이 그렇게 되어 있기 때문이다. 호세아서에서 선지자는 유대 백성에게 그들이 하나님의 미움을 받고 있음을 알게 해주기 위해서 자기에게 태어난 딸에게 "사랑하지 아니한 자"라는 이름을 붙여준다. 따라서 하나님께서 유대 백성을 버리신 것이 그들에 대한 진노의 증표였던 것과 마찬가지로, 선지자가 가르치고 있듯이, 한동안 외인이었던 자들을 하나님이 다시 부르셔서 아들로 삼으시는 것은 그들에 대한 사랑이 시작되었음을 보여주는 증표가 된다.

27. 또 이사야가 이스라엘에 관하여 외치되 이스라엘 자손들의 수가 비록 바다의

모래 같을지라도 남은 자만 구원을 받으리니. 바울은 자신이 말하고자 한두 가지 중에서 유대인들의 격노를 불러일으키지 않기 위해서 잠시 미뤄두었던 두 번째 부분을 여기에서 다루기 시작한다. 그가 사람들의 더 큰 주의를 불러일으키기 위하여 이사야가 단순히 말한 것이 아니라 "외쳤다"고 한 것은 현명한 처사였다고 할 수 있다. 그러나 이사야 선지자가 전한 말씀은 유대인들로 하여금 육신을 지나치게 자랑하지 말라고 경고하기 위한 것임에 틀림없다. 왜냐하면, 바다의 모래 같이 수많은 유대인들 중에서 오직 적은 수만이 구원을 얻게 될 것이라는 말씀을 듣는다는 것은 두려운 일이었을 것이기 때문이다. 선지자는 유대 백성이 초토화될 것이라고 말한 후에, 믿는 자들이 하나님의 언약이 완전히 폐하여졌다고 생각하지 않도록 하기 위해서 하나님의 은혜를 받을 수 있는 소망은 어느 정도 남아 있다는 말을 덧붙이기는 하지만, 그 은혜는 소수에게만 주어질 것이라고 말한다. 그러나 이 말씀은 이사야 선지자가 자신의 시대에 대하여 예언한 것이기 때문에, 우리는 바울이 이 예언의 말씀을 그가 지금 다루고 있는 문제에 적용하는 것이 과연 합당한 것인지를 살펴보지 않으면 안 된다. 그가 이 예언의 말씀을 인용해서 말하고자 한 것은 이런 것이었음에 틀림없다: 하나님께서 자기 백성을 바벨론의 포로생활에서 건지시고자 하셨을 때, 그의 의도는 저 무수한 사람들 중에서 극소수에게만 이 구원의 은혜를 베푸시는 것이었고, 그들은 포로생활을 하다 죽어간 수많은 사람들에 비하면 저 멸망에게 건짐 받은 "남은 자"라고 할 만하였다. 극소수의 "이스라엘 자손들"에게 베풀어진 이 육신적인 회복은 장차 그리스도 안에서 성취될 하나님의 교회의 진정한 회복을 보여주는 모형이었고 그 시작에 불과한 것이었다. 따라서 그때 일어났던 구원의 역사는 이제 한층 더 발전되고 완성되어서 온전히 성취될 것이다.

28. 주께서 땅 위에서 그 말씀을 이루고 속히 시행하시리라. 나는 이 구절에 대한 여러 다양한 해석들을 생략하고, 단지 내가 보기에 이 구절의 참된 의미라고 생각되는 것을 말하고자 한다: 하나님께서는 자기 백성을 잘라내시고 뿔뿔이 흩어버리실 것이기 때문에 남은 자들은 마치 처참한 폐허 가운데서, 또는 다 타버린 중에서 아주 조금 남아 있는 것 같은 모양이 될 것이다. 하지만 이렇게 다 타버린 중에서 그대로 여전히 "남은 자"는 하나님의 의로우심을 보여주는 역사로서 온 세상에 하나님의 의로우심을 증거하게 될 것이다. 성경에서 "말씀"은 흔히 "일"을 의미하는 까닭에, "말씀을 이룬다"는 것은 "일을 완료한다"는 것을 뜻하기도 하기 때문에, 이 점에 착안하여 많은 해석자들이 이 구절을 너무 교묘하게 해석하고자 하다가 큰 잘못

을 저질러 왔다. 즉, 그들은 이 구절은 율법의 의식과 예식들이 다 폐하여졌을 때에 율법의 요약인 복음만이 남게 되어서 복음의 가르침이 완료될 것을 의미하는 것이라고 생각하였다. 하지만 그들의 해석이 옳으려면, 여기에서 사용된 "멸절하다"로 번역된 단어는 "완료하다"로 번역되어야 한다. 칠십인역 번역자는 이 구절만이 아니라 이사야 10:22-23; 28:22; 에스겔 11:13에서도 그런 오역을 하였다. 거기에서 선지자들은 "주께서 이스라엘의 남은 자를 다 멸절하고자 하시나이까"라고 말한 것인데, 번역자는 이런 구절들에서 원문의 "멸절하다"를 "완료하다"로 옮겼다. 이러한 오역은 그 구절들에서 사용된 히브리어 단어의 의미가 모호했기 때문에 일어난 것이었다. 왜냐하면, 히브리어 '칼라'(כלה)는 "멸절하다"라는 의미와 "끝내다, 완료하다"라는 의미를 둘 다 지니는 까닭에, 어떤 의미로 사용되었는지를 알아내려면 문맥을 잘 살펴야 하는데 칠십인역 번역자는 그렇지 못하였기 때문이다.

그러나 이사야 선지자는 이 구절에서 오직 하나의 단어만을 사용한 것이 아니라, "이미 작정된"과 "멸절"이라는 두 개의 실체사를 사용해서 그 의미를 표현하였기 때문에, 칠십인역 번역자가 이 히브리어 어구를 잘못 파악한 것은 정말 이상한 일이다. 그렇다면, 칠십인역 번역자가 그 의미가 너무나 분명한 히브리어 본문을 모호하게 번역함으로써 히브리어 본문의 의미를 모호하게 한 의도는 무엇이었을까? 또한, 한 가지 덧붙여둘 것은 이사야는 이 구절에서 과장법을 사용하고 있다는 것이다. 왜냐하면, 그는 이스라엘 자손들이 장차 대거 도륙당한 후에 그 수가 현저하게 줄어들게 될 것을 "멸절"로 표현하고 있는 것이기 때문이다.

29. 또한 이사야가 미리 말한 바 만일 만군의 주께서 우리에게 씨를 남겨 두지 아니하셨더라면 우리가 소돔과 같이 되고 고모라와 같았으리로다 함과 같으니라. 여기에서 바울은 이사야 1장에 나오는 또 하나의 증언을 인용하는데, 거기에서 선지자는 자신의 시대에 이스라엘이 초토화된 것을 통탄한다. 이런 일은 전에도 있었기 때문에 결코 새삼스러운 일은 아니었다. 당시의 이스라엘 백성이 그들의 조상들보다 더 특별할 것은 없었기 때문에 조상들에게 일어난 일이 그들에게 일어난다고 해서 이상할 것은 하나도 없었다. 하지만 선지자 이사야는 이스라엘 백성에게 닥친 환난이 너무나 심해서 그들은 소돔과 고모라에 비견될 정도로 거의 멸절당했다고 탄식한다. 하지만 한 가지 차이점이 있었다면, 그것은 하나님께서는 이스라엘 백성이 완전히 멸절되거나 영원히 망각되지 않도록 하시기 위하여 소수를 "씨"로 남겨 두셔서 이스라엘이라는 이름을 보존하게 하셨다는 것이다. 왜냐하면, 하나님께서

는 자신의 약속을 기억하시고서, 혹독한 심판 가운데서도 자신의 긍휼하심을 보이시는 것이 합당하였기 때문이다.

³⁰그런즉 우리가 무슨 말을 하리요 의를 따르지 아니한 이방인들이 의를 얻었으니 곧 믿음에서 난 의요 ³¹의의 법을 따라간 이스라엘은 율법에 이르지 못하였으니 ³²어찌 그러하냐 이는 그들이 믿음을 의지하지 않고 행위를 의지함이라 부딪칠 돌에 부딪쳤느니라 ³³기록된 바 보라 내가 걸림돌과 거치는 바위를 시온에 두노니 그를 믿는 자는 부끄러움을 당하지 아니하리라 함과 같으니라(9:30-33).

30. 그런즉 우리가 무슨 말을 하리요. 바울은 유대인들이 하나님에 대하여 불평할 수 있는 모든 빌미를 다 차단하기 위해서, 이제 여기에서는 유대 민족이 하나님에게서 버림 받을 수밖에 없었던 이유들, 사람이라면 누구나 다 수긍할 수 있는 이유들을 제시하기 시작한다. 바울이 이미 앞에서 이러한 일의 가장 근원적인 원인은 하나님의 비밀한 예정이라고 우리에게 가르쳤듯이, 하나님의 예정보다 더 근원적인 원인을 찾아내고자 하는 자들은 잘못된 길로 가는 것이고 하나님의 질서를 무너뜨리고자 하는 것이다. 따라서 하나님의 예정이 다른 모든 원인들보다 위에 있어서 불경건한 자들은 악을 저지르게 되고, 그들의 부패함과 악함은 하나님의 심판의 근거와 이유가 된다. 바울은 이제 아주 난해한 문제에 도달했기 때문에, 독자들의 공감을 끌어내기 위해서, 마치 자신도 잘 모른다는 듯이, 우리가 여기에서 무슨 말을 할 수 있겠느냐고 묻는다.

의를 따르지 아니한 이방인들이 의를 얻었으니 곧 믿음에서 난 의요. 이방인들은 의에 대하여 관심을 갖지 않고 육신의 방탕함에 빠져 살았는데도 구원에 참여하도록 부르심을 받아서 의를 얻었고, 반면에 유대인들은 심혈을 기울여서 율법을 따라 행하려고 애를 쓰며 살아 왔는데도 의를 전혀 얻지 못하였다는 것보다 더 어처구니없고 부당한 일은 없는 것처럼 보였다. 바울은 너무나 모순되어 보이는 이 사실을 단도직입적으로 말하고 나서, 이 말이 불러일으킬 거부감을 완화시키기 위하여 이방인들이 얻은 의는 "믿음에서 난 의"이기 때문에 사람들 자신이 지닌 어떤 가치로 인한 것이 아니라 오로지 하나님의 긍휼하심으로 말미암은 것이라는 설명을 덧붙인다. 반면에, 유대인들이 지니고 있던 율법에 대한 열심은 아무 소용도 없는 어리석은 짓이었다. 왜냐하면, 그들은 행위를 의지해서 의롭다 하심을 얻고자 했지만, 사람으로서는 절대로 도달할 수 없는 것을 이루기 위하여 애썼고, 그런 까닭에 사람들로 하여금 의에 도달할 수 있게 해주는 유일한 길인 그리스도에 걸려 넘어졌기 때문이다. 그러나 첫 번째 구절에서 사도의 목적은 이방인들이 하나님의 부르심을 받게 된 유일한 이유는 하나님께서 자신의 은총을 받을 자격이 없는 자들을 황송하게도 품어주시기로 작정하셨기 때문이라는 것을 보여줌으로써 오직 하나님의 은혜를 높이는 것이었다.

바울이 명시적으로 "의"라고 말하는 것은 "의" 없이는 구원도 있을 수 없기 때문이다. 그러나 그는 이방인들의 의는 믿음에서 나온 것이라고 말함으로써 그 의가 하나님이 값없이 베풀어 주신 화목(reconciliatio)에 토대를 두고 있음을 보여준다. 만일 누가 이방인들은 믿음으로 말미암아 중생의 성령(spiritus regenerationis)을 얻었기 때문에 의를 얻게 된 것이라고 생각한다면, 그는 바울이 여기에서 말하고 있는 것을 크게 오해한 것이다. 만일 길을 잃고 헤매고 있던 이방인들을 하나님이 값없이 품어주셔서, 그들이 알지도 못했고 원할 수도 없었던 의를 그들에게 주신 것이 아니라면, 바울이 의를 찾고 추구하지 않은 이방인들이 의를 얻었다고 말한 것은 틀린 말이 될 것이다. 또한, 우리가 주목해야 할 것은, 만일 하나님께서 이방인들에게 은혜를 주셔서 그들의 믿음을 준비시키지 않으셨다면, 그들은 믿음으로 말미암은 의를 얻을 수 없었으리라는 것이다. 왜냐하면, 만일 그들이 스스로 믿음을 가지고서 의를 추구한 것이라면, 바울의 말과는 달리 그들은 의를 찾고 추구한 것이 될 것이기 때문이다. 그러므로 믿음 자체도 하나님의 은혜의 일부이다.

31. 의의 법을 따라간 이스라엘은 율법에 이르지 못하였으니. 바울은 유대인들이 의를 추구하는 데 애쓰고 힘쓰긴 했지만, 그들은 길을 벗어나 열심히 달리느라 쓸데없이 힘만 소진시킨 것이었기 때문에 아무것도 얻지 못한 것은 결코 이상한 일이 아니었다는 이 믿기 어려운 사실을 솔직하게 말한다. 내가 보기에는, 처음에 나오는 "의의 법"은 도치법으로서 "율법의 의'를 의미하고, 두 번째 나오는 "의의 법"(KJV, 한글개역개정에는 "율법")은 앞에서와는 달리 "의의 규범"이라는 또다른 의미를 지닌다.

따라서 이 구절의 요지는 "율법의 의, 곧 율법에서 정한 것을 의지한 이스라엘은 그들을 의롭게 해줄 참된 법을 얻지 못하였다"는 것이다. 바울은 율법의 의가 유대인들로 하여금 의의 법으로부터 떨어져나가게 한 원인이었다고 가르치는 것이기 때문에, 이 구절에서는 단어 유희가 사용되고 있다.

32. 이는 그들이 믿음을 의지하지 않고 행위를 의지함이라. 사람들은 일반적으로 잘못된 열심은 변명의 여지가 있는 것으로 생각하기 때문에, 바울은 유대인들이 그들 자신의 행위를 의지해서 구원을 얻고자 한 것인 까닭에 버림 받은 것이 마땅하였음을 보여준다. 왜냐하면, 믿음이 없이는 그 어떤 구원도 기대할 수 없는데, 그들은 있는 힘을 다해서 믿음을 폐하고자 하였기 때문이다. 그런 까닭에, 만일 그들이 원하는 대로 되어서 그들의 시도가 성공하였다면, 참된 의는 완전히 사라지고 말았을 것이다. 여기에서 우리는 바울이 믿음과, 행위로 말미암은 공로를 서로 완전히 상반된 것으로 극명하게 대비시키고 있는 것을 알게 된다. 따라서 "행위를 의지함"은 우리가 의를 얻을 수 있는 길을 봉쇄하는 주된 장애물이기 때문에, 우리는 행위를 의지하는 것을 철저히 거부하고 오직 하나님의 선하심만을 의지하지 않으면 안 된다. 행위로 하나님의 나라를 얻고자 하는 모든 자들은 유대인들의 이러한 전례를 보고서 두려워하는 것이 마땅하다. 또한, 우리가 앞에서 이미 보았듯이, 바울은 "율법의 행위"를 율법의 의식들을 지키는 것을 의미하는 것이 아니라, 오로지 하나님의 긍휼하심만을 바라보고 자기 자신에게 어떤 가치나 자격이 있다고 추호도 여기지 않는 믿음과 반대되는 것으로서의 행위로 말미암은 공로를 의미하는 것으로 이해한다.

부딪칠 돌에 부딪쳤느니라. 여기에서 바울은 아주 적절한 근거를 제시해서, 자기가 바로 앞에서 말한 것을 확증한다. 만일 의를 멸하고자 하는 자들이 의를 얻는다면, 그것보다 더 어처구니없는 일은 없을 것이다. 하나님께서는 우리로 하여금 의를 얻도록 하시기 위하여 그리스도를 우리에게 주셨다. 그러므로 하나님 앞에서 행위의 의를 주장하는 자들은 그리스도에게서 그의 직분을 빼앗고자 하는 자들이다. 이것으로부터 우리가 분명하게 알 수 있는 것은 의에 대한 열심이라는 헛된 미명 아래 자신의 행위를 의지하는 자들은 미쳐서 광분하여 하나님과 전쟁을 벌이고 있는 자들이라는 것이다.

자신의 행위를 의지하는 자들이 어떻게 해서 그리스도를 보고 걸려넘어지게 되는지를 아는 것은 그리 어렵지 않다. 왜냐하면, 우리가 우리 자신의 의는 전혀 없고 우리 자신은 오직 죄인일 뿐임을 인정하지 않는다면, 그것은 우리 모두의 빛과 구원, 생명과 부활, 의로움과 고침이 되시는 그리스도의 존귀하신 지위를 가리고 희석시키는 것이기 때문이다. 그러나 그리스도께서 눈먼 자들을 보게 하시고, 저주 받은 자들을 회복시키시며, 죽은 자들을 살리시고, 비천한 자들을 높이시며, 더러움으로 가득한 자들을 깨끗하게 하시고, 병든 자들을 치유하시는 분이 아니라면, 어떻게 그가 그런 존귀한 지위를 갖게 되셨겠는가? 아니, 우리가 우리 자신의 의를 조금이라도 주장한다면, 그것은 그리스도의 권능(virtus)에 맞서 싸우는 것이 된다. 왜냐하면, 무거운 짐 아래에서 수고하느라 지치고 힘든 자들을 건지시고 위로하시는 것만이 아니라 육신의 모든 교만을 쳐서 무너뜨리시는 것도 그리스도께서 하시는 일이기 때문이다.

바울이 인용한 증언은 이 맥락 속에서 적절하다. 왜냐하면, 이 인용문에서 하나님께서는 자기가 유다와 이스라엘 백성에게 "거치는 바위"가 되셔서 그들이 이 바위에 걸려 넘어지게 될 것이라고 말씀하시기 때문이다. 그리스도는 선지자들을 통해서 말씀하신 바로 그 하나님이신 까닭에, 이 예언의 말씀도 그리스도 안에서 성취되었다는 것은 전혀 이상한 일이 아니다. 바울은 그리스도를 "걸림돌"이라고 부름으로써, 하나님께서 유대인들에게 의에 이르는 쉬운 길을 보여주셨는데도 그들이 자신의 악한 고집과 완악함으로 인하여 "거치는 바위"에 걸려 넘어져서 의의 길로 나아가지 못한 것이기 때문에, 그것은 전혀 이상한 일이 아니라는 것을 상기시켜 준다. 그러나 우리는 사람들을 걸려 넘어지게 하는 것이 본래부터 그리스도 속에 있는 것이 아니라, 바울이 다음 절에서 보여주듯이, 사람들이 자신의 악으로 인해서 걸려 넘어지는 것임을 유의해야 한다.

33. 그를 믿는 자는 부끄러움을 당하지 아니하리라. 바울은 경건한 자들을 위로하기 위하여 이사야서의 또다른 부분에서 이 말씀을 가져와서 여기에 덧붙인다. 그는 이렇게 말한 것과 같다: "그리스도가 '걸림돌'이라 불린다고 해서, 우리가 그를 두려워하거나, 신뢰감 대신에 두려움을 품을 이유가 없다. 왜냐하면, 그리스도께서는 믿지 않는 자들에게는 멸망을 위해, 그리고 경건한 자들에게는 생명과 부활을 위해 세우심을 입은 것이기 때문이다." 그러므로 그리스도께서 "걸림돌과 거치는 바위"가 되시리라는 예언이 반역하고 믿지 않는 자들 속에서 성취되는 것과 마찬가지로, 경건한 자들을 위한 또 하나의 예언이 있는데, 그것은 그리스도께서는 그들에게 견고한 돌, 보배로운 모퉁잇돌, 아주 견고하게 박혀서 그 위에 자신의 신앙을 세우는 자는 누구든지 결코 무너지지 않을 그런 돌이 되시리라는 것이다. 바울이 "허둥대지 아니하리라" 또는 "무너지지 아니하리라" 대신에 "부끄러움을 당하지 아니하리라"고 한 것은 칠십인역 본문을 따른 것이다. 하나님께서 이 구절을 통해 자기 백성의 소망을 견고히 하고자 하셨다는 것은 분명하다. 하나님이 우리에게 선한 소

망을 품으라고 명하셨다면, 우리는 결코 부끄러움을 당하지 않게 될 것이다. 베드로전서 2:10에 나오는 비슷한 본문을 보라: "너희가 전에는 백성이 아니더니 이제는 하나님의 백성이요 전에는 긍휼을 얻지 못하였더니 이제는 긍휼을 얻은 자니라."

제10장

¹형제들아 내 마음에 원하는 바와 하나님께 구하는 바는 이스라엘을 위함이니 곧 그들로 구원을 받게 함이라 ²내가 증언하노니 그들이 하나님께 열심이 있으나 올바른 지식을 따른 것이 아니니라 ³하나님의 의를 모르고 자기 의를 세우려고 힘써 하나님의 의에 복종하지 아니하였느니라 ⁴그리스도는 모든 믿는 자에게 의를 이루기 위하여 율법의 마침이 되시니라(10:1-4).

1. 형제들아 내 마음에 원하는 바와 하나님께 구하는 바는 이스라엘을 위함이니 곧 그들로 구원을 받게 함이라. 우리는 여기에서 이 거룩한 사람이 유대인들의 심기를 건드리지 않기 위하여 얼마나 애쓰고 있는지를 본다. 왜냐하면, 그는 자기가 유대인들이 버림 받은 것에 대하여 설명하는 과정에서 혹시라도 그들을 언짢게 했다면 그것을 풀어주기 위해서, 앞에서와 마찬가지로 여기에서도 그들에 대한 자신의 선의를 증언하고, 그들을 위한 자신의 본심이 무엇인지를 언급함으로써, 즉 그들의 구원이 하나님 앞에서 자신의 끊임없는 관심사라는 것을 밝힘으로써 그 선의가 진실임을 증명하고자 한다. 왜냐하면, 그러한 관심은 오직 거짓 없는 참된 사랑으로부터만 생겨날 수 있기 때문이다. 또한, 그는 또다른 이유에서도 동족에 대한 자신의 사랑을 증언하지 않을 수 없었을 수 있다. 왜냐하면, 만일 유대인들이 그를 철천지 원수로 생각해 버린다면, 그들은 그의 가르침을 결코 받아들이지 않으려 할 것이었고, 우리가 지난 장에서 이미 언급했듯이, 이방인들도 그의 변절을 의심의 눈초리로 바라보면서, 그가 자신의 동족을 미워하는 마음에서 율법을 버린 것이라고 생각할 수 있었을 것이기 때문이다.

2. 내가 증언하노니 그들이 하나님께 열심이 있으나 올바른 지식을 따른 것이 아니니라. 바울이 이렇게 말하는 것은 유대인들에 대한 자신의 사랑이 신뢰할 만한 것임을 보여주기 위한 것이다. 즉, 그는 그들이 마음의 악으로 말미암아서가 아니라 단지 무지로 인해서 실족하여 어그러진 길로 갔다는 것을 알고, 특히 그들이 그리스도의 나라를 박해하는 것도 하나님에 대한 열심으로 인한 것임을 알기 때문에,

그가 그들을 미워하는 것이 아니라 긍휼히 여기는 데에는 다 그럴 만한 합당한 이유가 있다는 것이다. 따라서 우리는 우리의 선한 의도를 따라 행하고자 할 때에도 그 선한 의도가 우리를 어디로 이끌어가게 될 것인지를 먼저 알아보고서 행하는 것이 마땅하다. 어떤 사람이 일을 잘못해서 책망을 들을 때, 그가 자기는 남에게 해를 끼칠 의도가 전혀 없었다고 말한다면, 그것은 지극히 합당하고 아주 강력한 변명이 된다고 사람들은 일반적으로 생각한다. 그리고 오늘날에도 아주 많은 사람들이 이러한 변명이 통한다고 생각해서, 그들이 무지로 말미암아, 즉 어떤 의도적인 악의를 품어서가 아니라 선한 의도로 어떤 일을 했는데 그 일이 잘못되었다면 충분히 용서받을 수 있다고 여기기 때문에, 하나님의 진리를 찾는 일에 온 마음을 쏟지 않는다. 하지만 유대인들이 우리가 방금 앞에서 말한 것과 동일하게 변명할 수 있었다고 해서, 그들이 그리스도를 십자가에 못 박아 죽이고 사도들을 잔인하게 박해하며 복음을 멸하고 소멸시키고자 애쓴 것이 충분히 용서받을 수 있는 일들이라고 생각할 사람은 우리 중에서 아무도 없을 것이다. 그러므로 선한 의도라는 저 헛되고 기만적인 변명을 집어치우라. 우리가 하나님을 진심으로 찾고자 한다면, 우리를 하나님께로 인도해 줄 수 있는 유일한 길을 따라가야 한다. 왜냐하면, 아우구스티누스가 말했듯이, 다리를 절면서 가더라도 옳은 길을 가는 것이 잘못된 길을 온 힘을 다해 달려가는 것보다 낫기 때문이다. 우리가 참된 신앙을 따라 살아가고자 한다면, 락탄티우스(Lactantius, 240-320년경, 라틴 교부)가 가르친 진리, 즉 하나님의 말씀에 근거한 것만이 유일하게 참된 신앙이라는 것을 기억하지 않으면 안 된다. 또한, 우리는 비록 선한 의도를 지니고 있었을지라도 어둠 속에서 헤매는 자들은 결국 죽게 되는 것을 보게 되는데, 하물며 하나님의 빛을 받아서 옳은 길을 아는 우리가 의도적으로 그 길을 떠나 어그러진 길로 간다면 천 번을 죽어도 할 말이 없다는 것을 기억하여야 한다.

3. 하나님의 의를 모르고 자기 의를 세우려고 힘써 하나님의 의에 복종하지 아니하였느니라. 유대인들이 무분별한 열심으로 말미암아 얼마나 잘못된 길로 가게 되었는지를 보라. 그들은 그들 자신의 의를 세우고자 하였고, 이러한 우매한 열심은 하나님의 의에 대한 그들의 무지에서 나왔다. 하나님의 의와 사람들의 의가 대비되고 있는 것을 주목하라. 먼저, 우리는 이 둘이 서로 완전히 상극이기 때문에 결코 양립할 수 없다는 것을 본다. 이것으로부터 알 수 있는 것은 사람들이 그들 자신의 의를 세우는 순간 하나님의 의는 무너진다는 것이다. 다음으로, 서로 대비되는 것들

사이에는 상응하는 특징이 존재하는 법이기 때문에, 바울은 하나님으로부터 주어지는 것을 하나님의 의(Dei iustitia)라 부르고, 사람들이 그들 자신으로부터 끌어내는 의, 또는 그들이 하나님 앞에 드리고 있다고 믿는 의를 사람들의 의(hominum iustitia)라 부른다는 것은 의심의 여지가 없다. 그러므로 자신의 힘으로 의롭다 하심을 얻고자 하는 자는 하나님의 의에 복종할 수 없다. 왜냐하면, 하나님의 의를 얻기 위한 첫 걸음은 우리 자신의 의를 부인하는 것이기 때문이고, 우리에게 의가 없어서 어쩔 수 없이 타자로부터 의를 구할 수밖에 없는 처지가 아니라면, 우리는 결코 타자에게 의를 구걸하고자 하지 않을 것이기 때문이다.

우리는 다른 곳에서 이미 사람들이 어떻게 믿음으로 말미암아 하나님의 의를 덧입게 되는 것인지, 즉 어떻게 그리스도의 의가 사람들에게 전가되는 것인지를 말한 바 있다. 그래서 바울은 외식하는 자들이 교만함으로 한껏 부풀어 있으면서 그 교만함을 하나님에 대한 열심으로 가장해서 은폐하고 있는 것은 하나님이 메워 주신 멍에를 떨쳐 버리려고 온 힘을 다해 하나님의 의를 대적하는 것이라고 맹렬하게 공격한다.

4. 그리스도는 모든 믿는 자에게 의를 이루기 위하여 율법의 마침이 되시니라. 내가 보기에는 여기에서 "마침"을 "완성"(complementum)으로 옮기는 것도 부적절한 것 같지 않다. 에라스무스는 "완전하게 함"(perfectio)으로 옮겼다. 그러나 "마침"(finis)이라는 읽기도 부적절하지 않은데다 거의 모든 해석자들에 의해 받아들여지고 있기 때문에, 독자들이 이 읽기를 택하는 것도 괜찮다고 본다.

여기에서 사도는 제기될 수도 있는 반론을 예상하고서 미리 대처해서 말하고 있다. 왜냐하면, 유대인들은 율법의 의를 의지함으로써 올바른 길을 고수해온 것처럼 보일 수 있었던 까닭에, 그는 그런 생각이 틀렸다는 것을 증명할 필요가 있었고, 여기에서 바로 그것을 증명하고 있는 것이기 때문이다. 즉, 바울은 율법이 주어진 목적은 우리의 손을 잡아서 또다른 의로 인도하기 위한 것이기 때문에, 아니 율법이 가르치고 명하고 약속한 모든 것은 언제나 그리스도를 지시하고 있는 것인 까닭에 율법의 모든 것은 그리스도에게 적용되는 것이 마땅하기 때문에, 자신의 행위로 말미암아 의롭다 하심을 얻고자 하는 자들은 율법을 잘못 해석하고 있는 자들이라는 것을 보여준다. 그러나 우리가 우리에게는 그 어떤 의도 없고 오직 죄뿐이라는 것을 깨달아서 우리의 죄로 말미암아 당혹해하며 어쩔 줄 모르게 되어서 오직 그리스도부터 값없이 주어지는 의를 구하기 전에는 율법을 올바르게 해석할 수 없다.

이것으로부터 우리는 유대인들은 율법을 악용함으로써 어리석게도 하나님이 그들에게 도움이 되라고 주신 것을 도리어 그들이 올바른 길을 가는 것을 가로막는 장애물로 만들어 버렸기 때문에 책망을 받는 것이 마땅하다는 것을 알게 된다. 또한, 그들은 율법의 영혼을 버리고 단지 문자라는 죽은 시체만을 붙잡은 것이기 때문에 하나님의 율법을 불구로 만들어 버린 수치스러운 짓을 저질렀다는 것도 마찬가지로 명백하다. 왜냐하면, 율법은 율법의 의를 지키는 자들에게 상을 약속하고 있는 것은 맞지만, 모든 사람이 죄인이라는 것이 증명된 까닭에, 이제 율법의 의는 행위로 말미암은 공로가 아니라 믿음으로 말미암아 값없이 거저 선물로 주어지는 그리스도 안에서의 새로운 의로 대체되었기 때문이다. 따라서 우리가 1장에서 살펴본 믿음의 의는 율법의 증언을 받고 있다. 이 구절은, 율법은 모든 부분에서 그리스도를 가리키고 있기 때문에 율법의 궁극적인 지향점인 그리스도를 끊임없이 향하지 않는 자는 누구든지 율법을 제대로 이해할 수 없다는 것을 증명하고 있다는 점에서 주목할 만하다.

⁵모세가 기록하되 율법으로 말미암는 의를 행하는 사람은 그 의로 살리라 하였거니와 ⁶믿음으로 말미암는 의는 이같이 말하되 네 마음에 누가 하늘에 올라가겠느냐 하지 말라 하니 올라가겠느냐 함은 그리스도를 모셔 내리려는 것이요 ⁷혹은 누가 무저갱에 내려가겠느냐 하지 말라 하니 내려가겠느냐 함은 그리스도를 죽은 자 가운데서 모셔 올리려는 것이라 ⁸그러면 무엇을 말하느냐 말씀이 네게 가까워 네 입에 있으며 네 마음에 있다 하였으니 곧 우리가 전파하는 믿음의 말씀이라 ⁹네가 만일 네 입으로 예수를 주로 시인하며 또 하나님께서 그를 죽은 자 가운데서 살리신 것을 네 마음에 믿으면 구원을 받으리라 ¹⁰사람이 마음으로 믿어 의에 이르고 입으로 시인하여 구원에 이르느니라(10:5-10).

5. 모세가 기록하되 율법으로 말미암는 의를 행하는 사람은 그 의로 살리라 하였거니와. 바울은 믿음의 의와 행위의 의가 얼마나 다른지를 분명히 하기 위하여 여기에서 이 둘을 비교한다. 비교를 할 때에 서로 반대되는 것들의 차이가 더 분명하게 드러나게 되기 때문이다. 그러나 바울은, 모세가 그들에게 율법을 준 것이 그들로 하여금 그들 자신의 행위를 의지하게 하기 위한 것이 아니라 반대로 그들을 그리스도께로 인도하기 위한 것임을 유대인들이 깨닫도록 하기 위해서, 여기에서는

선지자들의 글이 아니라 모세의 증언을 인용한다. 왜냐하면, 사실 그는 자신이 한 말에 대한 증인으로 선지자들을 내세울 수도 있었을 것이지만, 그렇게 한다면, "율법이 의의 또다른 규범을 규정해놓고 있다는 것은 엄연한 사실이 아닌가?"라는 의구심은 여전히 남을 것이었던 까닭에, 율법의 가르침 자체를 통해서 믿음의 의를 확증함으로써 그러한 의구심을 제거하는 것이 가장 좋은 방법이었기 때문이다.

그러나 우리는 바울이 율법과 믿음의 조화를 말하면서도 율법의 의와 믿음의 의를 대비시키는 이유를 이해하지 않으면 안 된다. "율법"은 두 가지 의미를 지닌다. 즉, 율법은 모세가 가르친 모든 것을 의미하기도 하고, 계명과 율례, 상벌 규정 등과 같이 특히 율법의 시행과 관련된 부분을 의미하기도 한다. 모세의 직분은 이 두 가지를 다 가지고서 이스라엘 백성에게 경건의 참된 규범(vera pietatis regula)을 교육하는 것이었다. 그랬기 때문에, 모세는 당연히 회개와 믿음을 가르쳤다. 그러나 그는 하나님께서 값없이 긍휼을 베풀어 주실 것이라는 약속들을 말해 주는 방식으로 믿음을 가르쳤다. 따라서 모세는 복음 전도자라 불리는 것이 마땅하다. 성경의 많은 구절들이 분명하게 보여주듯이, 그는 자신의 직분을 충성스럽게 수행하였다. 그는 백성에게 회개의 가르침을 가르치기 위해서 하나님께서 기뻐 받으시는 삶이 어떤 삶인지를 가르쳐야 했고, 그 교훈을 율법의 계명들에 포함시켰다. 또한, 백성에게 의를 사랑하는 마음을 주입시키고 죄악을 미워하는 마음을 심어주기 위해서, 그는 의인들에게는 상이 준비되어 있고 죄인들에게는 무시무시한 벌이 준비되어 있음을 보여주는 약속들과 경고의 말씀들을 덧붙여야 했다. 그리고 이스라엘 백성에게 주어진 의무는 그들이 자신의 삶 속에서 율법에 규정된 저주들을 받을 수밖에 없는 죄악들을 무수히 저지르며 살고 있기 때문에 그들 자신의 행위로는 하나님으로부터 절대로 의롭다 하심을 얻을 수 없다는 것을 깨닫고서, 그들 자신의 의에 대하여 절망하고 하나님의 선하심에 의해 마련된 항구, 즉 그리스도에게로 피하는 것이었다. 이것이 모세의 직분 또는 사역의 목적(finis)이었다.

하지만 복음의 약속들은 모세의 글들 속에 단지 여기저기서 드문드문 발견되는 데다가 다소 모호하기도 한 반면에, 율법을 지키는 자들을 위한 계명들과 상급들은 자주 나오기 때문에, 무엇이 진정한 행위의 의인지를 가르친 후에, 그런 율법의 의를 지킨 자들에게는 어떠한 상급이 기다리고 있고 거기에 못 미친 자들에게는 어떠한 벌이 기다리고 있는지를 보여주는 것이 모세에게 주어진 고유한 직분이었던 것은 합당하다. 이런 이유로, 요한은 모세를 그리스도와 대비시켜서, "율법은 모세로 말미암아 주어진 것이요 은혜와 진리는 예수 그리스도로 말미암아 온 것이라"(요 1:17)고 말한다. 이렇게 "율법"이라는 말이 엄밀한 의미로 사용될 때에는 모세는 암묵적으로 그리스도와 대비된다. 그러므로 우리는 율법이 복음으로부터 분리되었을 때에 그 자체 속에 무엇을 담고 있는지를 알아야 한다. 따라서 우리는 이 구절에서 율법의 의에 대하여 말하고 있는 것을 모세의 직분 전체가 아니라 모세에게 맡겨진 고유한 부분에 적용하는 것이 마땅하다. 이제 본문을 살펴보기로 하자.

바울은 '그라페이'(γράφει, "적다, 기록하다")라는 동사를 사용해서 "모세가 기록하되"라고 하고 있지만, 이 동사는 '에피그라페이'(ἐπιγράφει, "서술하다, 설명하다")라는 의미로 사용되고 있다. 이 인용문은 하나님께서 자신의 율법을 지키는 자들에게 영생을 약속하고 계시는 레위기 18:5에서 가져온 것이다. 우리가 알 수 있듯이, 바울은 이 구절에 나오는 "살리라"를 어떤 이들이 생각하는 것과는 달리 현세적인 목숨만이 아니라 영생을 포함한 의미로 받아들이고 있기 때문이다. 실제로 그는 이 인용문을 근거로 해서 이렇게 논증한다: "율법의 모든 부분을 다 정확히 지키지 않은 자는 율법에서 정한 의를 이룬 자가 아니고, 모든 사람은 언제나 이 온전한 의에 미치지 못하기 때문에, 사람이 이런 식으로 구원을 얻고자 애써 보아야 아무 소용이 없다. 그러므로 우리 모두가 율법의 의로부터 배제되어 있는데도 불구하고, 이스라엘이 율법의 의에 도달할 수 있다고 기대한 것은 잘못된 것이었다." 바울이 율법의 약속 자체를 근거로 해서 어떻게 증명해 나가고 있는지를 잘 보라. 즉, 율법에서 내건 조건은 우리가 실현불가능한 것이기 때문에 율법의 의는 우리에게 그림의 떡이라는 것이다. 따라서 율법의 의를 확증하기 위해서 율법 자체의 약속들을 거론해 보아야 헛일이다! 왜냐하면, 그 약속들은 우리에게 구원을 가져다주기는커녕 도리어 우리가 저주 받는 것을 피할 수 없게 만들기 때문이다. 그런데도 교황주의자들은 "하나님께서 그를 예배하는 자들에게 생명을 약속하신 것은 헛될 수 없다"고 말하며 오로지 하나님이 약속하셨다는 사실만을 거론하면서, 그것만으로도 하나님이 사람들의 공로를 인정하신다는 것을 증명하기에 충분하다고 생각하기 때문에, 그들의 우매함에서 풍겨나오는 악취는 더욱 지독하다고 하지 않을 수 없다. 하지만 그들은 율법으로 말미암는 의에 대한 약속이, 그들 자신의 죄악을 깨닫고서 사망의 두려움에 휩싸여 그들 자신의 힘으로는 어찌할 수 없어서 그리스도께로 피하도록 하기 위한 목적으로 주어졌다는 사실에 대해서는 눈을 감아 버린다.

6-7. 믿음으로 말미암는 의는 이같이 말하되. 독자들은 두 가지 이유로 이 구절

을 파악하는 데에 적지 않은 어려움을 겪게 되는데, 첫 번째는 바울이 이 인용문을 부적절하게 적용하고 있는 것처럼 보인다는 것이고, 두 번째는 이 인용문의 의미 자체를 바꾸어놓은 것처럼 보인다는 것이다. 우리는 바울이 이 인용문의 의미를 바꾸어놓은 것인지의 여부에 대해서 살펴보는 것은 나중으로 미루고, 우선 과연 적용이 잘못된 것인지를 살펴보고자 한다. 이 인용문은 신명기 30:12에서 가져온 것인데, 거기에서 모세는 앞 절에 나온 인용문에서와 마찬가지로 율법의 가르침에 대하여 말하고 있고, 바울은 그것을 복음의 약속들에 적용하고 있다. 이 어려운 매듭은 다음과 같이 생각하면 잘 풀릴 수 있다: 앞의 인용문에서 모세는 무엇이 생명의 길인지가 분명해졌다는 것을 보여준다. 왜냐하면, 하나님의 뜻이 유대인들로부터 숨겨져 있거나 멀리 있는 것이 아니라 그들의 눈 앞에 제시되어 있기 때문이다. 하나님의 율법이 그들의 눈 앞에 제시되었다고 해도, 율법이 멀리 있던 때보다 율법을 행하기가 더 쉬운 것은 결코 아니기 때문에, 만일 모세가 단지 율법에 대해서만 말했다면, 그의 말은 실없는 말이 되었을 것이다. 따라서 모세는 단지 율법에 대해서만 말한 것이 아니라, 복음을 포함한 하나님의 가르침 전반을 말한 것이다. 왜냐하면, 율법의 말씀은 복음의 믿음으로 말미암아 우리 속에 심겨질 때까지는 그 자체만으로는 단 한 음절도 우리 마음속에 있을 수 없기 때문이다. 다음으로, 심지어 중생 후에도 율법의 말씀은 우리의 마음속에 있다고 할 수 없다. 왜냐하면, 율법은 완전함을 요구하는데, 믿는 자들조차도 완전함과는 거리가 멀기 때문이다. 그러나 복음의 말씀은 불완전함과 결함을 사해 주는 까닭에, 비록 우리의 마음을 다 채우고 있지는 않더라도 우리의 마음속에 자리를 잡게 된다. 모세는 4장에서와 마찬가지로 이 장 전체에 걸쳐서도, 하나님께서 치리하시고 다스리시는 백성에 대한 하나님의 크신 인자하심을 칭송하는데, 이러한 칭송은 단지 율법만으로부터는 나올 수 없다. 따라서 거기에서 모세가 율법의 규범을 따라 살아가는 삶에 대해서만 말하고 있지 않다는 것은 분명하다. 왜냐하면, 그는 중생의 성령을 믿음으로 말미암아 값없이 주어지는 의와 연결시키고 있기 때문이다. 그러므로 그는 전자로부터 후자를 추론하고 있는 것이다. 왜냐하면, 율법을 지킬 수 있는 것은 그리스도를 믿는 믿음으로부터만 가능하기 때문이다. 바울이 여기에 인용한 구절이 신명기의 동일한 장에서 조금 앞에 나오는 "네 하나님 여호와께서 네 마음에 할례를 베푸실"(신 30:6) 것이라는 구절과 연결되어 있다는 것은 의심의 여지가 없다. 그러므로 모세가 이 구절에서 오직 선한 행위에 대해서만 말하고 있다는 주장은 쉽게 반박될 수 있다. 물론,

모세가 행위에 대하여 말하고 있다는 것은 나도 인정한다. 그러나 나는 율법을 지키는 것이 그 근원인 믿음의 의로부터 나온다는 말 속에는 이치에 맞지 않는 것이 없다고 주장하는 것이다. 이제 본문에 대한 설명으로 들어가보자.

네 마음에 누가 하늘에 올라가겠느냐 하지 말라 하니 올라가겠느냐 함은 그리스도를 모셔 내리려는 것이요 혹은 누가 무저갱에 내려가겠느냐 하지 말라 하니 내려가겠느냐 함은 그리스도를 죽은 자 가운데서 모셔 올리려는 것이라. 모세는 사람들이 접근하기 어려운 머나먼 곳들로 하늘과 바다를 언급한다. 그러나 바울은 마치 이 말들 속에 어떤 영적인 신비가 숨겨져 있다는 듯이 이 말들을 그리스도의 죽으심 및 부활과 연결시킨다. 혹시 어느 누가 이러한 해석은 너무 억지스럽고 교묘한 것 아니냐고 생각한다면, 그 사람은 여기에서 사도의 목적은 이 구절 자체를 정확하게 설명하는 것이 아니라 자신의 현재의 주제를 설명하는 데에 이 구절을 적용하는 것이었음을 알아야 한다. 그래서 바울은 모세가 한 말을 문자 그대로 반복하지 않고, 자신의 목적에 더 적합하도록 모세의 증언을 수정한다. 모세는 사람이 접근할 수 없는 곳들을 언급한 반면에, 바울은 우리 모두에게 감춰져 있지만 믿음의 눈으로는 볼 수 있는 것들을 언급한다. 그러므로 바울이 보완이나 보충을 위해 이러한 것들을 말한 것이라고 본다면, 우리는 바울이 모세의 증언을 왜곡한 것이 아니라, "하늘"과 "바다"라는 말을 그 의미를 전혀 손상시키지 않고 간접적으로 인용하였다는 것을 인정해야 한다.

따라서 바울이 한 말을 간단하게 설명해 보면 이렇다. 우리의 구원의 확실성은 두 가지 토대, 즉 우리를 위한 생명이 확보되었다는 것과 우리를 위해 사망이 정복되었다는 것을 우리가 아는 데에 있기 때문에, 바울은 우리의 믿음은 복음의 말씀에 의거한 이 두 가지에 의해 지탱된다는 것을 가르친다. 왜냐하면, 그리스도께서는 자신의 죽으심을 통해서 사망을 삼키셨고, 다시 살아나심으로써 생명을 자신의 권세 아래 두게 되신 것이기 때문이다. 그리스도의 죽으심과 부활로 말미암은 은택은 이제 복음을 통해서 우리에게 전달된다. 그러므로 우리는 의를 먼 곳에서 찾을 이유가 없다. 바울은 믿음으로 말미암는 의가 우리를 구원하고도 남는다는 것을 분명하게 보여주기 위하여, 우리의 구원에 꼭 필요한 이 두 가지가 복음 속에 있다고 가르친다. "누가 하늘에 올라가겠느냐"라고 말하는 것은 "하늘의 영원한 생명이라는 유업이 우리를 기다리고 있는지 없는지를 누가 알랴?"고 말하는 것과 같다. 그리고 "누가 무저갱에 내려가겠느냐"라고 말하는 것은 "육신이 죽고난 후에 영혼의 영원한 멸망이 기다리고 있는지 없는지를 누가 알랴?"고 말하는 것과 같다. 바울은 이두 가지에 대한 의심은 믿음으로 말미암은 의에 의해서 제거된다고 가르친다. 왜냐하면, 앞의 말은 그리스도를 하늘로부터 끌어내리려고 하는 것이고, 뒤의 말은 그리스도를 죽은 자 가운데서 다시 모셔 올리려고 하는 것이기 때문이다. 그리스도께서 하늘로 올라가신 것은 영생에 대한 우리의 믿음을 확증해 주고도 남는다. 이렇게 그리스도께서 믿는 자들을 위하여 하늘로 올라가신 것인데도, 믿는 자들에게 하늘의 유업이 준비되어 있다는 것을 의심하는 자가 있다면, 그는 그리스도를 그가 계신 하늘로부터 끌어내리려고 하는 자이다. 마찬가지로, 그리스도께서는 우리를 무저갱으로부터 건지시기 위하여 친히 무저갱의 공포를 겪으신 것인데도, 믿는 자들이 무저갱으로부터 건짐을 받았다는 사실을 의심하는 자는 그리스도의 죽으심을 무효로 만들고자 하고 부정하는 것이다.

8. 그러면 무엇을 말하느냐. 바울이 지금까지 반론들을 반박하는 말들을 한 것은 믿음의 장애들을 제거하기 위한 것이었지만, 이제는 의를 얻는 길을 보여주기 위하여 적극적으로 단언하는 말을 여기에 덧붙인다. 그는 이 단언을 한 문장으로 제시할 수도 있었을 것이지만, 주목을 끌기 위한 목적으로 먼저 질문으로 시작한다. 이 단언의 목적은 율법의 의와 복음의 의가 얼마나 다른지를 보여주는 것이었다. 즉, 율법은 저 멀리 떨어져 있으면서 아무도 가까이 나아오지 못하게 하는 반면에, 복음은 아주 가까이에서 자신을 내보이며 우리에게 자기를 누리라고 친밀하게 초청한다는 것이다.

말씀이 네게 가까워. 여기에서 우리가 먼저 주목할 것은 사람의 마음이 거짓된 것들에 미혹되어서 구원의 길에서 벗어나지 않도록 하기 위해서 바울은 사람이 말씀이라는 경계 내에 머물러야 한다는 것을 보여준다는 것이다. 즉, 그는 사람들에게 오직 말씀만으로 만족하라고 명하면서, 하늘의 비밀들은 말씀이라는 거울을 통해서 보지 않으면 너무나 밝아서 그들을 눈부시게 하고 그들의 귀를 깜짝 놀라게 하며 그 경이로움으로 말미암아 그들의 혼이 나가게 만들 것이기 때문에 그들이 도저히 감당할 수 없을 것임을 상기시키고 있는 것이다. 따라서 믿는 자들은 이 구절 속에서 말씀의 확실성과 관련해서 상당한 위로를 얻게 된다. 왜냐하면, 그들은 실제로 현존하는 것을 의지하듯이 안심하고 말씀을 의지할 수 있기 때문이다. 또한, 우리가 주목해야 할 것은 우리로 하여금 우리의 구원에 대하여 확실하고 견고한 믿음을 갖게 해주는 이 말씀도 모세가 전해준 말씀이라는 것이다.

우리가 전파하는 믿음의 말씀이라. 바울이 이 말씀을 "믿음의 말씀"이라고 한 것은 옳다. 왜냐하면, 율법의 가르침은 사람들의 양심에 결코 평안을 가져다주지도 못하고, 양심이 만족해할 것을 제공해 주지도 못하기 때문이다. 하지만 바울은 말씀의 다른 부분들, 곧 심지어 율법의 계명들조차도 배제시키고자 하는 것이 아니라, 단지 율법이 요구하는 저 완벽한 순종과는 상관 없이 죄 사함 받는 것이 의라고 말하고자 하는 것이다. 따라서 복음의 말씀은 우리에게 행위로 말미암아 의를 얻으라고 명하는 것이 아니라 값없이 주어지는 은혜를 믿음으로 받아들이기만 하면 된다고 말하기 때문에 사람들의 마음에 평강을 가져다주고 우리의 구원을 확실하게 해주기에 충분하다.

"믿음의 말씀"은 약속의 말씀, 즉 복음 자체를 가리키는 대유법적 표현이다. 왜냐하면, 복음은 믿음의 준거(relatio)이기 때문이다. 우리는 이 표현을 대비를 통해서 율법과 복음의 차이를 보여주기 위한 것으로 이해해야 한다. 이러한 대비를 통해 우리는 율법은 행위를 요구하는 반면에, 복음은 사람들이 하나님의 은혜를 받기 위해 믿음을 가져오는 것 외에 다른 것을 요구하지 않는다는 것을 알게 된다. 바울은 자신이 전하는 말씀이 모세의 말씀과 다르다고 의심하는 사람이 아무도 없도록 하기 위해서 "말씀" 앞에 "우리가 전파하는"이라는 수식어를 덧붙인다. 즉, 그는 모세도 오직 하나님의 은혜로 말미암아 값없이 주어진 약속 안에 우리의 행복이 있다고 말했다는 점에서 복음을 전하는 자신의 사역과 모세의 사역은 완벽하게 일치한다고 증언하고 있는 것이다.

9. **네가 만일 네 입으로 예수를 주로 시인하며 또 하나님께서 그를 죽은 자 가운데서 살리신 것을 네 마음에 믿으면 구원을 받으리라.** 바울은 여기에서도 모세가 전한 말씀을 그대로 정확하게 인용하는 것이 아니라 나름대로 해석해서 간접적으로 인용한다. 왜냐하면, 모세는 제유법을 사용해서 "입"이라는 단어를 통해서 "얼굴"이나 "목전"을 나타내고자 했을 가능성이 아주 높기 때문이다. 하지만 하나님께서 우리의 얼굴 앞에, 또는 우리의 목전에 자신의 말씀을 제시하신 것은 우리로 하여금 그 말씀을 시인하고 고백하도록 하시기 위한 것임은 의심의 여지가 없기 때문에, 사도가 여기에서 "입"이라는 단어를 그대로 받아들여서 이 구절에 나오는 것처럼 나름대로 해석한 것은 결코 부적절한 것은 아니었다. 왜냐하면, 하나님의 말씀이 존재하는 곳마다 얼매가 맺어지는 것은 당연한 일인네, 그 열매는 "입"의 시인 또는 고백이기 때문이다.

바울이 통상적인 순서를 바꾸어서 "시인"을 "믿음"보다 앞에 놓고 있는 것은 성경에서 흔히 볼 수 있는 도치법이다. 왜냐하면, 마음으로 믿는 것이 선행하고 거기로부터 입으로 시인하는 것이 뒤따르는 것이 통상적인 순서일 것이기 때문이다. 하지만 예수께서 어떤 사람에게 자신의 능력을 덧입혀 주실 때에야 그 사람은 진정으로 예수를 주라 시인하게 되고, 예수가 복음에 기록된 대로 아버지 하나님께서 보내신 자이심을 알게 된다.

바울이 단지 그리스도의 부활만을 명시적으로 언급한 것은 그리스도의 죽으심이 중요하지 않았기 때문이 아니라, 그리스도께서는 다시 살아나심으로써 우리를 위한 구원 사역 전체를 완성하셨기 때문이라고 보아야 한다. 왜냐하면, 구속과 대속은 그리스도의 죽으심으로 말미암아 된 것이고, 그 결과 우리는 하나님과 화목하게 된 것이기는 하지만, 죄와 사망과 사탄에 대한 승리는 그리스도의 부활로 말미암아 얻어진 것이고, 의와 새 생명, 복된 영생에 대한 소망도 거기로부터 온 것이기 때문이다. 그런 까닭에, 성경에서는 우리의 구원에 대한 확신을 확증해 주고자 할 때에는 오직 그리스도의 부활만을 우리 앞에 제시할 때가 많은데, 이것은 우리로 하여금 그리스도의 죽으심에 관심을 갖지 않게 하기 위한 것이 아니라, 부활은 그 죽으심의 효력과 열매를 증언하는 것이기 때문이다. 요컨대, 그리스도의 부활을 말하면 거기에는 그의 죽으심도 함께 포함되어 있다는 것이다. 이 주제에 대해서는 우리가 6장에서 간단하게 다룬 적이 있다.

여기에서 우리가 덧붙일 것은 바울은 단지 부활을 역사적인 사실로 믿으라고 요구하는 것이 아니라, 부활 자체를 믿음의 대상으로 제시하고 있다는 것이다. 우리는 그리스도께서 다시 살아나신 목적을 기억하여야 한다. 아버지 하나님께서 그리스도를 다시 살리신 목적은 우리 모두를 생명으로 회복시키시기 위한 것이었다. 그리스도께서는 스스로 다시 생명을 취하실 수 있는 능력을 가지고 계셨지만, 성경은 대체로 이 부활의 역사를 아버지 하나님이 하신 일로 돌린다.

10. 사람이 마음으로 믿어 의에 이르고. 이 구절은 우리가 믿음으로 말미암아 의롭다 하심을 얻는다는 것이 무엇인지를 아는 데에 도움을 준다. 왜냐하면, 이 구절은 우리가 복음 안에서 우리에게 제시되는 하나님의 선하심을 받아들일 때에 의를 얻게 된다는 것을 보여주기 때문이다. 그러므로 우리는 하나님이 그리스도 안에서 우리와 화목하셨다는 것을 믿기 때문에 의롭다 하심을 얻게 되는 것이다. 그러나 우리는 믿음이 자리잡는 곳은 머리가 아니라 마음이라는 것을 유념해야 한다. 그렇

지만 나는 몸의 어느 부분에 믿음이 자리를 잡는 것인지를 놓고 논쟁을 벌일 생각은 없고, 단지 "마음"이라는 말은 흔히 진지하고 진실한 감정(affectus)을 의미하기 때문에, 믿음은 단순한 생각이나 인식(notio)이 아니라, 확고하고 실효적인 신뢰(fiducia)라고 말하고자 하는 것일 뿐이다.

입으로 시인하여 구원에 이르느니라. 바울이 전에는 그렇게도 자주 우리는 오직 믿음으로 말미암아 구원을 얻는다고 증언해 놓고서 여기에서는 우리의 구원의 일부만을 믿음에 돌리는 것이 이상해 보일 수 있다. 하지만 그렇다고 해서 우리는 시인하는 것이 우리의 구원의 원인이 된다고 결론을 내려서는 안 된다. 여기에서 바울의 의도는 단지 하나님께서 우리의 구원을 어떤 식으로 이루시는지를 보여주고자 하는 것일 뿐이다. 즉, 하나님께서는 우리의 마음속에 넣어두신 믿음이 우리가 입으로 시인하는 것을 통해서 드러나게 하신다는 것이다. 사실 바울은 단지 사람들이 허울뿐인 믿음만을 지니고 있는 것인데도 마치 자기에게 믿음이 있는 것처럼 착각하지 않도록 하기 위하여, 참된 믿음으로부터는 이렇게 입으로 시인하는 것이 나오게 되어 있다는 것을 보여주고자 한 것일 뿐이다. 왜냐하면, 참된 믿음은 사람의 마음을 하나님의 영광을 위한 열심으로 타오르게 만들고, 그 불길은 입을 통해 나오게 되기 때문이다. "의에 이른" 자들은 이미 "구원에 이른" 자들이기 때문에, 마음으로 믿는 자도 입으로 시인하는 자와 마찬가지로 구원에 이르게 된다. 그런데도 바울이 의롭게 되는 원인이 믿음에 있다고 따로 구별해서 말한 의도는 구원을 이루는 데에 무엇이 필요한지를 보여주기 위한 것이었다. 입으로는 시인할 수 없는데 마음으로는 믿는다는 것은 그 누구에게도 불가능하다. 입으로 시인하는 것은 믿음의 필연적인 결과이긴 하지만, 입으로 시인하느냐의 여부에 구원이 달려 있는 것은 아니다.

오늘날 허울뿐인 믿음만을 교만하게 자랑하면서 믿음은 마음에 은밀하게 담아두는 것일 뿐이고 입으로 시인하는 것은 불필요하고 공허한 일이라고 말하며 일축해 버리는 자들은 그들이 바울에게 어떤 대답을 할 수 있는지를 생각해 보아야 한다. 왜냐하면, 불꽃이나 열기가 전혀 없는데도 불이 있다고 주장하는 것은 터무니없는 억지일 뿐이기 때문이다.

[11]성경에 이르되 누구든지 그를 믿는 자는 부끄러움을 당하지 아니하리라 하니 [12]유대인이나 헬라인이나 차별이 없음이라 한 분이신 주께서 모든 사람의 주가 되사 그

를 부르는 모든 사람에게 부요하시도다 [13]누구든지 주의 이름을 부르는 자는 구원을 받으리라(10:11-13).

11. 성경에 이르되 누구든지 그를 믿는 자는 부끄러움을 당하지 아니하리라 하니. 바울은 하나님께서 유대인들을 버리신 것이 왜 합당한 일이었는지 그 이유들을 다 말했기 때문에, 이제 지금 그가 다루고 있는 주제의 또다른 부분, 즉 하나님께서 이방인들을 부르고 계신다는 것을 증명하는 일에 착수한다. 즉, 그는 앞에서 사람들로 하여금 구원을 얻게 해주는 길, 유대인만이 아니라 이방인에게도 똑같이 열려 있는 구원의 길을 설명했기 때문에, 이제 먼저 모든 사람에게 그 길이 열려 있음을 천명하고 나서, 다음으로 구체적으로 이방인들에게도 그 길이 열려 있다는 것을 공개적으로 선언하면서 이방인들을 이 구원의 길로 초대한다. 바울은 자신이 한 말에 더 큰 권위를 부여함과 아울러 그리스도에 관한 예언들이 율법과 얼마나 잘 부합하는지를 보여주기 위해서, 자기가 이미 앞에서 인용했던 이사야서 본문을 여기에서 다시 한 번 반복한다.

12-13. 유대인이나 헬라인이나 차별이 없음이라 한 분이신 주께서 모든 사람의 주가 되사 그를 부르는 모든 사람에게 부요하시도다 누구든지 주의 이름을 부르는 자는 구원을 받으리라. 구원을 얻는 데에는 오직 믿음만이 요구되기 때문에, 믿음이 있는 곳마다 하나님의 선하심이 나타나서 믿는 자들을 구원으로 이끈다. 따라서 구원과 관련해서는 족속이나 나라에 따른 차별이 있을 수 없다. 바울은 가장 강력한 이유들을 여기에 덧붙인다. 즉, 온 세계를 지으시고 조성하신 분은 모든 사람의 하나님이시기 때문에, 이 하나님을 자신의 하나님이라고 시인하고 그 이름을 부르는 모든 자에게 하나님께서는 자신의 인자하심을 나타내시는 것은 당연하다는 것이다. 왜냐하면, 하나님의 긍휼하심은 무한한 까닭에 그 긍휼하심을 얻고자 하는 모든 자에게 미칠 수밖에 없기 때문이다.

"부요하시도다"는 여기에서 능동의 의미로 "인자하시고 후하시다"는 것을 의미하는 것으로 보아야 한다. 우리가 주목할 것은 우리 아버지의 부요하심은 아무리 후하게 나누어 주셔도 결코 줄어들지 않기 때문에, 그가 다른 사람들에게 자신의 은혜를 아무리 차고 넘치게 부어 주셔도, 우리에게 주실 은혜가 부족하게 되는 일은 일어나지 않는다는 것이다. 그러므로 남들이 아무리 많은 복을 받아도 하나님의 부요하심은 전혀 줄어들지 않는 까닭에, 우리는 남들이 복 받는 것을 시기할 이유가 없다.

바울의 논증은 충분히 강력한 것이었는데도, 그는 "누구든지 주의 이름을 부르는 자는 구원을 받으리라"는 선지자 요엘의 예언의 말씀(2:32)을 가져와서 이러한 논증을 확증한다. 선지자는 "누구든지"라는 포괄적인 표현을 사용하고 있기 때문에 거기에 모든 사람을 똑같이 포함시키고 있다는 것은 틀림없다. 하지만 독자들은 요엘서의 문맥을 살펴보면, 이 예언의 말씀이 바울이 지금 다루고 있는 주제와 부합한다는 것을 훨씬 더 잘 알 수 있게 될 것이다. 왜냐하면, 선지자는 그 구절에서 그리스도의 나라에 대하여 예언하고 있고, 나아가 하나님의 무시무시한 진노가 지나간 후에는 "여호와의 이름을 부르는" 모든 자에게 구원을 약속하고 있기 때문이다. 이것으로부터 알 수 있는 것은 사람들이 사망의 깊은 구덩이 속에서도 하나님의 은혜를 구하기만 한다면, 하나님의 은혜가 거기까지도 미친다는 것을 생각할 때에, 그 은혜가 이방인들에게 미치지 못할 이유가 전혀 없다는 것이다.

[14]그런즉 그들이 믿지 아니하는 이를 어찌 부르리요 듣지도 못한 이를 어찌 믿으리요 전파하는 자가 없이 어찌 들으리요 [15]보내심을 받지 아니하였으면 어찌 전파하리요 기록된 바 아름답도다 좋은 소식을 전하는 자들의 발이여 함과 같으니라 [16]그러나 그들이 다 복음을 순종하지 아니하였도다 이사야가 이르되 주여 우리가 전한 것을 누가 믿었나이까 하였으니 [17]그러므로 믿음은 들음에서 나며 들음은 그리스도의 말씀으로 말미암았느니라(10:14-17).

나는 다른 사람들의 견해를 일일이 다 소개해 가면서 그 견해들이 틀렸음을 증명하는 일에 독자들을 오래 붙들어둘 생각이 없다. 사람마다 다 나름대로의 견해와 생각이 있을 것이기 때문에, 나는 그저 내가 생각하는 것만을 솔직하게 밝히고자 한다. 여기에서 사용된 점강법(漸降法)의 의도를 파악하기 위해서 먼저 우리가 염두에 두어야 할 것은 이방인들에 대한 하나님의 부르심과 그들 가운데서 일하였던 바울의 사역 간에는 서로 상관관계가 존재하였기 때문에 어느 하나가 인정받아야만 다른 하나도 인정받을 수 있었다는 것이다. 그래서 바울은 하나님께서 이방인들을 부르신다는 것을 이론의 여지 없이 증명함과 동시에 자신의 사역의 근거도 제시할 필요가 있었다. 왜냐하면, 만일 그렇게 하지 않는다면, 그는 아무런 권한도 없이 하나님의 은혜를 이방인들에게로 넓혀서, 하나님이 자녀들을 위해 준비하신 떡을 정작 자녀들에게는 주지 않고 개들에게 주고자 한다는 비난을 들을 수밖에 없을 것이었기 때문이다. 따라서 바울은 이 두 가지를 동시에 분명하게 증명하고자 한다.

우리는 바울의 논증의 모든 부분을 차례대로 설명하고 난 후에야 그 전체가 어떤 식으로 연결되어 있는지를 온전히 이해할 수 있겠지만, 일단 그가 말하고자 하는 전체적인 취지를 요약하자면 이런 것이다: 유대인과 이방인은 둘 다 하나님의 이름을 부름으로써 그들이 하나님을 믿는다는 것을 분명하게 드러낸다. 왜냐하면, 먼저 하나님을 올바르게 알지 못하면, 하나님의 이름을 진정으로 부르는 것은 불가능하기 때문이다. 게다가, 믿음은 하나님의 말씀으로부터 생겨나지만, 하나님의 말씀은 오직 하나님의 특별한 섭리를 따라 정하신 곳에서만 전파된다. 그러므로 하나님을 부르는 곳에는 믿음이 있고, 믿음이 있는 곳에는 말씀의 씨앗이 이미 뿌려져 있으며, 말씀이 전파된 곳에는 하나님의 부르심이 있다. 이렇게 하나님의 부르심이 효력을 발휘하여 열매를 맺는 곳에는 하나님의 선하심에 대한 의심할 수 없는 분명한 증거가 있다. 결국 이것으로부터 분명해지는 것은 이것은 하나님께서 이방인들이 그가 베푸시는 구원에 참여하도록 허락하셨음을 보여주는 것이기 때문에 이방인들을 하나님의 나라에서 배제시켜서는 안 된다는 것이다. 왜냐하면, 이방인들 가운데서 믿음이 있게 된 것은 복음이 전파된 까닭이고, 복음이 그들에게 전파된 것은 하나님이 그들을 구원하시기를 기뻐하셔서 복음을 전할 자들을 보내신 까닭이기 때문이다.

14. 그런즉 그들이 믿지 아니하는 이를 어찌 부르리요. 바울은 여기에서 하나님을 부르는 것과 믿음을 연결시키고자 한다. 이 둘은 매우 밀접하게 연결되어 있다. 하나님을 부르는 자는 유일하게 참된 구원의 항구이자 가장 안전한 피난처에 자기 자신을 의탁하는 자이기 때문에, 어떤 아들이 지극히 선하고 사랑 많은 아버지의 품에 자신을 의탁해서 그 돌보심 아래에서 보호를 받고 그 인자하심과 사랑 아래에서 소중히 여김을 받으며 그 부요하심으로 인하여 풍족해지고 그 능력으로 말미암아 강해지고자 하는 것과 같다. 그런데 어떤 사람이 이렇게 하나님을 부르며 자기 자신을 의탁하려면, 먼저 그는 그를 향하신 아버지 하나님의 사랑에 대한 확신을 자신의 마음속에 품고서 하나님께 무엇을 구하든 다 받을 줄로 믿지 않으면 안 된다.

그러므로 하나님을 부르는 자들은 하나님이 자기를 보호해 주실 것이라는 확신이 있지 않으면 안 된다. 왜냐하면, 바울은 여기에서 하나님을 부르는 모든 행위가 아니라 그 중에서 하나님이 인정하시는 것만을 말하고 있기 때문이다. 외식하는 자들도 하나님께 기도하지만 구원을 받지 못한다. 왜냐하면, 그들에게는 믿음이 없기 때문이다. 이것은 가톨릭 스콜라주의 신학자들이 아무런 확신도 없이 의심 가운데서 하나님 앞에 나아가 기도하는 것이 얼마나 어리석고 우매한 짓인지를 잘 보여준다. 바울은 그들과는 완전히 달랐다. 즉, 그는 하나님이 들어주실 것이라는 확신이 우리에게 없다면 우리는 올바르게 기도할 수 없다는 것을 하나의 자명한 공리로 전제한다. 왜냐하면, 그는 여기에서 모호하거나 주저함이 있는 믿음을 말하는 것이 아니라, 하나님께서 복음을 통해서 우리와 화목하시고 우리를 자신의 자녀로 삼으셨음을 알았을 때에 우리의 심령이 아버지 하나님의 인자하심에 대하여 품게 되는 확신을 말하고 있는 것이기 때문이다. 우리는 오직 이러한 확신으로 하나님께 나아가는데, 에베소서 3:12에서도 이러한 사실을 우리에게 가르쳐 준다: "우리가 그 안에서 그를 믿음으로 말미암아 담대함과 확신을 가지고 하나님께 나아감을 얻느니라." 또한, 이 구절로부터 우리는 하나님께 기도하는 믿음만이 참된 믿음이라는 사실도 알게 된다. 왜냐하면, 하나님의 선하심을 맛본 자가 늘 기도를 통해서 그 선하심을 구하는 것은 당연한 일인 까닭에, 그렇게 하지 않는 것은 불가능하기 때문이다.

듣지도 못한 이를 어찌 믿으리요 전파하는 자가 없이 어찌 들으리요. 이 구절의 요지는 하나님의 약속이 우리의 입을 열어 기도하게 할 때까지 우리는 기도를 한 마디도 할 수가 없다는 것이다. 이것은 선지자 스가랴가 전한 말씀, 즉 "나는 말하기를 이는 내 백성이라 할 것이요 그들은 말하기를 여호와는 내 하나님이시라 하리라"(슥 13:9)는 말씀이 보여주는 순서이기도 하다. 왜냐하면, 우리에게는 우리의 마음과 생각을 따라 우리 입맛에 맞는 어떤 하나님을 만들어낼 권한이 없는 까닭에, 우리는 하나님의 말씀 속에 계시된 그대로의 하나님을 아는 것이 합당하기 때문이다. 어떤 사람이 자신의 지각(sensus)을 따라 하나님을 만들어낸다면, 그가 지니고 있는 것은 확실하고 견고한 믿음이 아니라 불확실하고 허망한 망상일 뿐이다. 따라서 하나님을 아는 참된 지식을 가지려면, 반드시 하나님의 말씀이 있어야 한다. 바울이 여기에서 언급하고 있는 것은 다른 말씀이 아니라 오직 전파된 말씀뿐이다. 왜냐하면, "전도"는 하나님께서 자신의 말씀을 전하시기 위해 통상적으로 사용하시는 수단이기 때문이다. 하지만 만일 어떤 사람이 이런 이유를 들어서 하나님은 전도라는 수단을 통해서가 아니면 자기 자신을 사람들에게 알게 하실 수 없다고 주장한다면, 우리는 사도의 의도는 그렇게 가르치는 것이 아니었다고 말할 수 있다. 왜냐하면, 사도는 단지 하나님의 통상적인 경륜만을 언급하고자 한 것뿐이고, 하나님께서 자신의 은혜를 어떻게 베푸시는지 그 법칙을 규정하고자 하는 의도는 없었기 때문이다.

15. 보내심을 받지 아니하였으면 어찌 전파하리요. 여기에서 바울은 어떤 민족에게 복음이 전파되는 것은 그 민족에 대한 하나님의 사랑의 증표라는 것과 하나님이 자신의 특별한 섭리 안에서 세우신 자가 아니면 그 누구도 복음을 전파할 수 없다는 것을 보여준다. 그러므로 어떤 민족에게 복음이 전파되고 있다면, 의심할 여지 없이 분명한 사실은 하나님께서 그 민족을 찾아가셨다는 것이다. 그러나 바울은 여기에서 개개인의 합법적인 부르심에 대하여 다루고 있는 것이 아닌 까닭에, 이 문제를 상세히 다루는 것은 불필요할 것이기 때문에, 우리는 단지 복음은 구름으로부터 내리는 비처럼 아무렇게나 전파되는 것이 아니라, 하나님이 보내신 사람들을 통해서 전파된다는 것만을 기억하면 될 것이다.

기록된 바 아름답도다 좋은 소식을 전하는 자들의 발이여 함과 같으니라. 우리는 이 증언을 우리의 현재의 주제에 다음과 같이 적용할 수 있을 것이다. 즉, 하나님께서는 자기 백성에게 구원의 소망을 주시고자 하셔서 장차 이 구원의 기쁜 소식을 전하는 자들이 오게 될 것을 크게 기뻐하시며 상찬(賞讚)하셨다는 것이다. 이 증언을 통해서 바울은 사람들은 영원한 생명에 관한 메시지를 우리에게 전하는 직분을 지닌 사도들을 하나님이 좋은 소식을 전하라고 보내신 자들로 여겨서 존중하는 것이 마땅하다는 것을 분명히 한다. 이것으로부터 우리는 하나님의 손으로부터 나오지 않은 이 세상에 속한 것들 중에는 하나님이 상찬할 가치가 있는 것이 하나도 없는 까닭에 사도의 직분은 하나님으로부터 온 것이라는 결론을 얻을 수 있다. 또한, 이것으로부터 우리가 가르침 받는 것은, 하나님께서 그 입으로 친히 복음 전도를 이렇게 상찬하시는 것을 볼 때, 모든 선한 자들은 복음 전도를 간절히 사모하고 소중히 여기는 것이 마땅하다는 것이다. 마찬가지로, 하나님께서 복음 전도라는 보배의 비할 바 없는 가치를 이렇게 높이 상찬하신 것은 우리 모두의 마음을 일깨우셔서 이 보배를 간절히 사모하게 하시기 위한 것이라는 것도 의심의 여지가 없다. "발"은 대유법적 표현으로서 "온다"는 것을 의미한다.

16. 그러나 그들이 다 복음을 순종하지 아니하였도다 이사야가 이르되 주여 우리가 전한 것을 누가 믿었나이까 하였으니. 이 구절은 바울이 점강법을 통해서 전개해 나가고자 한 논증의 일부가 아니기 때문에 직후에 나오는 결론에서 다루어지지

않는다. 하지만 바울이 자신이 지금까지 말한 것, 즉 마치 씨가 알곡보다 선행하듯이 말씀은 언제나 믿음보다 선행한다는 것을 근거로 삼아서, 어떤 이들이 말씀이 전파되는 곳마다 필연적으로 믿음이 뒤따라야 마땅하지 않느냐며 반론을 제기하지 않도록 하기 위해서 미리 그런 반론에 대처하려고 여기에 이 구절을 삽입한 것은 합당한 일이었다. 왜냐하면, 이스라엘에는 말씀이 없었던 적이 없었던 까닭에, 그들은 이런 결론을 의지해서 헛된 자랑을 할 수도 있을 것이었기 때문이다. 그러므로 바울은 여기에서 부르심을 받았지만 택함을 받지는 못한 사람들이 많다는 것을 곁가지로 보여줄 필요가 있었다.

바울은 이 구절을 이사야 53:1으로부터 가져왔는데, 거기에서 선지자는 그리스도의 죽으심과 다스리심에 관한 주목할 만한 예언을 선포하기 전에, 장차 우리가 전하는 말씀을 믿게 될 사람이 너무나 적은 것을 성령의 감동을 따라 보고서는 깜짝 놀라서 "우리가 전한 것을 누가 믿었느냐"고 소리치지 않을 수 없었다. 이 본문에서 "우리가 전한 것"으로 번역된 단어는 히브리어로 '쉬무아'(שמועה)로 강론이나 설교를 의미하지만, 칠십인역은 이 단어를 '아코엔'(ἀκοὴν, "들은 것")으로 잘못 옮겼다. 하지만 이 본문의 의미는 분명하다.

우리는 이제 선지자가 왜 이 말씀을 여기에 삽입했는지 그 이유를 알 수 있다. 즉, 그것은 말씀이 전파되는 곳에서는 필연적으로 믿음이 뒤따를 수밖에 없다고 생각하는 사람이 아무도 없도록 하기 위한 것이었다. 그런 후에 선지자는 곧바로 그 이유를 덧붙인다: "여호와의 팔이 뉘게 나타났느뇨." 즉, 하나님께서 자신의 영의 빛으로 우리의 마음을 조명해 주지 않으시면 말씀을 들어도 아무런 유익을 얻을 수 없기 때문에, 사람들이 전하는 외적인 음성이 아니라 오직 내적인 부르심(interior vocatio)만이 택함을 받는 데에 효력이 있다는 것이다. 이것은 구원의 가르침은 보편적이고, 하나님께서는 모든 사람을 차별 없이 자기에게로 초청하시는 까닭에 모든 사람이 다 차별 없이 택함 받은 자라고 주장하는 것이 얼마나 어리석은 것인지를 분명하게 증명해 준다. 구원에 관한 약속 자체가 보편적이라고 해서 저절로 모든 사람이 구원을 받는 것은 아니다. 반대로, 선지자 이사야가 우리에게 전해준 특별한 계시는 구원은 오직 택함 받은 자들에게만 국한된다는 것을 보여준다.

17. 그러므로 믿음은 들음에서 나며 들음은 그리스도의 말씀으로 말미암았느니라. 우리는 이 결론을 통해서 바울이 무엇을 염두에 두고서 지금까지 점강법을 사용하여 논증을 전개해 왔는지를 알게 된다. 즉, 그는 먼저 믿음이 있는 곳마다 하나

님께서는 이미 거기에 자신이 사람들을 택하셨다는 증거를 주신 것임을 보여주고 자 하였고, 다음으로는 하나님은 복음 사역에 복을 부어 주셔서 사람들로 하여금 믿음으로 말미암아 빛을 받아 하나님의 이름을 부르게 하심으로써 이방인들이 영원한 유업에 참여하는 것이 허락되었음을 증언하셨다는 것을 보여주고자 하였다.

이것은 복음 전도의 효과에 대하여 말해주는 주목할 만한 구절이다. 왜냐하면, 바울은 복음 전도로 말미암아 믿음이 생겨난다고 증언하고 있기 때문이다. 사실 그는 앞에서 복음 전도는 그 자체로는 아무 소용이 없지만, 하나님이 역사하실 때에는 하나님의 능력의 통로가 된다고 밝힌 바 있다. 사람의 음성은 결코 인간의 영혼 속으로 침투할 수 없다. 만일 죽을 수밖에 없는 존재인 사람에게 사람을 거듭나게 할 수 있는 능력이 있다면, 사람은 하늘 높은 줄 모르고 한없이 교만해질 것이다. 또한, 믿음의 빛도 너무나 고귀해서 사람이 전할 수 없다. 그러나 하나님께서 사람의 음성을 통하여 실효적으로 역사하셔서 사람의 사역으로 말미암아 우리 안에 믿음을 만들어내고자 하실 때에는 사람이 지닌 이 모든 한계들은 전혀 장애가 되지 않는다.

또한, 우리가 주목해야 할 것은 믿음은 오직 하나님의 가르침이라는 터 위에만 세워진다는 것이다. 왜냐하면, 바울은 믿음이 온갖 종류의 가르침으로부터 생겨난다고 가르치는 것이 아니라, 명시적으로 그 가르침을 오직 하나님의 말씀으로 제한하기 때문이다. 만일 사람들로부터 나오는 가르침들에서 믿음이 생겨날 수 있다면, 이러한 제한은 옳지 못할 것이다. 그러므로 우리는 믿음의 확실성에 대하여 말할 때에는 사람들이 고안해낸 온갖 것들로부터 떠나야 한다. 그러므로 교황주의자들이 주장하는 잠재적 신앙(fides implicita: 신자가 세례 받을 때에 갖게 되는 신앙으로서 아직 구원에 이르는 신앙에는 못 미치는 신앙을 의미한다 — 역주)이라는 저 허구는 믿음을 말씀으로부터 분리시키는 것이기 때문에 설 자리가 없게 된다. 이것보다 훨씬 더 가증스러운 것은 말씀으로 말미암은 믿음이라고 할지라도 교회의 권위에 의해서 확증될 때까지는 그 효력이 보류된다고 주장하는 신성모독이다.

[18]그러나 내가 말하노니 그들이 듣지 아니하였느냐 그렇지 아니하니 그 소리가 온 땅에 퍼졌고 그 말씀이 땅 끝까지 이르렀도다 하였느니라 [19]그러나 내가 말하노니 이스라엘이 알지 못하였느냐 먼저 모세가 이르되 내가 백성 아닌 자로써 너희를 시기하게 하며 미련한 백성으로써 너희를 노엽게 하리라 하였고 [20]이사야는 매우 담

대하여 내가 나를 찾지 아니한 자들에게 찾은 바 되고 내게 묻지 아니한 자들에게 나타났노라 말하였고 ²¹이스라엘에 대하여 이르되 순종하지 아니하고 거슬러 말하는 백성에게 내가 종일 내 손을 벌렸노라 하였느니라(10:18-21).

18. 그러나 내가 말하노니 그들이 듣지 아니하였느냐 그렇지 아니하니 그 소리가 온 땅에 퍼졌고 그 말씀이 땅 끝까지 이르렀도다 하였느니라. 사람의 마음은 복음 전도를 통해서 하나님을 아는 지식을 공급받고서 하나님을 부르게 되는 까닭에, 하나님의 진리가 이방인들에게 전파된 적이 있었느냐 하는 문제가 남게 된다. 왜냐하면, 바울이 갑자기 이방인들에 대한 전도를 시작하자 유대인들은 그의 예기치 않은 파격적인 행보에 적지 않이 격앙되어 있었기 때문이다. 그래서 그는 과연 하나님께서 이전에 이방인들에게 자신의 음성을 들려주셔서 온 세계에 대하여 선생의 직분을 수행하신 것인지의 여부를 질문하면서, 하나님이 세계의 모든 곳으로부터 제자들을 자신에게로 불러모으시는 학교는 모든 사람에게 열려 있다는 것을 보여주기 위하여, 시편 19:4에 나오는 선지자의 증언을 인용한다. 얼핏 보면, 이 인용문은 바울이 지금 다루고 있는 주제와 별 상관이 없어 보인다. 왜냐하면, 선지자는 이 증언 속에서 사도들이 아니라 하나님이 지으신 말 못하는 만물들에 대하여 말하고 있는 것이기 때문이다. 거기에서 그는 하나님이 지으신 만물들은 하나님의 영광을 나타내는 빛을 너무나도 분명하게 발하고 있기 때문에, 마치 그들 자신의 혀로 하나님의 능력을 선포하는 것 같다고 말한다.

바울의 이 구절은 옛 사람들에게 시편 전체를 알레고리적으로 설명하도록 만들었고, 후세 사람들도 그들을 따랐다. 따라서 그들에게는 신랑이 신방에서 나오듯 빛을 발하는 해는 그리스도였고, 하늘들은 사도들이었다. 큰 경건을 지니고서 좀 더 겸손하게 성경을 해석한 사람들은 바울은 선지자가 원래 하늘의 구조에 대하여 말한 것들을 사도들에게 적용한 것이라고 생각하였다. 그러나 나는 하나님의 종들은 언제나 지극히 공경하는 마음으로 성경을 설명하였고, 자기 마음대로 자유롭게 성경 본문들의 의미를 왜곡할 수 없었다는 것을 알기 때문에, 바울이 그런 식으로 이 증언을 잘못 해석하였다는 것을 받아들일 수 없고, 그가 인용한 이 본문을 선지자가 원래 말하고자 했던 진정한 의미를 따라 이해해야 한다고 본다. 그랬을 때에 바울의 논증은 다음과 같은 것이 될 것이다: 하나님께서는 사람들에 의한 전도를 통해서가 아니라 자신이 지으신 피조물들의 증언을 통해서 이미 처음부터 자신의 신성을 이방인들에게 나타내 오셨다. 왜냐하면, 그때에 복음은 이방인들 가운데서 침묵하긴 했지만, 하늘과 땅의 모든 피조물들은 자신들을 지으신 이가 누구신지를 전함으로써 이방인들로 하여금 하나님을 알게 하였기 때문이다. 이것으로부터 분명해지는 것은 하나님께서는 자신의 언약의 은혜를 이스라엘로 국한시킨 동안에도 이방인들로 하여금 그를 전혀 알지 못하게 하신 것이 아니라, 그들 가운데 그를 아는 지식의 불꽃들이 늘 살아 있게 하셨다는 것이다. 그때에 하나님은 자신의 택함 받은 백성에게는 자신을 더욱 구체적으로 나타내셨기 때문에 유대인들은 그의 권속으로서 집에서 그의 입에서 나오는 말씀으로 가르침을 받았다고 할 수 있지만, 비록 저 멀리서 하늘들의 음성을 통해서이긴 하지만 이방인들에게도 말씀하셨고, 이러한 전주곡을 통해서 결국에는 그들에게도 자신을 알게 하고자 한다는 것을 보여 주신 것이었다.

나는 칠십인역이 왜 히브리어 '카왐'(קַוָּם)을 '프통곤 아우톤'(φθόγγον αὐτῶν, "그들의 소리", 한글개역개정에는 "그 소리")으로 옮겼는지 그 이유를 알지 못하겠다. 왜냐하면, '카왐'은 건축할 때에 사용되는 "줄," 또는 글에서의 "행"을 의미하기 때문이다. 이 인용문에 나오는 두 개의 대구는 동일한 내용을 말하고 있는 것이 확실하기 때문에, 나는 선지자가 하늘들이 소리를 통해서만이 아니라 그것들 위에 씌어진 글을 통해서도 하나님의 능력을 선포하고 있다고 말하기 위하여 '카왐'이라는 단어를 사용한 것일 가능성이 높다고 본다. 왜냐하면, 선지자는 "퍼졌고"라는 단어를 통해서 하늘들에 의해 선포된 가르침은 한 나라라는 좁은 경계 내에 머물지 않고 세계의 가장 후미진 곳들까지 미쳤다는 것을 상기시키고 있기 때문이다.

19. 그러나 내가 말하노니 이스라엘이 알지 못하였느냐. 반대되는 것들의 대비에 의거한 이러한 반문은 작은 것과 큰 것의 대비로부터 온 것이다. 지금까지 바울은 하나님께서는 처음부터 비록 모호하게 그림자들을 통해서이긴 하지만 자기 자신을 이방인들에게 나타내셨고, 그들로 하여금 적어도 하나님의 진리를 어느 정도는 알게 하신 까닭에, 하나님을 아는 지식에서 이방인들을 배제하신 것이 아니었다는 것을 논증하였다. 그렇다면, 이방인들과는 판이하게 다른 진리의 빛을 받은 이스라엘에 대해서는 무엇이라고 말할 수 있는 것인가? 왜냐하면, 하나님을 모르던 외인들은 저 멀리서 비치는 희미한 빛을 보고 그 빛으로 달려간 반면에, 아브라함의 거룩한 자손들은 그 빛을 자신의 눈 앞에서 뻔히 보면서도 거부하였다는 것은 도무지 이해할 수 없는 일이었기 때문이다. 우리는 하나님을 아는 지식에 있어서 유

대인과 이방인의 현격한 차이를 말하고 있는 신명기 4:7의 "우리 하나님 여호와께서 우리가 그에게 기도할 때마다 우리에게 가까이 하심과 같이 그 신이 가까이 함을 얻은 큰 나라가 어디 있느냐"는 말씀을 늘 기억하지 않으면 안 된다. 그러므로 하나님께서 이스라엘에게 율법의 가르침을 주시는 은혜를 베푸셨는데도, 그들이 하나님을 아는 지식을 얻지 못한 이유는 무엇인가라고 질문하는 것은 아주 자연스러운 것이었다.

먼저 모세가 이르되 내가 백성 아닌 자로써 너희를 시기하게 하며 미련한 백성으로써 너희를 노엽게 하리라 하였고. 바울은 모세의 증언을 통해서 하나님이 유대인들을 제쳐두고 이방인들에게 은혜를 주신 것은 결코 어이없고 기가 찬 일이 아니었다는 것을 증명한다. 이 인용문은 하나님께서 유대인들의 신실하지 못함을 꾸짖으시면서, 그들이 그를 떠나 거짓 신들에게로 갔기 때문에, 그가 이방인들을 불러 언약을 맺으심으로써 유대인들에게 보복하시고 유대인들로 하여금 시기하게 하시겠다고 말씀하는 저 유명한 찬송시(신 32:21)로부터 가져온 것이다. 거기에서 하나님께서는 "너희가 나를 멸시하고 배척하고서 나의 권한과 존귀를 우상들에게로 옮겼으니, 내가 너희의 이러한 잘못에 복수하기 위하여 이방인들로 네 자리를 대신하게 하고 이제까지 내가 너희에게 주었던 것들을 그들에게로 옮기리라"고 말씀하신다. 그런데 이런 일은 하나님이 유대 민족을 버리셔야만 가능한 일이었다. 실제로 유대인들은 참 하나님을 버리고 우상들과 음행을 하였기 때문에, 하나님께서는 전에 자기 백성이 아니었던 민족을 자기 백성으로 삼으셨고, 아무것도 없는 데서 새 민족을 일으키셔서 유대 민족이 차지하고 있던 자리를 빼앗아 그 민족에게 주심으로써, 모세가 말한 대로 유대인들이 이방인들을 "시기하게" 되는 일이 일어나게 되었다. 그리스도께서 오셨을 때에 유대인들은 외적으로는 극심한 우상 숭배에 빠져 있지는 않았지만, 그들 자신이 고안해 낸 것들로 하나님에 대한 예배 전체를 더럽히고 속되게 하였고, 결국에는 독생자이신 그리스도 안에서 계시된 하나님 아버지를 부인하는 궁극의 불경죄를 저질렀기 때문에 변명의 여지가 있을 수 없었다.

"미련한 백성"과 "백성 아닌 자"는 동일한 의미라는 것을 유의하라. 왜냐하면, 영생에 대한 소망이 없는 사람들은 엄밀하게 말해서 실존한다고 할 수 없기 때문이다. 게다가, 생명의 시작 또는 기원은 믿음의 빛으로 말미암기 때문에, 영적인 실존은 새 피조물이 될 때에 시작된다. 이런 의미에서 믿는 자들은 하나님의 영에 의해 거듭나서 그의 형상을 따라 새로워진 자들인 까닭에, 바울은 믿는 자들을 하나님에 의해 지음 받은 자들이라 부른다. "미련한"이라는 단어로부터 우리는 하나님의 말씀에서 떠난 사람들의 온갖 지혜는 헛것이라는 것을 알게 된다.

20. 이사야는 매우 담대하여 내가 나를 찾지 아니한 자들에게 찾은 바 되고 내게 묻지 아니한 자들에게 나타났노라 말하였고. 이사야의 이 예언은 하나님께서 이방인들을 부르시게 될 것을 좀 더 분명하게 보여주고 있기 때문에, 바울은 독자들의 더 큰 주목을 불러일으키기 위해서 이사야가 "매우 담대하게" 예언하였다는 말을 덧붙인다. 즉, 바울은 이렇게 말한 것과 같다: "선지자 이사야는 비유적이거나 모호한 언어로 말하지 않고, 명백하고 분명한 말로 장차 하나님이 이방인들을 부르시게 될 것을 선언하였다." 바울이 여기에서 중간에 몇 단어를 삽입해서 둘로 분리시킨 이 인용문은 이사야 65:1에서는 하나로 연결되어 있다. 거기에서 하나님께서는 자기가 이방인들에게 눈을 돌려 은혜를 베풀게 될 때가 장차 올 것이라고 선언하시고서는, 즉시 그 이유를 덧붙이시는데, 그것은 이스라엘이 너무나 오랜 세월 동안 계속해서 악을 저질러서 도저히 용납할 수 없는 지경에 이르렀고 자기가 그들의 악에 질렸기 때문이라는 것이다. 그런 후에, 하나님께서는 이렇게 말씀하신다: "전에 내게 묻지 않았고 내 이름을 무시했던 자들이 이제 나를 찾았고(여기에서 사용된 완료 시제는 예언의 확실성을 나타내기 위한 것으로서 미래를 나타낸다), 나를 찾은 자들은 그들의 소망과 기대를 뛰어넘어 나를 찾은 바 되었다." 나는 일부 랍비들이 마치 하나님께서 장차 유대인들로 하여금 그들의 변절에 대하여 회개하게 하시겠다고 약속하셨다는 듯이 이 본문 전체를 왜곡해서 해석했다는 것을 알고 있다. 하지만 하나님께서 여기에서 외인들에 대하여 말씀하고 계신다는 것은 너무나 분명하다. 왜냐하면, 하나님께서는 이 말씀을 하신 직후에 곧바로 "내 이름을 부르지 아니하던 나라에 내가 여기 있노라 내가 여기 있노라 하였노라"고 말씀하시기 때문이다. 따라서 선지자 이사야가 장차 일어나게 될 일, 즉 하나님께서 전에 외인이었던 자들을 부르시고 새롭게 양자를 삼으셔서 하나님의 권속이 되게 하실 것임을 선포하고 있다는 것은 의심의 여지가 없다. 그러므로 이것은 하나님이 이방인들을 부르실 것에 관한 것이고, 거기에서 우리는 모든 믿는 자들이 어떤 식으로 부르심을 받게 될 것인지에 관한 일반적인 모형을 보게 된다. 왜냐하면, 먼저 자발적으로 나서서 하나님을 찾는 자는 아무도 없고, 우리는 모두 예외 없이 우리가 하나님을 전혀 알지 못하고 하나님을 섬길 마음도 없고 하나님의 진리에 대한 지각도 없을 때에 오직 하나님이 값없이 베풀어 주시는 긍휼하심으로 인하여 저 깊고 깊은 사망의 구덩

이로부터 건짐을 받게 되는 것이기 때문이다.

21. 이스라엘에 대하여 이르되 순종하지 아니하고 거슬러 말하는 백성에게 내가 종일 내 손을 벌렸노라 하였느니라. 바울은 하나님께서 유대인들을 떠나서 이방인들에게로 가신 이유를 덧붙이는데, 그것은 하나님이 자신의 은혜가 유대인들에게 조롱거리가 되고 있음을 보셨기 때문이라는 것이다. 하지만 바울은 독자들로 하여금 유대 백성이 눈멀었음을 지적하고 있는 앞 구절을 더 잘 이해하도록 하기 위하여, 택함 받은 백성이 그들의 악으로 인하여 책망을 받았다는 사실을 분명하게 상기시킨다. 헬라어 본문을 문자 그대로 옮기면 "이스라엘에게 이르되"가 되지만, 바울은 여기에서 "-에게"를 뜻하는 '레'(ל)를 흔히 "말미암아"를 뜻하는 '민'(מן) 대신에 사용하는 히브리어 관용어법을 따른다. 하나님께서는 자기가 이스라엘에게 자신의 손을 뻗쳤다고 말씀하신다. 즉, 한편으로는 자신의 말씀으로 끊임없이 그들을 자기에게로 초청하셨고, 다른 한편으로는 온갖 은총을 베푸셔서 자기에게로 오게 하려는 시도를 그치지 않으셨다는 것이다. 이것들은 하나님께서 사람들을 부르실 때에 사용하시는 두 가지 방법들로서, 하나님께서는 이렇게 하셔서 사람들에 대한 자신의 선의를 증명하신다. 하지만 여기에서 바울이 주로 말하고자 하는 것은 하나님께서 유대인들이 그의 가르침을 멸시하는 것을 탄식하셨다는 것이다. 하나님께서 아버지 같은 사랑으로 자신의 말씀을 통해 사람들을 부르시는 것이 명백하면 할수록, 그 부르심을 멸시하는 것은 더욱더 가증스러운 일이 된다.

하나님께서 자신의 손을 뻗치셨다는 것은 대단히 강조된 표현이다. 왜냐하면, 이 표현은 하나님께서 말씀의 일꾼들을 통해서 우리를 구원하고자 하실 때에 마치 인자하게 아들을 자신의 품에 품기 위하여 팔을 뻗치는 아버지 같이 그의 손을 우리에게 뻗치시는 것임을 보여주기 때문이다. 하나님은 자기가 끈기가 없었던 까닭에 유대인들에게 인자하심을 보이는 것에 지쳐서 그들을 얻지 못한 것이라고 생각하는 사람이 없도록 하기 위해서 "종일"이라는 말씀을 덧붙이신다. 우리는 이 구절과 동일한 비유적인 표현을 예레미야 7:13; 11:7에서 찾아볼 수 있는데, 거기에서 하나님께서는 자기가 "새벽부터" 일어나서 "부지런히" 그들에게 경고하였다고 말씀하신다.

유대 백성의 불신앙은 두 개의 아주 적절한 단어로 표현된다. 나는 분사 '아페이툰타'(ἀπειθοῦντα, "순종하지 아니하고")를 "완악하다" 또는 "패역하다"로 옮기는 것이 옳다고 생각하지만, 내가 난외주에 써놓은 에라스무스와 불가타 역본의 번역도 아주 만족스럽지 못한 것은 아니다. 그러나 선지자 이사야는 먼저 유대 백성의 악함을 고발하고, 그런 후에 그들이 선하지 않은 길들로 행하였다는 말씀을 덧붙이고 있기 때문에, 나는 칠십인역이 히브리어 '소레르'(סורר, "패역한")를 두 단어로 표현해서, 그들을 먼저 "불순종하는" 또는 "패역한" 백성이라 부르고, 다음으로는 "거슬러 말하는" 백성이라 부르고자 한 것임을 의심하지 않는다. 왜냐하면, 그들의 완악함은 그들이 완고한 교만과 적의를 지니고서 선지자들의 거룩한 경고들을 완강하게 배척한 것을 통해서 그대로 드러났기 때문이다.

제11장

¹그러므로 내가 말하노니 하나님이 자기 백성을 버리셨느냐 그럴 수 없느니라 나도 이스라엘인이요 아브라함의 씨에서 난 자요 베냐민 지파라 ²하나님이 그 미리 아신 자기 백성을 버리지 아니하셨나니 너희가 성경이 엘리야를 가리켜 말한 것을 알지 못하느냐 그가 이스라엘을 하나님께 고발하되 ³주여 그들이 주의 선지자들을 죽였으며 주의 제단들을 헐어 버렸고 나만 남았는데 내 목숨도 찾나이다 하니 ⁴그에게 하신 대답이 무엇이냐 내가 나를 위하여 바알에게 무릎을 꿇지 아니한 사람 칠천 명을 남겨 두었다 하셨으니 ⁵그런즉 이와 같이 지금도 은혜로 택하심을 따라 남은 자가 있느니라 ⁶만일 은혜로 된 것이면 행위로 말미암지 않음이니 그렇지 않으면 은혜가 은혜 되지 못하느니라(11:1-6).

1. 그러므로 내가 말하노니 하나님이 자기 백성을 버리셨느냐 그럴 수 없느니라.
바울이 지금까지 유대인들의 눈멂과 완악함에 대하여 말한 것을 들으면, 우리는 그리스도께서 오셔서 하나님의 약속들을 이방인들에게로 옮기시고 유대인들에게서 구원의 소망을 완전히 빼앗아 버리신 것 같은 인상을 받게 된다. 이 구절에서 바울은 사람들의 그러한 반응을 예상하고서, 하나님께서 전에 아브라함과 맺으신 언약을 이제 폐기하시거나 잊어버리셨기 때문에 그리스도께서 오시기 전에 이방인들이 그랬듯이 이제는 유대인들이 하나님의 나라에서 완전히 배제된 것이라고 생각하는 자가 아무도 없도록 하기 위해서, 유대인들이 하나님에 의해서 버림 받은 것에 관하여 자기가 앞서 한 말들을 보완한다. 그는 사람들이 가질 수도 있는 그런 생각을 일축하고서, 그런 생각은 완전히 잘못된 것임을 보여주고자 한다. 그러나 그는 하나님께서 유대 민족을 버리신 것이 정당한 일이었느냐 아니면 부당한 일이었느냐 하는 문제를 다루고자 하는 것이 아니다. 왜냐하면, 유대 민족이 잘못된 열심으로 말미암아 하나님의 의를 배척하였던 까닭에, 그들의 교만함으로 인하여 벌을 받아 눈이 멀고, 끝내는 언약으로부터 떨어져 나가게 되었다는 것은 그가 이미 앞 장에서 증명하였기 때문이다.

따라서 바울은 여기에서 유대 민족이 버림 받게 된 원인을 다루고 있는 것이 아니라, 그것과는 다른 또 하나의 문제, 즉 그들이 하나님으로부터 그런 벌을 받는 것이 마땅한 일이었다고 할지라도, 과연 하나님이 그들의 조상들과 맺으신 언약까지도 폐기된 것이냐 하는 문제를 다루고 있다. 만일 사람들이 신실하지 못하였다고 해서 하나님의 언약이 폐기된다면, 그것은 어처구니없는 일이 될 것이었다. 왜냐하면, 바울은 하나님께서 유대 민족을 자기 백성으로 택하신 것은 그들의 어떤 자격이나 공로와는 아무 상관이 없고 오로지 하나님의 뜻으로 말미암아 값없이 거저 이루어진 것임을 확고한 원칙으로 견지하고 있었던 까닭에, 이 언약을 무너뜨리고자 하는 사람들의 불신앙이나 신실하지 못함이 아무리 극심하다고 할지라도, 이 언약은 결코 무너질 수 없고 여전히 견고히 서 있을 수밖에 없기 때문이었다. 바울은 하나님의 참되심과 택하심이 사람들의 어떤 자격이나 공로에 의거한 것이라는 오해가 생겨나지 않도록 하기 위해서 이 어려운 매듭을 풀지 않으면 안 되었다.

나도 이스라엘인이요 아브라함의 씨에서 난 자요 베냐민 지파라. 바울은 본론으로 들어가기 전에, 잠시 자기 자신을 예로 들어서 하나님이 유대 민족을 완전히 버리셨다고 생각하는 것이 얼마나 터무니없는 것인지를 증명한다. 즉, 이방인으로 태어났다가 나중에 이스라엘 공동체로 편입된 개종자가 아니라 태어날 때부터 이스라엘인인 바울이 하나님이 특별히 택하신 종들 중의 한 사람이라는 사실은 하나님의 은혜가 여전히 이스라엘 위에 있음을 보여주는 증거라는 것이다. 그래서 그는 마치 이미 증명되었다는 듯이 결론을 미리 제시하고 나서, 나중에 이 결론을 설명하는 방식으로 글을 전개해 나간다.

바울이 자신을 단지 "이스라엘인"으로 소개하는 데서 그치지 않고 거기에서 한 걸음 더 나아가 "아브라함의 씨"이자 "베냐민 지파"라고 덧붙이고 있는 것은 자기가 진정한 이스라엘인임을 강조하기 위한 것이었다. 그는 빌립보서 3:4에서도 그렇게 한다. 어떤 이들은 여기에서 바울은 자기가 지금은 거의 소멸되다시피한 지파의 출신임을 밝힘으로써 하나님의 긍휼하심을 얻고자 한 것이라고 생각하지만, 그런 생각은 부자연스럽고 너무 억지스럽다.

2-3. 하나님이 그 미리 아신 자기 백성을 버리지 아니하셨나니. 여기에서 바울은 단서를 붙여서 소극적인 대답을 한다. 만일 사도가 유대 민족이 버림 받았다는 것을 절대적으로 부인했다면, 그는 스스로 앞뒤가 안 맞는 말을 한 것이 되고 말았을 것이다. 하지만 그는 수정하고 보완하는 말을 덧붙여서, 하나님께서는 자신의 약속

이 무효가 되지 않는 방식으로 유대 민족을 버리신 것임을 보여준다. 바울의 대답은 두 부분으로 나뉜다: 하나는 하나님께서는 자신의 언약의 신뢰성을 저버리는 방향으로 행하셔서 아브라함의 족속 전체를 버리신 것이 결코 아니었다는 것이고, 다른 하나는 하나님의 비밀한 택하심이 양자 됨보다 선행하는 까닭에, 택하심의 결과는 육신을 따른 아브라함의 모든 자손에게서 발견되는 것은 아니라는 것이다. 따라서 유대 민족이 버림을 받았다고 해서 아브라함의 그 어떤 자손도 구원을 받을 수 없게 된 것은 아니었다. 왜냐하면, 유대 민족이라는 눈에 보이는 몸이 버림을 받았다고 할지라도, 그리스도의 영적인 몸에 속한 지체들은 단 한 사람도 잃은 바 되지 않았기 때문이다.

어떤 사람이 "할례는 모든 유대인들 위에 임한 하나님의 은혜를 보여주는 보편적인 상징이었기 때문에, 그들이 모두 다 하나님의 백성으로 여김을 받는 것이 마땅한 것이 아니냐?"고 반문한다면, 우리는 즉시 이렇게 대답할 수 있다. 즉, 외적인 부르심은 믿음이 수반되지 않으면 그 자체로는 아무런 효력도 없기 때문에, 하나님이 주시는 존귀를 거부한 불신자들이 그 존귀를 빼앗기는 것은 합당한 일이라는 것이다. 따라서 하나님의 변함없으심을 보여주는 증거를 지닌 특별한 백성은 여전히 존재한다. 바울은 하나님의 비밀한 택하심(arcana electio)을 근거로 하나님의 언약은 불변하고 영원히 견고하다는 것을 증명하고 있는 것이다. 왜냐하면, 그는 하나님께서 사람들의 믿음을 보신 까닭에 자신의 언약을 지키기로 작정하신 것이 아니라, 오직 자신의 뜻에 신실하셔서 자기가 미리 아신 자들을 버리지 않으신 것이라고 말하기 때문이다.

내가 앞에서도 언급하긴 했지만 여기에서 우리가 다시 한 번 유의해야 할 것은 "미리 아셨다"라는 동사는 하나님께서 어떤 사람이 장차 어떤 자가 될 것인지를 초연하게 객관적으로 미리 내다보셨다는 것이 아니라, 자신의 선하시고 기쁘신 뜻을 따라 어떤 사람이 아직 태어나기도 전에, 그래서 자신의 은총을 받을 만한 어떤 행위를 하기도 전에 그 사람을 자신의 아들로 택하셨다는 것을 의미한다는 것이다. 그래서 바울은 갈라디아 교인들에게 그들이 하나님에 의해서 아신 바 되었다고 말한다(갈 4:9). 즉, 하나님께서는 먼저 그들에게 미리 은혜를 주셨고, 그런 후에 그들을 부르셔서 그리스도를 알게 하신 것이기 때문이다. 이제 우리는 보편적인 부르심이 열매를 맺지 못한다고 할지라도, 하나님께서는 언제나 택하신 자들을 남겨 두셔서 교회를 이어가시는 까닭에, 하나님의 신실하심은 폐하여지지 않는다는 것을 알게 된다. 왜냐하면, 하나님께서는 모든 사람을 차별 없이 자기에게로 초청하시지만, 오직 자기가 알고 계시는 자기 사람들, 곧 자기 아들에게 주신 사람들만을 내적으로 이끌어서 자기에게로 오게 하시고, 그들을 끝날까지 신실하게 지켜 주시기 때문이다.

너희가 성경이 엘리야를 가리켜 말한 것을 알지 못하느냐. 유대인들 중에서 그리스도를 믿은 자는 너무나 적었기 때문에, 그 수가 적다는 것을 감안했을 때, 아브라함의 족속 전체가 버림을 받았다는 결론은 거의 불가피해 보였다. 그리고 이런 상황 속에서 이토록 많은 사람들이 멸망을 당한 것으로 보아서 하나님의 은혜가 나타났다는 증표는 있을 수 없다는 생각이 얼마든지 슬그머니 머리를 쳐들 수 있었다. 왜냐하면, 아브라함의 자손들은 하나님의 신실하심으로 말미암아 양자 됨이라는 거룩한 유대로 하나가 되어 있었던 까닭에, 하나님의 신실하심이 중단된 것이 아니라면, 유대 민족이 이렇게 비참하고 처참하게 흩어지는 일은 있을 수 없는 일로 보였기 때문이다. 바울은 이러한 걸림돌을 제거하기 위해서 아주 적절한 예를 든다. 즉, 그는 엘리야 시대에 신앙이 초토화되어서 교회의 모습이 더 이상 전혀 보이지 않았고 하나님의 은혜의 흔적도 전혀 찾아볼 수 없었지만, 하나님의 교회는 놀랍게도 무덤 속에 감추어져서 보존되어 있었다고 말한다.

이것으로부터 알 수 있는 것은 자신의 지각을 따라 하나님의 교회를 평가하는 것은 큰 잘못이라는 것이다. 성령의 충만한 빛을 받은 저 유명한 선지자도 이런 식으로 자신의 지각을 따랐을 때에 하나님께 속한 사람들의 수를 잘못 판단하였다면, 우리 중 아무리 분별력이 좋은 사람일지라도 이 선지자에 비하면 아둔한 자일 뿐인 우리가 우리 자신의 지각으로 판단하고자 한다면, 그 결과는 어떠하겠는가? 그러므로 우리는 이 문제에 대해서는 섣부른 판단을 금하고, 오직 교회는 우리의 눈에 어떻게 보이든지 간에 하나님의 비밀한 섭리에 의해서 보존되고 있다는 이 진리를 우리 마음속에 깊이 새기는 것이 마땅하다. 또한, 우리는 우리 자신의 지각을 따라 택함 받은 자들의 수를 계산하고자 하는 것도 어리석고 주제넘은 짓이라는 것을 기억하여야 한다. 왜냐하면, 우리 눈에는 택함 받은 자들이 한 사람도 남아 있지 않는 것처럼 보일지라도, 하나님께서는 우리에게는 감춰져 있는 자신의 방법을 따라 놀랍게도 자신의 택하신 자들을 보존하시기 때문이다.

우리가 여기에서 주목할 것은 바울이 여기에서 및 다른 곳들에서 자기 시대의 상황을 이전 교회의 상황과 비교해서 말해 주는 것들은, 오늘날 우리에게 일어나는 일들은 모두 다 전에 거룩한 조상들이 겪었던 일들임을 우리에게 확인시켜줌으로써 우리의 믿음을 한층 더 강화시켜 주는 역할을 한다는 것이다. 왜냐하면, 만일 우리가 오늘 겪는 일들이 이전에 아무도 겪지 않았던 일들이라면, 우리의 연약한 마음은 크게 불안해하고 그 부담이 엄청날 것이기 때문이다.

나는 "엘리야 안에서"라는 바울의 표현을 그대로 살려서 옮겼다. 왜냐하면, "엘리야 안에서"라는 표현은 "엘리야에 관한 이야기 속에서" 또는 엘리야와 관련된 일 속에서"를 의미할 것이기 때문이다. 하지만 바울은 히브리어 화법을 따랐을 가능성이 높다. 왜냐하면, 헬라어 본문에서 '엔'(ἐν)으로 번역된 히브리어 '베'(ב)는 흔히 "-에 관하여"를 의미하기 때문이다.

그가 이스라엘을 하나님께 고발하되. 엘리야가 하나님에 대한 신앙과 예배가 유대 민족 가운데서 사라졌다고 생각해서, 하나님의 영광을 위하여 자기 민족을 대적하여 그들을 완전히 멸하시도록 기도하기를 주저하지 않았다는 것은 그가 여호와 하나님을 얼마나 지극히 공경하였는지를 보여주는 증거임에 틀림없었다. 그러나 그가 오직 자기만 제외하고 유대 민족 전체가 불신앙으로 돌아섰다고 고발하며 그들에게 혹독한 벌을 내리시라고 기도한 것은 그의 그릇된 판단에 기인한 것이었다. 물론, 바울이 인용한 이 구절에는 유대 민족을 멸하시라는 탄원은 나오지 않고 단지 탄식하는 것만 나온다. 그러나 여기에서 엘리야는 유대 민족 전체에 대한 절망감을 표현하는 방식으로 탄식하고 있는 것이기 때문에, 그가 하나님께 유대 민족 전체를 멸하시라고 기도하였다는 것은 의심의 여지가 없다. 그러므로 우리는 엘리야가 무엇을 잘못하였는지를 주목하여야 한다. 즉, 그는 불경건이 도처에서 횡행하고 유대 땅 거의 전체를 뒤덮은 것을 보고서 오직 자기만 홀로 남겨졌다고 생각하였는데, 이것이 그가 잘못 생각한 것이었다.

4. 내가 나를 위하여 바알에게 무릎을 꿇지 아니한 사람 칠천 명을 남겨 두었다. 우리는 "칠천 명"이라는 수를 무한수로 생각할 수도 있겠지만, 여기에서 하나님의 의도는 많은 무리가 아직 남아 있다는 것을 보여주고자 하신 것이다. 이렇게 너무나 통탄스러운 상황 속에서조차도 하나님의 은혜는 여전히 강하게 역사하고 있다는 것을 생각할 때, 우리가 경건해 보이는 자들이 우리 눈에 보이지 않는다고 해서 모든 사람들을 싸잡아서 다 마귀에게 넘어간 것으로 판단한다면, 그것은 경솔한 짓일 수밖에 없다. 또한, 우리는 아무리 불경건이 도처에 횡행하고 극심한 혼돈이 사방에 퍼져 있다고 할지라도 하나님의 인치심 아래에서 많은 사람들이 구원받고 있

다는 사실을 마음에 깊이 새겨야 한다. 그러나 하나님의 비밀한 보호하심을 핑계 삼아서 자신들이 어떻게 해도 하나님이 자기를 지켜 주실 것이라는 망상에 빠져서 악들을 저지르는 사람들이 많기 때문에, 아무도 그런 잘못된 망상 속에서 나태함에 빠지는 일이 없도록 하기 위하여, 이 구절은 오직 하나님에 대한 신앙을 계속해서 더럽히지 않고 살아가는 자들만이 구원을 받는다는 것을 우리에게 말해 주고 있다는 것도 우리는 아울러 유념하여야 한다. 또한, 하나님께서 엘리야에게 하신 말씀과 관련해서 우리가 유념해야 할 것은 우상을 섬기는 시늉이라도 해서 몸을 더럽힌 자들은 안전하지 못하였고 그런 시늉조차도 하지 않음으로써 자신의 몸을 더럽히지 않은 자들만이 안전하였다는 것이다. 왜냐하면, 하나님께서는 이 남은 자들이 마음만 순전하였다고 말씀하시는 것이 아니라, 그 어떤 더러운 미신으로부터도 자신의 몸을 더럽히지 않고 지킨 자들이라고 말씀하시기 때문이다.

5. 그런즉 이와 같이 지금도 은혜로 택하심을 따라 남은 자가 있느니라. 이제 바울은 엘리야 시대의 예를 자기 시대에 적용하면서, 그때나 지금이나 똑같다는 것을 보여주기 위해서, 불경건에 빠진 수많은 사람들과 대비시켜서 하나님의 백성을 "남은 자"라 부른다. 그는 자기가 앞에서 이사야서로부터 인용했던 예언을 암시하는 가운데, 하나님께서 "남은 자"를 여전히 남겨 두고 계시기 때문에, 비참할 정도로 초토화되고 혼돈스러운 상황 속에서도 하나님의 신실하심은 여전히 빛을 발하고 있음을 보여준다. 그리고 그는 이것을 좀 더 확실하게 하기 위해서 명시적으로 그들을 하나님의 은혜로 말미암아 신앙을 유지하게 된 "남은 자"라고 부르고, 이렇게 함으로써 하나님께서 엘리야에게 유대 백성 전체가 다 어그러진 길로 가서 우상 숭배에 빠졌다고 해도 자신을 위하여 "칠천 명"을 남겨 두셨다고 하신 말씀대로 하나님의 택하심은 변할 수 없다는 것을 증언한다. 이것으로부터 우리는 이 남은 자들이 하나님의 인자하심으로 말미암아 멸망에서 건짐을 받은 것이라는 결론을 얻게 된다. 또한, 바울은 우리로 하여금 하나님께는 비밀한 목적이 있으시다는 것을 경외함으로 명심하도록 하기 위하여, 여기에서 단지 "은혜"라고 말하지 않고, 다시 한 번 "택하심"을 상기시킨다. 따라서 바울이 말하고자 하는 것은 먼저 하나님의 백성이라는 이름을 지닌 자들 중에서 대다수는 멸망 받고 소수가 구원을 얻게 된다는 것이고, 다음으로는 하나님께서는 그 어떤 공로도 고려하지 않으시는 가운데에 택하신 자들을 자신의 능력으로 구원하신다는 것이다. 은혜의 택하심은 값없이 거저 주어진 택하심을 뜻하는 히브리어의 관용어법이다.

6. 만일 은혜로 된 것이면 행위로 말미암지 않음이니. 바울은 여기에서 서로 반대되는 것들을 대비시킴으로써 자신이 말하고자 하는 것을 강조하는 방법을 사용한다. 왜냐하면, 하나님의 은혜와 행위의 공로는 서로 상극인 까닭에, 어느 한 쪽을 세우면 다른 한 쪽은 무너지기 때문이다. 그러므로 우리가 하나님의 택하심 속에서 조금이라도 행위를 고려한다면, 그것은 바울이 택하심과 관련해서 그토록 강조한 값없이 베풀어 주시는 하나님의 선하심을 가릴 수밖에 없다. 그런데 하물며 하나님께서는 우리 속에 있는 어떤 가치나 자격을 미리 아시고서 우리를 택하시는 것이라고 말하는 저 정신 나간 자들은 바울에게 도대체 어떤 대답을 할 수 있겠는가. 왜냐하면, 장래의 행위이든 과거의 행위이든 그들이 사람의 행위로 인한 공로를 말하는 한, 행위가 끼어들 여지를 허용하지 않는 "은혜"를 말하고 있는 바울의 이 구절이 늘 그들을 향하여 소리지를 것이기 때문이다. 바울은 여기에서 우리가 하나님과 화목하게 된 것이나, 우리의 구원의 수단이나 직접적인 원인들에 대하여 말하고 있는 것이 아니라, 거기에서 더 깊이 들어가서, 하나님께서 창세 전에 어떤 자들은 택하시고 어떤 자들은 버리시기로 작정하신 이유를 물으면서, 하나님의 택하심에는 오직 그의 선하시고 기뻐하시는 뜻 외에는 그 어떤 것도 개입되지 않았다고 선언하고 있는 것이다. 즉, 사람의 행위가 개입되면 될수록 그 만큼 하나님의 은혜는 빛이 바랠 수밖에 없다는 것이다.

이것으로부터 우리는 하나님의 택하심과 하나님이 사람들의 행위를 미리 아신다는 것을 뒤섞는 것은 잘못된 것임을 알게 된다. 왜냐하면, 하나님께서 어떤 사람이 구원 받을 자격이 있는지 없는지를 미리 아시고서 그 사람을 택하시거나 버리시는 것이 사실이라면, 행위에 대한 상급이 하나의 원인으로 자리를 잡게 되고, 하나님의 은혜는 단지 택하심의 원인의 일부일 뿐이며 그 전부가 될 수 없게 되기 때문이다. 바울은 앞에서 만일 아브라함이 뭔가 잘한 것이 있어서 하나님으로부터 의롭다 하심을 얻었다면 그것은 은혜로 주어진 것이 아니라 상으로 주어진 것이라는 논증을 전개해 나갔던 것과 마찬가지로, 이제 여기에서는 동일한 논리를 사용해서, 만일 하나님께서 일정 수의 사람들을 택하셔서 구원으로 이끄실 때에 사람들의 행위를 고려하시는 것이 사실이라면 택하심은 당연히 주어야 할 상을 주신 것이어서 값없이 주신 선물이 될 수 없다고 논증한다.

바울은 여기에서 택하심에 대하여 말하고 있는 것이기는 하지만, 이러한 논리는 바울이 채택하고 있는 일반적인 논증방식이기 때문에, 우리는 그러한 논리를 우리의 구원 전체로 확대해서, 우리의 구원에 있어서 행위로 말미암은 공로가 없다고 말할 때마다 그것은 우리의 구원이 전적으로 하나님의 은혜로 말미암는다는 것을 선언하는 것으로 이해하여야 하고, 은혜로 된다고 할 때마다 그것은 행위로 말미암은 의를 철저히 배제시키고 있는 것임을 믿어야 한다.

[7]그런즉 어떠하냐 이스라엘이 구하는 그것을 얻지 못하고 오직 택하심을 입은 자가 얻었고 그 남은 자들은 우둔하여졌느니라 [8]기록된 바 하나님이 오늘까지 그들에게 혼미한 심령과 보지 못할 눈과 듣지 못할 귀를 주셨다 함과 같으니라 [9]또 다윗이 이르되 그들의 밥상이 올무와 덫과 거치는 것과 보응이 되게 하시옵고 [10]그들의 눈은 흐려 보지 못하고 그들의 등은 항상 굽게 하옵소서 하였느니라(11:7-10).

7. 그런즉 어떠하냐 이스라엘이 구하는 그것을 얻지 못하고 오직 택하심을 입은 자가 얻었고. 바울은 여기에서 어려운 문제를 다루고 있는 까닭에, 마치 자기도 잘 모르겠다는 듯이 질문을 던진다. 하지만 그가 이러한 질문을 던지는 의도는 바로 다음에 나오는 대답을 더욱 선명하게 부각시키기 위한 것이다. 왜냐하면, 그는 이 질문에 대해서는 다음과 같은 대답 외에는 그 어떤 다른 대답도 주어질 수 없다는 것을 보여주기 때문이다. 즉, 이스라엘은 잘못된 열심을 가지고서 구원을 얻고자 애를 썼기 때문에 그들의 수고는 헛일이 되고 말았다는 것이다. 사실 바울은 여기에서는 이스라엘이 구원을 얻지 못한 이유를 언급하고 있지 않지만, 앞에서 이미 분명하게 밝힌 것을 고려하면, 독자들이 이 구절을 그런 식으로 이해하기를 의도했음이 분명하다. 따라서 여기에서 그는 이스라엘이 의를 얻으려고 애썼지만 아무것도 얻지 못했다는 것을 이상하게 여기지 말아야 한다고 말한 것과 같다. 논리적으로 볼 때, 이런 말을 한 다음에는 그 직후에 바울이 택하심에 관하여 말하는 내용이 나올 수밖에 없다. 즉, 이스라엘이 행위의 공로로 말미암아 아무것도 얻지 못하였다면, 이스라엘보다 그 처지나 형편이 결코 낫지 못했던 다른 이들은 무엇을 얻었는가? 처지나 형편이 별 차이가 없었던 유대인과 이방인이 의를 얻는 것과 관련해서 생긴 이렇게 엄청난 차이는 도대체 어디로부터 온 것이었는가? 사람들이 이것을 보았을 때에 이 차이를 만들어낸 것은 오로지 하나님의 택하심뿐임을 알지 못할 자가 누가 있겠는가?

여기에서 '에클로게'(ἐκλογή, 한글개역개정에는 "택하심을 입은 자"로 번역됨)라는 단어의 의미가 불확실하다. 어떤 이들은 앞 구절과의 상응관계를 고려할 때에 "택하심을 입은 자"를 나타내는 집합명사로 해석해야 한다고 주장한다. 그런 견해를 지닌 자들이 택하심과 관련해서 하나님의 은혜 외에 그 어떤 다른 이유나 원인을 거론하지 않고, 바울이 "택하심을 입은 자들은 자신의 공로를 의지해서 애쓴 자들이 아니라 하나님의 은혜로 말미암은 택하심에 의지해서 구원을 받은 자들이다"라고 말한 것으로 이해하기만 한다면, 나는 그들의 견해에 굳이 반대하고 싶은 생각은 없다. 왜냐하면, 바울은 이스라엘이라는 민족 전체와 하나님의 은혜로 말미암아 구원을 얻은 "남은 자"를 대비시키고 있는 것이기 때문이다. 이것으로부터 우리는 구원의 원인은 사람들에게 있는 것이 아니라, 오로지 하나님의 선하시고 기뻐하시는 뜻에 있다는 결론을 얻는다.

그 남은 자들은 우둔하여졌느니라. 오직 택하심을 입은 자들만이 하나님의 은혜로 말미암아 멸망으로부터 건짐을 받는 것과 마찬가지로, 택하심을 얻지 못한 자들은 모두 눈먼 자로 남아 있을 수밖에 없다. 왜냐하면, 바울이 멸망 받을 자들에 대하여 말하고자 하는 것은 그들의 멸망과 정죄는 그들이 하나님에 의해서 버림 받았다는 사실에 기인한다는 것이기 때문이다.

바울이 자신이 한 말을 입증하기 위해서 제시하는 인용문들은 성경의 어느 한 구절이 아니라 여러 구절들에서 가져온 것이긴 하지만, 우리가 그 구절들을 원래의 문맥 속에서 면밀하게 검토해 보면, 모두 다 그가 한 말과는 별 상관이 없는 구절들로 보인다. 왜냐하면, 바울이 인용한 모든 구절들 속에서 그들이 눈멀고 완악해진 것은 하나님이 불경건한 자들이 이미 저지른 범죄들을 벌하기 위하여 보내신 채찍들로 언급되는 반면에, 바울은 여기에서 그들이 눈멀게 된 것은 그들의 악으로 인한 것이 아니라 창세 전에 하나님에 의해 버림 받은 까닭임을 증명하고자 하는 것이기 때문이다.

우리는 이 어려운 매듭을 다음과 같이 간단하게 풀 수 있다: 하나님에 의해서 버림 받았을 때에 하나님의 진노를 촉발시킨 불경건의 원천은 악한 본성이다. 따라서 바울이 영원한 멸망에 대하여 말할 때에 마치 나무에서 열매가 맺히고 샘 근원에서 강이 생겨나듯이 불경건의 원천으로부터 나온 것들을 언급한 것은 너무나 당연한 일이다. 불경건한 자들은 자신들의 죄악 때문에 하나님의 심판을 받아 눈멀게 되었다. 그러나 우리가 그들의 멸망의 근원을 찾아나서게 되면, 그들은 하나님에 의해 창세 전에 저주를 받았기 때문에 자신들의 모든 행위와 말과 생각을 통해서 오직 저

주만을 그들 자신을 위해 쌓을 수밖에 없었다는 결론에 도달한다. 그런데 영원한 멸망의 원인은 우리에게 감춰져 있기 때문에, 우리는 바울의 결론을 들을 때에 우리가 도무지 헤아릴 수 없는 하나님의 계획에 그저 놀랄 수밖에 없게 된다. 하지만 성경에서 멸망의 직접적인 원인들에 대하여 말씀할 때마다 오직 그러한 직접적인 원인들만을 거론하면서 우리 눈에 감춰져 있는 제1원인에 대해서는 은폐하고자 하는 사람이 있다면, 그는 마치 하나님께서는 아담의 자손들이 타락하고 부패해서 그들을 정죄하시는 것일 뿐이고 그들에게 그들의 죄에 합당한 보응을 하시는 것일 뿐이기 때문에, 오로지 자신의 뜻을 따라 아담의 타락 이전에 인류 전체에 대하여 자신이 선하다고 생각하시는 것을 행하시기로 작정하신 것은 아예 존재하지 않았던 것처럼 말하는 어리석은 자이다.

8. 하나님이 오늘까지 그들에게 혼미한 심령과 보지 못할 눈과 듣지 못할 귀를 주셨다. 내가 보기에는, 여기에 인용된 이사야서의 구절은 누가가 사도행전 28:26에서 단어들을 약간 바꿔서 언급한 바로 그 구절임이 확실하다. 바울은 이사야서에 나오는 구절을 그대로 여기에 옮겨놓는 것이 아니라, 단지 그 구절이 말하고자 한 취지, 즉 그들이 위로부터 독한 영(spiritus amarulentia)을 받아서 보는 것과 듣는 것이 둔해져 있었다는 것만을 가져다가 여기에 재현해 놓는다. 실제로 선지자 이사야는 하나님으로부터 유대 백성의 마음을 완악하게 하라는 명을 받지만, 바울은 그 핵심에 접근해서, 하나님이 그들을 광기에 내주셨을 때에 지독한 우둔함이 그들의 모든 지각을 장악해서 그들이 독이 잔뜩 올라 진리를 공격하게 된 것이라고 말하고 있는 것이다. 왜냐하면, 바울은 그들이 독이 잔뜩 올라 광분해서 진리를 배척하는 것을 혼미한 영이 아니라 찌르는 영이라고 부르고 있고, 멸망 받을 자들이 하나님의 비밀한 심판에 의해 정신이 나가서 우둔해져서 그 어떤 제대로 된 판단도 할 수 없게 된 것이라고 분명하게 말하고 있기 때문이다." "보아도 보지 못하고"라는 말씀은 그들의 모든 지각이 다 둔하여졌다는 것을 의미한다.

바울은 이사야의 이 예언의 말씀이 오래 전에 이미 성취되었기 때문에 복음이 전파되고 있는 오늘날에 그 예언을 적용하는 것은 잘못된 것이라는 반론을 미리 차단하기 위해서 "오늘까지"라는 말을 덧붙인다. 그는 이러한 반론을 미리 예상하고서, 이사야서에 나오는 눈멀고 귀멂이 단지 하루나 이틀로 그친 것이 아니라, 유대 백성의 불치의 완악함으로 말미암아 그리스도께서 오실 때까지도 계속되었다는 취지로 이 어구를 덧붙인 것이다.

9-10. 또 다윗이 이르되 그들의 밥상이 올무와 덫과 거치는 것과 보응이 되게 하시옵고 그들의 눈은 흐려 보지 못하고 그들의 등은 항상 굽게 하옵소서 하였느니라. 여기에 인용된 다윗의 말도 단어들이 약간 변경되긴 했지만 의미가 바뀐 것은 아니다. 다윗은 "그들의 밥상이 올무가 되게 하시며 그들의 평안이 덫이 되게 하소서"(시 69:22)라고 말할 뿐이고, 거기에는 "보응"에 대한 언급은 없다. 하지만 말하고자 하는 요지는 동일하다. 선지자는 먼저 "밥상"과 "평안"으로 표현된 인생에서 좋고 복된 것들이 다 불경건한 자들에게는 파멸과 멸망이 되게 하시라고 기도하고, 다음으로 그들의 심령이 눈멀고 그들의 힘이 쇠약해지게 하시라고 기도하는데, 여기에서 심령이 눈멀게 되는 것은 눈이 흐려 보지 못하는 것으로 표현되고, 힘이 쇠약해지는 것은 등이 굽는 것으로 표현된다. 다윗이 유대 민족의 거의 전체에 대하여 이런 기도를 하였다는 것은 이상한 일이 아니다. 왜냐하면, 우리가 알고 있듯이, 고관들만이 아니라 일반 백성들도 다윗에 대하여 적대적이었기 때문이다. 분명한 것은 이 구절에 나오는 것은 단지 소수가 아니라 대다수의 사람들에게 적용되었다는 것이다. 다윗이 누구를 예표하는 인물이었는지를 고려하면, 우리는 바울이 여기에 인용한 다윗의 말 중 두 번째 구절 속에는 모종의 암시가 들어 있는 것으로 보인다.

그러므로 우리는 그리스도를 대적하는 모든 자들 위에는 그들의 양식이 독으로 변하는 이러한 저주가 늘 머물러 있다는 것을 생각하고서(우리는 그들에게는 복음이 "사망으로부터 사망에 이르는 냄새"[고후 2:16]가 된다는 것을 안다), 겸손하고 두렵고 떨리는 마음으로 하나님의 은혜를 받아들여야 한다. 우리가 덧붙여 말할 수 있는 것은 이 구절은 그 나라에서 제1인자였던 다윗이 육신을 따라 아브라함의 자손이었던 이스라엘 백성들에 대하여 말한 것이기 때문에, 바울이 오늘날에도 유대 백성의 대다수가 눈멀어 있는 것이 새삼스럽거나 이례적인 일이 아니라는 것을 보이기 위하여 다윗의 증언을 현재의 주제에 적용한 것은 적절하였다는 것이다.

¹¹그러므로 내가 말하노니 그들이 넘어지기까지 실족하였느냐 그럴 수 없느니라 그들이 넘어짐으로 구원이 이방인에게 이르러 이스라엘로 시기나게 함이니라 ¹²그들의 넘어짐이 세상의 풍성함이 되며 그들의 실패가 이방인의 풍성함이 되거든 하물며 그들의 충만함이리요 ¹³내가 이방인인 너희에게 말하노라 내가 이방인의 사도인 만큼 내 직분을 영광스럽게 여기노니 ¹⁴이는 혹 내 골육을 아무쪼록 시기하게 하여

그들 중에서 얼마를 구원하려 함이라 [15]그들을 버리는 것이 세상의 화목이 되거든 그 받아들이는 것이 죽은 자 가운데서 살아나는 것이 아니면 무엇이리요(11:11-15).

11. 그들이 넘어지기까지 실족하였느냐 그럴 수 없느니라. 우리는 사도가 어떤 때는 유대 민족 전체에 대하여 말하고 어떤 때는 개개인에 대하여 말한다는 것을 유의하지 않으면, 사도의 논증을 이해하는 데에 상당한 방해를 받게 된다. 이것은 그가 어떤 때는 유대인들이 하나님의 나라에서 추방되었고 나무로부터 잘려나갔으며 하나님의 심판에 의해서 멸망으로 치닫고 있다고 말하는가 하면, 어떤 때는 유대인들이 은혜로부터 떨어져 나간 것을 부인하고, 반대로 여전히 언약 가운데 있고 하나님의 교회 안에 자리하고 있다고 말하는 이유를 설명해 준다.

그러므로 바울이 지금 말하고 있는 것은 이러한 구별과 일치한다. 왜냐하면, 대부분의 유대인들이 그리스도를 배척함으로써 유대 민족의 거의 전체가 이 악에 붙잡혀 있었고, 그들 중에서 제정신인 자들은 소수인 것처럼 보였던 까닭에, 바울은 유대인들이 그리스도로 말미암아 실족한 것이 민족 전체를 모두 다 뒤덮어서 이제는 회개의 여지가 전혀 없는 것인가라고 반문하는 것이기 때문이다. 하지만 유대 민족 중에는 아직도 여전히 복의 씨앗이 남아 있었기 때문에, 바울이 여기에서 유대인들의 구원이 절망적이라거나, 그들이 하나님에 의해서 완전히 버려진 까닭에 은혜의 언약은 폐기처분되었고 이 민족이 장차 회복될 가능성은 전혀 없다는 것을 부인한 것은 합당하다. 바울이 한 말을 우리가 그런 식으로 이해하는 것이 옳다는 것은 그가 앞에서 확실한 멸망을 눈멂과 연결시키고 나서 이제 여기에서는 그들이 다시 일어설 소망이 있다고 말하는 것으로부터 분명하게 드러난다. 이 둘은 서로 완전히 다르다. 따라서 필사적으로 그리스도를 대적한 자들은 넘어져서 멸망으로 치닫는 것은 어쩔 수 없는 일이지만, 유대 민족 자체는 넘어지기까지 실족한 것은 아니기 때문에, 유대인이라고 해서 반드시 멸망하거나 하나님으로부터 떠나 있게 되는 것은 아니다.

그들이 넘어짐으로 구원이 이방인에게 이르러 이스라엘로 시기나게 함이니라. 사도는 여기에서 두 가지를 천명하는데, 하나는 유대인들의 넘어짐은 이방인들이 구원을 받는 계기로 작용하였다는 것이고, 다른 하나는 하나님께서 그렇게 하신 목적은 유대인들에게 일종의 시기심을 불러일으켜서 회개로 이끄시기 위함이라는 것이다. 사도는 여기에서 자기가 앞에서 이미 인용한 바 있던 모세의 증언을 염두에 두고 있었음이 틀림없다. 거기에서 하나님께서는 이스라엘에게 그들이 거짓 신들인 우상들을 섬겨서 그에게서 질투심을 촉발시켰기 때문에, 그가 거기에 합당한 보응으로서 다른 우매한 민족을 일으켜 자기 백성으로 삼으심으로써 그들을 화나게 하고 시기나게 하겠다고 경고하셨다.

여기에서 사용된 "시기"라는 단어는 다른 사람이 우리보다 더 총애를 받는 것을 보았을 때에 우리 속에서 촉발되는 경쟁심 또는 시기심의 감정을 나타낸다. 그러므로 하나님께서 이스라엘로 하여금 넘어지게 하신 목적은 결국 그들에게 경쟁심을 불러일으키시고자 하신 것이기 때문에, 그들은 영원한 멸망에 내던져지기까지 실족한 것은 아니었다. 유대인들이 멸시했던 하나님의 복이 이방인들에게로 넘어갔을 때, 그들은 마침내 다시 한 번 분발하여 그들이 전에 멀리하였던 하나님을 찾게 될 것이었다.

그러나 독자들은 이 "시기"라는 단어가 어떤 식으로 적용되는지를 놓고 골몰할 이유는 전혀 없다. 왜냐하면, 바울은 이 단어의 원래의 의미를 고수하고자 하는 것이 아니라, 단지 우리가 잘 알고 있는 일반적인 감정을 말하고자 하는 것일 뿐이기 때문이다. 즉, 어떤 아내가 자신의 잘못으로 인해서 남편에게서 버림 받았을 때에 시기심이 일어나서 남편과 다시 화해하고자 애쓰는 것과 마찬가지로, 유대인들도 이방인들이 자신들의 자리를 대신 차지하는 것을 보았을 때에 자신들이 버림 받은 것을 슬퍼하여 하나님과 다시 화해하는 길을 찾게 되리라는 것이다.

12. 그들의 넘어짐이 세상의 풍성함이 되며 그들의 실패가 이방인의 풍성함이 되거든 하물며 그들의 충만함이리요. 바울은 유대인들이 버림 받은 후에 이방인들이 그들의 자리를 대신한 것이라고 가르쳤기 때문에, 이방인들이 마치 유대인들이 영원히 멸망해야 그들의 구원이 안전하다는 듯이 오해하여 유대인들이 구원 받는 것을 싫어하는 일이 일어나지 않도록 하기 위해서, 그러한 오해를 미리 예상하고, 도리어 하나님의 은혜가 유대인들에게 차고 넘치게 풍성하게 부어질 때에는 이방인들의 구원은 한층 더 풍성하게 될 것이라고 말한다. 이것을 증명하기 위해서, 그는 작은 것을 들어서 큰 것을 증명하는 논증방식을 사용한다: "유대인들의 넘어짐이 이방인들을 일으켜세웠고 그들의 미약해짐이 이방인들을 풍성하게 해줄 수 있었다면, 하물며 그들의 충만함은 얼마나 더 큰 유익을 이방인들에게 가져다주겠는가?" 왜냐하면, 전자는 순리를 거슬러 일어난 일이었다면, 후자는 순리를 따라 일어나게 될 일이기 때문이다. 유대인들이 하나님의 말씀을 마치 토해 버리듯이 배척한 후에

야 그 말씀이 이방인들에게로 흘러들어간 것이 아니냐는 반론은 옳지 않다. 왜냐하면, 만일 유대인들이 하나님의 말씀을 받았다면, 하나님의 참되심은 그의 말씀이 그들 가운데서 성취되었다는 확실한 사실에 근거해서 확증되었을 것이고, 유대인들은 불신앙으로 말미암아 사람들을 하나님에게서 떠나게 만드는 것이 아니라, 도리어 열심을 가지고 많은 사람들을 신앙으로 인도하였을 것인 까닭에, 그들의 신앙으로 인하여 맺은 열매는 그들의 불신앙으로 인하여 맺은 열매보다 훨씬 더 풍성했을 것이기 때문이다.

만일 바울이 유대인들의 "넘어짐"을 이방인들의 "일어섬"과 대비시켰다면, 그의 표현은 좀 더 정확해졌을 것이다. 내가 이 점을 상기시키는 것은 그 누구도 여기에서 유려한 언변을 기대하거나, 바울이 투박하게 말하고 있는 것에 대하여 불편해 하는 일이 없도록 하기 위한 것이다. 왜냐하면, 이러한 글들은 우리로 하여금 말을 잘하게 만들기 위해서가 아니라 우리의 마음을 올바르게 빚기 위한 것이기 때문이다.

13-14. 내가 이방인인 너희에게 말하노라 내가 이방인의 사도인 만큼 내 직분을 영광스럽게 여기노니 이는 혹 내 골육을 아무쪼록 시기하게 하여. 바울은 아주 강력한 논증을 통해서 유대인들이 다시 하나님의 은혜를 회복한다고 해도 이방인들이 손해 볼 것은 아무것도 없을 것임을 확증한다. 즉, 그는 유대인과 이방인의 구원은 서로 연결되어 있기 때문에 어느 한 쪽에 유익한 것은 다른 한 쪽에도 유익하다는 것을 보여준다. 그러니까 그는 이방인들에게 이렇게 말하는 것이다: "나는 특별히 너희의 사도로 세우심을 입었기 때문에, 내게 맡겨진 바 너희를 구원하는 일에 특별한 관심을 가지고, 다른 모든 일들을 다 제쳐두고라도 오직 그 일만은 애쓰고 힘쓰는 것이 마땅하지만, 내가 내 동족 중 얼마를 그리스도께로 인도할 수 있다면, 그것은 나의 직분을 충실히 수행하는 것이 될 것임과 동시에, 내 직분을 영광스럽게 하고 너희의 유익을 위한 것이 될 것이다." 바울의 직분을 세우는 데에 도움이 되는 것은 무엇이든지 다 이방인들에게 유익이 될 수밖에 없었다. 왜냐하면, 그들의 구원이 바로 바울의 직분의 목적이었기 때문이다.

바울은 이방인들이 유대인들로 하여금 그들을 시기하게 하여 그들 중 일부가 하나님께로 돌아오게 하는 것이 이방인들에게도 유익이라는 것을 깨닫고서 자신이 인용한 모세의 예언(신 32:21)을 적극적으로 성취하고자 하도록 하기 위해서 여기에서도 '파라젤로사이'($\pi\alpha\rho\alpha\zeta\eta\lambda\tilde{\omega}\sigma\alpha\iota$, "시기하게 하여")라는 동사를 사용한다.

그들 중에서 얼마를 구원하려 함이라. 바울이 여기에서 말씀의 일꾼들은, 사람들을 믿음으로 말미암은 순종으로 이끌어서 구원을 얻게 하는 자들이라고 말하고 있는 것을 주목하라. 왜냐하면, 우리의 구원 사역은 구원의 모든 능력과 효력이 전적으로 하나님께 있다는 것이 드러나서 우리가 하나님께 합당한 찬송을 드릴 수 있는 방식으로 이루어져야 하기 때문이다. 아울러, 우리는 전도는 믿는 자들에게 구원의 효력이 나타나게 하는 도구라는 것을 알아야 한다. 하나님의 영이 없이는 전도를 통해서 아무것도 이루어질 수 없지만, 성령이 내적으로 역사할 때에 전도는 성령의 역사를 아주 강력하게 드러낸다.

15. 그들을 버리는 것이 세상의 화목이 되거든 그 받아들이는 것이 죽은 자 가운데서 살아나는 것이 아니면 무엇이리요. 많은 해석자들이 이 구절의 의미가 모호하다고 생각하였고, 그 중 어떤 이들은 심각하게 잘못 해석하기도 하였다. 나는 이 구절에서 바울이 작은 것과 큰 것의 비교를 통해서 다음과 같은 취지의 또 하나의 논증을 전개해 나가고 있는 것으로 이해하여야 한다고 본다: "유대인들이 버림 받은 것이 이방인들이 하나님과 화목하게 되는 계기가 될 수 있었다고 한다면, 그들이 하나님에 의해서 다시 받아들여질 때에 그 유익은 얼마나 더 크겠는가? 그것은 하나님께서 유대인들을 죽은 자 가운데서 다시 살리신 것이나 마찬가지가 되지 않겠는가?" 바울은 이방인들은 만일 유대인들이 하나님의 은혜를 다시 회복하게 되면 마치 자신들의 처지가 안 좋아지기라도 할 것처럼 시기할 이유가 전혀 없다는 것을 계속해서 역설한다. 그는 죽음으로부터 생명을, 어둠으로부터 빛을 이끌어 내시는 기이한 역사도 행하신 하나님께서 거의 죽은 것과 같았던 유대 민족이 다시 살아나는 경우에는 그것을 통해서 이방인들에게 얼마나 더 풍성한 생명을 가져다 주시겠느냐고 논증한다. 어떤 이들의 주장과는 달리, 화목하게 되는 것과 다시 살아나는 것은 서로 다르지 않다는 것은 문제가 되지 않는다. 물론, 우리는 여기에 나오는 "살아나는 것"을 사망의 지배에서 생명의 지배로 옮겨지는 것을 의미하는 것으로 이해한다. 하지만 내용은 동일하더라도, 어떤 단어를 사용하느냐에 따라 무게감이 많이 달라지는데, 이것이 그러한 반론에 대한 충분한 대답이 될 것이다.

[16]제사하는 처음 익은 곡식 가루가 거룩한즉 떡덩이도 그러하고 뿌리가 거룩한즉 가지도 그러하니라 [17]또한 가지 얼마가 꺾이었는데 돌감람나무인 네가 그들 중에 접붙임이 되어 참감람나무 뿌리의 진액을 함께 받는 자가 되었은즉 [18]그 가지들을 향하여 자랑하지 말라 자랑할지라도 네가 뿌리를 보전하는 것이 아니요 뿌리가 너를

보전하는 것이니라 ¹⁹그러면 네 말이 가지들이 꺾인 것은 나로 접붙임을 받게 하려 함이라 하리니 ²⁰옳도다 그들은 믿지 아니하므로 꺾이고 너는 믿으므로 섰느니라 높은 마음을 품지 말고 도리어 두려워하라 ²¹하나님이 원 가지들도 아끼지 아니하셨은즉 너도 아끼지 아니하시리라(11:16-21).

16. 제사하는 처음 익은 곡식 가루가 거룩한즉 떡덩이도 그러하고 뿌리가 거룩한즉 가지도 그러하니라. 바울은 유대인과 이방인 각각의 처지를 비교함으로써, 자신이 할 수 있는 한 최선을 다해서 이방인으로부터는 교만을 제거하고 유대인을 달래고자 한다. 즉, 그는 이방인들이 자신들에게 어떤 잘난 것이 있어서 하나님으로부터 은혜를 입게 된 것이라고 생각한다면 그것은 오산이고, 모든 면에서 유대인보다 결코 낫지 못하다는 것, 즉 이방인과 유대인을 서로 견주어보면 이방인은 유대인에 비해 한참이나 못미친다는 것을 보여준다. 우리는 바울이 여기에서 개인 대 개인이 아니라 민족 대 민족을 비교하고 있는 것임을 기억하여야 한다. 만약 유대인과 이방인을 개인 대 개인으로 비교한다면, 이 둘은 똑같이 아담의 자손이라는 점에서 대등하다. 하지만 민족 대 민족으로 비교한다면, 유대인은 하나님에 의해서 특별히 그의 백성으로 구별되었다는 점에서 이방인과 차이가 있다.

유대인들은 거룩한 언약에 의해 구별되어서, 하나님이 이방인들에게는 주지 않으셨던 특별한 존귀함을 덧입고 있었다. 그러나 이 언약의 효력이 당시에는 뚜렷하게 드러나지 않았던 까닭에, 바울은 하나님의 복이 풍성하고 분명하게 나타났던 아브라함과 족장들을 우리에게 상기시키면서, 거룩함이 그들로부터 대대로 그들의 모든 자손들에게 전해져 내려온 것이라고 결론을 내린다. 하지만 만일 바울이 하나님의 약속이 아니라 단지 개개인에 대하여 말하고 있는 것이었다면, 그의 이러한 결론은 옳은 것이 되지 못하였을 것이다. 왜냐하면, 아버지가 의로웠다고 할지라도, 그 의를 아들에게 물려줄 수는 없기 때문이다. 그러나 하나님께서는 아브라함을 구별하셔서 거룩하게 하시면서 아울러 그의 자손들까지도 거룩하게 하신 것이고, 그렇게 해서 아브라함만이 아니라 그의 족속 전체에 거룩함을 수여하신 것이었기 때문에, 바울이 이것을 근거로 해서, 유대인들이 그들의 조상 아브라함 안에서 거룩하게 되었다고 결론을 내린 것은 틀린 것이 아니다.

이러한 결론을 확증하기 위해서 바울은 두 가지 비유를 드는데, 하나는 율법의 의식과 관련된 것이고, 다른 하나는 자연계의 법칙과 관련된 것이다. 즉, "처음 익은 곡식 가루"를 하나님께 드리면 "떡덩이" 전체가 거룩하게 되고, "진액"이 "뿌리"에서 "가지"로 퍼져나가는 것과 마찬가지로, 조상과 자손들의 관계도 "처음 익은 곡식 가루"와 "떡덩이," 또는 "뿌리"와 "가지"의 관계와 동일하다는 것이다. 그러므로 유대인들이 그들의 조상으로 말미암아 거룩하게 된 것은 전혀 이상한 일이 아니다. 우리가 거룩함이라는 것을 유대인들의 본성과 관련된 것이 아니라 언약으로부터 나온 영적인 존귀함으로 이해한다면, 이러한 결론을 받아들이는 데에 아무런 어려움이 없게 된다. 사실, 우리는 유대인들은 본성적으로 거룩한 자들이었다고 말할 수도 있다. 왜냐하면, 그들의 양자 됨은 세습되는 것이었기 때문이다. 그러나 내가 여기에서 말하는 본성은 우리 모두가 아담 안에서 저주를 받은 바로 그 제1의 본성을 가리키는 것이기 때문에, 엄밀하게 말해서 택함 받은 백성의 존귀함은 초자연적인 특권이라고 하는 것이 맞다.

17. 또한 가지 얼마가 꺾이었는데 돌감람나무인 네가 그들 중에 접붙임이 되어 참감람나무 뿌리의 진액을 함께 받는 자가 되었은즉. 바울은 이제 이방인들이 지금 지니고 있는 존귀가 다른 어떤 존귀한 나무에 접붙임 된 "가지"가 그 나무로부터 받는 존귀에 다름 아니라고 말한다. 왜냐하면, 이방인들은 원래 그들 속에 오직 저주 외에는 아무것도 발견될 수 없었던 열매 맺지 못하는 "돌감람나무"에 속한 자들이었던 까닭에, 지금 그들이 어떤 영광을 지니게 되었다면, 그것은 원래의 나무가 아니라 그들이 접붙인 바 된 어떤 다른 나무로부터 온 것이기 때문이다. 따라서 이방인들은 유대인들과 비교하여 자신들의 존귀함을 자랑할 이유가 없었다. 또 한 가지 덧붙여 말해 둘 것은 바울은 참감람나무가 온통 꺾인 것이 아니라 단지 가지들 중 일부가 꺾인 것이고, 하나님께서는 여기저기에서 돌감람나무의 가지들을 가져오셔서 이 거룩하고 복된 참감람나무의 줄기에 접붙이신 것이라고 지혜롭게 말함으로써 자신이 한 말의 가혹함의 정도를 누그러뜨리고 있다는 것이다.

18. 그 가지들을 향하여 자랑하지 말라 자랑할지라도 네가 뿌리를 보전하는 것이 아니요 뿌리가 너를 보전하는 것이니라. 이방인들은 자신들이 유대인들보다 더 잘났다고 주장하려면 아브라함을 상대로 그런 주장을 해야 했는데, 아브라함은 그들을 지탱해주고 그들에게 생명을 주는 뿌리와 같은 존재였기 때문에, 그것은 있을 수 없는 일이었다. 가지가 뿌리를 향하여 자랑하는 것이 어처구니없는 일인 것과 마찬가지로, 이방인들이 유대인들을 향하여 자신들이 더 잘났다고 자랑하는 것도 어처구니없는 일이 될 것이었다. 즉, 바울은 이방인들로 하여금 그들의 구원이 어디에

서 시작되었는지를 기억하라고 말하고 있는 것이다. 우리는 그리스도께서 오셔서 "중간에 막힌 담"(엡 2:14)을 허무신 까닭에, 하나님이 전에는 자신의 택함 받은 민족에게만 수여하셨던 은혜에 이제는 온 세상 사람들이 참여하게 된 것을 안다. 이것으로부터 알 수 있는 것은 이방인들의 부르심은 접붙임과 같은 것이어서 이방인들은 아브라함이라는 줄기에 접붙인 바 될 때에만 하나님의 백성이 될 수 있다는 것이다.

19-20. 그러면 네 말이 가지들이 꺾인 것은 나로 접붙임을 받게 하려 함이라 하리니 옳도다 그들은 믿지 아니하므로 꺾이고 너는 믿으므로 섰느니라 높은 마음을 품지 말고 도리어 두려워하라. 바울은 이방인들이 자신들을 옹호하기 위하여 제기할 법한 항변을 여기에 제시한다. 그러나 그 항변은 그들을 기고만장하게 하고 교만하게 하기는커녕 도리어 그들로 하여금 자신을 낮추게 만드는 것이 마땅한 그런 성격의 것이었다. 왜냐하면, 유대인들이 "꺾인 것"이 불신앙으로 말미암은 것이었고, 이방인들이 "접붙임"을 받게 된 것이 믿음으로 말미암은 것이었다면, 믿음의 본질과 그 고유한 속성은 자신을 낮추는 것과 두려워하는 것인 까닭에, 하나님의 은혜를 깨닫고서 겸손하고 순복하는 마음을 지니는 것이 그들에게 마땅한 일일 것이기 때문이다. 그러나 우리는 여기에서 말하는 "두려워하는 것"이 믿음으로 말미암는 확신 및 평안과 결코 모순되지 않는다는 것을 알아야 한다. 바울은 우리가 두려움에 사로잡혀 놀라서 떨거나, 우리의 믿음이 의심으로 요동하는 것을 바라는 것이 결코 아니다.

그렇다면, "두려워한다"는 것은 무엇인가? 하나님께서는 우리에게 두 가지를 생각하라고 명하시는 까닭에, 우리 마음속에 두 가지 감정이 생겨날 수밖에 없게 된다. 즉, 하나님은 우리에게 우리의 본성의 비참한 상태를 늘 염두에 두라고 하시는데, 우리가 그렇게 했을 때에 우리의 마음속에서는 끔찍하다는 느낌과 자기혐오와 근심과 절망이 생겨날 수밖에 없고, 그렇게 해서 우리가 철저하게 깨어져서 무릎을 꿇고 통회자복하며 하나님께 부르짖게 되는 것이 마땅하다. 하지만 우리 자신의 상태를 알게 되었을 때에 생겨나는 이러한 두려움은 우리의 마음이 하나님의 선하심을 의지해서 늘 평안 가운데 있게 되는 것을 방해하지 않고, 이러한 자기혐오는 우리가 하나님 안에서 온전한 위로를 누리는 것을 방해하지 않으며, 이러한 근심과 절망은 우리가 하나님 안에서 참된 기쁨과 소망을 얻는 것을 방해하지 않는다. 그런 까닭에, 바울이 말하는 이 "두려워하는 것"은 교만한 것과 다른 사람을 멸시하는 것을 막아주는 해독제 역할을 한다. 왜냐하면, 모든 사람은 자기 자신을 합당한 정도 이상으로 높여서 자만에 빠지고 오만방자해져서 결국 다른 사람들을 멸시하게 되는 것인 까닭에, 우리는 우리의 마음이 교만으로 부풀어올라 자고하게 되지 않도록 하기 위하여 늘 두려워하는 마음을 지니는 것이 마땅하기 때문이다.

그러나 바울은 여기에서 이방인들에게 하나님이 그들도 아끼지 아니하시는 일이 벌어지지 않도록 조심하라고 경고하고 있기 때문에, 우리는 그가 구원의 확실성에 대하여 뭔가 의구심을 품고 있는 것은 아닌가라고 생각할 수도 있다. 나의 대답은 이 권면은 하나님의 자녀들 속에서도 여전히 기승을 부리는 육신(caro)을 제어하고 굴복시키라는 것일 뿐이고, 믿음의 확실성을 훼손하고 있는 것은 결코 아니라는 것이다. 우리는 내가 앞에서 말한 것, 즉 여기에서 바울의 말은 이방인들 개개인이 아니라 전체를 향한 것임을 특히 유념해서 기억하지 않으면 안 된다. 그런데 이방인들 중에는 실제로 믿음을 지니고 있지 않으면서도 입으로는 믿음이 있다고 하면서 헛된 교만에 빠져 있는 자들이 많았을 것이다. 그런 이유로, 바울은 이방인들에게 "꺾이지" 않도록 주의하라고 경고하는 것이고, 우리가 앞으로 보게 되겠지만, 이렇게 경고하는 데에는 그럴 만한 이유가 있다.

21. 하나님이 원 가지들도 아끼지 아니하셨은즉 너도 아끼지 아니하시리라. 이것은 모든 자만심(praefidentia)을 진압하기에 충분할 정도로 아주 강력한 이유이다. 왜냐하면, 유대인들이 하나님으로부터 값없이 얻은 존귀함을 자랑하며 자만에 빠져서 하나님의 말씀들을 멸시하다가 버림 받고 멸망당하였다는 사실을 생각할 때마다 우리의 마음은 두려워 떨 수밖에 없기 때문이다. 유대인들은 "원 가지들"인데도, 하나님은 그들을 아끼지 않으셨다. 그렇다면, 돌감람나무이자 외인이었던 우리가 도가 지나치게 교만해진다면, 하나님께서 우리를 아끼실 리가 없지 않겠는가? 이것을 알았다면, 우리는 우리 자신을 믿지 말고, 하나님의 선하심을 더욱더 견고하고 끈질기게 붙잡는 것이 마땅하다.

이것으로부터 다시 한 번 더욱 분명해지는 것은 여기에서 바울이 한 말은 이방인들 전체를 향한 말이라는 것이다. 왜냐하면, 개개인들에 대한 하나님의 택하심은 하나님의 영원하신 계획에 토대를 두고 있어서 변할 수 없는 까닭에, 그가 말하는 "꺾이는 것"은 개개인들에게 적용될 수 없기 때문이다. 그러므로 여기에서 바울은 이방인들에게 그들이 교만해져서 유대인들을 멸시한다면 그들의 교만에 대한 대가를 반드시 치르게 될 것이라고 선언하고 있는 것이다. 왜냐하면, 그런 경우에 하나님께서는 자신이 버리셨던 이전의 자기 백성을 다시 부르셔서 그들과 화해하실 것이기 때문이다.

[22]그러므로 하나님의 인자하심과 준엄하심을 보라 넘어지는 자들에게는 준엄하심이 있으니 너희가 만일 하나님의 인자하심에 머물러 있으면 그 인자가 너희에게 있으리라 그렇지 않으면 너도 찍히는 바 되리라 [23]그들도 믿지 아니하는 데 머무르지 아니하면 접붙임을 받으리니 이는 그들을 접붙이실 능력이 하나님께 있음이라 [24]네가 원 돌감람나무에서 찍힘을 받고 본성을 거슬러 좋은 감람나무에 접붙임을 받았으니 원 가지인 이 사람들이야 얼마나 더 자기 감람나무에 접붙이심을 받으랴 (11:22-24).

22. 그러므로 하나님의 인자하심과 준엄하심을 보라 넘어지는 자들에게는 준엄하심이 있으니 너희가 만일 하나님의 인자하심에 머물러 있으면 그 인자가 너희에게 있으리라. 바울은 이 일을 독자들의 눈 앞에 더 바짝 들이댐으로써 이방인들이 교만하게 자랑할 이유가 전혀 없다는 것을 한층 더 분명하고 뚜렷하게 확증한다. 그들은 유대인들을 통해서 하나님의 "준엄하심"을 실제로 보고서 두려워하였을 것임에 틀림없고, 그들 자신을 통해서는 하나님의 은혜와 선하심의 증거를 보고서 오직 감사하는 마음과 그들 자신이 아니라 하나님을 높여야 하겠다는 마음을 지니게 되었을 것임에 틀림없다. 따라서 이 구절에서 바울은 이렇게 말한 것과 같다: "너희가 그들에게 임한 재앙을 보고 교만하여져서 그들을 멸시한다면, 먼저 너희가 어떤 존재였는지를 생각하라. 왜냐하면, 만일 너희가 하나님의 값없이 주시는 은혜를 통해서 건짐을 받지 않았다면, 하나님의 그 동일한 준엄하심이 너희 위에도 임하였을 것이기 때문이다. 다음으로, 지금 너희의 처지를 생각해 보라. 왜냐하면, 너희가 지금 오직 하나님의 긍휼하심을 인정하고서 스스로 낮아질 때에만, 너희에게 구원이 지속될 것이기 때문이다. 만일 너희가 자신의 처지를 망각하고 교만하여져서 유대인들을 멸시하고 스스로 자랑한다면, 그들에게 임한 멸망이 너희에게도 임하게 될 것이다. 너희가 전에 하나님의 은혜를 받은 것만으로는 충분하지 않기 때문에, 너희는 평생토록 하나님의 부르심을 좇아 살아가지 않으면 안 된다." 하나님으로부터 빛을 받은 자들은 늘 인내로써 믿음을 끝까지 지켜 나가는 것(perseverantia)을 마음에 두어야 한다. 왜냐하면, 잠시 하나님의 부르심에 응답했다가 결국에는 천국에

염증을 느끼기 시작하는 자들은 결코 하나님의 선하심에 계속해서 머물지 못하는 까닭에, 그들의 배은망덕함으로 인해서 다시 눈멀게 되는 것은 합당하기 때문이다.

그러나 우리가 이미 앞에서 말했듯이, 바울은 여기에서 경건한 자들 개개인을 향해 말하고 있는 것이 아니라, 이방인과 유대인을 비교하고 있는 것이다. 유대인들이 하나님의 나라에서 추방되었을 때에 그들 각 사람이 개인적으로 자신의 불신앙에 합당한 보응을 받았다는 것도 사실이고, 부르심을 받은 모든 이방인들이 하나님의 긍휼의 그릇들이었다는 것도 사실이다. 하지만 우리는 여기에서 바울이 이런 말을 하는 의도와 목적을 염두에 두지 않으면 안 된다. 즉, 그는 이방인들이, 하나님의 영원한 언약에 의지해서 그들의 구원을 택함 받은 백성인 유대 민족의 구원과 연결시킬 수 있게 되기를 원하였다. 그러므로 이방인들이 하나님께서 유대인들을 버리신 것이 마치 그가 전에 자기 백성으로 택하신 것 자체를 무효화시켜 버린 것으로 오해함으로써 이 일이 이방인들에게 걸림돌이 되는 것을 막기 위해서, 바울은 이방인들이 하나님께서 유대인들에게 내리신 징벌을 보고 두려워하여 그들의 생각을 들어올려서 하나님의 심판을 경외하는 마음으로 바라보게 되기를 바랐다. 왜냐하면, 우리가 이러한 일들을 잘 살펴보고서 교훈을 얻어 우리 자신을 낮추는 것이 마땅한데도 대체로 그렇게 하기를 소홀히 하는 까닭에, 우리에게서 쓸데없는 궁금증과 의문들이 끊임없이 일어나기 때문이다.

그러나 바울은 택함 받은 자들 개개인이 아니라 그 전체에 대하여 말하고 있는 것이기 때문에, "너희가 만일 하나님의 인자하심에 머물러 있으면"이라는 조건을 덧붙인다. 나는 어떤 사람이 하나님의 선하심을 악용하자마자 하나님으로부터 받은 은혜를 박탈당하는 것이 합당하다는 것을 인정한다. 그러나 경건한 자들 개개인에 대해서는 하나님께서 그 사람을 택하실 때에 그 사람이 계속해서 자신의 긍휼하심 안에 머물러 있어야 한다는 조건 아래에서 그 사람에게 긍휼을 베풀어 주셨다고 말한다면, 그것은 옳지 않을 것이다. 왜냐하면, 하나님께서 우리에게 은혜를 주셔서 그 은혜가 우리 안에서 온전한 구원의 열매를 맺게 하시기 위하여 우리의 믿음을 끝까지 지켜 주시는 믿음의 견인(fidei perseverantia)은 오직 택하심 자체로부터 오기 때문이다. 그러므로 바울은 하나님께서는 이방인들에게 영생에 대한 소망을 허락하시면서, 그러한 소망은 그들이 계속해서 감사함으로 받을 때에만 유지될 수 있다는 것을 가르치고 있는 것이다. 실제로 나중에 온 세상에 무시무시한 배교가 일어난 것을 생각하면, 바울의 이러한 권면이 결코 불필요한 것이 아니었다는 것이 여실히 증명된다. 왜냐하면, 하나님께서 거의 한순간에 온 세상을 자신의 은혜로 촉촉히 적셔 주셔서 신앙이 도처에서 불같이 일어났지만, 얼마 지나지 않아서 복음의 진리가 사라졌고, 구원의 보배도 없어져 버렸기 때문이다. 그런데 이방인들이 자신들의 부르심에서 떨어져 나간 것이 이러한 너무나 갑작스러운 변화를 초래한 원인이 아니고 무엇이겠는가?

그렇지 않으면 너도 찍히는 바 되리라. 우리는 이제 바울이 앞에서 이방인들이 하나님의 택하심으로 말미암아 영생의 소망에 접붙인 바 되었다고 말해 놓고서는, 어떤 의미로 이렇게 다시 "찍히게" 될 수도 있다고 경고하는지를 알게 되었다. 먼저, 이런 일은 택함 받은 자들에게는 일어날 수 없지만, 육신의 교만을 굴복시키기 위해서는 그들에게 이런 경고가 필요하였다는 것이다. 왜냐하면, 육신의 교만은 그들의 구원을 이루는 것을 방해하는 것인 까닭에, 영원한 멸망에 대한 두려움으로 그들을 두렵게 하여 그들의 교만을 꺾는 것은 합당한 일이기 때문이다. 그러므로 바울은 이방인들이 믿음으로 말미암아 빛을 받은 그리스도인들이라는 점에서는 하나님의 부르심에는 후회하심이 없다고 말하며 그들에게 확신을 심어주는 반면에, 그들이 하나님의 은혜를 고집스럽게 대적하는 육신을 지니고 있다는 점에서는 "너희가 찍히지 않도록 조심하라"는 경고를 통해서 그들에게 낮아짐(humilitas)을 가르친다. 다음으로, 우리는 내가 앞서 언급했던 해법, 즉 바울은 여기에서 개개인들의 특별한 택하심에 대해서 말하고 있는 것이 아니라, 이방인과 유대인을 민족 대 민족으로 대비시키고 있는 것이기 때문에, 바울의 이 말은 택함 받은 자들 개개인이 아니라, 자신들이 유대인의 자리를 대신하게 되었다고 거짓되게 자랑하는 자들을 향한 것임을 염두에 두어야 한다는 것이다. 즉, 바울은 참된 믿음이 있는 신자들과 이름뿐인 그리스도인들이 뒤섞여 있는 이방인 전체를 향하여 말하고 있는 것이다.

그러나 경건한 자들 개개인들과 관련해서 누가 "어떤 사람이 접붙인 바 되었다가 꺾일 수 있고, 꺾인 후에 다시 접붙임을 받을 수 있는가?"라고 묻는다면, 세 가지 유형의 접붙임이 있고 두 가지 유형의 꺾이는 것이 있다는 것을 명심하라. 첫째로, 믿는 자들의 자손들은 하나님이 그들의 조상과 맺으신 언약을 따른 약속이 주어져 있는 까닭에 접붙임을 받는다. 둘째로, 복음의 씨를 받기는 했지만 뿌리를 내리지 못하거나 열매를 맺기 전에 기운이 막혀 그 씨가 죽어 버리는 자들도 접붙임을 받은 것이다. 셋째로, 하나님의 변함없으신 계획에 의해서 빛을 받아 영생으로 들어간 택함 받은 자들은 접붙임을 받은 자들이다. 첫 번째 부류는 그들의 조상들에게 주어진 약속을 거부하거나 그들의 배은망덕함으로 인하여 그 약속을 받지 않을 때에 꺾이게 되고, 두 번째 부류는 복음의 씨가 말라서 죽게 될 때에 꺾이게 된다. 이러한 위험성은 본성과 관련해서 모든 믿는 자들 위에 드리워져 있기 때문에, 우리는 바울이 여기에서 한 경고는 그 누구도 육신의 나태함에 빠지지 않도록 하기 위하여 어떤 의미에서는 모든 믿는 자들에게 해당된다고 하여야 할 것이지만, 현재의 구절과 관련해서는 바울은 이방인들도 유대인들처럼 된다면 하나님이 유대인들에게 내리신 징벌을 이방인들에게도 내리실 것이라고 선포하고 있는 것이라고 이해하는 것으로 충분할 것이다.

23-24. 이는 그들을 접붙이실 능력이 하나님께 있음이라. 이 말씀은 세상 사람들에게는 아무런 감흥도 불러일으키지 못할 것이다. 왜냐하면, 그들은 말로는 하나님께 능력이 있다는 것을 인정한다고 할지라도 그 능력이 저 아득한 하늘에서나 통하는 능력일 것이라고 생각함으로써 실제로는 하나님의 능력을 인정하지 않는 것과 같기 때문이다. 그러나 믿는 자들은 하나님의 능력이 언급되는 것을 들을 때마다 그 능력이 지금 실제로 임하여 역사하는 것으로 느끼는 까닭에, 바울은 그들의 마음을 움직이는 데에 이 말씀만으로도 충분하다고 생각하였다. 한 가지 덧붙일 수 있는 것은, 바울은 하나님께서 자기 백성의 불신앙을 벌하시지만 그들을 긍휼히 여기시는 것을 결코 잊지 않으신다는 것을 하나의 공리로 전제한다는 것이다. 하나님께서는 전에도 유대인들을 자신의 나라에서 추방하신 후에 다시 그들을 회복시키신 적이 한두 번이 아니었다. 아울러, 바울은 현재의 상황을 뒤집는 것이 현재의 상황을 만들어낸 것보다 훨씬 더 쉽다는 것을 대비를 통해서 보여준다. 즉, 돌감람나무에서 열매 맺지 못하는 가지들을 가져와서 접붙임을 하여 참감람나무의 뿌리로부터 진액을 얻게 하는 것보다 참감람나무에서 꺾인 원 가지들을 원래의 자리에 붙여서 원래의 뿌리로부터 진액을 공급받게 하는 것이 훨씬 더 쉽다는 것이다. 이것이 유대인과 이방인의 관계였다.

25형제들아 너희가 스스로 지혜 있다 하면서 이 신비를 너희가 모르기를 내가 원하지 아니하노니 이 신비는 이방인의 충만한 수가 들어오기까지 이스라엘의 더러는 우둔하게 된 것이라 26그리하여 온 이스라엘이 구원을 받으리라 기록된 바 구원자가 시온에서 오사 야곱에게서 경건하지 않은 것을 돌이키시겠고 27내가 그들의 죄를 없이 할 때에 그들에게 이루어질 내 언약이 이것이라 함과 같으니라(11:25-27).

25. 형제들아 너희가 스스로 지혜 있다 하면서 이 신비를 너희가 모르기를 내가 원하지 아니하노니. 바울은 여기에서 자기가 비밀한 어떤 것을 밝히고자 한다고 말함으로써 독자들의 주의를 한층 더 환기시킨다. 그가 이렇게 하는 데에는 그럴 만한 이유가 있었다. 왜냐하면, 그는 이 아주 복잡하게 뒤엉킨 문제를 하나의 짧막하고 명료한 문장으로 끝맺고 싶었기 때문이다. 그렇지만 그는 그 누구도 상상할 수 없었던 것을 선언한다. 이유를 나타내는 불변화사가 포함된 "너희가 스스로 지혜 있다 하지 않기 위해서"라는 어구는 그가 이 말을 하는 목적과 의도를 보여주는데, 그것은 이방인들의 교만을 억제해서 유대인들 앞에서 자랑하지 않도록 하기 위한 것이다. 또한, 유대 민족이 버림 받은 것이 마치 유대인들의 구원은 영원히 절망적인 것으로 여겨져서 약한 자들의 마음이 걷잡을 수 없이 무너지지 않도록 하기 위해서도 이러한 경계의 말씀은 꼭 필요하였다. 마찬가지로, 오늘날 우리로 하여금 하나님께서 마지막 날에 자기에게로 불러모으시게 될 남은 자들의 구원은 하나님의 인장 반지에 의해서 인쳐져서 봉인되어 있다는 것을 알게 하기 위해서 우리에게도 이 경계의 말씀은 유익하다. 우리는 우리의 구원이 너무 오랫동안 지체되어서 절망감이 들려고 할 때마다 바울이 말한 이 "신비"라는 단어를 기억하여야 한다. 왜냐하면, 바울은 이 단어를 통해서 그들의 회심은 통상적이거나 평범하지 않을 것임을 분명하게 상기시켜 주고 있기 때문이다. 이것으로부터 우리가 알 수 있는 것은 이 문제를 자신의 판단에 의해서 헤아리고자 하는 것은 잘못이라는 것이다. 왜냐하면, 우리의 지각으로 헤아릴 수 없는 것이라고 해서 믿지 못할 것으로 여기는 것은 지극히 비뚤어진 생각이기 때문이다. 그 일이 "신비"라 불리는 것은 계시될 때까지는 우리가 그 일을 이해할 수도 없고 헤아릴 수도 없기 때문이다. 그런데도 바울이 로마의 성도들에게, 그리고 우리에게 그 일을 알게 한 것은 그 일이 드러나게 될 때까지 이 말씀을 믿음으로 받아 소망 가운데 간직하도록 하기 위한 것이다.

이 신비는 이방인의 충만한 수가 들어오기까지는 이스라엘의 더러는 우둔하게 된 것이라. 나는 "부분적으로"(한글개역개정에는 "더러는")라는 표현은 단지 시간이나 수를 가리키는 것이 아니라 "어느 정도"를 의미하는 것이라고 본다. 바울은 이 표현을 통해서 단지 자신이 지금 하고 있는 말의 가혹한 정도를 완화시키고자 한 것으로 보인다. "― 까지는"으로 번역된 '아크리스'(ἄχρις)는 시간의 경과나 순서를 나타내는 것이 아니라, "이방인의 충만한 수가 들어오기 위하여"를 의미한다. 따라서 이 구절의 요지는 하나님께서 이스라엘을 어느 정도 눈멀게 하셔서 그들이 복음의 빛을 거부하는 동안 그 빛이 이방인들에게로 옮겨가서 이방인들이 유대인들의 빈 자리를 차지하게 하셨기 때문에, 유대인들이 이렇게 눈멀게 된 것은 하나님께서 미리 작정하셨던 이방인들의 구원을 촉진시키고자 하신 섭리에 기여하게 되었다는 것이다. "충만한 수"는 많은 수를 의미하는 것으로 보아야 한다. 왜냐하면, 이전에는 이방인들 중에서 소수가 개종자가 되어서 유대인들에게 합류하였다고 한다면, 이제는 하나님의 교회에서 이방인들이 거의 전부를 차지하게 되는 변화가 일어났기 때문이다.

26. 그리하여 온 이스라엘이 구원을 받으리라. 많은 해석자들은 여기에서 "이스라엘"이 유대 민족을 가리킨다고 이해하고서, 바울이 유대 민족 가운데서 이전처럼 다시 한 번 신앙이 회복될 것이라고 말한 것이라고 본다. 그러나 나는 여기에 나오는 "이스라엘"은 하나님의 백성 전체를 가리키는 것이라고 보기 때문에, 이 구절의 의미는 이런 것이다: "이방인들이 들어오게 될 때, 유대인들도 자신들이 행한 변절에서 돌이켜 믿음의 순종으로 돌아오게 될 것이다. 이렇게 해서 이방인과 유대인으로부터 불러 모아진 하나님의 이스라엘 전체의 구원이 완성될 것이다. 그리고 그때에 유대인들이 하나님의 권속 중 장자로서 첫 번째 자리를 차지하게 될 것이다." 나는 이 구절을 이렇게 해석하는 것이 가장 적절하다고 본다. 왜냐하면, 바울은 여기에서 그리스도의 나라가 완성될 것에 대하여 말하고자 한 것이고, 그 나라는 유대인들에게만 국한되는 것이 아니라 온 세상을 포함할 것이기 때문이다. 바울은 여기에서와 마찬가지로 갈라디아서 6:16에서도, 믿음에서 떨어져 나간 육신을 따른 아브라함의 자손들과는 반대로 여러 나라에 흩어진 자들로부터 불러 모아진 유대인과 이방인으로 이루어진 교회를 "하나님의 이스라엘"이라 부른다.

기록된 바 구원자가 시온에서 오사 야곱에게서 경건하지 않은 것을 돌이키시겠고. 바울은 이사야의 이 증언을 통해서 이 대목 전체가 아니라, 아브라함의 자손들이 구속에 참여하는 자들이 될 것이라는 오직 한 구절을 확증하고 있다. 그러나 우리가 그리스도께서 그들에게 약속되고 주어졌지만 그들은 그를 배척하였기 때문에 그의 은혜를 박탈당한 것이라는 견해를 취한다면, 선지자 이사야의 증언은 우리가 앞에서 말한 것 이상의 의미, 즉 회개를 통해서 구원의 은혜를 누리게 될 남은 자들이 여전히 있을 것이라는 의미를 표현하고 있는 것이 된다.

그러나 바울은 이사야서에 나오는 증언을 문자 그대로 인용하고 있지는 않다. 선지자는 "여호와의 말씀이니라 구속자가 시온에 임하며 야곱의 자손 가운데에서 죄과를 떠나는 자에게 임하리라"(사 59:20)고 말한다. 그러나 이 점에 대해서 우리는 지나치게 신경을 쓸 필요가 없고, 단지 사도들이 구약에서 가져온 증거 본문들을 그들이 말하고자 하는 것에 적용한 것이 과연 적절한 것이었는지만을 검토하면 된다. 왜냐하면, 사도들의 목적은 독자들로 하여금 근원이 어디인지를 지시해 주기 위하여 해당 본문들을 손가락으로 가리키는 것이었기 때문이다.

이 예언 속에서는 이방인들을 포함한 영적으로 하나님의 백성인 자들에게 구원이 약속되고 있기는 하지만, 유대인들이 장자였기 때문에, 선지자가 예언한 것은 특히 유대인들에게서 성취되어야 했다. 왜냐하면, 성경이 하나님의 모든 백성을 "이스라엘"이라 부르는 것은 하나님이 이스라엘 민족을 다른 모든 민족으로부터 구별하셔서 높이신 까닭이기 때문이다. 따라서 선지자는 옛 언약을 따라 "구속자가 시온에 임할" 것이라고 분명하게 말한 후에, "야곱의 자손 가운데에서 죄과를 떠나는 자에게 임하리라"는 말씀을 덧붙인다. 이 말씀을 통해서 하나님께서는 어떤 "씨"가 자신의 것이라고 분명하게 선언하고 계시기 때문에, 하나님의 속량하심은 그의 택함 받은 백성 속에서 효력을 발휘한다. 바울은 선지자가 사용한 "시온에 임하며"라는 표현이 자신의 목적에 더 적합하였을 것인데도, "구원자가 시온에서 오사"라는 통상적으로 받아들여진 번역문을 아무런 거리낌 없이 따랐다. "야곱에게서 경건하지 않은 것을 돌이키시겠고"라는 하반절도 마찬가지이다. 왜냐하면, 바울은 언약을 깨뜨리고 배교한 백성을 하나님과 화목하게 하는 것이 그리스도의 고유한 직무인 까닭에, 그 백성이 모두 다 멸망당하지 않고 일부는 회심하게 될 것이라는 사실을 보여주는 것만으로도 충분하다고 생각하였기 때문이다.

27. 내가 그들의 죄를 없이 할 때에 그들에게 이루어질 내 언약이 이것이라. 바울은 바로 앞에서 인용한 이사야의 예언을 통해서 유대인들에게 메시아에게서 일차적으로 기대해야 할 것이 무엇이었는지를 상기시켜 주기 위하여 메시아의 직무를 간단하게 다루긴 했지만, 동일한 목적으로 예레미야서에서 가져온 이 몇 마디 말씀을 여기에 추가로 덧붙인다. 왜냐하면, 여기에 추가된 내용은 이사야서에서 가져온 앞의 예언에는 나오지 않기 때문이다. 또한, 이 추가된 말씀은 바울이 현재의 주제와 관련해서 한 말을 확증해 주는 역할도 한다. 왜냐하면, 그토록 완고하고 완악했던 유대 민족이 장차 회심할 것이라는 바울의 말은 믿을 수 없는 것으로 보였을 수 있는 까닭에, 그는 새 언약에는 값없이 은혜로 죄를 사해 주시는 것도 포함되어 있었다는 것을 분명하게 보여줌으로써 그러한 걸림돌을 제거할 수 있었기 때문이다.

예레미야 선지자의 말을 통해서 우리는 하나님께서 자신의 배교한 백성이 저지른 배신의 죄를 비롯한 여러 죄들을 사해 주실 때에야 비로소 유대 백성을 다시 상관하시게 될 것임을 알게 된다.

²⁸복음으로 하면 그들이 너희로 말미암아 원수 된 자요 택하심으로 하면 조상들로 말미암아 사랑을 입은 자라 ²⁹하나님의 은사와 부르심에는 후회하심이 없느니라 ³⁰너희가 전에는 하나님께 순종하지 아니하더니 이스라엘이 순종하지 아니함으로 이제 긍휼을 입었는지라 ³¹이와 같이 이 사람들이 순종하지 아니하니 이는 너희에게 베푸시는 긍휼로 이제 그들도 긍휼을 얻게 하려 하심이라 ³²하나님이 모든 사람을 순종하지 아니하는 가운데 가두어 두심은 모든 사람에게 긍휼을 베풀려 하심이로다(11:28-32).

28-29. 복음으로 하면 그들이 너희로 말미암아 원수 된 자요 택하심으로 하면 조상들로 말미암아 사랑을 입은 자라 하나님의 은사와 부르심에는 후회하심이 없느니라. 여기에서 바울은 유대인이 최악의 모습을 보이고 있다고 해서 이방인들은 그것을 빌미로 그들을 멸시해서는 안 된다는 것을 보여준다. 유대인들의 주된 죄는 불신앙이었다. 그러나 바울은 하나님께서 복음이 이방인들에게 전파되도록 하기 위해서 자신의 섭리 가운데서 유대인들을 잠시 눈멀게 하신 것이고, 그들이 하나님의 은혜로부터 영원히 배제된 것은 아니라고 가르친다. 즉, 지금 유대인들이 처음에 그들에게 맡겨졌던 구원이 이방인들에게로 넘어갈 수 있도록 복음으로 인하여 하나님으로부터 떠나 있지만, 하나님께서 그들의 조상들과 맺으신 언약, 곧 자신의 영원한 계획을 따라 사랑으로 유대 민족을 영원토록 품으실 것임을 증언하신 언약을 잊으신 것이 결코 아니라는 것이다. 바울은 이것을 하나님의 부르심이라는 은사는 무효화될 수 없다는 저 놀라운 명제를 통해서 확증한다. 왜냐하면, 이것이 "하나님의 은사와 부르심에는 후회하심이 없느니라"는 말씀의 의미이기 때문이다. 여기에서 "은사와 부르심"은 환치법(換置法)으로서 부르심의 은사를 의미하는 것으로 보아야 한다. 이 부르심은 하나님께서 아브라함의 자손들을 양자로 택하셔서 언약 관계 속으로 들어오게 하신 바로 그 부르심이다. 이것은 바울이 여기에서 논증하고 있는 바로 그 주제이고, 앞에서 바울은 전에 하나님께서 자신의 비밀한 계획을 따라 유대인과 이방인을 구별하셨다는 사실을 "택하심"이라는 단어를 사용해서 보여

준 바 있다. 여기에서 우리가 기억해야 할 것은 바울은 유대인들 개개인에 대해서 말하는 것이 아니라, 하나님이 유대 민족 전체를 양자로 삼으신 것에 대하여 말하면서, 이 택하심이 겉보기에는 지금 실패한 것처럼 보일지라도 뿌리째 다 뽑혀서 근본적으로 무효가 되어 버린 것은 아님을 보여주고 있다는 것이다. 바울은 유대인들은 자신들에게 주어진 특권과 약속된 구원으로부터 떨어져 나갔지만, 남은 자들로 인하여 여전히 소망이 남아 있다는 것을 알고 있었기 때문에, 하나님께서 전에 자신의 계획을 따라 황송하옵게도 유대 민족을 자기 백성으로 택하신 것은 여전히 견고하고 요동할 수 없다고 말한다. 하나님께서 "내가 너와 네 후손의 하나님이 되리라"(창 17:7)고 약속하시며 아브라함과 맺으신 저 언약을 저버리신다는 것은 있을 수 없는 일이기 때문에, 하나님이 자신의 인자하심을 유대 민족으로부터 완전히 거두시지 않으셨다는 것은 분명하다.

바울은 복음과 "택하심"이 마치 서로 상극이기라도 한 듯이 이 둘을 대비시키고 있는 것이 아니다. 왜냐하면, 하나님께서는 자신이 택하신 자들을 부르시기 때문이다. 그러나 세상의 기대와는 반대로 복음이 이방인들에게 전파되었기 때문에, 바울이 이 은혜를 저 옛적에 나타난 아주 오래된 유대인들의 "택하심"과 대비시키고 있는 것은 합당하다. 그러므로 "택하심"이라는 표현은 아주 오래되었음을 나타낸다. 왜냐하면, 하나님께서는 저 옛적에 한 민족을 다른 모든 민족과 구별해서 자기 백성으로 삼으셨기 때문이다.

바울이 "조상들로 말미암아"라고 말하는 것은 그들에게 어떤 사랑 받을 만한 것이 있었기 때문이라는 의미가 아니라, "너와 네 후손의 하나님"이 되겠다고 하신 언약을 따라 하나님의 은혜가 그들로부터 그들의 자손들에게로 대물림 되었기 때문이라는 의미이다. 어떻게 이방인들이 유대인들의 불신앙으로 말미암아 긍휼하심을 얻게 되었는지는 우리가 이미 앞에서 설명한 바 있다. 즉, 하나님께서는 유대인들의 불신앙으로 인하여 그들에 대하여 진노하셔서 자신의 인자하심을 이방인들에게로 옮기신 것이었다. 바로 다음에 나오는 말씀, 즉 유대인들이 이방인들에게 주어진 긍휼하심으로 말미암아 불신자들이 되었다는 말씀은 다소 이상하게 들릴 수 있지만, 거기에는 이치에 맞지 않는 것은 전혀 없다. 왜냐하면, 바울은 하나님이 이방인들에게 긍휼을 베푸신 것이 유대인들이 눈멀게 된 원인이었다고 말하는 것이 아니라, 단지 하나님께서 유대인들로부터 빼앗으신 것들을 이방인들에게 주신 것이라고 말하는 것이기 때문이다. 그러나 이방인들은 유대인들이 불신앙으로 말미암아 잃어버린 것을 자기들이 믿음의 공로로 말미암아 얻은 것이라고 생각할 수 있었기 때문에, 바울은 그런 소지를 없애기 위해서 "긍휼"이라는 말을 덧붙인다. 따라서 바울이 말하고자 하는 요지는 하나님께서 이방인들에게 긍휼을 베풀고자 하셨기 때문에, 그런 이유로 유대인들이 믿음의 빛을 박탈당하였다는 것이다.

32. 하나님이 모든 사람을 순종하지 아니하는 가운데 가두어 두심은 모든 사람에게 긍휼을 베풀려 하심이로다. 바울은 이 주옥같이 영롱한 결론을 통해서 구원의 소망을 지닌 자들이 그렇지 않은 다른 사람들을 보고서 절망할 이유가 전혀 없다는 것을 보여준다. 왜냐하면, 그들이 지금은 어떤 모습이든지 간에, 그들도 전에는 다른 모든 사람들과 똑같았기 때문이다. 그들은 오직 하나님의 "긍휼"로 인하여 불신앙에서 빠져나온 것이기 때문에, 그러한 긍휼이 다른 사람들 가운데서도 역사하실 것을 믿어야 한다. 왜냐하면, 바울은 구원으로 나아가는 길이 그들 자신에게만이 아니라 다른 사람들에게도 열려 있다는 것을 알게 하기 위하여, 유대인이나 이방인이나 죄인이라는 점에서는 똑같다고 선언하고 있는 것이기 때문이다. 모든 사람들을 구원하는 것은 오직 하나님의 긍휼하심이고, 이 "긍휼"은 유대인에게도 주어지고 이방인에게도 주어진다. 이러한 사고는 바울이 앞에서 인용했던 호세아의 증언, 즉 "내가 내 백성 아니었던 자에게 향하여 이르기를 너는 내 백성이라 하리니"(호 2:23)라는 말씀과 일치한다. 그러나 바울이 말하고자 하는 것은 하나님께서 모든 사람들을 눈멀게 하시는 것이기 때문에 사람들의 불신앙의 책임이 하나님께 있다는 것이 아니라, 하나님께서는 사람들의 공로라는 것을 완전히 제거하시고 구원이 오로지 자신의 선하심으로부터만 나오게 하시기 위하여, 자신의 섭리를 통해서 모든 사람이 불신앙의 죄를 범하여 자신의 심판 아래 있게 하셨다는 것이다.

따라서 바울은 여기에서 두 가지를 가르치고자 한다. 하나는 사람들 간에는 그 어떤 우열도 없고 오직 하나님의 은혜만이 있을 뿐이라는 것이고, 다른 하나는 하나님께서 은혜를 베푸심에 있어서 자신의 뜻대로 자기가 기뻐하는 자에게 은혜를 베푸시는 것을 가로막는 장애는 전혀 있을 수 없다는 것이다. 이 구절에서 강조점은 "긍휼"에 두어져 있다. 왜냐하면, 그것은 모든 사람이 다 똑같이 멸망에 처해 있어서, 하나님은 그 누구에게도 빚진 것이 없으신 까닭에, 누구든지 값없이 은혜로 구원하실 수 있으시다는 것을 암시하기 때문이다. 그러나 이것을 근거로 삼아서 모든 사람이 구원을 받게 될 것이라는 결론을 이끌어 내는 자들은 완전히 정신 나간 자들이다. 왜냐하면, 바울은 단지 유대인이나 이방인이나 하나님의 긍휼하심으로 말미암지 않고는 다른 식으로는 구원을 얻을 수 없다는 것을 보여줌으로써 그 누구도 불평할 이유가 없다고 말하고자 하는 것일 뿐이기 때문이다. 이 긍휼하심이 모든 사람에게 차별 없이 주어지는 것은 사실이지만, 각 사람은 믿음으로 그 긍휼하심을 구하여야 한다.

[33]깊도다 하나님의 지혜와 지식의 풍성함이여, 그의 판단은 헤아리지 못할 것이며 그의 길은 찾지 못할 것이로다 [34]누가 주의 마음을 알았느냐 누가 그의 모사가 되었느냐 [35]누가 주께 먼저 드려서 갚으심을 받겠느냐 [36]이는 만물이 주에게서 나오고 주로 말미암고 주에게로 돌아감이라 그에게 영광이 세세에 있을지어다 아멘(11:33-36).

33. 깊도다 하나님의 지혜와 지식의 풍성함이여. 사도는 여기에서 먼저 믿는 자들 가운데서의 하나님의 역사를 경건한 마음으로 깊이 묵상하고 살폈을 때에 자신의 내면에서 저절로 터져나온 탄성을 기록한 후에, 다음으로 하나님의 판단들에 대하여 습관적으로 불만을 터뜨리며 아우성치는 불경건한 심령의 뻔뻔스러움을 부차적으로 지적하며 억제시키고자 한다. 그러므로 우리는 바울이 경이로움에 사로잡혀서 "깊도다 하나님의 지혜와 지식의 풍성함이여"라고 탄성을 지르는 것을 들을 때에 이 말씀이 지닌 큰 능력을 의지해서 우리의 육신의 무모함을 제어하는 것이 마땅하다. 왜냐하면, 바울은 하나님의 말씀과 성령을 힘입어서 지금까지 말씀을 전하고 나서 마침내 이 너무나 놀라운 신비의 경이로움에 압도되어, 하나님의 지혜의 풍성함은 우리의 이성으로 헤아릴 수 있는 것보다 더 깊다고 경탄하지 않을 수 없었기 때문이다. 그러므로 우리는 하나님의 영원한 계획들에 관하여 말할 때마다 언제나 우리의 생각과 혀에 재갈을 물리고서, 하나님의 말씀의 한계 내에서 건전하게 이치를 따라 말한 후에 마지막으로는 경배와 찬양으로 끝마치는 것이 마땅하다. 또한, 우리의 지혜가 바울의 지혜에 못 미친다고 해도, 우리는 그것을 부끄러워할 필요가 없다. 왜냐하면, 바울은 삼층천에 올라가서 사람의 말로 표현할 수 없는 신비들을 보았으면서도, 여기에서 다루고 있는 문제와 관련해서 자기는 오직 이렇게 낮아져서 엎드릴 수밖에 없다는 것만을 발견할 수 있었기 때문이다.

어떤 이들은 '바토스'(βάθος, "깊도다")를 형용사로 보고 "풍성함"을 "후하심"으로 해석해서, 바울의 이 구절을 "하나님의 깊은 후하심과 지혜와 지식이여"라고 옮기지만, 내게는 그러한 해석은 억지스럽기 때문에, 나는 바울이 하나님의 지혜와 지식이 깊고 풍성하다는 것을 찬양하고 있는 것임을 의심하지 않는다.

그의 판단은 헤아리지 못할 것이며 그의 길은 찾지 못할 것이로다. 바울은 히브리어의 관용적인 화법을 따라 서로 다른 단어들을 사용해서 동일한 내용을 표현한다. 왜냐하면, 그는 "판단들"에 대하여 말한 후에, 규례들이나 행위 및 통치 방식을 뜻하는 "길들"을 덧붙이기 때문이다. 그는 자신의 경탄을 계속해 나가면서, 하나님의 신비의 경지가 어떠한지를 보여주며, 우리로 하여금 호기심으로 그 신비를 캐보고자 하는 엄두를 낼 수 없게 만든다. 그러므로 우리는 하나님께서 성경을 통해 자기 자신을 계시하신 것을 뛰어넘어 하나님에 대하여 탐구하고자 하는 마음을 버리는 것이 마땅하다. 그렇지 않았다가는, 우리는 미로 속으로 들어가서, 거기에서 다시 빠져나오기가 힘들게 될 것이다. 우리가 유념해야 할 것은 바울은 여기에서 하나님의 모든 신비에 대해서 말하고 있는 것이 아니라, 하나님 속에 감추어져 있는 신비들이어서 하나님께서 우리로 하여금 오직 경배하고 찬송하기만을 원하시는 그런 신비들에 대하여 말하고 있다는 것이다.

34. 누가 주의 마음을 알았느냐 누가 그의 모사가 되었느냐. 바울은 여기에서 두 가지 이유를 들어서, 사람들이 하나님의 판단들에 대하여 불만을 품고 아우성을 치는 것이 얼마나 무모한 일인지를 지적하며 그런 무모함을 억제하는 일에 착수하는데, 첫 번째 이유는 죽을 수밖에 없는 유한한 존재인 인간은 너무나 눈이 멀어서 그들 자신의 지각을 통해서는 하나님의 예정을 볼 수 없고 알 수 없기 때문에 자신이 알지도 못하는 일에 대하여 이러쿵저러쿵 논하는 것은 주제넘고 잘못된 일이라는 것이고, 두 번째 이유는 하나님이 자기에게 빚졌다고 자랑할 수 있는 자는 아무도 없고, 도리어 모든 사람이 하나님의 인자하심에 빚지고 있기 때문에, 우리는 하나님에 대하여 불평할 이유가 있을 수 없다는 것이다.

우리는 마치 맹인이 어둠 속에서 아무것도 분별할 수 없듯이 사람은 하나님의 예정과 관련해서 아무것도 알 수 없기 때문에 예정론을 탐구할 때에는 하나님의 말씀의 테두리를 벗어나지 않도록 각별히 조심하는 것이 마땅하다. 하지만 우리가 하나님의 예정을 알 수 없다고 해서, 우리의 믿음의 확실성이 손상되는 것은 아니다. 왜냐하면, 우리의 믿음은 인간의 명철한 지성에서 오는 것이 아니라, 오직 성령의 조명으로부터 오기 때문이다. 바울은 다른 곳에서 하나님의 모든 신비는 우리가 태어날 때부터 지니고 있는 능력으로는 도저히 알 수 없다고 증언한 후에, 믿는 자들은 이 세상의 영이 아니라 하나님이 주신 성령을 받았고, 성령이 그들에게 다른 식으로는 알 수 없는 하나님의 선하심을 알게 해주기 때문에 하나님의 마음을 알 수 있다는 말을 곧바로 덧붙인다.

그러므로 우리는 우리 자신의 능력으로는 하나님의 비밀들을 헤아릴 수 없지만, 성령의 은혜로 말미암아 그 비밀들에 대한 확실하고 분명한 지식을 얻게 된다. 우리가 성령의 인도하심을 따르는 것이 마땅한 일이라면, 우리는 성령이 멈추시는 곳에서 우리도 멈추고 움직이지 않는 것이 합당하다. 어떤 사람이 하나님이 계시하신 것보다 더 많은 것을 알고자 한다면, 그는 인간이 접근할 수 없는 무한히 밝은 빛에 압도당하게 될 것이다. 내가 앞에서 언급했듯이, 우리는 하나님의 비밀한 계획과 성경에 계시된 하나님의 뜻을 구별해야 한다는 것을 명심하여야 한다. 왜냐하면, 성경의 모든 가르침은 사람의 지성으로는 알 수 없을 정도로 심오하지만, 믿는 자들이 성령을 자신의 인도자로 삼아서 경외하는 마음으로 조심스럽게 거기에 접근하는 것이 허용되어 있는 반면에, 하나님의 감춰진 계획은 성경의 가르침과는 그 사정이 판이하게 달라서 그 깊이와 높이는 그 어떤 탐구로도 다다를 수 없기 때문이다.

35. 누가 주께 먼저 드려서 갚으심을 받겠느냐. 이것은 바울이 불경건한 자들의 모든 고소에 맞서서 하나님의 의로우심을 아주 강력하게 변호하기 위하여 제시하는 또 하나의 논거이다. 즉, 자신의 공로를 내세워서 하나님이 자기에게 뭔가를 해주실 의무가 있다고 주장할 수 있는 자가 아무도 없기 때문에, 그 누구도 하나님이 자기에게 상을 주시지 않았다고 불평할 수 없다는 것이다. 왜냐하면, 다른 사람에게 뭔가를 요구하고자 하는 자는 자기가 그런 요구를 할 수 있는 근거가 되는 어떤 일을 했어야 하기 때문이다. 그러므로 바울의 이 말의 의미는 이런 것이다: "하나님께서 각 사람을 합당하게 대우하지 않고 계신다는 것을 증명할 수 없다면, 하나님을 불의하시다고 고소하는 것은 불가능하다. 그러나 하나님은 아무에게도 빚지신 것이 없으시기 때문에, 하나님으로부터 자신의 권리를 박탈당한 사람이 있을 수 없다는 것은 명백하다. 왜냐하면, 자신의 공로를 내세워서 자기는 하나님의 은혜를 받는 것이 마땅하다고 자랑할 수 있는 자는 아무도 없기 때문이다."

이 구절은 우리에게는 우리의 선한 행위를 통해 하나님을 압박해서 우리에게 구원을 수여하시게 할 수 있는 능력이 없는데도 불구하고, 하나님께서는 우리에게 아무런 자격도 없다는 것을 미리 다 아시면서도 자신의 값없이 베풀어 주시는 선하심으로 말미암아 우리에게 구원을 주시는 것이라고 우리에게 가르치고 있다는 점에서 주목할 만하다. 왜냐하면, 바울은 우리 인간이 무엇을 하고 있는지만이 아니라, 무엇을 전혀 할 수 없는지도 보여주고 있기 때문이다. 우리가 우리 자신을 정직하게 살펴보고자 하기만 한다면, 우리는 하나님이 우리에게 빚지신 것은 전혀 없다는 것만이 아니라, 우리 모두가 하나님의 심판을 받을 수밖에 없다는 것을 발견하게 될 것이고, 우리가 단지 하나님의 은혜를 받을 자격이 없다는 것만이 아니라, 영원한 사망에 처해져도 할 말이 없는 자들이라는 것을 알게 될 것이다. 바울은 우리 인간은 부패하고 죄악된 본성을 지니고 있는 까닭에 하나님이 우리에게 빚지신 것은 전혀 없다고 결론을 내릴 뿐만 아니라, 사람은 지음 받을 때부터 이미 자기를 지으신 이에게 무한한 빚을 지고 있고 자기 자신의 것은 아무것도 없는 까닭에, 만일 온전하다고 할지라도 하나님께 먼저 무엇을 드려서 그의 은혜를 얻는 것은 아예 처음부터 불가능하다고 말한다. 따라서 우리가 하나님으로부터 자기가 지으신 피조물들에 대하여 자신의 기쁘신 뜻을 따라 자유롭게 행하실 수 있는 권리를 박탈하고, 마치 그것이 상호적인 채권과 채무의 관계인 것처럼 주장하고자 한다면, 그런 시도는 반드시 헛일이 되고 말 것이다.

36. 이는 만물이 주에게서 나오고 주로 말미암고 주에게로 돌아감이라. 이것은 앞 절에 대한 확증이다. 바울은 우리는 하나님에 의해서 무(無)로부터 지음 받았고 지금도 하나님으로 말미암아 존재하는 까닭에 하나님 앞에서 우리 자신에게 어떤 선한 것이 있다고 결코 자랑할 수 없다는 것을 보여준다. 이것으로부터 바울은 우리의 존재는 하나님의 영광을 위하여 사용되어야 한다는 결론을 도출해낸다. 왜냐하면, 피조물들이 자기를 지으시고 계속해서 존재하게 해주시는 이의 영광을 알리기 위한 것 이외의 다른 목적으로 살아가는 것은 이치에 맞지 않기 때문이다. 나는 '에이스 아우톤'(εἰς αὐτὸν, "주에게로")이라는 어구가 종종 '엔 아우토'(ἐν αὐτῷ, "주 안에서," 또는 "주에 의해") 대신에 사용된다는 것을 알고 있지만, 그것은 부적절한 용법이다. 이 어구의 본래의 의미가 현재의 논증에 더 잘 어울리기 때문에, 나는 부적절한 용법을 채택하기보다는 본래의 의미를 그대로 유지하는 것이 더 낫다고 본다. 이 구절의 요지는 만물의 시작이신 하나님이 그 끝도 되시는 것이 마땅하기 때문에, 그렇지 않을 때에는 자연의 모든 질서는 역전되는 일이 벌어지게 된다는 것이다.

그에게 영광이 세세에 있을지어다 아멘. 모든 것 속에서 하나님의 영광이 변함없이 유지되는 것이 마땅하다는 것이 이미 증명되었기 때문에, 바울은 이제 이 명제를 확실한 것으로 전제한다. 우리가 이 구절을 일반적인 의미로 해석한다면, 이 구절은 생명력을 잃고 화석화되고 말 것이다. 따라서 우리는 바울이 하나님께서 자신에게 절대적인 주권이 있다고 주장하시는 것이 옳고, 인간과 온 세계에서는 오직 하나님의 영광만이 추구되어야 한다고 말하고자 하는 맥락 속에서 이 구절을 바라보아야만, 이 구절은 생명력을 얻게 된다. 이것으로부터 우리가 알 수 있는 것은 하나님의 영광을 희석시키는 모든 주장들은 터무니없이 불합리하고, 이치에 맞지 않으며, 제정신에서 나온 것이 아니라는 것이다.

제 12 장

¹그러므로 형제들아 내가 하나님의 모든 자비하심으로 너희를 권하노니 너희 몸을 하나님이 기뻐하시는 거룩한 산 제물로 드리라 이는 너희가 드릴 영적 예배니라 ²너희는 이 세대를 본받지 말고 오직 마음을 새롭게 함으로 변화를 받아 하나님의 선하시고 기뻐하시고 온전하신 뜻이 무엇인지 분별하도록 하라(12:1-2).

바울은 의는 오직 하나님에게서 찾아야 한다는 것, 구원은 오직 하나님의 긍휼하심으로 말미암아 우리에게 온다는 것, 모든 복은 오직 그리스도 안에 준비되어 있고 우리에게 날마다 주어진다는 것 등과 같이 하나님의 나라를 세우는 데에 꼭 필요한 것들을 다룬 후에, 이제 여기에서는 우리의 행실이 어떠해야 하는지를 가장 적절한 순서를 따라 제시하기 시작한다. 우리의 영혼이 하나님과 그리스도를 아는 구원의 지식으로 말미암아 거듭나서 하늘에 속한 생명을 얻게 되어서, 우리의 삶을 거룩한 권면들과 교훈들로 정립해 나가야 하는 것이기 때문에, 우리가 먼저 사람들 안에 있는 모든 "의"의 근원은 하나님과 그리스도 안에 있다는 것을 확인하지도 않고서, 우리의 삶을 올바르게 정립하고자 애쓴다면, 그것은 헛일이 되고 말 것이다. 왜냐하면, 하나님께서 사람들을 죽은 자 가운데서 다시 살리셨다는 것은 우리가 하나님으로 말미암아 의롭다 하심을 얻었다는 것을 의미하기 때문이다.

이것이 복음과 철학의 주된 차이이다. 철학자들은 훌륭한 언변과 판단력을 가지고 도덕이라는 주제를 놓고 화려하고 탁월하게 얘기하지만, 그들의 교훈과 가르침들이 아무리 훌륭하다고 할지라도, 그것들은 토대는 없이 멋지게 지어놓은 건물에 불과하다. 왜냐하면, 그들은 마치 머리 없는 몸처럼 근본원리들은 빼놓은 채로 불구의 교훈을 제시하기 때문이다. 로마 가톨릭의 가르침도 철학자들의 교훈과 별 다를 것이 없다. 왜냐하면, 그들은 그리스도에 대한 믿음과 성령의 은혜를 곁가지로 언급하기는 하지만, 그들이 그리스도 및 그의 사도들이 아니라, 하나님을 믿지 않는 이방 철학자들과 훨씬 더 가깝다는 것은 너무나 분명하기 때문이다.

철학자들이 도덕에 관한 규범들을 제시하기 전에, 먼저 선의 목적에 대하여 논하고 미덕들의 원천들을 탐구해서, 거기로부터 온갖 의무들을 도출해내는 것과 마찬가지로, 바울은 여기에서 거룩함의 모든 본분들의 토대가 되는 원리를 제시하는데, 그것은 하나님께서는 우리 자신과 우리의 모든 지체를 하나님께 거룩하게 드리도록 하시기 위하여 우리를 구속하셨다는 것이다. 지금부터 바울이 어떻게 말하고 있는지를 세세하게 살펴보는 것이 우리에게 유익이 될 것이다.

1. 그러므로 형제들아 내가 하나님의 모든 자비하심으로 너희를 권하노니. 우리는 거룩하지 못한 자들은 육신의 소욕을 따라 살아가기 위해서 성경에서 하나님의 무한한 선하심에 대하여 말씀하고 있는 부분들을 악착같이 붙들고, 외식하는 자들은 마치 하나님의 은혜가 경건한 삶을 살고자 하는 소원을 소멸시켜 버리고 대담하게 죄를 지을 수 있는 문을 열어주기라도 한다는 듯이 하나님의 선하심에 관한 지식을 악의적으로 있는 힘을 다해서 가려 버린다는 것을 안다. 바울의 이 간곡한 권면은 사람들은 자기가 하나님의 긍휼하심에 얼마나 큰 빚을 지고 있는지를 진정으로 깨달을 때까지는 진실한 마음으로 하나님을 예배할 수도 없고 하나님을 경외하고 순종하고자 하는 간절한 마음을 지닐 수도 없다고 가르친다. 교황주의자들은 사람들에게 겁을 주어서 억지로 하나님께 순종하게 하면 그것으로 충분하다고 여기지만, 바울은 우리로 하여금 비굴한 두려움이 아니라 자발적으로 기쁘게 의를 사랑하는 마음에서 하나님께 순종하도록 하기 위하여, 우리에게 구원을 얻게 하신 하나님의 은혜가 얼마나 큰 것이었는지를 상기시킴으로써 우리의 마음을 얻고자 한다. 아울러, 그는 우리가 그토록 인자하시고 너그러우신 아버지 하나님을 체험한 후에도 그 보답으로 우리 자신을 하나님께 온전히 드리려고 애쓰지 않는다면, 그것은 배은망덕한 것이라고 책망한다.

바울은 우리에게 이렇게 권면하면서 다른 무엇보다도 하나님의 은혜를 독보적으로 부각시키고 있기 때문에, 그의 권면은 우리에게 한층 더 큰 힘을 발휘할 수밖에 없다. 왜냐하면, 만일 우리의 심령이 바울이 지금까지 제시한 가르침을 통해서 우리를 향하신 하나님의 인자하심이 차고 넘쳤다는 것을 뻔히 알았으면서도 하나님을 향한 사랑으로 불타오르지 않는다면, 그 심령은 강철보다 더 단단할 것임에 틀림없기 때문이다. 따라서 사람들의 구원이 오로지 하나님의 은혜에 달려 있는 것이라면, 올바르고 정직한 삶을 살라고 하는 모든 권면은 아무 소용도 없게 될 것이라고 생각하는 자는 아무도 없을 것이다. 왜냐하면, 경건한 심령은 그 어떤 교훈이나 계명을 따라 하나님께 순종함으로써 만들어지는 것이 아니라, 하나님의 선하심에 대한 진지한 묵상을 통해서 만들어지기 때문이다.

또한, 우리는 여기에서 사도의 너그럽고 온유한 심령을 볼 수 있다. 왜냐하면, 그는 엄격한 명령들이 아니라 경계하는 말들과 친근한 권면들을 사용해서 믿는 자들을 대하고 있기 때문이다. 그는 기꺼이 가르침을 받고자 하는 자들에게는 다른 어떤 방법보다도 이런 방법이 더 잘 통할 수 있다는 것을 알고 있었다.

너희 몸을 하나님이 기뻐하시는 거룩한 산 제물로 드리라. 우리가 하나님께 드려져 있다는 것을 아는 것은 선한 일들을 행하기 위하여 올바른 길로 들어서는 초입(principium)이다. 이것으로부터 알 수 있는 것은 우리의 삶의 모든 행위들을 하나님을 섬기는 데에 바칠 수 있기 위해서는 우리가 우리 자신을 위하여 살아가는 것을 그쳐야 한다는 것이다. 따라서 우리가 여기에서 유념해야 할 것이 두 가지가 있는데, 첫 번째는 우리가 하나님의 소유라는 것이고, 두 번째는 성별되지도 않은 어떤 것을 드리는 것은 하나님의 거룩하심에 대한 모독이 되기 때문에 우리는 먼저 거룩하여야 한다는 것이다. 이 두 가지가 전제되었을 때, 그 다음 수순은 일생에 걸쳐 거룩함을 실천해야 한다는 것이다. 따라서 만일 우리가 다시 부정한 것으로 되돌아간다면, 그것은 하나님께 성별된 것을 더럽히는 것에 다름 아니기 때문에 일종의 신성모독이 된다.

바울이 여기에서 하고 있는 말들은 하나하나가 다 기가 막히게 적절하다. 첫째로, 그는 우리의 몸을 하나님께 제물로 드려야 한다고 말함으로써, 우리는 우리 자신의 것이 아니고, 그 소유권이 전적으로 하나님께로 넘어갔음을 보여준다. 이것은 우리가 우리 자신을 거부하고 부인하지 않는다면 불가능하다. 둘째로, 그는 두 개의 형용사를 덧붙여서 이 제물이 어떤 제물이어야 하는지를 보여준다. 먼저, 그가 우리를 "산" 제물이라고 부름으로써, 우리의 이전의 생명이 우리 안에서 멸해지고 우리가 새 생명으로 다시 일으키심을 받기 위하여 우리가 하나님께 제물로 드려지는 것임을 보여준다. 다음으로, 그는 "거룩한" 제물이라고 함으로써, 우리가 이미 지적했듯이, 제물이 되기 위하여 꼭 필요한 요건을 제시한다. 즉, 제물은 먼저 거룩하게 된 것이어야만 받아들여진다는 것이다. 마지막으로, 그는 "하나님이 기뻐하시는"이라는 단어를 통해서 이 제물이 하나님이 기뻐하시는 것이 될 때에 우리의 삶이 올바르게 정립될 수 있고, 우리가 큰 위로를 받을 수 있다는 것을 상기시켜 준다. 왜냐하면, 바울은 우리가 우리 자신을 성별해서 순전하고 거룩하게 할 때에 우리가 하는 일들이 하나님을 기쁘시게 하고 하나님께 받아들여질 수 있다고 가르치기 때문이다.

바울이 여기에서 "몸"이라고 부르고 있는 것은 우리의 뼈와 살만이 아니라 우리를 구성하고 있는 것 전체를 의미한다. 그는 일부로써 전체를 표현하는 환유법을 사용해서 우리를 구성하는 모든 부분을 "몸"이라는 단어로 표현하였다. 왜냐하면, 몸의 지체들은 우리의 행위들을 실행하는 도구들이기 때문이다. 따라서 그는 데살로니가전서 5:23에서 "평강의 하나님이 친히 너희를 온전히 거룩하게 하시고 또 너희의 온 영과 혼과 몸이 우리 주 예수 그리스도께서 강림하실 때에 흠 없게 보전되기를 원하노라"고 말하고 있는 것과 마찬가지로, 우리의 몸(corpus)만이 아니라 혼(anima)과 영(spiritus)도 거룩할 것을 요구하고 있는 것이다. 그가 "너희 몸을 제물로 드리라"는 표현을 사용한 것은 모세의 율법에서 정한 제사들이 마치 하나님의 임재 앞인 것처럼 제단에서 드려졌던 것을 염두에 둔 것이지만, 아울러 우리가 하나님의 명령들을 받을 때에 준비하고 있다가 즉시 지체 없이 순종하는 것이 마땅하다는 것을 생생하게 표현한 것이기도 하다.

이것으로부터 우리는 하나님을 예배하는 것을 자신의 삶의 목적으로 하지 않는 자들은 인간의 참상 속에서 헤매며 잘못된 길로 갈 수밖에 없다는 것을 알게 된다. 또한, 우리는 이제 바울이 기독교회에 어떤 제사를 드리라고 명하고 있는지도 안다. 왜냐하면, 그리스도께서 드리신 유일하게 참된 제사로 말미암아 하나님과 화목하게 된 우리는 모두 하나님의 은혜로 제사장이 되어서 우리 자신과 우리가 가진 모든 것을 하나님의 영광을 위하여 드릴 수 있게 되었기 때문이다. 우리는 이제 속죄 제사를 드릴 필요가 없다. 그런데도 누가 속죄 제사를 드린다면, 그것은 그리스도의 십자가를 크게 욕되게 하는 것이 될 수밖에 없다.

이는 너희가 드릴 영적 예배니라. 나는 바울이 앞의 권면을 한층 더 분명하게 설명하고 확증하기 위하여 이 구절을 덧붙인 것이라고 생각한다. 따라서 그는 이렇게 말한 것과 같다: "너희에게 하나님을 예배할 마음이 있다면, 너희 자신을 하나님께 제물로 드리라. 왜냐하면, 이것이 하나님을 예배하는 합당한 의식이기 때문이다. 이 의식에서 벗어나는 자들은 거짓 예배자들일 뿐이다." 우리가 우리의 모든 행실을 하나님이 명하신 것을 따라 규율할 때에만 하나님을 올바르게 예배하는 것이라면, 우리는 우리가 고안해낸 모든 예배 방식들을 다 버리는 것이 마땅하다. 왜냐하면, 그러한 것들은 하나님이 가증히 여기시는 것들이고, 순종이 제사보다 낫기 때문이다. 사람들은 그들 자신이 고안해낸 것들을 좋아하지만, 바울이 다른 곳에서 말했듯이, 그런 것들은 단지 지혜의 모양(골 2:23)만을 갖추고 있는 헛된 것들일 뿐이다. 우리는 여기에서 하늘의 재판장께서 바울의 입을 통해 그런 것들과 반대되는 것을 선포하시는 것을 알게 된다. 왜냐하면, 바울은 하나님이 명령하시는 것을 "영적 예배"라고 부름으로써, 우리가 하나님의 말씀이라는 규범을 뛰어넘어서 시도하는 모든 것들을 우매하고 영양가 없고 맹목적인 것으로 규정하여 배척하기 때문이다.

2. 너희는 이 세대를 본받지 말고 오직 마음을 새롭게 함으로 변화를 받아. "세대"라는 단어는 여러 가지 의미로 사용되지만, 여기에서는 사람들의 정서와 행실을 의미한다. 바울이 이러한 것들을 본받지 말라고 하는 데에는 그럴 만한 이유가 있다. 왜냐하면, 온 세상은 악한 자의 수중에 놓여 있는 까닭에, 우리가 진정으로 그리스도로 옷 입고자 한다면, 옛 사람에게 속한 모든 것을 다 벗어 버리는 것이 마땅하기 때문이다. 그는 자기가 말하고자 하는 것이 무엇인지와 관련해서 의심의 여지를 남겨두지 않기 위하여 이 세대를 본받는 것과 정반대되는 것을 곧바로 덧붙여서, 우리에게 변화를 받아 새 마음을 가지라고 명한다. 성경에서는 어떤 주제를 좀 더 분명하게 설명하기 위해서 정반대 되는 내용을 한 쌍의 대구로 제시하는 일이 흔하다.

우리는 여기에서 바울이 우리에게 어떠한 종류의 "새롭게 함"을 요구하는지를 주목하여야 한다. 그것은 가톨릭 스콜라주의 신학자들의 설명처럼 우리 심령의 열등한 부분인 육신만을 새롭게 하는 것이 아니라, 우리 존재의 가장 탁월한 부분임을 철학자들도 동의하는 "정신"(mens, 한글개역개정에는 "마음")을 새롭게 하는 것이다. 철학자들은 정신을 "주도적인 힘"(ἡγεμονικὸν - '헤게모니콘')이라 부르고, 이성이야말로 지극히 지혜로운 여왕이라고 말한다. 그러나 바울은 바로 그 정신이 새로워져야 한다고 가르침으로써 우리의 타고난 정신을 권좌로부터 끌어내어 아무것도 아닌 존재로 만들어 버린다. 왜냐하면, 우리가 우리 자신을 아무리 좋게 보고 우리 자신에게 아부한다고 할지라도, 우리의 정신과 마음(mens et cor)은 하나님의 의에서 철저히 소외되어 있는 까닭에, 하나님의 나라에 들어가고자 하는 자는 누구든지 거듭나야 한다는 그리스도의 선언은 여전히 참되기 때문이다.

하나님의 선하시고 기뻐하시고 온전하신 뜻이 무엇인지 분별하도록 하라. 바울은 여기에서 우리가 왜 새 마음을 입어야 하는지 그 이유 또는 목적을 말해주는데, 그것은 우리 자신과 모든 사람의 생각과 소욕들을 다 버리고 오직 하나님의 뜻에만 집중하기 위한 것이다. 하나님의 뜻을 아는 것이 참된 지혜이다. 우리가 하나님의 뜻이 무엇인지를 제대로 분별할 수 있으려면 우리의 마음을 새롭게 하는 것이 꼭 필요하다면, 이것으로부터 분명해지는 것은 우리의 타고난 마음은 하나님을 대적한다는 것이다.

　바울이 "하나님의 뜻"에 여러 수식어들을 덧붙인 것은 하나님의 뜻을 상찬해서 우리에게 그 뜻을 알고자 하는 더욱더 큰 열심을 불러일으키기 위한 것이다. 그리고 우리의 완고함을 무너뜨리고 잘 다스리기 위해서도, 우리는 의로움과 온전함이라는 진정한 찬사를 하나님의 뜻에 돌리는 것이 마땅하다. 세상은 자신이 계획해서 해낸 일들이 선하다고 확신하지만, 바울은 무엇이 선하고 옳은지는 하나님의 명령들에 의거해서 분별해야 한다고 외친다. 세상은 자화자찬하고 자신이 고안해 낸 것들을 좋아하고 기뻐하지만, 바울은 하나님께서는 자신이 명하신 것들만을 기뻐하신다고 천명한다. 세상은 온전함을 발견하기 위해서 하나님의 말씀에서 벗어나서 자신이 고안해낸 것들을 의지하지만, 바울은 온전함은 하나님의 뜻에 있다고 말하며 이 경계를 벗어나는 자는 망상에 미혹된 것임을 보여준다.

[3]내게 주신 은혜로 말미암아 너희 각 사람에게 말하노니 마땅히 생각할 그 이상의 생각을 품지 말고 오직 하나님께서 각 사람에게 나누어 주신 믿음의 분량대로 지혜롭게 생각하라(12:3).

3. 내게 주신 은혜로 말미암아 너희 각 사람에게 말하노니 마땅히 생각할 그 이상의 생각을 품지 말고.　우리가 이유를 나타내는 불변화사를 불필요한 사족에 불과하다고 생각하지만 않는다면, 이 절이 앞 절과 연결되어 있다고 보는 것은 틀리지 않을 것이다. 바울은 앞에서 우리가 하나님의 뜻을 구하는 데에 온 힘을 다 쏟아야 한다고 역설하였기 때문에, 이제 그 다음 수순은 우리에게서 헛된 호기심(curiositas)을 제거하는 것이었다. 하지만 바울은 이유를 나타내는 불변화사를 그저 별 의미 없이 사용하는 경우가 흔하기 때문에, 이 절을 하나의 독립적인 단언으로 볼 수도 있다. 왜냐하면, 그렇게 보더라도 의미는 아주 잘 통하기 때문이다.

　바울이 어떤 명령을 하기 전에 자신이 하나님께로부터 받은 권위를 독자들에게 상기시키는 것은 그들로 하여금 자신의 음성을 마치 하나님 자신의 음성인 양 귀담아 듣게 하기 위한 것이다. 따라서 그는 이렇게 말한 것과 같다: "나는 내 생각을 말하는 것이 아니라, 하나님의 대사로서 하나님이 내게 맡기신 명령들을 너희에게 전하는 것이다." 바울은 앞에서도 그랬듯이 "은혜"라는 단어를 통해서 자신의 사도직을 언급함과 아울러 이 사도직과 관련해서 하나님의 선하심을 높이고, 동시에 자기가 주제넘고 무모하게 스스로 사도를 참칭한 것이 아니라 하나님의 부르심을 따라 사도로 택함을 받았다는 사실을 상기시킨다. 그는 이렇게 서문을 통해서 자신의 권위를 확보함으로써, 로마의 성도들이 하나님의 일꾼을 멸시함으로써 하나님을 멸시할 마음이 있는 것이 아니라면 자신이 전하는 말씀에 순종하지 않으면 안 되게 만든다.

그런 후에, 바울은 우리의 마음에 오직 혼란스러움만을 가져다줄 뿐 덕을 세우는 데는 아무런 유익도 없는 그런 일들을 알려고 하지 말라는 명령을 덧붙인다. 즉, 그는 각 사람이 자신의 분수와 부르심에 합당한 것 이상을 감당하려고 하지 말라고 명하고, 아울러 우리가 우리 자신의 분수를 지켜 능히 감당할 수 있는 그런 일들만을 생각하고 행하라고 권면한다. 에라스무스는 이 구절을 "아무도 자기 자신에 대하여 교만한 생각을 품지 말라"고 옮겼지만, 나는 위에서 제시한 해석이 더 낫다고 본다. 왜냐하면, 에라스무스의 해석은 이 구절이 말하고자 하는 것과 동떨어져 있는 감이 있고, 내가 제시한 해석은 문맥에 더 잘 어울리기 때문이다. "마땅히 생각할"이라는 어구는 바울이 그 앞에 나오는 동사 '휘페르프로네인'(ὑπερφρονεῖν, "그 이상의 생각을 품다")을 통해서 무엇을 표현하고자 했는지를 보여준다. 즉, 우리가 생각하는 것이 합당하지 않은 그런 일들에 끼어들어서 골몰한다면, 그것은 우리 자신의 지혜의 분량을 뛰어넘는 일이라는 것이다. 분수를 따라 지혜롭게 행한다는 것은 우리로 하여금 분수를 지키는 것을 배울 수 있게 해주는 그런 일들에 관심을 가지고 행한다는 것이다.

오직 하나님께서 각 사람에게 나누어 주신 믿음의 분량대로 지혜롭게 생각하라. 여기에는 도치법이 사용되어서, 원래 "하나님께서 각 사람에게 나누어 주신"으로 표현되어야 할 문장이 "각 사람에게 하나님께서 나누어 주신"으로 되어 있다. 바울은 앞에서 말했듯이 왜 우리가 분수에 맞는 지혜를 따라 생각해야 하는지 그 이유를 여기에 제시한다. 즉, 하나님께서 각 사람에게 나누어 주신 은혜의 분량이 사람마다 다르기 때문에, 각 사람은 하나님이 자기에게 주신 저 믿음의 은혜의 분량 내에 머물 때에 가장 지혜롭게 생각할 수 있다는 것이다. 그러므로 우리가 하나님이 우리에게 주신 것 내에서 생각하지 않고, 주제넘고 무모하게 우리에게 주어진 지식의 한계를 뛰어넘어 생각할 때, 우리는 지혜를 지나치게 추구하게 되어서, 알아보아야 우리에게 유익이 되지 않는 불필요한 일들만이 아니라 모르는 편이 더 유익한 그런 일들까지도 알려고 하게 된다. 그럴 때에 하나님께서는 우리의 그러한 주제넘고 무모한 짓을 반드시 벌하신다. 우리는 어리석고 우매한 야심(ambitio)으로 말미암아 하나님이 정해 주신 한계를 뛰어넘어 나아가는 자들이 정신이 나간 채로 헛된 것들을 붙잡고 골몰하는 모습을 자주 본다.

이 구절의 요지는 온유하고 유순한 심령으로 우리 자신을 드려서 하나님의 다스리심과 인도하심을 받는 것은 우리가 드릴 "영적" 제사의 일부라는 것이다. 나아가, 바울은 우리로 하여금 사람의 생각이나 판단을 버리고 믿음을 굳게 세우도록 하기 위하여, 우리가 우리 자신의 생각을 따라 행하는 것을 자제시킴과 아울러, 믿는 자들은 자신에게 주어진 분수 안에 겸손히 머무는 것이 마땅하다고 그 한계를 분명하게 정해준다.

⁴우리가 한 몸에 많은 지체를 가졌으나 모든 지체가 같은 기능을 가진 것이 아니니 ⁵이와 같이 우리 많은 사람이 그리스도 안에서 한 몸이 되어 서로 지체가 되었느니라 ⁶우리에게 주신 은혜대로 받은 은사가 각각 다르니 혹 예언이면 믿음의 분수대로, ⁷혹 섬기는 일이면 섬기는 일로, 혹 가르치는 자면 가르치는 일로, ⁸혹 위로하는 자면 위로하는 일로, 구제하는 자는 성실함으로, 다스리는 자는 부지런함으로, 긍휼을 베푸는 자는 즐거움으로 할 것이니라(12:4-8).

4-5. 우리가 한 몸에 많은 지체를 가졌으나 모든 지체가 같은 기능을 가진 것이 아니니 이와 같이 우리 많은 사람이 그리스도 안에서 한 몸이 되어 서로 지체가 되었느니라. 바울은 앞에서 각 사람은 믿음의 분량을 따라 분수에 맞게 지혜롭게 행하라고 한 말을 이제 여기에서는 믿는 자들의 부르심에 의거해서 확증한다. 즉, 그리스도께서는 사람의 몸의 각 지체들 사이에 존재하는 것과 같은 교제(societas)와 연합(connexio)이 자기 안에서 믿는 자들 가운데도 존재하도록 하셨기 때문에, 하나님께서는 우리를 그리스도 안에서 한 몸을 이루어 서로 연합하도록 하시기 위하여 우리를 부르셨다는 것이다. 그런데 사람들은 스스로 그런 식으로 연합될 수 없었기 때문에, 그리스도께서 친히 그들을 모두 묶어서 연합시키는 끈(vinculum)이 되셨다. 이렇게 사람의 몸의 여러 지체들 간에 존재하는 관계가 믿는 자들의 공동체에

도 존재하는 것이 마땅하기 때문에, 바울은 이 비유를 들어서, 믿는 자들 각 사람이 자신의 분수와 부르심에 합당한 것이 무엇인지를 숙고하는 것이 얼마나 필요한 것인지를 증명한다. 이 비유는 여러 측면들을 지니고 있지만 여기에서는 우리의 현재의 주제에 맞게 일차적으로 다음과 같이 적용되는 것이 마땅하다. 즉, 동일한 몸의 지체들이 각각 자신의 기능을 가지고 있고, 그 기능들이 다 달라서, 그 어떤 지체도 모든 기능을 다 가지고 있거나 다른 지체들의 기능을 자신의 것이라고 주장하지 않는 것과 마찬가지로, 하나님께서는 우리에게 다양한 은사들을 주셔서, 이 각각 다른 은사들을 따라 우리 가운데서 질서가 정해지게 하셨기 때문에, 각 사람은 자신에게 주어진 능력의 분량을 따라 행하고, 다른 사람들의 고유한 은사에 속하는 일에 뛰어들어서는 안 되며, 모든 일을 자기가 다 하려고 해서도 안 되고, 오직 자신의 분수에 만족하고 다른 사람들의 은사를 찬탈하려고 하지 않아야 한다는 것이다. 하지만 바울이 우리 사이에 '코이노니아," 즉 "나눔"(communio)이 존재한다는 것을 명시적으로 지적하고 있는 것은 우리 각 사람이 자신에게 주어진 은사를 교회의 유익을 위하여 사용하는 것에 얼마나 큰 열심을 내는 것이 마땅한지도 아울러 보여준다.

6-8. 우리에게 주신 은혜대로 받은 은사가 각각 다르니. 바울은 여기에서 단지 우리 가운데서 형제애를 소중히 여기라고 말하는 것이 아니라, 우리의 삶 전체를 가장 잘 조율해줄 수단으로서 겸손을 장려한다. 사람은 누구나 다 다른 사람들로부터 그 어떤 도움도 받을 필요 없이 스스로의 힘으로 모든 것을 잘해 나갈 수 있게 되기를 바란다. 그러나 모든 사람을 서로 묶어서 교제하게 만드는 끈(vinculum)이 존재한다는 것은 사람은 누구나 혼자서는 불완전하기 때문에 다른 사람들의 도움을 받을 수밖에 없다는 것을 보여주는 것이다. 따라서 나는 각 사람이 자신의 분량에 만족하고, 자기가 받은 은사들을 다른 사람들에게 나누어 주며, 그 자신도 다른 사람들의 은사를 통해서 도움을 받을 때에 경건한 자들의 교제가 존재할 수 있다는 것을 인정한다.

그러나 바울이 여기에서 특히 의도한 것은 사람들 속에 태어날 때부터 내재되어 있는 교만을 꺾는 것이었다. 그는 모든 것이 자기에게 주어지지 않은 것에 대하여 불만을 품는 사람이 없도록 하기 위하여, 하나님의 지혜로우신 계획을 따라 각 사람에게 합당한 분깃이 주어졌다는 것, 그리고 모든 은사를 다 받은 자가 그렇지 않은 형제를 주제넘게 멸시하는 일이 벌어져서는 안 되기 때문에 몸 전체의 유익을 위해서는 한 사람에게 은사가 집중되지 않게 할 필요가 있었다는 것을 우리에게 상기시켜 준다. 이것으로부터 우리는 사도가 일차적으로 어떤 의도와 목적을 가지고 이런 말을 하는지를 알게 된다. 즉, 각 사람에게 모든 은사를 다 주는 것은 합당하지 않았기 때문에, 하나님께서는 각 사람에게 각기 다른 은사들을 나누어 주신 까닭에, 각 사람은 자기에게 주어진 은사를 사용해서 교회의 덕을 세우는 데에 집중하는 것이 마땅하고, 자기에게 맡겨진 "기능"은 내팽개친 채로 다른 사람에게 맡겨진 "기능"을 침범해서는 안 된다는 것이다. 이렇게 지극히 아름답고 균형 잡힌 질서에 의해서, 즉 각 사람이 하나님에게서 받은 자신의 은사를 모든 사람에게 나누어 주고 다른 사람들의 은사를 방해하지 않을 때, 교회의 안전(incolumitas)은 확보된다. 이 질서를 뒤엎는 자는 자신의 규례를 앞세워서 이 질서를 세우신 하나님과 맞서 싸우는 것이다. 왜냐하면, 각 사람이 받은 은사들이 다른 것은 사람의 뜻에 의해서 된 것이 아니라, 하나님께서 그런 식으로 자신의 은혜를 나누어 주시는 것을 기뻐하신 까닭이기 때문이다.

혹 예언이면 믿음의 분수대로. 바울은 이제 몇 가지 예를 제시해서, 각 사람이 자신의 "기능"이나 자리와 관련해서 어떤 식으로 행하는 것이 마땅한지를 보여준다. 왜냐하면, 모든 은사는 정해진 한계를 지니고 있고, 그 한계를 벗어나는 것은 은사 자체를 망치는 것이기 때문이다. 이 대목은 구문이 조금 흐트러져 있기 때문에, 우리는 이 대목에서 결론이 시작되는 것이 되도록 다음과 같이 정리해 볼 수 있을 것이다: "그러므로 예언하는 자는 믿음의 분수대로 행하고, 목회 은사를 가진 자는 목회하는 데에 사용하고, 가르치는 은사를 가진 자는 가르치는 데에 사용하라 …" 이렇게 각각의 은사의 목적을 명심하는 자들은 자신의 분수를 제대로 지킬 수 있다.

이 대목은 여러 가지로 해석된다. 어떤 이들은 여기에서 "예언"을 복음이 처음으로 전파되기 시작하고 하나님께서 모든 수단을 동원해서 하나님의 나라의 존귀함과 탁월함을 나타내고자 하셨을 때에 교회에서 활발하게 나타났던 예언의 은사를 가리키는 것이라고 보고, 거기에 덧붙여진 "믿음의 분수대로"라는 어구는 모든 구절에 걸린다고 본다. 그러나 나는 "예언"을 좀 더 넓은 의미로 해석해서, 어떤 사람으로 하여금 하나님의 뜻을 능숙하게 설명하는 해석자의 직분을 수행할 수 있도록 해주는 특별한 계시의 은사를 포괄적으로 가리키는 것이라고 보는 견해가 더 낫다고 생각한다. 그러므로 모든 옛 예언들과 하나님의 모든 말씀들은 그리스도와 그의 복음으로 완성되었다는 점에서, 오늘날 기독교회에서 "예언"은 성경을 올바르게 이해해서 설명해 주는 특별한 "기능"에 다름 아니라고 할 수 있다. 바울은 "예언"을 바로 이런 의미로 이해해서 이렇게 말한다: "나는 너희가 다 방언 말하기를 원하나 특별히 예언하기를 원하노라"(고전 14:5); "우리는 부분적으로 알고 부분적으로 예언하니"(고전 13:9). 바울은 여기에서 그리스도께서 교회의 초창기에 자신의 복음에 빛을 더하기 위하여 베풀어 주신 저 놀라운 은혜들을 염두에 둔 것으로 보이지는 않는다. 오히려 우리는 그가 교회에 영속적으로 존재하게 될 통상적인 은사들을 염두에 두고 있었을 것이라고 보아야 한다.

사도는 이미 하나님의 영을 받아서 그리스도를 저주받은 자라 부를 수 없는 자들에게 쓸데없이 이런 말을 하고 있는 것이라는 주장은 타당하지 않다. 왜냐하면, 그는 다른 곳에서 "예언하는 자들의 영은 예언하는 자들에게 제재를 받는다"(고전 14:32)고 증언하고, "만일 곁에 앉아 있는 다른 이에게 계시가 있으면 먼저 하던 자는 잠잠할지니라"(고전 14:30)고 명하고 있는 까닭에, 동일한 이유로 이미 교회에서 예언을 하고 있던 자들에게 그들이 예언을 하면서 정해진 한계를 벗어나지 않도록 "믿음의 분수대로" 예언하라고 얼마든지 권면할 수 있었을 것이기 때문이다. 여기에서 "믿음"은 신앙의 기본원리들을 의미하고, 이 원리들에 부합하지 않는 모든 가르침은 거짓된 것으로 정죄된다.

다른 구절들을 해석하는 데에는 별 어려움이 없다. 바울은 목회자로 세움을 입은 자는 목회하는 데에 자신의 은사를 발휘하되, 자기 자신을 위해서가 아니라 다른 사람들을 위해서 그 은사가 그에게 주어진 것임을 명심해야 한다고 말한다. 그는 이렇게 말한 것과 같다: "목회자는 자신의 직함에 걸맞게 신실하게 섬김으로써 자신의 직분을 수행하라." 또한, 바울은 "가르치는 자들"에 관한 말을 곧바로 덧붙이고 있는데, "가르치는 일"이라는 단어를 통해서 다음과 같은 취지로 그들에게 교회의 덕을 세워 나가는 일을 해나갈 것을 권한다: "가르치는 일을 잘하는 자는 그 일의 목적이 교회로 하여금 진정으로 교훈을 얻게 하기 위한 것임을 알아야 한다. 따라서 그런 은사를 가진 자는 자신의 가르치는 일을 통해서 교회가 더 많이 배우게 하는 이 한 가지 일에 열심을 내야 한다." 왜냐하면, 가르치는 자는 진리의 말씀으로 교회를 형성해 나가고 세워 나가는 자이기 때문이다.

혹 위로하는 자면 위로하는 일로. 뛰어난 권면의 은사를 가진 자는 효과적으로 권면하는 것을 자신의 목적으로 삼는 것이 마땅하다. 이러한 은사들 간에는 서로 밀접한 연관관계가 있다. 그렇다고 해서 이 은사들이 서로 다르지 않은 것은 아니다. 권면하는 자가 누구를 권면할 때에는 반드시 가르치는 일이 수반되지만, 가르치는 자가 동시에 권면의 은사를 갖고 있는 것은 아니다. 또한, 예언하는 것이나 가르치는 것이나 권면하는 것은 동시에 목회하는 것이다. 따라서 우리는 교회의 질서가 제대로 자리가 잡힐 수 있을 정도로만 하나님이 주신 은사들 간에 존재하는 차이를 보존한다면, 그것으로 충분할 것이다.

구제하는 자는 성실함으로. 앞에 나온 구절들로부터 우리는 바울이 여기에서 우리에게 하나님의 은사들의 합당한 사용에 대하여 가르치고 있다는 것을 분명하게 보았다. 따라서 그가 말하는 '메타디둔토이스'(μεταδιδούντοις, "구제하는 자들")는 자신의 재산으로 다른 사람들을 구제하는 자들을 가리키는 것이 아니라, 교회의 공적인 구제를 담당하는 집사들을 가리키고, '엘룬토이스'(ἐλούντοις, "긍휼을 베푸는 자들")는 옛 교회의 관습을 따라 병자들을 돌보는 일을 담당하도록 세움을 입은 과부들이나 그 밖의 다른 일꾼들을 가리킨다. 즉, 가난한 자들에게 필요한 것들을 공급해 주는 일을 담당하는 직분과 그들의 상태를 살피고 돌보아 주는 직분이 각기 따로 있었다는 말이다. 바울은 전자의 직분을 맡은 자들에게 "성실함"을 당부한다. 그들은 속이는 것이나 사람에 따라 차별하는 것이 없이 자기에게 맡겨진 것을 성실하게 수행하여야 한다는 것이다. 또한, 그는 후자의 직분을 맡은 자들에게는 흔히 그렇듯이 그런 일을 퉁명스럽거나 짜증을 내며 함으로써 기껏 좋은 일을 해놓고도 일을 망치지 않도록 하기 위하여 "즐거움으로" 하라고 당부한다. 왜냐하면, 병자들이나 그 밖의 다른 원인으로 고통 중에 있는 자들에게는 사람들이 즐거운 마음으로 기꺼이 자기를 돕는 것을 볼 때에 가장 큰 위로를 얻게 되는 반면에, 자기를 도와주는 사람들의 얼굴에서 짜증을 내거나 마지 못해 하는 듯한 기색을 볼 때에는 멸시당하는 듯한 느낌을 받기 때문이다.

바울이 교회를 다스리는 일이 맡겨진 자들을 '프로이스타메누스'(προϊστάμενους, "다스리는 자들")라고 부른 것은 합당하다. 그들은 교회의 다른 지체들을 주관하고 다스리며 치리를 행하였던 장로들이었다. 하지만 그가 이런 사람들에 대하여 말하고 있는 것은 온갖 부류의 다스리는 자들에게도 그대로 적용될 수 있다. 왜냐하면, 모든 사람의 안전을 책임진 자들에게는 세심하게 살피는 것이 요구되고, 공동체 전체의 안녕을 밤낮으로 지키는 직분을 맡은 자들에게는 대단한 "부지런함"이 요구되기 때문이다. 하지만 당시에는 믿음이 있는 경건한 고관들이 없었다는 상황을 고려할 때, 바울이 여기에서 모든 부류의 다스리는 자가 아니라, 믿는 자들의 행실을 감독하고 바로잡는 일을 담당했던 장로들에 대하여 말하고 있다는 것은 분명하다.

⁹사랑에는 거짓이 없나니 악을 미워하고 선에 속하라 ¹⁰형제를 사랑하여 서로 우애하고 존경하기를 서로 먼저 하며 ¹¹부지런하여 게으르지 말고 열심을 품고 주를 섬기라 ¹²소망 중에 즐거워하며 환난 중에 참으며 기도에 항상 힘쓰며 ¹³성도들의 쓸 것을 공급하며 손 대접하기를 힘쓰라(12:9-13).

9. 사랑에는 거짓이 없나니 악을 미워하고 선에 속하라. 바울이 이제 구체적인 본분들에 대하여 말하기 시작할 때에 "온전하게 매는 띠"(골 3:14)인 "사랑"으로 시작한 것은 합당하다. 그리고 그는 여기에 꼭 필요한 말을 덧붙이는데, 그것은 사랑은 전적으로 진실한 마음에서 생겨나는 것이기 때문에 모든 "거짓"을 버려야 한다는 것이다. 거의 모든 사람들이 실제로는 사랑이 없는데도 마치 사랑이 있는 체하는 데에 얼마나 능숙한지는 말로 다 표현하기 어려울 정도이다. 그들은 실제로는 무시하는 것으로도 모자라서 배척하기까지 하는 사람들을 그들 자신이 진심으로 사랑하고 있다고 믿음으로써 다른 사람들을 속일 뿐만 아니라 그들 자신까지도 속인다. 그런 까닭에, 바울은 여기에서 거짓이 전혀 없는 사랑만이 유일하게 참된 사랑이라고 선언한다. 사람은 누구든지 자신의 마음 깊은 곳에 사랑과 반대되는 어떤 것을 지니고 있는지 그렇지 않은지를 스스로 쉽게 분별할 수 있다. 바로 다음에 나오는 "악"과 "선"은 여기에서 일반적인 의미로 사용되고 있는 것이 아니다. "악"은 사람들에게 해악을 끼치는 악행을 가리키고, "선"은 사람들을 돕는 선행을 가리킨다. 바울이 여기에서 먼저 악덕들을 금한 후에 다음으로 미덕들을 권하고 있는 것은 성경에서 흔히 볼 수 있는 정반대되는 것들을 서로 대비시키는 대구법의 한 예이다.

나는 분사 '아포스튀군테스'(ἀποστυγοῦντες, 한글개역개정에는 "미워하고")에 대해서는 에라스무스나 불가타 역본이 "미워하고"로 옮긴 것을 그대로 따르지 않았다. 왜냐하면, 바울은 "미워하다"라는 의미 이상의 것을 표현하고자 한 것으로 판단되기 때문이다. 그가 대구에서 우리에게 사람들을 선하게 대하라고 명할 뿐만 아니라 거기에 속해서 계속해서 그렇게 하라고 명하고 있는 것으로 보아서, 이 분사가 지닌 의미들 중에서 "떠나다"라는 의미가 대구와 더 잘 어울린다.

10. 형제를 사랑하여 서로 우애하고 존경하기를 서로 먼저 하며. 바울은 우리 형

제들이 서로에 대하여 품는 것이 마땅한 열렬한 사랑을 표현할 수 있는 만족스러운 단어를 찾을 수 없었던 것 같다. 왜냐하면, 그는 이 사랑을 "형제 사랑"이라 부르고, 그 감정을 라틴어에서 혈육들 간에 존재하는 서로에 대한 애정을 뜻하는 '스토르겐'(στοργὴν, "우애")이라 표현하기 때문이다. 이것은 실제로 우리가 하나님의 자녀들에 대하여 지녀야 하는 그런 사랑이다. 우리로 하여금 그렇게 하도록 하기 위하여 바울은 서로에 대한 선의를 보존하는 데에 꼭 필요한 규율 하나를 덧붙이는데, 그것은 각자가 자기 자신보다 형제를 낮게 여기고 형제에게 존귀를 돌리라는 것이다. 왜냐하면, 멸시 받고 있다는 생각보다 더 사람의 마음을 멀어지게 하는 데에 강력한 힘을 발휘하는 독은 없기 때문이다. 하지만 독자들이 "존경하기"를 온갖 호의적이고 친절한 행위를 가리키는 것으로 이해한다고 해도, 나는 크게 반대하지는 않겠지만, 앞의 해석이 더 낫다고 본다. 왜냐하면, 각 사람이 자기 자신을 높이며 오만함으로 다른 사람들을 무시하고 멸시하는 것보다 형제 간의 우애를 해치는 것이 없는 것과 마찬가지로, 각 사람이 자기 자신을 낮추고 다른 사람들을 높이며 존경할 때에 사랑이 가장 잘 촉진되기 때문이다.

11. 부지런하여 게으르지 말고 열심을 품고 주를 섬기라. 바울이 이 교훈을 우리에게 주는 것은 단지 그리스도인의 삶이 적극적이고 활동적인 것이 되어야 하기 때문만이 아니라, 우리는 흔히 우리 자신의 유익을 생각하지 않고 우리의 형제들을 위하여 수고하되, 언제나 선한 자들에게만이 아니라 흔히 지독하게 배은망덕하고 무가치한 자들에게도 그렇게 하는 것이 합당하기 때문이다. 요컨대, 우리는 우리에게 주어진 수많은 본분들을 행할 때에 우리 자신을 돌아보지 않는 것이 마땅하기 때문에, 우리가 분발해서 모든 게으름을 떨쳐 버리려고 부지런히 힘쓰지 않는다면, 그리스도를 섬기며 순종할 준비를 결코 제대로 갖출 수 없다는 것이다.

바울은 "열심을 품고"라는 말을 덧붙임으로써 어떻게 하여야 우리가 부지런하여 게으르지 않을 수 있게 되는지를 보여준다. 즉, 우리의 육신은 나귀 같이 늘 게을러서 박차를 가할 필요가 있다는 것이다. 오직 우리의 영이 활활 타올라야만 우리의 게으름은 고쳐질 수 있다. 그런 까닭에, 선한 일을 행하는 데에 부지런하려면, 하나님의 영이 우리의 마음에 그런 "열심"을 불붙여 주어야만 한다. 여기에서 어떤 사람들은 그런 열심은 성령이 주셔야 하는 것인데도, 왜 바울은 우리에게 이러한 열심을 품으라고 권면하고 있는 것이냐고 반문할 수 있다. 나의 대답은 그런 열심은 하나님의 선물이기는 하지만, 대체로 우리는 우리 자신의 잘못에 의해서 성령을 질식시키거나 소멸시키는 까닭에, 자신의 나태함을 떨쳐 버리고 하나님에 의해 불붙여진 열심을 품는 것은 믿는 자들에게 주어진 본분이기 때문이라는 것이다.

바울이 세 번째로 "때를 섬기라"(한글개역개정에는 "주를 섬기라")고 한 것도 동일한 취지이다. 왜냐하면, 우리의 인생은 짧아서 선을 행할 기회는 금방 지나가는 까닭에, 우리가 우리의 본분을 행하는 데에 더 큰 열심을 내는 것이 합당하기 때문이다. 그래서 바울은 다른 곳에서 "세월을 아끼라 때가 악하니라"(엡 5:16)고 우리에게 명한다. 또한, 이 구절은 우리가 때를 잘 보고 기회를 잘 이용할 줄 알아야 한다는 의미일 수도 있다. 때와 기회를 잘 이용하는 것은 아주 중요한 일이기 때문이다. 그러나 나는 바울이 게으른 것과 때를 아끼는 것을 정반대의 것을 나타내는 하나의 대구로 표현하고 있는 것이라고 생각한다. 한편, 많은 옛 사본들에서는 여기에서 "때"로 번역된 단어를 '퀴리오'(χυρίῳ, "주를")로 읽고 있기 때문에, 이 읽기가 얼핏 보면 이 대목에서 이질적인 것으로 보일지라도, 나는 이 읽기를 전적으로 배제하지는 못하겠다. 만약 이 읽기를 채택한다면, 바울은 믿는 자들로 하여금 우리가 형제들을 위하여 마땅히 행하여야 하는 모든 본분들과, 형제들 간의 사랑을 강화시키는 데에 도움이 되는 모든 일들을 더욱 열심을 내어 행하도록 격려하기 위하여 그런 일들이 다 "주를 섬기는" 것, 즉 하나님에 대한 예배가 된다고 말하고 있는 것임을 나는 의심하지 않는다.

12. 소망 중에 즐거워하며 환난 중에 참으며 기도에 항상 힘쓰며. 바울은 앞에 나온 "때를 섬기라"는 구절을 부연설명이라도 하려는 듯이 여기에서 세 가지 권면을 한데 연결시켜서 제시해 놓는다. 왜냐하면, 장래의 삶에 대한 소망 가운데서 기뻐하고 환난들을 인내로써 잘 견뎌내는 자야말로 자신의 인생을 적극적으로 새롭게 해나감에 있어서 자신에게 주어진 때와 기회를 가장 잘 활용하는 자이기 때문이다. 여기에 나오는 세 구절이 서로 연결되어 있는 것으로 보느냐 그렇지 않은 것으로 보느냐는 별로 중요한 문제가 아니기 때문에, 어느 쪽이냐와는 상관 없이, 먼저 바울은 마치 우리의 행복이 이 땅에 있다는 듯이 우리가 현재의 복들에 만족해서 안주하고 우리의 기쁨을 이 땅과 땅에 속한 것들에 두는 것을 금하고, 우리에게 우리 마음을 들어올려서 하늘을 바라보고 거기에서 온전하고 확실한 기쁨을 누리라고 명한다. 우리의 기쁨이 장래의 삶에 대한 소망으로부터 오게 되면, 그 어떤 슬픔이나 괴로움도 이 기쁨을 이길 수 없을 것이기 때문에, 우리는 환난을 넉넉히 참아낼 수 있게 된다. 그런 까닭에, 소망에서 오는 기쁨과 환난 중의 인내, 이 두 가지는 서로

밀접하게 연결되어 있다. 실제로 평안하고 차분한 마음으로 묵묵히 십자가를 질 수 있는 자는 오직 이 세상 밖에서 자신의 행복을 구하는 법을 알아서 소망으로부터 오는 위로를 통해 십자가의 괴로움을 완화시키고 누그러뜨릴 수 있는 자뿐이다.

그러나 이 두 가지는 우리의 능력을 훨씬 벗어나는 것들인 까닭에, 우리는 즉시 기도하지 않으면 안 되고, 여러 환난들로 말미암아 우리의 심령이 지쳐서 심하게 눌리거나 상하지 않게 해주시라고 하나님께 끊임없이 간구하지 않으면 안 된다. 그러나 바울은 우리에게 단지 기도하라고 명하는 것에서 그치지 않고, 기도를 하되 인내심을 가지고 끈질기게 "힘쓸" 것을 명시적으로 요구한다. 왜냐하면, 우리에게는 늘 영적 전쟁이 끊이지 않고, 새로운 싸움들이 날마다 생겨나는 까닭에, 아무리 힘 있는 자라도 늘 새 힘을 얻지 못한다면 그런 싸움을 버텨낼 수 없기 때문이다. 그러므로 우리가 지치지 않기 위한 최선의 해결책은 부지런히 기도하는 것이다.

13. 성도들의 쓸 것을 공급하며 손 대접하기를 힘쓰라. 바울은 사랑의 본분들로 돌아가는데, 그러한 본분들 중에서 첫째가는 것은 아무런 보답도 기대할 수 없는 그런 사람들에게 선을 행하는 것이다. 다른 사람들보다 더 가난과 궁핍에 찌들려 살아가는 자들은 사실 다른 어떤 사람들보다도 더 도움을 필요로 하는 자들인데도 불구하고, 사람들은 그들에게 주는 도움은 헛것이라고 여겨서 돕기는커녕 도리어 더욱 멸시하는 일이 다반사이기 때문에, 하나님께서는 우리에게 특별히 그런 자들을 부탁하시는 것이다. 우리가 다른 어떤 이유가 없이 오직 우리의 선의로 말미암아 궁핍한 형제들을 도울 때에만, 우리는 우리의 사랑이 참되다는 것을 증명할 수 있다. 그리고 "손 대접," 즉 나그네들에게 값없이 후하게 호의를 베푸는 것은 사랑의 본분들 중에서 결코 하찮은 것이 아니다. 왜냐하면, 나그네들은 자신의 혈육이나 친척들로부터 멀리 떠나온 자들이어서 모든 것이 다 부족하고 결핍되어 있기 때문이다. 그런 까닭에, 바울은 이렇게 명시적으로 우리에게 "손 대접하기를 힘쓰라"고 명하는 것이다. 이것으로부터 우리는 사람들로부터 홀대받고 제대로 보살핌을 받지 못하는 자일수록 그런 자의 궁핍에 우리가 더욱더 관심을 가지는 것이 마땅하다는 것을 알게 된다.

또한, 우리는 바울이 성도들에게 꼭 필요한 것들을 공급하라고 명하는 것이 얼마나 적절한 것인지를 주목하여야 한다. 왜냐하면, 이것은 우리가 마치 우리 자신을 돌보는 것처럼 형제들의 궁핍을 돌보는 것이 마땅하다고 말하고 있는 것이기 때문이다. 바울은 우리에게 특히 성도들을 도우라고 명한다. 왜냐하면, 우리의 사랑은 온 인류에게 미쳐야 하지만, 더욱더 긴밀한 유대로 우리와 연합되어 있는 믿음의 권속에 대해서는 특별한 애정으로 보듬고 품는 것이 마땅하기 때문이다.

14너희를 박해하는 자를 축복하라 축복하고 저주하지 말라 15즐거워하는 자들과 함께 즐거워하고 우는 자들과 함께 울라 16서로 마음을 같이하며 높은 데 마음을 두지 말고 도리어 낮은 데 처하며 스스로 지혜 있는 체 하지 말라(12:14-16).

14. 너희를 박해하는 자를 축복하라 축복하고 저주하지 말라. 나는 독자들에게 사도가 여기에 제시하고 있는 교훈들의 정확한 순서에 지나치게 신경을 쓰지 말고, 단지 그가 이 장의 전반부에서 제시한 신앙 원리(principium)로부터 도출되는 짧막한 교훈들, 즉 우리의 거룩한 삶을 만들어가는 데에 적합한 교훈들을 서로 연결관계 없이 우리에게 주고 있는 것으로 만족하여야 한다는 말을 꼭 해두고 싶다.

바울은 잠시 후에 누가 우리에게 해악을 끼친다고 해도 보복하려고 해서는 안 된다는 교훈을 줄 것이지만, 여기에서는 그것보다 한층 더 어려운 것을 요구한다. 즉, 우리는 우리의 원수들을 저주하며 그들에게 재앙이 일어나기를 빌어서는 안 되고, 도리어 그들이 우리를 아무리 괴롭히고 잔인하게 대한다고 할지라도, 그들이 모든 일에서 잘 되기를 원하고 하나님께 그렇게 기도해야 한다는 것이다. 이 교훈은 실천하기가 한층 더 어렵기 때문에, 그럴수록 우리는 더욱더 결연한 마음으로 이 교훈대로 행하려고 애써야 한다. 왜냐하면, 하나님께서 우리에게 순종할 필요 없는 그런 명령을 주실 리가 없고, 자기 백성을 불경건한 자들과 이 세상의 자녀들로부터 구별하셔서 얼마든지 이 명령을 행할 수 있는 그런 성품을 우리에게 주셨는데도, 우리가 그런 성품을 발휘하지 않는다면, 우리에게는 변명의 여지가 전혀 없을 것이기 때문이다.

나는 이 교훈이 사람의 본성을 완전히 거스르는 것이어서 행하기가 매우 어렵다는 것을 인정하지만, 우리가 구하기를 게을리하지만 않는다면 우리에게 반드시 주어질 하나님의 능력을 힘입는데도 행할 수 없을 만큼 그렇게 어려운 교훈은 있을 수 없다. 비록 우리가 이 교훈을 온전히 행할 수 있을 정도로 하나님의 법을 따라 사는 삶에서 진보를 이룬 사람을 거의 발견할 수 없다고 할지라도, 부분적으로나마 이 교훈을 행하고 날마다 이 교훈과 반대되는 내적인 성향에 맞서 싸우지 않는다면, 그런 자는 하나님의 자녀라고 자처하거나 그리스도인이라는 이름을 자랑할 수 없다.

나는 앞에서 이 교훈은 어떤 사람이 다른 사람에 의해서 해악을 입었을 때에 보복하고자 하지 않는 것보다 더 어렵다고 말한 바 있다. 왜냐하면, 그 사람은 자신의 손을 억제해서 보복하고자 하는 마음을 실행에 옮기지는 않는다고 할지라도, 자신의 원수에게 어떤 식으로든 재앙이나 해악이 생기기를 원할 것이기 때문이다. 그리고 한 걸음 더 나아가서, 그 사람이 자신의 마음을 다스려서 자신의 원수가 해를 당하는 것을 원하지 않는다고 하더라도, 자신에게 해악을 끼친 자가 잘 되기를 바라는 사람은 백 명 중에 한 명도 있기 힘들다. 아니, 실제로는 대부분의 사람들은 앞뒤를 생각할 겨를도 없이 자신에게 해악을 끼친 자에게 저주를 퍼붓기 시작할 것이다. 그러나 하나님께서는 자신의 말씀을 통해서 우리의 손을 억제하셔서 보복하지 못하게 하실 뿐만 아니라, 우리의 내면의 증오심도 내려놓게 하시는데, 거기에서 그치지 않으시고 한 걸음 더 나아가 우리에게 부당하게 우리를 괴롭히고 우리를 죽이고자 한 자들이 잘 되기를 바라라고 명하신다.

에라스무스는 동사 '율로게인'(εὐλογεῖν, "축복하다")이 "저주하다"와 반대되는 의미로 사용된 것을 보지 못하였기 때문에 이 단어의 의미를 잘못 파악하였다. 왜냐하면, 바울은 이 두 경우에 있어서 하나님을 우리의 인내에 대한 증인으로 내세워서, 하나님께서는 우리가 기도 속에서 우리의 분노에 재갈을 물리실 뿐만 아니라, 그들을 용서해 달라고 기도하게 하심으로써 멸망을 자초하고 있는 우리의 원수들의 비참한 처지를 우리가 불쌍히 여기고 있음을 보여주는지를 보고 계신다는 것을 말하고자 하는 것이기 때문이다.

15-16. 즐거워하는 자들과 함께 즐거워하고 우는 자들과 함께 울라 서로 마음을 같이하며. 여기에서 바울은 세 번째 구절을 통해서 믿는 자들은 서로를 사랑으로 품고서 다른 한 사람의 처지를 마치 그들 모두의 처지인 듯이 여겨야 한다는 일반적인 진리를 제시하고 있지만, 먼저 그 두 가지 예를 구체적으로 언급하는데, 그것은 "즐거워하는 자들과 함께 즐거워하고 우는 자들과 함께 울라"는 것이다. 왜냐하면, 어떤 형제의 슬픔을 멀리서 쳐다보기만 하거나 그런 것을 무심하게 바라보면서 초연하게 살아가는 것이 아니라 그 형제와 함께 우는 것이 참 사람의 본질이기 때문이다. 그러므로 이 두 구절의 요지는 우리는 가능한 한 서로의 처지에 공감하고 동정하며 살아가야 하는 까닭에, 우리의 처지가 어떠하든지 간에 각 사람은 환난 중에 슬퍼하는 형제와 함께 슬퍼하고 형통함 가운데서 기뻐하는 형제와 함께 기뻐하는 것이 마땅하다는 것이다. 어떤 형제의 행복을 기뻐하지 않는 것은 시기하는 것

이고, 어떤 형제의 불행에 대하여 슬퍼하지 않는 것은 비인간적인 것이라는 것은 의심의 여지가 없다. 그러므로 우리 가운데는 서로의 처지에 대하여 공감하고 동정하는 것이 있어서 함께 울고 웃을 수 있어야 한다.

높은 데 마음을 두지 말고 도리어 낮은 데 처하며 스스로 지혜 있는 체 하지 말라. 사도가 사용하고 있는 헬라어 단어들은 정반대되는 것들을 서로 대비시키는 대구법이 여기에서 사용되고 있다는 것을 좀 더 뚜렷하게 보여준다: "높은 것들에 마음을 두지 말고 낮은 것들을 따라 가라." 이 말을 통해서 그가 말하고자 하는 것은 야심을 가지고서 뭔가 대단한 것들을 이루어서 다른 사람들보다 뛰어나려고 하거나 우월감을 갖는 것이 아니라, 반대로 스스로 낮아져서 온유하게 행하는 것이 그리스도인다운 것이라는 것이다. 왜냐하면, 우리는 교만함이나 형제들을 멸시하는 것을 통해서가 아니라 겸손과 온유를 통해서 하나님 앞에서 큰 자가 되는 것이기 때문이다. 바울이 바로 앞에 나온 교훈들에 이 교훈을 더한 것은 적절하다. 왜냐하면, 우리가 우리 자신을 높이고 더 높은 것을 열망하여 더 높은 지위로 올라가려고 할 때에 바울이 앞에서 말한 저 하나 됨은 깨질 수밖에 없기 때문이다. 나는 정반대되는 것들을 대비시키는 대구에 어울리기 위해서는 "낮은"이라는 단어는 중성으로 보아야 한다고 생각한다.

그러므로 여기에서는 큰 일을 한다는 미명 속에 감춰진 온갖 야망(ambitio)과 높아진 마음(animi elatio)을 정죄한다. 왜냐하면, 믿는 자들의 일차적인 덕목은 겸손(moderatio), 곧 마음을 낮게 가져서, 존귀를 다른 사람들로부터 빼앗아오는 것이 아니라 도리어 늘 다른 사람들에게 돌리는 것이기 때문이다.

바울이 여기에 덧붙이고 있는 구절도 앞 구절과 밀접하게 연결되어 있다. 왜냐하면, 우리 자신이 지혜롭다고 생각한다면, 우리의 마음은 한없이 높아질 수밖에 없기 때문이다. 따라서 바울은 우리가 "스스로 지혜 있는 체 하지 말고," 다른 사람들의 말을 귀담아 들으며 그들의 생각을 존중하기를 바란다. 에라스무스는 '프로니무스'($\phi\rho o\nu\acute{\iota}\mu o\upsilon\varsigma$, "지혜 있는")를 "교만한"으로 옮겼지만, 그런 번역은 억지스럽고 무미건조하다. 왜냐하면, 바울이 여기에서 아무런 의미도 없이 동일한 단어를 반복적으로 사용하고 있는 것이 아니기 때문이다. 교만을 치유하는 가장 적절한 치료법은 스스로를 지나치게 지혜롭다고 여기지 않는 것이다.

¹⁷아무에게도 악을 악으로 갚지 말고 모든 사람 앞에서 선한 일을 도모하라 ¹⁸할 수

있거든 너희로서는 모든 사람과 더불어 화목하라 ¹⁹내 사랑하는 자들아 너희가 친히 원수를 갚지 말고 하나님의 진노하심에 맡기라 기록되었으되 원수 갚는 것이 내게 있으니 내가 갚으리라고 주께서 말씀하시니라(12:17-19).

17. 아무에게도 악을 악으로 갚지 말고. 이 교훈은 조금 후에 나오는 교훈과 별로 다르지 않기는 하지만, "원수를 갚는" 것이 여기에서 말하는 "악으로 갚는" 것보다 더 강도가 센 것이라고 할 수 있다. 왜냐하면, 우리가 종종 우리를 선대하지 않는 자들을 불친절하게 대할 때, 그것은 우리가 입은 해악에 대하여 원수를 갚는 것은 아니라고 할지라도, "악을 악으로 갚는" 것이 되기 때문이다. 일반적으로 우리는 각 사람이 우리에게 어떤 유익을 가져다주었거나 앞으로 가져다줄 수 있는지, 또는 그가 우리에게서 어떤 대우를 받아 마땅한지를 은연중에 평가한 후에, 우리가 이미 신세를 졌거나 앞으로 뭔가를 기대할 수 있는 사람들에게는 잘해주고, 우리가 도움이 필요할 때에 도와주기를 거절했거나 미흡하게 도와준 사람들에게는 그들이 도움을 필요로 하게 되었을 때에 그들을 도와주지 않거나 조금 도와줌으로써 그들이 우리에게 했던 그대로 되갚아주는 것이 보통이다. 또한, 이런 것 외에도 "원수를 갚는" 것이라고 할 수는 없지만, "악을 악으로 갚는" 것이라고 할 수 있는 경우들이 있다.

모든 사람 앞에서 선한 일을 도모하라. "모든 사람 앞에서 미리미리 선한 일을 준비하라"고 옮긴 에라스무스의 번역이 틀린 것은 아니지만, 나는 이 구절은 문자 그대로 옮기는 것이 더 낫다고 본다. 모든 사람은 자신의 이익을 챙기고 손해 보지 않기 위해서 필요 이상으로 신경을 쓰기 때문에, 바울은 우리가 무엇에 신경을 써야 하는지를 보여주고자 한 것으로 보인다. 그가 말하고자 하는 것은 우리는 우리의 정직하고 올바른 처신으로 말미암아 모든 사람이 덕 세움을 입도록 늘 신경을 써야 한다는 것이다. 우리가 하나님 앞에서 순전한 양심을 지녀야 하는 것과 마찬가지로, 사람들 가운데서 우리가 정직하고 올바른 사람이라는 평판을 듣는 데에도 소홀해서는 안 된다는 것이다. 왜냐하면, 하나님께서 우리의 선한 행실로 말미암아 영광을 받으시는 것이 마땅하다면, 사람들이 우리에게서 칭찬할 만한 것이 아무것도 없음을 보게 된다면, 하나님은 그 정도만큼 자신의 영광을 잃게 되는 것이기 때문이다. 그럴 때에 하나님의 영광이 가려질 뿐만 아니라, 하나님 자신이 욕을 먹고 수치를 당하시게 된다. 왜냐하면, 우리가 죄를 범할 때마다 무지한 자들은 그것을 빌미로 복음을 비방하기 때문이다.

하지만 바울이 우리에게 사람들 앞에서 선한 일들을 도모하라고 명하였을 때, 우리는 그가 어떤 목적으로 그런 명령을 한 것인지를 아울러 유의하지 않으면 안 된다. 사람들로 하여금 우리를 존경하고 칭찬하도록 하기 위한 것이 아님은 분명하다. 그리스도께서는 우리의 선한 행실을 오직 하나님께만 보이고 사람들에게는 일체 보이지 말라고 명하심으로써 우리가 사람들로부터 존경받고 칭찬받는 것을 구해서는 안 된다는 것을 분명하게 명하셨다. 따라서 바울이 이렇게 명한 목적은 우리의 모범으로 말미암아 사람들이 그들의 마음을 들어올려서 하나님을 바라보고 하나님께 찬송을 돌리며 의를 추구하고자 하는 마음을 갖게 만들고, 결국에는 우리의 삶으로부터 아름답고 유쾌한 향기를 감지하고서 하나님을 사랑하게 되게 하기 위한 것임이 분명하다. 또한, 우리가 그리스도의 이름으로 말미암아 비방을 받는다고 할지라도, 사람들 앞에서 선한 일을 도모하는 것을 결코 소홀히 해서는 안 된다. 왜냐하면, 그럴 때에만 "우리는 속이는 자 같으나 참되고"(고후 6:8)라는 말씀이 성취될 것이기 때문이다.

18. 할 수 있거든 너희로서는 모든 사람과 더불어 화목하라. 모든 사람들로부터 사랑을 받으며 평안한 삶을 누리는 것은 모든 그리스도인에게 주어지는 것이 아니다. 왜냐하면, 우리가 그렇게 살고자 한다면, 전적으로 올바르고 정직한 삶을 살아야 할 뿐만 아니라, 어떤 사람과도 잘 어울리는 좋은 성품을 타고나서, 의롭고 선한 자들만이 아니라 불경건한 자들의 마음도 얻을 수 있어야 하기 때문이다.

우리는 이것과 관련해서 두 가지를 조심하여야 한다. 첫째는, 우리는 그리스도를 위하여 사람들로부터 미움을 사는 것이 불가피할 때가 종종 있는데도 그런 것을 회피하면서까지 사람들의 호의를 얻고자 해서는 안 된다는 것이다. 실제로 어떤 사람들은 마음씨가 좋고 행실이 선량해서 모든 사람으로부터 사랑 받을 수 있는데도 불구하고 복음으로 인하여 그들과 가장 가까운 사람들로부터도 미움을 받는 경우가 있다. 둘째는, 우리는 사람들을 배려하고 생각해 주는 것이 타협으로 변질되어서 사람들과 화목하게 지내기 위해서 그들의 악덕들까지 감싸 주어서는 안 된다는 것이다. 따라서 우리는 늘 모든 사람과 화목할 수 있는 것은 아니기 때문에, 바울은 "할 수 있거든"과 "너희로서는"이라는 두 어구를 덧붙여서 예외가 있을 수 있다는 것을 보여준다. 그러므로 우리는 구체적인 상황 속에서 이 두 가지 예외에 의해서 우리가 어쩔 수 없이 화목을 깨뜨릴 수밖에 없는 경우에 해당되는지의 여부를 경건과 사랑으로 말미암은 본분에 의거해서 판단하여야 한다. 왜냐하면, 우리는 필요한 때마다 담대하게 싸울 준비가 되어 있기만 하다면, 사람들과의 화목을 소중히 여겨서 많은 일들을 참고 잘못들을 용서해주며 엄격한 법을 너그럽게 완화시켜주는 것이 마땅하기 때문이다. 하지만 그리스도의 군사들이 사탄이 임금으로 군림하고 있는 이 세상과 늘 화목하는 것은 불가능하다.

19. 너희가 친히 원수를 갚지 말고 하나님의 진노하심에 맡기라. 앞에서 우리가 이미 말했듯이, 바울이 여기에서 언급하고 있는 악, 곧 "원수를 갚는" 것은 그가 조금 전에 말했던 악, 곧 "악을 악으로 갚는" 것보다 그 정도가 더 심한 것이기는 하지만, 이 둘은 모두 동일한 원천, 즉 우리로 하여금 우리 자신의 잘못에 대해서는 매우 너그럽고 다른 사람들의 잘못에 대해서는 지나치게 가혹하게 만드는 무절제한 자기애(自己愛)와 타고난 교만(superbia)으로부터 생겨난다. 그러므로 사람들이 아주 조금이라도 해악을 입으면, 이 병이 거의 모든 사람 속에서 원수를 갚고자 하는 광적인 열망을 만들어내는 까닭에, 바울은 여기에서 우리가 아무리 큰 해악을 입었다고 할지라도, 스스로 원수를 갚으려고 하지 말고, 원수 갚는 것을 하나님께 맡기라로 명한다. 일단 원수를 갚고자 하는 이 통제할 수 없는 열망에 사로잡히게 된 자들은 쉽게 제어될 수 없기 때문에, 바울은 마치 우리에게 자신의 손을 얹으며 간곡하게 말린다는 듯이 우리를 "내 사랑하는 자들아"라고 부른다.

따라서 바울은 어떤 사람이 우리에게 해악을 끼쳤다고 해도 우리는 그 사람에게 원수를 갚으려 해서는 안 된다고 교훈을 주면서, 아울러 그 이유를 덧붙이는데, 그것은 "하나님의 진노하심"에 맡기는 것이 마땅하기 때문이라는 것이다. "하나님의 진노하심에 맡긴다"는 것은 심판의 권한을 하나님께 맡겨드리는 것이기 때문에, 스스로 원수를 갚고자 하는 자들은 하나님에게서 그의 고유한 권한인 심판권을 빼앗는 것이다. 하나님께서 하셔야 할 일을 찬탈하는 것은 잘못된 일인 까닭에, 우리가 스스로 원수를 갚는 것은 용납될 수 없다. 왜냐하면, 우리가 스스로 원수를 갚는다면, 그것은 오로지 하나님께만 속한 심판권을 우리가 미리 멋대로 행사하는 것이 되기 때문이다. 아울러, 바울은 하나님의 도우심을 인내로써 기다리는 자들은 하나님이 그들의 원한을 풀어 주시는 것을 보게 될 것이지만, 하나님이 하셔야 할 복수를 자기 멋대로 미리 해버리는 자들은 하나님의 도우심을 받을 기회를 잃게 된다는 것을 보여준다.

바울은 여기에서 우리가 우리 자신의 손으로 원수를 갚아서는 안 된다고 명할 뿐만 아니라, 원수를 갚고자 하는 마음을 품어서도 안 된다고 말한다. 그러므로 여기에서 공적인 복수와 사적인 복수를 구별하는 것은 무의미하다. 왜냐하면, 앙심을 품고서 원수를 갚고자 하는 자가 관원에게 도움을 구한다면, 그런 행위는 그가 직접 원수를 갚을 방법을 생각해 내는 것과 마찬가지로 변명의 여지가 없기 때문이다. 아니, 우리가 곧 보게 되겠지만, 심지어 우리가 하나님께 원수를 갚아 주시라고 구한다고 해도, 그것이 늘 하나님의 진노하심에 맡기는 것이 되는 것은 아니다. 왜냐하면, 우리의 간구가 성령으로 말미암은 순전한 열심으로부터가 아니라 우리의 사사로운 감정으로부터 나온 것이라면, 우리는 하나님을 우리의 재판장이 되어 주시라고 청하는 것이 아니라, 우리의 사악한 욕망을 대신 집행해 달라고 구하는 것이 되기 때문이다. 그러므로 우리는 하나님께서 우리를 건지실 적절한 때를 화평한 마음으로 기다리면서, 지금 우리의 대적인 자들이 회개를 통해서 우리의 친구가 되게 해주시기를 기도할 때에만 진정으로 "하나님의 진노하심"에 맡기는 것이 된다.

기록되었으되 원수 갚는 것이 내게 있으니 내가 갚으리라고 주께서 말씀하시니라. 바울은 모세의 노래에 속한 신명기 32:35에서 가져온 증거 본문을 여기에 제시하는데, 거기에서 하나님께서는 자기가 친히 자신의 원수들에 대하여 "보복하실" 것이라고 선언하신다. 하나님의 원수들이란 까닭 없이 하나님의 종들을 압제하는 모든 자들이다. 하나님께서는 "너희를 범하는 자는 나의 눈동자를 범하는 것이라"(슥 2:8)고 말씀하신다. 따라서 우리는 우리를 까닭 없이 압제하는 자들은 결코 징벌을 피하지 못할 것이고, 우리가 참고 견디는 것은 악인들이 우리에게 계속해서 해악을 가할 기회를 주는 것이 아니라, 도리어 우리의 유일한 재판장이자 구원자이신 하나님께 우리를 도우실 기회를 드리는 것이라는 이 위로의 말씀으로 만족하는 것이 마땅하다.

우리는 하나님께 우리의 원수들에게 보복해 주시라고 기도하는 것이 아니라 그들이 회심하여 우리의 친구가 되게 해주시라고 기도하는 것이 마땅하지만, 그런데도 그들이 계속해서 악을 자행한다면, 하나님을 멸시하는 자들에게 일어나는 일이 그들에게도 일어나게 될 것이다. 그러나 바울이 신명기에 나오는 이 증언을 인용한 것은 우리가 해악을 당하자마자 분노해서 우리의 육신의 충동을 따라서 하나님께서 우리가 당한 해악을 보복해 주시는 이가 되어 주시라고 기도하는 것이 옳다는 것을 보여주기 위한 것이 결코 아니다. 도리어, 이 증언을 통해서 그가 가르치고자 하는 것은 첫 번째는, 우리가 하나님의 자리에 앉아서 하나님의 일을 대신하려고 하는 것이 아니라면, 원수를 갚는 것은 우리의 권한에 속한 일이 아니라는 것이고, 두 번째는, 하나님께서 원수를 갚아 주시는 일을 맡고 계시는 것이 헛것이 아니기 때문에 우리가 참고 견디면 악인들이 더욱 광분하여 우리를 괴롭히게 될 것이라고 염려하지 않아도 된다는 것이다.

[20]네 원수가 주리거든 먹이고 목마르거든 마시게 하라 그리함으로 네가 숯불을 그 머리에 쌓아 놓으리라 [21]악에게 지지 말고 선으로 악을 이기라(12:20-21).

20. 네 원수가 주리거든 먹이고 목마르거든 마시게 하라. 바울은 이제 하나님께서 우리에게 스스로 원수를 갚지 말라고 하시고 악을 악으로 갚지 말라고 하신 교훈들을 우리가 어떻게 실제적으로 실천할 수 있는지를 보여주는데, 그것은 우리가 우리에게 해악을 가한 자들에게 해악으로 되갚아 주려고 하지 않을 뿐만 아니라 도리어 그들에게 선을 행하여야 한다는 것이다. 왜냐하면, 우리가 우리에게 해악을 가한 자들에게서 우리의 호의를 거둔다면, 그것은 일종의 간접적인 복수가 되기 때문이다. 우리는 바울이 먹는 것과 마시는 것을 뜻하는 단어들을 통해서 온갖 호의적인 행위들을 나타내고자 한 것으로 이해해야 한다. 따라서 우리의 원수가 우리의 재물이나 조언이나 수고를 필요로 할 때에 우리는 우리의 힘이 닿는 데까지 돕는 것이 마땅하다. 여기에서 "원수"는 우리가 미움을 품고 있는 자들을 가리키는 것이 아니라, 우리를 미워하는 자들을 가리킨다. 우리가 그들의 육신적인 필요들에 대해서도 도움을 주는 것이 마땅하다면, 그들을 저주함으로써 그들이 구원받는 것을 방해하지 않아야 한다는 것은 두말할 필요도 없다.

그리함으로 네가 숯불을 그 머리에 쌓아 놓으리라. 바울은 우리가 헛되이 수고하고 땀흘리는 것을 원하지 않는다는 것을 알기 때문에, 우리가 우리의 원수들을 호의적인 행위들로 대할 때에 어떤 열매를 거두게 될 것인지를 여기에서 보여준다. 어떤 이들은 "숯불"을 우리가 우리의 호의를 받을 자격이 없는 자에게 호의를 보일 때에 그의 죄책은 두 배가 되어서 그 원수의 머리 위에 임하게 될 멸망을 가리키는 것으로 해석하고, 어떤 이들은 우리가 우리의 원수를 호의로 대할 때에 그 원수는 마음이 녹아져서 우리를 사랑하는 것으로 보답하게 된다는 것을 의미하는 것으로 해석한다. 나는 좀 더 단순하게 보아서, 원수의 마음이 어느 한 쪽으로 기울게 될 것임을 의미하는 것으로 해석하고자 한다. 왜냐하면, 우리의 원수는 우리의 호의로 말미암아 그 마음이 녹아지든지, 아니면 그의 마음이 너무나 완악해서 녹아지지 않는 경우에는 우리의 호의로 인해서 깨어난 양심의 가책을 받아 타들어가는 듯한 괴로움을 느끼게 될 것이기 때문이다.

21. 악에게 지지 말고 선으로 악을 이기라. 바울은 앞에서 한 말을 다시 한 번 확증하기 위해서 이 구절을 여기에 제시하는 것으로 보인다. 즉, 우리는 이 세상에서 사는 동안에 끊임없이 악과 싸우는데, 그런 우리가 스스로 원수를 갚고자 한다면, 그것은 우리가 악에게 졌다는 것을 시인하는 것이 되지만, 반대로 악을 선으로 갚는다면, 바로 그러한 행위를 통해서 우리는 선을 행하고자 하는 우리의 마음이 그 어떤 것에도 흔들림 없이 확고하다는 것을 증명하는 것이 된다는 것이다. 이것은 지극히 영광스러운 승리이다. 왜냐하면, 이 승리는 하나님께서 그들의 힘으로는 도저히 불가능한 그런 인내를 그들에게 주셔서 승리하게 하심으로써 그들로 하여금 이 승리의 열매를 현실 속에서 실제로 체험하게 하신 것이기 때문이다. 반면에, 악으로 악을 이기고자 하는 자는 자신의 원수에게 자기가 당한 것보다 더 큰 해악을 가할 수는 있을지 몰라도, 그것은 스스로 멸망을 자초하는 일이 된다. 왜냐하면, 그는 그렇게 행함으로써 마귀 편에 서서 싸움을 수행한 것이 되기 때문이다.

제13장

¹각 사람은 위에 있는 권세들에게 복종하라 권세는 하나님으로부터 나지 않음이 없나니 모든 권세는 다 하나님께서 정하신 바라 ²그러므로 권세를 거스르는 자는 하나님의 명을 거스름이니 거스르는 자들은 심판을 자취하리라(13:1-2).

1. 각 사람은 위에 있는 권세들에게 복종하라. 바울이 그리스도인의 삶을 정립해 나가는 것과 관련해서 이 주제를 아주 세심하게 다루고 있는 것은 특히 당시의 상황 속에서 그렇게 해야만 했던 절실한 사정이 있었기 때문인 것으로 보인다 ― 물론, 복음을 전파하기 위해서는 어느 시대에나 그러한 필요는 늘 존재하는 것이기는 하지만. 왜냐하면, 그리스도인들 중에는 실제로 모든 세상 권력이 다 폐기되지 않으면 그리스도의 나라가 제대로 설 수 없고, 사람들에게 복종하게 만드는 온갖 멍에를 벗어 버리지 않으면 자신에게 주어진 자유를 누릴 수 없다고 믿는 그런 광신적인 영혼들이 언제나 있기 때문이다. 그런데 다른 누구보다도 유대인들이 그러한 광신적인 신념에 사로잡혀 있었다. 왜냐하면, 구속주가 오기 전에는 크게 융성했던 나라를 이루고 살던 아브라함의 자손들이 구속주가 출현한 이후인 당시에는 계속해서 종살이 하는 삶을 산다는 것은 그들에게 치욕스러운 것으로 보였기 때문이다. 또한, 당시의 통치자들은 모두 다 참된 경건을 싫어하였을 뿐만 아니라, 극도의 증오심을 가지고 종교를 박해하였기 때문에, 유대인만이 아니라 이방인까지도 그들의 통치자들에게서 마음이 떠나 있었는데, 이것도 사람들로 하여금 권세를 부정적으로 바라보게 만든 또 하나의 요인이었다. 그런 까닭에, 천지의 유일하신 주재이신 그리스도에게서 나라를 빼앗고자 애쓰고 있던 통치자들을 합법적인 권세로 인정한다는 것은 이치에 맞지 않는 일처럼 보였다.

이런 이유들 때문에 바울은 더욱더 세심하게 신경을 써서 위정자들의 권세를 확고하게 세우고자 했을 가능성이 크다. 그는 먼저 자신이 다루고자 하는 내용을 짤막하게 요약해서 하나의 일반적인 교훈으로 제시한 후에, 다음으로 그 교훈을 구체적으로 해설하고 증명하는 말들을 덧붙인다.

바울은 통치자들이나 위정자들을 "위에 있는 권세들"이라 부른다. 즉, 그들은 최고의 권세를 지닌 자들이 아니라 다른 사람들보다 더 위에 있는 그런 권세를 지니고 있는 자들이라는 것이다. 따라서 위정자들이 "위에 있는 권세들"이라 불리는 것은 위정자들 서로 간의 관계를 보여주는 것이 아니라, 그들과 신민들의 관계를 보여주는 것이다. 나는 바울이 이러한 표현을 통해서 권세를 지닌 자들이 어떤 권리에 의해서 그러한 권세를 얻은 것인지를 묻기 좋아하는 자들의 쓸데없는 호기심을 제거하고자 한 것이라고 생각한다. 하지만 우리는 위정자들이 지금 그 자리에 있다는 사실만으로 그들에게 권세가 있다는 것을 인정하고 그 이상의 것을 묻지 않는 것이 마땅하다. 왜냐하면, 그들은 자신의 힘으로 그 높은 자리에 올라간 것이 아니라, 하나님의 손에 의해서 그 자리에 앉혀지게 된 것이기 때문이다. 또한, 바울은 그 누구도 자신은 복종할 의무가 없다고 주장하지 못하도록 하기 위하여 "각 사람"이라고 말함으로써 그 어떤 예외도 없다는 것을 못박아 둔다.

권세는 하나님으로부터 나지 않음이 없나니 모든 권세는 다 하나님께서 정하신 바라. 우리가 위정자들에게 복종해야 하는 이유는 그들은 하나님에 의해서 세우심 받은 자들이기 때문이다. 위정자들을 세우셔서 세상을 다스리고자 하시는 것이 하나님의 뜻이라면, 위정자들의 권세를 멸시하는 자는 하나님을 대적하여 하나님이 세우신 질서를 무너뜨리고자 하는 자일 수밖에 없다. 왜냐하면, 시민 권력을 세우시는 자이신 하나님의 섭리를 멸시하는 자는 하나님을 상대로 싸움을 벌이는 것이기 때문이다. 또한, 우리는 권세는 하나님으로부터 왔다고 하는 말씀은 전염병이나 기근이나 전쟁 등과 같이 사람들의 죄로 인한 하나님의 징벌들이 하나님으로부터 왔다고 하는 것과는 달리, 하나님께서 세상을 의롭고 합법적으로 다스리도록 하시기 위하여 그들을 세우셨다는 의미로 이해해야 한다. 왜냐하면, 세상을 혼란에 빠뜨리는 폭정이나 불의하거나 잘못된 통치는 하나님이 원래 정하신 통치 방식은 아니지만, 통치권 자체는 하나님이 인류가 잘 되기를 바라셔서 세우신 것이기 때문이다. 따라서 전쟁을 몰아내고 그 밖의 다른 악들에 대한 해결책을 강구하는 것은 합법적인 것이기 때문에, 사도는 우리에게 위정자들의 권세를 인간에게 유익한 것으로 여기고서 자원해서 기쁜 마음으로 존중하고 공경하라고 명하는 것이다. 왜냐하면, 우리는 하나님이 사람들의 죄악으로 인하여 내리시는 징벌들은 하나님이 세우신 것들이라고 말할 수 없지만, 위정자들은 하나님이 합법적인 질서가 유지될 수 있도록 하시기 위하여 의도적으로 세우신 자들이기 때문이다.

2. 그러므로 권세를 거스르는 자는 하나님의 명을 거스름이니 거스르는 자들은 심판을 자취하리라. 하나님을 거역하고도 멸망하지 않는 자는 있을 수 없기 때문에, 바울은 하나님이 세우신 권세와 관련해서 하나님의 섭리를 거스르는 자들은 벌을 받게 될 것이라고 경고한다. 그러므로 우리는 그러한 벌을 자초하지 않도록 조심하지 않으면 안 된다. 우리는 여기에서 말하는 "심판"을 단지 위정자들이 가하는 벌로 이해해서, 바울이 마치 권세를 거스른 자들이 위정자들에 의해 벌을 받는 것은 마땅하다고 말하고자 한 것으로 이해해서는 안 되고, 어떤 식으로든 집행될 하나님의 징벌도 거기에 포함되는 것으로 이해하여야 한다. 왜냐하면, 바울은 여기에서 하나님을 거슬러 다투는 자들의 결국이 어떤 것이 될지를 우리에게 일반적으로 가르치고자 하는 것이기 때문이다.

3다스리는 자들은 선한 일에 대하여 두려움이 되지 않고 악한 일에 대하여 되나니 네가 권세를 두려워하지 아니하려느냐 선을 행하라 그리하면 그에게 칭찬을 받으리라 4그는 하나님의 사역자가 되어 네게 선을 베푸는 자니라 그러나 네가 악을 행하거든 두려워하라 그가 공연히 칼을 가지지 아니하였으니 곧 하나님의 사역자가 되어 악을 행하는 자에게 진노하심을 따라 보응하는 자니라(13:3-4).

3. 다스리는 자들은 선한 일에 대하여 두려움이 되지 않고 악한 일에 대하여 되나니. 바울은 이제 우리에게 통치자들이 어떤 유익이 있는지를 근거로 해서 그들에게 복종하라고 당부한다. 왜냐하면, 이유를 나타내는 '가르'(γὰρ, 한글개역개정에는 번역되지 않음 — 역주)는 앞 절에 걸리는 것이 아니라, 이 절의 상반절에 걸리기 때문이다. 통치자들이 유익한 이유는 하나님께서 선한 자들이 평안하게 살게 하시고 악인들이 제멋대로 날뛰는 것을 억제하시기 위하여 그들을 세우신 것이기 때문이다. 이 두 가지 조치를 통해서 인류의 안전은 보장된다. 만일 악인들이 광분해서 날뛰는 것을 억제해서 선하게 살고자 하는 자들을 그들의 폭력으로부터 보호해 주는 장치가 마련되어 있지 않다면, 모든 것이 혼란으로 빠져들어 세상은 멸망하게 될 것이다. 따라서 통치자들을 세워서 다스리게 하는 것이 인류가 멸망하지 않도록 보호할 수 있는 유일한 해법이기 때문에, 우리가 인류의 공적(公敵)이 되기로 마음 먹은 것이 아니라면, 이 질서를 세심하게 지키는 것이 마땅하다.

바울은 "네가 권세를 두려워하지 아니하려느냐 선을 행하라"는 말씀을 덧붙인다.

이 말씀을 통해서 그는 우리가 선하게 살아간다면 위정자들을 싫어할 이유가 전혀 없다는 것을 말하고자 한다. 아니, 그는 어떤 사람이 이 멍에를 벗어 버리고자 한다면, 그것 자체가 그 사람이 남들에게 해악을 끼칠 일을 궁리하고 있는 악한 양심을 지닌 자라는 것을 스스로 보여주는 암묵적인 증거가 된다고 말하고 있는 것이다. 하지만 바울이 여기에서 위정자들에게 주어진 고유하고 참된 본분이 무엇인지를 말하고 있는 것이기 때문에, 권세를 지닌 자들이 실제로는 이러한 본분에서 아무리 벗어나 있다고 할지라도, 우리는 그런 위정자들에게조차 복종하는 것이 마땅하다. 왜냐하면, 악한 통치자는 그의 통치 아래 있는 신민들의 죄악을 벌하시는 하나님의 채찍인데도 불구하고, 우리가 하나님께서 주시는 이 놀라운 복을 저주로 바꾸어 버린다면, 그것은 전적으로 우리의 잘못이기 때문이다.

그러므로 우리는 하나님이 세우신 선한 제도를 늘 존중하고 공경하는 것이 마땅한데, 우리가 그 선한 제도에 어떤 악이 있든지 그 악을 우리 자신의 잘못으로 돌리기만 한다면, 우리는 쉽게 그렇게 할 수 있게 된다. 그런 까닭에, 바울은 여기에서 하나님께서 위정자들을 세우신 목적을 말하면서, 만일 우리가 우리의 잘못으로 인하여 하나님이 세우신 그 고상하고 복된 제도를 훼방하지만 않는다면, 그 제도의 복된 열매들이 늘 나타나게 될 것임을 가르친다. 아울러, 위정자들이 자신의 권세를 남용해서 선하고 무죄한 자들을 괴롭힌다고 해도, 그들의 폭정 속에서도 의로운 통치가 일정 정도는 유지되기 때문에, 폭정일지라도 인간 사회를 보호하는 데에 도움이 되지 않는 것은 있을 수 없다.

바울은 여기에서 철학자들도 나라를 잘 다스리기 위한 요소들로 꼽은 두 가지, 즉 선한 자들에게 상을 주는 것과 악인들을 벌하는 것을 제시하고 있다. "칭찬"이라는 단어는 히브리어의 어법을 따라 광범위한 의미를 지닌 것으로 해석되어야 한다.

4. 그는 하나님의 사역자가 되어 네게 선을 베푸는 자니라. 이 말씀을 통해서 위정자들은 자신들의 소명이 무엇인지를 배울 수 있다. 즉, 그들은 그들 자신의 이익을 위해서가 아니라 공공의 선을 위하여 다스려야 한다는 것이다. 또한, 그들에게는 무제한으로 권세가 주어진 것이 아니라, 그들의 권세는 신민들의 안녕을 위하여 필요한 정도로 제한되어 있다는 것이다. 요컨대, 그들은 자신의 권세를 행사하는 것과 관련해서 하나님과 사람에게 책임을 져야 한다는 것이다. 왜냐하면, 그들은 하나님의 보내심을 받아서 권세를 행하는 것인 까닭에 하나님에 대하여 책임이 있고, 또한 하나님이 그들에게 맡기신 일은 신민들과 관련이 되어 있는 까닭에 신민

들에게도 책임이 있기 때문이다. 바울은 하나님께서는 그의 인자하심으로 인하여 위정자들을 세우시고 그들에게 칼을 주셔서 사람들을 악인으로부터 보호하게 하시는 것임을 상기시킨다.

그러나 네가 악을 행하거든 두려워하라 그가 공연히 칼을 가지지 아니하였으니 곧 하나님의 사역자가 되어 악을 행하는 자에게 진노하심을 따라 보응하는 자니라. 위정자들에게 맡겨진 또 하나의 소임은 법의 지배를 받고자 하지 않는 악인들이 범죄할 때에 하나님의 심판에 비추어 요구되는 그런 벌을 그들에게 가하여 그들이 제멋대로 날뛰는 것을 강제적으로 억제하는 것이다. 왜냐하면, 바울은 위정자들이 칼로 무장하고 있는 것은 "공연히" 폼만 잡고 있는 것이 아니라 악행하는 자들을 치기 위한 것이라고 분명하게 선언하고 있고, 위정자들을 "진노하심을 따라 보응하는 자"라고 표현한 것은 그들이 하나님의 진노를 집행하는 자들이라는 것을 의미하기 때문이다. 이렇게 그는 위정자가 하나님의 일꾼이라는 것을 하나님이 위정자의 손에 넘겨주신 "칼"을 통해서 증명한다. 이 구절은 위정자가 칼을 가지고 있는 것이 정당함을 밑받침해 주고 있다는 점에서 주목할 만하다. 하나님께서 위정자들을 무장시켜 주심으로써 그들에게 칼을 사용할 권한도 맡기셨다면, 위정자들은 죄 지은 자를 벌하여 죽일 때마다, 그것은 곧 하나님의 심판을 집행하는 것이 되기 때문에, 하나님의 명령에 순종하는 것이 된다. 그러므로 악인들을 죽여서 피를 흘리는 것은 잘못된 것이라고 생각하는 자들은 하나님을 거슬러 다투는 것이다.

⁵그러므로 복종하지 아니할 수 없으니 진노 때문에 할 것이 아니라 양심을 따라 할 것이라 ⁶너희가 조세를 바치는 것도 이로 말미암음이라 그들이 하나님의 일꾼이 되어 바로 이 일에 항상 힘쓰느니라 ⁷모든 자에게 줄 것을 주되 조세를 받을 자에게 조세를 바치고 관세를 받을 자에게 관세를 바치고 두려워할 자를 두려워하며 존경할 자를 존경하라(13:5-7).

5. 그러므로 복종하지 아니할 수 없으니 진노 때문에 할 것이 아니라 양심을 따라 할 것이라. 바울은 서두에서 위정자들에게 복종하라고 명한 것을 여기에서 짤막하게 다시 한 번 반복하면서, 우리는 인간으로서 어쩔 수 없어서 위정자들에게 복종하는 것이 아니라, 그것이 하나님께 순종하는 길이기 때문에 그렇게 하여야 한다는 말을 덧붙인다. 왜냐하면, 여기에서 "진노"는 위정자들이 그들의 권위를 멸시한 것

에 대하여 가하는 징벌을 의미하기 때문이다. 따라서 바울은 이렇게 말한 것과 같다: "우리는 단지 무장한 자들이나 권세자들에게 저항하면 해악을 입을 수밖에 없기 때문에 그들에게 복종하여야 하는 것이 아니라, 그들에게 복종하는 것이 하나님의 말씀에 비추어 우리의 양심이 옳다고 하는 것이기 때문에 자원하여 복종하여야 한다." 그러므로 만일 위정자들이 무장을 하지 않고 있어서 우리가 그들을 멸시하고 도발하더라도 해악을 입지 않을 수 있다고 하더라도, 우리는 그들을 거역했을 때에 벌을 받을 것이 분명한 그런 경우와 마찬가지로 그들에게 복종하는 것이 마땅하다. 왜냐하면, 하나님께서 우리 위에 세우신 위정자에게서 권세를 빼앗을 권한은 사사로운 개인에게 속한 것이 아니기 때문이다. 바울이 지금까지 한 말들은 시민 정부에 관한 것이기 때문에, 사람들의 양심을 지배하고자 하는 자들이 여기에 나오는 말씀들을 근거로 삼아서 그들의 신성모독적인 폭정을 정당화하고자 하는 것은 헛된 일이다.

6. 너희가 조세를 바치는 것도 이로 말미암음이라. 바울은 여기에서 위정자들의 직무와 연관이 있는 "조세"라는 주제를 다룬다. 왜냐하면, 위정자들의 직무가 선한 자들의 안녕을 안전하게 보호해주고 악인들의 악하고 해로운 시도들을 억제하는 것이라면, 그들이 그렇게 하기 위해서는 정치적 권력과 강력한 무력의 도움이 절대적으로 필요하기 때문이다. 그러므로 그러한 꼭 필요한 경비들을 밑받침하기 위하여 "조세"를 바치는 것이 마땅하다. 우리가 조세를 얼마나 바쳐야 하느냐 하는 것은 이 자리에서 논할 주제가 아니고, 위정자들에게 어떤 일들에 얼마 만큼의 돈을 쓰라고 한다든지 결산을 요구한다든지 하는 것은 우리의 권한에 속한 것이 아니지만, 위정자들은 그들이 백성들로부터 받는 것들은 무엇이든지 다 공적 자산이기 때문에 사적인 욕심과 사치를 충족시키는 데에 허비해서는 안 된다는 것을 기억하여야 한다. 왜냐하면, 바울은 우리가 어떤 용도를 위해서 "조세"를 바쳐야 하는 것인지를 여기에서 분명하게 보여주기 때문이다. 즉, 우리가 조세를 바치는 것은 왕들로 하여금 그들의 신민을 보호하는 데 필요한 수단들을 갖추게 하기 위함이라는 것이다.

7. 모든 자에게 줄 것을 주되 조세를 받을 자에게 조세를 바치고 관세를 받을 자에게 관세를 바치고 두려워할 자를 두려워하며 존경할 자를 존경하라. 사도는 여기에서 위정자들에 대한 신민들의 세부적인 의무들을 요약적으로 제시하고자 하는 것으로 보인다: 신민들은 위정자들을 공경하고 존경하는 마음으로 대하여야 하고, 그들의 칙령과 법률과 판단들에 복종하여야 하며, 조세와 관세를 바쳐야 한다. 여

기에서 "두려워한다"는 것은 순종을 의미하고, "조세"와 "관세"는 단지 조세와 관세만을 의미하는 것이 아니라 그 밖의 다른 온갖 세금들까지 포함하는 의미이다.

이 구절은 내가 앞에서 말한 것, 즉 왕들과 통치자들이 어떤 자들이든 우리는 무력 때문에 어쩔 수 없어서가 아니라 그들에게 복종하는 것이 하나님께서 받으실 만한 예배가 되기 때문에 그들에게 복종하는 것이 마땅하다는 것을 확증해 준다. 왜냐하면, 하나님께서는 우리가 위정자들을 두려워할 뿐만 아니라 자원해서 공경하기를 원하시기 때문이다.

8피차 사랑의 빚 외에는 아무에게든지 아무 빚도 지지 말라 남을 사랑하는 자는 율법을 다 이루었느니라 9간음하지 말라, 살인하지 말라, 도둑질하지 말라, 탐내지 말라 한 것과 그 외에 다른 계명이 있을지라도 네 이웃을 네 자신과 같이 사랑하라 하신 그 말씀 가운데 다 들었느니라 10사랑은 이웃에게 악을 행하지 아니하나니 그러므로 사랑은 율법의 완성이니라(13:8-10).

8. 피차 사랑의 빚 외에는 아무에게든지 아무 빚도 지지 말라. 어떤 이들은 이 구절을 바울이 그리스도인들은 하나님으로부터 명령받은 사랑이라는 의무 외에는 그 밖의 어떤 의무도 지고 있지 않다고 주장하는 자들의 반론에 대한 대답이라고 생각해서, 여기에서 반어법이 사용되고 있다고 주장한다. 물론, 나는 이 구절을 반어법적인 것으로 해석해서, 바울은 사랑의 법 외에는 그 어떤 법도 인정할 수 없다고 주장하는 자들의 말에 그들과는 전혀 다른 의미에서 용인하고 있는 것이라고 볼 수 있다는 것을 부정하지 않는다. 하지만 나는 이 구절을 있는 그대로 단순하게 해석하는 것이 더 낫다고 본다. 왜냐하면, 나는 바울이 위정자들의 권세에 관한 앞에서의 교훈이 사랑의 법에 토대를 둔 것임을 보여주어서 아무도 그 교훈을 가볍게 보지 않도록 하기 위하여 이 말을 한 것이라고 생각하기 때문이다. 따라서 바울은 이렇게 말한 것과 같다: "내가 너희에게 위정자들에게 복종하라고 한 것은 사랑의 법에 의해서 요구되는 것을 따라 모든 믿는 자들이 마땅히 해야 할 일을 요구한 것일 뿐이다. 왜냐하면, 너희가 선하게 살고자 하는 자들이 잘 살아가기를 원하고 그들이 비인간적으로 살아가기를 원하지 않는다면, 위정자들로 말미암아 모든 사람이 평화롭게 살아갈 수 있는 까닭에, 너희는 법과 법을 집행하는 자들의 권위가 제대로 서서 그들에게 백성들이 복종하도록 애쓰는 것이 마땅하기 때문이다." 그러므로 무정

부상태를 야기시키는 자들은 사랑을 짓밟는 것이다. 왜냐하면, 무정부상태가 가져다주는 것은 온통 혼란과 혼돈뿐이기 때문이다.

남을 사랑하는 자는 율법을 다 이루었느니라. 여기에서 바울의 의도는 율법의 모든 계명들을 사랑의 법으로 압축시켜서, 우리로 하여금 사랑의 법을 지키기 위하여 그 어떤 짐을 지는 것도 거부하지 않을 때에 율법의 모든 계명들을 제대로 순종하는 것이 된다는 것을 알게 하기 위한 것이다. 이런 식으로 그는 자신이 앞에서 위정자들에게 복종하라고 명한 것을 여기에서 온전히 다시 한 번 확증한다. 왜냐하면, 위정자들에게 복종하는 것은 대단한 사랑의 행위이기 때문이다.

어떤 이들은 이 구절 속에서 난관에 부딪쳐서 헤어나오지 못할 수도 있는데, 그 난관이라는 것은 바울은 여기에서 결코 빼먹어서는 안 되는 것, 곧 하나님을 섬기는 것과 관련해서 우리가 어떻게 해야 마땅한지에 대해서는 일언반구도 없이, 단지 우리가 이웃을 사랑할 때에 율법이 다 이루어진다고 가르치고 있다는 것이다. 그러나 "율법을 다 이루었느니라"고 할 때에 바울은 율법 전체가 아니라, 단지 율법이 우리의 이웃과 관련해서 우리에게 요구하는 것들만을 염두에 두고 있는 것이다. 물론, 우리가 이웃을 사랑할 때에 율법이 다 이루어진다는 것은 의심할 여지 없이 옳다. 왜냐하면, 우리는 하나님을 진정으로 사랑하지 않는다면 결코 사람도 진정으로 사랑할 수 없기 때문이다. 즉, 참된 이웃 사랑은 우리가 하나님을 진정으로 사랑하고 있다는 증거이자 열매이다. 그러나 바울은 여기에서 다루고 있는 문제가 십계명의 두 번째 돌판에 나오는 계명들과 관련되어 있기 때문에 오직 그 계명들만을 다루고 있다. 그는 이렇게 말한 것과 같다: "자기 이웃을 자신과 같이 사랑하는 자는 온 세상에 대한 자신의 본분을 다하는 것이다." 그러므로 이 구절 속에서 행위로 말미암아 의롭게 될 수 있다는 가르침을 이끌어 낼 수 있다는 궤변론자들의 주장은 허망한 것이다. 왜냐하면, 바울은 사람이 무엇을 할 수 있고 무엇을 할 수 없는지를 말하고자 하는 것이 아니라, 율법을 다 이루었다고 할 수 있는 그런 사랑을 우리가 그 어디에서도 찾아볼 수 없지만 그런 사랑을 가정해서 말하고 있는 것이기 때문이다. 우리가 사람이 행위로 말미암아 의롭다 하심을 얻지 못한다고 말한다고 해서, 그것이 율법을 온전히 지키는 것이 의라는 것을 부인하는 것은 아니다. 하지만 사람은 율법을 온전히 지킬 수 없기 때문에, 우리는 모든 사람은 율법의 의를 통해서는 의롭다 하심을 얻을 수 없는 까닭에, 그리스도의 은혜만이 모든 사람의 유일한 피난처라고 말한다.

9. **간음하지 말라, 살인하지 말라, 도둑질하지 말라, 탐내지 말라 한 것과 그 외에 다른 계명이 있을지라도 네 이웃을 네 자신과 같이 사랑하라 하신 그 말씀 가운데 다 들었느니라.** 바울은 "그 외에 다른 계명이 있을지라도"라는 말을 끝에 덧붙이고 있기 때문에, 우리는 이 구절로부터는 십계명의 두 번째 돌판에 어떤 계명들이 들어 있는지를 추론해 낼 수 없다. 사실 그는 부모를 공경하라는 계명을 생략하고 있는데, 이 계명은 그가 여기에서 다루고 있는 주제와 특히 밀접한 관계가 있는 계명이었다는 점을 생각하면 이것은 이상하게 보일 수 있다. 그러나 사도는 자신의 논증이 모호해지는 것을 피하기 위하여 이 계명을 생략하고 넘어간 것일 수도 있지 않겠는가? 물론, 나는 그런 것이라고 단정적으로 말하는 것이 조심스럽기는 하다. 하지만 나는 바울이 자신이 증명하고자 했던 것, 즉 하나님께서는 자신의 모든 계명들을 통해서 우리에게 사랑의 도리를 가르치시고자 하신 것이라면 우리는 온갖 방식으로 그 도리를 행하는 것이 마땅하다는 것을 네 가지 계명을 열거함으로써 이미 충분히 증명했음을 본다. 시비를 걸고 싶어하는 독자가 아니라면, 바울이 이런 구절들을 통해서 증명하고자 한 것이 율법 전체의 목적이 우리로 하여금 서로 사랑하도록 하기 위한 것임을 누구나 다 쉽게 인정할 것이다. 따라서 우리는 여기에서 바울은 위정자들에게 복종하는 것은 화평을 촉진시키고 형제애를 보존하는 데에 아주 중요한 일이라는 것을 침묵을 통해 강하게 말하고 있는 것으로 보아야 한다.

10. **사랑은 이웃에게 악을 행하지 아니하나니 그러므로 사랑은 율법의 완성이니라.** 바울은 "사랑"이라는 단어 속에는 율법의 모든 계명들이 우리에게 가르치고자 하는 모든 것이 들어 있다는 것을 그 결과를 통해서 보여주는데, 그것은 참된 사랑을 지닌 자는 남을 해칠 생각을 절대로 품을 수 없다는 것이다. 율법 전체가 명하고 있는 것이 우리의 이웃에게 그 어떤 해악도 끼치지 말라는 것이 아니면 무엇이겠는가? 하지만 우리는 이것을 현재의 주제와 관련시켜서 이해하지 않으면 안 된다. 즉, 위정자들은 화평과 정의의 수호자들이기 때문에, 각 사람이 자신의 권리를 보장받고 모든 사람이 해악을 당할 걱정 없이 사는 것을 바라는 자는 최선을 다해서 위정자들의 권세를 보호하는 것이 마땅하다는 것이다. 따라서 위정자들의 권세를 거역하고 반대하는 자들은 남에게 해악을 끼치고자 하는 성향을 보이는 것이다. 우리는 바울이 여기에서 또다시 "사랑은 율법의 완성"이라고 한 것을 앞에서와 마찬가지로 율법 중에서 인간 사회와 관련된 부분을 염두에 두고 그렇게 말한 것으로 이해해야 한다. 왜냐하면, 우리가 하나님을 예배하고 섬기는 것을 다루고 있는 십계명의 첫

번째 돌판은 여기에서 전혀 다루어지고 있지 않기 때문이다.

[11]또한 **너희가 이 시기를 알거니와 자다가 깰 때가 벌써 되었으니** 이는 이제 우리의 구원이 처음 믿을 때보다 가까웠음이라 [12]밤이 깊고 낮이 가까웠으니 그러므로 우리가 어둠의 일을 벗고 빛의 갑옷을 입자 [13]낮에와 같이 단정히 행하고 방탕하거나 술 취하지 말며 음란하거나 호색하지 말며 다투거나 시기하지 말고 [14]오직 주 예수 그리스도로 옷 입고 정욕을 위하여 육신의 일을 도모하지 말라(13:11-14).

11. 또한 너희가 이 시기를 알거니와 자다가 깰 때가 벌써 되었으니. 바울은 이제 또다른 권면을 시작한다. 즉, 하늘에 속한 생명의 빛이 동이 트듯이 우리를 비추기 시작하였기 때문에, 우리는 많은 사람들의 눈이 지켜보는 가운데 살아가는 공인들과 같은 삶을 살아가야 한다는 것이다. 공인들은 그들이 잘못을 저지르는 경우에는 그들을 지켜보는 수많은 사람들이 손가락질을 할 것이기 때문에 그 어떤 악하거나 부끄러운 행위도 하지 않도록 조심하는 법이다. 하물며 언제나 하나님과 천사들 앞에서 살아가고 참된 의의 해이신 그리스도에 의해서 그의 얼굴을 보며 살아가도록 초청받은 우리가 온갖 더러움을 피하는 것은 얼마나 더 마땅한 일이겠는가. 따라서 이 구절의 요지는 이런 것이다: "우리는 이제 잠에서 깰 때가 이르렀다는 것을 알기 때문에 밤에 속한 모든 일을 버려야 한다. 또한, 어둠 자체가 걷히기 시작하였기 때문에, 우리는 모든 어둠의 일을 벗어 버리고서 빛의 일들에 착념하고 낮에 살아가는 사람처럼 행하여야 한다." 이 구절에 나오는 나머지 말들은 삽입구로 보아야 한다.

여기에 사용된 단어들은 은유적이기 때문에, 단어들의 의미를 살펴보는 것이 유익할 것이다. 바울은 하나님을 알지 못하는 무지를 "밤"이라 부른다. 왜냐하면, 이렇게 하나님을 모르는 자는 누구든지 밤에 길을 잘못 들어 헤매거나 잠자는 사람과 같기 때문이다. 믿지 않는 자들은 눈멂(caecus)과 우매함(stupidus)이라는 이 두 가지 해악 아래에서 고생하게 된다. 바울은 이 우매함을 조금 후에는 사망을 뜻하는 표상인 "잠"으로 지칭한다. "빛"은 의의 해이신 그리스도께서 우리 위에 떠오르셔서 비쳐 주시는 하나님의 진리의 계시를 의미한다. 바울은 깨어야 한다고 말함으로써 우리가 그리스도께서 우리에게 요구하시는 순종을 행할 수 있도록 무장되고 준비되어야 한다는 것을 보여준다. "어둠의 일"은 부끄럽고 악한 행위들이다. 왜냐하면, 밤은 부끄러움을 모르기 때문이다. "빛의 갑옷"은 낮에 합당한 존귀하고 올바르며 순전한 행위들을 나타낸다. 바울이 행위들이라는 단어가 아니라 "갑옷"이라는 단어를 사용한 것은 우리가 주를 위하여 싸워야 하기 때문이다.

이 구절의 처음에 나오는 '카이 투토'(καὶ τοῦτο, "또한")라는 두 불변화사는 앞 절과 연결되는 독립적인 어구로서 "게다가, 더욱이"라는 의미를 지닌다. 바울은 하나님의 부르심이 있고 징벌의 날이 가까웠다는 사실이 새로운 삶과 새로운 행실을 요구하고 있기 때문에 믿는 자들은 "시기"를 알고 있다고 한 후에, 즉시 보충설명을 하는 말을 덧붙여서, 지금은 "깰 때"라고 말한다. 여기에서 사용된 '카이로스'(καιρὸς)는 '크로노스'(χρόνος)와는 달리 적절한 때나 기회를 의미한다.

이는 이제 우리의 구원이 처음 믿을 때보다 가까웠음이라. 이 구절은 해석자들에 의해서 다양하게 곡해되어 왔다. 많은 해석자들은 마치 바울이 그리스도께서 오시기 전에 유대인들이 믿었다고 말하기라도 한 것처럼 "우리가 처음 믿을 때"가 율법의 때를 가리킨다고 본다. 나는 그러한 견해는 부자연스럽고 억지스럽기 때문에 거부한다. 바울이 여기에서 말한 보편적인 진리를 교회의 극히 일부에만 해당되는 것으로 국한시키는 것은 분명히 불합리할 것이다. 당시 바울의 서신을 받았던 교회들의 전체 회중 가운데서 유대인들은 극소수가 아니었던가? 그러므로 이 구절을 유대인들에게만 적용시키는 것은 합당하지 않다. 게다가, 내 생각으로는 밤과 낮의 대비가 그 점에 있어서 모든 의심을 다 제거해 주고 있다고 본다. 따라서 이 구절은 아주 단순한 의미를 지니는 것으로 보인다: "우리가 믿기 시작한 그때보다 지금은 구원이 우리에게 더 가깝다." "때"는 그들이 믿음을 갖게 된 때를 가리킨다. 왜냐하면, 여기에서 사용된 "더 가깝다"라는 부사는 비한정적인 의미를 지니는 까닭에, 이후에 나오는 내용으로부터 분명히 알 수 있듯이, 이 구절을 방금 앞에서 말한 의미로 해석하는 것이 훨씬 더 적절하기 때문이다.

12. 밤이 깊고 낮이 가까웠으니 그러므로 우리가 어둠의 일을 벗고 빛의 갑옷을 입자. 이 구절은 바울이 방금 말한 그때에 관한 것이다. 믿는 자들은 아직 대낮 같이 밝은 빛 속으로 들어간 것이 아닌 까닭에, 바울이 복음을 통하여 우리에게 비춰진 장래의 삶에 대한 우리의 지식을 동트는 것에 비교한 것은 옳다. 왜냐하면, 여기에서 "낮"은 다른 곳들에서와는 달리 믿음의 빛을 의미하는 것이 아니라(만일 "낮"이 믿음의 빛을 가리키는 것이었다면, 그는 "낮이 가까웠으니"라고 말하지 않고, 낮이 현재 우리에게 임해 있어서 점점 대낮이 되어가고 있다고 말했을 것이다), 우리

가 복음을 통해서 지금 그 시작을 보고 있는 바 저 하늘의 삶의 복된 밝음을 의미하기 때문이다. 바울이 여기에서 말하고자 하는 요지는 이런 것이다: "우리가 동이 터서 낮이 시작되는 것을 보고서 해가 중천에 뜰 때가 멀지 않았다는 것을 알듯이, 마찬가지로 우리는 하나님께서 우리를 부르셨을 때부터 그리스도께서 다시 오실 그 날을 사모하며 기다려야 한다."

바울이 "밤이 깊었다"고 말하는 것은 우리는 생명의 불꽃을 전혀 보지 못하는 불신자들처럼 짙은 어둠에 덮여 있는 것이 아니라, 복음으로 말미암아 부활의 소망을 우리의 눈 앞에 두고서 보고 있기 때문이다. 우리는 믿음의 빛을 의지해서 하늘의 영광의 온전한 밝음이 가깝다는 것을 알고 있기 때문에, 우리가 이 땅에 사는 동안에 혼수상태 속에서 잠자는 것이 아니라 깨어서 제정신으로 살아가는 것이 마땅하다. 그러나 조금 후에 바울이 우리에게 "낮에와 같이" 빛 가운데 행하라고 명할 때에는 여기에서와 동일한 은유를 계속해서 사용하고 있는 것이 아니다. 왜냐하면, 거기에서 그는 그리스도께서 우리 위에 빛을 비추고 계시는 우리의 상태를 "낮"에 비유하는 것이기 때문이다. 바울의 목적은 저번에는 우리의 장래의 삶에 대하여 묵상하라고 하고, 이번에는 하나님을 경외함으로 바라보라고 하는 등 여러 가지 방식으로 우리를 권면하는 것이다.

13. 방탕하거나 술 취하지 말며 음란하거나 호색하지 말며 다투거나 시기하지 말고. 바울은 여기에서 세 가지 종류의 악덕을 언급하면서, 다시 각각의 악덕을 두 가지로 표현한다: 무절제하고 방탕함과 지나치게 사치한 삶, 육체의 정욕 및 그것과 결부된 추잡함, 시기와 다툼. 이러한 것들은 더럽고 추악해서 육신적인 자들조차도 사람들이 보는 앞에서는 행하는 것을 부끄러워하는 그런 것들이기 때문에, 하나님의 빛 가운데서 행하는 우리는 사람들이 보지 않을 때에도 그런 짓들을 아예 하지 않는 것이 마땅하다. 세 번째 악덕과 관련해서는 다툼이 시기보다 먼저 언급되고 있기는 하지만, 바울은 우리에게 다툼과 시기가 동일한 원천에서 나온다는 것을 상기시키고자 하였다는 것은 의심의 여지가 없다. 왜냐하면, 어떤 사람이든 남들보다 우월하고자 다툴 때에 시기가 나오기는 하지만, 이 두 악의 근원은 야심(ambitio)이기 때문이다.

14. 오직 주 예수 그리스도로 옷 입고. 이 은유는 성경에서 사람을 아름답게 장식해 주거나 흉하게 만드는 것과 관련해서 아주 빈번하게 사용된다. 이 둘은 모두 사람이 옷을 입고 있는 것으로 묘사된다. 왜냐하면, 더럽고 찢어진 옷은 사람을 욕되

게 하는 반면에, 깨끗하고 말쑥한 옷은 사람을 고귀하게 만들어 주기 때문이다. 여기에서 "그리스도를 옷 입는다"는 것은 사방으로 그리스도의 영의 능력에 둘러싸여서 모든 거룩한 본분들을 준행할 준비가 되어 있는 것을 의미한다. 왜냐하면, 영혼의 유일하게 참된 장식인 하나님의 형상은 이런 식으로 우리 안에서 새롭게 되기 때문이다. 여기에서 바울은 우리의 부르심의 목적을 염두에 두고 있다. 왜냐하면, 하나님께서 우리를 양자 삼으셔서 자신의 독생자의 몸에 접붙이셔서 연합하게 하시는 목적은 우리가 이전의 삶을 버리고 그리스도 안에서 새 사람이 되게 하시기 위한 것이기 때문이다. 그런 까닭에, 바울은 다른 곳에서 "누구든지 그리스도와 합하기 위하여 세례를 받은 자는 그리스도로 옷 입었느니라"(갈 3:27)고 말한다.

정욕을 위하여 육신의 일을 도모하지 말라. 우리는 육신을 입고 있는 한 "육신의 일"을 완전히 다 버릴 수는 없다. 왜냐하면, 우리의 본향은 하늘에 있지만, 우리는 아직 이 땅에서 순례자로 살아가고 있기 때문이다. 따라서 우리는 육신에 속한 일들을 도모할 수밖에 없지만, 순례길을 가고 있는 우리에게 도움이 되는 한에서만 그렇게 해야 하고, 우리의 본향을 잊어버릴 정도로 육신의 일에 매몰되어서는 안 된다. 심지어 이교도들조차도 자연은 작은 것으로 만족하는 반면에, 사람의 욕심은 만족할 줄 모른다고 말하였다. 그러므로 육신의 소욕들을 만족시키고자 하는 자는 누구든지 아주 깊고 넓은 정욕이라는 심연에 떨어질 뿐만 아니라 거기에 잠겨 있을 수밖에 없게 된다.

바울은 우리의 정욕에 재갈을 물리면서, 무엇이든지 건전하고 적당하게 사용하는 것으로 만족해야 함에도 불구하고 그렇게 하지 않는 데에 모든 방탕함의 원인이 있다는 것을 우리에게 상기시킨다. 그래서 그는 우리의 육신에 꼭 필요한 것들을 공급해 주되 육신의 정욕에 빠져서는 안 된다는 원칙을 제시한다. 그렇게만 한다면, 우리는 이 세상에 매몰되지 않으면서도 이 세상을 유익하게 사용할 수 있게 될 것이다.

제14장

¹믿음이 연약한 자를 너희가 받되 그의 의견을 비판하지 말라 ²어떤 사람은 모든 것을 먹을 만한 믿음이 있고 믿음이 연약한 자는 채소만 먹느니라 ³먹는 자는 먹지 않는 자를 업신여기지 말고 먹지 않는 자는 먹는 자를 비판하지 말라 이는 하나님이 그를 받으셨음이라 ⁴남의 하인을 비판하는 너는 누구냐 그가 서 있는 것이나 넘어지는 것이 자기 주인에게 있으매 그가 세움을 받으리니 이는 그를 세우시는 권능이 주께 있음이라(14:1-4).

1. 믿음이 연약한 자를 너희가 받되. 바울은 이제 교회를 세워나가는 데에 꼭 필요한 교훈으로 넘어가서, 기독교의 가르침에서 큰 진보를 이룬 자들은 그렇지 않은 자들을 받아서 그들의 연약함을 떠받쳐주는 데 자신의 힘을 사용하여야 한다고 권면한다. 왜냐하면, 하나님의 교회에는 다른 사람들보다 더 연약한 자들이 있어서, 그들은 더 큰 인내심으로 세심하게 대하지 않으면 낙심해서 결국에는 신앙에서 떠나게 되기 때문이다. 이런 일이 특히 당시에 실제로 일어났을 가능성이 매우 높다. 왜냐하면, 교회들은 유대인과 이방인으로 이루어져 있던 까닭에, 어떤 이들은 어릴 때부터 모세 율법의 의식들 속에서 자라나서 그들의 몸에 배어 버린 그런 의식들에서 쉽게 벗어나지 못했던 반면에, 그런 것들에 생소했던 이들은 자신에게 익숙하지 않았던 그런 멍에를 거부했을 것이기 때문이다.

사람들 간에 생겨난 견해 차이는 싸움과 다툼으로 번지기가 아주 쉽기 때문에, 사도는 그렇게 견해가 서로 다른 사람들이 어떻게 하면 아무런 불화 없이 함께 살아갈 수 있는지 그 최선의 방법을 제시하는데, 그것은 강한 자들은 연약한 자들을 돕는 데 힘을 쓰고, 더 큰 진보를 이룬 자들은 그렇지 못한 자들을 품고 감당하여야 한다는 것이다. 왜냐하면, 하나님께서 우리를 다른 사람들보다 더 강하게 하시는 것은 우리로 하여금 그 힘으로 연약한 자들을 억누르도록 하시기 위한 것이 아니고, 또한 지나치게 오만해져서 남들을 멸시하는 것은 기독교적 지혜가 결코 아니기 때문이다. 따라서 바울이 기독교의 가르침을 더 잘 알아서 이미 견고히 선 자들에게 말하고자 하는 요지는 하나님에게서 더 많은 은혜를 받은 자들일수록 자신의 이웃들을 도와야 할 더 큰 의무가 있다는 것이다.

그의 의견을 비판하지 말라. 이 구절은 의미가 제대로 통하기 위해서 필요한 단어가 빠져 있는 문법적으로 불완전한 문장이긴 하지만, 바울이 말하고자 하는 것은 연약한 자들이 품고 있는 생각들에 대하여 쓸데없이 이러쿵저러쿵 시비를 걸며 그들을 괴롭히고 힘빠지게 하지 말라는 것임이 분명해 보인다. 여기에서 우리는 바울이 지금 어떤 상황을 상정하고 있는지를 기억하여야 한다. 즉, 교회를 구성하고 있던 많은 유대인들이 여전히 율법의 그림자들에 집착하고 있었는데, 바울은 그들이 그렇게 하는 것은 잘못이라는 것을 인정하면서도, 그런 문제로 그들을 심하게 압박하면 그들의 신앙이 흔들릴 수 있기 때문에, 잠시 그들의 그런 모습을 용인하라고 권면하고 있는 것이다.

바울은 연약한 자들이 아직 충분히 확신하지 못하고 의구심을 갖고 있는 문제들에 대해서 말하고 있지만, 우리는 그 범위를 넓혀서, 연약한 양심들의 덕을 세우는 데에는 아무런 도움도 되지 않으면서 오직 그들의 마음을 불안하고 혼란스럽게 만들 뿐인 온갖 난해하고 골치아픈 문제들도 여기에 포함시키는 것이 적절할 것이다. 그러므로 어떤 사람이 어느 정도의 가르침을 감당할 수 있는지를 잘 생각해서, 각 개인의 수준에 맞춰서 가르침을 베푸는 것이 마땅하다.

2. 어떤 사람은 모든 것을 먹을 만한 믿음이 있고 믿음이 연약한 자는 채소만 먹느니라. 나는 에라스무스가 본문의 여러 읽기들 중에서 어떤 것을 따랐는지 모르지만, 그는 이 구절의 맨앞에 나오는 관계사 '호스'(ὅς)를 "어떤 사람"이라는 부정대명사로 바꾸어 번역하는 잘못을 범함으로써 바울이 문법적으로 완전하게 쓴 이 구절을 불구로 만들어 버렸다. 바울은 부정사를 사용해서 명령문을 만드는 화법을 매우 자주 사용하는 까닭에, 우리가 여기에 나오는 부정사 '파게인'(φαγεῖν, "먹다")도 그런 식으로 번역하는 것은 전혀 어색하거나 억지스러운 것이 아니다. 이렇게 해석할 때, 바울은 양심의 확신 속에 있는 자들을 "믿는 자"라 부르고, 그들에게는 모든 것을 아무런 거리낌 없이 먹으라고 말하면서, "믿음이 연약한 자"는 자신이 합당하지 않다고 생각하는 것들은 먹지 않고 오직 채소만 먹는다고 말하고 있는 것이 된다(칼빈의 번역에 의하면, 이 구절은 "믿는 자는 모든 것을 먹으라 하지만 믿음이 연약한 자는 채소만 먹느니라"가 된다 ― 역주). 불가타 역본을 따르는 경우에는 이 구절의 의미는 이런 것이 될 것이다: "자기가 옳다고 믿는 바를 따라서 모든 것을 자유롭게 먹는 자가

아직 믿음이 연약하고 여린 자들에게 동일한 규범을 따라 행하라고 압박하는 것은 옳지 않다." 그러나 어떤 이들처럼 "믿음이 약한"으로 번역된 단어를 "믿음이 병든"으로 해석하는 것은 터무니없다.

3. 먹는 자는 먹지 않는 자를 업신여기지 말고 먹지 않는 자는 먹는 자를 비판하지 말라 이는 하나님이 그를 받으셨음이라. 바울은 양쪽의 잘못에 지혜롭고 적절하게 대처한다. 믿음이 강한 자들은 하찮은 일들에 얽매여서 전전긍긍하는 연약한 자들을 미신에 빠져 있는 우매한 자들이라고 멸시하고 조롱하였다. 반면에, 믿음이 연약한 자들은 자신들이 이해하지 못하는 일들을 하는 강한 자들을 경솔하게 판단하여 정죄하기 쉬웠다. 왜냐하면, 믿음이 연약한 자들은 자신들의 생각으로는 도저히 이해할 수 없고 받아들일 수 없는 일들을 믿음이 강한 자들이 하는 것을 볼 때에 그 일들이 악하다고 생각하였기 때문이다. 그래서 바울은 믿음이 강한 자들에게는 연약한 자들을 업신여기지 말라고 권면하고, 믿음이 연약한 자들에게는 강한 자들을 곱지 않은 눈으로 바라보며 못마땅해하지 말라고 권면한다. 그런 후에 그가 덧붙이고 있는 이유는 상반절에 나온 두 구절 모두에 걸리는데, 그는 이렇게 말한다: "어떤 사람이 하나님을 아는 지식의 빛을 지니고 있다면, 그것은 하나님이 그 사람을 받으셨음을 보여주는 충분한 증거가 된다. 그런데도 네가 그 사람을 멸시하거나 정죄한다면, 그것은 하나님이 받으신 자를 배척하는 것이다."

4. 남의 하인을 비판하는 너는 누구냐. "네가 사람들 가운데서 무례하게, 아니 주제넘게 행한다면, 그것은 남의 하인을 네가 다스리려고 하는 것이고, 남의 하인의 모든 행위를 네 자신의 판단기준에 따라 재단하고 압박하고자 하는 것이다. 네가 하나님의 하인이 행하는 어떤 것이 자기 마음에 들지 않는다고 해서 그를 정죄한다면, 그것은 너무나 주제넘고 건방진 태도이다. 왜냐하면, 하나님의 하인에게 이래라 저래라 명령할 권한이 너에게 없고, 그 하인이 네 법을 따라 살 이유도 없기 때문이다."

바울은 우리에게는 사람 자체와 그 사람의 행위 두 가지 모두에 대하여 판단할 권한이 없다고 말하고 있기는 하지만, 사람을 판단하는 것과 행위를 판단하는 것은 큰 차이가 있다. 왜냐하면, 우리는 그 사람이 누구이든지 간에 사람에 대한 판단은 전적으로 하나님께 맡기는 것이 옳지만, 사람의 행위에 대해서는 우리 자신의 견해가 아니라 하나님의 말씀을 따라 판단하여야 하기 때문이다. 하나님의 말씀에 따른 판단은 인간적인 것도 아니고 이상한 것도 아니다. 그러므로 바울은 여기에서 우리가 도가 지나치게 주제넘은 판단을 하는 것을 막고자 하는 것이다. 우리는 하나님의 말씀을 떠나서 사람들의 행위를 판단하고자 하는 경우에 그런 잘못을 범하게 된다. **그가 서 있는 것이나 넘어지는 것이 자기 주인에게 있으매 그가 세움을 받으리니 이는 그를 세우시는 권능이 주께 있음이라.** 바울은 이렇게 말한 것과 같다: "하나님의 하인이 하는 일을 거절하거나 받으시는 것은 하나님의 고유한 '권능'이기 때문에, 하나님의 하인에 대하여 그러한 권능을 행사하고자 하는 자는 하나님께 불의를 행하는 것이다." 아울러, 바울은 "그가 세움을 받게" 될 것이라는 말을 덧붙인다. 이 말을 통해서 바울은 우리에게 하나님의 하인을 정죄해서는 안 된다고 명할 뿐만 아니라, 하나님께 속해 있는 것이 분명한 자들에 대하여 긍휼히 여기는 마음과 인자한 마음을 가져서 그들이 잘 되기를 늘 소망하라고 권면한다. 왜냐하면, 하나님께서는 어떤 사람 안에서 은혜의 역사를 시작하셨다면 반드시 그 사람을 끝까지 붙들어 주셔서 그 역사를 이루실 것이라는 소망을 우리에게 주셨기 때문이다.

그러나 바울이 하나님의 "권능"에 대하여 언급한 것은 하나님께서 원하시기만 하신다면 그렇게 하실 수 있으시다는 식으로 말한 것이라기보다는, 성경에서 흔히 그러하듯이 하나님의 뜻을 하나님의 "권능"과 연결시키고 있는 것일 뿐이다. 따라서 바울은 여기에서 마치 하나님께서는 한 번 세우신 자들을 끝까지 견고히 서 있게 하실 영속적인 의무가 있다고 말하고 있는 것이 아니라, 단지 우리는 믿음이 연약한 자들에 대하여 선한 소망을 품고서, 우리의 판단을 그런 방향으로 해나가는 것이 마땅하다는 것을 상기시키는 것일 뿐이다. 그는 다른 곳에서도 "너희 안에서 착한 일을 시작하신 이가 그리스도 예수의 날까지 이루실"(빌 1:6) 것이라고 가르친다. 요컨대, 바울은 그 마음속에서 사랑이 살아 움직이는 자들이 어떤 방향으로 판단이 이루어져야 하는지를 보여주고 있는 것이다.

⁵어떤 사람은 이 날을 저 날보다 낫게 여기고 어떤 사람은 모든 날을 같게 여기나니 각각 자기 마음으로 확정할지니라 ⁶날을 중히 여기는 자도 주를 위하여 중히 여기고 먹는 자도 주를 위하여 먹으니 이는 하나님께 감사함이요 먹지 않는 자도 주를 위하여 먹지 아니하며 하나님께 감사하느니라(14:5-6).

5. 어떤 사람은 이 날을 저 날보다 낫게 여기고 어떤 사람은 모든 날을 같게 여기나니 각각 자기 마음으로 확정할지니라. 바울은 앞에서 음식을 선택함에 있어서의

거리낌에 대하여 말한 바 있는데, 이제 여기에서는 "날들"을 바라보는 시각에 있어서의 차이와 관련된 또 하나의 예를 덧붙인다. 이 두 가지는 모두 유대교로부터 생겨난 것들이었다. 하나님께서는 율법 속에서 음식들을 구별하셔서 어떤 것들에 대해서는 부정하다고 선언하시고 그런 것들을 먹는 것을 금하셨고, 또한 절기와 성일들을 정하셔서 그 날들을 지키라고 명하셨기 때문에, 어릴 때부터 율법의 가르침을 받으며 자라난 유대인들은 아주 어릴 때부터 거의 평생 동안 그런 날들을 지키는 것이 몸에 배어 있어서 쉽사리 그런 날들을 무시할 수 없었고, 오랫동안 먹지 않아야 할 음식으로 알고 있던 그런 음식들에 입을 대기도 쉽지 않았다. 이렇게 유대인들이 그런 생각들에 붙들려서 헤어나오지 못하는 것은 분명히 그들의 믿음이 연약함을 보여주는 증거였다. 만일 그들이 그리스도인의 자유에 대한 확실하고 분명한 지식을 지니고 있었다면, 그들은 얼마든지 다르게 생각할 수 있었을 것이다. 그러나 만일 그들이 양심의 명령에 어긋나는 어떤 일을 한다면, 그것은 그들이 주제넘고 교만하여 하나님을 멸시하고 있음을 보여주는 증거가 되는 것과 마찬가지로, 그들이 스스로 합당하지 않다고 여기는 일들을 피한 것은 그들의 경건을 보여주는 증거였다.

그러므로 여기에서 사도는 각 사람은 자신의 마음의 의도가 무엇인지를 확인하라고 명함으로써 최선의 지침을 제공하는데, 이것은 모든 그리스도인은 하나님께 순종하고자 하는 의도로 오직 자신이 하나님께서 기뻐하시는 일이라고 생각하거나 확신하는 일만을 행하도록 주의를 기울여야 한다는 것이다. 우리가 늘 명심해야 하는 것은 올바른 삶의 원칙(recte vivendi principium)은 사람이 오로지 하나님의 뜻만을 따르고, 마음에 뭔가 미심쩍은 것이나 확신할 수 없는 것이 있다면, 한 발자국도 움직이지 않아야 한다는 것이다. 왜냐하면, 우리가 합당하다고 확신하는 것을 뛰어넘어 그 이상으로 나아가게 되면, 그 경솔함은 곧 오만함과 완악함으로 바뀌게 될 것이기 때문이다. 여기에서 어떤 사람이 연약한 자들은 잘못된 생각을 지니고 있어서 언제나 헷갈리고 혼란스러울 것이기 때문에 바울이 요구하는 확신은 연약한 자들에게는 존재할 수 없다는 반론을 제기한다면, 나의 대답은 간단하다. 즉, 그런 사람들은 그들 자신의 한계 내에 머무르기만 한다면 용납될 수 있고 문제가 되지 않는다는 것이다. 왜냐하면, 바울의 의도는 많은 사람들이 합당하지 않은 방종으로 흘러서 자신의 마음에 확신도 없고 의심스러운 일들에 막무가내로 뛰어드는 것을 막고자 하는 것이기 때문이다. 그런 까닭에, 그는 우리에게 우리의 모든 행위에 있어서 하나님의 뜻을 최우선적으로 고려할 것을 요구한다.

6. 날을 중히 여기는 자도 주를 위하여 중히 여기고 먹는 자도 주를 위하여 먹으니 이는 하나님께 감사함이요 먹지 않는 자도 주를 위하여 먹지 아니하며 하나님께 감사하느니라. 바울은 "날을 중히 여기는" 것이 그리스도에 대한 무지에서 나온 것임을 잘 알고 있었기 때문에, 그가 그런 잘못된 생각을 전폭적으로 옹호했을리는 없다. 하지만 그의 말 속에는 날을 중히 여긴 자가 죄를 범한 것은 아니라는 의미가 내포되어 있는 것으로 보인다. 왜냐하면, 선한 것 외에는 그 어떤 것도 하나님께 받아들여질 수 없기 때문이다. 따라서 바울이 이 말을 한 의도를 이해하기 위해서는 어떤 사람이 날들을 지키는 것과 관련해서 품고 있는 생각과 그 사람이 실제로 날들을 지키는 행위를 분리해서 살펴볼 필요가 있다. 날들을 중히 여기는 그런 생각은 미신적인 것이었고, 바울도 이 점을 부인하지 않는다. 왜냐하면, 그는 이미 그런 생각을 "연약한" 것이라고 부르며 단죄했고, 곧 또다시 한층 더 분명하게 단죄할 것이기 때문이다. 하지만 어떤 사람이 그러한 미신에 사로잡혀서 거룩한 날을 범하기를 꺼린다면, 그는 양심이 꺼리는 그 어떤 일도 감히 범하려고 하지 않는 것이기 때문에, 그 사람의 행위는 하나님 앞에서 옳은 것이다. 어떤 유대인이 아직 신앙이 미숙해서 날들에 관한 거리낌으로부터 벗어날 수 없는 처지에 있다면, 그런 상황에서 그는 무엇을 할 수 있겠는가? 그에게는 날들을 지키라고 명하는 하나님의 말씀이 있고, 그 명령은 율법에 의해서 그에게 반드시 행할 의무로 부과되어 있다. 그리고 그는 그 율법이 폐기되었다는 것을 아직 알지 못한다. 그러므로 그는 율법으로부터 자유롭게 된 복을 믿음으로 받아들일 때까지는 그 복을 누릴 수 없기 때문에, 좀 더 온전한 계시를 기다리면서, 자신이 지금 확신을 가지고서 할 수 있는 일들만을 할 수밖에 없다.

부정한 음식들을 먹으려 하지 않는 유대인에 대해서도 동일한 논리가 적용될 수 있다. 만일 그가 마음에 의심이 있는 상태에서 율법에서 금한 음식들에 입을 댄다면, 그는 하나님으로부터 그 어떤 은택도 받지 못하게 될 것이다. 그러므로 그는 자신의 지식의 분량을 따라서 자기에게 허용되었다고 생각되는 것들을 먹는 것이 마땅하고, 그렇게 할 때에 하나님께 감사할 수 있게 된다. 왜냐하면, 그는 하나님께서 은혜로 말미암아 자기를 먹이신다는 것을 확신하지 않고서는 하나님께 감사할 수 없을 것이기 때문이다. 그러므로 우리는 그 사람이 경건한 마음에서 음식들을 까다롭게 가리고 절제하는 것인데도 마치 그것이 하나님께 범죄하는 것이라도 된다는 듯 여겨서 그 사람을 멸시해서는 안 된다. 우리가 이 경우에 하나님께서는 관용을 베푸셔서 그 사람을 너그럽게 봐주신 것이 아니라, 이 연약한 자가 하나님을 생각해서 자신을 절제한 것을 하나님이 옳다고 인정하신 것이라고 말하는 것은 전혀 불합리한 것이 아니다.

그러나 바울이 앞에서 마음의 확신을 따라 행하라고 말하였다는 것을 빌미로 삼아서, 그 누구도 자신의 자의적인 판단을 따라 이런저런 것을 지켜야 한다고 경솔하게 말하는 일이 생기지 않도록 하기 위하여, 우리는 바울이 여기에서 단정적으로 말하는 것이 아니라 권면을 하고 있는 것은 아닌지를 잘 살펴보지 않으면 안 된다. 왜냐하면, 우리가 이 구절을 다음과 같은 의미로 읽을 때에 이 구절이 더 자연스럽게 이해될 것이기 때문이다: "각 사람은 어떤 일을 행할 때에 자기가 어떤 의도로 그 일을 행하는지를 알고 있어야 한다. 왜냐하면, 각 사람은 어떤 음식을 먹든지 피하든지 하나님을 생각해서 그렇게 하는 것이 마땅하고, 각 사람이 과연 그렇게 했는지의 여부에 대해서 하늘의 법정에서 결산을 해야 할 것이기 때문이다." 사람들이 제멋대로 판단하는 것을 억제하고 미신들을 교정하는 데에는 사람들을 하나님의 법정 앞으로 소환하는 것보다 더 좋은 방법이 없다는 것은 의심의 여지가 없다. 그래서 바울은 지혜롭게도 각 사람 앞에 하늘의 재판장을 상기시키고, 그들이 무엇을 하든지 자신이 한 모든 일에 대하여 장차 그 재판장 앞에서 해명해야 할 것임을 보여준다. 바울이 단정적인 형태의 문장을 사용하고 있다는 것은 이러한 해석을 방해하지 않는다. 왜냐하면, 그는 직후에 "우리 중에 누구든지 자기를 위하여 사는 자가 없고 자기를 위하여 죽는 자도 없도다"라는 말을 덧붙이기 때문이다. 즉, 그는 여기에서 사람들이 자신의 확신 속에서 무엇을 할 수 있는지에 대해서 논하고 있는 것이 아니라, 사람들이 무엇을 행해야 하는지를 가르치고 있는 것이다.

또한, 우리는 바울이 우리가 어떤 것을 먹으면서도 하나님께 감사하고 어떤 것을 먹지 않으면서도 하나님께 감사함으로써 먹든지 안 먹든지 모두 다 "주를 위하여" 하는 것이라고 말하고 있는 것도 주목할 필요가 있다. 그러므로 하나님께 감사함이 없다면, 먹어도 부정한 것이고 안 먹어도 부정한 것이 된다. 왜냐하면, 오직 우리가 하나님의 이름을 부를 때, 그 이름이 우리와 우리가 가진 모든 것을 거룩하게 하기 때문이다.

⁷우리 중에 누구든지 자기를 위하여 사는 자가 없고 자기를 위하여 죽는 자도 없도

다 ⁸우리가 살아도 주를 위하여 살고 죽어도 주를 위하여 죽나니 그러므로 사나 죽으나 우리가 주의 것이로다 ⁹이를 위하여 그리스도께서 죽었다가 다시 살아나셨으니 곧 죽은 자와 산 자의 주가 되려 하심이라(14:7-9).

7. 우리 중에 누구든지 자기를 위하여 사는 자가 없고 자기를 위하여 죽는 자도 없도다. 바울은 이제 일반적인 것을 근거로 삼아서 구체적인 부분을 논증해 나가는 방식을 통해서 자신이 앞 절에서 한 말을 확증한다. 즉, 우리가 우리의 삶 전체를 하나님의 영광을 위하여 드리는 것이 마땅한 일이기 때문에, 우리의 삶의 개별적인 행위들에서 하나님의 뜻을 따라야 한다는 것은 전혀 이상한 일이 아니라는 것이다. 왜냐하면, 그리스도인의 삶은 하나님의 뜻을 목적으로 삼을 때에만 올바르게 될 수 있기 때문이다. 그리고 우리가 행하는 모든 것이 하나님의 선하시고 기뻐하시는 뜻을 따라 이루어져야 하는 것이라면, 하나님이 기뻐하지 않으실 것이라고 생각되거나 하나님을 기쁘시게 하는 일인지를 확신하지 못한 채 어떤 일을 하는 것은 불경건한 행위일 수밖에 없다.

8. 우리가 살아도 주를 위하여 살고 죽어도 주를 위하여 죽나니 그러므로 사나 죽으나 우리가 주의 것이로다. 이것은 바울이 로마서 6:11에서 우리가 성령으로 말미암아 하나님에 대하여 살아 있다고 말한 것과 동일한 의미가 아니라, 우리는 하나님의 뜻과 하나님이 기뻐하시는 것을 따라 행하여야 하고 모든 일을 하나님의 영광을 위하여 하여야 한다는 의미이다. 우리는 단지 하나님을 위하여 사는 것에서 그치지 않고 하나님을 위하여 죽는다. 즉, 우리의 죽음도 우리의 삶과 마찬가지로 하나님의 뜻을 따라야 한다는 것이다. 바울은 우리가 그렇게 해야 하는 최고의 이유를 덧붙이는데, 그것은 우리가 사나 죽으나 우리는 하나님의 것이기 때문이라는 것이다. 이것으로부터 알 수 있는 것은 하나님께는 우리의 삶과 죽음을 주관하시는 권능이 있으시다는 것이다.

이 가르침의 적용범위는 대단히 넓다. 하나님은 사람들의 삶과 죽음을 주관하시는 권능을 지니고 계시기 때문에, 각 사람은 자신의 삶의 처지와 형편이 어떠하든지 그것을 하나님이 자기에게 메워주신 멍에로 알고 기꺼이 짊어져야 한다. 왜냐하면, 하나님께서 각 사람의 삶을 어떤 형편과 처지에 두시든지, 그것은 의롭고 합당한 일이기 때문이다. 따라서 바울은 여기에서 우리에게 하나님의 명령 없이 경솔하게 이런저런 시도를 해서는 안 된다고 말할 뿐만 아니라, 온갖 환난과 손해를 다 인내하고 감당하여야 한다고 명하고 있는 것이다. 그러므로 어느 때든지 육신이 곤경을 피하고자 한다면, 우리는 하나님의 권세 아래에 있어서 스스로 아무것도 할 수 없는 자가 하나님의 뜻을 따르지 않는다면 그것은 법과 질서를 무너뜨리는 것임을 기억하여야 한다. 또한, 바울은 우리가 살고 죽는 법도 가르치고 있기 때문에, 우리의 삶이 슬픔과 고통 가운데 있는데도 하나님께서는 우리의 그러한 삶을 계속해서 연장시키신다면, 우리는 하나님이 정하신 때가 이르기 전에 이 세상을 떠나려고 해서도 안 된다. 마찬가지로, 하나님께서 우리의 인생의 전성기에서 갑자기 우리를 부르시더라도, 우리는 기꺼이 이 세상을 떠날 준비를 늘 하고 있어야 한다.

9. 이를 위하여 그리스도께서 죽었다가 다시 살아나셨으니 곧 죽은 자와 산 자의 주가 되려 하심이라. 이것은 바울이 앞에서 방금 제시했던 이유에 대한 확증이다. 즉, 그는 앞에서 우리가 하나님을 위하여 살기도 하고 죽기도 해야 한다는 것을 증명하기 위해서, 우리가 살든지 죽든지 우리는 그리스도의 권세 아래 있어서 그런 것이라고 말한 바 있는데, 이제 여기에서는 그리스도께서 지극히 큰 대가를 치르시고서 그러한 권세를 얻으신 것이기 때문에 우리를 주관하실 권세가 그리스도께 있는 것은 지극히 합당한 것임을 보여준다. 왜냐하면, 그리스도께서는 우리의 구원을 위하여 죽음을 겪으심으로써 죽음으로 인해서 없어질 수 없는 우리에 대한 권세를 얻으셨고, 또한 다시 살아나심으로써 우리의 삶 전체를 그의 소유로 받으셨기 때문이다. 그러므로 그리스도의 죽으심과 부활로 말미암아 우리는 사나 죽으나 오직 그리스도의 이름에 영광을 돌리는 것이 합당하게 되었다. "다시 살아나셨다"는 것은 부활로 말미암아 그리스도께서 새로운 상태의 생명을 얻으셨고, 그가 지금 지니고 계시는 생명은 영원토록 변할 수 없기 때문에, 우리에 대한 그의 통치도 영원할 것임을 의미한다.

[10]네가 어찌하여 네 형제를 비판하느냐 어찌하여 네 형제를 업신여기느냐 우리가 다 하나님의 심판대 앞에 서리라 [11]기록되었으되 주께서 이르시되 내가 살았노니 모든 무릎이 내게 꿇을 것이요 모든 혀가 하나님께 자백하리라 하였느니라 [12]이러므로 우리 각 사람이 자기 일을 하나님께 직고하리라 [13]그런즉 우리가 다시는 서로 비판하지 말고 도리어 부딪칠 것이나 거칠 것을 형제 앞에 두지 아니하도록 주의하라 (14:10-13).

10. 네가 어찌하여 네 형제를 비판하느냐 어찌하여 네 형제를 업신여기느냐 우리가 다 하나님의 심판대 앞에 서리라. 바울은 우리의 삶과 죽음이 모두 그리스도의 권세 아래 있다고 말하고 나서, 이제 여기에서는 아버지 하나님께서 그리스도께 하늘과 땅을 다스리는 권세와 더불어서 주신 심판의 권세를 언급한다. 이것으로부터 그는 어떤 사람이 자신의 형제를 판단하고 비판하는 것은 아버지 하나님께서 오직 우리 주 그리스도께만 주신 권세를 빼앗는 것이기 때문에 지극히 주제넘고 오만방자한 일이라는 결론을 이끌어 낸다.

먼저, 바울은 "형제"라는 표현을 사용해서, 사람들의 비판하고자 하는 욕망을 억제시킨다. 왜냐하면, 하나님께서 우리를 형제로 맺어 주셨다면, 우리 간에는 평등함이 지켜져야 하는데, 만일 누가 재판장 역할을 하고자 한다면, 그는 주제넘고 오만하게 행하는 것이 되기 때문이다. 다음으로, 그는 우리를 유일하게 참된 재판장이신 하나님 앞에 불러 세운다. 이 재판장의 권세를 빼앗을 자는 아무도 없고, 그 누구도 그의 심판대 앞에 서는 것을 피할 수 없다. 그러므로 세상에서 법정 앞에 꿇어 엎드려야 할 범죄자가 도리어 재판장의 자리에 앉는 것이 어처구니없는 일인 것과 마찬가지로, 그리스도인이 주제넘게도 자신의 형제의 양심을 판단하고 비판하는 것은 어처구니없는 일이 될 것이다. 야고보도 "형제를 비방하는 자나 형제를 판단하는 자는 곧 율법을 비방하고 율법을 판단하는 것이라 네가 만일 율법을 판단하면 율법의 준행자가 아니요 재판관이로다"(약 4:11)라고 말한 후에, "입법자와 재판관은 오직 한 분이시니 능히 구원하기도 하시며 멸하기도 하시느니라 너는 누구이기에 이웃을 판단하느냐"(약 4:12)고 말함으로써 바울이 여기에서 펼친 것과 비슷한 논리를 제시한다. 바울은 다른 곳에서 우리를 호출할 천사장의 음성을 "나팔 소리"(살전 4:16)라 부름으로써 천사장의 음성이 마치 나팔 소리처럼 모든 사람의 마음과 귀를 깊이 파고들 것임을 보여주듯이, 여기에서는 "심판대"를 그리스도께서 주관하시는 것으로 묘사함으로써 그리스도에게 주어진 심판의 권세를 보여준다.

11. 내가 살았노니 모든 무릎이 내게 꿇을 것이요 모든 혀가 하나님께 자백하리라. 바울이 선지자의 글로부터 이 구절을 인용한 것은 그리스도인들 사이에서 이론의 여지가 없었던 그리스도의 심판에 대하여 자신이 앞에서 말한 것을 증명하고자 한 것이 아니라, 모든 사람이 지극히 겸손하고 순복하는 마음으로 그 심판을 기다려야 한다는 것을 보여주기 위한 것으로 보인다. 이것이 이 구절의 취지이다. 그러므로 바울은 앞에서 먼저 모든 사람을 심판할 권세가 오직 그리스도께 주어져 있

다고 증언한 후에, 이제 여기에서는 선지자의 예언의 말씀을 통해서 모든 육체가 바로 그 심판을 염두에 두고서 낮아져야 한다는 것을 보여준다. 이것이 "모든 무릎이 꿇을 것"이라는 표현의 의미이다. 이사야서에서 이 구절은 하나님께서 당시에는 땅의 후미진 구석에서 극소수의 사람들에게 나타났던 자신의 영광과 위엄이 장차 모든 민족 가운데서 알려지고 모든 곳에서 빛나게 될 것임을 미리 보여주는 일반적인 예언의 말씀이지만, 우리가 이 말씀을 좀 더 세밀하게 살펴보면, 이 예언의 온전한 성취는 지금 이루어지고 있지도 않고, 전에 이루어진 것도 아니며, 이 세상에서는 장래에도 이루어질 가능성이 없다는 것이 분명해진다. 하나님께서는 지금 자신의 복음을 통해서 다스리시는 것 말고는 이 세상의 그 어디에서도 다스리고 계시지 않고, 하나님의 위엄도 복음이 전파되어서 알게 된 사람들 외에는 그 어디에서도 올바르게 공경을 받지 못하고 있다. 도리어, 하나님의 말씀을 완강하게 반대한 원수들과, 마치 하나님의 말씀이 단순한 우화이자 웃음거리밖에 되지 않는다는 듯이 비웃고 조롱하며 멸시하는 자들은 늘 있어 왔다. 오늘날에도 그런 자들이 많고, 앞으로도 그럴 것이다. 이것으로부터 분명한 것은 이 예언의 말씀은 현세에서 이루어지기 시작하긴 했지만 온전히 이루어지지는 않을 것이고, 종말의 부활의 날이 밝아와서 원수들이 무릎을 꿇고 그리스도의 발등상이 될 때에야 온전히 성취되리라는 것이다. 그러나 그리스도께서 심판대에 오르시지 않으신다면, 이런 일은 일어날 수 없다. 따라서 바울이 이 예언의 말씀을 그리스도의 심판대와 결부시켜 인용한 것은 적절한 것이었다.

또한, 이 구절은 그리스도의 영원한 신성에 대한 우리의 믿음을 확증시켜 준다는 점에서도 주목할 만하다. 왜냐하면, 이 구절 속에서 말씀하시는 이는 하나님이신데, 하나님께서는 전에 "나는 여호와이니 이는 내 이름이라 나는 내 영광을 다른 자에게 주지 아니하리라"(사 42:8)고 선언하셨고, 이렇게 오직 자신에게만 일어날 것이라고 선언하신 그 일이 그리스도 안에서 이루어진 까닭에, 하나님이 그리스도 안에서 자기 자신을 나타내신 것이 분명하기 때문이다. 그러므로 그리스도께서 온 세계로부터 자신을 위한 백성을 모으셔서 그들 가운데서 그에 대한 예배를 회복하시고 그의 복음에 순종하게 하셨을 때, 이 예언의 말씀이 참되다는 것이 명백하게 드러났다는 것도 의심의 여지가 없다. 바울이 하나님께서 "하늘에 있는 자들과 땅에 있는 자들과 땅 아래에 있는 자들로 모든 무릎을 예수의 이름에 꿇게"(빌 2:10) 하셨다고 말한 것도 그런 취지이다. 그리스도께서 심판대에 오르셔서 산 자와 죽은 자를 심판하실 그때에, 이것은 한층 더 온전하게 드러날 것이다. 왜냐하면, 아버지 하나님께서는 하늘과 땅의 모든 권세를 그리스도께 주셨기 때문이다.

이사야서에는 이 구절이 "내게 모든 무릎이 꿇겠고 모든 혀가 맹세하리라"(사 45:23)로 되어 있지만, "맹세"는 하나님에 대한 일종의 예배인 까닭에, 바울이 사용한 "자백하리라"는 표현과 그 의미가 다르지 않다. 왜냐하면, 하나님께서는 단지 모든 사람이 자신의 위엄을 인정하게 될 뿐만 아니라 무릎을 꿇는 것으로 표현된 외적인 몸짓과 입을 통해서도 자신에 대한 순종을 고백하게 될 것임을 말씀하고자 하신 것이기 때문이다.

12-13. 이러므로 우리 각 사람이 자기 일을 하나님께 직고하리라. 이 결론은 우리에게 겸손하고 순복하는 마음을 가져야 한다는 것을 일깨워 준다. 이 결론으로부터 바울은 즉시 우리가 서로를 판단하거나 비판해서는 안 된다는 교훈을 이끌어 낸다. 왜냐하면, 우리는 심판을 받아야 할 자들이고 우리 자신이 한 일들을 해명해야 하는 자들인데도 불구하고, 그런 우리가 남을 판단하는 불법을 자행하는 것은 있을 수 없는 일이기 때문이다. "비판하다"로 번역된 '크리노'(κρίνω)는 여러 가지 의미를 지니는데, 바울은 여기에서 이 단어를 두 가지 서로 상반된 의미로 기가 막히게 사용한다. 그는 먼저 우리에게 "비판하지 말라"고 명함으로써 이 단어를 "정죄하다"라는 의미로 사용한 후에, 다음으로는 우리에게 분별력을 잘 발휘해서 형제를 시험에 들게 하거나 실족하게 하지 말라고 명함으로써 이 단어가 지닌 "분별력을 발휘하다"라는 의미를 사용한다. 이렇게 함으로써, 그는 자신의 형제들의 삶 속에서 잘못을 찾아내는 일에 자신의 모든 영리함을 사용하는 저 악의적인 비판자들을 간접적으로 책망한다. 즉, 그는 그런 자들에게 남들이 아니라 자기 자신 속에서 잘못을 찾아내는 데에 그 분별력을 사용하라고 명하고 있는 것이다. 왜냐하면, 그들이 자신의 잘못을 살피는 일을 소홀히 함으로써 형제들의 신앙을 무너뜨리거나 형제들 앞에 이런저런 걸림돌들을 두는 경우가 흔하기 때문이다.

[14]내가 주 예수 안에서 알고 확신하노니 무엇이든지 스스로 속된 것이 없으되 다만 속되게 여기는 그 사람에게는 속되니라 [15]만일 음식으로 말미암아 네 형제가 근심하게 되면 이는 네가 사랑으로 행하지 아니함이라 그리스도께서 대신하여 죽으신 형제를 네 음식으로 망하게 하지 말라 [16]그러므로 너희의 선한 것이 비방을 받지 않게 하라 [17]하나님의 나라는 먹는 것과 마시는 것이 아니요 오직 성령 안에 있는 의와

평강과 희락이라 [18]이로써 그리스도를 섬기는 자는 하나님을 기쁘시게 하며 사람에게도 칭찬을 받느니라(14:14-18).

14. 내가 주 안에서 알고 확신하노니 무엇이든지 스스로 속된 것이 없으되 다만 속되게 여기는 그 사람에게는 속되니라. 바울은 음식들을 구별하지 않을 정도로 그리스도의 복음에서 진보한 자들의 반론을 예상하고서, 먼저 음식 그 자체만을 놓고 볼 때에 우리가 음식에 대해서 어떻게 생각해야 하는지를 보여주고, 다음으로 음식들을 사용함에 있어서 우리가 어떻게 죄를 범하게 되는지에 관한 내용을 덧붙인다. 따라서 그는 올바르고 순전한 양심에는 부정한 음식이라는 것은 존재하지 않고, 모든 음식이 다 정한데도 어떤 음식에 대해서 거리낌을 갖는 것은 단지 무지와 잘못된 인식으로부터 생겨나는 것이라고 분명하게 밝힌다. 왜냐하면, 누가 어떤 음식이 부정하다고 잘못 생각하고 있다면, 그 사람은 그 음식을 먹는 데에 거리낌을 가질 것이기 때문이다. 하지만 그는 우리는 음식 자체만을 생각해서는 안 되고, 우리가 음식을 먹을 때에 형제들도 생각하지 않으면 안 된다는 말을 덧붙인다. 왜냐하면, 우리는 하나님이 주신 것들을 사용할 때에 다른 사람들을 아랑곳하지 않음으로써 사랑(caritas)을 도외시해서는 안 되기 때문이다. 그러므로 그는 이렇게 말한 것과 같다: "나는 모든 음식이 다 정하다는 것을 알기 때문에, 너는 네 양심에 아무런 거리낌도 없이 무슨 음식이든지 먹어도 된다. 요컨대, 나는 네가 어떤 음식 자체를 먹는 것을 피하라고 말하는 것이 아니라, 단지 음식에 대해서는 무엇이든지 먹어도 되지만, 음식을 먹는 것과 관련해서 이웃을 고려하지 않고 무시해서는 안 된다고 말하는 것이다."

바울이 여기에서 말하는 "속되다"는 것은 불경건한 자들이면 누구나 다 사용하는 것이라는 점에서 "부정하다"는 것을 의미하고, 믿는 자들이 사용하도록 특히 구별된 것들과 반대되는 개념이다. 바울이 음식의 정함 및 부정함과 관련된 모든 의구심을 제거하기 위해서 모든 음식이 다 정하다는 것을 자기도 알고 있고 온전히 확신하고 있다고 말하면서 "주 예수 안에서"라는 어구를 덧붙이고 있는 것은 아담 안에서 저주받은 모든 피조물들이 주 예수의 은총과 은혜로 말미암아 우리에게 복된 것이 되었기 때문이기도 하지만, 아울러 혹시라도 사람들이 그리스도로 말미암아 율법의 의식들로부터 자유롭게 되었는데도 불구하고 그런 의식들을 여전히 지켜야 하는 것이 아닌가 생각하지 않도록 하기 위해서 그리스도께서 우리에게 주신 자유와 율법으로 말미암은 종살이를 대비시키고자 하는 의도도 있었다. 우리는 바울이 여기에서 언급한 예외를 통해서 아무리 정한 것이라고 할지라도 부패한 양심에 의해서는 더럽혀지고 부정하게 될 수밖에 없다는 것을 알게 된다. 왜냐하면, 우리에게 모든 것을 거룩하게 하고 정하게 하는 것은 오직 믿음과 경건뿐이기 때문이다. 불신자들은 그 내면이 부정한 까닭에 그들이 만지는 모든 것들마다 다 더럽고 부정하게 된다(딛 1:15, "깨끗한 자들에게는 모든 것이 깨끗하나 더럽고 믿지 아니하는 자들에게는 아무것도 깨끗한 것이 없고 오직 그들의 마음과 양심이 더러운지라").

15-16. 만일 음식으로 말미암아 네 형제가 근심하게 되면 이는 네가 사랑으로 행하지 아니함이라 그리스도께서 대신하여 죽으신 형제를 네 음식으로 망하게 하지 말라 그러므로 너희의 선한 것이 비방을 받지 않게 하라. 바울은 이제 우리가 선한 것으로 말미암아 우리의 형제들을 시험에 들게 했을 때에는 여러 가지 점에서 그 선한 것을 망칠 수 있다는 것을 보여준다. 첫째, 우리가 너무나 하찮은 일로 우리의 형제를 근심하게 하는 것은 사랑을 저버리는 것이다. 왜냐하면, 누군가에게 근심을 안겨주는 행동을 하는 것은 사랑에 어긋나는 것이기 때문이다. 둘째, 우리가 선한 일을 했다고 해도 그 일로 인해 연약한 양심이 상처를 받았다면, 그것은 그리스도께서 그 형제를 위하여 흘린 피를 헛되게 한 것이다. 왜냐하면, 아무리 하찮은 형제도 그리스도의 피로 말미암아 속량함을 받은 것이기 때문이다. 그러므로 배를 만족시키려고 형제를 망하게 하는 것은 극악무도한 범죄이고, 우리가 하찮은 것에 불과한 음식을 그리스도보다 더 소중히 여겨 우리 자신의 욕심을 채우고자 하는 악한 일이다. 셋째, 그리스도께서 자신의 피값으로 사서 우리에게 주신 자유는 선한 것이기 때문에, 우리는 그 선한 것이 사람들로부터 욕을 먹지 않도록 조심하는 것이 마땅한데, 만약 우리가 하나님의 은사들을 남용하거나 악용하는 경우에는 사람들은 그 선한 것을 하찮은 것으로 여기게 된다는 것이다. 따라서 우리는 이러한 것들을 명심해서, 우리에게 주어진 자유를 분별 없이 사용함으로써 형제들을 시험에 들게 하거나 여러 가지 악한 결과들을 초래하지 않도록 조심하여야 한다.

17. 하나님의 나라는 먹는 것과 마시는 것이 아니요. 바울은 이제 한 걸음 더 나아가서 하나님의 나라는 음식 같은 것에 있는 것이 아니기 때문에, 우리가 음식을 먹는 것과 관련된 우리의 자유를 사용하지 않아도 우리에게 아무런 손해가 없다고 가르친다. 하나님의 나라를 세우거나 보존하는 데 꼭 필요한 일들은, 우리가 그 일들을 할 때에 그것이 어떤 형제들에게 걸림돌이 되거나 그들이 시험에 들게 된다고

할지라도, 우리는 그 일들을 결코 소홀히 해서는 안 된다. 그러나 어떤 음식을 먹지 않는 것이 하나님의 영광을 가리는 것도 아니고 그리스도의 나라에 그 어떤 해도 끼치지 않으며 신앙에 방해가 되지도 않는 경우에 사랑을 인하여 그렇게 하는 것이 합당하다면, 우리는 음식 때문에 교회를 어지럽게 만드는 자들을 용인해서는 안 된다. 바울은 고린도전서에서도 여기에서와 비슷한 논증들을 사용한다. 즉, 그는 "음식은 배를 위하여 있고 배는 음식을 위하여 있으나 하나님은 이것 저것을 다 폐하시리라"(6:13)고 말하고, "음식은 우리를 하나님 앞에 내세우지 못하나니 우리가 먹지 않는다고 해서 더 못사는 것도 아니고 먹는다고 해서 더 잘사는 것도 아니니라"(8:8)고 말한다. 이러한 말씀들을 통해서 바울은 "먹는 것과 마시는 것"은 너무나 하찮은 것인데, 그런 것들로 인해서 복음의 진보가 방해를 받아서는 안 된다는 것을 집약적으로 보여주고자 하였다.

오직 성령 안에 있는 의와 평강과 희락이라. 바울이 이러한 것들을 여기에서 조금 열거하면서 앞에서 말한 "먹는 것과 마시는 것"과 대비시키고 있는 것은 그리스도의 나라를 구성하는 모든 것을 나열하기 위한 것이 아니라, 그 나라는 영적인 것들로 이루어져 있다는 것을 보여주기 위한 것이다. 하지만 그가 여기에서 그리스도의 나라가 어떤 것인지를 몇 마디로 요약하고 있다는 것도 의심의 여지가 없다. 즉, 우리 안에 거하시는 성령으로 말미암아 우리가 하나님과 화목한 관계에 있음을 아는 것과 우리의 양심이 참된 기쁨을 누리고 있는 것 속에 "하나님의 나라"가 있다는 것이다. 그러나 내가 앞에서 말했듯이, 바울은 현재의 논증을 염두에 두고서 의도적으로 하나님 나라의 속성들 중에서 특히 이러한 것들을 여기에 언급한 것이었다. 왜냐하면, 참된 의에 참여하게 된 자는 지극히 귀하고 선한 것, 즉 양심의 잔잔한 기쁨(tranquillum conscientiae gaudium)을 누리기 때문이다. 하나님과 화목을 이룬 자가 그 이상 무엇을 더 원하겠는가?

바울은 "평강과 희락"을 연결시켜서, 이 영적인 기쁨의 성격을 표현하고자 한 것으로 보인다. 왜냐하면, 멸망 받을 자들이 무감각하게 되어 아무리 차분해 보이거나 기분이 한껏 고양되어서 즐거워 보인다고 할지라도, 그들의 양심은 자신들이 하나님과 화목하고 화평하게 되었다는 것을 느낄 때까지는 결코 그 속에 기쁨이 있을 수 없기 때문이다. 이 화평 또는 "평강"으로부터 나오는 것만이 참된 기쁨이다. 바울은 "평강과 희락"을 언급할 때에 그 원천이 "성령"이라는 것을 밝힐 필요가 있었던 것은 사실이지만, 아울러 여기에서 성령을 외적인 것들과 대비시킴으로써, 우리로 하여금 음식이 아니어도 우리가 하나님의 나라에 속한 모든 것들을 누릴 수 있다는 것을 알게 하고자 하는 의도도 있었다.

18. 이로써 그리스도를 섬기는 자는 하나님을 기쁘시게 하며 사람에게도 칭찬을 받느니라. 이것은 결과를 근거로 한 논증이다. 즉, 어떤 사람이 하나님을 기쁘시게 하고 사람들의 칭찬을 받는다면, 그것은 하나님의 나라가 그 사람 안에서 활발하고 왕성하게 활동하고 있다는 증거라는 것이다. 잔잔하고 화평한 양심으로 의로움 가운데서 하나님을 섬기는 자는 하나님과 사람으로부터 칭찬을 받게 된다. 그러므로 의와 평강과 영적인 기쁨이 존재하는 곳마다 하나님의 나라가 모든 면에서 온전히 이루어져 있는 것이다. 따라서 하나님의 나라는 물질적인 것들에 있지 않다. 바울은 하나님의 뜻에 순종하는 자가 하나님을 기쁘시게 하는 자라고 말하고, 사람들은 그의 그러한 덕목들을 자신들의 눈으로 직접 보고 인정할 수밖에 없기 때문에 그는 사람들에게도 칭찬을 받게 된다고 증언한다. 이것은 결코 불경건한 자들이 하나님의 자녀들에게 늘 호의적이기 때문이 아니다. 아니, 불경건한 자들은 흔히 까닭 없이 경건한 자들을 욕하고, 여러 가지 중상모략을 만들어내어 무죄한 자들에게 오명을 씌운다. 한 마디로 말해서, 불경건한 자들은 경건한 자들이 올바르게 행한 일들조차도 어떻게든 악의적으로 비방해서 잘못한 일들로 만들어 버린다. 하지만 바울은 여기에서 사람들이 그들 속에 있는 악의와 적대감, 또는 잘못된 생각으로부터 벗어나 있을 때에 갖게 되는 솔직한 평가에 대하여 말하고 있다.

[19]그러므로 우리가 화평의 일과 서로 덕을 세우는 일을 힘쓰나니 [20]음식으로 말미암아 하나님의 사업을 무너지게 하지 말라 만물이 다 깨끗하되 거리낌으로 먹는 사람에게는 악한 것이라 [21]고기도 먹지 아니하고 포도주도 마시지 아니하고 무엇이든지 네 형제로 거리끼게 하는 일을 아니함이 아름다우니라(14:19-21).

19-20. 그러므로 우리가 화평의 일과 서로 덕을 세우는 일을 힘쓰나니 음식으로 말미암아 하나님의 사업을 무너지게 하지 말라. 바울은 여기에서 우리가 단지 음식만을 생각하는 것이 아니라 거기에서 벗어나서 우리의 모든 행위 속에서 가장 우선적으로 고려되어야 하는 더 중요한 것들을 생각하여야 한다는 것을 일깨우고자 애쓴다. 즉, 우리가 먹는 것은 살기 위한 것이고, 우리가 사는 것은 하나님을 섬기기 위한 것인데, 인자함과 너그러움으로 이웃의 덕을 세우는 자가 바로 하나님을 섬기

는 자라는 것이다. 왜냐하면, 서로 사이좋고 화평하게 지내는 것과 덕을 세우는 것이라는 이 두 가지 덕목 속에는 사랑으로 인한 거의 모든 본분들이 다 들어 있기 때문이다. 바울은 사람들이 이것을 별로 중요하지 않다고 생각하지 못하도록 하기 위하여, 자기가 앞에서 선언했던 것, 즉 썩어 없어질 음식은 하나님의 사업을 무너지게 해도 좋을 정도로 그렇게 중요한 것이 아니라는 말을 여기에서 다시 한 번 반복한다. 왜냐하면, 경건의 불씨가 조금이라도 있는 곳에는 하나님의 역사가 있는 것인 까닭에, 아직 연약한 양심을 지닌 형제를 자신의 무분별한 행위로 말미암아 망하게 하는 자들은 하나님의 역사를 무너지게 하는 것이기 때문이다.

하지만 우리는 어떤 이들은 서로를 지나치게 너그럽게 관용하고 받아줌으로써 많은 해악을 끼치는 일이 종종 있는 까닭에, 서로를 섬길 때에 분별력을 발휘해서 구원을 더욱 촉진시키는 데에 유익하고 도움이 되는 것들을 형제들에게 해주려고 애쓰는 것이 마땅하기 때문에, 바울이 "덕을 세우는 일"을 "화평의 일"과 연결시켜서 제시하고 있다는 것을 주목하여야 한다. 그래서 바울은 다른 곳에서도 "모든 것이 가하나 모든 것이 유익한 것은 아니요"라고 말한 후에, "모든 것이 가하나 모든 것이 덕을 세우는 것은 아니기" 때문이라고 그 이유를 덧붙인다(고전 10:23). 또한, 바울이 여기에서 "음식으로 말미암아 하나님의 사업을 무너지게 하지 말라"는 말씀을 다시 한 번 반복하는 것은 결코 쓸데없이 그렇게 하고 있는 것이 아니다. 왜냐하면, 그는 이 말씀을 통해서 자기가 앞에서도 말했던 바와 같이 경건에 있어서의 어떤 손해를 감수할 것을 요구하는 것이 아님을 분명히 하고 있기 때문이다. 우리가 형제들을 생각해서 자신이 좋아하는 어떤 음식을 먹지 않는다고 할지라도, 우리 안에서 하나님의 나라는 온전히 이루어질 수 있다는 것이다.

만물이 다 깨끗하되 거리낌으로 먹는 사람에게는 악한 것이라. 바울은 "만물이 다 깨끗하다"고 일반적인 선언을 한 후에, "형제들을 거리끼게 하면서까지 먹는 것"은 악하다는 말을 덧붙임으로써 예외가 있다는 것을 밝힌다. 이것은 "모든 음식은 다 당연히 선한 것이지만, 사람들을 거리끼게 하는 것은 악한 일"이라고 말한 것과 같다. 우리가 사랑의 본분을 지키기만 한다면, 우리에게 주어진 모든 음식을 다 먹는 것은 합당하다. 하지만 우리가 사랑의 본분을 어기면서까지 음식을 먹는다면, 원래 정했던 음식은 더럽혀지게 된다. 이것으로부터 바울은 우리의 형제들을 거리끼게 할 수 있는 일은 그 어떤 것이라도 하지 않는 것이 선하다는 결론을 도출해 낸다.

바울은 "넘어지게 하다," "거리끼게 하다," "약하게 하다"라는 세 단어를 차례로 언급하는데(KJV와 불가타 역본은 이렇게 되어 있고, 한글개역개정에는 "거리끼게 하다"만 나온다 — 역주), 이것은 "형제들을 넘어지게 하거나 거리끼게 하거나 약하게 할 것들을 하지 말라"는 의미인 것으로 보인다. 약해지는 것은 거리끼게 되는 것보다 약하고, 거리끼게 되는 것은 넘어지는 것보다 약하다. 왜냐하면, 약해진다는 것은 의심으로 말미암아 양심이 흔들리는 것이고, 거리끼게 된다는 것은 좀 더 큰 당혹스러움으로 말미암아 양심이 무너지는 것이며, 넘어진다는 것은 신앙으로부터 멀어지는 것이기 때문이다.

²²네게 있는 믿음을 하나님 앞에서 스스로 가지고 있으라 자기가 옳다 하는 바로 자기를 정죄하지 아니하는 자는 복이 있도다 ²³의심하고 먹는 자는 정죄되었나니 이는 믿음을 따라 하지 아니하였기 때문이라 믿음을 따라 하지 아니하는 것은 다 죄니라(14:22-23).

22. 네게 있는 믿음을 하나님 앞에서 스스로 가지고 있으라. 바울은 자기가 지금까지 해온 말을 마무리하기 위해서 그리스도인의 자유가 지닌 유익함이 어디에 있는지를 제시하면서, 이것을 통해서 자신의 자유를 자랑하면서 그 자유를 절제해서 사용하는 법을 알지 못하는 자는 잘못된 것임을 보여준다. 그러므로 그는 자유를 아는 지식은 믿음으로부터 오는 까닭에 그 자유를 사용함에 있어서도 하나님을 바라보는 것이 합당하기 때문에, 그런 확신을 지닌 자들은 자신의 양심이 하나님 앞에서 평안한 것으로 만족하고, 자신에게 그런 자유가 있다는 것을 사람들 앞에서 과시할 필요는 없다. 이것으로부터 우리는 우리가 음식을 먹는 것과 관련해서 우리의 형제들을 거리끼게 하고 시험에 들게 한다면, 그것은 꼭 그렇게 해야 하는 것이 아닌데도 그렇게 한 것이기 때문에, 그런 행위는 우리의 악한 욕망에서 나온 것이라고 결론을 내릴 수밖에 없다.

하지만 이 구절을 근거로 해서 어떤 이들이 우리의 양심이 하나님 앞에서 깨끗하기만 하다면, 어리석고 미신적인 의식들을 지키는 것과 관련해서 사람이 어떻게 하든 그런 것은 중요하지 않다고 주장하는 것은 이 구절을 왜곡해서 잘못 해석한 것임을 우리는 쉽게 알 수 있다. 문맥 자체가 보여주듯이, 바울에게는 그렇게 말하고자 하는 의도가 전혀 없었다. 왜냐하면, 의식들은 하나님을 예배하기 위한 것이고,

우리의 신앙고백의 일부이기도 한 까닭에, 믿음을 신앙고백으로부터 떼어놓고자 하는 것은 태양으로부터 그 열기를 빼앗는 것과 같기 때문이다. 그러나 바울은 여기에서는 그런 것들에 대해서는 전혀 다루지 않고, 단지 먹는 것이나 마시는 것과 관련된 우리의 자유에 대해서만 다룬다.

자기가 옳다 하는 바로 자기를 정죄하지 아니하는 자는 복이 있도다. 바울은 여기에서 먼저 우리가 하나님의 은사들을 어떻게 사용하는 것이 합당한 것인지를 가르치고, 다음으로는 무지가 얼마나 큰 장애물이 되는지를 가르침으로써, 우리가 믿음이 연약한 자들을 압박해서 그들로 하여금 그들이 연약해서 할 수 없는 것들을 강요해서는 안 된다는 것을 보여주고자 하는 것이지만, 그것을 우리가 행하는 모든 일들에 적용되어야 할 일반적인 진리로 제시한다. 즉, "자신의 행위들을 제대로 잘 살펴서 자신에게 잘못하는 것이 없다는 것을 알고서 행하는 자는 복이 있다"는 것이다. 왜냐하면, 많은 사람들이 전혀 양심의 거리낌도 없이 극악무도한 죄악들을 저지르는 일이 일어나는 것은 그들이 눈을 떠서 자신을 살펴볼 생각도 하지 않은 채로 그저 맹목적으로 광분하여 날뛰는 육신의 소욕이 이끄는 대로 자신을 내맡기는 까닭인데, 눈을 감아 버리고 우매하게 행하는 것(stupor)과 분별력을 사용해서 행하는 것(iudicium)는 많은 차이가 날 수밖에 없기 때문이다. 그러므로 자신이 하는 일들을 정직하게 잘 살피고 달아보아서 양심에 거리낌이 없는 자는 복이 있다. 왜냐하면, 이러한 확신만이 우리의 행위가 하나님을 기쁘시게 해드리는 일임을 보장해 줄 수 있기 때문이다. 이렇게 해서 바울은 많은 사람들이 무지로 말미암아 주장하는 헛된 변명을 일축한다. 왜냐하면, 그들의 잘못은 영적인 무감각(torpor)과 나태함(socordia)에서 생겨나는 것이기 때문이다. 만일 소위 그들이 말하는 "선한 의도"(bona intentio)로 충분한 것이라면, 우리가 우리 자신을 살핌으로써 하나님의 영이 우리의 행위를 어떻게 보시는지를 알아보는 것은 불필요하고 쓸데없는 일이 될 것이다.

23. 의심하고 먹는 자는 정죄되었나니 이는 믿음을 따라 하지 아니하였기 때문이라. 여기에서 바울은 어떻게 해야 할지를 놓고서 갈피를 잡지 못하고 확신하지 못하는 마음의 상태를 한 단어로 기가 막히게 잘 표현하고 있다. 왜냐하면, "의심하는" 자는 자기 속에서 일어나는 여러 가지 생각들 중에서 어느 생각을 따라야 할지 확신이 없어서 수시로 생각이 바뀌기 때문이다. 따라서 선한 일을 함에 있어서 가장 중요한 것은 하나님 앞에서 자기가 올바르게 행하고 있음을 아는 마음의 확신과

평안인 까닭에, 어떤 일에 대하여 마음에 의심이 있는데도 그 일을 한다면, 그 일은 하나님을 기쁘시게 해드릴 수 없다. 만일 사람들의 마음속에 이 진리가 확고히 자리를 잡고 있어서 하나님이 기뻐하시는 일이라는 확신이 있는 일들만을 행한다면, 사람들은 자신의 삶의 많은 일들에서 이토록 갈피를 잡지 못하고 요동하다가 자신의 망상이 이끄는 대로 맹목적인 충동을 따라 내달리지는 않게 될 것이다. 왜냐하면, 우리가 이 진리를 따라 양심에 의심이 있는 경우에는 빵 한 조각도 손대지 않을 정도로 절제하는 삶을 살아간다면, 그것보다 한층 더 중요한 일들에 있어서는 더욱 더 조심하고 큰 주의를 기울일 것이 분명하기 때문이다.

믿음을 따라 하지 아니하는 것은 다 죄니라. 바울이 여기에서 정죄하고 있는 것은 어떤 일이 아무리 훌륭해 보이고 고상해 보인다고 할지라도 올바른 양심에서 하는 것이 아니라면 그 일은 죄라는 것이다. 왜냐하면, 하나님께서는 외적으로 나타나는 것(externa pompa)이 아니라 마음의 내적인 순종(interior obedientia)을 보시고, 오직 그 순종을 토대로 해서만 우리의 행위를 평가하시기 때문이다. 그런데 어떤 사람이 하나님이 기뻐하실 것이라는 확신도 없이 어떤 일을 했다면, 거기에 무슨 순종이 있을 수 있겠는가? 그러므로 의심이 있는데도 자신의 양심의 증언을 거슬러 어떤 일을 하는 자는 죄악을 저지르는 것이라고 하는 것이 옳다.

여기에서 "믿음"은 마음의 흔들림 없는 견고한 확신이지만, 온갖 종류의 확신이 아니라 오직 하나님의 진리로부터 오는 확신을 가리킨다. 따라서 우리의 행위가 아무리 그럴 듯해 보이고 좋아 보인다고 할지라도, 의심이 있고 확신이 없다면, 그 행위는 악한 것으로서 죄가 된다. 그런데 경건한 심령은 오직 하나님의 말씀 속에서만 확신을 얻을 수 있기 때문에, 사람들이 고안해 내는 온갖 예배 방식들과 사람들의 생각 속에서 나온 모든 일들은 그들에게서 사라지게 된다. 왜냐하면, 믿음에서 나오지 않은 모든 것을 정죄하는 것은 하나님의 말씀에 의해서 밑받침되지 않고 시인되지 않는 모든 것을 거부하고 배척하는 것이기 때문이다. 하지만 우리의 심령이 그러한 확신에 의지해서 기쁜 마음으로 그 일을 할 준비가 되어 있지 않다면, 우리가 행하는 일이 하나님의 말씀에 의해서 시인되는 것만으로는 결코 충분하지 않다. 그런 까닭에, 우리의 마음이 늘 요동함이 없이 올바른 삶을 살아가기 위해서 가장 중요한 원리는 우리가 하나님의 말씀에 의지해서 말씀이 우리를 어디로 부르시든 거기로 담대하게 나아가는 것이다.

제15장

¹믿음이 강한 우리는 마땅히 믿음이 약한 자의 약점을 담당하고 자기를 기쁘게 하지 아니할 것이라 ²우리 각 사람이 이웃을 기쁘게 하되 선을 이루고 덕을 세우도록 할지니라 ³그리스도께서도 자기를 기쁘게 하지 아니하셨나니 기록된 바 주를 비방하는 자들의 비방이 내게 미쳤나이다 함과 같으니라(15:1-3).

1. 믿음이 강한 우리는 마땅히 믿음이 약한 자의 약점을 담당하고 자기를 기쁘게 하지 아니할 것이라. 하나님을 아는 지식에서 다른 사람들보다 더 큰 진보를 이룬 자들이 더 큰 짐을 져야 한다는 것을 부당하다고 생각하지 않도록 하기 위해서, 바울은 하나님께서 그들에게 다른 사람들보다 더 큰 믿음을 주신 것은 그들로 하여금 약한 자들을 붙들어 주어서 넘어지지 않게 하시기 위한 것임을 보여준다. 즉, 하나님께서는 어떤 이들에게 그를 아는 지식을 더 많이 주시는 것이 그들로 하여금 무지한 자들을 가르치게 하시기 위한 것임과 마찬가지로, 믿음이 강한 자들에게는 그 강한 믿음으로 약한 자들을 붙들어 주어야 할 의무를 부과하셔서, 하나님의 모든 은혜가 그리스도의 모든 지체들 가운데서 골고루 전해지게 하셨다는 것이다. 그러므로 그리스도 안에서 믿음이 강한 자일수록 믿음이 약한 자들의 연약함을 담당해야 할 더 큰 의무가 있다.

바울은 그리스도인들은 자기 자신을 기쁘게 하려고 해서는 안 된다고 말함으로써, 그들은, 다른 사람들을 배려하거나 고려하지 않고 오직 자신의 생각만을 고집하는 일반적인 사람들과는 달리 자기 자신을 만족시키고자 골몰해서는 안 된다는 것을 보여준다. 이것은 현재의 주제에 아주 잘 어울리는 권면이다. 왜냐하면, 다른 사람을 섬기는 것과 관련해서, 우리가 자기 자신에게만 매몰되어서 다른 사람들을 배려하지 않고서 오직 자신의 생각과 느낌만을 고집하는 것만큼 방해가 되는 것은 없기 때문이다.

2. 우리 각 사람이 이웃을 기쁘게 하되 선을 이루고 덕을 세우도록 할지니라. 바울은 여기에서 우리는 다른 사람들에 대한 의무 아래에서 살아가고 있는데, 사람들

을 기쁘게 하고 섬기는 것이 우리의 의무이기 때문에, 우리는 하나님의 말씀을 따라 형제들의 덕을 세우기 위해서 우리 자신을 낮춰 형제들에게 맞춰 주어야 한다는 것에 있어서는 예외가 있을 수 없다고 가르친다.

이 구절 속에서 바울은 두 가지를 제시한다. 첫째는, 우리 자신의 생각이나 원하는 것에 골몰하지 말고, 늘 우리의 형제들을 기쁘게 해주려고 애쓰고 수고하여야 한다는 것이다. 그리고 둘째는, 우리 자신을 낮춰 우리의 형제들에게 맞춰줄 때에는 우리가 하나님을 바라보고 그렇게 하는 것이기 때문에 우리의 목적이 그들의 덕을 세우는 것이 되어야 한다는 것이다. 왜냐하면, 대다수의 사람들은 그들의 비위를 맞추어 주는 경우에만 기뻐하는 까닭에, 우리가 대부분의 사람들을 기쁘게 하고자 하면, 우리가 하는 일들은 그들의 구원을 염두에 두고 행하는 것이 아니라 도리어 그들의 어리석고 우매한 행위들을 받아주는 것이 되기 쉽기 때문이다. 그러므로 우리는 그들에게 멸망을 가져다줄 것들을 해서 그들을 기쁘게 해주려고 해서도 안 되고, 오직 악한 것만을 기뻐하는 자들을 기쁘게 해주려고 해서도 안 된다.

3. 그리스도께서도 자기를 기쁘게 하지 아니하셨나니 기록된 바 주를 비방하는 자들의 비방이 내게 미쳤나이다 함과 같으니라. 자신의 주인도 친히 행하신 일을 종이 거부하고 하려고 하지 않는 것은 옳지 않다는 점에서, 우리가 우리의 주이자 왕이시라고 자랑하는 그리스도께서 친히 다른 사람들의 연약한 것들을 짊어지셨는데도 우리가 그렇게 하고자 하지 않는다면, 그것은 정말 이상한 일일 수밖에 없다. 왜냐하면, 그리스도께서는 자신을 돌아보지 않으시고 자기 자신을 이 일에 온전히 드리심으로써, 선지자가 시편 69:9에서 한 예언의 말씀을 이루셨기 때문이다. 거기에서 선지자는 여러 말씀들을 전하는 가운데 그리스도와 관련해서 특히 "주의 집을 위하는 열성이 나를 삼키고 주를 비방하는 비방이 내게 미쳤나이다"라고 예언하였다. 이 예언의 말씀을 통해서 선지자는 그리스도께서 하나님을 영화롭게 하고 하나님의 나라가 뻗어나가도록 하기 위한 열심과 소원으로 불타올라서, 자기 자신을 잊어버리고 오직 이 한 가지 생각에 몰두하셨고, 또한 하나님께 전적으로 헌신되어 계셨기 때문에 하나님의 거룩한 이름이 불경건한 자들로부터 비방을 받는 것을 들으실 때마다 그의 마음이 크게 근심하였다는 것을 보여주고자 하였다.

"주를 비방하는 자들의 비방"에 대하여 언급한 하반절은 두 가지로 해석될 수 있다. 하나는 그리스도께서는 하나님에 대한 비방이 마치 자신에 대한 비방인 것처럼 받아들이셨다는 것이고, 다른 하나는 그리스도께서는 하나님에 대한 비방을 자기

탓인 것으로 느끼시고서 슬퍼하고 근심하셨다는 것이다. 그러나 믿는 자들 안에서 다스리시게 되어 있는 그리스도께서 우리 안에서 다스리신다면, 우리의 마음속에서도 그리스도께서 느끼셨던 그 감정이 활발하게 움직일 것이기 때문에, 우리는 하나님의 영광에 가해지는 그 어떤 욕도 마치 우리 자신이 욕을 당하는 것처럼 느껴서 슬퍼하고 근심하지 않을 수 없게 된다. 그러므로 우리는 하나님의 이름을 온갖 것으로 비방하고 그리스도를 발로 짓밟으며 복음을 중상모략으로 찢어놓는 것도 부족해서 불과 칼로 박해하는 자들 가운데서 최고의 대우를 받고자 하는 자들에게서 떠나야 한다. 그리스도를 멸시할 뿐만 아니라 비방하는 자들로부터 칭찬과 존경을 받는 것은 좋은 일이 아니다.

무엇이든지 전에 기록된 바는 우리의 교훈을 위하여 기록된 것이니 우리로 하여금 인내로 또는 성경의 위로로 소망을 가지게 함이니라 ⁵이제 인내와 위로의 하나님이 너희로 그리스도 예수를 본받아 서로 뜻이 같게 하여 주사 ⁶한마음과 한 입으로 하나님 곧 우리 주 예수 그리스도의 아버지께 영광을 돌리게 하려 하노라(15:4-6).

4. 무엇이든지 전에 기록된 바는 우리의 교훈을 위하여 기록된 것이니 우리로 하여금 인내로 또는 성경의 위로로 소망을 가지게 함이니라. 바울은 그리스도를 닮으라고 한 자신의 권면이 너무 지나친 것이 아니냐고 생각하는 사람이 없도록 하기 위해서, 여기에서 자신이 앞에서 든 그리스도의 모범 같이 성경에 나오는 모범들이 우리에게 어떤 의미가 있는지를 밝힌다. 즉, 성경에는 우리를 교훈하고 우리의 삶을 지도하는 데에 유익하지 않은 것이 하나도 없다는 것이다.

이 구절은 하나님의 말씀들에 담겨 있는 것들 가운데는 헛되고 무익한 것이 하나도 없다는 것을 우리에게 알게 해주고, 아울러 우리는 성경을 읽음으로써 경건과 거룩한 삶에서 진보를 이룰 수 있다는 것을 가르쳐 준다는 점에서 주목할 만하다. 그러므로 우리는 성경이 우리에게 전해 주는 모든 것을 배우려고 애쓰는 것이 마땅하다. 그런데도 우리가 하나님께서는 우리에게 알아보아야 아무 유익도 없는 것들을 우리에게 가르치신다고 생각한다면, 그것은 성경에 대한 모독이 될 것이다. 또한, 우리는 성경이 우리에게 가르치는 모든 것은 경건의 진보를 이루는 데에 도움을 주기 위한 것임을 알아야 한다. 그리고 바울은 구약에 대해서 말하고 있는 것이기는 하지만, 그것은 사도들의 글에도 그대로 적용된다. 왜냐하면, 그리스도의 영은 예전이나 지금이 동일하신 까닭에, 그가 사도들에 의한 그의 가르침을 옛적에 그가 선지자들을 통해서 가르치신 것들과 마찬가지로 자기 백성의 덕을 세우는 데에 도움이 되도록 하신 것은 의심의 여지가 없기 때문이다. 또한, 이 구절은 구약은 폐하여졌기 때문에 그리스도인들과 아무런 상관도 없다고 주장하는 저 광신자들에 대한 최고의 반박이다. 왜냐하면, 그들이 아무리 무모하고 뻔뻔스럽다고 해도, 바울이 그리스도인들의 구원을 위하여 하나님이 성경에 기록하셨다고 증언하고 있음을 뻔히 알면서도, 그리스도인들에게 구약에서 떠나라고 말할 수는 없을 것이기 때문이다.

바울은 "우리로 하여금 인내로 또는 성경의 위로로 소망을 가지게 함이니라"는 말을 덧붙이긴 했지만, 이것이 우리가 하나님의 말씀으로부터 얻을 수 있는 유익의 전부는 아니다. 그는 단지 주된 목적만을 간단하게 언급한 것일 뿐이다. 즉, 성경은 인내로 준비되고 위로로 강해진 자들을 일으켜 세워서 영생에 대한 소망을 바라보게 하고 그들로 하여금 그러한 확고한 소망을 늘 묵상하며 살아가도록 하는 데에 특히 유익하다는 것이다. 어떤 이들은 "위로"를 "권면"으로 옮기기도 한다. 나는 그런 번역에 반대하지는 않지만, "인내"는 "위로"에서 생겨나는 까닭에, "위로"라는 말이 "인내"와 더 잘 어울리는 번역이라고 본다. 왜냐하면, 하나님께서 우리에게 환난을 주실 때에 위로도 겸하여 주실 때에만, 우리는 환난을 인내로써 잘 감당할 수 있게 되기 때문이다. 믿는 자들의 "인내"는 철학자들이 가르치는 저 강인함(durities)이 아니라, 하나님의 선하심과 아버지로서의 사랑하심으로 말미암아 우리에게 모든 것이 달콤하게 느껴져서 우리가 기꺼이 하나님께 순복하게 되는 저 유순함(mansuetudo)이다. 이러한 인내는 우리 속에서 소망이 꺼지지 않도록 더욱 강화시켜 주는 역할을 한다.

5-6. 이제 인내와 위로의 하나님이 너희로 그리스도 예수를 본받아 서로 뜻이 같게 하여 주사 한마음과 한 입으로 하나님 곧 우리 주 예수 그리스도의 아버지께 영광을 돌리게 하려 하노라. 바울은 여기에서 하나님이 우리에게 어떤 것들을 주시는지를 근거로 해서 하나님을 지칭한다. 앞에서는 그가 이러한 것들을 성경에 돌렸는데, 그때에는 여기에서와는 다른 의미로 그렇게 한 것이기 때문에 지극히 합당하긴 하지만, 오직 하나님만이 "인내와 위로"의 원천이시라는 것은 의심의 여지가 없다. 왜냐하면, 자신의 영을 통해서 이 둘을 우리의 마음속에 부어 주시는 분은 하나님이시지만, 하나님은 자신의 말씀을 도구로 사용하시기 때문이다. 즉, 하나님께서

는 먼저 참된 위로가 무엇이고 참된 인내가 무엇인지를 우리에게 가르치신 후에, 다음으로 이 가르침을 우리의 마음에 부어 주시고 심어 주신다.

바울은 로마의 성도들에게 그들이 무엇을 어떻게 해야 하는지에 대하여 경계하고 권면한 후에 이제 그들을 위한 기도로 들어간다. 왜냐하면, 그는 하나님께서 사람의 입을 통해서 말씀하신 것들을 자신의 영으로 말미암아 사람들의 내면에서 역사하셔서 이루시지 않으면, 우리가 사람들에게 그들의 본분과 의무가 무엇인지를 아무리 전해도 아무 소용이 없다는 것을 너무나 잘 알고 있었기 때문이다. 바울의 기도의 요지는 우리의 마음이 진정으로 하나가 되어서 우리의 뜻이 서로 진정으로 일치하게 해주시라는 것이다. 아울러, 그는 우리가 그리스도를 인하여 하나가 되기를 바란다고 말함으로써 우리를 하나로 묶는 끈이 무엇인지를 보여준다. 하나님을 떠나서 우리 가운데 이루어지는 하나 됨은 무가치하다. 여기에서 "하나님을 떠나서"라는 말은 "우리를 하나님의 진리로부터 떠나게 만드는 것을 중심으로" 하는 것을 의미한다.

바울은 우리에게 그리스도 안에서 하나가 되고 뜻을 같이 하라고 더욱 간곡하게 당부하기 위해서, 그렇게 하는 것이 얼마나 필요한 일인지를 가르칠 목적으로, 우리가 모두 한마음이 되어 한 입으로 하나님을 찬송하지 않으면 하나님께 진정으로 영광을 돌릴 수 없다고 말한다. 그러므로 어느 누가 다른 형제들을 무시하고 자신의 방식을 따라 독선적으로 하나님께 영광을 돌린다면, 그는 자신의 그런 행위를 자랑할 이유가 없다. 왜냐하면, 하나님께서는 자신의 종들이 하나가 되는 것을 아주 소중히 보시는 까닭에, 그들이 불화하고 다투는 가운데 큰 소리로 자기에게 영광을 돌리는 것을 원하지 않으시기 때문이다. 이 한 가지만을 생각하더라도, 오늘날 많은 사람들의 마음을 사로잡고 있는 지나친 분쟁과 다툼은 종식되는 것이 마땅하다.

[7]그러므로 그리스도께서 우리를 받아 하나님께 영광을 돌리심과 같이 너희도 서로 받으라 [8]내가 말하노니 그리스도께서 하나님의 진실하심을 위하여 할례의 추종자가 되셨으니 이는 조상들에게 주신 약속들을 견고하게 하시고 [9]이방인들도 그 긍휼하심으로 말미암아 하나님께 영광을 돌리게 하려 하심이라 기록된 바 그러므로 내가 열방 중에서 주께 감사하고 주의 이름을 찬송하리로다 함과 같으니라 [10]또 이르되 열방들아 주의 백성과 함께 즐거워하라 하였으며 [11]또 모든 열방들아 주를 찬양하며 모든 백성들아 그를 찬송하라 하였으며 [12]또 이사야가 이르되 이새의 뿌리 곧

열방을 다스리기 위하여 일어나시는 이가 있으리니 열방이 그에게 소망을 두리라
하였느니라(15:7-12).

**7. 그러므로 그리스도께서 우리를 받아 하나님께 영광을 돌리심과 같이 너희도
서로 받으라.** 바울은 다시 권면으로 돌아오지만, 자신의 권면을 강화하기 위해서
계속해서 그리스도의 모범을 제시한다. 즉, 그리스도께서는 우리 중 한두 사람이
아니라 우리 모두를 받으셔서 하나로 묶어 놓으셨기 때문에, 우리도 그리스도의 품
안에 머물고자 한다면 서로를 끌어안고 품어야 한다는 것이다. 그러므로 결국 우리
가 주께서 한데 묶어 놓으신 자들로부터 우리 자신을 분리시키지 않을 때에만, 우
리가 하나님의 부르심을 받았음이 확인될 것이다.

　"하나님께 영광을 돌리기 위하여"라는 어구는 그리스도의 경우에만 걸리거나 우
리에게만 걸리거나, 아니면 둘 모두에 걸릴 수 있다. 나는 둘 모두에 걸리는 것으로
보고자 하는데, 그렇게 했을 때에 이 구절의 의미는 이런 것이다: "우리가 긍휼하심
이 필요할 때에 그리스도께서 우리를 받으시고 은혜를 주심으로써 아버지의 영광
을 나타내신 것과 마찬가지로, 우리도 우리가 그리스도 안에서 가지고 있는 이 하
나 됨을 더욱 견고히 세움으로써 하나님의 영광을 나타내는 것이 마땅하다."

**8. 내가 말하노니 그리스도께서 하나님의 진실하심을 위하여 할례의 추종자가 되
셨으니 이는 조상들에게 주신 약속들을 견고하게 하시고.** 바울은 이제 그리스도께
서 유대인과 이방인을 차별하지 않으시고 우리 모두를 끌어안으셨다는 것을 보여
준다. 즉, 그리스도께서는 옛적에 하나님이 유대 민족에게 하신 약속을 따라 먼저
유대인들에게 자신을 나타내신 후에 다음으로 이방인들에게 자신을 계시하셨다는
점에서는 유대인과 이방인을 차별하셨다고 말할 수도 있겠지만, 모든 다툼의 씨앗
인 것과 관련해서는 유대인과 이방인 간에 전혀 차별이 없었다는 것이다. 왜냐하
면, 그리스도께서는 유대인과 이방인이 둘 다 비참하게 흩어져 있을 때에 그들을 아
버지 하나님의 나라로 불러모으셔서 한 우리 속에서 한 목자 아래 한 무리가 되게
하신 것이기 때문이다. 이렇게 그리스도께서 유대인과 이방인 중 그 누구도 멸시하
지 않으셨기 때문에, 바울이 그들이 서로를 멸시하지 말고 계속해서 하나가 되어야
한다고 말한 것은 합당하다.

　바울은 먼저 유대인에 대하여 말하기 시작하면서, 그리스도께서 유대인들에게
보내심을 받은 것은 하나님이 조상들에게 주신 "약속들"을 지키심으로써 "하나님

의 진실하심"을 증거하시기 위한 것이었다고 말한다. 천지의 주재이신 그리스도께서 유대인들로 하여금 구원을 얻도록 하시기 위하여 친히 육신을 입으신 것은 그들에게는 지극히 영광된 일이었다. 그리스도께서 그들을 위해서 자신을 낮추신 정도가 클수록, 그들에게 수여된 영광은 그 만큼 더 큰 것이었다. 바울은 이것을 의심할 여지 없이 분명한 일로 전제하고 있기 때문에, 아무런 망설임 없이 구약의 약속들을 현세에 국한되는 일시적인 것으로 치부해 버리는 저 광신자들의 기절초풍할 만한 뻔뻔스러움은 한층 더 기괴한 일일 수밖에 없다. 이방인들이 유대인들에 비해서 자신들이 우월하다고 주장하지 못하도록 하기 위해서, 바울은 그리스도께서 가져오신 구원은 언약에 의해서 유대인들에게 속한 것이었음을 명시적으로 선언한다. 왜냐하면, 그리스도께서는 아버지 하나님이 전에 아브라함에게 하신 약속을 성취하시기 위하여 유대 땅에 오셔서 유대 민족을 상대로 일을 하신 것이기 때문이다. 이것으로부터 알 수 있는 것은 옛 언약은 비록 이 땅의 모형들과 결합되어 있긴 하였지만 실제로 영적인 것이었다는 것이다. 왜냐하면, 바울이 지금 말하고 있는 이 언약의 성취는 영원한 구원을 가리키는 것이 될 수밖에 없기 때문이다. 또한, 이 언약은 아브라함의 수중에 맡겨져 있었기 때문에 이 큰 구원은 오직 그의 자손들에게만 약속된 것이라고 중상모략하는 사람이 아무도 없도록 하기 위하여, 바울은 이 약속들은 하나님이 "조상들"에게 주신 것이라고 못박는다. 그러므로 우리는 그리스도께서 우리에게 가져다주신 것들을 육신적인 복들에 국한시키든지, 아니면 하나님이 아브라함에게 주신 언약은 현세의 것들을 뛰어넘는 복들에 관한 것이라고 하지 않으면 안 된다.

9. 이방인들도 그 긍휼하심으로 말미암아 하나님께 영광을 돌리게 하려 하심이라 기록된 바 그러므로 내가 열방 중에서 주께 감사하고 주의 이름을 찬송하리로다 함과 같으니라. 바울이 증명하고자 하는 이 두 번째 논지는 논란이 되고 있던 문제였기 때문에, 그는 이것을 첫 번째 것보다 더 자세하게 다룬다. 그가 가장 먼저 인용하는 증언은 시편 18편에서 가져온 것인데, 이 시편은 사무엘하 22장에도 기록되어 있다. 이 시편 속에 그리스도의 나라에 관한 예언이 언급되고 있다는 것은 의심의 여지가 없다. 바울은 이 예언의 말씀을 근거로 해서 이방인들의 부르심이 하나님의 뜻임을 증명한다. 즉, 이방인들이 하나님께 영광을 돌리게 되리라는 약속이 주어져 있는데, 우리가 이방인들에게 하나님을 알게 하지 않는다면, 그들이 하나님을 찬송하게 될 수는 없다는 것이다. 따라서 이방인들 중에서 하나님의 이름이 알려지기

위해서는, 하나님께서 그들에게 은혜를 주셔서 그를 알게 하시고 자기 백성과 사귐이 있게 이끄시지 않으면 안 된다. 왜냐하면, 우리가 성경의 어디에서나 볼 수 있듯이, 하나님에 대한 찬송은 오직 그 찬송을 들을 수 있는 귀를 가진 자들, 곧 믿는 자들의 회중에서만 가능할 수 있기 때문이다.

10. 열방들아 주의 백성과 함께 즐거워하라. 해석자들은 대체로 이 구절을 모세의 노래에서 가져온 것으로 보지만, 나는 그런 견해에 동의할 수 없다. 왜냐하면, 모세의 승리의 노래에서 그의 의도는 이스라엘의 대적들에게 함께 기뻐하라고 초청하는 것이 아니라 하나님의 크심을 선포함으로써 그들에게 두려움을 주기 위한 것이었기 때문이다. 따라서 나는 바울이 이 구절을 시편 67:4에서 인용한 것으로 본다. 거기에서 선지자는 "온 백성은 기쁘고 즐겁게 노래할지니 주는 민족들을 공평히 심판하시며 땅 위의 나라들을 다스리실 것임이니이다"라고 선포하고 있고, 바울은 거기에 "주의 백성과 함께"라는 어구를 보충설명의 형식으로 덧붙인다. 왜냐하면, 이 시편에서 선지자가 이방인과 유대인을 둘 다 다같이 기뻐하라고 초청하고 있고, 하나님을 아는 지식이 없이는 기쁨은 있을 수 없기 때문이다.

11. 모든 열방들아 주를 찬양하며 모든 백성들아 그를 찬송하라. 바울이 이 구절을 여기에 인용한 것은 적절하다. 왜냐하면, 하나님의 위대하심을 알지 못하는 자들이 하나님을 찬송할 수는 없을 것이기 때문이다. "모든 열방"과 "모든 백성"이 하나님을 알지 못한다면 하나님의 이름을 부를 수 없는 것과 마찬가지로 하나님을 찬송할 수도 없다. 따라서 이 구절은 하나님께서 장차 이방인들을 부르실 것임을 증명하는 데에 아주 적절한 예언의 말씀이다. 선지자가 이 구절에 덧붙인 이유를 보면, 이것은 한층 더 분명하게 드러난다. 왜냐하면, 선지자는 "우리에게 향하신 여호와의 인자하심이 크시고 여호와의 진실하심이 영원함이로다"(시 117:1)라고 말하며, 모든 열방과 모든 백성에게 하나님의 진실하심과 인자하심에 대하여 감사하라고 명하기 때문이다.

12. 또 이사야가 이르되 이새의 뿌리 곧 열방을 다스리기 위하여 일어나시는 이가 있으리니 열방이 그에게 소망을 두리라 하였느니라. 이 구절은 모든 예언 중에서 가장 탁월한 예언의 말씀이다. 왜냐하면, 이 구절을 통해서 선지자는 모든 것이 거의 절망적인 상황이었을 때에 다윗 가문의 죽어서 말라 버린 줄기에서 "싹"이 나고, 사람들로부터 멸시받던 뿌리에서 한 가지가 나서 하나님의 백성에게 이전의 영광을 회복시켜줄 것이라고 예언함으로써 소수의 남은 자들, 곧 믿는 자들을 위로하

였기 때문이다. 이 구절에 나오는 설명을 보면, 이 "싹"이 세상의 구속자이신 그리스도를 가리킨다는 것은 분명하다. 그런 후에, 선지자는 그가 이방인들의 구원이 되기 위하여 "만민의 기치"(사 11:10)로 서게 되실 것이라는 말씀을 덧붙인다. 바울이 여기에 인용한 구절은 히브리어 본문과 약간 다르다. 왜냐하면, 히브리어 본문에는 "만민의 기치로 설 것"으로 되어 있는 반면에, 여기에서는 "일어나시는"이라고 하고 있기 때문이다. 그러나 둘 다 그가 "기치"처럼 누구나 볼 수 있게 나타날 것임을 말하고 있다는 점에서 의미는 동일하다. 또한, 히브리어 본문에는 "찾으리니"(한글개역개정에는 "돌아오리니")로 되어 있는 것이 여기에는 "소망을 두리라"로 되어 있다. 그러나 성경의 통상적인 어법에 따르면, 하나님을 찾는 것은 곧 하나님에게 소망을 두는 것이다.

이 예언의 말씀에서는 하나님이 이방인들을 부르실 것임을 두 번에 걸쳐서 확인해 주고 있다. 한 번은 오직 믿는 자들 가운데서만 다스리시는 그리스도께서 만민의 기치로 서시게 될 것이라는 말씀을 통해서이고, 나머지 한 번은 그들이 그리스도에게 소망을 둘 것이라는 말씀을 통해서인데, 이것은 그들이 복음을 듣고 성령의 조명을 받지 않고서는 가능할 수 없는 일이다. 이러한 말씀들은 시므온의 노래에 나오는 내용과 일치한다. 또한, 그리스도에게 소망을 둘 것이라는 말씀은 그리스도의 신성에 대한 증언이다.

¹³소망의 하나님이 모든 기쁨과 평강을 믿음 안에서 너희에게 충만하게 하사 성령의 능력으로 소망이 넘치게 하시기를 원하노라 ¹⁴내 형제들아 너희가 스스로 선함이 가득하고 모든 지식이 차서 능히 서로 권하는 자임을 나도 확신하노라 ¹⁵그러나 내가 너희로 다시 생각나게 하려고 하나님께서 내게 주신 은혜로 말미암아 더욱 담대히 대략 너희에게 썼노니 ¹⁶이 은혜는 곧 나로 이방인을 위하여 그리스도 예수의 일꾼이 되어 하나님의 복음의 제사장 직분을 하게 하사 이방인을 제물로 드리는 것이 성령 안에서 거룩하게 되어 받으실 만하게 하려 하심이라(15:13-16).

13. 소망의 하나님이 모든 기쁨과 평강을 믿음 안에서 너희에게 충만하게 하사 성령의 능력으로 소망이 넘치게 하시기를 원하노라. 바울은 앞에서 그랬던 것처럼 이제 여기에서도 기도로 끝을 맺는데, 하나님께서 명하신 것들을 하나님이 직접 그들에게 주시도록 기도한다. 이것으로부터 우리는 하나님께서는 자신의 교훈들을

우리의 힘이나 우리의 자유의지를 따라 행하도록 하시는 것이 결코 아니고, 우리 자신의 힘을 의지해서 순종하게 하시기 위해서 우리가 마땅히 해야 할 일들을 명하시는 것이 아니며, 그의 도우심을 힘입어야만 할 수 있는 것들을 명하심으로써 우리 속에서 기도하고자 하는 열심(precandi studium)을 불러일으키시기 위한 것임을 알게 된다.

바울은 앞 절을 염두에 두고서 "소망의 하나님"이라고 말한다. 이것은 이렇게 말한 것과 같다: "그러므로 우리 모두의 소망이신 하나님께서 너희를 기쁨, 곧 양심의 즐거움으로 충만하게 하시고, 또한 믿음으로 말미암아 하나 됨(unitas)과 일치(concordia)가 너희 가운데 있게 해주시기를 기원한다." 왜냐하면, 우리의 화평이 하나님의 인정을 받기 위해서는, 우리가 순전하고 온전한 믿음으로 연합되어야 하기 때문이다. 만약 어떤 사람이 "믿음 안에서"를 "믿음을 위하여"로 읽는 쪽을 택한다면, 이 구절은 우리가 믿음을 위하여 화평에 힘써야 한다는 의미가 될 것이다. 왜냐하면, 우리가 한마음이 되어서 화평한 가운데 가르침을 받을 때에만, 우리는 믿음을 위한 준비가 제대로 되어 있게 될 것이기 때문이다. 하지만 "믿음"을 "기쁨과 평강"과 연결시키는 것이 더 바람직하다. 왜냐하면, 믿음은 거룩하고 합당한 일치를 가능하게 해주는 끈이자 경건한 기쁨을 밑받침해주는 지지대이기 때문이다. 또한, 여기에서 말하는 "평강"을 모든 믿는 자들이 내적으로 하나님과 화목된 것을 가리키는 것으로 볼 수도 있겠지만, 문맥상으로 볼 때에 앞에서 우리가 한 설명이 더 적절하다고 본다.

또한, 바울은 "소망이 넘치게 하시기를"이라는 말을 덧붙인다. 왜냐하면, 이런 식으로도 우리 안에서 소망이 견고해지고 커지기 때문이다. "성령의 능력으로"라는 어구는 모든 것이 하나님의 너그러우심(benignitas)으로 인한 선물들이라는 것을 보여준다. "능력"이라는 단어가 사용된 것은 성령이 우리 안에서 역사하셔서 믿음과 소망, 기쁨과 평강을 만들어 내시는 저 놀라운 힘을 강조하기 위한 것이다.

14. 내 형제들아 … 나도 확신하노라. 바울은 로마의 성도들이 너무나 많고 곤란한 교훈의 말씀들로 책망을 받는 부당한 대우를 받았다고 생각할지도 모른다는 생각에서 그들에게 있을 수도 있는 반감을 제거하고 그들을 달래기 위한 목적으로 이제 여기에서 그들을 어느 정도 두둔하는 말을 덧붙인다. 즉, 이런 식으로 그는 자기가 그들에 대하여 가르치고 권면하는 자의 태도를 취하게 된 것에 대하여 스스로를 변호하고 있는 것이다. 그는 자기가 그렇게 한 것이 그들의 지혜나 선함이나 견실

한 믿음에 대해서 어떤 의심이 있어서가 아니라, 단지 자신의 직분 때문에 어쩔 수 없이 그렇게 한 것일 뿐이라고 말한다. 이렇게 해서 그는 특히 어떤 사람이 남의 일에 참견하거나 자기와는 상관 없는 일들에 끼어들 때에 사람들 속에서 일어날 수 있는 주제넘은 짓 아니냐는 온갖 의심을 제거한다. 우리는 바울의 이러한 모습 속에서 이 거룩한 사람의 특별한 겸손을 볼 수 있다. 사실, 바울은 오직 그가 전한 가르침이 합당한 권위를 지닐 수 있기만 하다면 자신은 어떠한 욕을 먹더라도 정말 기뻐하고 만족할 수 있는 그런 사람이었다.

로마의 성도들에게는 많은 오만함이 있었고, 그들이 사는 로마라는 명칭 자체가 아무리 보잘것없는 자들까지도 우쭐하게 만들었기 때문에, 그들이 다른 민족 출신의 선생, 그것도 "야만인"에다 유대인인 선생을 받아들이기는 쉽지 않은 일이었다. 하지만 바울은 한 개인으로서는 그들의 이러한 오만함을 놓고 다투고자 하지 않았고, 단지 자신은 사도라는 자신의 직분 때문에 그들에게 말한 것일 뿐이라고 증언함으로써 그들을 달래는 방식으로 그 오만함을 다스렸다.

너희가 스스로 선함이 가득하고 모든 지식이 차서 능히 서로 권하는 자임을. 권면이나 교훈을 주는 자에게는 두 가지 자격요건이 특히 필수적이다. 한 가지는 자신의 조언을 통해서 형제들을 돕고자 함과 아울러 자신의 태도와 말을 공손하고 예의바르게 하는 선한 마음(humanitas)이고, 다른 한 가지는 권위 있게 조언을 해주어서 듣는 자들에게 유익을 끼칠 수 있는 생각의 원숙함(consilii dexteritas)이나 사려 깊음(prudentia)이다. 악의와 오만함보다 더 형제들에 대한 권면을 망치는 것은 없다. 그런 태도로 권면하게 되면, 우리는 형제들의 잘못을 바로잡으려 하기보다는 도리어 그들의 잘못을 멸시하고 경멸하며 비웃게 된다. 또한, 거친 말이나 태도도 우리의 권면이 열매 맺지 못하게 만든다. 그러나 우리가 아무리 선한 마음이 많고 공손하며 예의바르다고 할지라도, 지혜와 경험이 부족하면, 우리는 형제들을 권면하는 데 적합한 사람이 아니다. 그래서 바울은 이 두 가지 자격을 로마의 성도들이 갖추고 있기 때문에 제3자의 도움 없이도 충분히 서로를 권면할 수 있다고 말한다. 왜냐하면, 그는 그들에게 선한 마음과 경험에서 우러나오는 지혜가 가득하다고 말하고서, 그것을 근거로 그들에게는 얼마든지 서로를 권면하고 격려할 수 있는 힘이 있다고 인정하기 때문이다.

15. 그러나 내가 너희로 다시 생각나게 하려고 하나님께서 내게 주신 은혜로 말미암아 더욱 담대히 대략 너희에게 썼노니. 바울은 자신의 행동을 해명하는 말을

여기에서도 이어나가면서, 자기가 그들 스스로도 할 수 있는 일에 용기를 내서 끼어든 것임을 인정함으로써, 자신이 결코 지각이나 분별력이 없어서 그런 것이 아님을 밝히고, 아울러 자기가 이방인들에게 복음을 전하게 되어 있는 "일꾼"이어서 이방인인 그들을 그냥 지나칠 수 없었기 때문에 자신의 직분상 이렇게 "담대히" 행하게 된 것일 뿐이라는 말을 덧붙인다. 하지만 그가 이렇게 자신을 낮추는 것은 자신의 직분의 탁월성을 부각시키기 위한 것이다. 즉, 그는 자신은 보잘것없는 자이지만, 하나님께서 그에게 은혜를 주셔서 사도라는 저 존귀한 자리로 높이신 것이기 때문에, 그들은 그의 사도 직분을 생각해서 그가 지금까지 쓴 것들을 멸시해서는 안 된다고 말하고 있는 것이다. 또한, 그는 자기가 주제넘게 선생 노릇을 한 것이 아니라, 단지 조언자로서 그들이 이미 알고 있는 것들을 상기시키는 일을 한 것일 뿐이라고 말한다.

16. 이 은혜는 곧 나로 이방인을 위하여 그리스도 예수의 일꾼이 되어 하나님의 복음의 제사장 직분을 하게 하사 이방인을 제물로 드리는 것이 성령 안에서 거룩하게 되어 받으실 만하게 하려 하심이라. 나는 에라스무스에 의해서 처음으로 채택된 번역인 "하나님의 복음을 수종들게 하사"보다 "하나님의 복음을 위해 성별하사"라는 번역이 더 낫다고 본다. 왜냐하면, 바울은 여기에서 거룩하고 신비한 사역을 수행한 저 제사장들을 염두에 두고 이 말을 한 것임이 너무나 분명하기 때문이다. 그러므로 그는 자기가 복음을 섬기는 제사장이 되어서 자신이 얻은 사람들을 하나님께 제물로 드리는 직분을 맡아 복음의 거룩하고 신비한 사역 가운데 수고하였다고 말하고 있는 것이다. 기독교 목회자의 제사장직은 교황주의자들이 이제까지 오만하게 자랑해 왔던 것, 즉 사람들을 하나님과 화목하게 하기 위하여 그리스도를 제물로 드리는 것이 아니라, 사람들을 복음에 순종하게 함으로써 하나님께 제물로 드리는 것임은 의심의 여지가 없다. 하지만 바울은 여기에서 교회의 목회자들에게 제사장이라는 명칭을 영속적으로 붙여준 것이 아니라, 단지 복음의 일꾼이라는 직분의 존귀함과 권세를 보여주기 위해서 그런 비유를 사용한 것일 뿐이다. 그러므로 복음을 전하는 자들은 자신의 직무를 수행할 때에 영혼들을 믿음으로 말미암아 정결하게 하여 하나님께 제물로 드리는 것을 자신의 목표로 삼는 것이 마땅하다.

에라스무스는 "하나님의 복음을 수종들게 하사"라고 번역했다가 나중에 "하나님의 복음의 제사를 드리게 하사"라고 수정했는데, 이 수정된 번역은 부적절할 뿐만 아니라 이 어구의 의미를 왜곡시키는 것이다. 왜냐하면, 그의 번역과는 달리, 하나님의 일꾼들은 복음의 제사를 드리는 것이 아니라, 복음이라는 검으로 사람들을 제물로 잡아서 하나님께 제사를 드리는 것이기 때문이다. 바울은 그러한 제사가 하나님께서 받으실 만한 것이라는 말을 덧붙임으로써, 이 일을 우리에게 권할 뿐만 아니라, 이 일에 구별되어서 헌신하는 자들에게 큰 위로를 준다. 옛적에는 사람들이 제물들을 외적으로 거룩하게 하고 씻어서 하나님께 드린 것과 마찬가지로, 지금은 거룩하게 하시는 영이 자신의 능력으로 그러한 제물들 속에서 내적으로 역사해서 이 세상으로부터 구별하여 하나님께 드린다. 왜냐하면, 영혼이 정결하게 되는 것은 하나님의 말씀을 믿는 믿음으로부터 나오는 것이지만, 사람의 음성은 그 자체로는 능력과 생명을 전혀 지니고 있지 않은 까닭에, 깨끗하게 하는 역사는 전적으로 성령께 속하기 때문이다.

[17]그러므로 내가 그리스도 예수 안에서 하나님의 일에 대하여 자랑하는 것이 있거니와 [18]그리스도께서 이방인들을 순종하게 하기 위하여 나를 통하여 역사하신 것 외에는 내가 감히 말하지 아니하노라 그 일은 말과 행위로 [19]표적과 기사의 능력으로 성령의 능력으로 이루어졌으며 그리하여 내가 예루살렘으로부터 두루 행하여 일루리곤까지 그리스도의 복음을 편만하게 전하였노라 [20]또 내가 그리스도의 이름을 부르는 곳에는 복음을 전하지 않기를 힘썼노니 이는 남의 터 위에 건축하지 아니하려 함이라 [21]기록된 바 주의 소식을 받지 못한 자들이 볼 것이요 듣지 못한 자들이 깨달으리라 함과 같으니라(15:17-21).

17. 그러므로 내가 그리스도 예수 안에서 하나님의 일에 대하여 자랑하는 것이 있거니와. 바울은 로마의 성도들로 하여금 자기가 의심할 여지 없이 참된 그리스도의 사도라는 것을 알게 하기 위하여 자신의 부르심이 얼마나 귀한 것인지를 일반적으로 말한 후에, 이제 여기에서는 하나님이 그를 세우시고 사도직을 수여하셨을 뿐만 아니라 그 직분에 지극한 존귀함을 더하셨다는 것을 증명하는 말들을 덧붙이고, 아울러 자신이 이제까지 이 직분을 신실하게 수행해 왔다는 말도 덧붙인다. 만일 우리가 우리의 부르심에 합당하게 행하고 우리의 직분을 신실하게 수행하지 않는다면, 우리가 하나님에 의해서 세우심을 입었다고 말해 보아야 그것만으로는 별 소용이 없을 것이다. 바울이 자신의 부르심과 관련해서 진지하게 이런 말들을 하는 이유는 로마의 성도들로부터 존경과 공경을 받기 위한 것이 아니라, 그들로 하여금

자신의 가르침들이 권위가 있음을 확신하고서 받아들일 수 있도록 하기 위하여 자신이 할 수 있는 모든 것을 하나도 빼놓지 않고 다 하기 위한 것이었다. 그러므로 바울은 자기 자신이 아니라 하나님을 자랑하고 있는 것이다. 왜냐하면, 그는 오직 모든 찬송이 하나님께 돌아가도록 하기 위하여 이런 말들을 하고 있는 것이기 때문이다.

바울이 여기에서 오직 소극적으로만 말하고 있는 것은 그의 겸손을 보여주는 증거이기도 하지만, 그가 앞으로 말하게 될 것들에 대하여 신뢰를 얻는 데도 도움이 되는 것이었다. 즉, 그는 이렇게 말한 것과 같다: "나는 참된 것만을 얘기해도 자랑할 것이 너무나 많기 때문에 굳이 거짓말을 하거나 허풍을 쳐서 칭찬을 들으려고 할 필요가 없다. 그러니 나는 오직 참된 것들만을 말하고자 한다." 또한, 그는 악의적인 자들이 여기저기에서 퍼뜨린 악한 소문들을 의식하고서 거기에 대처하기 위한 목적에서도, 자기는 오직 사람들이 이미 잘 알고 있는 일들만을 말할 것이라고 미리 선언한다.

18. 그리스도께서 이방인들을 순종하게 하기 위하여 나를 통하여 역사하신 것 외에는 내가 감히 말하지 아니하노라 그 일은 말과 행위로 표적과 기사의 능력으로 성령의 능력으로 이루어졌으며. 이 구절은 바울의 목적이 로마의 성도들로 하여금 자신의 사역을 인정하게 함으로써 자신의 가르침이 열매 없는 것이 되지 않도록 하기 위한 것이었음을 보여준다. 즉, 그는 여러 가지 증표들을 제시해서 하나님이 자신의 능력의 임재를 통해 그의 가르침이 참되다는 것을 증거하셨고 그의 사도직을 인치셨다는 것을 증명함으로써, 하나님이 그를 세우시고 보내셨다는 것을 아무도 의심하지 못하게 하고자 한다. 그가 말하는 증표들은 "말"과 "행위"와 "표적과 기사," 곧 "이적들"이다. 이것은 "행위"가 "이적들"보다 더 포괄적인 개념임을 보여준다. 바울은 "성령의 능력으로"라는 말로 이 구절을 끝맺음으로써, 이 모든 일들을 행하신 이는 성령이셨다는 것을 보여준다. 요컨대, 그는 자신이 그리스도를 전파할 때에 자신의 가르침과 행위들 속에서 나타났던 능력과 힘은 하나님의 놀라운 능력이었고, 게다가 하나님께서는 이러한 증거들을 더 확실하게 하시기 위하여 이적들을 더하셨다고 밝히고 있는 것이다.

바울은 먼저 "말과 행위"를 언급한 후에, 다음으로 한 가지 특별한 "행위," 즉 이적들을 행하는 능력을 거기에 덧붙인다. 누가도 여기에서와 동일한 순서를 따라 그리스도께서 "말과 일"(눅 24:19)에 능력이 있으셨다고 말하고, 요한은 그리스도께서 유대인들에게 자신이 행하시는 "역사"(요 5:36)가 자신의 신성을 보여주는 증거라고 밝히셨다고 말한다. 또한, 바울은 단지 "이적들"이라고 말하는 것이 아니라, 이적들을 두 가지 명칭으로 부른다. 이렇게 바울은 이적들을 "표적과 기사의 능력"이라고 부르고 있지만, 베드로는 "큰 권능과 기사와 표적"(행 2:22)이라고 말한다. 이러한 것들이 하나님의 역사하심을 통해 사람들을 일깨워서 그들로 하여금 하나님을 경외하고 경배하도록 하는 "하나님의 능력"에 대한 증언들이라는 것은 의심의 여지가 없다. 이렇게 이적들은 오직 우리를 일깨워서 하나님이 어떤 분이신지를 알게 하기 위한 것이다.

이 구절은 이적들의 유익(usus)을 말해준다는 점에서 주목할 만하다. 즉, 이적들은 사람들에게서 하나님을 경외하고 순종하고자 하는 마음을 불러일으키는 유익이 있다는 것이다. 따라서 마가는 "제자들이 나가 두루 전파할새 주께서 함께 역사하사 그 따르는 표적으로 말씀을 확실히 증언하시니라"(막 16:20)고 말하고, 누가는 사도행전에서 "두 사도가 오래 있어 주를 힘입어 담대히 말하니 주께서 그들의 손으로 표적과 기사를 행하게 하여 주사 자기 은혜의 말씀을 증언하시니"(행 14:3)라고 말한다. 그러므로 이것으로부터 분명한 것은, 하나님이 아니라 피조물에게 영광을 가져다주고 하나님의 말씀이 아니라 거짓들을 믿게 하는 그런 이적들은 마귀로부터 온 이적들이라는 것이다. 나는 바울이 세 번째로 언급하고 있는 "성령의 능력"은 "말"과 "행위" 둘 모두에 걸린다고 본다.

그리하여 내가 예루살렘으로부터 두루 행하여 일루리곤까지 그리스도의 복음을 편만하게 전하였노라. 바울은 결과를 근거로 한 증언을 여기에 덧붙인다. 즉, 그가 복음 전도를 통해서 거둔 성과는 도저히 사람의 능력으로는 해낼 수 없는 것이었다는 것이다. 왜냐하면, 만일 하나님의 능력의 도우심이 없었다면, 그가 그리스도를 위하여 그토록 많은 교회를 세운 것은 불가능했을 것이기 때문이다. 그는 "나는 나의 목적지인 일루리곤으로 곧장 가서 복음을 전한 것이 아니라, 예루살렘을 출발점으로 해서 목적지에 당도할 때까지 그 중간에 있는 성읍들을 두루 다니며 복음을 전하였다"고 말한다. 그러나 내가 여기에서 다른 사람들과 마찬가지로 "채워넣다, 완성하다"로 번역한 동사 '페플레로케나이'($\pi\epsilon\pi\lambda\eta\rho\omega\kappa\acute{\epsilon}\nu\alpha\iota$, "편만하게 전하였노라")는 "온전하게 하다"를 의미하기도 하고 "부족한 것을 보충하다"를 의미하기도 하기 때문에, 헬라어에서 '플레로마'($\pi\lambda\acute{\eta}\rho\omega\mu\alpha$)는 온전함 또는 보완을 의미한다. 따라서 이 구절에 대한 나의 해석은 바울은 부족한 것을 보완하고 채워넣는 방식으로 복음을 전하였다는 것이다. 즉, 바울은 자기는 다른 사람들이 전에 시작한 일을 더 확장하고 넓히는 일을 한 것이라고 말하고 있는 것이다.

20. 또 내가 그리스도의 이름을 부르는 곳에는 복음을 전하지 않기를 힘썼노니 이는 남의 터 위에 건축하지 아니하려 함이라. 바울은 로마의 성도들로 하여금 자신의 가르침을 받아들이게 하기 위해서는 자기가 그리스도의 종이자 기독 교회의 목회자라는 것을 증명할 뿐만 아니라 자신이 사도의 직무를 행해온 것임을 보여줄 필요가 있었기 때문에 여기에서 사도직의 고유한 성격이 무엇인지를 말한다. 즉, 그는 사도의 직무는 "너희는 온 천하에 다니며 만민에게 복음을 전파하라"(막 16:15)는 그리스도의 명령을 따라 아직 복음이 전해지지 않은 곳을 다니며 복음을 전파하는 것이라고 말한다. 여기에서 우리가 특별히 유념해야 할 것은, 우리는 사도 시대에 특별했던 것들을 일반적인 규범으로 생각해서는 안 되고, 교회를 세운 사람의 자리를 후계자가 대신하는 것을 잘못이라고 생각해서도 안 된다는 것이다. 그러므로 사도들은 교회를 세운 자들이었다면, 그들을 계승한 목회자들은 그들이 세워놓은 교회를 더욱 힘있고 풍성하게 하여야 할 책무가 있다. 바울이 "남의 터"라 부르는 이유는 그 "터"가 다른 사람의 손에 의해서 놓여진 것이었기 때문이다. 그리고 이 "터"는 그리스도이다. 왜냐하면, 교회가 세워지는 유일한 "터"는 오직 그리스도뿐이기 때문이다(고전 3:11; 엡 2:20).

21. 기록된 바 주의 소식을 받지 못한 자들이 볼 것이요 듣지 못한 자들이 깨달으리라 함과 같으니라. 여기에서 바울은 자신의 사도직의 증표에 대하여 앞에서 말한 것을 이사야의 예언을 통해서 확증한다. 왜냐하면, 이사야 52:15에서는 메시아의 나라에 대하여 예언하는 가운데, 특히 그 나라가 온 세상으로 확장될 것이고, 그리스도의 이름을 한 번도 들어보지 못하였던 이방인들에게 그리스도를 아는 지식이 전해지게 될 것이라고 말하고 있기 때문이다. 이 일은 사도들에 의해서 행해지는 것이 합당하였다. 왜냐하면, 그러한 명령이 특히 사도들에게 주어졌기 때문이다. 따라서 이사야의 이 예언이 바울을 통해 성취된 것이기 때문에, 그가 사도라는 것은 분명해졌다.

이 예언이 말한 것을 교회의 목회직에 적용하고자 하는 시도는 잘못된 것이다. 왜냐하면, 우리는 복음의 진리를 이미 받아서 올바르게 세워진 교회들에서는 그리스도의 이름이 계속해서 늘 선포되는 것이 마땅하다는 것을 알기 때문이다. 그러므로 바울은 아직 그리스도를 알지 못하는 이방인들에게 복음을 전해서, 그가 떠난 후에 곳곳에서 그의 가르침이 목회자들에 의해서 날마다 선포되게 하는 직무를 맡은 전도자였다. 왜냐하면, 선지자 이사야는 그리스도의 나라의 시작에 대하여 말하고 있는 것이 분명하기 때문이다.

²²그러므로 또한 내가 너희에게 가려 하던 것이 여러 번 막혔더니 ²³이제는 이 지방에 일할 곳이 없고 또 여러 해 전부터 언제든지 서바나로 갈 때에 너희에게 가기를 바라고 있었으니 ²⁴이는 지나가는 길에 너희를 보고 먼저 너희와 사귐으로 얼마간 기쁨을 가진 후에 너희가 그리로 보내주기를 바람이라(15:22-24).

22-23. 그러므로 또한 내가 너희에게 가려 하던 것이 여러 번 막혔더니 이제는 이 지방에 일할 곳이 없고 또 여러 해 전부터 언제든지 서바나로 갈 때에 너희에게 가기를 바라고 있었으니. 바울은 자신의 사도직에 대하여 앞에서 말했던 것을 이제 또다른 일, 곧 자기가 다른 이방인들에게 갔던 것처럼 그들에게도 가려고 했지만 그렇게 하지 못했던 것을 해명하는 일에 적용한다. 즉, 그는 유대 땅에서 시작해서 일루리곤에 이르기까지 복음을 전함으로써, 주님이 그에게 명하신 일을 일단락짓게 되었는데, 바로 그 일을 완수하기 위하여 로마의 성도들에게 가지 못했던 것이기 때문에, 결코 그들을 소홀히 하거나 무시해서 그런 것은 아니었다는 것이다. 바울은 자기가 로마의 성도들을 소홀히 하거나 무시했다고 그들이 생각하지 않도록 하기 위해서, 이미 오래 전부터 그들에게 가고자 하는 마음이 자신에게 간절했음을 증언함으로써 그러한 의구심을 제거한 후에, 이렇게 그가 그들에게 가는 것이 빨리 성사되지 못한 것은 그럴 만한 타당한 사정과 이유가 있었던 까닭이기 때문에, 자신에 대한 소명이 허락하는 한 빨리 그들에게 가고 싶다는 심정을 피력한다.

이 구절을 근거로 해서 바울이 서바나로 갔을 것이라고 추론하는 것은 타당하지 못하다. 왜냐하면, 그가 서바나로 가기를 바랐다는 사실을 근거로 해서 그가 실제로 거기로 갔을 것이라고 곧바로 결론을 내리는 것은 옳지 못하기 때문이다. 바울도 다른 믿음이 있는 사람들처럼 자신이 원하고 소망하던 일들이 좌절되는 것을 종종 경험했을 것이다.

24. 이는 지나가는 길에 너희를 보고 먼저 너희와 사귐으로 얼마간 기쁨을 가진 후에 너희가 그리로 보내주기를 바람이라. 여기에서 바울은 자기가 왜 오래 전부터 그들에게 가기를 바랐고, 또한 지금 그들에게 가고자 하는지 그 이유를 밝힌다.

즉, 그들과 만나서 얘기를 나누고, 사도로서의 자신을 공식적으로 그들에게 알게 하기 위한 것이 그 이유라는 것이다. 왜냐하면, 사도를 만난다는 것은 곧 복음을 만나는 것이기 때문이다.

바울은 "너희가 그리로 보내주기를 바람이라"고 말함으로써 자기가 그들의 호의(benevolentia)를 얼마나 많이 기대하고 있는지를 보여준다. 우리가 앞에서 이미 말했듯이, 이것은 상대방의 호의를 확보하는 최선의 방법이다. 왜냐하면, 사람은 남이 자기를 신뢰하면 할수록, 자신을 신뢰하는 상대방을 실망시키는 것은 악하고 무례한 것이라고 여겨서 마음에 더 큰 의무감을 느끼게 되기 때문이다. 바울은 "먼저 너희와 사귐으로 얼마간 기쁨을 가진 후에"라는 말을 덧붙임으로써, 자신의 마음이 그들에 대하여 호의를 가지고 있음을 밝힌다. 그들이 바울의 이러한 마음을 확신하는 것은 복음을 전하는 데에 꼭 필요한 것이었다.

²⁵그러나 이제는 내가 성도를 섬기는 일로 예루살렘에 가노니 ²⁶이는 마게도냐와 아가야 사람들이 예루살렘 성도 중 가난한 자들을 위하여 기쁘게 얼마를 연보하였음이라 ²⁷저희가 기뻐서 하였거니와 또한 저희는 그들에게 빚진 자니 만일 이방인들이 그들의 영적인 것을 나눠 가졌으면 육적인 것으로 그들을 섬기는 것이 마땅하니라 ²⁸그러므로 내가 이 일을 마치고 이 열매를 그들에게 확증한 후에 너희에게 들렀다가 서바나로 가리라 ²⁹내가 너희에게 나아갈 때에 그리스도의 충만한 복을 가지고 갈 줄을 아노라(15:25-29).

25-26. 그러나 이제는 내가 성도를 섬기는 일로 예루살렘에 가노니 이는 마게도냐와 아가야 사람들이 예루살렘 성도 중 가난한 자들을 위하여 기쁘게 얼마를 연보하였음이라. 바울은 그들이 자기가 즉시 올 것이라고 기대했다가 그들의 기대대로 되지 않았을 때에 속았다고 생각하지 않도록 하기 위해서, 자신이 지금 당장 해야 할 일이 무엇인지를 밝히고, 그런 사정으로 인해 그들에게 즉시 가지는 못할 것이라고 양해를 구한다. 그가 당장 해야 했던 일은 마게도냐와 아가야에서 거두어진 구제 헌금을 예루살렘에 전달하는 것이었다. 그는 이런 말을 하는 기회를 활용해서, 아울러 "마게도냐와 아가야" 지방의 교인들이 이렇게 구제 헌금을 한 것을 칭찬함으로써, 은연중에 로마의 성도들도 그러한 모범을 본받기를 바라는 마음을 전한다. 왜냐하면, 바울은 그들에게 공개적으로 요구하고 있지는 않지만, 마게도냐와

아가야 지방의 교인들이 마땅히 해야 할 일을 한 것이라고 말함으로써, 그들과 동일하게 "빚진 자"인 로마의 성도들이 어떻게 해야 마땅한지를 보여주고 있기 때문이다. 그는 고린도 교인들에게 보낸 자신의 서신 속에서는 "내가 너희를 위하여 마게도냐인들에게 아가야에서는 일 년 전부터 준비하였다는 것을 자랑하였는데 과연 너희의 열심이 퍽 많은 사람들을 분발하게 하였느니라"(고후 9:2)고 말함으로써 바로 그것이 자신의 의도였다는 것을 공개적으로 밝힌다.

사실, 헬라인들이 예루살렘에 있는 자신의 형제들이 지독한 가난 속에서 고생한다는 말을 들었을 때에 아주 멀리 떨어져 있어서 나 몰라라 할 수도 있었는데 믿음으로 하나 된 그들의 일을 마치 가까운 이웃의 일처럼 생각해서 자신의 풍부함으로 그들의 곤궁함을 덜어주고자 한 것은 보기 드문 경건함을 보여주는 일이었다. 우리는 여기에서 바울이 "나눔"(communicatio, 한글개역개정에는 "연보")이라는 단어를 사용하고 있는 것을 주목할 필요가 있다. 왜냐하면, 이 단어는 우리가 한 몸으로 하나가 되어 있는 까닭에 서로에 대하여 관심을 가지고 살피는 것이 마땅하다는 의미를 지니고 있어서, 우리가 형제들의 궁핍을 덜어주고자 할 때에 마땅히 지녀야 할 태도를 아주 잘 표현하고 있기 때문이다. 대명사 '티나'(τινά, "얼마를")는 헬라어에서 흔히 별 의미 없이 사용되고, 여기에서는 "얼마를"이라고 번역하면 도리어 이 구절의 강조점을 약화시키는 감이 없지 않아 있기 때문에, 나는 이 대명사를 번역하지 않았다. 그리고 우리가 "섬기는 일"이라고 번역한 단어는 헬라어에서는 "섬기러"라는 분사로 되어 있지만, "섬기는 일"이라고 번역하는 것이 바울의 원래 의도를 전달하는 데에 더 적합한 것으로 보인다. 왜냐하면, 그는 여기에서 자신이 꼭 해야 할 합당한 일로 인해서 로마로 즉시 가지 못하게 된 것이라고 해명하고 있는 것이기 때문이다.

27. 저희가 기뻐서 하였거니와 또한 저희는 그들에게 빚진 자니 만일 이방인들이 그들의 영적인 것을 나눠 가졌으면 육적인 것으로 그들을 섬기는 것이 마땅하니라. 바울이 여기에서 "빚"에 대하여 말하고 있는 것은 고린도 교인들이 아니라 로마의 성도들을 염두에 둔 것임은 누구나 알 수 있다. 왜냐하면, 고린도 교인들 또는 마게도냐 지방의 교인들이 로마의 성도들보다 유대인들에게 더 많은 빚을 진 것은 아니었기 때문이다. 그리고 바울은 왜 그들이 "빚진 자"인지 그 이유를 설명하는 말을 덧붙인다. 즉, 그것은 그들이 유대인들로부터 복음을 받았기 때문이라는 것이다. 여기에서 바울은 작은 것과 큰 것을 대비시키는 논증방식을 사용한다. 다른 곳에서

도 그는 동일한 논리를 사용해서, 영적인 것들을 받고서 그런 것들에 비하면 보잘 것없는 것에 불과한 육적인 것으로 보답하는 것을 부당하거나 너무 하는 일이라고 여겨서는 안 된다는 의미로 "우리가 너희에게 신령한 것을 뿌렸은즉 너희의 육적인 것을 거두기로 과하다 하겠느냐"(고전 9:11)고 말한다. 바울은 로마의 성도들이 복음의 일꾼들에게만이 아니라 그 일꾼들을 배출한 유대 민족 전체에게 빚을 진 자들이라고 말함으로써 복음의 가치(evangelii pretium)가 얼마나 엄청난 것인지를 보여준다.

동사 '레이투르게사이'(λειτουργῆσαι, "섬기다")를 주목하라. 이 단어는 나라에서 맡긴 임무를 수행하고 자신의 소명으로 말미암은 책임을 완수하는 것을 의미한다. 또한, 이 단어는 종종 거룩한 일들에도 적용된다. 바울은 믿는 자들이 자신의 소유를 내놓아서 형제들의 궁핍을 덜어주는 일을 일종의 제사라고 생각했다는 것을 나는 의심하지 않는다. 왜냐하면, 그들은 그렇게 함으로써 그들에게 부과된 사랑의 의무 내지 본분을 행함으로써 하나님께서 받으실 만한 향기로운 제사를 드리는 것이기 때문이다. 그러나 이 구절에서 바울이 특히 염두에 두고 있었던 것은 믿는 자들은 나눔을 통해 서로를 보완하고 보충해 주어야 한다는 법칙이었다.

28. 그러므로 내가 이 일을 마치고 이 열매를 그들에게 확증한 후에 너희에게 들렀다가 서바나로 가리라. 나는 바울이 여기에서 옛 사람들이 어떤 것을 안전하게 보관하고자 할 때에 그것에 인을 쳐서 봉했던 관행을 염두에 두고 말을 하고 있는 것이라고 생각하는 이들의 견해에 동의한다. 이런 식으로 바울은 자신이 신실하고 부끄러울 것이 아무것도 없음을 보여준다. 즉, 그는 자신에게 맡겨진 돈을 마치 인봉하듯이 정직하게 맡아서 전달할 것이라고 말한 것과 같다. "열매"라는 단어를 통해서 바울은 자기가 앞서 말했듯이, 마치 땅이 열매를 내어서 그 경작자에게 보답하는 것과 마찬가지로, 이 구제 헌금이 복음을 이방인들에게 전해준 유대인들에 대한 보답으로서의 결과물이라는 의미를 나타내고자 한 것으로 보인다.

29. 내가 너희에게 나아갈 때에 그리스도의 충만한 복을 가지고 갈 줄을 아노라. 이 구절은 두 가지로 설명될 수 있다. 하나는 바울이 로마에서 복음이 일구어낸 풍성한 열매를 발견하게 될 것이라는 의미로 해석하는 것이다. 왜냐하면, 복음의 "복"은 선한 일들이라는 열매를 맺는 데에 있기 때문이다. 어떤 이들은 이것을 구제로 국한시키지만, 나는 그런 견해에는 동의하지 않는다. 다른 하나는 바울이 자기가 로마의 성도들에게 가는 것을 그들로 더욱 바라고 사모하게 하기 위하여, 자신이 괜

히 그들에게 가는 것이 아니라, 자기가 그들에게 가면 그가 "충만한 복"을 그들에게 전해줌으로써 복음을 크게 진보시키게 될 것을 기대한다고 말하고 있는 것으로 해석하는 것이다. 그는 "충만한 복"을 "복의 충만함"으로 표현하고 있는데, 여기에서 "충만함"은 큰 결실을 맺는 것을 의미한다. 그러나 이 복은 바울의 사역과 그들의 믿음이 서로 합쳐져야 가능한 일이었기 때문에, 바울은 그들이 흔쾌히 복음을 받고자 하는 마음의 준비가 되어 있기만 한다면, 자기에게 주어진 은혜로 그들을 실망시키지 않을 것인 까닭에, 자기가 그들에게 가는 것이 결코 헛되지 않을 것이라고 약속하고 있는 것이다.

전자의 설명이 좀 더 일반적으로 받아들여져 왔고, 내가 보기에도 가장 좋은 설명인 것으로 보인다. 즉, 여기에서 바울은 자기가 그들에게 갔을 때에 자신이 간절히 원했던 것, 즉 복음이 그들 가운데서 흥왕하고 분명한 열매를 맺고 있어서 그들이 거룩함을 비롯한 온갖 미덕에서 풍성하고 뛰어난 것을 보게 되기를 소망하는 심정을 피력하고 있다는 것이다. 왜냐하면, 바울은 자기가 그들에게 가기를 원하는 이유를 밝히면서, 자신은 그들 가운데서 복음의 온갖 영적인 부요들이 풍성한 것을 보고서 큰 기쁨을 누리게 되기를 소망한다고 말했기 때문이다.

³⁰형제들아 내가 우리 주 예수 그리스도와 성령의 사랑으로 말미암아 너희를 권하노니 너희 기도에 나와 힘을 같이하여 나를 위하여 하나님께 빌어 ³¹나로 유대에서 순종하지 아니하는 자들로부터 건짐을 받게 하고 또 예루살렘에 대하여 내가 섬기는 일을 성도들이 받을 만하게 하고 ³²나로 하나님의 뜻을 따라 기쁨으로 너희에게 나아가 너희와 함께 편히 쉬게 하라 ³³평강의 하나님께서 너희 모든 사람과 함께 계실지어다 아멘(15:30-33).

30. 형제들아 내가 우리 주 예수 그리스도와 성령의 사랑으로 말미암아 너희를 권하노니. 우리는 신약의 많은 구절들을 통해서, 바울이 마치 유대인들에게 모세를 버려야 한다고 가르친 것처럼 잘못된 소문이 나서, 자신의 동족으로부터 얼마나 심하게 미움을 받고 있었는지를 잘 안다. 바울은 특히 맹목적이고 무분별한 열심에 사로잡힌 자들이 무죄한 그에 대하여 얼마나 심한 비방으로 중상모략 하고 있는지를 잘 알고 있었다. 게다가, 바울은 사도행전 20:23에 기록되어 있는 성령의 증언도 알고 있었다. 그 구절에 의하면, 성령은 예루살렘에서 "결박과 환난"이 바울을 기다

린다고 미리 경고하였다. 그러나 바울은 자신에게 위험이 닥칠 것을 알면 알수록 그런 위험을 감수하고라도 이 일을 하고자 하는 마음이 더욱 간절해졌다. 이것은 바울이 왜 교회들에게 자신이 무사히 다녀올 수 있도록 기도해 달라고 간곡하게 당부하고 있는지를 설명해 준다. 그가 이렇게 자신의 안위에 대하여 신경을 쓰는 것은 자신의 안위가 교회의 위험과 직결되어 있었던 까닭이기 때문에, 우리는 그것을 이상하게 여겨서는 안 된다.

그러므로 바울은 "그리스도"라는 말에 성도들이라면 마땅히 서로에 대하여 지니고 있어야 하는 "성령의 사랑"이라는 말을 덧붙여서 간곡하게 권하고 부탁함으로써 자신의 경건한 심령이 얼마나 괴롭고 답답한지를 보여준다. 그러나 그러한 큰 두려움 속에서도 그는 계속해서 자신의 길을 중단 없이 가고자 한다. 그는 위험을 피하고자 하지 않았고, 기꺼이 그 위험을 정면으로 맞이하고자 하는 한편, 아울러 하나님께서 주신 수단들을 의지하고자 하였다. 즉, 그는 교회들의 도움을 요청한다. 그는 교회들의 기도의 도움을 받아서 주님이 주신 약속을 따라 위로를 받고자 하였다: "두세 사람이 내 이름으로 모인 곳에는 나도 그들 중에 있느니라"(마 18:20); "진실로 다시 너희에게 이르노니 너희 중의 두 사람이 땅에서 합심하여 무엇이든지 구하면 하늘에 계신 내 아버지께서 그들을 위하여 이루게 하시리라"(마 18:19). 바울은 아무도 자신의 기도 부탁을 의례적인 것으로 치부해 버리지 않도록 하기 위하여 "그리스도"만이 아니라 "성령의 사랑"까지 언급하면서 간곡히 당부한다. "성령의 사랑"은 그리스도께서 우리에게 "성령의 사랑"으로 하나 되고 연합하라고 명하셨을 때의 바로 그 사랑이다. 왜냐하면, 성령의 사랑은 육신이나 세상으로부터 오는 것이 아니라, 우리를 하나로 묶는 끈(vinculum)인 성령으로부터 오기 때문이다.

믿는 자들의 중보기도를 통해 도움을 받는 것은 하나님의 지극히 뛰어난 도구였던 바울조차도 그런 특권을 무시하거나 소홀히 하는 것은 옳지 않다고 생각했을 정도로 하나님이 주신 지극히 큰 은총이기 때문에, 우리 같이 하찮고 무가치한 자들이 그런 특권을 무시한다면, 그것은 얼마나 우매한 일이겠는가. 그러나 죽은 성도들의 중보기도의 효력을 주장하기 위해서 이런 구절들을 증거본문으로 이용하는 것은 정말 뻔뻔스럽고 후안무치한 일이다.

너희 기도에 나와 힘을 같이하여 나를 위하여 하나님께 빌어. "나의 수고에 너희가 나를 도와"라는 에라스무스의 번역도 괜찮긴 하지만, 바울이 사용한 헬라어 본문은 그런 번역보다 더 강한 의미를 지니고 있기 때문에, 나는 문자 그대로 직역하는 쪽을 택하였다. 왜냐하면, 바울은 '쉰아고니사스타이'(συναγωνίσασθαι, "함께 싸워," 한글개역개정에는 "힘을 같이하여")라는 단어를 통해서 자신이 어떠한 어려움들에 의해서 눌려 있는지를 간접적으로 보여주는 한편, 그들에게 이 싸움에서 자기를 도와 달라고 부탁하는 것을 통해서, 경건한 자들이 형제들의 어려움을 자신의 일인 것처럼 여겨서 그것을 위해 기도하는 것이 마땅하다는 것을 보여주고, 아울러 자신의 형제를 하나님께 부탁하는 기도는 그 형제의 괴로움 중 일부를 자신이 담당해서 그 형제의 어려움을 덜어주는 효력이 있음을 보여주기 때문이다. 우리의 힘이 하나님께 기도하는 것으로부터 오는 것이라면, 우리가 형제들에게 힘을 보태주는 가장 좋은 방법은 그들을 위해 하나님께 기도하는 것이다.

31-32. 나로 유대에서 순종하지 아니하는 자들로부터 건짐을 받게 하고 또 예루살렘에 대하여 내가 섬기는 일을 성도들이 받을 만하게 하고 나로 하나님의 뜻을 따라 기쁨으로 너희에게 나아가 너희와 함께 편히 쉬게 하라. 당시에 바울의 대적들의 비방과 중상모략은 사람들에게 아주 잘 먹혀들어갔기 때문에, 바울은 자기가 가져가는 구제 헌금이 아주 적절한 때에 예루살렘 성도들에게 전해져서 그들이 큰 고통에서 벗어날 수 있게 되어야 함에도 불구하고, 심지어 그들조차도 바울의 손에서 그 헌금을 받고자 하지 않는 일이 벌어지지는 않을지 염려할 정도였다. 이것은 바울의 놀라운 온유함을 보여준다. 왜냐하면, 그는 자기를 환영할지 않을지도 모르는 그런 사람들을 위해서 자신의 목숨을 걸고 수고하는 것을 그치지 않았기 때문이다. 우리는 바울의 그러한 마음가짐을 본받아서, 우리에게 감사하지 않을지도 모르는 그런 사람들에 대해서도 선한 일을 하기를 그치지 않는 것이 마땅하다. 또한, 우리가 주목해야 할 것은 바울은 그를 의심해서 퇴짜를 놓을지도 모르는 예루살렘의 그리스도인들을 "성도"라는 호칭으로 높여 부르고 있다는 것이다. 그는 성도들도 종종 거짓 비방에 휘둘려서 다른 사람들에 대하여 좋지 않은 감정을 품을 수도 있다는 것을 알고 있었고, 예루살렘 교인들이 자기를 부당하게 대하고 있다는 것도 알고 있었지만, 그들을 높여 부르며 그들에 대하여 좋게 말하는 것을 그치지 않았다.

바울은 "나로 너희에게 나아가"라는 말을 덧붙임으로써, 그러한 중보기도가 그들에게도 유익이 되리라는 것, 즉 자기가 유대 땅에서 죽임을 당하지 않는 것이 그들에게도 중요한 일이라는 것을 보여준다. "기쁨으로"라는 표현도 동일한 취지를 지닌다. 왜냐하면, 바울이 모든 걱정과 근심에서 벗어나 즐겁고 기쁜 마음으로 그들에게로 가서 좀 더 큰 열심으로 활기차게 그들 가운데서 수고하는 것이 그들에게 유익이 될 것이기 때문이다. 그리고 바울은 "함께 편히 쉬게 하라"는 말을 통해서 자기가 그들의 형제애에 대하여 얼마나 전적으로 확신하고 있는지를 다시 한 번 보여 준다. "하나님의 뜻을 따라"라는 어구는 우리가 기도에 힘쓰는 것이 얼마나 절실하게 필요한 일인지를 일깨워 준다. 왜냐하면, 오직 하나님만이 자신의 섭리를 통해서 우리의 모든 길을 지도하시기 때문이다.

33. 평강의 하나님께서 너희 모든 사람과 함께 계실지어다. 나는 바울이 "너희 모든 사람"이라는 포괄적인 표현을 통해서, 단지 하나님께서 로마의 성도들과 함께 하시고 그들에게 은총을 주시라고 기도한 것이 아니라, 그들 한 사람 한 사람을 다스리시고 인도하시기를 기도한 것이라고 본다. 또한, 나는 "평강"이라는 단어는 로마의 성도들이 당시에 처해 있던 상황을 고려한 것으로서, "평강"의 원천이신 하나님께서 그들을 온전히 지켜 주시기를 기도하는 의미가 담겨 있다고 생각한다.

제16장

[1]내가 겐그레아 교회의 일꾼으로 있는 우리 자매 뵈뵈를 너희에게 추천하노니 [2]너희는 주 안에서 성도들의 합당한 예절로 그를 영접하고 무엇이든지 그에게 소용되는 바를 도와 줄지니 이는 그가 여러 사람과 나의 보호자가 되었음이라 [3]너희는 그리스도 예수 안에서 나의 동역자들인 브리스가와 아굴라에게 문안하라 [4]그들은 내 목숨을 위하여 자기들의 목까지도 내놓았나니 나뿐 아니라 이방인의 모든 교회도 그들에게 감사하느니라 [5]또 저의 집에 있는 교회에도 문안하라 내가 사랑하는 에배네도에게 문안하라 그는 아시아에서 그리스도께 처음 맺은 열매니라 [6]너희를 위하여 많이 수고한 마리아에게 문안하라 [7]내 친척이요 나와 함께 갇혔던 안드로니고와 유니아에게 문안하라 그들은 사도들에게 존중히 여겨지고 또한 나보다 먼저 그리스도 안에 있는 자라 [8]또 주 안에서 내 사랑하는 암블리아에게 문안하라 [9]그리스도 안에서 우리의 동역자인 우르바노와 나의 사랑하는 스다구에게 문안하라 [10]그리스도 안에서 인정함을 받은 아벨레에게 문안하라 아리스도불로의 권속에게 문안하라 [11]내 친척 헤로디온에게 문안하라 나깃수의 가족 중 주 안에 있는 자들에게 문안하라 [12]주 안에서 수고한 드루배나와 드루보사에게 문안하라 주 안에서 많이 수고하고 사랑하는 버시에게 문안하라 [13]주 안에서 택하심을 입은 루포와 그의 어머니에게 문안하라 그의 어머니는 곧 내 어머니니라 [14]아순그리도와 블레곤과 허메와 바드로바와 허마와 및 그들과 함께 있는 형제들에게 문안하라 [15]빌롤로고와 율리아와 또 네레오와 그의 자매와 올름바와 그들과 함께 있는 모든 성도에게 문안하라 [16]너희가 거룩하게 입맞춤으로 서로 문안하라 그리스도의 모든 교회가 다 너희에게 문안하느니라(16:1-16).

1-2. 내가 겐그레아 교회의 일꾼으로 있는 우리 자매 뵈뵈를 너희에게 추천하노니 너희는 주 안에서 성도들의 합당한 예절로 그를 영접하고 무엇이든지 그에게 소용되는 바를 도와 줄지니 이는 그가 여러 사람과 나의 보호자가 되었음이라. 이 장의 상당 부분은 문안인사들로 되어 있고, 그 문안인사들을 이해하는 데에는 아무런

어려움도 없기 때문에, 그것들을 설명하는 데에 많은 시간을 할애하는 것은 쓸데없는 일이다. 따라서 나는 좀 더 보충해서 설명할 필요가 있는 부분들만을 다루고자 한다.

바울은 가장 먼저 로마의 성도들에게 "뵈뵈"를 추천하는데, 뵈뵈는 바울이 쓴 이 서신을 로마의 성도들에게 전달한 인물이다. 바울은 먼저 그녀의 직분을 들어서 그녀를 추천한다. 즉, 그녀는 교회에서 매우 존귀하고 거룩한 사역을 하였다는 것이다. 다음으로, 그는 그들이 그녀를 온갖 "합당한 예절로" 영접해야 하는 또다른 이유를 덧붙이는데, 그것은 그녀가 언제나 모든 경건한 자들을 돕는 일에 헌신해 왔다는 것이다. 그러므로 바울은 그녀가 겐그레아 교회의 일꾼인 까닭에 그들이 주 안에서 그녀를 영접하는 것이 마땅하다고 말한 후에, 그것이 "성도들의 합당한 예절"이라는 말을 덧붙임으로써, 만일 그들이 그녀를 예를 갖추어 영접하고 호의를 베풀지 않는다면, 그것은 그리스도의 종들에게 합당한 태도가 아님을 보여준다. 우리는 그리스도의 모든 지체들을 사랑으로 보듬을 뿐만 아니라, 교회에서 공적인 직분을 맡아 행하는 자들에게는 특별한 사랑과 존경을 보이는 것이 합당하다. 게다가, 뵈뵈는 모든 형제들을 언제나 호의로 대해 왔기 때문에, 바울은 그녀와 관련된 모든 일에서 그들이 그녀에게 도움과 조력을 제공하여 보답하라고 명한다. 사람들에게 늘 호의를 베푸는 성품을 타고난 자가 도움을 필요로 할 때에 그 도움을 거절하는 것은 예의에 어긋나는 일이다. 바울은 로마의 성도들이 자기가 앞서 말한 대로 뵈뵈에게 대해 주도록 더욱 격려하기 위해서 그녀가 도움을 준 사람들 속에 자신도 포함시킨다.

바울은 여기에서 뵈뵈와 관련하여 말하고 있는 사역을 디모데전서 5:9에서도 언급한다. 가난한 성도들은 교회의 재정으로 부양을 받았고, 교회에서 공적인 직분을 맡은 사람들이 그들을 돌보았기 때문에, 교회는 가사일에서 자유롭고 자녀 양육의 책임에서 벗어나 자들로서 교회의 일들을 하며 전적으로 하나님을 섬기고자 하는 과부들 가운데서 일부를 뽑아 그 일을 맡겼다. 따라서 마치 고용된 자가 자신의 일을 자기 마음대로 행하는 것을 포기하는 것과 마찬가지로, 이 직분을 맡은 자들도 자신의 개인적인 삶을 완전히 버리고 전적으로 이 일에 헌신하였다. 그래서 사도는 이 직분을 맡았다가 나중에 그만두는 것을 "믿음을 저버린" 것이라고 말하면서(딤전 5:12), 이 직분을 맡은 자들은 계속해서 과부로 살아가는 것이 마땅하기 때문에, "나이가 육십이 덜 된" 자들은 일생 동안 독신으로 살아가겠다는 서약을 깨뜨릴 위험이 있어서 좋지 않다는 이유로, 육십 살 이상 된 과부들 중에서 이 직분을 맡을 자를 선발하라고 명한다. 교회에 매우 유익하였던 이 지극히 거룩한 직분은 교회가 부패하고 타락하면서 무익한 수녀회로 변질되었다. 수녀회는 처음부터 부패하였고 하나님의 말씀에 어긋나는 것이었지만, 그후로 원래의 목적으로부터도 완전히 멀어져서 결국 순결과 정절의 성소인 수녀회들 중 일부는 창기의 집과 다름없이 되어 버렸다.

3. 너희는 그리스도 예수 안에서 나의 동역자들인 브리스가와 아굴라에게 문안하라. 바울이 여기에서 행하고 있는 몇몇 개인들에 대한 증언들은 한편으로는 정직하고 올바르게 존경 받을 만한 삶을 사는 자들을 높임으로써 정직하고 올바른 삶 자체를 높이고, 다른 사람들보다 더 선한 삶을 살 수 있고 또한 그렇게 살고자 하는 자들에게 권위를 부여하고자 하는 것이고, 다른 한편으로는 그들로 하여금 지금까지 살아왔던 대로 그렇게 계속해서 살도록 격려함으로써 그들의 경건의 여정이 실패하지 않으며 그들의 경건한 열심이 결코 쇠하지 않게 하기 위한 것이다.

바울이 여기에서 브리스가와 아굴라에게 특별한 존귀를 돌리는데, 특히 브리스가가 여자라는 점에서 이것은 더욱 특별하다. 이것은 이 거룩한 사도의 겸손함을 한층 더 분명하게 드러내 준다. 왜냐하면, 그는 주의 일을 하면서 한 여자를 자신의 "동역자"로 함께 하는 것을 거절하지 않았고, 이 여자가 자신의 동역자임을 인정하기를 부끄러워하지 않기 때문이다. 그녀는 아굴라의 아내였고, 누가는 그녀를 "브리스길라"라 부른다(행 18:2).

4. 그들은 내 목숨을 위하여 자기들의 목까지도 내놓았나니 나뿐 아니라 이방인의 모든 교회도 그들에게 감사하느니라. 브리스가와 아굴라는 바울의 목숨을 구하기 위해서 자신의 목숨도 아끼지 않았기 때문에, 그는 개인적으로도 그들에게 감사한다고 말하면서, 그리스도의 모든 교회가 그들에게 감사하였다는 말도 덧붙인다. 바울이 이 말을 덧붙이는 것은 그러한 모범을 통해서 로마의 성도들이 느끼는 바가 있게 하기 위한 것이다. 바울은 다른 어느 것에 비할 수 없는 보화였기 때문에, 모든 이방인들은 그의 목숨을 아끼고 소중히 여겼다. 그러므로 "이방인의 모든 교회"가 바울을 안전하게 지켜준 자들에게 빚을 졌다고 느낀 것은 이상한 일이 아니었다.

5. 또 저의 집에 있는 교회에도 문안하라. 바울이 "그들의 집에 있는 교회"에 관한 말을 덧붙이고 있는 것은 주목할 만하다. 왜냐하면, 그가 그들의 권속을 "교회"라는 이름으로 부르는 것은 그들의 권속에게 더할 나위 없이 영광스러운 일이기 때

문이다. 에라스무스는 "회중"이라고 번역하지만, 나는 거기에 동의하지 않는다. 왜냐하면, 바울이 그들의 권속을 높이고 존귀를 더하기 위하여 "교회"라는 거룩한 이름을 사용했다는 것이 너무나 분명하기 때문이다.

내가 사랑하는 에배네도에게 문안하라 그는 아시아에서 그리스도께 처음 맺은 열매니라. 바울은 여기에서 율법 의식들을 염두에 두고서 이 말을 하고 있다. 왜냐하면, 사람은 믿음으로 말미암아 하나님에 대하여 거룩하게 되는 까닭에, 다른 사람들보다 먼저 처음으로 자신을 드리는 자들은 "처음 맺은 열매"(primitiae)라 불리는 것이 합당하기 때문이다. 바울은 남들보다 먼저 처음으로 그리스도를 믿은 자들을 첫 열매라 부르면서 특별한 존귀를 더하고 있는 것이다. 그러나 비록 남들보다 먼저 믿었다고 해도 끝까지 그 믿음을 지킬 때에만 이러한 존귀도 유지될 수 있다. 어떤 사람들이 하나님에 의해서 첫 열매로 선택받는 것이 대단한 존귀라는 것은 의심의 여지가 없다. 처음으로 믿은 자들이 이 믿음의 길을 지치지 않고 달려가면, 세월이 흐를수록 그 믿음은 더 온전하고 풍성하게 연단된다.

6. 너희를 위하여 많이 수고한 마리아에게 문안하라. 바울은 마리아가 그에게 베풀어 준 호의를 기억하며 감사의 말을 계속해서 이어간다. 그가 이렇게 여러 사람들을 칭찬하는 이유는 그들을 로마의 성도들에게 추천하기 위한 것이다.

7. 내 친척이요 나와 함께 갇혔던 안드로니고와 유니아에게 문안하라 그들은 사도들에게 존중히 여겨지고 또한 나보다 먼저 그리스도 안에 있는 자라. 바울은 친척 관계를 비롯해서 육신에 속한 것들을 중시하지 않지만, 유니아와 안드로니고에 대한 자신의 관계는 그들을 로마의 성도들에게 추천하는 데에 도움이 될 수 있었기 때문에, 여기에서 그러한 점을 언급하는 것도 소홀히 하지 않는다. 하지만 그가 그들을 "나와 함께 갇혔던" 사람들이라고 소개하는 말에 더 큰 무게가 실려 있다. 왜냐하면, 그리스도를 위하여 싸운 것과 관련된 영광스러운 일들 중에서 그리스도를 위하여 갇힌 것은 결코 작은 영광이라고 할 수 없기 때문이다. 세 번째로 바울은 그들을 사도들이라 부른다. 초대 교회에서는 한 교회에서만 가르치는 것이 아니라 여러 곳을 돌아다니며 복음을 전파하는 일에 힘쓰는 자들은 원래의 일반적인 의미에서가 아니라 좀 더 넓은 의미에서 "사도들"이라 불렸다. 그러므로 이 구절에서 바울은 그들이 여기저기에서 구원의 가르침을 전하여 교회들을 세운 자들이었기 때문에 넓은 의미에서 "사도들"이라고 부르고 있는 것이다. 왜냐하면, 그는 다른 곳에서는 이 칭호를 그리스도께서 처음에 세우신 열두 제자를 지칭하는 데만 사용하기 때

문이다. 만일 바울이 이러한 원래의 의미에서의 "사도"라는 칭호를 여기에서 그가 언급한 사람들에게 사용하고 있는 것이라면, 그것은 어처구니없는 일이 될 것이다. 그러나 안드로니고와 유니아는 바울보다 먼저 믿음으로 복음을 받아들인 자들이었기 때문에, 바울은 그들을 자기보다 높이는 것을 주저하지 않는다.

11. 나깃수의 가족 중 주 안에 있는 자들에게 문안하라. 만일 당시에 베드로가 로마에 있었는데도, 바울이 이 긴 명단 속에서 베드로를 언급하지 않고 그냥 넘어간 것이라면, 그것은 합당하지 않은 일이었을 것이다. 그런데 로마 가톨릭의 주장대로라면, 베드로는 당시에 로마에 있었어야 한다. 그러나 의심스러운 일들에 있어서는 가장 유력한 추정을 따르는 것보다 더 좋은 것은 없기 때문에, 공정하게 판단하는 자라면 아무도 로마 가톨릭의 주장이 옳다고 믿을 수 없을 것이다. 왜냐하면, 앞에서 말했듯이, 만일 베드로가 당시에 로마에 있었다면, 바울이 베드로를 여기에서 언급하지 않았을 리가 없기 때문이다.

또한, 우리가 주목할 것은 우리는 이 명단 속에서 로마의 고위층이 그리스도인들이었을 것이라고 추정할 수 있을 만한 굉장한 직함들에 대해서 아무것도 들을 수 없다는 것이다. 즉, 바울이 여기에서 언급하고 있는 모든 사람들은 로마에서 별 이름도 없는 비천한 사람들이기 때문이다. 나는 바울이 여기에서 언급하는 "나깃수"는 클라우디우스(Claudius)의 자유인으로서 수많은 범죄와 악행으로 악명 높은 인물이었다. 온갖 악이 만연되어 있던 저 추악한 집에까지 하나님의 선하심이 침투해 들어갔다는 것은 참으로 놀랍고 기이한 일이 아닐 수 없다. 나깃수 자신이 그리스도께로 회심한 것은 아니었지만, 지옥 같은 집에 그리스도의 은혜가 임한 것은 정말 대단한 일이었다. 그 집의 종들은 비록, 역겨운 포주이자 탐욕스러운 강도였고 사람들 중에서 가장 타락한 주인 아래에서 살고 있었음에도 불구하고 순결하게 그리스도를 섬기고 있었기 때문에 자신의 주인을 섬기는 종들이 아니라 그리스도를 따르는 종들이 될 수 있었다. 바울이 "나깃수의 가족 중 주 안에 있는 자들"이라고 말한 것은 나깃수의 권속들 중에서 믿는 자들은 소수였음을 보여준다.

16. 너희가 거룩하게 입맞춤으로 서로 문안하라 그리스도의 모든 교회가 다 너희에게 문안하느니라. 성경의 많은 부분을 보면, "입맞춤"은 유대인들 가운데서 우애를 표현하는 통상적이고 관행적인 방식이었음이 분명하다. 로마인들 사이에서는 이러한 관습이 일반화되어 있지는 않았지만, 심심치 않게 행해졌고, 단지 상대방이 여자인 경우에는 친척 관계에서만 입맞춤이 허용되었다. 그러나 그리스도인들이

애찬에 참여하기 전에 우애의 표현으로 서로에게 입맞춤을 하였고, 그런 후에 자신이 입맞춤을 통해서 표현한 우애를 구체적으로 확증하기 위하여 자기가 가져온 것들을 내놓고 함께 애찬을 행하는 것이 관행으로 정착되었다. 이 모든 것은 크리소스토무스의 한 강해설교에 분명하게 드러나 있다. 이것으로부터 교황주의자들이 오늘날 성체를 담은 쟁반에 입맞춤하고 난 후에 성체를 봉헌하는 관행이 생겨났지만, 성반(聖盤)에 입맞춤하는 것은 아무런 유익도 없는 미신에 불과하고, 성체를 봉헌하는 것은 사제들의 탐욕을 충족시키는 행위일 뿐이다.

그러나 바울은 여기에서 적극적으로 어떤 종류의 의식을 행하라고 명하는 것으로는 보이지 않고, 단지 그들에게 형제애를 소중히 여기도록 권면하고 있는 것이다. 그는 이 입맞춤을 세상의 속된 우애와 구별한다. 세상의 우애는 대체로 가식적이거나 악한 의도로 이루어지고 결코 그 어떤 선한 것도 지향하지 않는다. 바울은 교회들로부터의 문안인사를 로마의 성도들에게 전함으로써 그리스도의 모든 지체들을 사랑의 띠로 한데 묶기 위해 자신이 할 수 있는 모든 것을 다 하고자 한다.

[17]형제들아 내가 너희를 권하노니 너희가 배운 교훈을 거슬러 분쟁을 일으키거나 거치게 하는 자들을 살피고 그들에게서 떠나라 [18]이같은 자들은 우리 주 그리스도를 섬기지 아니하고 다만 자기들의 배만 섬기나니 교활한 말과 아첨하는 말로 순진한 자들의 마음을 미혹하느니라 [19]너희의 순종함이 모든 사람에게 들리는지라 그러므로 내가 너희로 말미암아 기뻐하노니 너희가 선한 데 지혜롭고 악한 데 미련하기를 원하노라 [20]평강의 하나님께서 속히 사탄을 너희 발 아래에서 상하게 하시리라 우리 주 예수의 은혜가 너희에게 있을지어다(16:17-20).

17. 형제들아 내가 너희를 권하노니 너희가 배운 교훈을 거슬러 분쟁을 일으키거나 거치게 하는 자들을 살피고 그들에게서 떠나라. 바울은 이제 종종 모든 교회를 분발하게 하는 데에 필요한 권면을 제시한다. 왜냐하면, 사탄의 일꾼들은 그리스도의 나라를 어지럽히기 위한 기회를 늘 호시탐탐 노리고 있기 때문이다. 그들은 두 가지 방식으로 그리스도의 나라를 어지럽히고자 한다. 하나는 "분쟁"을 일으켜서 그리스도인들 가운데 불화를 심어 그 마음이 진리의 하나 됨에서 떠나게 하는 것이고, 다른 하나는 "거치게 하는" 것들을 그리스도인들 앞에 놓아서 그들을 복음을 사랑하는 것에서 멀어지게 만드는 것이다. 전자는 하나님의 진리에 사람들이 고안해

낸 새로운 가르침들을 뒤섞을 때에 일어나고, 후자는 여러 가지 술수를 통해서 복음에 대한 혐오감이나 경멸을 불러일으킬 때에 생겨난다. 그러므로 바울은 이 두 가지를 하는 모든 자들을 유의해서 잘 살핌으로써 그들이 부주의한 자들을 미혹시키지 못하도록 하고, 또한 그런 자들은 해악을 끼치는 자들인 까닭에 그들을 피하라고 명한다. 바울이 믿는 자들에게 이러한 주의를 주는 데에는 그럴 만한 이유가 있었다. 왜냐하면, 우리가 방심하거나 부주의함으로 말미암아 그러한 악한 자들이 교회에 큰 해악을 가하고, 우리는 그런 일이 일어난 후에야 비로소 알게 되는 일이 자주 일어나기 때문이다. 우리가 정신 차리고 주의해서 깨어 있지 않으면, 그들은 놀라울 정도로 교묘하게 침투해 들어와서 교회에 큰 해악을 끼친다.

그러나 우리가 유의할 것은 바울은 하나님의 순전한 진리로 가르침을 받은 자들에게 이 말을 하고 있다는 것이다. 그리스도의 진리 안에서 하나가 되어 있는 자들을 분열시키고자 하는 것은 불경스럽고 신성모독적인 시도이다. 그러나 평화와 연합이라는 미명 하에 거짓들과 불경한 가르침들 안에서의 연합을 옹호하고자 하는 것은 뻔뻔스러운 술수일 뿐이다. 그러므로 교황주의자들이 이 구절을 근거로 해서 사람들에게서 우리에 대한 반감을 부추기는 것은 아무런 근거가 없다. 왜냐하면, 우리가 공격해서 무너뜨리고자 하는 것은 그리스도의 복음이 아니라 지금까지 복음을 가려 왔던 마귀의 거짓된 술수들이기 때문이다. 바울은 자기가 온갖 종류의 불화를 다 정죄하는 것이 아니라, 정통적인 신앙 안에서의 일치와 연합을 파괴하는 그런 "분쟁들"만을 정죄하는 것임을 분명히 보여준다. 왜냐하면, 로마의 성도들은 복음으로 올바르게 가르침 받기 전에 그들의 조상들의 관습과 제도들로부터 떠나야 했던 까닭에 그런 과정에서 분쟁은 필연적이었을 것이기 때문이다. 따라서 이 구절의 핵심은 "너희가 배운"이라는 말에 있다.

18. 이같은 자들은 우리 주 그리스도를 섬기지 아니하고 다만 자기들의 배만 섬기나니 교활한 말과 아첨하는 말로 순진한 자들의 마음을 미혹하느니라. 바울은 거짓 선지자들을 그리스도의 종들을 구별하는 데에 영속적인 표지(nota)가 되는 것을 여기에서 언급하는데, 그것은 거짓 선지자들은 그리스도를 영화롭게 하는 데에는 관심이 없고 오직 자신의 배를 채우는 데에만 관심이 있다는 것이다. 하지만 그들은 속임수를 써서 마치 전혀 다른 사람처럼 위장해서 자신의 악을 숨기고 교묘하게 침투하는 까닭에, 바울은 아무도 그들에게 속아넘어가는 일이 생기지 않도록 하기 위해서, 그들이 사용하는 수법들을 지적한다. 즉, 그들은 듣기 좋은 부드러운 말

(blandiloquentia)로 사람들의 호감을 얻어낸다는 것이다. 물론, 복음을 전하는 자들도 공손하고 예의바른 말을 하기는 하지만 거기에는 정직성이 결합되어 있어서, 거짓된 칭찬으로 사람들을 기분좋게 하거나 사람들의 악한 것들을 두둔하여 비위를 맞추는 식으로 호감을 사고자 하지 않는다. 그러나 거짓된 자들은 듣기 좋은 아첨하는 말로 사람들의 마음을 얻고자 할 뿐만 아니라 사람들의 악에 눈을 감고 관대하게 받아줌으로써 사람들을 자기에게 붙들어 두고자 한다. 바울은 그러한 속임수들을 피하기에 충분할 정도로 조심하거나 주의하지 않는 자들을 "순진한 자들"이라 부른다.

19. 너희의 순종함이 모든 사람에게 들리는지라 그러므로 내가 너희로 말미암아 기뻐하노니 너희가 선한 데 지혜롭고 악한 데 미련하기를 원하노라. 이 구절은 혹시 있을지도 모를 반감을 무마하기 위한 것이다. 즉, 바울은 자기가 마치 그들에 대하여 어떤 불신이 있어서가 아니라 그들에게도 넘어지는 일이 쉽게 일어날 수 있기 때문에 경고하고 경계한 것임을 보여준다. 그는 이렇게 말한 것과 같다: "너희의 순종이 모든 곳에서 칭찬을 받고 있고, 그런 까닭에 나는 너희의 그런 모습으로 인하여 기뻐한다. 하지만 순진해서 넘어지는 일이 심심치 않게 일어나기 때문에, 나는 너희가 악을 행하는 데에는 미숙하고 순진하며 선을 행하는 데에는 필요할 때마다 지극히 지혜로워서 너희의 순전한 믿음이 그대로 유지되기를 바란다."

우리는 여기에서 바울이 그리스도인들이 지녀야 할 것으로 상찬하고 있는 순진함(simplicitas)이 무엇인지를 알 수 있기 때문에, 오늘날 하나님의 말씀에 대한 우매할 정도의 무지를 지극한 미덕으로 여기는 자들이 그 무지를 순진함이라고 주장할 근거는 전혀 없다. 왜냐하면, 바울은 로마의 성도들이 순종적이고 가르침을 잘 받아들이는 자들이라고 칭찬하고 있음에도 불구하고, 그들이 무엇이든 쉽게 믿고 받아들이기만 한다면 거짓 술수들에 속아넘어가게 될 것이기 때문에, 그렇게 되지 않도록 지혜와 분별력을 발휘해야 한다고 말하기 때문이다. 그러므로 바울이 그들을 칭찬하는 것은 그들이 악을 행할 줄을 잘 모르는 자들이었기 때문이다. 그렇지만 그런 그들에게 바울은 지혜롭고 조심스럽게 행하라고 권면한다.

20. 평강의 하나님께서 속히 사탄을 너희 발 아래에서 상하게 하시리라. 이 구절은 기도라기보다는 그들을 굳게 붙들어 주기 위한 약속의 말씀이다. 바울은 로마의 성도들에게 사탄에 맞서 담대하게 싸우라고 권면하면서, 그들이 속히 승리를 거두게 될 것이라고 약속한다. 사실, 사탄은 그리스도에 의해서 정복을 당하였지만, 지

금도 여전히 그리스도인들을 상대로 그 싸움을 계속하고 있다. 그러므로 바울은 이 싸움이 벌어지고 있는 동안에는 분명하게 드러나지 않고 있는 사탄의 저 궁극적인 패배를 약속한다. 아울러, 그는 단지 마지막 날에 하나님께서 사탄을 완전히 상하게 하실 것이라고만 말하는 것이 아니라, 당시에 사탄이 결박을 끊고 일어나 광분하여 모든 것을 닥치는 대로 혼란에 빠뜨리고 있어서 아무런 대책도 없는 것 같이 보여도 사실은 하나님께서 속히 사탄을 굴복시키셔서 발 아래에 짓밟으실 것이라고 약속하고 있는 것이다. 이 약속의 말 바로 뒤에 기도가 이어지는데, 바울은 그리스도의 은혜가 그들과 함께 있기를 기도한다. 즉, 그리스도께서 그들을 위하여 확보해 놓으신 온갖 복들을 그들이 누리게 되기를 기도한다.

[21]나의 동역자 디모데와 나의 친척 누기오와 야손과 소시바더가 너희에게 문안하느니라 [22]이 편지를 기록하는 나 더디오도 주 안에서 너희에게 문안하노라 [23]나와 온 교회를 돌보아 주는 가이오도 너희에게 문안하고 이 성의 재무관 에라스도와 형제 구아도도 너희에게 문안하느니라 [24][없음] [25]나의 복음과 예수 그리스도를 전파함은 영세 전부터 감추어졌다가 [26]이제는 나타내신 바 되었으며 영원하신 하나님의 명을 따라 선지자들의 글로 말미암아 모든 민족이 믿어 순종하게 하시려고 알게 하신 바 그 신비의 계시를 따라 된 것이니 이 복음으로 너희를 능히 견고하게 하실 [27]지혜로우신 하나님께 예수 그리스도로 말미암아 영광이 세세무궁하도록 있을지어다 아멘 (16:21-27).

21-24. 너희에게 문안하느니라. 바울이 여기에 적고 있는 문안인사들은 한편으로는 서로 멀리 떨어져 있는 형제들 간의 하나 됨을 촉진시키는 역할을 하고, 다른 한편으로는 로마의 성도들로 하여금 그들의 형제들이 이 서신에 동의하고 뜻을 같이하였다는 것을 알게 해주는 역할을 한다. 바울이 이렇게 한 것은 그에게 다른 사람들의 증언이 필요했기 때문이 아니라, 경건한 자들의 동의는 적지 않은 도움이 되기 때문이다.

**25-27. 나의 복음과 예수 그리스도를 전파함은 영세 전부터 감추어졌다가 이제는 나타내신 바 되었으며 영원하신 하나님의 명을 따라 선지자들의 글로 말미암아 모든 민족이 믿어 순종하게 하시려고 알게 하신 바 그 신비의 계시를 따라 된 것이니 이 복음으로 너희를 능히 견고하게 하실 지혜로우신 하나님께 예수 그리스도로 말

미암아 영광이 세세무궁하도록 있을지어다 아멘. 우리가 볼 수 있듯이, 이 서신은 하나님에 대한 찬송과 감사로 끝난다. 바울은 하나님께서 이방인들에게 복음의 빛을 허락하심으로써 자신의 놀라운 인자하심(beneficium)을 나타내셨고, 이 일을 통해서 하나님이 이루 말할 수 없이 무한히 선하시다는 것(bonitas)이 분명해졌다고 말한다. 바울의 이러한 찬송은 경건한 자들의 확신을 불러일으키고 더욱 견고히 해서, 그들로 하여금 마음을 하나님께 들어올려서, 여기에서 바울이 하나님께 돌리고 있는 모든 것들을 담대하게 바라보고, 하나님이 전에 베푸신 은혜들을 묵상함으로써 장래에 대한 그들의 소망을 확고히 하게 하는 데에 충분하다. 그러나 그는 많은 것들을 한 문장에 담으려다 보니 문법적으로 좀 꼬인 부분들이 생기고 복잡해졌기 때문에, 우리는 각 부분들을 따로 떼어서 살펴보지 않으면 안 된다.

바울은 먼저 모든 영광을 오직 하나님께 돌린다. 그런 후에, 그것이 하나님께 합당하다는 것을 보이기 위해서, 그는 하나님의 속성들 중 몇몇을 부수적으로 언급하는데, 이것은 오직 하나님만이 모든 찬송을 받으시기에 합당하시다는 것을 보여준다. 바울은 하나님만이 유일하게 지혜로우신 하나님이시라고 말한다. 그는 이러한 찬송을 하나님께 돌림으로써 다른 모든 피조물들은 그런 찬송을 받기에 합당하지 않다는 것을 분명하게 보여준다. 아울러, 그는 모든 사람들로 하여금 하나님의 지혜를 경외하고 경배하도록 하기 위하여, 하나님의 비밀한 계획에 대하여 말한 후에, 이러한 찬송을 거기에 의도적으로 결합시키고 있는 것으로 보인다. 왜냐하면, 우리가 알듯이, 사람들은 하나님이 어떤 일들을 하시는 이유를 알 수 없을 때에는 소동을 벌이며 아우성을 치기가 아주 쉬운 성향을 지니고 있기 때문이다.

바울은 하나님께서 로마의 성도들을 "견고하게 하실" 수 있으시다는 말을 덧붙임으로써 그들로 하여금 하나님이 마지막 날까지 그들의 믿음을 지켜 주실 것이라는 더 큰 확신을 갖게 만든다. 그는 그들이 하나님의 그러한 능력에 대하여 더 온전히 확신할 수 있도록 하기 위해서, 하나님이 우리에게 현재적인 평강에 대한 약속을 주실 뿐만 아니라 그 은혜가 영원토록 지속될 것이라는 확신도 우리에게 주고 있다는 것이 복음 안에 증언되어 있다는 말을 덧붙인다. 왜냐하면, 하나님께서는 자기가 현재뿐만 아니라 마지막 날까지 우리의 아버지가 되어 주실 것임을 복음 안에서 선언하고 계시기 때문이다. 하나님이 우리를 양자 삼으심은 우리가 죽고 나서도 계속해서 이어질 것이다. 왜냐하면, 하나님은 우리를 이끌어서 영원한 유업을 받게 하실 것이기 때문이다.

이 구절에 나오는 바울의 그 밖의 다른 말들은 복음의 능력과 존귀함을 강조하기 위한 것이다. 바울은 복음을 "예수 그리스도를 전파함"이라고 부른다. 왜냐하면, 복음의 모든 것이 그리스도를 아는 지식 안에 담겨 있다는 것은 의심의 여지가 없기 때문이다. 복음의 가르침은 "신비의 계시"이다. 우리는 복음이 지닌 이러한 성격을 알았을 때에 더욱더 주의를 기울여 복음을 들을 뿐만 아니라 복음을 지극히 공경하는 마음을 품는 것이 마땅하다. 바울은 이 복음이 창세로부터 오랜 세월 동안 감추어져 있었다는 말을 덧붙임으로써 복음이 얼마나 고귀한 비밀인지를 보여준다.

복음은 이 세상의 자녀들이 구하는 지혜, 즉 우리의 마음을 부풀어 오르게 하고 교만하게 만드는 그런 지혜를 담고 있지 않고, 인간의 모든 학문보다 훨씬 더 고귀하고 차원 높은 하늘의 지혜라는 이루 말할 수 없는 보화들을 펼쳐놓는다. 그런 까닭에 복음의 지혜는 세상의 자녀들에 의해서 멸시를 받지만, 천사들조차도 경이로워 하는 눈으로 그 지혜를 바라보기 때문에, 우리가 그 지혜를 아무리 찬양한다고 해도 늘 부족할 수밖에 없다. 이 지혜가 비천하고 평범하며 단순한 글에 담겨서 전달된다고 해서, 우리는 이 지혜를 업신여기거나 깔보아서는 안 된다. 왜냐하면, 하나님께서는 이런 식으로 복음의 지혜가 전달되게 하심으로써 육신의 교만(carnis arrogantia)을 굴복시키시기를 기뻐하신 것이기 때문이다.

하지만 그토록 오랜 세월 동안 감추어져 있던 이 "신비"가 어떻게 이렇게 느닷없이 나타날 수 있었는지에 대하여 얼마든지 의구심이 생겨날 수 있었기 때문에, 바울은 이 일은 사람들의 경솔하거나 우발적인 어떤 행위로 말미암아서가 아니라 "하나님의 영원하신 명"을 따라 된 일이었다고 가르친다. 이렇게 함으로써 바울은 사람의 제멋대로 방자하게 움직이는 마음이 호기심에서 제기하기 좋아하는 온갖 질문들을 원천봉쇄한다. 왜냐하면, 사람들은 예기치 않게 갑자기 일어난 일들은 무엇이든지 다 우연히 일어난 일로 치부해 버리는 까닭에, 하나님이 하시는 일들은 도무지 비이성적이라고 어처구니없는 결론을 내리거나, 적어도 이런저런 수많은 의문들에 휩싸여 갈피를 잡지 못하게 되기 때문이다. 그래서 바울은 이때에 갑자기 나타난 이 일은 하나님께서 창세 전에 작정하신 일이었다는 것을 우리에게 상기시킨다.

그러나 이 일에 대하여 시비를 걸고 복음은 새로운 것이기 때문에 신뢰할 수 없다고 폄훼하는 자가 아무도 없도록 하기 위하여, 바울은 이 일이 "선지자들의 글"에 예언된 것이고, 우리는 그 예언들이 지금 성취된 것을 보고 있다고 말한다. 왜냐하면, 모든 선지자들이 복음에 대하여 너무나 분명한 증언을 한 까닭에, 다른 어떤 방식으로도 그 정도로 완벽하게 확증할 수는 없을 것이기 때문이다. 그리고 하나님께서 자기 백성이 그들에게 익숙하지 않은 복음을 느닷없이 듣고서 너무 놀라 당혹스러워하는 일이 없도록 하시기 위하여 이런 식으로 그들의 마음을 준비시키신 것은 합당한 일이었다.

어떤 사람이 바울은 이 신비가 "영세 전부터 감추어졌다"고 말해 놓고서는, 곧이어 하나님께서 자신의 선지자들을 통해서 이 신비에 대하여 증언해 오셨다고 말하고 있기 때문에, 그의 말은 모순되고 일관성이 없다는 반론을 제기한다면, 이 어려운 문제에 대한 해법은 베드로가 분명하게 제시한다. 즉, 선지자들은 장차 우리에게 주어지게 될 구원에 대하여 주의깊게 살펴보았을 때에 그들이 섬긴 일들이 그들 자신의 세대를 위한 것이 아니라 장래의 우리 세대를 위한 것임을 알게 되었다는 것이다(벧전 1:12). 그러므로 하나님께서는 당시에는 비록 선지자들을 통하여 말씀하시긴 하셨지만 실제로는 침묵하신 것이었다. 왜냐하면, 하나님은 자신의 종들로 하여금 예언하게 하신 일들이 실제로 나타나게 하실 때를 장차 우리 세대로 보류해 두신 것이기 때문이다.

바울이 에베소서 3:9과 골로새서 1:26에서와 마찬가지로 이 구절에서도 복음을 "감추어졌던 비밀"이라고 부르는 것이 무슨 의미인지에 대해서는 학자들 간에 의견이 갈리기는 하지만, 바울이 골로새서에서 명시적으로 언급하고 있는 것, 즉 장차 하나님께서 이방인들을 부르시게 될 것을 가리킨다고 보는 것이 통설이다. 나는 이것이 하나의 이유는 될 수 있다고 생각하지만, 유일한 이유라고 생각되지는 않는다. 나는 바울이 구약과 신약 간의 어떤 다른 차이들도 염두에 두고 있었을 가능성이 높다고 본다. 왜냐하면, 옛적에 선지자들은 그리스도와 그의 사도들에 의해서 설명된 모든 것들을 가르치기는 했지만 아주 모호하게 가르쳤던 까닭에, 복음의 밝은 빛과 비교할 때에 선지자들이 가르친 것들은 지금 분명하게 드러난 것들에 비하여 "감추어져" 있었다고 말하는 것이 전혀 이상하지 않기 때문이다. 또한, 말라기가 "공의로운 해"(4:2)가 장차 떠오를 것이라고 예언한 것이나, 이사야가 메시아의 오심을 미리 송축한 것도 결코 쓸데없이 그렇게 한 것은 아니었을 것이다. 끝으로, 복음이 하나님의 나라로 불리는 데에는 그럴 만한 이유가 있다. 왜냐하면, 우리는 실제로 일어난 사건을 근거로 해서, 하나님께서 자신의 독생자를 통해서 자기 백성에게 나타나셔서 그들을 대면하셨을 때에야 비로소 하늘의 지혜의 보화들이 열리고 모든 그림자들이 사라졌다고 결론을 내릴 수 있기 때문이다. 바울은 1장의 서두에 서 언급한 바 있는 복음 전도의 목적을 이제 이 서신의 끝에서도 또다시 언급하는 데, 그것은 하나님께서 모든 민족을 "믿어 순종하게" 하시기 위함이라는 것이다.

💬 **독자 여러분들께 알립니다!**

'CH북스'는 기존 **'크리스천다이제스트'**의 영문명 앞 2글자와
도서를 의미하는 **'북스'**를 결합한 출판사의 새로운 이름입니다.

칼빈주석 20

로마서

1판 1쇄 발행 2013년 4월 25일
1판 중쇄 발행 2022년 4월 21일

발행인 박명곤 **CEO** 박지성 **CFO** 김영은
기획편집 채대광, 김준원, 박일귀, 이은빈, 김수연, 이지은
디자인 구경표, 한승주
마케팅 임우열, 유진선, 이호, 김수연
펴낸곳 CH북스
출판등록 제406-1999-000038호
전화 070-4917-2074 **팩스** 0303-3444-2136
주소 서울시 강서구 마곡중앙6로 40, 장흥빌딩 10층
홈페이지 www.hdjisung.com **이메일** main@hdjisung.com
제작처 영신사

© CH북스 2013